FRANK-LOTHAR HOSSFELD
ERICH ZENGER

»Neigt euer Ohr den Worten meines Mundes«

(PS 78,1)

FRANK-LOTHAR HOSSFELD
ERICH ZENGER

»Neigt euer Ohr den Worten meines Mundes«

(PS 78,1)

STUDIEN ZU PSALMEN UND PSALTER

HERAUSGEGEBEN VON
CHRISTOPH DOHMEN UND THOMAS HIEKE

kbw bibelwerk

Einbandgestaltung: Finken & Bumiller, Stuttgart
Satz: BK Layout+Textsatz, Mag. Bernhard Kagerer
Umschlagmotiv: Initiale »S« (Salvum me), Psalm 69.
Fra Angelico (1387–1455) zugeschrieben

Herstellung: Finidr s.r.o., Český Těšín
Printed in the Czech Republic

www.bibelwerk-impuls.de
ISBN 978-3-460-33149-5

Inhaltsverzeichnis

III. Studien von Erich Zenger

Vorwort der Herausgeber

Im Vorwort zu seiner Auslegung der Psalmen bezeichnet Hieronymus, der große Bibelübersetzer, das Buch der Psalmen als Haus mit vielen Räumen, für die es mehr als eines Schlüssels bedarf. Hieronymus gibt damit zu verstehen, dass nicht nur die einzelnen Psalmen kunstvoll gestaltete Texte sind, sondern auch das aus 150 Psalmen komponierte Buch. Aus ganz anderer Perspektive hat Martin Luther in seiner Vorrede zum Psalter von 1528 dem Psalmenbuch eine besondere Bedeutung zugemessen. Er fand, dass im Buch der Psalmen „alles aufs schönste und kürzeste, wie in der ganzen Bibel" stehe, weshalb er dem Psalmenbuch den Ehrentitel „kleine Biblia" gab. Die wissenschaftliche Psalmenauslegung der Neuzeit hat sich lange mit form- und gattungsgeschichtlichen Fragen der einzelnen Psalmen beschäftigt, bevor sie gegen Ende des letzten Jahrhunderts einen deutlichen Wandel vollzogen hat, der sich nicht nur in einer intensiveren Beschäftigung mit dem Psalter niedergeschlagen hat, sondern vor allem in einer bewussten Wahrnehmung und Berücksichtigung der Einordnung jedes Psalms in den Kontext des Buches der Psalmen. So ist dem Buch der Psalmen, dem Psalter, wieder eine größere Aufmerksamkeit geschenkt worden. Die *Psalmenexegese* wurde durch die *Psalterexegese* ergänzt. Weit über den deutschen Sprachraum hinaus sind die Namen von Frank-Lothar Hossfeld und Erich Zenger, die an den Universitäten Bonn bzw. Münster lehrten, mit diesem neuen Zugang zum Verständnis der Psalmen verbunden. Es ist die Einsicht in die vielfältigen Verbindungen zwischen den einzelnen Psalmen und die Komposition des Psalters, die diesem neuen Ansatz in der Exegese der Psalmen sein einzigartiges Profil verleiht, das für die Räume des Psalmenhauses mehr als einen Schlüssel anbietet. Was der Wechsel von der *Psalmenexegese* zur *Psalterexegese* bedeutet, zeigt sich vor allem in den Auslegungen zu einzelnen Psalmen, wie sie in den von beiden zusammen verfassten Kommentaren (Herders Theologischer Kommentar zum Alten Testament; Neue Echter Bibel) zu finden sind, und ebenso auch und zum Teil pointierter in Einzelstudien zu bestimmten Psalmen oder Psalmengruppen. Der vorliegende Band führt den von Hossfeld und Zenger beschrittenen Weg der Psalmenauslegung anhand von acht Studien vor Augen, die beide zusammen verfasst haben sowie je sechs, die jeder alleine vorgelegt hat. „Das Psalmenbuch als Zeugnis leidenschaftlicher Gott-Suche" zu präsentieren, hat Erich Zenger einmal als zentrale Aufgabe der Psalterexegese bezeichnet; an diesem spannenden Prozess theologischer Forschung teilzunehmen, dazu lädt das vorliegende Buch Leserinnen und Leser ein.

Das Buch konnte nur durch vielfältige und weitgehende Unterstützung zustande kommen, wofür allen Beteiligten Dank gebührt. Zuerst ist der Verlag Katholisches Bibelwerk, namentlich sein Geschäftsführer Jürgen Schymura, zu nennen, der die Projektidee ohne Wenn und Aber in die Tat umzusetzen bereit war. Die Lektoren des Verlags, Burkhard Menke und Dr. Ulrich Sander, haben das Ihre dazu getan, dass das Buch schnell den Weg zu Leserinnen und Lesern finden konnte. Den Diözesen der beiden Autoren, dem Erzbistum Köln und dem Bistum Münster, danken wir für den finanziellen Beitrag zu den Druckkosten. Ira Kroker-Schneiders, Bodenheim, hat durch ihr Einverständnis zum Abdruck der Beiträge von Erich Zenger das Buch in der vorliegenden Form ermöglicht. Dass aus vielen Einzeltexten ein „formschönes" Ganzes geworden ist, verdanken wir Mag. Bernhard Kagerer, Linz, und Dr. Andrea Klug, Mainz. Die Hilfskräfte am Lehrstuhl für Exegese und Hermeneutik des Alten Testaments in Regensburg haben von der Texterfassung bis zur Indexerstellung das Ganze im Hintergrund vorangetrieben. Schließlich gilt ein besonderer Dank Dr. Paul Deselaers, Münster, der, als er als erster von der Idee zu diesem Buch erfuhr, sie auf seine Art begleitet hat, so dass die Kraft des Wortes wirken konnte.

Unser Dank verbindet sich mit dem Wunsch, dass viele Leserinnen und Leser den Worten der vorliegenden Ausleger ihr Ohr schenken mögen, auf dass sie die Früchte der Heiligen Schrift ernten können, die der Psalter, so schrieb einst Athanasius, wie ein Garten in sich trage.

Christoph Dohmen, Regensburg
Thomas Hieke, Mainz

„Selig, wer auf die Armen achtet“ (Ps 41,2)

Beobachtungen zur Gottesvolk-Theologie des ersten Davidpsalters

Frank-Lothar Hossfeld
Erich Zenger

21 Das kanonische Psalmenbuch ist eine sukzessiv geschaffene Komposition von einzelnen Sammlungen, die ihrerseits wieder als Auswahl und Zusammenstellung von Einzelpsalmen entstanden sind. Welche Ideen die Sammler dabei jeweils leiteten, wieweit sie selbst die ihnen vorgegebenen Texte bearbeitet und ob sie gar eigene Psalmen nur mit Blick auf die jeweilige Sammlung verfaßt haben, ist ein Problemfeld, das die Psalmenforschung erst seit einigen Jahren (wieder) zu diskutieren beginnt.[1] Für bestimmte Psalmengruppen wie die Korachiten- und die Asafpsalmen, die JHWH-König-Psalmen und die Wallfahrtspsalmen, aber auch für die Davidpsalmen 138–145 sowie das „Schlußhallel“ Ps 146–150 hat man schon öfter auf die sprachlichen, motivlichen und theologischen Gemeinsamkeiten dieser „Kleingruppen“ hingewiesen und daraus auf gleiche kultische oder soziale Provenienz der entsprechenden Einzelpsalmen bzw. der jeweiligen Sammlung geschlossen.[2] 22

1 Wichtige Beobachtungen machte schon vor über 100 Jahren Franz Delitzsch in seinem Psalmenkommentar, ohne freilich positives Echo auszulösen. Neuerdings ist die Fragestellung aufgenommen u. a. bei Ch. Barth, Concatenatio im ersten Buch des Psalters, in: FS E. L. Rapp, Meisenheim 1976, 30–40; J. P. Brennan, Some Hidden Harmonies of the Fifth Book of Psalms, in: R. F. McNamara (Hg.), Essays in Honor of Joseph B. Brennan, Rochester 1976, 126–158; ders., Psalms 1–8: Some Hidden Harmonies, in: BibTB 10 (1980), 25–29; G. H. Wilson, The Editing of the Hebrew Psalter (SBLDS 76), Chico, California 1985; J. Schreiner, Zur Stellung des Psalms 22 im Psalter. Folgen für die Auslegung, in: ders. (Hg.), Beiträge zur Psalmenforschung (fzb 60), Würzburg 1988, 241–277; J. L. Mays, Psalm 118 in the Light of Canonical Analysis, in: FS B. S. Childs, Philadelphia 1988; O. H. Steck, Zu Eigenart und Herkunft von Psalm 102, in: ZAW 102 (1990), 357–372; E. Zenger, Was wird anders bei kanonischer Psalmenauslegung?, in: FS N. Füglister, Würzburg 1991, 397–413; ders., Israel und Kirche im gemeinsamen Gottesbund. Beobachtungen zum theologischen Programm des 4. Psalmenbuchs, in: FS E. L. Ehrlich, Freiburg i. Br. 1991, 238–257; ders., Ich will die Morgenröte wecken. Psalmenauslegungen, Freiburg i. Br. 1991; N. Lohfink, Einige Beobachtungen zu Psalm 26, in: FS N. Füglister, Würzburg 1991, 189–204; ders., Der neue Bund und die Völker, in: KuI 6 (1991), 115–133 (über Ps 25).

2 Zu den Korachitenpsalmen vgl. G. Wanke, Die Zionstheologie der Korachiten in ihrem traditionsgeschichtlichen Zusammenhang (BZAW 97), Berlin 1966; J. Goldingay,

Geht man davon aus, daß sich im Sammlungsvorgang der Psalmen das „ekklesiale" Selbstverständnis der hinter den Sammlungen stehenden Gruppen widerspiegelt, insofern die jeweilige Sammlung ja nicht für den privaten, sondern für einen – wie immer im einzelnen erklärbaren – öffentlichen Gebrauch bestimmt war, dürfen die Psalmen bei der Diskussion um die nachexilische Gottesvolk-Theologie nicht ausgeblendet bleiben. Betrachtet man die Psalmen nicht nur punktuell für sich, sondern liest sie im Neben- bzw. Hintereinander, dann nimmt man sie im Sinne der Redaktionen wahr und versteht sie als Teile einer Konzeption. Solche Leseweise ist von jeder Redaktion intendiert und schlägt sich am Ende in der schriftgelehrten Meditation des Psalters nieder, wie sie programmatisch Ps 1,2 expressis verbis fordert. So stehen schon relativ früh kultischer Nachvollzug und Wahrnehmung als Gebetsliteratur nebeneinander.

Der folgende Versuch will den Blick auf die Davidsammlung Ps 3–41 lenken, wobei hier nur einige Aspekte beschrieben werden können.[3]

In methodischer Hinsicht bilden zwei Fragen den Ausgangspunkt der Überlegungen:

a) Lassen sich literarkritisch erarbeitete „Erweiterungen" einzelner Psalmen so redaktionsgeschichtlich zusammenordnen, daß eine die Einzelpsalmen übergreifende Komposition erkennbar wird?

b) Lassen sich motivliche/gedankliche Gemeinsamkeiten ausmachen, die möglicherweise bei der Nebeneinander- bzw. Zusammenstellung von Einzelpsalmen leitend und inspirierend waren?

In theologischer Hinsicht sollen die Antworten auf diese Fragen auf das in diesen Sammlungsvorgängen sich aussprechende Gruppenverständnis hin ausgewertet werden. [23]

Songs from a Strange Land: Psalms 42–51, Illinois 1978; M. D. Goulder, The Psalms of the Sons of Korah, Sheffield 1982; B. C. Ollenburger, Zion the City of the Great King. A Theological Symbol of the Jerusalem Cult (JSOT 41), Sheffield 1987. Zu den Asafpsalmen vgl. K.-J. Illmann, Thema und Tradition in den Asafpsalmen, Åbo 1976; P. Schelling, De Asafpsalmen, Kampen 1985; H. P. Nasuti, Tradition History and the Psalms of Asaph (SBLDS 88), Atlanta 1988. Zu den JHWH-König-Psalmen vgl. J. Jeremias, Das Königtum Gottes in den Psalmen. Israels Begegnung mit dem kanaanäischen Mythos in den Jahwe-König-Psalmen (FRLANT 141), Göttingen 1987. Zu den Wallfahrtspsalmen vgl. E. Beaucamp, L'unité du recueil des montées: Psaumes 120–134, in: SBFLA 29 (1979), 73–90; K. Seybold, Die Redaktion der Wallfahrtspsalmen, in: ZAW 91 (1979), 247–268; R. R. Marrs, The *šyry-hm ʿlwt* (Psalms 120–134): A philological and stylistic analysis, Ph. D. Baltimore 1982; H. Viviers, ʿn Teksimanente ondersoek na die samehang van die *maʿalōt*-psalms (Pss. 120–134), DD proefskrif, Pretoria 1990. Zu Ps 138–145 vgl. N. Lohfink, Lobgesänge der Armen. Studien zum Magnifikat, den Hodajot von Qumran und einigen späten Psalmen (SBS 143), Stuttgart 1990,103–105. Zu Ps 146–150 vgl. J. S. Kselman, Psalm 146 and His Context, in: CBQ 50 (1988), 587–599; N. Lohfink, Lobgesänge, 108 f.

3 Vgl. dazu vorläufig F.-L. Hossfeld / E. Zenger, Die Psalmen (NEB), Würzburg 1993.

Da zu erwarten ist, daß sich das „Programm“ des ersten Davidpsalters – falls es ein solches gibt – an seinen Anfangs- und Schlußpsalmen ablesen läßt, liegen diese den folgenden Beobachtungen zugrunde.[4]

I. Das theologische Profil der letzten Psalmengruppe (Ps 35–41) des ersten Davidpsalters

1. Dafür, daß die letzten sieben Psalmen des ersten Davidpsalters (Ps 35–41) eine Komposition bilden, sprechen zunächst einmal per analogiam allgemein sowohl das Vorhandensein von vorausgehenden Teilsammlungen wie Ps 3–14.15–24.25–34 als auch spezifischer der Aufbau der Vorgängergruppe 25–34. Sie ist um das Zentrum Ps 29 herum geordnet und dementsprechend korrespondieren die Psalmen 25 und 34, so daß hinter Ps 34 eine Zäsur gesetzt wird. Die Verwandtschaft der beiden Psalmen, die Rahmung bezweckt, ist häufiger beobachtet worden.[5] Hier werden nur die wichtigsten Beobachtungen aufgeführt: Die beiden Psalmen entsprechen sich dem Inhalt nach und vertreten eine nachexilische Armenfrömmigkeit (vgl. 25,9.16; 34,3.7). Dabei eröffnet Ps 25 die Komposition mit einer Bitte des Armen um Rettung, Vergebung und Wegweisung, wohingegen Ps 34 mit Dank, Lobpreis und Lehre eines Armen abschließt. Der Form nach bieten beide Psalmen ein einzeiliges Akrostichon, bei dem jeweils die Zeile des Konsonanten ו fehlt. Bei beiden schießt ein Bikolon über das Akrostichon hinaus, das eine parallele Bitte um die Erlösung Israels bzw. der JHWH-Knechte (d.h. des wahren Israel) ausspricht.

Die Zäsur zwischen Ps 34 und 35 wird dadurch bestätigt, daß Ps 35 in Richtung der Nachfolger ausgerichtet ist. Im Kern der Endtexte von Ps 35; 38; 41 steckt jeweils ein Grundpsalm aus vorexilischer Zeit. Für den Fall von Ps 35 zeigen der Inhalt (königliches Bittgebet in 35,1–6 und detaillierte Schilderung der Rechtsnot in 35,11–16), formkritische Indizien (Anfangsbitten 35,1 ff, Notschilderung 35,11–16, Schlußbitten in 35,17 und abrundendes Lobversprechen 35,18, wie es für Klagelieder des Einzelnen typisch ist) und Sprachparallelen (vor allem Formulierungsanalogien zu den Königsgebeten von Ps 3 und 18 sowie zu den vorexilischen Bittgebeten der Psalmen 7; 22; 27) den Grundpsalm in 35,1–6.11–18 an. Für Ps 38 ergibt sich der Grundpsalm durch Abzug der redaktionellen Einschübe. 38,14 zeigt sich als Doppelung zu 38,15; 38,20–21 klappt mit seiner erneuten Feindschilderung nach und weist inhaltliche Spannungen zum unmittelbaren Kontext auf (der seiner Schuld bewußte Beter betont jetzt [24] seine Gutheit; die Feinde werden typisiert und nicht mehr

[4] Wir gehen davon aus, daß dieser erste Davidpsalter Ps 3–41 älter ist als der zweite Davidpsalter Ps 51–71.72; allerdings hat Ps 3–41* eine spätere Bearbeitung erfahren (s. unten).

[5] Vgl. zuletzt E. Zenger, Was wird anders (s. Anm. 1), 406 f.

konkret differenziert). Somit liegt in 38,1–13.15–19.22–23 der Grundpsalm vor. In Bezug auf Ps 41 wird der Grundpsalm 41,5–11 weiter unten begründet.

Diese drei vorexilischen Grundpsalmen stellen das Gerüst der letzten Teilsammlung dar. Ihre Verwandtschaft fällt auf. Alle drei sind Bittgebete eines Menschen, der verfolgt wird und sich in Rechtsnot befindet (Ps 35), und eines Kranken (Ps 38 und Ps 41). Der Aufbau stimmt in der Grundstruktur überein. Anfangs- und Schlußbitten, jeweils verbunden mit einer Anrufung Gottes, rahmen die zentrale Notschilderung ein (35,1.17; 38,2.22–23; 41,5.11). Bei der Darstellung des Treibens der Feinde im Psalmenkorpus gibt es Analogien: Die Feinde triumphieren über den Beter (35,15 und 38,17) und prahlen über ihn (38,17 und 41,10); sie schmieden heimtückische Pläne (38,13 und 41,8). Das Thema der Vergeltung spielt eine Rolle (35,12, vgl. 41,11). Sogar die Trauerriten („gebückt und trauernd einhergehen") werden analog erwähnt (35,14 und 38,7).

2. Aufgrund ihrer Verwandtschaft sind die Bittgebete mit paradigmatischen Notsituationen (Verfolgung, Rechtsnot, Krankheit) von einer *exilischen Redaktion* zu einer ersten Komposition zusammengestellt worden. Den Weg und die Leistung dieser Redaktion wollen wir knapp verfolgen.

a) In *35,19–25* greift sie das Motiv des Triumphes der Feinde auf und setzt es rahmend in der Bitte ein (35,19.24). Die Formulierung der Bitte weist nach hinten auf Ps 38,17. Durch das Motiv der heimtückischen Pläne werden Ps 35 und 38 miteinander verbunden (35,20 und 38,13). Schließlich verklammert sie wiederum die beiden Psalmen durch eine formelhafte Bitte in wörtlicher Parallele (vgl. Anrufung Gottes mit Bitte in 35,22 und 38,22), beide Male in Schlußposition. In der Konfrontation zwischen dem Beter und den Feinden in seiner alltäglichen Umgebung setzt sie neue Akzente. Der Gegensatz wird grundsätzlicher (Lüge und grundloser Haß [35,19]); Hohn, Spott und Schadenfreude werden gesteigert (35,21.25); neben dem Beter taucht die Gruppe der „Stillen im Lande" auf (35,20), so daß sich aus dem Einzelkonflikt ein Gruppengegensatz entwickelt (die marginalisierte Gruppe des Beters gegen die hybriden, übermächtigen Feinde).

b) In *38,20–21* arbeitet die Redaktion ähnlich. Durch Parallelen schafft sie Verklammerungen. Der Vorwurf an die Feinde, ungleich zu vergelten, ist in 35,12 zu Hause, weil er in den Kontext eingebunden ist. Er wird wortgleich in die Feindschilderung von 38,21 übernommen, wo er eigentlich nicht hingehört. Die griffige Formel vom grundlosen Haß und der fälschlichen Feindschaft wird sowohl in 35,19 wie in 38,20 eingesetzt. Wiederum verschieben sich in der Konfrontation die Akzente. Die Feinde sammeln sich zu „Gangs" in einer zahlreichen und mächtigen Großgruppe. Der Beter weiß zwar um sei- [25] ne Sünden, angesichts des Gegensatzes zu den bösen Gegnern rechnet er sich jedoch zu den Guten (38,20–21).

c) An dieser Stelle ist ein Blick auf *Ps 36* angebracht.[6] Der einheitliche Psalm fällt auf durch seine Verbindung von reflektierter Schau auf den Sünder (36,2–5), Hymnus auf die universale Güte JHWHs (36,6–10) und Schlußbitten um die Teilhabe des Beters an den Gaben Gottes und Trennung von den Frevlern (36,11–13). Die Parallelen zum vorexilischen Armenpsalm 14* (Einleitung mit einem konstatierenden Zitat des Toren bzw. der Sünde „in der Mitte seines/meines Herzens“ [14,1; 36,2]; Ausleitung mit Feststellung des eingetroffenen Gerichts über die Sünder und lokaler Deixis auf den Tempel [14,5; 36,13]; beide Psalmen reden von den „Übeltätern“ [14,4; 36,13] und vom [Gottes-]Schrecken [14,5; 36,2]), die Tempeltheologie in Verschmelzung mit weisheitlicher Sprache und Motivik sowie die Bezüge zur Prophetie votieren für ein relativ hohes Alter vermutlich in vorexilisch-exilischer Zeit. Dieser Psalm wird von der ersten und exilischen Redaktion an dieser Stelle im Psalter aus mehreren Gründen eingestellt. Die Einflüsterungen der Sünde in 36,2–5 nehmen Verbindungen auf zu den Feinddarstellungen des erweiterten Psalms 35,1–6.11–25 (die Feinde planen Böses/Unheil [35,4.20; 36,5]; ihr Weg soll glatt und schlüpfrig sein, wie es das Verhalten des Sünders zu sich selbst ist [35,6; 36,3]; heimtückische Pläne bestimmen Denken und Reden [35,20; 36,4]). In beiden Psalmen werden die Feinde niedergestoßen (35,5; 36,13). Der Schlußteil 36,11–13 spiegelt einen Gruppenkonflikt wider. Die Gruppe der „Kenner JHWHs“ und der Geradherzigen steht den Hochmütigen, Übeltätern und Frevlern gegenüber. Eine solche Konfrontation paßt der exilischen Redaktion ins Konzept. Mit den nachfolgenden Krankenpsalmen 38 (erweitert) und 41 verbinden die heimtückischen Pläne (36,13; 38,13; 41,8), die Rede vom Haß (36,3; 38,20, 41,8), der Gegensatz von Gut und Böse (36,5; 38,20; 41,6.8) und vor allem das Bewußtsein von der eigenen Sünde und Gefährdung wie in 36,2–5; 38,4–6.19 und 41,5. Das läßt vermuten, daß Ps 36 zwischen Ps 35 und den Krankenpsalmen 38 und 41 gezielt von obiger Redaktion eingeschoben wurde.

d) Die exilische Redaktion tritt ein letztes Mal in *41,12–13* zutage – es ist ihr Schlußwort. Der gerettete und geheilte Beter kann sich gegenüber seinem Feind dank des Wohlgefallens JHWHs behaupten. Beter und Feind vertreten als Typen jeweils ihre Gruppe. Der Feind wird nicht über den Beter triumphieren (vgl. 35,[15.]19.24; 38,17). Wie 35,19–25 hat auch 41,12–13 seine spezifischen Bezüge zu den Propheten und vor allem auch zu den Klageliedern (vgl. die seltene Redeweise, daß JHWH den Beter [vor sich] hinstellt [Klgl 3,12; Ps 41,13]). Wie in Ps 38,19.21 weiß der Beter um seine Sünde, behauptet [26] aber seine grundlegende Gutheit und Vollkommenheit, auf die es angesichts der Gruppengegensätze ankommt. So endet die Komposition mit

[6] Vgl. bes. N. Lohfink, Das Böse im Herzen und Gottes Gerechtigkeit in der weiten Welt. Gedanken zu Ps 36, in: FS J. Sudbrack, Würzburg 1990, 327–341.

der Sicherheit über den eigenen Wert und der festen Zuversicht, JHWH auf der Seite der Verfolgten zu wissen.

3. Die exilische Redaktion hat die letzte Teilsammlung des ersten Davidpsalters zu einer *Komposition* geformt. Sie hat Laiengebete, die teilweise vom Königsgebet beeinflußt sind, zu einem Kompendium von Bittgebeten in verschiedenen Notsituationen (Verfolgung, Rechtsnot, Krankheit) zusammengestellt und miteinander verklammert (vgl. 35,19–22; 38,20–21; 41,10–12). Durch Aufnahme von Ps 36 hat sie das in den Krankengebeten enthaltene Wissen um die eigene Sünde verstärkt und darauf aufmerksam gemacht, daß die Gefährdungen nicht nur von außen durch die Feinde kommen. Zugleich hat sie, vom Gebet des unschuldig Angeklagten in Rechtsnot herkommend (35,11–12.19; [36,11]; 38,20–21; 41,13), das Motiv der grundlegenden Gutheit des angefochtenen Beters festgehalten. Typisch für diese Redaktion ist die Ausbildung eines Gruppenbewußtseins. In den Grundpsalmen stand der Beter, den jeweiligen Notlagen entsprechend, unterschiedlichen Gegnern gegenüber. Jetzt formieren sich die „Parteien" zu gegnerischen Gruppen. Der Beter gehört zu den „Stillen im Lande", zu den „Kennern JHWHs" und den Geradherzigen, zu denen, die sich um das Gute und die Vollkommenheit mühen, auf deren Seite JHWH steht. Die Gegner bilden eine zahlreiche und mächtige Gegenpartei – die hybriden Frevler und Übeltäter, die den Beter gerade wegen seiner Gutheit angreifen, aber erfahren müssen, daß sie ihn nicht überwältigen können. Einen Bezug zum Tempel hat nur Ps 36.

4. Von der skizzierten exilischen Redaktion sind nicht die sicher nachexilischen[7] Psalmen 37 und 39 erfaßt. Ebensowenig wird sie in Ps 40 sichtbar. Daß die Integration dieser Psalmen erst auf eine weitere *nachexilische Redaktion* zurückgeht, die den Schluß des gesamten ersten Davidpsalters gestaltet hat, zeigt eine redaktionskritische Analyse des Finales in Ps 40/41.

II. Ps 40–41 als „Schlußwort" der Sammlung Ps 3–41

Die beiden Psalmen 40–41 sind auffällig miteinander verschränkt, wobei ihre Entsprechungen und Gemeinsamkeiten auf eine gemeinsame Redaktion zurückgehen dürften. [27]

7 Die Zeitangabe „nachexilisch" ist eine ebenso grobe Zuweisung, wie dies unsere anderen Einordnungen (spät-)vorexilisch und exilisch sind. Sie wollen einerseits eine relative Chronologie signalisieren und weisen andererseits auf das Problem einer genaueren Datierung der Psalmen(redaktionen) hin. Die Angaben hoffen wir nach Abschluß unseres gesamten Psalmenkommentars präzisieren zu können.

1. Ps 41 besteht aus den deutlich voneinander abgesetzten Teilen V. 2–4. 5–11.12–13[8]. In dem den Psalm eröffnenden Abschnitt (V. 2–4) folgt auf eine kurze Seligpreisung eine generalisierende Schilderung des rettenden Handelns JHWHs, die von JHWH überwiegend in 3. Person redete.[9] Meist wird das mit den Handlungsverben verbundene Suffix der 3. Person auf den in V. 2a Seliggepriesenen bezogen, wobei die Seligpreisung ihrerseits dann als Aufforderung zur Barmherzigkeit mit dem Armen (דל)[10] gedeutet wird. So versteht und übersetzt. z. B. die „Einheitsübersetzung“:

> „Wohl dem, der sich des Schwachen annimmt;
> zur Zeit des Unheils wird der Herr ihn retten.“[11]

Freilich ist dieses (von Mt 5,7 inspirierte?) Textverständnis sprachlich kaum möglich.[12] Die in Ps 41,2a formulierte Seligpreisung gilt dem משׂכיל אל־דל. Damit ist nicht die Fürsorge um den Armen/Schwachen gemeint, sondern das „weisheitliche Achten auf den Armen/Schwachen“, in der Absicht, daraus die rechte „Lehre“ bzw. das rechte Handeln zu erlernen. In diesem Sinne begegnet שׂכל hi. in Spr 16,20 („auf das Wort JHWHs achten“); Ps 64,10 („JHWHs Wirken beachten“); Ps 101,2 („den Weg der Vollkommenen beachten“; Text unklar); Ps 106,7 („die Wunder JHWHs beachten“); Neh 8,13 („auf die Worte der Tora achten, um sie zu lernen“). Was am Schwachen/Armen wahrzunehmen und weisheitlich zu lernen ist, faßt dann genau V. 2b–4 zusammen: Daß JHWH ihn, den דל, rettet, beschützt, belebt, nicht der Gier seiner Feinde preisgibt, in seiner Krankheit stärkt und, was immer ihn auf das Krankenlager zwingt, seiner Krankheit ein Ende setzt. Der Abschnitt V. 2–4 hat also eine doppelte Aussageebene. Er bündelt einerseits in der Lebensfigur des דל die beiden in den Klagepsalmen insgesamt verdichteten Notsituationen „Feinde“ und „Krankheit“.[13] [28] Und er unterstreicht andererseits, nicht zuletzt durch

---

8 Ps 41,14 ist redaktionelle Schlußdoxologie der Sammlung Ps 3–41: Mit der Zeitangabe „für immer“ hat Ps 41 seinen Abschluß in V. 13 erreicht. Die Doxologie kopiert dies und baut es zur Wendung „von Ewigkeit zu Ewigkeit“ aus. Nicht mehr steht die Beziehung JHWH Armer/Beter im Mittelpunkt, sondern das Verhältnis JHWH – Gottesvolk. JHWH heißt jetzt „Gott Israels“, und dieses Israel akklamiert ihm mit dem liturgischen Ruf „Amen, amen!“.

9 Der Abschnitt kippt an seinem Ende in V. 4b aus der Darlegung in die Gebetsanrede der 2. Person Singular um und leitet so zum Abschnitt V. 5–11 über.

10 דל findet sich im Psalter nur noch in 72,13 (דל ואביון); 82,3 (דל ויתום), 82,4 (דל ואביון) und 113,7 (V. 7a: דל; V. 7b: אביון).

11 So die meisten Übersetzungen und Kommentatoren.

12 Der öfter zur Interpretationshilfe bemühte Ps 32 hat zwar eine gewisse Strukturähnlichkeit mit Ps 41 (einleitende Seligpreisung, Zitateinleitung, Rückblick auf erfahrene Hilfe), aber Ps 32 gestaltet die Seligpreisung anders mit Passivkonstruktion, die von vornherein den Seliggepriesenen mit dem Psalmbeter identifiziert.

13 Vgl. dazu die immer noch „klassische“ Materialzusammenstellung bei H. Gunkel/J. Begrich, Einleitung in die Psalmen, Göttingen ^{2}1966, 190–211.

die jeweils betonte Stellung des Tetragramms,[14] daß JHWH in einer unzerstörbaren Beziehung zum דל steht, so daß dessen Leben zugleich zur Lehre über JHWH werden kann.

Mit einer Zitateinleitung folgt mit V. 5–11 eine als Ich-Rede gestaltete Klage bzw. Bitte, die sich an JHWH in der Du-Anrede wendet. Dieser Abschnitt, der sehr plastisch und drastisch nicht nur die soziale Desintegration des Klagenden, sondern vor allem die Deutung seiner Krankheit durch seine Umgebung als von Gott verhängten Tod beschreibt, ist gerahmt durch die imperativische Bitte um das Erbarmen JHWHs, das sich sowohl in der Heilung (V. 5) wie in der sozialen Restitution (V. 11) erweisen soll; die Bitte um das Erbarmen wird in V. 5b mit einem Sündenbekenntnis unterstützt.

Als dritter Abschnitt folgt V. 12–13, der zwar die Sprechrichtung mit V. 5–11 teilt (Du JHWH – ich), aber andererseits auf ein bereits erfolgtes Eingreifen JHWHs zurückblickt. Diese Vergangenheitsperspektive teilt V. 12–13 mit der Zitat-Einleitungsformel in V. 5a. Allerdings können V. 5–11 und V. 12–13 aus zwei Gründen kaum auf die gleiche Hand zurückgehen: (a) Der Abschnitt V. 5–11 spricht in V. 6 von „meinen Feinden“ im Plural; ihr massiertes Reden und Agieren ist geradezu die Pointe der Notschilderung; auf diese Gruppe wird in V. 11 durch enklitisches Pronomen zurückverwiesen. Davon ist V. 12 klar abgesetzt, insofern hier nicht nur renominalisiert wird, sondern weil nun der zusammenfassende Singular „mein Feind“ steht. Durch den Singular „mein Feind“ ist V. 12–13 auch von V. 2–4 abzugrenzen. (b) Während der Abschnitt V. 5–11 die Bitte um das heilende Erbarmen JHWHs mit einem Sündenbekenntnis verkündet, betont der Sprecher von V. 12–13 seine Schuldlosigkeit. Zwar muß ואני בתמי in V. 13a so umfassend verstanden werden, daß auch die körperliche Unversehrtheit mitgehört wird, doch schließt der Begriff nach Ausweis weisheitlicher Parallelstellen die ethische Vollkommenheit im Sinne einer prinzipiellen, fundamentalen „Gerechtigkeit“ ein. Die in V. 13 beschriebene Zuwendung JHWHs zum Beter wird mit Anklängen an die Sprache Deuterojesajas als ein grundlegender Heilserweis JHWHs so gedeutet, daß das punktuelle Rettungsgeschehen eine Bedeutung לעולם erhält.

Die drei Abschnitte spiegeln zugleich die dreiphasige Wachstumsgeschichte von Ps 41 wider: Das (möglicherweise vorexilische) Klage- bzw. Bittgebet eines Kranken V. 5–11 (ohne Zitateinleitung in V. 5a) ist in exilischer Zeit[15] durch V. 12–13 erweitert worden: Der Beter begreift seine Rettung/Heilung nun als „Offenbarung“ der Gnade (V. 12a), in der JHWH auf der Seite der Verfolgten steht. In der dritten [29] Stufe wird die lehrhaft-mahnende Einleitung vorausgestellt, die den klagenden und geretteten Beter nun zum paradigmatischen Armen macht. Nun wird das Gebet V. 5–11.12–13 zum „Beispielgebet“ des Armen, an dem „erlernbar“ ist: Der Arme ist nicht der Gottverlassene und

---

[14] Das Tetragramm steht in Kontaktstellung am Ende von V. 2 und sofort wieder am Anfang von V. 3; es eröffnet ebenfalls in Frontstellung V. 4.

[15] V. 13 nimmt Jes 41,10; 42,1; 45,1 auf.

Todgeweihte, sondern im Gegenteil gilt, daß er *als Armer* (vgl. die Seligpreisung V. 2a!) der Zuwendung JHWHs gewiß sein kann – was immer geschieht. Auf dieser dritten Stufe ist die „Seligpreisung" V. 2a die Einladung an den „Leser" bzw. „Hörer", den nun folgenden Psalm V. 2b–13 als „Psalm des Armen" wahrzunehmen und als „Lebenslehre" zu lernen.

In unserem Zusammenhang ist nun wichtig, daß die redaktionelle Hand, die Ps 41 zum „Armenpsalm" machte, auch im vorangehenden Ps 40 erkennbar ist und auch dort einen vorgegebenen Psalm zum „Armenpsalm" umgestaltete – und beide Psalmen gezielt an das Ende des ersten Davidpsalters stellte.

2. Auch Ps 40 ist in literarkritischer Hinsicht keine ursprüngliche Einheit.[16] Von den unterschiedlichen Sprechsituationen her lassen sich drei Teile erkennen: V. 2–5 ist Danklied eines einzelnen für Rettung aus tödlicher Bedrohung (Sprechrichtung: ich – er); das Lied kulminiert in einem weisheitlich-didaktischen Spruch, der als Seligpreisung gestaltet ist. V. 6–11 ist ein „vor/in großer Gemeinde" (בקהל רב) abgelegtes Bekenntnis zu einem Leben nach der Tora (Sprechrichtung: ich – du). V. 12–18 ist Klage und Bitte eines „Armen", der einerseits von seinen Sünden und von zahlreichen Feinden, die sein Leben vernichten wollen, bedroht ist und der andererseits das Erbarmen JHWHs und seine Hilfe erfleht. Die drei Teile unterscheiden sich durch Sprache und Theologie so stark voneinander, daß sie nicht dieselbe Herkunft haben können; andererseits sind sie so aufeinander hingeordnet, daß der vorliegende Psalm am ehesten durch einen „Fortschreibungsprozeß" zu erklären ist.

Das kleine Danklied V. 2–5, das eine einfache Abfolge ähnlich gebauter, syndetisch gestalteter Bikola darstellt,[17] inspiriert sich an der prophetischen „Biographie" Jeremias und an der Theologie des dritten und vierten Gottesknechtlieds (Jes 50,4–9; 52,13–53,12)[18]. Das Bekenntnisgebet V. 6–11 hat demgegenüber eine komplexe poetische und syntaktische Struktur. Kolometrisch liegen Trikola vor. Die Sätze sind (mit zwei Ausnahmen) asyndetisch nebeneinandergestellt. Es [30] dominieren theologische Fachbegriffe, jedoch fehlen die in V. 2–5 anklingenden Wortfelder des Vertrauens auf JHWH und die Götzenpolemik, wenngleich diese positiv gewendet das Thema des ganzen Bekenntnisgebets ist. Es ist das in V. 4a angekündigte[19] „Loblied für unseren

---

16 Zu Ps 40 vgl. vor allem G. Braulik, Psalm 40 und der Gottesknecht (fzb 18), Würzburg 1975; F. Crüsemann, Studien zur Formgeschichte von Hymnus und Danklied in Israel (WMANT 32), Neukirchen-Vluyn 1969, 258–263.

17 Erstes Kolon lang, zweites Kolon kurz; meist Position des Verbs (Narrativ) an erster Stelle.

18 Möglicherweise ist in 40,4b auch Jes 52,14–15 im Blick, wo Leiden und Rettung des „Gottesknechts" in ihrer Bedeutung für „die Vielen" bzw. sogar für „die vielen Völker" dargestellt werden.

19 40,4a ist vermutlich redaktionelle „Vorbereitung" von 40,6–11; dafür spricht die Beobachtung, daß V. 4a den engen Zusammenhang zwischen V. 3 und V. 4b unterbricht. Die Aussage bildet einen Kontrast zu dem in den (redaktionellen bzw. von der nach-

Gott". Mit dem eröffnenden Rückblick auf die Geschichte Israels (V. 6), in deren Dynamik der Beter sein Einzelleben (V. 2–5) eingebunden weiß, wird zunächst die Götzenpolemik vertieft („niemand ist dir zu vergleichen!"), vor allem aber wird damit die Hauptaussage von V. 6–11 vorbereitet.

Wie die „Heraufführung" (Ps 40,3: העלה) Israels aus Ägypten zur Gabe der Sinaitora hinführte, so erfährt der Beter von 40,2–11, daß der Wundertaten wirkende Gott (Ps 40,6) seinem Knecht „jeden Morgen das Ohr weckt und öffnet" (Jes 50,4–5 als Hintergrund von Ps 40,7), um ihn zu lehren und zu befähigen, freudig seinen Willen zu tun, den er auf der Schriftrolle in seinem Inneren eingeschrieben hat (Ps 40,8–9).[20] Das Leben aus und mit der Tora ist das Dankopfer, mit dem dieser Gerettete seinem Rettergott, der nicht die Tier- und Speiseopfer des Tempels fordert (Ps 40,7), dankt. Die sich hier gegenüber dem Tempelkult, aber auch gegen die schriftlich fixierte Tora ausdrückende Distanz macht deutlich, daß die „große Versammlung" (Ps 40,10–11), vor der Ps 40,2–11 rezitiert wird, nicht das Tempelmilieu meint, sondern offensichtlich eine vom Tempel unabhängige, wahrscheinlich sogar in Opposition zum offiziellen Tempelkult stehende „Laienbewegung" anzielt.[21] In diese Richtung weist zumindest die abermalige Fortschreibung des Psalms durch V. 12–18. [31]

Das Klage- und Bittgebet 40,12–18 hebt sich von 40,2–11 nicht nur durch die abermals andere kolometrische Struktur[22] und die neue Figurenkonstellation (Feinde, Armer) ab, sondern vor allem durch mehrere Eigenheiten, die für die nachexilische Redaktionsgeschichte des ersten Davidpsalters bedeutsam sind: Ps 40,14–18 ist, wenige Abweichungen ausgenommen, identisch mit Ps 70,2–6. Die Abweichungen von 40,14–18 gegenüber 70,2–6 sind als gezielte

---

exilischen Redaktion eingefügten) Passagen 38,14; 39,14 beklagten Zustand des Verstummens: Mit dem „neuen Lied" hat JHWH selbst diesen Zustand überwunden. 40,4a könnte auch erst auf die Schlußredaktion des Psalters zurückgehen (vgl. Ps 149).

20 מגלת־ספר in 40,8bα ist Realmetapher für von Gott eingegebene Worte; vgl. Jer 36,4.32; 51,63; Ez 2,9; möglicherweise liegt auch eine Anspielung auf ספר הברית und ספר התורה vor. כתוב עלי in 40,8bβ greift die in Jer 31,33 stehende Wendung על־לבם אכתבנה auf.

21 Andere Deutungen des schwierigen Abschnitts können hier nicht diskutiert werden. Die „Buchrolle" beziehe sich, so wird gesagt, auf den in der Antike verbreiteten Kultbrauch, einer Gottheit für erfahrene Hilfe im Heiligtum eine Votiv-Stele oder eine Votiv-Schriftrolle zu übergeben, auf denen das Rettungsgeschehen in (hymnischer) Gebetsform bezeugt wird; nach diesem Verständnis wäre Ps 40 als Dankpsalm im Tempel so gesprochen worden, daß der Beter dabei eine Schriftrolle in der Hand gehabt hätte, auf der Ps 40,2–5 geschrieben war (vgl. zu dieser Deutung vor allem G. Bornkamm, Lobpreis, Bekenntnis und Opfer. Eine alttestamentliche Studie, in: ders., Geschichte und Glaube 1 [BEvTh 48], München 1968, 122–132). G. Braulik, Psalm 40 (s. Anm. 16) versteht den Abschnitt als prophetisch inspirierte Auseinandersetzung mit der in der Exilszeit gegebenen Unmöglichkeit des Opferkults; 40,7–9 wäre dann die Zusage, daß JHWH – trotz der „auf der Schriftrolle" des Deuteronomiums gegebenen Opfervorschriften – dennoch sein Volk, in der Zeit des Exils als opferlose Gemeinde akzeptiert.

22 In 40,15–17 bilden nicht Kola, sondern Bikola die Parallelismusstruktur.

redaktionelle Unterschiede in Ps 40,14–18 zu erklären, die diesen Abschnitt *sowohl* auf Ps 40,2–11 hinordnen *als auch* Ps 40 insgesamt mit der Teilgruppe Ps 35–41 vernetzen sollen. Für diese Annahme sprechen folgende Beobachtungen:

a) Es ist schon mehrfach darauf aufmerksam gemacht worden, daß Ps 40,14–18 sich sprachlich eng mit Ps 35 berührt.[23] An Gemeinsamkeiten sind zu nennen:

40,14a	רצה יהוה להצילני	35,10a	יהוה מי כמוך מציל עני
40,15a	יבשו ויחפרו יחד מבקשי נפשי לספותה יסגו אחור ויכלמו חפצי רעתי	35,4	יבשו ויכלמו מבקשי נפשי יסגו אחור ויחפרו חשבי רעתי
		35,26	יבשו ויחפרו יחדו שמחי רעתי
40,16a	ישׁמו על־עקב בשתם	35,26	ילבשו בשת וכלמה
40,16b	האמרים לי האח האח	35,21 35,25	אמרו האח האח אל־אמרו בלבם האח
40,17a	ישׂישׂו וישׂמחו בך	35,27	ירנו וישׂמחו
40,17b	יאמרו תמיד יגדל יהוה אהבי תשועתך	35,27 35,3 35,9	ויאמרו תמיד יגדל יהוה אמר לנפשי ישעתך אני תשׂישׂ בישועתו
40,18a	ואני עני ואביון	35,10b	ועני ואביון
40,18a	אדני יחשב לי	35,17.22.23 35,4.20	אדני חשב + die Feinde
40,18a	עזרתי ומפלטי אתה	35,2	וקומה בעזרתי

Dicse Gemeinsamkeiten sind unterschiedlich erklärt worden. R.C. Culley weist darauf hin, daß hier formelhafte Sprache vorliege, die [32] aus einem allgemeinen Formelrepertoire der religiösen Sprache stamme und auf keinerlei literarische Beziehung zwischen Ps 35 und Ps 40 hinweise, zumal Ps 40,14–18 durch seine formelhaften Wendungen auch noch mit anderen Psalmen, vor allem mit Ps 38, verbunden sei.[24] In Auseinandersetzung mit Culley hat G. Braulik den Nachweis versucht, daß Ps 40,14–18 Ps 70,2–6 demgegenüber von Ps 35 literarisch als „Vorlage" abhängig sei.[25] Diese Auffassung ist u. E. dahingehend zu modifizieren, daß 40,14–18 von jener redaktionellen Hand geschaffen wurde, die ihrerseits Ps 35 so bearbeitet hat, daß auch er nunmehr

23 Vgl. vor allem die Diskussion bei G. Braulik, Psalm 40 (s. Anm. 16), 207–213.

24 R.C. Culley, Oral Formulaic Language in the Biblical Psalms (NMES 4), Toronto 1967, 106.116.

25 G. Braulik, Psalm 40 (s. Anm. 16), 212 f.

als ein „Armenpsalm“ zu lesen ist, der zusammen mit Ps 40–41 einen übergreifenden Bogen bildet.[26]

b) Das das Klage- und Bittgebet 40,12–18 eröffnende Bekenntnis des Beters V. 12–13 greift bei der Formulierung von V. 12 einerseits auf V. 6–11 zurück und verarbeitet andererseits in V. 13 die Sündentheologie von Ps 38,5.11. Daß hier in der Tat der im Zentrum der Teilgruppe Ps 35–41 stehende Ps 38 im Blick ist, bestätigt die Bitte Ps 40,14b, die wortgleich in Ps 38,23 steht.

c) Ein Teil der Unterschiede zwischen Ps 40,14–18 = 70,2–6 läßt sich gut durch den jeweiligen literarischen Kontext erklären.[27] Die Eröffnung der Bitte in 40,14a (רצה), die in 70,2a fehlt, ist in Ps 40 gezielt kontextorientiert; sie verweist auf 40,9. Die die Feinde des „Armen“ in 40,15 als Gesamtheit qualifizierende Angabe יחד, die in 70,3 fehlt und sich auch von der analogen Angabe יחדו in 35,26 unterscheidet, dürfte mit Blick auf 41,8 gewählt sein. Die Verwendung des Verbums חשב in 40,18 soll einerseits den Bogen nach 40,6 schlagen; andererseits könnte das Verbum auch gezielt einen Kontrast zum Handeln der Feinde in 35,4.20 und insbesondere in 41,8 beabsichtigen. Schließlich wird die Form des Nomens תשועה in 40,17 gegenüber der gebräuchlicheren Form ישועה ebenfalls mit dem Kontextbezug nach 40,11 zusammenhängen.

d) Die beiden redaktionell miteinander verschränkten „Armenpsalmen“ 40 und 41 wollen als eine „Lebensdeutung der Armen“ im Horizont des größeren Zusammenhangs Ps 35–41 gelesen werden. Beide Psalmen bilden strukturell eine auffallende Mischung von Elementen des Klage- und des Dankliedes, die – nimmt man die beiden Psalmen als Textzusammenhang, der durch die weisheitliche „Lehre“ 41,2–4 [33] hergestellt wird[28] – die spiegelbildliche Abfolge bilden: Dank – Klage – (Lehre) – Klage – Dank. Da der in die Mitte dieser Komposition gestellte Abschnitt 41,2–4 nicht punktuelle Ereignisse im Leben eines Armen, sondern die Existenz „des Armen“ überhaupt anvisiert, geht es in Ps 40–41 um die fundamentale Existenzerhellung jener Bewegung, die sich hier im Horizont der Theologie von Jes 40–55 und des Theologumenons von

---

[26] Auf nachexilische Redaktion gehen Ps 35,7–10.26–28 zurück. 35,7–10 führt den Gruppenkontrast Feinde – Arme ein. 35,26–28 spiegeln das Selbstbewußtsein der nachexilischen Gruppe der Armen: Sie wissen sich in einem besonderen Verhältnis zu JHWH; sie erfahren seine Protektion, weil sie seine Knechte sind. 35,26–27 berührt sich bis in den Wortlaut hinein mit 40,15.17.

[27] Vgl. die differenzierte Diskussion bei G. Braulik, Psalm 40 (s. Anm. 16), 197–200.221–251.

[28] G hat die Beziehung zwischen Ps 40 und Ps 41 noch verstärkt, indem sie in 41,2 die Bezeichnung des Armen durch die Aufnahme von אביון = πένης aus 40,18 erweitert und außerdem דל in 41,2 mit πτωχός übersetzt, womit sie auch עני in 40,18 wiedergibt. Damit steht der gleiche Doppelausdruck πτωχὸς καί πένης sowohl am Schluß von Ps 40 wie am Anfang von Ps 41.

der „ins Herz gegebenen Tora“ als die „neue Gemeinde“ präsentiert, die die „neuen“ Lieder singt.[29]

3. Wie schon angedeutet, hat diese nachexilische Armenredaktion 40,12–18 und 41,2–4 – vom Finale ausgehend – der gesamten letzten Teilsammlung ihren Stempel aufgedrückt und ihr die jetzt vorliegende Endgestalt gegeben.

Mit 35,7–10.26–28 hat sie den erweiterten Grundpsalm 35,1–6.11–25 zu einem Armenpsalm umgestaltet.

Die weisheitliche Lebenslehre des vielleicht aus dem 5. Jahrhundert v. Chr. stammenden Ps 37 knüpft an den Gruppenkontrast von 36,11–13 an (Kenner JHWHs und Geradherzige gegen die hybriden Frevler und Übeltäter) und baut ihn aus zur durchgehenden Konfrontation von Gerechten und Frevlern. Die Gegenüberstellung kann variiert werden: Auf der einen Seite stehen die demütig Armen (37,11), die Frommen JHWHs (37,28), der Vollkommene und Gerade (37,37), auf der anderen die Bösen und Täter des Unheils (37,1). Besonders mit der letzten Bezeichnung steht die Eingangszeile von 37,1 in synonymer Nähe zu den „Übeltätern“ der Schlußzeile von 36,13. Möglich ist, daß die Armenredaktion Ps 37 hier eingestellt hat und in 37,14b eine kleine Spur ihrer Reaktionsarbeit hinterlassen hat, wo sie ihre Leitbegriffe „den Schwachen und Armen“ nachträgt und für die soziale Komponente des Armutsbegriffs sorgt. Die Verbindungen von Ps 37 mit Ps 38 sind gering. Sie betreffen den Gottesnamen „Herr“ in 37,13 und 38,10.16.22–23 sowie die Vertrauensmotive: Harren auf JHWH (37,7; 38,16); JHWH verläßt den Beter nicht (37,28.33; 38,22); Motiv der Hilfe JHWHs (37,39–40; 38,23).

Ps 39 bietet ein weisheitliches Krankengebet aus nachexilischer Zeit (5.–3. Jahrhundert v. Chr.). Weisheitlich ist das Gebet allein schon deswegen, weil der Beter in der Einleitung, d. h. in einem autobiographischen Bericht (39,2–4), begründet, warum er mit dem Ideal und Vorsatz des Schweigens bricht und sein Gebet 39,5–14 spricht. Die Krankheit wird anders gedeutet. Von Feinden ist kaum noch die Re- [34] de, und sie ändern ihren Charakter als Frevler (39,2) und Toren (39,9). Krankheit ist jetzt eine Krankheit zum Tode und Signum der begrenzten Pilgerexistenz des Menschen vor Gott. Mit Ps 38 ist Ps 39 verklammert durch den Einschub von 38,14, der dem Inhalt (der Beter als Schweiger) und dem Wortmaterial nach auf 39,2–3.10.13 zurückgreift. Die Schilderung der Krankheit in beiden Psalmen stimmt im Folgenden überein: Die Krankheit bereitet Schmerzen (38,15; 39,3); das Innere, d. h. das Herz ist erfaßt (38,9.11; 39,4); die Krankheit trifft wie ein Schlag JHWHs (vgl. 38,12; 39,11); sie ist pädagogische Strafe Gottes (38,2–6; 39,12). Analogien gibt es auch in der Beziehung des Kranken zu JHWH: Der Beter harrt auf Gott (38,16; 39,8); er vertraut auf JHWHs Antwort (38,16; vgl. 39,13). Auch zu dem nachfolgenden

---

29 Vgl. dazu bes. J. Marböck, Der Gott des Neuen und das neue Lied, in: FS Füglister (s. Anm. 1), 205–221.

Ps 40 gibt es Bezüge. Die Anfangszeile des Dankliedes in 40,2 liest sich wie die Einlösung der Fragen und Bitten aus 39,8.13. Jetzt in 40,2 hat der Beter gehofft und ist mit der Erhörung des eigenen Notschreis belohnt worden. Am Bewußtsein von der eigenen Sünde (39,9.12) und an der Bitte um Rettung davon (39,9) hält die nachexilische Redaktion in 40,13–14 fest.

Somit drückt die nachexilische Redaktion der letzten Teilsammlung des ersten Davidpsalters ihren Stempel auf. Die sieben Psalmen 35–41 verstehen sich als umfassende Existenzdeutung des Armen. Er ist von Feinden verfolgt und von JHWH gerettet, der den Armen Recht und Heil verschafft (Ps 35). Mag ihn die Sünde von innen herausfordern, er bleibt in der Güte Gottes und von den besiegten Frevlern getrennt (Ps 36). Als Gerechter ist er der Konfrontation mit den Frevlern ausgesetzt, aber seine Beziehung zu JHWH hält sich durch, und sein Lebensweg und Ergehen werden sich gegen die Bösen durchsetzen (Ps 37). Krankheit als Strafe für eigenes Verfehlen fordert ihn heraus, Feinde bedrohen seine Gutheit (Ps 38). Das Ideal des Schweigens muß aufgegeben werden und die Krankheit als Indiz der Endlichkeit und des Gaststatus vor Gott bekannt und angenommen werden (Ps 39). So lebt der Arme zwischen Dank und Klage, Rettung und Anfechtung, Sünde und Tora Gottes im Innern, doch letztlich wird der Herr ihn behüten und am Leben erhalten (Ps 40/41).

Von der letzten Teilsammlung 35–41 kann nun auf die erste 3–14 geblickt und gefragt werden, ob sich dort eine vergleichbare Stufung in der Komposition von vorexilischen Laiengebeten, erster exilischer Sammlung und nachexilischer Endredaktion im Sinne der Armentheologie ergibt. Ferner kann danach gesucht werden, ob sich analoge Redaktionsinteressen und Leitideen ergeben.

III. Theologische Linien in der Psalmenkomposition Ps 3–14

1. Daß Ps 3–14 in synchroner Hinsicht als kompositionelle Einheit zu lesen ist, ist zunächst einmal durch eine redaktionelle Klammer an- [35] gezeigt, die Ps 3 und Ps 14 zusammenbindet und die Psalmengruppe zugleich als „Gottesvolk-Theologie" charakterisiert.

Die Ps 3 beschließende Bitte על־עמך ברכתך ist kaum ursprünglich. Einerseits ist das Bekenntnis 3,9a ליהוה הישועה deutlich der thematische und stilistische Kontrapunkt zu der „den Vielen" in den Mund gelegten Bestreitung 3,3b: „Für ihn gibt es keine Rettung bei Elohim"[30]. Das Schlußbekenntnis 3,9a faßt die in 3,8 mit AK formulierte Erhörungsgewißheit des Beters auch semantisch der vorausgesetzten kriegerisch-feindlichen Situation entsprechend zusammen; demgegenüber ist die „Segensbitte" in 3,9b nicht unmittelbar kon-

[30] Ps 3 trennt scharf: Die Anrede mit dem Eigennamen JHWH bleibt dem Beter vorbehalten; die Feinde gebrauchen nur den Gattungsnamen אלהים.

textuell geeignet. Außerdem steht diese Bitte in semantischer Spannung zu 3,7, wo עם das den (königlichen) Beter bedrohende Kriegsvolk meint.

Die in Ps 3,9b anklingende „Gottesvolk-Perspektive" wird in Ps 14,7 aufgenommen, wo in einer ebenfalls redaktionellen Schlußbitte die vom Zion herkommende Rettung Israels als Restitution des Gottesvolks erfleht wird; hier ist offensichtlich vorausgesetzt, daß zur Zeit der Sprecher dieser Bitte der Zion diese Funktion nicht wahrnimmt. Die Bitte 14,7 ist unbestreitbar redaktionell:

a) Die 14,7 bestimmende Zionsperspektive ist in 14,1–6 nicht explizit genannt.[31]

b) Während 14,1–6 einen Gruppen- bzw. „Klassenkonflikt" zwischen den Übeltätern und dem als „mein Volk" bezeichneten „gerechten Geschlecht" (14,5) bzw. „dem Armen" (14,6) beklagt, geht es in 14,7 um die Wiederherstellung des JHWH-Volks „Jakob"/„Israel".

c) 14,7 berührt sich eng mit den ebenfalls redaktionellen (nachexilischen) Schlüssen Ps 28,8–9; 29,11 bzw. Ps 25,22; 34,23.[32]

d) Der ursprüngliche Schluß von Ps 14 liegt in Ps 14,5 vor.[33] 14,6 ist bereits eine Erweiterung von Ps 14,1–5, die mit der Zusammenstellung der Psalmen 11–14 zu einer Teilkomposition zusammenhän- [36] gen dürfte. Beide „Schichten" entsprechen den zwei oben für Ps 35–41 aufgewiesenen Redaktionen: 14,6 macht aus Ps 14,1–5 einen „Armenpsalm"[34] und schlägt durch sein zweites Kolon כי יהוה מחסהו ausdrücklich einen semantischen Bogen zurück zum Anfang der Gruppe Ps 11–14: ביהוה חסיתי (11,1). Die Schlußbitte 14,7 weitet den Psalm dann auf Israel als das „arme Gottesvolk" aus, dem vom Zion aus

---

[31] Implizit klingt sie in der lokalen Deixis שׁם (14,5) an; vgl. dazu Ps 36,13; 76,4.

[32] Ps 28 kommt mit V. 6–7 zu seinem ursprünglichen Abschluß: Die Begründung der Segensformel in V. 6 greift wortwörtlich auf den Anfang V. 2 zurück; auch begegnet in V. 7 wie in V. 1 die Bildsprache des Königsgebets (Fels, Kraft, Schild); mit der Toda schließt der Dankteil des Psalms. V. 8–9 überträgt das Individualgebet auf die Anliegen der Gemeinschaft (Hilfe und Schutz für Israel und den gesalbten König). Ps 29,11 bietet eine gegenüber 29,1–10 abweichende Aussage: Im Grundpsalm geht es um die Huldigung JHWHs durch seine (himmlischen wie irdischen) Geschöpfe und seinen Machterweis im Gewitter; in V. 11 aber soll sein bedürftiges Volk daran teilhaben. Die Gotteserfahrungen werden jetzt nicht mehr in der Schöpfung bzw. Natur gemacht, sondern werden für die Geschichte erbeten, wo „Kraft" und „Segen" dem Gottesvolk von JHWH geschenkt werden sollen. Ps 25,22 und Ps 34,23 sind aufgrund gleicher Beobachtungen redaktionell: Beide gehen über die den Psalm jeweils strukturierende akrostichische Form hinaus; beide haben „Volksperspektive", während der Grundpsalm „Individualperspektive" hat.

[33] Vgl. dazu die oben beschriebene mit Ps 36 gemeinsame Grundstruktur.

[34] 14,6 ist eine crux interpretum. MT liest: „Den Plan des Armen macht ihr zuschanden bzw. wollt ihr zuschanden machen, doch JHWH …"; das ist sowohl inhaltlich (nach der Konstatierung des eingetretenen Gottesschreckens: V. 5) wie syntaktisch-poetologisch (Wechsel in die direkte Anrede) schwierig. Wir lesen: תֹבִישׁוּ = „Am Plan des Armen (der voll auf JHWH setzt!) seid ihr zuschanden geworden". Diese „Armenperspektive" fehlt semantisch in 14,1–5; sie bindet 14,1–5 mit 12,6 zusammen.

Rettung geschehen soll, indem sie die in 14,5 stehende Ortsangabe „dort“ eindeutig mit „Zion“ identifiziert und indem sie, Jes 14,32 aufnehmend, den Zion als den Ort deutet, von dem aus Israels Restitution geschieht[35] – wie dies auch in Ps 3,9b als „Segen“ von JHWHs „heiligem Berg her“ (Ps 3,5) erfleht wird.[36]

e) Sprachlich greift 14,7 auf die vorangehenden Psalmen 12 und 13 zurück.[37] Mit der Bitte um ישׁועה für Israel erhofft der Psalm in seiner nachexilischen Endgestalt auch die Widerlegung der in Ps 3,3 „den Vielen“ in den Mund gelegten These: „Für ihn gibt es keine ישׁועה bei Elohim“. Dieses Zitat bildet schon auf der Ebene der exilischen Redaktion der Psalmengruppe Ps 3–14 einen thematisch sich steigernden Spannungsbogen nach Ps 14,1, wo „dem Tor“ das Zitat zugeschrieben wird: „Es gibt nicht Elohim!“ Das ist der Horizont, in dem Ps 3–14 zu lesen ist: Es geht um den Erweis der Rettungskraft JHWHs als Erweis seiner Göttlichkeit – inmitten einer feindlichen, bösen Welt!

2. Die ersten fünf Psalmen dieser Gruppe, Ps 3–7, sind spätvorexilische Bittgebete, die sich durch folgende Eigenheiten als überlegt ausgewählte und zusammengestellte Komposition ausweisen:

a) In allen fünf Psalmen werden die Feinde, die im Hintergrund der unterschiedlichen Notsituationen agieren, überwiegend mit Bezeichnungen charakterisiert, die eine reale, unmittelbare, persönliche Bedrohung des Beters ausdrücken (Verwendung der Wurzel צר: 3,2; 4,2; [5,9;] 6,8; 7,5.7; אויב: 3,8; 6,11; 7,6). Nur in den beiden Eckpsalmen 3 und 7 kommt je einmal die ethisch-religiöse Qualifikation der Feinde in den Blick (רשׁע: 3,8; 7,10). [37]

b) Die Notsituationen, die in den fünf Psalmen zum Ausdruck kommen, lassen eine systematische Anordnung erkennen. Die beiden „Eckpsalmen“ 3 und 7 sind allgemein gehalten und zeichnen das Bild eines von vielen Feinden bzw. von einem feindlichen Heer Verfolgten, wobei in Ps 7 gegenüber Ps 3 das Unschuldsmotiv als Steigerung hinzukommt. In den beiden Psalmen, deren Verwandtschaft von einer Redaktion durch die Überschriften mit ihrem Hinweis auf spezifische Lebenssituationen des verfolgten David noch unterstrichen wird,[38] trägt der Beter unübersehbar königliche Züge, ohne daß er damit als König gedeutet werden muß. Beide Psalmen sind auch durch den

[35] Die „Ausweitung“ des Psalms auf das Verhältnis Israel/Völker, insbesondere mit Blick auf die Katastrophe von 587, legte sich einerseits von Ps 14,4 her nahe, andererseits boten Jer 10,25 und Ps 79,6–7 die entsprechenden Sprachmuster an; vgl. auch Ps 74,18.22 (Zionsklage!) und Jer 30,16.18;31,23.26.

[36] Vgl. zur nachexilischen Zion-Segenstheologie vor allem die sich an Num 6,24–26 inspirierende Redaktion der Wallfahrtspsalmen Ps 120–134.

[37] ישׁועה: 12,2.6; 13,6; גיל: 13,6.

[38] Vgl. dazu E. Slomovic, Toward an Understanding of the Formation of Historical Titles in the Book of Psalms, in: ZAW 91 (1979), 365 f; E. Zenger, Was wird anders (s. Anm. 1), 408 f.

Ruf קומה יהוה aufeinander hingeordnet, der sowohl kriegerische wie juristische Konnotationen hat.[39] Die zwischen 3 und 7 gestellten Einzelpsalmen, die durch Stichwortbezüge vernetzt sind,[40] rekapitulieren paradigmatische „Lebensanfeindungen“: Ps 4 ist Bittgebet inmitten sozialer Bedrängnis durch Mächtige und Reiche,[41] Ps 5 ist Bittgebet in der Rechtsnot öffentlicher Verleumdung und falscher Anklage,[42] Ps 6 ist Bittgebet in schwerer Krankheit; alle Nöte sind jeweils mit „Feindschilderungen“ verwoben.

c) Den Psalmen 3–7 ist die starke Gewißheit gemeinsam, daß JHWH die Klagen und Bitten hören und rettend eingreifen wird. Dabei ist diese Rettungsgewißheit in auffallender Weise mit dem „Morgenmotiv“[43] verbunden, das in diesen Psalmen in unterschiedlicher Nuancierung auftritt, aber immer die Perspektive festhält, daß JHWH als die der Nacht und dem Bösen ein Ende setzende „Sonne“ des Morgens bzw. des Tages aufstrahlt. Die Verschränkung von Rettungsgewißheit und „Morgenmotiv“ begegnet sogleich in Ps 3,5–6, wenn der Beter seine bereits als geschehen dargestellte Gebetserhörung schildert: 38

> „Mit meiner Stimme rief ich zu JHWH,
> und er hörte mich von seinem heiligen Berg her,
> Ich legte mich nieder und ich schlief ein,
> ich wachte (wieder) auf, denn JHWH beschützt mich.“[44]

Daß der von Feinden umgebene Verfolgte die Nacht als Zeit der tödlichen Bedrohung und des anstürmenden Chaos überstanden hat, wird hier als Verweis auf die schützende Nähe des den rettenden Morgen herbeiführenden JHWH gedeutet. Dieses Motiv kehrt dann auch in den folgenden Psalmen in

---

39 Zur kriegerischen Konnotation vgl. vor allem den Ladespruch Num 10,35; die juristische Konnotation ist durch den Kontext 7,7–12 angezeigt. Daß קום auch für das „Aufstehen“ der Sonne gebraucht werden kann, zeigt Hi 11,17; 25,3.

40 Vgl. die Hinweise bei Ch. Barth, Concatenatio (s. Anm. 1), 33; J. Schreiner, Stellung (s. Anm. 1), 259.

41 Ein Überblick über die unterschiedlichen Deutungswege von Ps 4 findet sich bei E. Zenger, „Gib mir Antwort, Gott meiner Gerechtigkeit“ (Ps 4,2). Zur Theologie des 4. Psalms, in: FS H. Reinelt, Stuttgart 1990, 377–403; allerdings läßt sich die dort gegebene Deutung, daß sich der Psalm mit der gesellschaftlichen Krise des Gottesglaubens in der frühnachexiliscben Zeit auseinandersetzt, nicht mehr halten (vgl. schon E. Zenger, Morgenröte [s. Anm. 1], 234–241).

42 Die Rechtsnot läßt sich aus 5,7.10 erschließen; doch kann man daraus keinen konkreten kultischen „Sitz im Leben“ in einer wie immer zu bestimmenden „Sakralgerichtsbarkeit“ erschließen, die als solche ohnedies höchst problematisch ist.

43 Vgl. dazu die materialreiche Diskussion bei B. Janowski, Rettungsgewißheit und Epiphanie des Heils. Das Motiv der Hilfe Gottes „am Morgen“ im Alten Orient und im Alten Testament I. Alter Orient (WMANT 59), Neukirchen-Vluyn 1989.

44 In 3,5a steht PK im Sinne eines archaisierenden Perfekts. In 3,6 sind die beiden AK-Formen sowie die *wayyiqtol*-Form gegenüber der „Einheitsübersetzung“ unbestreitbar als Vergangenheit wiederzugeben.

unterschiedlicher Ausprägung wieder. So kann sich der Beter in Ps 4,9 zum friedlichen Schlaf hinlegen, weil er gewiß ist, daß es für ihn kein böses Erwachen geben wird, denn JHWH wird sich (am Morgen) gegen die Mächtigen durchsetzen und sich für den Beter als „Sonne der Gerechtigkeit" erweisen. In Ps 5,4 begegnet die Angabe „am Morgen" gleich zweimal, um die Hoffnung des Beters zu unterstreichen, in der er auf das befreiende Ende seiner Rechtsnot durch die morgendliche Erscheinung JHWHs setzt. In Ps 6,7 benetzt der Beter „die ganze Nacht" (בכל־לילה) sein Lager mit Tränen wegen seiner lebensgefährlichen Krankheit, die durch Feinde verschärft wird; aber er hat zugleich die Zuversicht, daß auf die lange Nacht ein „Morgen" folgen wird, weil JHWH, bei dem die Rettung ist (vgl. die programmatische Aussage in Ps 3,9a!), das nächtliche Weinen hört und die Feinde „plötzlich", wie „mit einem Schlag", schreckensstarr und ohnmächtig werden läßt. Schließlich gehört auch die Zeitangabe „den ganzen Tag" (בכל־יום) von Ps 7,12 zu dieser Linie. Meist wird sie von den Übersetzern und Kommentatoren als „täglich", „ständig" verstanden und bleibt deshalb für die Interpretation weitgehend unberücksichtigt.[45] Unsere redaktionskritische Fragestellung führt dazu, sie in ihrem theologischen Gewicht wahrzunehmen. In Ps 7 selbst steht sie im Kontext der Rede von JHWHs Richteramt in seiner zweisei- [39] tigen Wirkung, Recht verschaffend dem Gerechten und strafend dem Frevler gegenüber (Ps 7,11–17). Daß JHWH sein Richteramt בכל־יום ausübt, meint hier nicht, daß er dies „ständig" tut oder daß er in seinem Wirken zeitgebunden ist. Vielmehr ist auch diese „Zeitangabe" im traditionsgeschichtlichen Kontext des „Morgenmotivs" zu verstehen: JHWH übernimmt die Rolle des altorientalischen/altägyptischen Sonnengottes, der als Tagesgestirn den Himmel durchquert und die gerechte Ordnung auf der Erde, ja des Kosmos überhaupt, durchsetzt und erneuert.[46] Hinter dieser Metaphorik verbirgt sich nicht nur die Erfahrung der aufgehenden Sonne als Bringerin von Licht und Wärme, sondern die den Tag konstituierende Sonne gilt hier als Offenbarung und Bestätigung dafür, daß

---

45 Die Zeitangabe bezieht sich auf den ganzen Vers 7,12 und damit auf das Richteramt Gottes in seiner zweifachen Form. Das Verständnis der Zeitangabe im Sinne von „täglich", „ständig" hat für 7,12b zu zahlreichen Textkonjekturen geführt, aber auch zu sehr komplizierten Reflexionen. Ein Beispiel für viele: „Ebenso wäre V. 12 (wie die Partizipialformel in 10b) am besten als ein Element der ‚Gerichtsdoxologie' zu verstehen. Der richtende Gott wird als Rechtshelfer des צדיק und als ständig Strafender der רשעים verherrlicht ... Die Gerichtsdoxologie fällt aus der erlebnismäßigen Folge, die man in Ps 7 nach psychologischen Gesichtspunkten stufenweise zu rekonstruieren suchte, grundsätzlich heraus; sie erfaßt gültige Sachverhalte, die jenseits der Not des Beters liegen, die jedoch für ihn Trost und aufrichtende Gewißheit bedeuten" (H.J. Kraus, Psalmen [BK XV], Neukirchen-Vluyn [6]1989, 198; vgl. ebd., Anm. 1: „‚Sed quanquam non statim iudicia sua exsequitur, quia nullum tempus est, imo nullus dies praeterit, quo non certis documentis probet, quae permista sunt in mundo, a se discerni.' Calvin, In librum Psalmorum Conamentarius, zu Ps 7,12").

46 Vgl. die vielen Belege bei B. Janowski, Rettungsgewißheit (s. Anm. 43).

Gott sein und des Kosmos „Recht" (*ME*, maat, צדק) fest gegründet hat und mit jedem Sonnenaufgang/Tagesanbruch neu revitalisiert.[47]

d) Die Reihe der zu einer fortlaufenden Skizze menschlicher Existenz verwobenen Bittgebete kulminiert im Lobversprechen Ps 7,18, das einerseits die im „Morgenmotiv" sich aussprechende Theo-Logie zusammenfaßt und andererseits zum anschließenden Ps 8 hinüberleiten soll, der im Sinne der Redaktion nun genau als die Durchführung jenes Lobpreises zu lesen ist, der in Ps 7,18 angekündigt wird:

> „Ich will JHWH loben gemäß seiner Gerechtigkeit,
> ich will besingen den Namen JHWHs, des Höchsten."

Dieses Lobversprechen faßt genial die hinter Ps 3–7 stehenden Gottesvorstellungen zusammen, die zwar kultische Konnotationen haben, aber insgesamt weisheitlich überlagert sind und teilweise sogar ihre Distanz zum Tempelkult explizit machen.[48] Wenn JHWH in 7,18 כצדקו gepriesen wird, dann ist er dabei als Setzer und Garant der umfassenden Sozialordnung, des Ethos, im Blick. Und wenn er den Titel עליון erhält, unterstreicht dies den Aspekt, daß JHWH vom Zion als Götter- und Weltberg aus den Kosmos gestiftet hat und gegen alle feindlichen Mächte des Chaos verteidigt. Daß der Zion-Gott „von seinem heiligen Berg" her hört und rettet, ist auch die Botschaft, die Ps 3,5 verkündet – also der Psalm, mit dem die Redaktion die Reihe 3–7 beginnen läßt.

3. Psalm 8, der als „in der Nacht" gesprochener Hymnus auf den majestätischen Gott, der sich den Kleinen zuwendet, die in Ps 3–7 aufgebaute „Zeitmetaphorik" von JHWH als dem in und vor der „Nacht" [40] rettenden „Sonnengott" (die Sonne fehlt deshalb in Ps 8,4!) weiterführt, nimmt in seinem Refrain aus 7,18 das Stichwort vom Namen JHWHs auf:

> „JHWH, unser Adonai, wie machtvoll ist dein Name auf der ganzen Erde." (8,2.10)

Schon aus sich selbst heraus verstanden, preist Ps 8 JHWH als den Schöpfer- und Weltengott, der dem Kosmos seine Ur-Ordnung eingestiftet hat, wofür der Beter als pass pro toto die kosmische Ordnung von Mond und Sternen poetisch auswählt. Vor allem jedoch erweist sich nach Ps 8 JHWH als „König der Gerechtigkeit", insofern er den Menschen Anteil an seinem königlichen כבוד gegeben hat (Ps 8,5), weshalb er „den Menschen" nun seine besondere fürsorgliche Zuwendung (Ps 8,5) schenkt. Der כבוד des Menschen ist hier

---

47 Vgl. dazu vor allem Ps 19 als Zentrum der durch Ps 15 und Ps 24 gerahmten Teilkomposition Ps 15–24; Ps 19 seinerseits steht in motivlich-theologischem Bezug zu Ps 29 als Mitte der Teilkomposition Ps 25–34.

48 Überlagerung bzw. Brechung kultischer Motive durch weisheitliche Vorstellungen (Betonung des Tun-Ergehen-Zusammenhangs!) liegt auch in den Psalmen 3–6 vor.

das, was wir heute „Menschenwürde" nennen.[49] Sie erhält in Ps 8 eine geradezu ontische Absicherung; sie ist unaufhebbar und unzerstörbar, weil sie von JHWH selbst gewährt ist, in seiner Weltordnung gründet und als Erweis „seines Namens" – allen Widerständen zum Trotz – „auf der ganzen Erde" offenbar werden soll.

Diese in Ps 8 entworfene Theologie der Menschenwürde erhält durch die redaktionelle Zusammenschau von Ps 8 mit Ps 3–7 ihre besondere Pointe:

a) Durch das Nomen כבוד zieht sich von Ps 8 eine interpretatorisch relevante Linie in die Psalmengruppe 3–7 hinüber. Es kann kein Zufall sein, daß כבוד auch in Ps 3,4; 4,3 und 7,6 eine bedeutende Rolle spielt. Der massiven feindlichen Bedrohung, die der Beter am Anfang von Ps 3 beklagt, setzt er sein pointiertes Vertrauensbekenntnis entgegen:

> „Doch du, JHWH, du bist ein Rundschild für mich,
> du bist meine Ehre (כבודי) und der, der mein Haupt erhebt" (3,4).

Ähnlich protestiert der von Reichen und Mächtigen verunsicherte und bedrängte Beter des 4. Psalms dagegen, daß diese „seine Ehre" schmähen:[50]

> „Ihr Mächtigen, wozu zieht ihr meine Ehre (כבודי) in den Schmutz,
> indem ihr Eitles liebt und Lüge sucht." (4,3)

Und in Ps 7,6 sorgt sich der Beter in seinem Unschuldseid darum, daß „seine Ehre" (כבודי) mit Füßen zertreten werden könnte. Ange- [41] sichts der in Ps 3–7 beklagten Gefährdungen und Angriffe will die Psalmenkomposition Ps 3–8 ihre Leser zur Gewißheit führen, daß die „Menschenwürde" der Verfolgten und Bedrängten unzerstörbar ist, weil sie im Kosmos stiftenden JHWH selbst gründet.

b) Die nachexilische Redaktion hat diesem Zusammenhang einen besonderen hermeneutischen Horizont gegeben, in dem sich zugleich das Selbstverständnis der hinter der Redaktion stehenden Gruppe ausspricht. Es gibt gute Gründe dafür, den „schwierigen" V. 3 in Ps 8 als redaktionelle Einfügung zu bewerten,[51] durch die Ps 3–7 noch enger an Ps 8 herangerückt werden sollen. Immerhin fällt auf, daß dieser Vers die beiden für Ps 3–7 charakte-

---

[49] Diese Ausweitung von Königsprädikationen auf alle Menschen, die auch in der priesterschriftlichen Vorstellung von der Gottebenbildlichkeit des Menschen vollzogen wird, hat man oft „Demokratisierung" genannt; adäquater ist vielleicht die Bezeichnung „Universalisierung".

[50] Anders als in Hos 4,7; Jer 2,11; Ps 106,20 ist כבוד hier also kein Ersatztitel für JHWH (Gott = „Ehre"; vgl. auch die Anrede „Ew. Ehren!").

[51] Gründe: (a) Während V. 4–9 durchgehend im synonymen oder synthetischen Parallelismus gestaltet ist, ist die kolometrische Struktur von V. 3 demgegenüber unklar; (b) die V. 3 und V. 4–9 bestimmende Bildwelt steht spannungsreich nebeneinander (V. 3: Plural „Neugeborene und Säuglinge"; Kriegsmetaphorik; V. 4–9: Singular: אנוש/בן־אדם; Metaphorik Mensch/Tierwelt; Fehlen des Feindmotivs); (c) der Übergang von V. 3 nach V. 4 ist unvermittelt.

ristischen Feindbezeichnungen צורר und אויב verwendet; die Kombination אויב ומתנקם begegnet nur noch in der exilischen Erweiterung von Ps 44 (44,17); daß JHWH seinem Volk עז gibt bzw. geben soll, wird in den nachexilischen Erweiterungen von Ps 28 und 29 (28,8; 29,11) ausgesagt bzw. erfleht (s. oben). Falls man, im Anschluß an W. Beyerlin, die „Neugeborenen und Säuglinge“ als Metapher für die leidenden und verfolgten „Kinder“ der Mutter Zion deutet,[52] ergäbe sich für 8,3 im Kontext von Ps 3–7 folgendes Verständnis: Aus dem Munde der Kinder der Mutter Zion schafft JHWH eine Macht (עז), an der die Feinde scheitern. Mit anderen Worten: Der „aus dem Mund der Kinder und Säuglinge“ aufsteigende Lobpreis des Namens JHWH, wie er in der Rezitation der Psalmenkomposition Ps 3–8 geschieht, ist die von JHWH gegründete Gegenmacht gegen die in Ps 3–7 geschilderten Feinde.[53] Die in Ps 8,6–9 „dem Menschen“ zugesprochene Königswürde wird durch Ps 8,3 pointiert der „kleinen Gemeinde“ der schwachen Zions- [42] kinder zugesprochen; im Rezitieren der „Königsgebete“ Ps 3–7 (s. oben) realisieren sie in besonderer Weise ihre „Königswürde“[54] bzw. ihre Würde als „Gottesvolk“ (Ps 3,9; 14,7).[55]

4. Da Ps 9–10, wie gleich zu zeigen sein wird, erst später in den bereits vorgegebenen Zusammenhang Ps 3–8.11–14 eingefügt wurde, ist zunächst das den Psalmen 11–14 gemeinsame theologische Profil zu beschreiben. Die beiden „Eckpsalmen“ 11 und 14 sind motivlich aufeinander bezogen. Beide Psalmen setzen mit der gleichen negativen „Weitsicht“ ein: Ps 11 beklagt, daß das verbrecherische Treiben der רשעים die Fundamente der von JHWH gesetzten Welt- und Lebensordnung erschüttert (11,3); analog stellt Ps 14 fest, daß die allgemeine Verderbnis jenes Ausmaß erreicht hat, das zur Sintflut führ-

---

52 Daß das Hendiadyoin „Neugeborene und Säuglinge“ als Metapher für leidende und wehrlose Menschen verwendet werden kann, belegt sein Vorkommen in drei Bereichen: (a) Bei Kriegsschilderungen unterstreicht ihre Nennung die Brutalität der feindlichen Heere bzw. die tiefe Not des Volkes (vgl. 1 Sam 15,3; 22,19; Jer 44,7); (b) als Kinder der leidenden und verstörten Mutter Zion verkörpern sie die Not des Exils (vgl. Klgl 2,11–12; 4,4); (c) angesichts der in Joel 1–2 beschriebenen Kriegs- und Hungersnot werden auch „die Neugeborenen und die Säuglinge“ zur gottesdienstlichen Versammlung aufgefordert (vgl. Joel 2,16), um durch die Anrufung des Namens JHWH (vgl. Joel 2,26; 3,5) zur Rettung durch JHWH beizutragen. Auf den motivgeschichtlichen Zusammenhang von Ps 8,3 mit der Zionstradition hat vor allem W. Beyerlin, Psalm 8. Chancen der Überlieferungskritik, in: ZThK 73 (1976), 1–22 hingewiesen.

53 Zu JHWH als עז seines Volkes vgl. im ersten Davidpsalter vor allem Ps 28,8; 29,11. Die Zionsperspektive wird auch durch das Verbum יסד in Ps 8,3 angezeigt; zugleich wird damit dem Lobpreis der Armen eine „weltgründende“ Funktion zugesprochen.

54 Das ist auch der Grundansatz der „Armentheologie“ von Ps 149 (vgl. bes. die Ps 8 und Ps 149 gemeinsamen Stichwörter כבוד und הדר!).

55 Vgl. dazu Ps 149,6: Die Loblieder der Armen sind ihre „Waffe“. Zu dieser Interpretation vgl. u. a. E. Zenger, Mit meinem Gott überspringe ich Mauern. Einführung in das Psalmenbuch, Freiburg i. Br. ^{3}1991, 53–60.

te (14,1.3 mit Anspielung auf Gen 6,12). Gegen diese Chaos-Schilderung setzen beide Psalmen das Bild von JHWH als dem königlichen Chaosbezwinger und Chaosbändiger, der als Weltkönig von seinem himmlischen Thron aus sein universales Richteramt ausübt (11,4–6; 14,2) und sich als „der Gerechte" (Ps 11,3.5.7) dadurch bewährt, daß er auf der Seite „des gerechten Geschlechtes" steht (14,5[56]). Man kann Ps 11–14 geradezu unter dem Spannungsbogen lesen, der durch die Frage Ps 11,3 eröffnet und durch die konstatierende Aussage Ps 14,5 beantwortend „geschlossen" wird:

> „Wenn die Fundamente geschleift werden,
> was wirkt da der Gerechte?"[57] (11,3)
> „Dort traf sie schreckender Schrecken,
> denn (ein) Gott[58] ist mit dem gerechten Geschlecht" (14,5). [43]

Wer die Opfer der רשׁעים sind und wem die rettende Gerechtigkeit JHWHs zugesprochen wird, faßt dann der den ursprünglichen Ps 14,1–5 erweiternde V. 6 in einem in prophetischem Stil gestalteten Drohwort zusammen:

> „Am Plan des Armen sind sie zuschanden geworden,
> denn JHWH ist seine Zuflucht."[59]

Hier ist ausgesprochen, was die Ps 11–14 zusammenbindet: Es sind Gebete, die „den Armen" die Gewißheit geben wollen, daß JHWH sein Gott-Sein gerade an ihnen erweisen will und daß sie eigentlich „sein Volk" sind. Die in Ps 12,6 verwendeten Gruppenbezeichnungen אביונים und עניים, die in Ps 14,6 singularische, aber wohl kollektiv gemeinte Bezeichnung עני und der ebenfalls dem „Armenkontext" zugehörige Vorwurf von חמס in Ps 11,5 bringt die drei Psalmen 11.12.14 in eine unüberhörbare konnotative Verwandtschaft. Ein vergleichbarer semantischer Bezug fehlt in Ps 13; ein solcher Bezug wäre allerdings gegeben, wenn man die verschiedentlich für Ps 13,4a erwogene Textkonjektur akzeptieren könnte:

---

56 Vermutlich liegen hier Anspielungen auf Gen 6,9; 7,1 und Gen 18,23–33 vor.

57 Daß sich 11,3b auf JHWH und nicht auf den einzelnen Gerechten bezieht, der gegen das Chaos nichts ausrichten kann, fügt sich gut in den Gesamtduktus von Ps 11: Die Antwort des Beters in 11,4 verweist auf JHWH als den Stifter und Schützer des Kosmos; 11,7a verweist unbestreitbar auf JHWH als „den Gerechten". Die Aussage ist auch semantisch gut bezeugt (צדיק ohne Artikel als Bezeichnung für JHWH: Ps 141,5; Hi 34,17; zu צדיק als JHWH-Prädikation vgl. u. a. Ex 9,27; Dtn 32,4; Jer 12,1; Zeph 3,5; Ps 116,5; 119,137; 129,4; 145,17). Die Deutung von צדיק auf JHWH und nicht auf die Opfer der רשׁעים wird auch dadurch gestützt, daß die Opfer in 11,2b ישׁרי לב heißen und daß nach 11,7b ebenso die, denen die Gottesschau zugesprochen wird, nicht צדיק, sondern ישׁר genannt werden. Schließlich bezeichnet auch das in 11,3b verwendete Verbum פעל mehrfach das Schöpfer- und Retterhandeln JHWHs (z. B. Ex 15,17; Dtn 32,4; Jes 41,4; 45,9–11; Ps 44,2; 92,5; 111,3; 143,5; Hi 36,24).

58 Die Verwendung des Gattungsbegriffs ist hier gezielter Kontrast zu dem in 14,1 formulierten Zitat des נבל: „Es gibt keinen Gott!".

59 Statt MT תָבִישׁוּ ist הֹבִישׁוּ zu lesen (s. Anm. 34).

אביטה עניי יהוה אלהי („Blicke meine Not an, JHWH mein Gott!")[60]

Als Psalmen „der Armen", die unter der Gewalt der Gottlosen in doppelter Hinsicht leiden, zum einen als soziale Opfer der Gewalt und zum anderen, insofern sich ihnen dabei die Frage nach der Gerechtigkeit bzw. dem Gott-Sein JHWHs überhaupt stellt, ist diese Psalmengruppe deutlich von Ps 3–7 unterschieden, in der die „Armenperspektive" nicht angesprochen wird. Während Ps 3–7 den einzelnen als den von einzelnen Nöten bedrängten und verfolgten Beter zeigen, wird in Ps 11–14 der einzelne (Arme) inmitten einer ihn umgebenden feindlichen Welt sichtbar, die ihm als solche zur radikalen Gottesanfechtung zu werden droht. Dieses gegenüber Ps 3–7 andere Profil von Ps 11–14 ist ein Hinweis darauf, daß diese Psalmengruppe zunächst einmal als ein aus sich selbst verstehbarer Zusammenhang gelesen werden will. Dieser ist in mehrfacher Weise angezeigt:

a) Die Psalmenreihe 11–14 beginnt mit dem Bekenntnis des Beters, das dieser mit AK zum Ausdruck der Entschlossenheit der Erfahrung einer verbrecherischen Gesellschaft, in der er lebt, entgegensetzt:

ביהוה חסיתי (11,1).

Es kann nun u. E. kein Zufall sein, daß die Reihe in 14,6 mit der Erklärung schließt, für wen dieses Bekenntnis Gültigkeit hat: 44

עצת־עני תבישו
כי יהוה מחסהו

Es gilt für den עני und für die in Ps 12,6 genannten עניים (und אביונים). Genau dieser Gruppe wird aber in Ps 14,5 – in typisch prophetischer und dtn/dtr Theologie[61] – die Gottesvolk-Prädikation zugesprochen, und zwar durch ein Gotteswort:

> „Haben denn nichts erkannt alle Übeltäter, die mein Volk fressen?
> Sie haben Brot gegessen, JHWH aber haben sie nicht gerufen!"[62]

b) Die Abfolge der einzelnen Psalmen 11–14 ist nun so organisiert, daß sich die vier Psalmen als ein betender Prozeß begreifen lassen, der die Gewißheit „einüben" will, daß JHWH der Schutzgott „der Armen" ist. Ps 11 entwirft die Vision, daß JHWH an den Gewalttätern das Gericht vollziehen wird, während die, „die lauteren Herzens sind, sein (königlich-fürsorgliches) Angesicht schauen werden" (Ps 11,7). Diese Zusage klagt die „prophetische Klageliturgie" Ps 12 ein, als deren theologische Mitte die Gottesrede ergeht:

---

60 Vgl. zu dieser (gewiß problematischen) Textkonjektur immerhin Ps 9,14; 25,18; 119,153.

61 Zur Herkunft der Vorstellung von עם יהוה als „Familie JHWHs", der seine besondere Fürsorge gilt, vgl. die immer noch grundlegende Studie von N. Lohfink, Beobachtungen zur Geschichte des Ausdrucks עם יהוה, in: FS G. von Rad, München 1971, 275–305.

62 Zu 14,5a vgl. Mi 3,3; Hab 3,14; Ps 27,2; Spr 30,14; zu 14,5b Dtn 8; Hos 2.

„Wegen der Vergewaltigung der Unterdrückten,
wegen des Stöhnens der Armen,
stehe ich jetzt auf – spricht JHWH
ich setze den ins Heil, gegen den man schnaubt.“ (12,6).

Ps 13 scheint nun in seiner ersten Strophe mit der vierfach wiederholten Frage „wie lange noch?“ (עד־אנה) genau das in 12,6 verkündete „Jetzt“ beschwören zu wollen. Daß Ps 13 von der Redaktion gezielt hinter Ps 12 gestellt wurde, ist vielleicht an den die beiden Psalmen verbindenden Stichwörtern abzulesen. Das Ps 13 abschließende Vertrauensbekenntnis mit Lobversprechen 13,6 verwendet das Nomen ישועה, das den semantischen Bogen sowohl zu der Ps 12 öffnenden Bitte הושיעה (12,2) wie auch zu der in Ps 12 als Gottesrede formulierten Zusage אשית בישע (12,6) herstellt. Außerdem steht das in Ps 13,3 zur Kennzeichnung des verbrecherischen Handelns der Feinde verwendete Verbum רום auch am Schluß von Ps 12, nämlich in 12,9. Möglicherweise ist 12,9 sogar erst ein Zusatz der exilischen Redaktion, der nach Ps 13 „hinüberleiten“ soll. Für den redaktionellen Charakter von 12,9 lassen sich drei Beobachtungen anführen: (1) Die Angabe לעולם am Ende von 12,8 klingt wie ein Schluß; (2) der syntaktische Anschluß von 12,9 ist schwierig; (3) die im Psalm 12,2–8 fehlende Gruppe der [45] רשעים, die in 12,9 unvermittelt auftritt, wird dreimal im vorangehenden Ps 11 erwähnt; darauf wollte die Redaktion durch 12,9 zurückweisen. Auf die gesteigerte Klage von Ps 13 antwortet dann Ps 14, wo die in V. 5 verwendete AK das sichere Eintreffen des Gerichts markiert, das die Rettung der Armen als des Gottesvolks bedeutet (14,4–6).

c) Der Teilgruppe Ps 11–14 ist das Motiv gemeinsam, daß JHWH als Weltherrscher und Richter vom Himmel her auf „die Menschenkinder“ schaut und die gestörte Weltordnung zugunsten der Armen wiederherstellt (Ps 11,4–6[63]; 12,9; 13,4; 14,2). Auch dieses Motiv gibt der Psalmgruppe 11–14 ein gegenüber Ps 3–7 eigenes Profil.

5. Die beiden Teilgruppen Ps 3–7 und Ps 11–14 sind durch mehrere gemeinsame Vorstellungen und Motive miteinander verwandt bzw. gezielt verbunden:

a) Die beiden „inneren“ Psalmen der Komposition, Ps 7 und Ps 11, beginnen mit dem wortgleichen Vertrauensbekenntnis (7,2;11,1), sie verwenden beide die Gruppenbezeichnung ישרי־לב (7,11; 11,2) und kulminieren in der Aussage von JHWH als dem gerechten (Welten-)Richter, dessen Tätigkeit mit dem Verbum בחן wiedergegeben wird (7,10–12; 11,5[.7]).

b) Auch die Psalmengruppe Ps 11–14 spielt mit dem „Zeitmotiv“, das in Ps 3–7 den Aspekt der Erhörungs- und Rettungsgewißheit herausstellt (s. oben). Die in Ps 11,2 verwendete Angabe, daß die Verbrecher במו־אפל ihr Unwesen treiben, meint „die Finsternis“, „die Nacht“ (vgl. Ps 91,6; Hi 10,22;

63 Möglicherweise geht 11,4aγ.b erst auf die exilische Redaktion zurück, die die Psalmen 11–14 zusammengestellt hat.

Am 5,20) als die Zeit des Bösen und der tödlichen Gefahr, der JHWH als der vom Himmel (als richtende/rettende Sonne) Schauende ein Ende setzt. Die in Ps 12,6 als direkte JHWH-Rede gestaltete Zusage עתה אקום mit der Absicht אשית בישע kann durchaus die Konnotationen des rettenden „Lichtgottes“ annehmen, der „jetzt“, d. h. „am Tage“, rettet.[64] Die redaktionelle Erweiterung[65] יגון בלבבי יומם in Ps 13,3 ist eine verschärfende Kontrastaussage „sogar am Tage …“, d. h.: Sogar in der Zeit, die eigentlich die Zeit des Heils ist, bedrängt den Beter Todesangst. Schließlich könnte auch der nach Ps 14,5 die Übeltäter treffende Gottesschrecken insofern mit dem „Morgenmotiv“ verbunden werden, als der Morgen die „typische“ Zeit des Gottesschreckens ist.[66]

c) Auch der in Ps 3–7 mehrfach begegnende „Tempelbezug“ ist in Ps 11–14 gegeben (Ps 11,4.7b; die Ortsangabe שָׁם in Ps 14,5). 46

6. Wie die Komposition der Bittgebete einzelner Verfolgter Ps 3–7 ist auch die Komposition der Armenpsalmen Ps 11–14 auf Ps 8 hingeordnet und von ihm her zu lesen. Eine Assoziationskette, die Ps 8 mit Ps 11–14 zusammenklingen läßt, wird durch das in Ps 11–14 mehrfach begegnende Stichwort בני אדם (Ps 11,4; 12,2.9; 14,2) gebildet, das – freilich mit anderer Nuancierung – in Ps 8,5 steht. Sodann bildet die den Mächtigen in Ps 12,5 in den Mund gelegte zynische Frage מי אדון אנו einen offenkundigen Kontrast zum Bekenntnis der JHWH-Gemeinde im Refrain von Ps 8: יהוה אדנינו. Schließlich könnte die exilische Redaktion das die Komposition Ps 11–14 bestimmende Bild von JHWH als dem *im Himmel* thronenden Weltenkönig durch die redaktionelle Notiz Ps 8,2b vorbereitet haben.[67]

IV. Ps 9–10 als Dokument der Armentheologie aus hellenistischer Zeit

Auch Ps 9–10 fügt sich zunächst in das bisher skizzierte Konzept der Komposition Ps 2–7.8.11–14 ein. Der Doppelpsalm, der als eine ursprüngliche Einheit zu betrachten ist,[68] läßt auf zweifache Weise seine gezielte Einbindung in den Kontext 3–14 erkennen:

---

[64] Zu dieser Konnotation von קום vgl. Ps 7,7 bzw. Hi 11,17; 25,3.

[65] Ps 13,3aβ ist in kolometrischer, syntaktischer und semantischer Hinsicht im Kontext des Psalms auffallend.

[66] Vgl. bes. Ex 14,24; 2 Kön 19,35; Ps 46,6.

[67] Daß 8,2b redaktionell ist, geht vor allem daraus hervor, daß dieses Element beim Refrain 8,10 fehlt. Wahrscheinlich ist der textkritisch schwierige Relativsatz zu lesen: … אשר תתה „du hast gegeben …“ (תתה Kurzform für נתתה; vgl. 2 Sam 22,41), d. h. „du hast deine königliche Herrlichkeit auf/über dem Himmel errichtet“ (vgl. Ps 148,13).

[68] Dafür spricht eine Reihe von Gründen: Die akrostichische Struktur bindet beide Psalmen zu einer Einheit zusammen, auch wenn diese Struktur in 10,1–11. gestört ist: Die

a) Das einleitende Lobversprechen 9,2–3 nimmt bewußt Formulierungen aus dem Lobversprechen am Schluß der Psalmen 5 und 7 auf:

9,2a	אודה יהוה בכל־לבי	7,18a	אודה יהוה כצדקו
9,3b	אזמרה שמך עליון	7,18b	ואזמרה שם־יהוה עליון
9,3a	אשמחה ואעלצה בך	5,12aα	וישמחו כל־חוסי בך
		5,12aγ.bα	ותסך עלימו ויעלצו בך

b) Das Lobversprechen am Anfang von Ps 9 ist durch das „Namensmotiv" an den Refrain von Ps 8,2.10 „angebunden".

Durch diese beiden Verklammerungen ergibt sich der Duktus: Das von Ps 5 und 7 angekündigte Lob des JHWH-Namens wird in Ps 8 [47] erstmals durchgeführt, und zwar „aus dem Munde der Neugeborenen und Säuglinge", d.h. der „schwachen" JHWH-Gemeinde. Und es wird fortgeführt in Ps 9/10 als Bekenntnis „der Armen", deren unzerstörbare Würde durch die Rückbindung von Ps 9 nach Ps 8 nun ebenfalls als in JHWHs Weltschöpfertum begründet zu begreifen ist. Ps 9/10 bietet geradezu eine Explikation dieses in Ps 8 angedeuteten und in Ps 11–14 weiter ausgezogenen Gottesbildes. JHWH erhält hier vier Titel, die unterschiedliche Aspekte seines Königtums zusammenfassen. Er heißt in 9,3 עליון (wie in 7,18), insofern er der auf dem Götterberg thronende und von ihm aus das Chaos bändigende Götterkönig ist. Er wirkt gemäß 9,5 als שופט צדק (wie in 11,5; 14,2.5), sowohl gegenüber dem einzelnen (9,5) wie gegenüber dem universalen Erdkreis (9,8–9). Er ist der „Zionsthroner" (9,12.15) und „König auf immer und ewig" (10,16). Seine Schöpfermacht wird durch die Verwendung des aus der Chaosbekämpfungstradition stammenden Verbums גער (9,6) ausgeweitet auf seinen Kampf gegen die feindlichen Völker, die „die Armen" bedrohen. Dabei wird JHWHs Kampf für die Rettung „der Armen" in eine starke geschichtliche Spannung gestellt: Einerseits erinnert der Psalm an die in der Vergangenheit errungenen Siege über das sich in Feindmächten aktualisierende Chaos; hier klingen gewiß Erfahrungen aus dem Untergang der Weltreiche Assur, Ägypten, Babylon und wahrscheinlich auch des Perserreichs an. Andererseits steht die endgültige Rettung „der Armen" noch aus, was sich in den Klagen und Bitten des Psalms ja zeigt. Aber insgesamt gesehen läßt der Psalm an der Gewißheit, daß JHWH sowohl den einzelnen Armen als auch das im Psalm mehrfach genannte „Armenkollektiv" retten wird (vgl. 9,4.9–11.18–19; 10,17–18), keinen Zweifel.

Im Vergleich zu den Psalmen 11–14 fällt in Ps 9/10 das breitere, aber auch differenziertere Vorkommen der Armenbezeichnungen auf. Leitwort ist

---

alten Versionen (G und V) stützen die Einheit. Ferner fehlt in Ps 10 eine Überschrift. Entscheidend für die Einheit ist die Gemeinsamkeit von Sprache und Stil: die über 9 und 10 verteilte Armenterminologie, seltene Wendungen wie עתות בצרה (9,10; 10,1), die seltene Relativpartikel זו (9,16; 10,2), die Erwähnung des hinfälligen, sündigen אנוש am jeweiligen Schluß (9,21; 10,18) und der häufigere Hinweis auf JHWHs Richter- und Königsamt.

(das in der Sammlung 11–14 als letztes begegnende Nomen!) עני (9,13.19; 10,2.9.12.17); es ist einmal (9,19) verbunden mit אביון. Hinzu kommen als fast singuläre Austauschbegriffe דך „der Bedrückte" (9,10; 10,18) und חלכה „der Schwache" (10,8.10.14). Dieses den Psalm überziehende Vokabular macht ihn zum „Armenpsalm" par excellence. Er wechselt mühelos den Blick zwischen den einzelnen Armen (9,10.14.19; 10,2.8.9.14.18) und dem Kollektiv der Armen (9,13.19; 10,10.12.17) hin und her. Für das Kollektiv der Armen kommen in 9,11 noch als weitere Gruppenbezeichnungen hinzu: יודעי שמך (vgl. dazu 8,2.10!) und דרשיך יהוה.

Die in Ps 9–10 sich artikulierende „Armut" hat viele Facetten und Dimensionen: soziale Not und Ausbeutung (9,10.13), Verfolgung (10,2). Rechtsnot (10,7.8), Ausgeliefertsein an die hinterhältige feindliche Übermacht (10,9–10). Die Feinde, denen sich diese Armen ausgesetzt erleben, werden gegenüber Ps 3–7, aber auch gegenüber Ps 11–14 als eine viel komplexere „Macht" dargestellt. Die Feinde können ohne ethisch-religiöse Wertung als Gegner und Bedränger geschildert wer- [48] den, wie dies für Ps 3–7 charakteristisch ist (אויב: 9,4.7; צורר: 10,5); auch „die Hasser" von 9,14 dürften noch zu dieser Feindgruppe zu rechnen sein. Beherrschend aber ist im Psalm die ethisch-religiöse Disqualifikation der Feinde (רשע: 9,6.17–18; 10,2–3.13.15; רע: 10,15). Die eigentliche Besonderheit von Ps 9–10 im Vergleich mit Ps 3–7.11–14 ist freilich, daß neben den Feinden aus dem eigenen Lebensumfeld und aus dem eigenere Volk nun als Feinde die Fremdvölker und politischen Fremdmächte auftreten (גוים: 9,6.16.18.20.21; 10,16; לאמים: 9,9; עמים: 9,12). Der Psalm kann häufiger fließend vom persönlichen Feind des Beters, ob in der Einzahl, ob in der Mehrzahl, übergehen zum äußeren Feind im Fremdvolk (vgl. 9,6.7.18; 10, 2.15–16).

All dies ergibt eine gegenüber Ps 3–7.11–14 andere soziale und zeitgeschichtliche Einordnung des in Ps 9–10 sich artikulierenden Selbstverständnisses. Diese Verfolgten und Armen stehen als Arme innerhalb der Gruppe der Armen ihren innenpolitischen wie „außenpolitischen" Feindmächten gegenüber. Der Beter von Ps 9–10 erinnert sich an JHWHs Gericht über politische Mächte mit Zerstörung der Städte, Entvölkerung und damnatio memoriae (9,6–7). Er ist sich sicher, daß sie genauso, wie sie an ihren eigenen Vorhaben gescheitert sind, eine Beute der Scheol werden (9,16.18). Vor allem beschwört er die Gewißheit, daß sich JHWHs Königsherrschaft endgültig durchsetzen wird, wenn „das Land" von der Besatzungsmacht befreit wird (10,16). Will man diese Anspielungen zeitgeschichtlich umsetzen, drängt sich geradezu das 3. Jahrhundert auf, wo die hellenistische Fremdmacht und die Ausbeuter aus dem eigenen Volk kooperieren und gemeinsame Sache machen gegen „die Armen" und „JHWH-Treuen". Diese unselige, menschenvernichtende Allianz von „Heiden" und „Juden" wird im Psalm eigenartigerweise mit dem Sammelbegriff אנוש benannt. Dieser Begriff ist hier (anders als in Ps 8,5) fundamental negativ besetzt: Es sind „Menschen", die der Gottesherrschaft entgegenwirken; ihnen fehlen all die religiösen Konnotationen, die im Psalm gerade mit ihren Opfern, den „Armen", verbunden sind.

Der sich vom Profil „der Armen“ und ihrer Feinde her ergebende Befund, daß sich in Ps 9–10 die „Armentheologie“ der hellenistischen Epoche ausspricht, läßt sich in redaktionsgeschichtlicher Hinsicht insoweit bestätigen, als die Fäden von Ps 9–10 zu fast jedem der Einzelpsalmen Ps 3–7.8.11–14 laufen.

Mit der Gruppe Ps 3–7 sind folgende Gemeinsamkeiten gegeben: Mit Ps 3,8 hat Ps 9–10 die drängende Bitte an JHWH, endlich „aufzustehen“, gemeinsam (9,20; 10,12). Mit Ps 5 ist Ps 9–10 nicht nur durch das bereits oben genannte Lobversprechen verbunden (5,12; 9,3a), sondern zugleich durch die ähnliche Gruppenbezeichnung „die den Namen JHWHs lieben“ (5,12) bzw. „die den Namen JHWHs kennen“ (9,11), durch die Motive vom Sich-Rühmen der Feinde (5,6; 10,3), von der frevlerischen Rede (5,10; 10,7) und von der Verbreitung des [49] Übels und der Falschheit (5,6.7; 10,7) sowie durch die Bitte, JHWH möge aufmerksam zuhören (5,3; 10,17). Auch zu Ps 6 hin gibt es semantische Brücken: die Zuversicht, daß die persönlichen Feinde zurückweichen müssen (6,11; 9,4); die Bitte um JHWHs Erbarmen (6,3; 9,14); die Rede von der Scheol (6,6; 9,18) und der Hinweis auf die sichere Erhörung durch JHWH (6,9–10; 10,17). Besonders dicht sind die Beziehungen zu Ps 7 geknüpft. Viele Bezüge betreffen das königliche Richteramt JHWHs (das Richten als Recht-Verschaffen: 7,7–10; 9,5; der gerechte Richter: 7,10.12; 9,5; das universale Völkergericht: 7,7–8; 9,9; die Rechtsprechung JHWHs in der Höhe: 7,8; 10,5). Gemeinsam sind die Argumentationen aus dem Tun-Ergehen-Zusammenhang in Verbindung mit dem göttlichen Gericht (7,7–17; 9,16–17) und die Beschreibung des frevlerischen Treibens (das seltene Verbum דלק »brennen«: 7,14; 10,2; die Rede von „Verderben und Unheil“: 7,15; 10,7; die Löwenmetapher: 7,3; 10,8–9).

Zu Ps 8 gibt es nur punktuelle Berührungen: das Lob auf den Namen JHWHs (8,2.10; 9,3), gemeinsame Feindterminologie (8,3; 9,4.7; 10,5) und das Nomen אנוש, mit freilich unterschiedlicher Nuancierung (8,5; 9,20–21; 10,16).

Mit der Gruppe Ps 11–14 sind die Verbindungen wiederum stark: die Rede vorn „Thron JHWHs“ (9,5.8; 11,4); die Armenterminologie (עני: 12,6; 14,6; אביון: 12,6); der Hinweis auf die falsch redende Zunge (10,7; 12,4–5); die Korrespondenz von der Bitte um das „Aufstehen JHWHs“ (9,20; 10,12) mit der Ankündigung JHWHs, „jetzt aufzustehen“ (12,6); der Jubel des Beters über JHWHs Rettung (9,15; 13,6); die Sicherheit des Frevlers, daß JHWH vergessen und sein Angesicht verborgen hat (10,11), wird beim Beter von Ps 13 zur anklagenden Frage (13,2); das Zitat des Frevlers in 10,4 stimmt mit dem des Toren in 14,1 wörtlich überein; die JHWH-Sucher von 9,11 gleichen den Gott-Suchern von 14,2; die in 9,12.15 betonte „Zionsperspektive“ begegnet im abschließenden Bittruf 14,7.

Alle diese Beobachtungen lassen u. E. nur den einen Schluß zu: Ps 9–10 ist mit Blick auf seinen literarischen Kontext, in dem er nun steht, verfaßt und gezielt neben Ps 8 als Zentrum der in der Exilszeit entstandenen und in der frühen Nachexilszeit (5. und 4. Jahrhundert) redaktionell erweiterten Psalmenkomposition Ps 3–7.8.11–14 gestellt worden – als neuer sozialgeschichtlich notwendiger und theologisch aktualisierender Interpretationsschlüssel für den gesamten Davidpsalter Ps 3–41.

V. Zusammenfassung

In der ersten wie letzten Teilsammlung des Davidpsalters Ps 3–41 zeigt sich ein korrespondierendes redaktionelles Wachstum. Vorexilische Laiengebete, darunter auch Königsgebete, stellen einen Beter [50] in Bitt- und Klagegebeten vor, der durch das Gebet zu JHWH unterschiedliche Notsituationen (politische Verfolgung, Krankheit, soziale Not und Rechtsnot sowie in den ältesten Armenpsalmen gesellschaftliche Isolierung und soziale Unterdrückung mit massiver Infragestellung des eigenen religiösen Lebensstils) zu bewältigen versucht.

In einer exilischen Redaktion werden diese Gebete zu kleinen Kompendien zusammengestellt mit jeweils akzentuierter Aussage. In den Kompendien schlägt sich ein Gruppenbewußtsein nieder, das an die vorexilischen Armenpsalmen anknüpft. Der jeweilige Psalmbeter steht vor uns als Vertreter der Gruppe. Die verschiedenen Nöte werden nüchtern wahrgenommen, ohne dabei stehenzubleiben. Die vielen und unterschiedlichen Feinde werden durch JHWHs Eingreifen überwunden. Zugleich wird darauf geachtet, daß neben der Klage/Bitte auch Lobpreis und Dank zu Wort kommen, der die Würde des Menschen in der Teilhabe an Gottes Herrlichkeit oder Freude an der Gnadennähe JHWHs verkündet. Der Bezug zum Tempel ist nicht durchgehend gegeben, weil weisheitliche Sprache und Denken hinzutreten.

Eine nachexilische Armenredaktion zieht die Linien der formativen exilischen Redaktion aus. Sie greift im unterschiedlichen Ausmaß in die Teilsammlungen ein. Ihr Ziel ist es, in dem Psalmenbeter den typischen Armen als Vertreter des angefeindeten und angefochtenen wahren Israel zu sehen, der aufgrund der beiderseitigen engen Beziehungen zwischen JHWH und dem Beter den Feinden im Gottesvolk Widerstand leisten kann, weil er weiß, daß JHWH sich durchsetzen wird.

In hellenistischer Zeit wird der Begriff „die Armen“ (und Synonyma) so ausgeweitet, daß damit Israel als Ganzes in seiner Bedrohung von innen und vor allem von außen bezeichnet wird; gerade als „das arme Israel“ kann es aber darauf setzen, daß sich JHWH ihm als „Retter der Armen und der Schwachen“ erweisen wird. Die in den Überschriften vollzogene „Davidisierung“ der Sammlung unterstreicht dies: Sie zeichnet David = Israel als den Verfolgten und Bedrohten (Ps 3,1;7,1), der von JHWH aus der Hand all seiner Feinde gerettet wird (Ps 18,1).

„Wer darf hinaufziehn zum Berg JHWHs?"

Zur Redaktionsgeschichte und Theologie der Psalmengruppe 15–24

Frank-Lothar Hossfeld
Erich Zenger

166 Die Psalmenforschung verdankt N. Lohfink mehrere inspirierende und inzentive Studien, in denen er (wie auch sonst) neue methodische Ansätze kompetent und ideenreich aufnimmt und diese – fernab von sterilem Methodologismus – in theologischer Absicht hermeneutisch fruchtbar macht. Ob er dabei einzelne biblische Psalmen wieder stärker mit den Religionen und Kulturen der Umwelt Israels korreliert,[1] ob er den Blick auf die in der Psalmenexegese vernachlässigten Qumran-Psalmen lenkt,[2] ob er Psalmen „kanonisch" als Teil der ganzen christlichen Bibel auslegt[3] oder ob er schließlich den subtilen, faszinierenden Techniken der Psalterredaktion nachspürt[4] – immer ist man überrascht, wie er scheinbar längst Vertrautes neu sehen lehrt.

I. Die Zusammenstellung von Psalmen als Konstitution eines normativen und formativen Selbstbildes Israels

Angeregt durch N. Lohfinks Beobachtungen zur „Psalmenverkettung" der Psalmen 22–26,[5] zugleich als Dank für weiterhelfende Gespräche über die Psalterredaktion überhaupt, auf die wir bei unserer Arbeit an einem Psalmenkommentar einen besonderen Schwerpunkt legen,[6] wollen wir im folgenden
167 N. Lohfinks Gedanken zu Ps 22–26 aufgreifen und im Sinne der Thema-

---

1 N. Lohfink, Psalm 26: Vergleich mit dem (nur in griechischer Sprache erhaltenen) initiatorischen Priestereid aus dem Ritualbuch eines ägyptischen Tempels; zur „priesterlichen Reinigungsbeichte" vgl. nun auch J. Assmann, Maʿat 140–149.

2 N. Lohfink, Lobgesänge.

3 N. Lohfink, Kanonische Schriftauslegung (zu Ps 6).

4 N. Lohfink, Der neue Bund (zu Ps 24–26); ders., Psalterredaktion.

5 N. Lohfink, Psalterredaktion.

6 Vgl. vorerst: F.-L. Hossfeld/E. Zenger, Die Psalmen I (auf 3 Bände angelegt); dieser Kommentar ist die „Kurzfassung" einer umfangreicheren Kommentierung, die in HThK kommen wird (ebenfalls auf 3 Bände angelegt) [siehe F.-L. Hossfeld/E. Zenger, Die Psalmen I, Psalm 1–50 (1993); II, Psalm 51–100 (2002); III, Psalm 101–150 (2012) (Die Neue Echter Bibel, Würzburg); F.-L. Hossfeld/E. Zenger, Psalmen 51–100 (2000);

tik der ihm gewidmeten Festschrift vertiefen, d.h. wir wollen die Psalmengruppe Ps 15–24 daraufhin befragen, ob und wie sie als Ausdruck des Ringens um kollektive (gesellschaftliche) Identität des exilischen bzw. nachexilischen Israel gelesen werden können. Im Anschluß an J. Assmann verstehen wir „unter einer *kollektiven* oder Wir-Identität … das Bild, das eine Gruppe von sich aufbaut und mit dem sich deren Mitglieder identifizieren“[7]. So sehr gilt, daß kollektive Identität „nicht außerhalb der Individuen existiert, die dieses ‚Wir‘ konstituieren und tragen“[8], so gilt zugleich, daß sich individuelle Identität nur in Dependenz von der kollektiven Identität konstituiert:

> „Ein Ich wächst von außen nach innen. Es baut sich im Einzelnen auf kraft seiner Teilnahme an den Interaktions- und Kommunikationsmustern der Gruppe, zu der er gehört, und kraft seiner Teilhabe an dem Selbstbild der Gruppe. Die Wir-Identität der Gruppe hat also Vorrang vor der Ich-Identität des Individuums, oder: Identität ist ein soziales Phänomen bzw. ‚soziogen‘.“[9]

Daß die Erschütterungen des Exils und die vielschichtigen Konflikte der nachexilischen Epoche, insbesondere die Sozialkonflikte des 5. und 4. Jhs. sowie die Konfrontation mit dem Hellenismus und der Hegemonialpolitik der hellenistischen Fremdmächte vom ausgehenden 4. Jh. ab, tiefe Identitätsängste und -krisen ausgelöst haben, ist unübersehbar. Und daß die einzelnen Gruppen Israels darauf mit unterschiedlichen geschichtstheologischen, sozialethischen und kultischen „Idealbildern“ und politischen Imaginationen reagiert haben, ist aus der exilischen und nachexilischen Literatur Israels schon vielfach herausgearbeitet worden. Vor allem ist die Kanonisierung von normativen Texten überhaupt als Prozeß der kollektiven Identitätsstiftung zu begreifen, die Israels Singularität in der alten Welt bewirkte.[10] Daß auch die sukzessive Zusammenstellung der Einzelpsalmen zu Teilsammlungen wesentlich die Konstitution und Formation kollektiver Identität angesichts innerer und äußerer Konfliktsituationen der Exils- und Nachexilszeit zum Ziel hatte, ist u.E. bislang (zu) wenig beachtet worden. Diese Fragestellung steht deshalb im Hintergrund unserer kleinen redaktionsgeschichtlichen Studie zur Psalmengruppe 15–24.

Die Begrenzung der Studie auf Ps 15–24 hängt mit der von uns angenommenen, hier nicht weiter begründbaren Kompositionsstruktur des ersten Da- [168] vidpsalters Ps 3–41 zusammen, die u.E. aus den vier (sukzessiv gewachsenen) Teilsammlungen 3–14.15–24.25–34.35–41 besteht, die einerseits je spezifische Teilprofile haben und zugleich auf ihren einzelnen Wachs-

Psalmen 101–150 (2008) (Herders Theologischer Kommentar zum Alten Testament, Freiburg i.Br.)].

7 J. Assmann, Gedächtnis 132.

8 J. Assmann, Gedächtnis 131.

9 J. Assmann, Gedächtnis 130.

10 Vgl. dazu den instruktiven Vergleich Israels mit Ägypten und Griechenland bei J. Assmann, Gedächtnis 163–301.

tumsstufen durch ein „Gesamtprofil“ zusammengebunden sind.[11] Daß gerade die Teilsammlung Ps 15–24 zur Befragung auf den in den Psalmenredaktionen sich vollziehenden Prozeß kollektiver Identitätsbildung geeignet ist, zeigt schon die die Gruppe Ps 15–24 eröffnende Doppelfrage in Ps 15,1 an, die in Ps 24,3 erneut aufgegriffen wird, um dann in Ps 24,6 mit einer kollektiven Identitätsaussage resümierend beantwortet zu werden. Ps 15,1–24,6 kann deshalb geradezu als die durch die „Psalmenrezitation“[12] intendierte Konstitution jener Gemeinschaft (דור) begriffen werden, zu der dann gemäß Ps 24,7–10 „der König der Herrlichkeit“ als *ihr* König kommen kann.[13]

N. Lohfink hat zu Recht herausgestellt, daß auf der Ebene des Endtextes in Ps 24,6, vor allem im Horizont von Ps 22,28–30, neben und mit Israel die Völker im Blick sind. Ps 24 handelt nach ihm „direkt von der eschatologischen Wallfahrt der Völker zum Zion. Neben Jes 2,2–5 = Mi 4,1–5 ist Ps 24 vielleicht der wichtigste Text zu diesem Thema.“[14] Da u. E. Ps 22,28–32 auf jene Psalterredaktion der hellenistischen Epoche zurückgeht, von der Ps 9/10 in den ersten Davidpsalter eingefügt wurde[15], bedeutet die von N. Lohfink herausgestellte Interpretationslinie einen komplexen Prozeß der „Scheidung“ innerhalb der Völkerwelt. Die Doppelfrage Ps 15,1; 24,3 ist damit an die Israel bedrängenden Feindmächte (vgl. Ps 9/10) gerichtet und ruft sie auf, die „Wege der Tora des Zionsgottes“ (vgl. Jes 2,2–5 = Mi 4,1–5) zu suchen und zu gehen – gemäß Ps 15–24.[16]

Wir wollen im folgenden dieser Linie der synchronen Leseweise nicht weiter nachgehen, sondern die Gruppe 15–24 in diachroner Perspektive betrachten, weil so das auf der Endtextebene gegebene Thema „Israel und die Völker“ in seinem theologischen Tiefenprofil als Frage nach dem Geheimnis Israels selbst offenbar wird, d. h. als Suche der ureigenen Identität Israels als „Gemeinschaft derer, die nach JHWH fragen“ (Ps 24,6). 169

11 Vgl. dazu E. ZENGER, Kanonische Psalmenauslegung; F.-L. HOSSFELD / E. ZENGER, Davidpsalter (in diesem Band S. 11–39).

12 Zur „Psalmenrezitation“ als Kommentierung und Aktualisierung von Tora und Propheten vgl. E. ZENGER, Psalter (in diesem Band S. 249–265).

13 Zur (vierteiligen) Komposition von Ps 24 vgl. F.-L. HOSSFELD / E. ZENGER, Die Psalmen I (Lit.).

14 N. LOHFINK, Psalterredaktion.

15 Vgl. F.-L. HOSSFELD / E. ZENGER, Davidpsalter 46–49 (in diesem Band S. 35–39).

16 Um die Bedeutung dieser Aussage von Ps 15–24 auf der Ebene des Endtextes voll zu erfassen, müßte die sich anschließende Komposition Ps 25–34 mit Ps 29 als Mitte mitbehandelt werden; dies soll an anderer Stelle geschehen; vgl. dazu bereits N. LOHFINK, Psalterredaktion.

II. Die Trias der (spät)vorexilischen Königsgebete Ps 18.20.21 als Mitte der exilischen (dtr) Teilsammlung Ps 15–24*

Daß sich Ps 19 bei einer flächigen, synchronen Lektüre ohne besondere Tiefenschärfeneinstellung als Zentrum einer eindrucksvollen konzentrischen bzw. palindromischen Komposition präsentiert,[17] darf nicht verdecken, daß Ps 19 bei genauerer Betrachtung eher sperrig im Kontext sitzt. Ps 19 unterbricht den engen Zusammenhang der drei „Königsgebete" Ps 18 (Dankgebet des verfolgten, geretteten und siegreichen Königs David) – Ps 20 (Bittgebet des Volkes für den König als Priester und Krieger) – Ps 21 (Dankgebet des Volkes für die Rettung des Königs). Anders als diese drei Psalmen redet Ps 19 weder vom König noch von realer Feindesnot, noch läßt er irgendeinen Bezug zum Tempel bzw. zum Zion erkennen, der in den drei Königsgebeten, freilich unterschiedlich, gegeben ist. Seine Hauptthemen Schöpfung und Tora tauchen ihrerseits – direkt angesprochen – in der Nachbarschaft nicht auf. Eine gewisse Verwandtschaft zeigen der hymnische Stil und die Rede von JHWH mit dem Gattungsnamen El an (vgl. 18,33.35.48–49 und 19,2–11). Bezüge zwischen Ps 19 und Ps 18 finden sich allerdings sehr deutlich und unübersehbar zwischen den redaktionellen[18] Abschnitten Ps 19,12–14.15 und den ebenfalls redaktionellen[19] Passagen Ps 18,1.21–25.26–32.51. All dies spricht dafür, daß Ps 19 erst nachträglich in die ursprünglich eng zusammengehörige Trias Ps 18.20.21 eingesetzt wurde.[20]

Es ist offenkundig, daß die drei Psalmen in ihrer gemeinsamen Königsthematik und in der dadurch bedingten Vorstellungswelt zusammenklingen,[21] 170

---

[17] Vgl. u. a. P. AUFFRET, La sagesse 407–438; E. ZENGER, Kanonische Psalmenauslegung 403–404, aber auch F.-L. HOSSFELD / E. ZENGER, Die Psalmen I.

[18] Vgl. zur Begründung F.-L. HOSSFELD / E. ZENGER, Die Psalmen I.

[19] Vgl, zur Begründung F.-L. HOSSFELD / E. ZENGER, Die Psalmen I, sowie unten!

[20] Vgl. auch schon L. C. ALLEN, Psalm 19.

[21] Beziehungen zwischen Ps 18 und Ps 20: Der Beter und König ist in Not (18,7; 20,2); er bzw. die Gemeinde / das Volk ruft deswegen zu JHWH (18,7; 20,10). Der König ist auf JHWHs Antwort angewiesen (18,36.42; 20,2.10). JHWH soll ihm helfen (Leitthema sowohl in 18,3 f.28.36.42.47.51 als auch in 20,6a.10). Die Hilfe kommt über eine räumliche Distanz, weswegen sie „gesendet" (שׁלח) werden muß (18,17; 20,3). Ihr Ursprungsort ist der Jerusalemer Tempel in der Höhe oben (18,7.17; 20,3). JHWH stützt (סעד) den König (18,36; 20,3). Die Feinde haben keine Chance: sie stürzen, fallen und können sich nicht erheben bzw. aufstehen (18,39 f.; 20,9). Der Name JHWHs, d. h. seine Leistung und sein Ruhm bewirken das (18,50; 20,2.6.8). Die Beziehungen konzentrieren sich sachlich auf die militärische Notlage, den Vorgang von Notschrei, Antwort, Hilfe und berücksichtigen die Zionstradition. – Beziehungen zwischen Ps 18 und Ps 21: Leitthema ist wieder JHWHs Hilfe für den König (zu Ps 18 s. o.; vgl. 21,2.6), das in beiden Psalmen sogar mit der seltenen Umschreibung von JHWHs „Entgegenkommen" (קדם) begegnet (18,19; 21,4). Die Feindbegriffe stimmen überein (Feinde/Hasser 18,18.41; 21,9). Die vollmundigen Ausblicke auf die künftigen Siege des Königs in 21,9–13 gleichen den Siegeserklärungen von 18,35–50. JHWHs und des Königs „Rechte / rechter

daß also das Phänomen der Juxtaposition verwandter Psalmen vorliegt,[22] noch viel bedeutsamer aber ist, daß die drei Psalmen durch literarkritisch erweisbare „Einfügungen“ gezielt redaktionell zu einer „Aussageeinheit“ zusammengebunden wurden.

Innerhalb von Ps 20 dürften V.6b–7 kaum zur Grundfassung des Psalms gehören. Zunächst fällt auf, daß das als Ich-Rede gestaltete Bekenntnis V. 7 sich zwar einerseits sprachlich am übrigen Psalm inspiriert, aber andererseits zugleich abweichende theologische Akzente setzt: Gegenüber V. 3 hört JHWH nicht vom Heiligtum auf dem Zion, sondern von seinem heiligen Himmel her; außerdem „sendet er“ nicht seine Hilfe, sondern sein rettendes Handeln geschieht nun direkt „mit seiner Rechten“. Während die Amtsbezeichnung in V. 10 „den König“ nicht durch ePP in eine besondere Beziehung zu JHWH setzt, ist dies in V. 7 der Fall, wo überdies statt „der König“ der (Würde- bzw. Funktions-)Terminus „sein Gesalbter“ steht, der auch in Ps 21 nicht vorkommt, wohl aber in Ps 18,51 (innerhalb von Ps 18 nur in diesem Vers!). Schließlich weicht V. 7 auch in poetologisch-kolometrischer Hinsicht von der den übrigen Psalm prägenden Parallelismustechnik ab. Sodann ist auch V. 6b literarkritisch auffällig. Das Kolon, das isoliert nach dem schönen Parallelismus-Gefüge V. 2–6a folgt, überrascht als Bitte insofern, als dies nach den Bitten V. 2–5 und nach dem Lobgelübde V. 6b „überschießt“ und weil sie den Jussiv ימלא aus V. 5b wiederholt. Diese Erweiterungen Ps 20,6b–7 lassen sich von den Nachbarpsalmen Ps 18 und Ps 21 her als sinnvolle und gezielte redaktionelle Verkettung plausibel machen:

a) Das Ich von Ps, 20,7 ist „der Gesalbte“ JHWHs selbst: die Ich-Form inspiriert sich an der Ich-Form des Königsgebets Ps 18; den Bogen nach Ps 18 schlägt ohnedies der suffigierte Terminus משיחו (18,51; 20,7).[23]

b) Der Sprecher von Ps 20,7 stützt seine Rettungsgewißheit auf den in Ps 18 berichteten Vorgang (ידעתי, konstatierende AK!) zumal 20,7 aus Ps 18 eine [171] ganze Reihe von Stichworten / Motiven aufgreift (zur Rede vom Himmel: vgl. 18,10.14; zur „Rechten“ JHWHs: vgl. 18,36; zum „Antworten“ JHWHs: vgl. 18,42).

c) Besonders eng ist der Zusammenhang mit dem Schluß von Ps 18, der in V. 51 mit seinen zeitstufenneutralen Partizipien und mit dem dritten Kolon „dem König JHWHs“ (suffigiertes מלך) und „dem Gesalbten JHWHs“ (suffigiertes משיח) „auf ewig“ Rettung zusagt, worauf 20,7 ausdrücklich zurückgreift.

Arm“ wirken zusammen (18,36; 21,9). Die Feinde werden in die Flucht geschlagen, vgl. das Motiv des Rückens der Feinde in 18,41; 21,13. Als Waffe wird der Bogen gebraucht (18,35; 21,13). Der König vernichtet wie „fressendes Feuer“ (21,10), was in 18,9 zur Theophanieschilderung gehört; zur redaktionellen Übertragung des „Feuermotivs“ auf JHWH in 21,10 (mit Rücksicht auf 18,9.16) vgl. weiter unten.

22 Ps 20–21 könnte man sogar als „Zwillingspsalmen“ bezeichnen: zum Begriff und zur Sache vgl. besonders W. Zimmerli, Zwillingspsalmen.

23 משיח im Psalter nur: 2,2; 18,51; 20,7; 28,8; 84,10; 89,39.52; 105,15; 132,10.17.

d) 20,6b–7 weist in seiner Wortwahl auch auf den sich anschließenden Ps 21 hin (vgl. die Stichwortaufnahmen שאל in 20,6b aus 21,5 sowie גבורה in 20,7 aus 21,14).[24]

e) Durch 20,6b–7 wird also „der König“ selbst zum „Beter“, der (zusammen mit seinem den Ps 20 als Bitte rezitierenden Volk) auf die in Ps 18 erzählte Rettung vertraut hat (vgl. 21,8) und dementsprechend gerettet wurde.

Auch in Ps 21 liegen zwei redaktionelle Zusätze vor, die sich sprachlich und motivlich an Ps 18 inspirieren und die Ps 21 über Ps 20 hinweg (Ps 20: Bitte Ps 21: Dank) eng an Ps 18 anbinden:

a) 21,8 ist einerseits strukturell und theologisch die Mitte des Psalms. Der Vers verheißt „dem König“, der auf JHWH vertraut, daß er „nicht wankt“ (vgl. Ps 13,5; 15,5; 16,8; 17,5). Für diese dem König aktuell geschenkte „Rettung“ als Erweis der חסד des Höchsten (21,8b) dankt der vorausgehende Abschnitt 21,3–7. Andererseits hebt sich 21,8 sowohl in syntaktisch-stilistischer als auch in vorstellungsmäßiger Hinsicht vom übrigen Psalm ab. V. 8 ist das einzige Bikolon des Psalms, das nicht als Du-Anrede gestaltet ist; V. 8a bietet die einzige Partizipialkonstruktion des Psalms. Vorstellungsmäßig betont V. 8, daß der König seine Rettung der göttlichen חסד verdankt, während der übrige Psalm, insbesondere die beiden kompositionell wichtigen Bikola 21,2.14 (Anfang und Schluß!), die Macht JHWHs herausstellt. Diese Besonderheiten von 21,8 lassen sich unschwer als gezielte redaktionelle „Aufnahme“ von Ps 18, mit dem Ps 21 wegen seiner thematischen Verwandtschaft nach dem Verfahren der Juxtaposition zusammengestellt wurde, erklären: das Stichwort חסד greift den Schluß von Ps 18 (18,51) auf; die im näheren Psalmen- [172] buchkontext singuläre Gottesbezeichnung עליון stammt aus 18,14;[25] die Zukunftsperspektive בל־ימוט schlägt den Bogen nach Ps 15,5b und macht den geretteten König zum Paradigma des in Ps 15 entfalteten „Gruppenethos“ (s.u.).[26]

b) In literarkritischer Hinsicht ist der textlich schwierige und kolometrisch überlange Vers 21,10 ebenfalls auffällig. Daß sich die in V. 10 stehende Anrede „dein Angesicht“ auf JHWH bezieht, ist keine Frage; dementsprechend ist dann das in 21,9–13 angeredete Du ebenfalls JHWH – wie auch in 21,2–7! Allerdings sind die in 21,9.12 formulierten „Verheißungen“ ursprünglich nur

---

24 Zu שאל als terminus technicus der „Königsbitte“ vgl. besonders 1 Kön 3,5.10.11.13 sowie Ps 2,8 und Jes 7,11–15.

25 עליון verweist im Psalter auf die Jerusalemer Tradition vom rettenden Zionsgott: vgl. 7,18; 9,3; 46,5; 47,3; daneben spielt die „schöpfungstheologische“ Dimension (Bekämpfung des Chaos) eine wichtige Rolle: vgl. 83,19 als Schluß der Asafsammlung 50.73–83.

26 Von 17,5 her wird deutlich, daß „nicht wanken“ auch in 15,5 „weisheitliche Wegtheologie“ als ethisches Paradigma intendiert (vgl. ohnedies den Topos der „Einlaßliturgie“, die in Ps 15 wie auch in Ps 24 freilich nicht mehr „rituell“, sondern „literarisch“ ist; siehe dazu F.-L. Hossfeld/E. Zenger, Die Psalmen I).

schwer als Gottesanrede im Munde eines menschlichen Sprechers vorstellbar; dagegen fassen sie gut den Auftrag des Königs als Kämpfer gegen alles und alle Böse(n) zusammen. So ist gut denkbar, daß in 21,9–13 ursprünglich der König selbst das angeredete Du war. Die veränderte „Leseweise“ auf das Du JHWHs hin wäre dann gezielte redaktionelle Änderung, die nach der Einfügung von V. 8 (s.o.) 21,9–13 als Vertrauensbekenntnis des Königs selbst versteht und durch die Einfügung von לעת פניך יהוה באפו (21,10aβ) einen Rückbezug nach Ps 18,9.14.16 (JHWHs Zorn und fressendes Feuer) und Ps 18,7 (JHWHs Angesicht; vgl. schon 21,7) herstellt.[27]

So dürfte es keinen Zweifel geben: In der Perspektive jener „Zusätze“, die in Ps 20.21 erkennbar sind, ist das „alte“ Rettungsparadigma von Ps 18, das nach 18,51 „David und seinem Samen auf ewig“ zugesagt wird, der Horizont, in dem die „Königsbitte“ von Ps 20 und der „Königsdank“ von Ps 21 gelesen werden sollen. Der Schluß Ps 18,51 drängt geradezu nach Ps 20–21 hin; Ps 19 bricht diesen engen Zusammenhang auf.

Aber auch der die Trias 18.20.21 eröffnende „alte“ Ps 18 ist von *dieser* Redaktion bearbeitet worden, und zwar in doppelter Absicht: zum einen, um die Vernetzung mit Ps 20–21 zu intensivieren, und zum anderen, um diese Trias mit den Nachbarpsalmen zusammenzubinden. Sehen wir einmal von der [173] noch späteren Erweiterung 18,26–32 (s.u.) ab, so gehen auf die Ps 18 mit Ps 20–21 verbindende Hand folgende drei Erweiterungen zurück:

a) Die Psalmenüberschrift 18,1 weist mehrere Eigenheiten auf. Die ersten vier Worte der Überschrift sind identisch mit denen der Überschrift Ps 36,1; es sind die einzigen Fälle, in denen der Titel עבד יהוה für David in einer Psalmenüberschrift begegnet. Im Vergleich zu allen anderen Kontextparallelen des Psalters mit der gleichen syntagmatischen Fügung (vgl. „David, der Knecht JHWHs“: Ps 78,70; 89,4.21; 132,10; 144,10) ist die Stellung des Titels vertauscht; er geht dem Eigennamen voraus. Ferner finden sich zwar in zahlreichen Psalmenüberschriften vergleichbare historisierende („midraschartige“) Angaben,[28] aber nur in Ps 7,1 und Ps 18,1 werden diese Angaben mit Relativsatz angeschlossen, statt der üblichen Verbindung durch eine Infinitiv-konstruktion mit ב (vgl. z.B. Ps 3,1; 34,1; 51,2). Der Relativsatz führt den Psalm als Lied ein, das David zu einem bestimmten Zeitpunkt „gesprochen“ hat (דבר). Die Einführung hat ihre nächsten Parallelen im Rahmen des Moselieds (Dtn 31,30; 32,44). Der Psalter bietet sonst für die Rezitation eines Psalms gefülltere Verben als das nüchterne דבר; vor allem ist die feminine Form שירה

---

27 Das ursprüngliche Bikolon von 21,10 lautete:
„Du sollst sie packen wie ein feuriger Ofen,
er verschlinge sie und es fresse sie das Feuer!“

28 Vgl. dazu u.a. die grundlegenden Studien: B.S. Childs, Psalm Titles; E. Slomovic, Historical Titles; G.H. Wilson, Editing, 139–197, aber auch E. Zenger, Kanonische Schriftauslegung, 407–409.

im Psalter singulär, der sonst immer die maskuline Form שִׁיר verwendet (vgl. z. B. Ps 28,7; 30,1; 33,3; 40,4). Der Zeitpunkt, an dem die Überschrift David „das Lied sprechen / reden" läßt, ist nicht wie bei den anderen historisierenden Überschriften eine bestimmte Einzelsituation seiner Biographie, wie etwa bei der Flucht vor seinem Sohn Abschalom (Ps 3,1) oder bei der Begegnung mit dem Benjaminiter Kusch (Ps 7,1); der Zeitpunkt markiert vielmehr den Abschluß einer längeren Lebensphase, ja den Höhepunkt der Befreiung von *allen* Feinden und von Saul. Von daher erhält „das Lied" geradezu testamentarisches Gewicht, was zugleich verständlich macht, wieso Ps 18 von der dtr Geschichtstheologie in 2 Sam 22 an das Ende von Davids Leben gestellt wurde. Schließlich ist von besonderer Wichtigkeit, daß diese pointierte „Davidisierung" von Ps 18 nochmals am Schluß des Psalms in Ps 18,51 aufgenommen ist. Dieser Vers ist unbestreitbar redaktionell: Er steht stilistisch, gattungskritisch und inhaltlich außerhalb des durch V. 2 und V. 50 gerahmten „Siegeslieds". Der Vers ist ein Trikolon mit durchgehendem, reihendem Parallelismus im Unterschied zu den komplexen Trikola des Siegeslieds. Gattungskritisch schießt er über das mit dem Lobversprechen 18,50 abgerundete Danklied hinaus und nimmt noch einmal den Stil der hymnischen [174] Partizipien auf (vgl. 18,48 f.), wodurch er sich zugleich syntaktisch-stilistisch von der in 18,50 vorangehenden Du-Anrede absetzt (18,51 stellt durch ePP 3. P. den Bezug auf JHWH her!). Inhaltlich ist das Aussageziel dieser „Unterschrift" ein Zweifaches, und darin der „Überschrift" 18,1 korrespondierend: (1) Der anonyme Beter des alten „Siegeslieds" soll als das Individuum David identifiziert werden. (2) David steht in einem einmaligen Verhältnis zu JHWH. Er ist JHWHs „Knecht" (18,1), „sein König" (18,51) und „sein Gesalbter", der in kaum zu überbietender Weise Gottes Rettung, Hilfe und Güte erfahren hat, und dies alles nicht nur für sich, sondern auch zugunsten seiner Dynastie erhalten hat, damit diese auf Dauer (עד־עולם) bestehen bleibt (18,51). Wir haben demnach in Ps 18,1.51 den seltenen Fall, daß der Psalm durch eine „davidisierende" Über- und Unterschrift gerahmt ist, die auf die gleiche redaktionelle Hand zurückgeht.[29] Für unsere Fragestellung ist nun wichtig, daß dies die gleiche redaktionelle „Schicht" ist, die Ps 20.21 mit Ps 18 (erstmals) zusammenstellte und durch entsprechende „Erweiterungen" verbunden hat. Für diese Annahme sprechen vor allem sprachliche Gründe:

(1) מגדל 18,51: vgl. 21,6.
(2) ישועות 18,51: während in Ps 18,3.36.47 ישע steht (vgl. auch 20,7!), begegnet ישועה in 20,6; 21,2.6 singularisch; der Plural in 18,51 eröffnet die „ewigen" Aktualisierungen von JHWHs ישועה.

29 Mit 18,1.51 = 2 Sam 22,1.51 stehen wir an der „Quelle" des dann anwachsenden Stroms der Davidisierung des Psalters; zu „David" als Psalmenbeter und Psalmendichter bereitet in Münster M. Kleer eine Dissertation vor. [inzwischen publiziert als: M. Kleer, „Der liebliche Sänger der Psalmen Israels". Untersuchungen zu David als Richter und Beter der Psalmen (BBB 108), Bodenheim 1996.]

(3) מלך 18,51 (sonst nicht in Ps 18!); vgl. 20,10; 21,2.8.
(4) עשׂה חסד 18,51: vgl. 21,8.
(5) משׁיח 18,51: vgl. 20,7.
(6) הציל 18,1 stammt aus 18,18.49.

b) Ps 18,3 ist eine nominale Vertrauensaussage, die in ihren barocken Ausgestaltungen von acht Epitheta für JHWH im Psalter ihresgleichen sucht. Die Syntax gliedert die Reihe zunächst in drei Gruppen („mein Fels und meine Burg und mein Retter“ – „mein Gott, mein Fels, auf dem ich mich berge“ – „mein Schild und Horn meiner Rettung“); das achte Glied der Reihe משׂגבי übersteigt die stilbildende Zahl 7 und verrät sich durch mangelnde Syndese als sekundärer Überschuß. Wahrscheinlich ist dieses Epitheton hinzugefügt worden, um einen redaktionellen Zusammenhang mit dem Anfang der „Königsbitte“ Ps 20,2 (ישׂגבך) herzustellen. 175

c) Für die theologiegeschichtliche Einordnung jener Redaktion, die die Trias 18.20.21 zusammengestellt hat, liefert der innerhalb von Ps 18 ebenfalls literarkritisch auszugrenzende Abschnitt 18,21–25 wichtige Hinweise; zugleich zeigt der Abschnitt, daß auch Ps 15 und Ps 24 zum Horizont dieser Redaktion gehören. Daß 18,21–25 nicht zum ursprünglichen „Danklied“ Ps 18 gehören, legt sich durch folgende Beobachtungen nahe:

(1) Nach dem in V. 3–20 gegebenen Bericht über die Not und die daraus erfolgte Rettung müßte gattungstypisch der Lobpreis durch den Beter selbst oder durch das Auditorium erfolgen. Dies geschieht erst ab V. 33. In V. 21–32 schiebt sich eine zweiteilige reflektierende Kommentierung der Rettung dazwischen, die sich offensichtlich an die Aussage 18,20 „anhängt“, daß JHWH den Beter gerettet hat, „weil er an ihm Gefallen hatte“. Der Abschnitt erläutert, *warum* JHWH am Beter Gefallen fand. Er tut dies in zwei Teilen, die literarkritisch auf zwei unterschiedliche Hände zurückgehen, wobei V. 21–25 die frühere der beiden ist – und mit der bislang skizzierten Redaktion identisch ist; V. 26–32 verdankt sich einer nochmals späteren Redaktion in der Perspektive der „Armenfrömmigkeit“, auf die wir unten eingehen (vgl. III).

(2) 18,21–25 ist durch V. 21 und V. 25 kunstvoll gerahmt. Die beiden in sich jeweils chiastisch gestalteten Parallelismen sind partiell wortidentisch und bilden untereinander gestellt nochmals eine chiastische Komposition. Die beiden Verse deuten die Rettung des Beters als ein Geschehen, das dem in Ps 15 und Ps 24 vorgestellten Modell der von JHWH durchgesetzten „konnektiven Gerechtigkeit“[30] entspricht: JHWH hat dem Beter durch die Rettung seinen Lebenswandel „vergolten“, insofern dieser sich von der umfassenden

30 Vgl. zum Begriff und zur Sache: J. Assmann, Ma῾at 58–81 und vor allem ebd. 283–288 den zusammenfassenden Abschnitt „Weltordnung als Gerechtigkeit: iustitia connectiva“. Hilfreich auch: J. Assmann, Gedächtnis 232–236. Dieser Begriff erscheint uns als eine höchst geeignete Alternative zu dem mißverständlichen Begriff „Tun-Ergehen-Zusammenhang“.

„Gerechtigkeit“ (צדק, Maʿat) leiten ließ und diese in seinem Tun („Hände“) realisierte. Daß der, der צדק tut (vgl. 15,2), vom rettenden und segnenden JHWH צדקה (zurück-)erhält (vgl. 24,5), ist die große Dynamik jenes „Lebensweges“, der das in der Komposition Ps 15–24* entworfene anthropologische Paradigma kollektiver Identität konstituiert. Daß 18,21–25 sich von Sprache und Vorstellungswelt der beiden Psalmen 15 und 24 inspirieren läßt, zeigen die sprachlichen und motivlichen Anklänge: צדק 18,21.25, vgl. 15,2; 24,5; כבר ידי 18,21.25, vgl. 24,4; Wegmotiv 18,22, vgl. 15,2; תמים 18,24, vgl. 15,2; auch der Wechsel von affirmativen zu negativen Aussagen in 18,22–24 hat sein Vorbild in Ps 15.24. So legt sich nahe: Der Beter von Ps [176] 18 wurde gerettet, weil er sich auf dem in Ps 15.24 beschriebenen sozial kohäsiven, solidarischen Lebensweg der „Gerechtigkeit“ befand, der in eben diesen Psalmen als ein Weg der Begegnung mit dem rettenden (weil „die Gerechtigkeit“ garantierenden und durchsetzenden) JHWH gekennzeichnet wird.

(3) Besonders 18,22–24 ist stark dtr imprägniert. Dies zeigt sich an der „nomistischen“ Wegterminologie („die Wege bewahren“: vgl. Ri 2,22; הסיר „abweichen“: vgl. 2 Kön 17,18.23; 23,27; 24,3),[31] an der für dtr Theologie, im Unterschied zu dtn Sprache, typischen Reihung der Synonyma für „Gesetz/Gebote“ (שמר in Verbindung mit משפטים + חקת: vgl. Dtn 8,11b; 11,1; 30,16; 1 Kön 2,3) und an der seltenen Wendung „vollkommen sein mit Gott“ (Ps 18,14a), womit in Dtn 18,13 (dtr?) der wahre JHWH-Prophet gekennzeichnet wird. Vor allem ist wichtig: Der in Ps 18,12–14 charakterisierte Mensch entspricht den Anforderungen, die das Königsgesetz Dtn 17,14–20 in seiner dtr Endgestalt formuliert (vgl. besonders Dtn 17,17–20). Damit schließt sich der Vorstellungskreis, der Ps 18,21–25 mit der „Davidperspektive“ von 18,1.51, mit den „Königsgebeten“ Ps 20–21, aber auch mit Ps 15 und 24 redaktionell zusammenhält. Die Trias Ps 18.20.21* zeichnet den Gerechten als den königlichen Menschen, der von JHWH gerettet wird – trotz jener Leiden und Verfolgungen, denen die „königlichen Menschen“ auf ihrem Lebensweg ausgesetzt sind, wie die „Leidenspsalmen“ Ps 17 und Ps 22,[32] die die Trias rahmen, hervorheben.

Daß der königliche Mensch als „der Gerechte“, welcher צדק wirkt und verteidigt, unter dem besonderen Schutz des Weltkönigs JHWH steht, ist im übrigen auch die zentrale Aussage der exilischen Teilsammlung Ps 3–14* des Davidpsalters mit Ps 8 als ihrer kompositorischen und theologischen Mitte. Dem in dieser Sammlung in Ps 11–14 entworfenen Bild von der „chaotischen Gesellschaft“ der פעלי און, die die ganze Weltordnung erschüttert, ja zu zerstören droht (vgl. Ps 14,1–4), setzt Ps 15[33] das Gegenbild von den פעלי צדק

[31] Vgl. auch 1 Kön 6,12; 11,33; 2 Kön 17,34 sowie Ps 89,31 f.; 119,16.

[32] Die beiden Psalmen sind sprachlich/motivlich aufeinander bezogen: vgl. besonders 17,6 und 22,22; 17,10–12 und 22,13–14.

[33] Wir halten Ps 15,1–3.5aγ.b für den „Grundpsalm“ und 15,4–5aβ für eine nachexilische Erweiterung. Der „Grundpsalm“ ist möglicherweise sogar erst für den Zusammenhang

entgegen, die JHWH schützt und rettet – weil er auf ihrer Seite [177] steht (vgl. Ps 14,5), um an ihnen zugleich „das Böse" zu überwinden (vgl. Ps 14,6 als exilisch-redaktionellen Schluß der Komposition Ps 3–14*).

Die dtr inspirierte (spät)exilische Komposition der Psalmen 15.17.18.20.21. 22.24 konstituiert also in Distinktion von und im Widerstand gegenüber den mächtigen, einflußreichen, aber unterdrückenden Gesellschaftsschichten innerhalb des exilischen Israel ein geradezu „revolutionäres" Selbstbild der Bedrängten, Verfolgten und Marginalisierten, d. h. „der Armen" als einer sozialen Gruppe. Diese Gruppe reklamiert für sich die besondere Zuwendung des Gottes Israels: durch sie und für sie verteidigt er „die Gerechtigkeit" als „Sinn" nicht nur seiner Geschichte mit David als König Israels, sondern als „Sinn" seiner Schöpfung (Ps 24,1–2) überhaupt. „Die Armen" wissen sich als die Gemeinschaft der „königlichen Menschen", deren Würde unzerstörbar ist, weil sie in der Lebensgemeinschaft mit JHWH selbst gründet (vgl. Ps 15,1; 24,3.7–9, aber auch Ps 8 als Mitte der Komposition Ps 3–14*[34]).

III. Ps 19 als Mitte der nachexilischen Komposition Ps 15–24

Eine nachexilische Redaktion[35] hat in die (exilische) Komposition Ps 15–24* drei neue Psalmen eingefügt: das „Zwillingspaar" 16 und 23 sowie den (bei diesem Einfügungsvorgang erweiterten) Ps 19. Die dabei intendierte Vertiefung der kollektiven Identität, die mit Ps 16 und Ps 23, aber auch mit dem Einschub Ps 22,4–6 die kanonische Ursprungsgeschichte in das identitätsstiftende Selbstbild der sich in den Psalmen definierenden Gruppe integrierte,[36] führte auch dazu, daß die Vision vom „königlichen Menschen" in Ps 18 (vgl. die Erweiterung in 18,26–32) und sein „Ethos" in Ps 15 (vgl. die Erweiterung 15,4–5aβ) neu präzisiert wurde. Schließlich definierte die hinter der Redaktion stehende Gruppe ihre Identität programmatisch durch die kurze Einfügung Ps 24,6. Der sich hier artikulierende geschichtliche Wandel der kollektiven Identität, der traditionell mit dem Stichwort „Armenfrömmigkeit" bezeichnet wird, soll abschließend – in der gebotenen Kürze – skizziert werden.

Dabei werden die neu eingesetzten Psalmen 16; 19; 23 sowie die einzelnen An- und Einfügungen ihrem jeweiligen Psalm gegenüber als sekundär begrün- [178] tet. Ihr Profil wird beschrieben und ihre Vernetzung im Kontext der Teilsammlung Ps 15–24 wird hervorgehoben:

Ps 15–24* geschaffen worden. Näheres, auch zum פעל צדק (15,2) als gezieltem Gegenbild zu den Bösen von Ps 11–14, bei F.-L. HOSSFELD / E. ZENGER, Die Psalmen I.

34 Dazu F.-L. HOSSFELD / E. ZENGER, Davidpsalter 34–46 (in diesem Band S. 23–36).

35 Begründungen bei F.-L. HOSSFELD / E. ZENGER, Die Psalmen I.

36 Zur Mythenmotorik der Erinnerung von Geschichte und deren Funktion bei der Konstitution der Identität Israels vgl. J. ASSMANN, Gedächtnis 78–86.196–228.

a) Die Einfügung Ps 15,4–5aβ weicht den Stil knapper, aufgereihter Kurzsätze im umgebenden Grundpsalm zugunsten prosaischer Satzgefüge auf. Sie ist nicht mehr nur am Verhalten des einzelnen Gerechten seinem Nächsten gegenüber interessiert, sondern auch daran, daß er die Standards der zugehörigen Gruppe der „JHWH-Fürchtenden" übernimmt. Schließlich werden die konkreten „notae" des Gerechten ausgeweitet. Neben der Zucht in der Rede V. 2 f. wird jetzt das Verbot von Zinsnahme und Bestechung in Formulierungen eingeschärft, die in nachexilische Zeit weisen.[37] Die Einfügung will das Ethos des Gerechten den Erfordernissen der nachexilischen Gemeinde des armen Israel anpassen.

b) Ps 16 als Bitte um das Glücken des Lebensweges (ohne seine Ergänzung aus hellenistischer Zeit in V. 3–4) knüpft an Ps 15 an (vgl. die Beschreibung der Gottesnähe mit שׁכן 15,1; 16,9 sowie die Verheißung der Beständigkeit 15,5; 16,8 und die Wegmetapher in 15,2; 16,11). Allerdings fehlt ihm im Unterschied zu allen Nachbarpsalmen jeglicher Bezug zum Tempel und jede Erwähnung von realen Feinden. In starker Anlehnung an den Nachfolger Ps 17[38] bedenkt er grundsätzlich das Leben des Frommen (16,10, vgl. 17,7) mit Gott und schildert es als vollendete, dauerhafte, selbst durch den Tod nicht zerstörbare Gemeinschaft mit JHWH. Die erbetene punktuelle Rettung in Ps 17 wird hier zum geschenkten Dauerzustand.

c) Die für Ps 18 letzte redaktionelle Erweiterung Ps 18,26–32 hebt sich von ihrem Kontext 18,1–25.33–51 ab durch den Wechsel aus der Beschreibung JHWHs (V. 21–25) in die Du-Anrede und ab V. 29 zurück in den Bericht über ihn. Statt des Stilmittels der Rahmung spielt nun die Reihung von Sätzen die Hauptrolle. Vor allem tritt der Beter in eine intensive Beziehung zum „Wir" der Gruppe der Armen (18,28.32). Die in dieser Armentheologie beliebten Selbstbezeichnungen „alle, die sich bei JHWH bergen" (16,1; 18,31), „der Fromme" (16,10; 18,26) und „der Arme" (18,28) werden aufgegriffen. Das „arme Volk" grenzt sich scharf ab von den „Stolzen" (18,28) und hält an strenger Vergeltung (vgl. 18,26 f.) fest: Rettung für die Armen und Niedergang für die Stolzen. Dabei ist dieser Gegensatz durchaus offen für die Ausweitung [179] auf Israel und die Völker. Die armentheologische Erweiterung macht die Lebenserfahrung des Königs David von Ps 118 zum Typos des armen Israel.

d) Der Schöpfungs- und Torahymnus Ps 19,2–11 ist durch seine redaktionelle Erweiterung 19,12–14.15 in die Teilsammlung Ps 15–24 als deren Mitte integriert worden.[39] Die literarkritische Abtrennung vom eigenständigen nachexilischen Grundpsalm V. 2–11 gründet auf formalen und inhaltlichen Differenzen:

---

37 Begründungen bei F.-L. Hossfeld / E. Zenger, Die Psalmen I.

38 Vgl. unter anderem z. B. nur die gemeinsame Wegterminologie 16,11; 17,4 f. – die nächtliche „Gewissensprüfung" 16,7; 17,3 – die Sättigung vor JHWHs Angesicht 16,11; 17,15.

39 S. o. zu II.

(1) Die Redaktion verrät sich durch den typischen Anschluß mit גם (19,12.14). Die hymnische Beschreibung des Grundpsalms wechselt nun ins Gebet mit Anrede an JHWH.

(2) Inhaltlich verschiebt sich die Torafrömmigkeit. Die Tora begegnet dem Menschen nicht mehr wohlwollend stärkend, sondern drohend und warnend (19,12). Aber auch sie verleiht keine letzte Sicherheit und Vollkommenheit. Bei den verborgenen und unbewußten Sünden hilft nur die Vergebung JHWHs (19,13). Der Beter erscheint von innen (Sündhaftigkeit) und außen (vermessenen Menschen) gefährdet (19,14). Die von JHWH gestiftete Vollkommenheit in der Schöpfung (Ordnung der Zeiten) und in der Tora muß für den Beter erst errungen werden.

Die Erweiterung ist es vor allem, die Ps 19 insgesamt mit den Nachbarpsalmen der Teilsammlung vernetzt. Wie der König David (18,1) bezeichnet sich der Beter als „Knecht JHWHs“ (19,12.14). Für die nachexilische Armenredaktion ist die weisheitlich-nomistische Terminologie von 18,31 transparent auf die Tora von 19,8 ff. Das dort genannte „im Feuer geläuterte Wort JHWHs“ verweist auf die gepriesene Tora. Das durchlaufende Thema der Vollkommenheit und Schuldlosigkeit des Beters (15,2; 18,[24].26; 24,4) wird in 19,13 f. fortgeführt. Die rahmende Anrede und Vertrauensaussage „mein Fels“ aus 18,3.47 wird in 19,15 übernommen. Die strenge Vergeltungslehre von 18,26 f. hat Analogien zu der von 19,12. Entscheidend ist wiederum die Anzeige eines Gruppenbewußtseins. In 18,28 hilft JHWH dem armen Volk und erniedrigt die Blicke der Stolzen genau so, wie er in 19,14 den Toragehorsamen belohnt und den Beter vor der Gegenpartei der Vermessenen schützt. Auf der Ebene der Redaktion wird der König David von Ps 18 zum gesetzestreuen Armen, der mit dem Knecht und Beter von Ps 19 gleichgesetzt wird. Dieser ordnet seinen Wandel und sein Geschick in die umfassendere göttliche Ordnung der Zeiten und der Tora ein. [180]

e) In das große Leidensgebet Ps 22 hat die nachexilische Redaktion sowohl in V. 4–6 wie in V. 24–27 eingegriffen:[40]

(1) Nach den klagenden Anrufungen von 22,2 f. erwartet man die Klage. Stattdessen schiebt sich ein Präludium für das abschließende Lob ab V. 23 dazwischen. Mit dem Numeruswechsel in V. 5 integriert sich der Beter in das „Wir“ der Gruppe und blickt auf die kanonische Geschichte von deren Vorvätern. Der Grundpsalm 22,2 f.7–23 gibt keinen Hinweis auf Bezüge zum Kult, wie sie hier in der Anrufung „heilig“ und „thronend über dem Lobpreis“ auftreten, was dem kultischen Kolorit von 22,26 entspricht. Der Beter steht wieder innerhalb einer Gemeinde, die sich „Israel“ (Ps 14,7; 22,24; 25,22; 41,14),

---

40 Zur hellenistischen Ergänzung 22,28–32 s. o. unter I und zur Begründung F.-L. Hossfeld / E. Zenger, Die Psalmen I.

parallel dazu auch „Jakob“ (Ps 14,7; [20,2]; 22,24; 24,6) und die „JHWH-Fürchtenden“ (Ps 15,4; 22,24.26; 25,14; 31,20; 33,18; 34,8.10) nennt.[41]

(2) Der Grundpsalm kommt mit dem Lobversprechen von 22,23 zu seinem gattungstypischen Abschluß. Der abrupte Wechsel von der Selbstaufforderung des Lobversprechens zur Fremdaufforderung in V. 24 zeigt den Neueinsatz der Redaktionen an. Damit ist zugleich der Wechsel der Sprechrichtungen (von der Rede *an* zur Rede *über* JHWH) gegeben. Das Publikum der Rettungserzählung des Leidenden ändert seinen Charakter: von der profan-überschaubaren Versammlung der Verwandten und Nachbarn (V. 23) zur kultischen Großgruppe der Gemeinde (V. 24–27). Der Beter identifiziert sich als Armer (V. 25) innerhalb der Großversammlung der Armen (V. 27). Neben die oben unter (1) genannten Selbstbezeichnungen tritt eine weitere, die „JHWH-Suchenden“ (22,27 vgl. 24,6). Die Rettung des zum Tode Leidenden aus dem Grundpsalm wird in den Horizont des nachexilischen armen Israel gestellt. Diese steht in Kontinuität zur Rettungserfahrung der Vorgeschichte, ist der Beweis der konstanten Zuwendung JHWHs zu den Armen und der Grund für die Erwartung ausreichender Lebensversorgung (Essen und Sattwerden V. 27) sowie unbegrenzt dauerhaften Auflebens des Herzens (vgl. das Gegenteil in 22,15 und vor allem die Parallele in 16,9).

f) Der eingefügte Ps 23 verstärkt die eben genannten Interessen der nachexilischen Armentheologie. Er löst das in 22,23 angekündigte Lob des Namens JHWHs ein (vgl. 23,3). Zugleich konkretisiert er, wie und wo die Armen von [181] 22,27 zum Sättigungsmahl 23,5 gelangen. Von Ps 22 her gibt sich der Beter von Ps 23 als Armer zu erkennen. Mit seinem zur Mitte in Ps 19 symmetrischen Pendant, dem Ps 16, verbindet die Wegterminologie (16,10; 23,3), das Mitsein JHWHs (16,8; 23,4) und der Hinweis auf Güte und Gaben Gottes (16,2.11; 23,6). Ps 23 betont die Schutz- und Tischgemeinschaft des Armen mit JHWH und wie Ps 16 unterstreicht er deren Dauer sogar über den Tod hinaus (16,10 f.; 23,6).

g) Im Grundpsalm 24,1–5.7–10, der die Teilsammlung Ps 15–24 abschließend von der Begegnung JHWHs, des Erhalters und Königs der Herrlichkeit, mit dem Gerechten im Tempel berichtet, verankert die Armenredaktion ihr Anliegen im feststellenden Hinweis 24,6, der sich an die in sich geschlossene „Torliturgie“ V. 3–5 anhängt. Wie in Ps 15,4–5aβ will sie den Gerechten in die Gruppe der Armen integrieren. Hier in 24,6 wird er mit dem Geschlecht der JHWH-Sucher (Ps 9,10 f.; vgl. 14,2.5; 22,27) gleichgesetzt, die nach Ausweis von 22,24–27 (s. o. unter e) mit den „Armen“ und „JHWH-Fürchtenden“ (15,4) identisch sind. Nach 24,6b überschneidet sich dieser Kreis mit der wahren Gemeinde Jakobs bzw. Israels (vgl. 14,7 und 22,4.24; s. o. unter e). Die lectio difficilior des MT durchbricht gezielt den parallelismus membrorum

---

[41] Die genannten Stellen aus dem ersten Davidpsalter gehören überwiegend zur nachexilischen Armenredaktion. Zu 14,7 vgl. F.-L. Hossfeld / E. Zenger, Davidpsalter 35 f. (in diesem Band S. 24–26)

des Halbverses durch die Anrede an Jakob in V. 6b und durch das Umbiegen des mit דרשׁ synonymen בקשׁ auf Jakob / Israel selbst. Dadurch wird diese Gemeinde auf die Proselyten der Völker hin geöffnet, die sich über die Vermittlung von Jakob / Israel zu JHWH hinwendet (vgl. Jes 44,4 f.). Zugleich ist damit der Ansatz geschaffen, daß diejenigen, die (in Jerusalem) das Antlitz Jakobs suchen, auf der Ebene der hellenistischen Bearbeitung des Davidpsalters von Ps 9/10 und Ps 22,28–32 her auf die Heidenvölker bzw. die Gutwilligen unter ihnen gedeutet werden.[42]

In der Teilsammlung Ps 15–24 hat die nachexilische Armenredaktion auf der Basis der (spät)exilischen Komposition in mehrfacher Weise das Ensemble modifiziert, an ihre Anliegen adaptiert und theologisch ausgebaut: Sie hat das Leitbild des Gerechten „modernisiert" und für Proselyten der Völker geöffnet (Ps 15; 24). Die Rettungserfahrungen bzw. „Heilsgeschichten" des Königs David (Ps 18) und des Leidenden (Ps 22) werden zum Paradigma für das arme Israel erhoben. JHWH verbindet sich mit dem Armen zu einer Gemeinschaft, die trotz aller Not und Anfechtung von ungeminderter Qualität ist und in ununterbrochener Dauer über den Tod hinaus reicht (Ps 16; 23). Das [182] Schicksal des Armen und seiner Gemeinde ist umfangen von der Vollkommenheit der kosmischen Ordnung der Zeiten und der stärkenden Anwesenheit der Tora (Ps 19).

So zeigt der knappe Durchgang durch die Teilsammlung Ps 15–24 die Metamorphosen und Anreicherungen der kollektiven Identität des armen Israel in der Exils- und Nachexilszeit, eines Israel, das sich die konstante Frage stellt: „Wer darf hinaufziehen zum Berg JHWHs?"

Literaturverzeichnis

Allen, L. C, David as Exemplar of Spirituality. The Redactional Function of Psalm 19, in: Bib. 67 (1986), 544–546.

Assmann, J., Ma'at: Gerechtigkeit und Unsterblichkeit im alten Ägypten, München 1990.

–, Das kulturelle Gedächtnis. Schrift, Erinnerung und politische Identität in frühen Hochkulturen, München 1992.

Auffret, P., La sagesse a bâti sa maison. Études des structures littéraires dans l'Ancien Testament et specialement dans les Psaumes (OBO 49), Fribourg–Göttingen 1982, 407–438.

Childs, B. S., Psalm Titles and Midrashic Exegesis, in: JSS 16 (1971), 137–150.

Hossfeld, F.-L. / Zenger, E., „Selig, wer auf die Armen achtet" (Ps 41,2). Beobachtungen zur Gottesvolk-Theologie des ersten Davidpsalters, in: JBTh 7 (1992), 21–50 (in diesem Band S. 11–39).

–, Die Psalmen I. Ps 1–50 (NEB), Würzburg 1993.

Lohfink, N., Was wird anders bei kanonischer Schriftauslegung? Beobachtungen am Beispiel von Psalm 6, in: JBTh 3 (1988), 29–53.

–, Lobgesänge der Armen, Studien zum Magnifikat, den Hodajot von Qumran und einigen späten Psalmen (SBS 143), Stuttgart 1990.

---

[42] Vgl. N. Lohfinks Interpretation oben unter I.

–, Einige Beobachtungen zu Psalm 26, in: FS N. Füglister, Würzburg 1991, 189–204.
–, Der neue Bund und die Völker, in: KuI 6 (1991), 115–133.
–, Psalmengebet und Psalterredaktion, in: ALW 34 (1992), 1–22.
SLOMOVIC, E., Toward an Understanding of the Formation of Historical Titles in the Book of Psalms, in: ZAW 91 (1979), 350–380.
WILSON, G. H., The Editing of the Hebrew Psalter (SBL.DS 76), Chico 1985.
ZENGER, E., Was wird anders bei kanonischer Psalmenauslegung?, in: FS N. Füglister, Würzburg 1991, 397–413.
–, Der Psalter als Wegweiser und Wegbegleiter. Ps 1–2 als Proömium des Psalmenbuchs, in: A. Angenendt / H. Vorgrimler (Hg.), Sie wandern von Kraft zu Kraft (Festgabe für Bischof Reinhard Lettmann), Kevelaer 1993, 29–47 (in diesem Band S. 249–265).
ZIMMERLI, W., Zwillingspsalmen, in: FS J. Ziegler (FzB 2), Würzburg 1972, 105–113.

„Von seinem Thronsitz schaut er nieder auf alle Bewohner der Erde“ (Ps 33,14)

Redaktionsgeschichte und Kompositionskritik der Psalmengruppe 25–34

Frank-Lothar Hossfeld
Erich Zenger

[375] „Der Aufstieg Jahwes, des Gottes Israels, zu dem seinem Wesen nach transzendenten und einzigen Gott [hat sich] in einem in Anknüpfung und Widerspruch verlaufenden Kampf mit den Göttern der Umwelt Israels vollzogen. In dieser Auseinandersetzung ging es um die Platzanweisung Israels und dann der Völker und Menschen zwischen dem einen Gott und der einen Welt.“ So hat der Jubilar, den wir mit den nachfolgenden Überlegungen verehrungsvoll grüßen, die produktive Dialektik von Religionsgeschichte und Theologie Israels auf den Punkt gebracht.[1] Selbst als die Götter Kanaans religionsgeschichtlich „gestorben“ waren, blieb ihre ambivalente Wirklichkeit der sprachliche und theologische Kontext, in dem auch in nachexilischer Zeit das Profil des Gottes JHWH reflektiert und konkretisiert wurde. Dabei ging es nicht nur um die Identität JHWHs, sondern zugleich um die wahre Identität Israels, ja der Menschen überhaupt, wie O. Kaiser nachdrücklich betont hat: „In dem Kampf zwischen Jahwe und Baal wurde nicht nur über die Personalität Gottes, sondern auch über die des Menschen entschieden.“[2] Die von der Theologie Israels angebahnte „Götterdämmerung“ vollzog sich besonders im Kult Israels und in den von kultischen Überlieferungen genährten „nachkultischen“ Psalmen bzw. Psalmensammlungen. Als nachgerade klassische Dokumente der „Götterdämmerung“ und des Aufstiegs JHWHs zum universalen Weltgott zitiert O. Kaiser in seiner neuen „Theologie des AT“ mehrfach die Psalmen 29; 47 und 93.[3] [376] Diese drei Psalmen bilden in der Tat ein eindrucksvolles Summarium der Profilierung JHWHs sowohl vor dem Forum der Götter- und Völkerwelt als auch hinsichtlich der seinem Volk, ja allen Menschenkindern von JHWH verliehenen Würde.

Unsere kleine Studie will mit Ps 29 einen dieser drei Psalmen in das theologische Licht stellen, das ihm sein jetziger Kontext im Psalmenbuch gibt. Der JHWH-Königshymnus Ps 29, der mit rezeptions- und wirkungsgeschicht-

---

1 O. Kaiser, Der Gott des Alten Testaments. Theologie des Alten Testaments. Teil 1: Grundlegung (UTB 1747), Göttingen 1993, 92.

2 O. Kaiser, Theologie des AT, 112.

3 O. Kaiser, Theologie des AT, 110 f. 121. 322 f.

lichem Blick betrachtet einen „Glücksfall für die Forscher“ darstellt, insofern sein Einfluß innerhalb des Psalters wie außerhalb desselben durch die ganze Schrift hindurch verfolgt werden kann,[4] strahlt unter kompositionskritischem Aspekt stark auf seine Nachbarpsalmen aus und bildet unserer Meinung nach die Mitte der Psalmengruppe 25–34. Diese Auffassung soll im folgenden näher erläutert und begründet werden. Damit füllen wir die in unserem Psalmenkommentar entworfene kompositionskritische Skizze der Psalmengruppe 25–34 aus und verdeutlichen deren Kommentierung.[5] Ferner wird eine Lücke in unseren bisherigen kompositions- und redaktionskritischen Untersuchungen zum ersten Davidpsalter geschlossen.[6] Darüber hinaus ergeben sich mehrere Fragen zur Entstehungsgeschichte des Psalmenbuchs überhaupt, die sich freilich erst nach Abschluß unserer Arbeit am Psalmenkommentar beantworten lassen.

Der junge „exegetische Trend“, Psalmen in ihrem Zusammenhang zu erörtern, ist mittlerweile in seiner Vorgeschichte von Fr. Delitzsch an gut beschrieben[7] und differenziert sich sogar in bezug auf Ansatz und Methode aus.[8] Die zur Erörterung anstehende Psalmengruppe [377] 25–34 wurde schon mehrfach in bezug auf ihre Kompositionsstruktur behandelt: E. Zenger hat

---

4 Zur Rezeptionsgeschichte vgl. K. Seybold, Die Geschichte des 29. Psalms und ihre theologische Bedeutung, in: ThZ 36 (1980), 208–219; ebenso J. Jeremias, Das Königtum Gottes in den Psalmen (FRLANT 141), Göttingen 1987, 29 ff. und 121 ff.

5 Siehe F.-L. Hossfeld / E. Zenger, Die Psalmen I (NEB 29), Würzburg 1993, 13.161–214.

6 Vgl. F.-L. Hossfeld / E. Zenger, „Selig, wer auf die Armen achtet“ (Ps 41,2). Beobachtungen zur Gottesvolk-Theologie des ersten Davidpsalters, in: JBTh 7 (1992), 21–50, zu den Psalmengruppen 3–14 und 35–41 (in diesem Band S. 11–39); sowie dies., „Wer darf hinaufziehen zum Berg JHWHs?“ Zur Redaktionsgeschichte und Theologie der Psalmengruppe 15–24, in: G. Braulik / W. Groß / S. McEvenue (Hg.), Biblische Theologie und gesellschaftlicher Wandel. FS N. Lohfink, Freiburg i. Br. u. a. 1993, 166–182 (in diesem Band S. 41–56).

7 Vgl. D. M. Howard, The Structure of Psalms 93–100, Ph. D. Dissertation, University of Michigan 1986, 1–20; M. Millard, Die Komposition des Psalters. Ein formgeschichtlicher Ansatz, Dissertation Universität Heidelberg 1992, 1–6.20–49; F.-L. Hossfeld / E. Zenger, Die Psalmen I, 23 ff.

8 M. Millard, Die Komposition des Psalters, wählt einen deduktiven Ansatz, der im Blick auf den Gesamtpsalter vornehmlich über die Überschriften und die gattungskritische Bestimmung der Einzelpsalmen in ihrer Abfolge nach Kompositionsindizien sucht. Demgegenüber versuchen wir in unseren Arbeiten einen eher induktiven Weg, der von der Analyse des Einzelpsalms ausgeht und dann zum nahen und weiteren Kontext voranschreitet (vom Einzelpsalm zur dazugehörigen Psalmengruppe, zum umgreifenden Psalmenbuch und schließlich zum Gesamtpsalter). Die Untersuchung von D. M. Howard, Structure, wählt wie wir den induktiven Weg (Einzeltextanalyse – Einzelpsalm im Kontext der Nachbarpsalmen – Kompositionsstruktur der dazugehörigen Psalmengruppe). Dabei konzentriert sie sich auf die bekannte Sondergruppe der JHWH-König-Psalmen 93–100, die sich, fast ohne Überschriften (Ausnahmen Ps 98 und 100), durch Konstanz der Gattung Hymnus und inhaltliche Konsistenz auszeichnen.

die konzentrische Struktur dieser Teilkomposition umrissen.[9] N. Lohfink hat die Spezifika von Ps 25 durch weiträumige Textvergleiche eingekreist, dabei Ps 25 detailliert mit Ps 34 verglichen und nebenher die chiastische Anordnung der zehn Psalmen um ihr Zentrum im Psalmenpaar 29–30 gestreift.[10] Zuletzt hat M. Millard sich mit „Kompositionsbögen“ im ersten Psalmenbuch beschäftigt. Er steigt mit dem Chiasmus der Psalmengruppe 15–24 um das Zentrum Ps 19 ein und versucht, die palindromische Anordnung nach vorne wie nach hinten auszudehnen. Dabei wird ihm die Abfolge der Gattungen ab Ps 31 zum Problem, vornehmlich die Zuordnung des Orphanus Ps 33 sowie der Einbau von Ps 34 mit seiner eigenartigen Überschrift. Er vermutet daher „Ps 29–31 als Schluß des Mittelteils des ersten Psalmbuches, wobei Ps 31 Überleitungsfunktion zukommt“[11]. „Die gesamte Komposition von Ps 32–41 ist damit wohl nicht als selbständige Einheit begreifbar, sondern nur im Kontext der entstehenden Sammlungen auf dem Weg zum Psalter. Sie stellt aber auch in dieser Abschlußfunktion ein keineswegs in einem Wurf entstandenes Gebilde dar, da die unterschiedlichsten Kompositionsformen von überschriftslosen Psalmen (Psalm 33), weisheitlicher Formung im weiteren Umfeld von Psalm 1 (Psalm 32; 33; 40; 41), Parallelordnung der beiden ersten Psalmbücher (Ps 37–41) in dem Kompositionsbogen Psalm 32–41 nebeneinanderstehen.“[12] [378]

Wir konzentrieren unsere folgenden Beobachtungen auf die Mittelposition von Ps 29, auf die Rahmenfunktion der Ps 25 und 34 sowie auf die Sonderstellung von Ps 33.

I. Die Zentralposition von Ps 29 im Kreise der Nachbarpsalmen

Den Anstoß gibt die bekannte Feststellung Gunkels: „Daß die Anordnung der Psalmen nicht aus einem sachlichen Einteilungsgrunde erfolgt ist, ist leicht einzusehen. Nach den einzelnen Gattungen sind sie jedenfalls nicht zusammengestellt worden. So stehen z. B. im ersten Buche die Hymnen (Ps 8.19.24,1–2.29.33) nicht beieinander.“[13] Aus der Not Gunkels ist hier eine Tugend zu machen. Unter Hintanstellung der Sonderfälle von Ps 24 und Ps 33 haben alle drei anderen Hymnen eine Zentralposition innerhalb der ihnen zuge-

---

9 E. Zenger, Was wird anders bei kanonischer Psalmenauslegung, in: F. V. Reiterer (Hg.), Ein Gott, eine Offenbarung. FS N. Füglister, Würzburg 1991, 397–413, 406 f.

10 N. Lohfink, Lexeme und Lexemgruppen in Ps 25. Ein Beitrag zur Technik der Gattungsbestimmung und der Feststellung literarischer Abhängigkeiten, in: W. Groß / H. Irsigler / Th. Seidl (Hg.), Text, Methode und Grammatik, FS W. Richter, St. Ottilien 1991, 271–295.

11 M. Millard, Die Komposition des Psalters, 130–150.211 f., insbesondere 144.

12 M. Millard, Die Komposition des Psalters, 146.

13 H. Gunkel, Einleitung in die Psalmen, Göttingen [4]1985, 434.

ordneten Psalmengruppe inne: Ps 8 für die Psalmen 3–7.11–14[14], Ps 19 für die Psalmengruppe 15–24[15] und schließlich Ps 29 für die Psalmen 26–28.30–32.

Drei Bittgebete laufen auf Ps 29 zu: das Bittgebet eines Gerechten in Ps 26, das kombinierte Bittgebet eines (königlichen) Verfolgten (V. 1–6) und eines unschuldig Angeklagten (V. 7–13) in Ps 27, sowie das Bittgebet des vom Tode Bedrohten in Ps 28. Drei Danksagungen kommen von Ps 29 her: das Dankgebet eines Schwerkranken in Ps 30, das von (redaktionellen) Elementen des Vertrauens und des Dankes eingefaßte Bittgebet in Ps 31 und das weisheitliche Dankgebet für die Gnade der Vergebung in Ps 32. Ps 29 markiert die Zäsur bzw. die Wende von der Bitte zum Dank. Der alte Hymnus konzentriert sich allein auf die Beschreibung des himmlischen wie irdischen Lobes für den erscheinenden Götter- und Weltenkönig JHWH. Insofern stellt Ps 29 das theologische Herzstück der sieben (!) Psalmen dar. Daß Jerusalemer Tempeltheologie durchschlägt, wird am differenzierten Tempelbezug deutlich, der sich wie ein roter Faden durch alle sieben Psalmen zieht und individuell zur Sprache gebracht wird.[16] Der in der vorausgehenden Psalmengruppe angeschlagene
[379] Rekurs auf den Tempel (vgl. die Tempeleinlaßliturgie in Ps 15 und 24) schwingt hier weiter und wird zum Orgelton. Von JHWH, der im Jerusalemer Tempel gegenwärtig ist, erwartet der Beter Rettung, erfährt die Befreiung aus seinen unterschiedlichen Nöten und dankt für erfahrene Hilfe von dort her. In analoger Weise werden Themen bzw. weitere Motive aus der Vorgängergruppe fortgeführt oder in bezug auf die Nachfolgegruppe 35–41 präludiert. Die „Herrlichkeit JHWHs" ist sowohl für Ps 24,7–10 als auch für Ps 29 Leitthema. Ps 26,8 (der Tempel als Wohnsitz seiner Herrlichkeit) bildet für beide Stellen eine Brücke. In Ps 30,13 mit seinem masoretischen Text („man singt dir Ehre") läuft das Thema weiter.[17]

---

14 Vgl. die Begründung bei F.-L. Hossfeld/E. Zenger, Beobachtungen zur Gottesvolk-Theologie, 34 ff. (in diesem Band S. 23–26).

15 Vgl. F.-L. Hossfeld/E. Zenger, Zur Redaktionsgeschichte, 177 f. (in diesem Band S. 51 f.).

16 Tempelbezüge in Ps 26 (Umschreiten des Opferaltars V. 6; Rede von „JHWHs Haus" und der „Wohnstätte seiner Herrlichkeit" in V. 8); in Ps 27 („JHWHs Palast" in V. 4b, seine Hütte und sein Zelt in V. 5 f., Aufsuchen von „JHWHs Angesicht" in V. 8 f.); in Ps 28 (das Erheben der Hände zum Allerheiligsten in V. 2); in Ps 29 (der Lobpreis im himmlischen-irdischen Palast in V. 9b); in Ps 30 (Tempelanspielungen wie „sein heiliges Gedächtnis" in V. 5 und das Hinstellen auf den „schützenden Berg" in V. 8); in Ps 31 (die Rede vom „schützenden Fels" und der „festen Burg" in V. 3 f. sowie die Erwähnung der „Hütte (JHWHs)" in V. 21); in Ps 32 (Tempelanspielungen im öffentlichen Bekenntnis der Sünden von JHWH in V. 5, umgebender Rettungsjubel der Gemeinde in V. 7, das weisheitlich-kultische JHWH-Orakel in V. 8).

17 Der MT bietet die lectio difficilior, die ohne Konjektur wie bei den alten Versionen Sinn macht und darüber hinaus die Stichwortentsprechung sichert.

In der Mitte der exilischen Teilsammlung 15–24* stehen die vorexilischen Königsgebete Ps 18.20.21.[18] Ihre mit kriegerischen Metaphern aufgeladene Sprache setzt sich in Ps 27,1–3.14 fort. Ebenso belegt Ps 28,1.7 den Einfluß des Königsgebetes, der durch den redaktionellen V. 8 aus der Hand der formativen exilischen Redaktion mit ihrer restaurativen Königserwartung (JHWH ist Schutz und Heil für seinen Gesalbten) bestätigt wird. Schließlich bieten die Vertrauensäußerungen von Ps 31,2–4, der Rekurs auf eine Verfolgungssituation in 31,9.16 und die Ermutigung von 31,25a (mit variiertem Zitat von Ps 27,14) Anklänge an das Königsgebet. Erinnert sei hier nur daran, daß der Grundpsalm 35,1–6 ein königliches Bittgebet darstellt.[19]

Ab Ps 30 meldet sich ein neues Thema zu Wort, das gegen Ende des ersten Davidpsalters erhebliches Gewicht gewinnt, das Thema Krankheit.[20] Im Dankgebet von Ps 30 tönt es sowohl im Grundpsalm [380] 30,2–6 in den V. 3.6 als auch in der redaktionellen Bearbeitung 30,7–13 in V. 10.12 an. Mit der Krankheit ist die bohrende Frage nach dem Warum und nach der Lenkung Gottes gegeben (trifft den Kranken der Zorn Gottes?), die zur Erforschung der eigenen Sünde führt. Ps 31,11 greift diesen Zusammenhang auf und spricht im masoretischen Text davon, daß durch die Schuld des Beters seine Kraft ermattet ist und seine Knochen zerfallen sind.[21] Der Ps 32 macht die Krankheit bzw. ihre Symptome und vor allem die Sünde zum Hauptthema.[22] Die Psalmen 38.39.41 nehmen später den Faden auf.

---

[18] Im einzelnen dazu F.-L. HOSSFELD/E. ZENGER, Zur Redaktionsgeschichte, 169 ff. (in diesem Band S. 44–46).

[19] Vgl. zu Ps 35 als Anfang der Psalmengruppe 35–41 F.-L. HOSSFELD/E. ZENGER, Beobachtungen zur Gottesvolk-Theologie, 23 ff. (in diesem Band S. 13–15); vgl. ebenso die Kommentierung in: DIES., Die Psalmen I, 215 ff.

[20] Das Thema Krankheit schiebt sich auch am Ende des zweiten Davidpsalters (Ps 51–71) in den Vordergrund. Während dessen vordere Hälfte stark von der Not durch feindliche Bedrohung bestimmt ist (vgl. nur die entsprechende Veränderung von Ps 14,5 f. in Ps 53,6 f.!), ist Ps 71 als Klimax der Teilgruppe Ps 69–71 das Klage- und Vertrauensgebet des kranken und alten „David“. Daß Ps 69–71 in vielfacher Hinsicht mit Ps 40–41, dem Schluß des ersten Davidpsalters parallelisiert sind, stellt die wichtige Frage nach dem redaktionsgeschichtlichen Verhältnis der beiden Davidsammlungen zueinander. Dieser Frage soll an anderem Ort nachgegangen werden. Zum kompositionellen Zusammenhang der Ps 69–71 vgl. vorläufig die Münsteraner Dissertation: N. TILLMANN, „Das Wasser bis zum Hals!“ Gestalt, Geschichte und Theologie des 69. Psalms (MThA 20), Altenberge 1993, 250–257.

[21] Zum MT als lectio difficilior siehe F.-L. HOSSFELD/E. ZENGER, Die Psalmen I, 196. Wie im Falle von Ps 30,13 sorgt der MT für die Stichwortverbindung diesmal von Ps 31,11 nach Ps 32,2 ff.

[22] In der Schilderung von Ps 32,3–4 taucht das Stichwort *ʿ^{a}ṣāmay* „meine Knochen“ aus Ps 31,11 auf; aus demselben Vers 31,11 wird der Leitbegriff für Ps 32 *ʿāwôn*, „Schuld“ aufgenommen.

Die obigen thematischen Linien binden einerseits Ps 29 in den Kontext der Nachbarpsalmen ein, unterstreichen andererseits seine Funktion als Zäsur oder „Wasserscheide" von kompositorischen Zusammenhängen.

Weitere Beobachtungen unterstützen für Ps 29 seine Stellung im Mittelpunkt. Ps 28 und Ps 30 bilden durch gezielte Entsprechungen einen inneren Rahmen um Ps 29. Das Bittgebet Ps 28 wie das Dankgebet Ps 30 beziehen sich auf die Ausgangssituation drohender Todesgefahr; dem Beter droht oder drohte das Schicksal derer, die zur Grube hinabsteigen (28,1; 30,4). Die Reaktion intensiver Bitte zu JHWH wird wortgleich beschrieben (der Beter ruft zu JHWH 28,1 || 30,9; er schreit zu ihm 28,2 || 30,3; JHWH soll hören bzw. hat gehört 28,2.6 || 30,11). Von JHWH kommt die Hilfe (28,7; 30,11). Vor allem wird in der Trias der Psalmen 28.29.30 auf das Wesen JHWHs als „Kraft" abgehoben (28,7 f.; 29,1.11; 30,8). Solche Indizien konzentrischer Struktur können auf den weiteren Rahmen der Psalmen 27 und 31 ausgedehnt werden. Ins Auge springt die seltene Wendung der Ermutigung an den Beter bzw. an die Gruppe der auf JHWH Hoffenden, die beide Male den Psalm abschließt und aus der Hand der spätexilischen Redaktion stammt (27,14; 31,23). Das mag auch im Zusammenhang stehen mit dem Einfluß des Königsgebetes auf
381 beide Psalmen (vgl. *mā'ôz* „Schutz" in 27,1; 31,3.5; Fels in 27,5; 31,3). Die Formulierung der Bitte besitzt in beiden Psalmen eher schwache Entsprechungen (vgl. den Rekurs auf lautes Rufen 27,7; 31,23 und JHWHs Hören 27,7; 31,23). Auffällig ist aber die seltene Beschreibung der Rettung durch JHWH im Tempelbereich: JHWH birgt (*ṣpn*) den Beter bzw. die Gottesfürchtigen, und er beschirmt im Schutz des Zeltes bzw. Angesichts (*str* H-Stamm *b*^{e}*setær*) 27,5; 31,20 f.

Die Stichwortentsprechungen zwischen den Psalmen 26 und 32 als äußerem Rahmen sind eher dünn. Sie betreffen das Wegmotiv für den gesamten Lebenswandel (26,1.3.11; 32,8) und die Rede von Sünde bzw. Sündern (26,9; 32,1.5). Thematisch gesehen stehen beide Psalmen eher in einem Kontrastverhältnis: Ps 26 ist das Bittgebet eines unschuldigen Gerechten, der jeden Kontakt mit der Schar der Sünder meidet und den Tempel als Ort der Rettung und Bestätigung seines Verhaltens erfährt. In Ps 32 dankt ein Sünder, dem im Tempel die Gnade der Vergebung geschenkt und die göttliche Lebensführung zugesagt wird.

Insgesamt reichen die skizzierten Indizien aus, um bei den sieben Psalmen der Gruppe 26–32 von einer konzentrischen Komposition um den Mittelpunkt Ps 29 herum zu sprechen. Nach unserer Überzeugung hat die formative spätexilische Armenredaktion des ersten Davidpsalters die sieben Psalmen zur oben beschriebenen Komposition arrangiert und jeweils unterschiedlich bearbeitet. An dieser Stelle soll nur auf die wichtigsten Leistungen dieser Redaktion hingewiesen werden.[23]

---

[23] Zur Literar- und Redaktionskritik der Einzelpsalmen sowie zu deren punktueller sukzessiver Vernetzung vgl. F.-L. Hossfeld / E. Zenger, Die Psalmen I, ad locum.

Ps 26 blieb unbearbeitet. Er wurde vorangestellt vor allem auch wegen seiner Verbindungen zu Ps 24.[24] In Ps 27,14 hat die exilische Redaktion die beiden autarken Gebete 27,1–6 (Bitte eines verfolgten Königs) und 27,7–13 (Bitte eines unschuldig Angeklagten) zusammengebunden. Zum Schluß des kombinierten Gesamtpsalms wird jeder einzelne aus der Gruppe der Armen zur Grundhaltung der Hoffnung auf JHWH und der mutigen Zuversicht aufgefordert. Der Grundpsalm 28,1–7 erhält in V. 8 ein Schlußbekenntnis, in dem die Rettungserfahrung des Beters zum Paradigma für die Gemeinde der Frommen wird und in bezug auf den „Gesalbten JHWHs“ die re- [382] staurative Königserwartung aus Ps 18,51 und 20,7 fortgeführt wird. Damit identifiziert die Redaktion den Beter des Grundpsalms als König und nimmt solche Verdeutlichung nicht vor ohne den Blick auf das Zentrum von Ps 29,1–10, den Hymnus auf das Königtum JHWHs. Der Götter- und Weltenkönig JHWH stützt vom Jerusalemer Tempel her seinen Gesalbten. Der Grundpsalm 29,1–10 bleibt bis auf den prosaischen Stichos „der Gott der Herrlichkeit hat gedonnert“ V. 3a unangetastet. Durch diesen Einschub vernäht die Redaktion psalmintern die El- und Baaltradition, kompositorisch erinnert sie an die (Jerusalemer) Theophanie zugunsten des Königs in 18,14 (vgl. 18,7 ff.). In Ps 30 schreibt sie den Grundpsalm 30,1–6 in den V. 7–13 fort. Gerade auf den Bereich der Fortschreibung konzentrieren sich die Querverbindungen, seien sie stilistischer[25] oder inhaltlicher Art[26]. Vor allem wird der im Grundpsalm latente Bezug auf den Jerusalemer Tempel verdeutlicht (30,8). Analog zum Herrlichkeitslob eines jeden im Tempel (29,9) stimmt am Ende des Dankgebetes 30,13 die hinter der unpersönlichen Redeweise stehende Gruppe der Frommen (vgl. 30,4) das nicht verstummende Herrlichkeitslob an. In Ps 31 hat unsere Redaktion erheblich eingegriffen. Sie bringt die vielen Vertrauenserklärungen sowie Dankmotive ein, so daß das Bitt- und Klagegebet des Grundpsalms 31,10–19 durch 31,2–9.20–25 zum Dankgebet umgeformt wird und dadurch in die mit Ps 30 einsetzende Abfolge der Dankgebete paßt. Die weiteren Beiträge der exilischen Armenredaktion lassen sich bündeln und betreffen vornehmlich das Gottesverständnis[27], den Tempelbezug[28] und die Anzeige der Gruppenzugehörigkeit[29]. Schließlich hat sie im Schlußgebet nur zwei Einschübe (32,6.9 f.) vorgenommen, die wiederum Anlagen des Grundpsalms 32,1–5.7–8.11 ver-

24 Dazu weiter unten.

25 Vgl. die Selbstzitate in 30,7; 31,15.23; 32,5.

26 Vgl. die Stichwortverbindungen: Das Kreisen-Lassen bzw. der Tanz 29,9; 30,12; der Hinweis auf den Ewigkeits- bzw. Daueraspekt 29,10; 30,13; das Darbringen von Ehre 29,1 f.9; 30,13; die mit JHWH verbundene „Kraft“ 29,1; 30,8.

27 Vgl. JHWH, der Gott der Treue, 30,10; 31,6; der zweifach oder zweiseitig wirkende Gott in Güte und Zorn, in Schutz und Vergelten der Strafe 30,6; 31,24; 32,10.

28 Vgl. 30,8 mit 31,3 f.21 f.

29 Vgl. die Gruppenbezeichnung „Frommer“ 30,5(.13); 31,24; 32,6 neben den Gottesfürchtigen 31,20 und den auf JHWH Wartenden 31,25.

stärken. So wird der angedeutete Tempelbezug unterstrichen, indem auf das feierliche liturgische Fürbittgebet in Notlagen rekurriert wird. Die Zugehörigkeit des Be- 383 ters zur Gruppe der Frommen wird angezeigt[30] und das Wirken JHWHs in seiner Huld, nach zwei Seiten hin beschrieben.[31]

Rückblickend kann man Anliegen und Aussagen der formativen spätexilischen Redaktion des ersten Davidpsalters in der Psalmengruppe 26–32 auf drei Punkte engführen:

1. Sie knüpft an die Aussage von Ps 24,1–5.7–10, der Begegnung zwischen dem einlaßberechtigten Gerechten und JHWH der Heerscharen, dem König der Herrlichkeit, im Jerusalmer Tempel an und konkretisiert diese Begegnung in den folgenden sieben Psalmen. Der Tempel ist dabei der Ort der erbetenen bzw. erfahrenen Rettung, weil der Götter- und Weltenkönig JHWH an ihm präsent ist (Ps 29). Die korrespondierenden Bitt- und Dankgebete umschreiben auf ihre Weise paradigmatische Nöte oder Ausgangssituationen, die wir aus den vorhergehenden Psalmengruppen des ersten Davidpsalters kennen, wie die eines angefochtenen Gerechten (Ps 26), eines verfolgten Königs und unschuldig Angeklagten (Ps 27), eines in Todesgefahr Schwebenden (Ps 28), eines genesenden Kranken (Ps 30), eines Dankbaren, der von vielen Nöten geplagt war (Ps 31) und eines mit Vergebung beschenkten Sünders (Ps 32).

2. Das Thema „Königtum“ bleibt virulent. Die Sprache der Gebete des irdischen Königs im Zentrum der zweiten Psalmengruppe (Ps 18.20.21) imprägniert auch eine Reihe von Bitt- und Dankgebeten der dritten Psalmengruppe (Ps 27.28.31). Königs- und Laiengebete durchdringen sich. Hinzu tritt die schützende und helfende Fürsorge des mächtigen himmlischen Königs (Ps 24,7–10; Ps 29). Er engagiert sich für seine „kleinen Leute“ und seinen Gesalbten.

3. Deutlich hält sich von den beiden ersten Psalmengruppen 3–8.11–14 und 15.17.18.20–22.24 das Selbstbewußtsein der sogenannten Gruppe der Armen durch. Der Beter gehört zu den auf JHWH Hoffenden, zu einer hinter ihm stehenden Gemeinde der Frommen, der Gottesfürchtigen, der Gerechten, derer, die auf JHWH vertrauen und auf ihn warten. Ihm gegenüber steht die Gegengruppe der Feinde, der Sünder und Frevler, der Übeltäter und Hochmütigen, die sich vieler Schandtaten in Wort und Handlungen schuldig gemacht haben. 384

---

[30] S. die vorhergehende Anmerkung und die weiteren Charakterisierungen, wie auf JHWH Vertrauende 31,7.15; 32,10.

[31] Vgl. die Erfahrung von JHWHs *ḥæsæd* „Huld“ in 31,8.17.22; 32,10 und die Zweiseitigkeit seines Wirkens 31,24; 32,10 (s. o. Anm. 27).

II. Die Rahmung durch die nachexilischen Armenpsalmen 25 und 34

Wie oben schon zu sehen war, knüpft die Psalmengruppe 26–32 an Ps 24 an. Die Verbindungen zwischen Ps 24 und 26 sind so dicht, daß sich der Eindruck aufdrängt, Ps 25 unterbreche sekundär einen vorgegebenen Zusammenhang. Nach Ps 24 versteht sich Ps 26 wie die Konkretisierung des Programms von Ps 24 (Grundpsalm ohne V. 6), nämlich als Begegnung eines Gerechten mit dem im Tempel anwesenden Gott der Herrlichkeit, JHWH.[32] Andererseits hat auch Ps 25 seine Beziehungen zu den Nachbarpsalmen.[33] Aber beim Abwägen der Verbindungen fällt Ps 25 doch aus dem Rahmen der Nachbarpsalmen heraus. Er besitzt weder den konstitutiven Bezug des Kontextes zum Jerusalemer Tempel noch zeigt er eine Verwandtschaft zum Thema „Königtum“ an, sei es über Einflüsse des Königsgebetes, sei es über Hinweise zum Königtum JHWHs. Dafür entwickelt er andere, neue Qualitäten, die hier nur unter kompositionskritischem Aspekt beschrieben werden sollen.

In der jüngeren Exegese sind mehrfach die engen Bezüge zwischen Ps 25 und Ps 34 herausgearbeitet worden.[34] Sie betreffen sowohl die formale als auch die inhaltliche Gestaltung als nachexilische, weisheitliche Armenpsalmen.[35] Ps 25 ist von der Struktur und dem [385] Sprachduktus her eine Bitte,

---

32 Der Beter von Ps 26 entspricht den Maßstäben von Ps 24: Er ist ein schuldloser Gerechter mit lauterem, geprüftem Herzen (24,4; 26,2) und reinen, unschuldigen Händen (24,4; 26,6). Er hat deswegen Zugang zum Tempel (24,3; 26,6.8). Für ihn ist der Tempel der Wohnsitz der Herrlichkeit JHWHs (24,7–10; 26,8). An diesem Ort empfängt der Beter Heil und Segen, den er mit Lobpreis beantwortet (24,5, vgl. 26,12).

33 Vgl. N. Lohfink, Psalmengebet und Psalterredaktion, in: ALW 34 (1992), 1–22, 20. Mit Ps 24 verbindet in Ps 25 das Stilmittel der Frage (24,3.8.10; 25,12) und über den sekundären Vers 24,6 (nachexilische Redaktion) die Ps 25 charakterisierende Armenfrömmigkeit (vgl. das Geschlecht der Gottsucher mit den Selbstbezeichnungen in 25,9.12.14.16). Ebenso verknüpft das Interesse an Jakob/Israel (24,6; 25,22).
Ps 25 ist mit dem Nachfolger verflochten über das Motiv des Rechts und der Gerechtigkeit (JHWH verschafft Recht 25,9; 26,1; der Beter wandelt in Vollkommenheit und Geradheit 25,21; die Rahmung 26,1.11 f.), über das Gottesbild (Gott der Huld und Treue 25,5 f.10; 26,3; ein Gott, der sich erbarmt und befreit 25,16.22; 26,11) und über das Verhalten des Beters (Vertrauen auf JHWH 25,2; 26,1; Erwartung eines sicheren Standes für seine Füße 25,15; 26,12).

34 N. Lohfink, Lexeme und Lexemgruppen in Ps 25, 275 ff.; E. Zenger, Was wird anders bei kanonischer Psalmenauslegung?, 406 f.

35 Formale Analogie zwischen Ps 25 und 34: Gleichlanges, einzeiliges Akrostichon mit analogem Überschuß der Schlußzeile; ähnliche Unregelmäßigkeiten in der Abfolge des Akrostichons (Fehlen der *w*-Zeile, Verdoppelung der *p*-Zeile durch den Überhang); gleiche Anfangslexeme in der *m*-, *ʿ*-, *p*-, *š*- und Schlußzeile. Inhaltlich überlappen sich beide Psalmen in dem, was ihren Charakter als nachexilische, weisheitliche Armenpsalmen ausmacht: Das Gruppenbewußtsein als Arme (25,9.16.18; 34,3.7), als JHWH-fürchtige (25,12.14; 34,8.10.12), als Vertrauende auf JHWH (25,20; 34,9); Übereinstimmungen

während Ps 34 unter demselben Aspekt ein Dankgebet darstellt. Das bedeutet kompositionskritisch, daß die Rahmung die Spannung der vorgegebenen Psalmengruppe 26–32 nachahmt und von der Bitte zum Dank führt, also die Konzentrik der Vorlage durchgehalten wird. Zugleich drängt sich die Vermutung auf, daß dieser Rahmen der Vorgabe eng angelegt wurde und Ps 34 direkt an Ps 32 anschloß, bevor Ps 33 dazwischen eingeschoben wurde. Die Bezüge von Ps 34 über Ps 33 hinweg auf Ps 32 widersprechen dem nicht. Abgesehen vom Stilmittel der Seligpreisung 32,1 f. und 34,9 ist es vor allem die Beschreibung der eigenen Gruppe, die in den beiden Psalmen übereinstimmt (die Gerechten 32,11; 34,16.20; die geraden Herzens 32,11, vgl. die zerknirschten Herzens 34,19; die Gruppe, zu der der Beter gehört, freut sich mit ihm – in 32,11 sind es die Gerechten, in 34,3 die Armen). Die Befindlichkeit des Beters bzw. seiner Gruppe wird kongruent wie auch mit Abweichungen beschrieben: Das Auge JHWHs ruht (fürsorglich) auf ihnen 32,8; 34,16. Die Frevler gehören zur Gegengruppe 32,10; 34,22. Aber im Tun-Ergehen-Zusammenhang zeigen sich Risse. 32,10 hält fest: Für den Frevler viele Schmerzen – für den auf JHWH Vertrauenden dessen Huld. In 34,22 klingt es ähnlich, wenn die Bosheit den Frevler tötet. Aber auch der Gerechte muß jetzt viel leiden 34,20 – analog zum Frevler von 32,10. Das Wissen um die eigene Sünde aus Ps 32 klingt in Ps 34,19 verhalten an, wenn vom zerbrochenen Herzen und zerknirschten Geist die Rede ist.[36] Während Ps 32 das punktuelle Ereignis der Sünde, des Sündenbekenntnisses und der Vergebung mit göttlicher Zusage der Lebensberatung im Auge hat und daraus seine Schlüsse zieht, erwägt Ps 34 das gesamte Leben. So kann man sich Ps 34 gut als Rahmung der nachexilischen Armenredaktion direkt hinter Ps 32 vorstellen. [386]

Diese Redaktion hat nicht nur gerahmt, sie hat auch, wie in den vorhergehenden Psalmengruppen 3–14 und 15–24, meist am Ende passender Psalmen ihre Israelperspektive eingetragen bzw. angehängt.[37] In 25,22 geht es ihr um die Befreiung Israels aus inneren und vor allem äußeren Nöten, die durch Fremdvölker verursacht sind. Ps 28,9 bittet um Hilfe und Segen für JHWHs Volk und Erbe; als (königlicher) Hirte soll JHWH sein Volk weiden. Analog

im Gottesbild (der Helfer 25,5; 34,7.19; der Retter 25,20; 34,18.20; der Bewahrer 25,20; 34,21); die Erwähnung des JHWH-Namens (25,11; 34,4); die Notwendigkeit der Lehre, sei es, daß JHWH lehrt (25,4.12.14), sei es, daß der Beter die Lehre weitergibt (34,12); die Konstatierung des Hasses zwischen Beter bzw. Gerechter und Frevler (25,19; 34,22). Der Tun-Ergehen-Zusammenhang spielt in beiden Psalmen eine Rolle (25,13, vgl. 34,11.13.15). In beiden Psalmen steht formal wie inhaltlich die *l*-Zeile im Zentrum. In beiden Psalmen ist der Beter ständig auf JHWH ausgerichtet, entweder in der Haltung der Bitte (25,15) oder des Dankes (34,2).

36 Weitere Übereinstimmungen fallen weniger ins Gewicht wie die Angabe *sābîb* „herum" 34,8, vgl. 32,7, und das Verb *nṣr* „hüten" in 32,7 mit göttlichem und 34,14 mit menschlichem Subjekt.

37 Vgl. F.-L. Hossfeld / E. Zenger, Beobachtungen zur Gottesvolk-Theologie, 34 ff. (in diesem Band S. 23–26).

bittet Ps 29,11 um Teilhabe an JHWHs Kraft und Segen für das dauernde Überleben des Volkes in Frieden. Schließlich konstatiert Ps 34,23 die Befreiung der „Knechte JHWHs“ und verspricht dadurch den Sieg für Israel in seiner Sendung inmitten feindlicher Völker.

Gegenüber der spätexilischen Redaktion hat die nachexilische Redaktion die Vorgabe durch die Rahmenpsalmen 25 und 34 in dem Sinne kommentiert, daß die vorliegenden an Einzelsituationen gebundenen Gebete durch grundsätzliche Lebensentwürfe des Armen gerahmt werden. Ferner hat sie die Gruppe der Armen mit den vielen Namen erweitert auf das arme Volk Israel, das in Bedrängnis unter den Völkern lebt und von der Hilfe JHWHs abhängt. Auf dieser Ebene der Redaktion entsteht also eine reflektierte „Armentheologie“, deren „Sitz im Leben“ in nachexilischen „synagogalen“ Gemeinden denkbar ist, die sich als Konkretionen des von JHWH geliebten Gottesvolks begreifen – allen Leiderfahrungen zum Trotz.[38]

III. Die Sonderstellung von Ps 33

Der Psalm 33 fällt allein schon deswegen auf, weil er als einziger im ersten Davidpsalter 3–41 keine Überschrift hat. Das legt die Vermutung nahe, daß er als nachträglicher Kommentar hinter Ps 32 eingeschoben wurde, was wiederum zur Prüfung seiner Stellung im Kontext der Nachbarpsalmen führt.

Die hymnische Lobaufforderung von 33,1 ist eine Seitengängerin des unmittelbar vorausgehenden Abschlusses von Ps 32,11. Zugleich ist sie über das Stichwort „Lob“ auch mit der Einleitung von 34,2 verbunden. Zum Vorgänger Ps 32 ergeben sich Bezüge in puncto Stil (Seligpreisung 32,1 f.; 33,12) und einzelner Motive. In 32,8 sagt JHWH dem Beter seinen persönlichen Rat zu. Der wird in 33,10 f. [387] ausgebaut zum universalen Geschichtsplan, der sich gegen den Rat der Fremdvölker durchsetzt und auf Dauer bestehen bleibt. JHWHs fürsorgliches Auge und seine Huld aus 32,8.10 werden in 33,18.22 aufgegriffen. Die Gruppe des Beters bzw. die zum Hymnus Aufgeforderten sind mit dem Herzen dabei und freuen sich (32,11; 33,21). Zum Nachfolger Ps 34 werden ganz ähnliche Brücken geschlagen. Es betrifft wiederum die Seligpreisung (33,12; 34,9), dann das Motiv des fürsorglichen Auges JHWHs (33,18; 34,16) und die Gruppenbezeichnungen wie „Gerechte“ (33,1; 34,16.20) oder „Gottesfürchtige“ (33,18; 34,10.12). Während in 34,11.22 den reichen Frevlern Hunger und Tod droht, werden die Gottesfürchtigen in 33,19 durch JHWH davor bewahrt. Wiederum tauchen die Motive der Freude und des Herzens auf (33,21; 34,3.19).

---

38 Vgl. dazu vorläufig die wichtigen sozialgeschichtlichen Präzisierungen bei R. ALBERTZ, Religionsgeschichte Israels in alttestamentlicher Zeit. Teil 2: Vom Exil bis zu den Makkabäern (ATD.E 8/2), Göttingen 1992, 569–576.

Aber Ps 33 sprengt zugleich den Rahmen der Nachbarpsalmen. Er holt sich seine Aussagen und Bilder auch von weiter her. Er macht Anleihen bei den alten Armenpsalmen,[39] greift Topoi der Königsgebete auf,[40] hat deutliche Parallelen mit den JHWH-Königshymnen,[41] ja er berührt sich sogar auffallend stark mit dem Schlußhallel des Psalmenbuchs, Ps 146–150.[42]

In der Machart entspricht dies zunächst in vielem der von Ps 9/10. Die Armentheologie von Ps 33 weitet noch einmal den Horizont. Sie hält am Königtum JHWHs fest und arbeitet seine universale Bedeutung als Schöpfer, Lenker der Geschichte und Menschenkenner heraus. Die spezifische Fürsorge für das arme Volk Israel (vgl. die variierte Bundesformel 33,12) bleibt bestehen. Die Völker stehen diesem Israel und seinem Gott feindlich gegenüber (33,10 f.). Aber es gibt auch die Möglichkeit, daß Gottesfürchtige aus den Menschenkindern der Welt (33,8.13 f.) sich unter die Gottesfürchtigen und nach JHWH Ausschauenden einreihen. 388

Das alles spricht dafür, daß der Hymnus Ps 33 den alten und zentralen Hymnus Ps 29 nicht verdrängen bzw. seine Stellung nicht antasten wollte. Ps 33 ist wahrscheinlich noch nach der nachexilischen Armenredaktion an passender Stelle in die Psalmengruppe 25–34 eingefügt worden als neuer Kommentar der Armentheologie des Beters zum Hauptthema dieser Psalmengruppe, dem Königtum JHWHs. Ob Ps 33 demnach aus den gleichen Kreisen stammt, die in hellenistischer Zeit auch Ps 9/10 geschaffen haben,[43] oder ob Ps 33 sich gar erst einer Makroredaktion des Psalmenbuchs verdankt,[44] muß hier offen bleiben. *Eines* zeigt Ps 33 in jedem Fall: Der Aufstieg JHWHs zum universalen König und Weltenrichter gibt „den Armen" ihre Menschenwürde zurück, die ihnen die falschen Götzen verweigert haben:

---

[39] Das betrifft das Motiv der Liebe JHWHs zur Gerechtigkeit (33,5; 11,7) und den Blick JHWHs vom Himmel her auf die Menschenkinder (33,13; 14,2), das Herniederschauen JHWHs von seinem Thronsitz (33,14; 11,4 f.).

[40] Vgl. die Ablehnung der Kriegsrüstung (33,16 f.; 20,8), das Bild von Schild und Schutz (33,20; 28,7) und das Motiv der Freude über die Rettung vor den Feinden (33,21; 21,2).

[41] Vgl. zuerst das angedeutete Thema des Königtums JHWHs in 33,14.16, dann die Gattung des Hymnus und schließlich die Entsprechungen: Der Aufgesang zum „neuen Lied" mit Orchester (33,2 f.; 92,4; 96,1), die Konzeption der dreigeteilten Schöpfung (33,6–8; 95,3–5), die intime göttliche Kenntnis vom Menschen aufgrund seiner Tätigkeit als Menschenschöpfer (33,15; 94,9–11).

[42] Vgl. besonders 33,3 mit 149,1; 33,9 mit 147,15; 148,5; 33,12 mit 144,15; 33,16 f. mit 147,10 f.

[43] Zu einem denkbaren sozialgeschichtlichen Hintergrund vgl. R. ALBERTZ, Religionsgeschichte 2, 629–631.

[44] In diese Richtung lassen die Gemeinsamkeiten mit Ps 146–150, aber auch die Berührungen mit Ps 90,17 (Anfang des 4. Psalmenbuchs) und mit Ps 107,41–43 (Anfang des 5. Psalmenbuchs) denken.

Vom Himmel blickt JHWH hernieder,
er sieht auf alle Menschenkinder.

Von seinem Thronsitz schaut er nieder
auf alle Bewohner der Erde,

daß er ihr Leben aus dem Tod befreie
und daß er sie lebendig mache im Hunger
(Ps 33,13–14.19).

Wenn Juden und Christen *diese* Botschaft des Psalmenbuchs hören und von ihr her leben, erreichen die Psalmen das „Ziel“, das ihnen die Redaktoren eingestiftet haben und das O. Kaiser zu Recht so zusammengefaßt hat: Die Psalmen

> „dienen in lehrhafter Weise der Selbstvergewisserung des Glaubens in einer Welt, in der die Mächtigen und Gewissenlosen oben und die Frommen unten sind … Das Psalmenbuch war nicht das Gesangbuch des zweiten Tempels, obwohl seine Lieder sicher auch beim täglichen oder Tamidopfer wie bei den Gelübde- und Festopfern erklangen, sondern es war das Erbauungsbuch eschatologisch gesinnter Frommer der Spätzeit des zweiten Tempels und ist es unbeschadet seiner liturgischen Verwendung in analoger Weise für die Synagoge und Kirche bis heute geblieben.“[45]

---

[45] O. Kaiser, Theologie des AT, 343 f.

Neue und alte Wege der Psalmenexegese

Antworten auf die Fragen von M. Millard und R. Rendtorff

Frank-Lothar Hossfeld
Erich Zenger

[332] R. Rendtorff hat im Anschluß an den Beitrag von M. Millard dessen Anfragen gebündelt und mit eigenen Fragen verbunden. Deswegen sollen zuerst seine fünf Anfragen beantwortet werden (1–5), bevor wir zwei weitere ausgewählte Kritikpunkte Millards behandeln (6–7).

1. Die literarhistorische Analyse des Einzelpsalms als unverzichtbarer Ausgangspunkt

Hinter der ersten Frage Rendtorffs steckt die Alternative zwischen Millards deduktivem Ansatz beim Gesamtpsalter, der eher von außen an die Psalmen herantretend mit den drei Hinweisebenen der Psalmenüberschriften, der Wirkungsgeschichte und der Formgeschichte arbeitet, und dem induktiven Ansatz bei der Analyse des Einzelpsalms in unseren Arbeiten.[1] Im Idealfall sollten sich beide Ansätze zur Durchleuchtung der Komposition des Psalters treffen (wie beim Unternehmen der Grabung des Schiloach-Tunnels), weil beide Ansätze synchrone und diachrone Betrachtung miteinander verbinden. Diese Synthese von Synchronie und Diachronie ist vom Analysegegenstand her gefordert, insofern sich der Gesamtpsalter doch unabweisbar als *mixtum compositum* zu erkennen gibt. Daß der Psalter eine komplexe, mit sehr unterschiedlichen Techniken gestaltete Komposition ist, die sich nicht in einem einfachen (die Unterschiede nivellierenden) canonical approach beschreiben *und* interpretieren läßt, ist u. a. [333] durch folgende Kompositionsmerkmale angezeigt: (1) die Einteilung in fünf Bücher mit unterschiedlichem Umfang und unterschiedlicher Ausrichtung; (2) die Doppelüberlieferungen Pss 14/53, Pss 35/40/70, Pss 57+60/108; (3) das Sonderphänomen des elohistischen

[1] Vgl. Frank-Lothar Hossfeld/Erich Zenger, „Von seinem Thronsitz schaut er nieder auf alle Bewohner der Erde“ (Ps 33,14). Redaktionsgeschichte und Kompositionskritik der Psalmengruppe 25–34, in: Ingo Kottsieper u. a. (Hg.), „Wer ist wie du, Herr, unter den Göttern?“ Studien zur Theologie und Religionsgeschichte Israels. FS O. Kaiser, Göttingen 1994, 375–388, hier 376 f. Anm. 8 (in diesem Band S. 58).

Psalters Pss 42–83; (4) die Untergruppen von Psalmen, seien diese durch Überschriften (David-, Korach-, Asaf-, Wallfahrtspsalmen), durch Überleitungen (Hallel-Psalmen) oder durch gezielte inhaltlich-stilistische Anordnung (iuxtapositio) wie Palindromie (z. B. Pss 25–34), lineares Fortschreiten (z. B. Pss 93–100) oder diptychonartige Nebeneinanderstellung (z. B. Pss 111/112) u. ä. als Kleinkompositionen ausgewiesen; (5) die kleinräumige Verknüpfung durch concatenatio und Stichwortverkettung. Sondersignale für Vorstufen setzen z. B. das Kolophon Ps 72,20 und die Überschrift von Ps 18, die für David als Beter des Psalms „den Einschnitt einer Lebensepoche markiert", der in der Folge der Davidpsalmen wieder aufgehoben wird.[2]

Der induktive Ansatz empfiehlt sich für uns aus mehreren Gründen: (1) Mit Millard ist als Basis aller Psalmenexegese die Erkenntnis festzuhalten, daß der Psalter ein Ganzes aus 150 Einzelpsalmen ist: „Für die Komposition des Psalters haben wir damit von den Einzelpsalmen als Ausgangsgröße auszugehen".[3] (2) Der Dialog mit der traditionellen historisch-kritischen Exegese läßt sich über den induktiven Ansatz besser führen, weil diese sich bisher überwiegend auf den Einzelpsalm konzentrierte und weiter damit arbeitet, nun aber in Richtung der Gesamtkomposition erweitert werden muß. Millard ist von seinem Ansatz her nicht wie wir gezwungen, sich am jeweiligen Psalmenkorpus abzuarbeiten. (3) Arbeitsökonomisch ist im Vollzug der Kommentierung des gesamten Psalters der induktive Ansatz leichter durchzuführen als die Kommentierung von einer Gesamtkonzeption her, die in der Detailarbeit dann unter Umständen häufiger korrigiert werden muß.

Umgekehrt hat der deduktive Ansatz über die formgeschichtliche Bestimmung der Einzelpsalmen und Psalmengruppen sowie über die Überschriften folgende Nachteile: (1) Die Formenkritik, wie Millard sie handhabt, arbeitet im wesentlichen mit den drei Gattungstypen Klage/Bitte, Lob/Dank und Hymnus. Das sind vom konkreten Gattungsexemplar weit abstrahierte Größen, die [334] naturgemäß zur Bestimmung des Einzelexemplars weniger taugen[4] und darüber hinaus die Konsistenz der Kompositionen des Psalters nur näherungsweise erfassen. (2) Es ist gut, daß die Überschriften aus dem Stadium der exegetischen Vernachlässigung und Nichtbeachtung herausgeführt und für die Komposition des Psalters fruchtbar gemacht werden. Allerdings darf nicht vergessen werden, daß dies ein dorniger Weg ist, weil viele Informationen der Überschriften (Musik-, Gattungs- und Situationsangaben) nur annähernd aufgeschlüsselt werden können. Millard konzentriert sich deswegen faktisch nur auf die Autorenangaben. Grundsätzlich stehen die Überschriften zum jewei-

---

[2] Vgl. Matthias MILLARD, Die Komposition des Psalters. Ein formgeschichtlicher Ansatz (FAT 9), Tübingen 1994, 136 Anm. 357.

[3] Ebd., 6 und 16.

[4] Vgl. nur die Kritik von Hermann SPIECKERMANN an der Gattung „Hymnus": DERS., Alttestamentliche „Hymnen", in: Walter Burkert / Fritz Stolz (Hg.), Hymnen der Alten Welt im Kulturvergleich (OBO 131), Fribourg–Göttingen 1994, 97–108.

ligen Psalmenkorpus in einem gebrochenen, weil sekundären Verhältnis.[5] Bei jedem Einzelpsalm ist zu prüfen, in welchem Verhältnis er zu seiner Überschrift steht. Fehlt die Überschrift, so ist nach der Beziehung zur nächsten vorausgehenden Nachbarüberschrift zu fragen bzw. die Frage zu erörtern, wie weit die betreffende Überschrift reicht. Schließlich darf nicht einmal vorausgesetzt werden, daß semantisch oder strukturell gleiche Überschriften auf ein und dieselbe Hand zurückgehen; ob eine Überschrift eine makrostrukturelle Funktion hat, und auf welcher Ebene der Komposition sie als solche fungiert, muß detailliert untersucht und darf nicht von einer (vom Exegeten angenommenen) Kompositionsidee abgeleitet werden. (3) Der wissenschaftlichen Transparenz zuliebe ist zuerst die Verknüpfung der einzelnen Psalmenkorpora untereinander zu prüfen, bevor man zum komplexen System der Überschriften vorangeht, das sich in seinem kompositionskritischen Informationswert nur im Vergleich mit der Kombination der Psalmenkorpora erschließt. Dafür votieren auch die überschriftslosen Psalmenabfolgen im vierten und fünften Psalmenbuch.

2. Grenzen der Literarkritik?

Die von Rendtorff und vielen anderen Vertretern einer holistischen Lektüre geäußerte Skepsis gegenüber der Literarkritik hat ihre berechtigte Funktion darin, den Hypothesenüberschwang der Literarkritiker zu dämpfen. Sie kann aber u. E. nicht die [335] Möglichkeit und die Notwendigkeit zur literar-historischen Rückfrage bestreiten, vor allem wenn „signifikante Narben im Textgefüge“[6], sei es des Einzelpsalms, der Psalmengruppe, des Psalmenbuches usw., festgestellt werden. Hierbei hängt alles von der Anzahl und dem bewerteten Gewicht der Beobachtungen ab. Die von Millard angemahnte Unsicherheit in manchem Urteil und die unterschiedliche Bewertung einzelner literarkritischer Beobachtungen in unseren eigenen Arbeiten sollen nicht bestritten werden, fundierte Anfragen bzw. Kritik wie die von Rendtorff und Millard sind für uns als Literarkritiker immer eine große Hilfe. Nur: Kein exegetischer Ansatz ist ein Schreiten von Evidenz zu Evidenz. Die Redaktionsgeschichte kann durch Subtilität, vorschnellen Übertritt in die Diachronie und durch mangelnde Rückbindung an das Ganze des vorliegenden Textes sündigen. Aber dies gilt auch: Die deduktive Beschreibung von Kompositionsbögen und Strukturen hat ihre Gefährdung in der Abstraktion und in der Absicherung der Begründung im konkreten Text. Wie problematisch *und* unsicher auch dieser

5 Vgl. Matthias Millard, Die Komposition (s. Anm. 2), 29.

6 So Klaus Koch, Der Psalter und seine Redaktionsgeschichte, in: Klaus Seybold/Erich Zenger (Hg.), Neue Wege der Psalmenforschung. FS Walter Beyerlin (HBS 1), Freiburg i. Br. u. a. 1994, 243–277, hier 243.

Ansatz ist, zeigen die neueren differierenden Entwürfe zur Struktur des 4. und 5. Psalmenbuches bei Millard,[7] Koch[8] und Zenger.[9]

3. Sozialgeschichtliche Fragestellungen: Armenperspektive und Davidisierung

Die „tendenzkritische Argumentation" ist die Kehrseite des redaktionsgeschichtlichen Ansatzes, der z. B. in der Prophetenexegese üblich ist. Unsere Hypothese einer dreistufigen Redaktion des 1. Davidpsalters Ps 3–41 (formative spätexilische/früh-nachexilische Armenredaktion, nachexilische/weisheitliche Redaktion und hellenistische Redaktion) hat sich uns aus dem Befund am 1. Davidpsalter ergeben, wobei einerseits auf das Prinzip der Sparsamkeit bei der Hypothesenbildung geachtet wurde und andererseits ausdrücklich durch den Hinweis „annähernd und mit Vorbehalt" die Vorläufigkeit der Hypothese unterstrichen wurde. Diese muß sich im Durchgang durch den [336] ganzen Psalter erst noch bewähren. Der Zeitrahmen, der damit für den Kompositionsprozeß des Psalters angenommen wird, entspricht im Groben den Annahmen von Millard:[10] „Die Zeit des zerstörten Tempels ist daher am ehesten als Fixdatum für eine Komposition des Psalters geeignet (S. 183). ... Vorformen reichen allerdings in die spätvorexilische Zeit hinein ... Die Komposition der ersten zwei Drittel des Psalters ist bis auf wenige Nachträge mit einiger Sicherheit weit vor dem ersten Jahrhundert v. Chr. abgeschlossen" (ebd. 216). Millard entwickelt seine Hypothese vornehmlich vom elohistischen Psalter her, wir dagegen folgen der Leserichtung des (kanonischen) Psalters und konstruieren ein Wachstum vom ersten und zweiten Davidpsalter aus.[11]

Die Verbindung der Wachstumsstufen mit den unterschiedlichen Konzepten von Armentheologie (Protest und Kampf gegen die Pauperisierung der Massen, d. h. der ökonomisch Armen; Ethisierung und Spiritualisierung von „Armut" als Armenfrömmigkeit, d. h. Armut als Haltung vor JHWH; Israel als das „arme", von den Völkern verfolgte Gottesvolk usw.) ergab sich für uns aus der Exegese gewichtiger Einzelpsalmen wie z. B. der Gruppe der vorexilischen Armenpsalmen Pss 11–14 oder des späten Ps 9/10 im Verbund mit der oben schon genannten redaktionsgeschichtlichen Tendenzkritik. Die fehlende „sozialgeschichtliche Arbeit" für die Perserzeit ist ein schmerzliches Manko;

---

7 Vgl. Matthias Millard, Die Komposition des Psalters (s. Anm. 2), 162–168.

8 Vgl. Klaus Koch, Der Psalter und seine Redaktionsgeschichte (s. Anm. 6), 243–277.

9 Vgl. Norbert Lohfink / Erich Zenger, Der Gott Israels und die Völker. Untersuchungen zum Jesajabuch und zu den Psalmen (SBS 154), Stuttgart 1994, 151–178.

10 Matthias Millard, Die Komposition des Psalters (s. Anm. 2).

11 Vgl. Erich Zenger, Zur redaktionsgeschichtlichen Bedeutung der Korachpsalmen, in: Klaus Seybold / Erich Zenger (Hg.), Neue Wege der Psalmenforschung (s. Anm. 6), 175–198, hier 195 f.

der eben genannte Befund unterschiedlicher Armenperspektiven ist davon unabhängig. Vielleicht kann eine Sozialgeschichte der persischen Zeit gerade mit Hilfe des Psalters, unter Auswertung der in den Psalmen sich aussprechenden Gruppenkonflikte, geschrieben werden.

Die spannende Frage der Beziehung zwischen der sich im Psalter entfaltenden Armentheologie und der sich ebenfalls stufenweise entwickelnden Davidisierung kann jetzt auf der Basis weiterer, gegenüber unserem Kommentar detaillierterer Studien beantwortet werden.[12] Methodologisch ist zuerst einmal die sich [337] entwickelnde Armentheologie von der wachsenden Davidisierung zu trennen, was nicht heißen soll, daß beide nichts miteinander zu tun haben. Bei der Davidisierung des Psalters müssen mehrere Aspekte unterschieden werden: (1) Daviderwähnungen innerhalb bestimmter Psalmenkorpora (konzentriert auf die Davidverheißung mit der Dynastiezusage); (2) die einfache Angabe l^{e}*dāwid* der Überschriften, die in den beiden Davidpsaltern 3–41. 51–72 auch dann durchgehalten wird, wenn ein Kollektiv spricht wie in Ps 8 und 60, David also zum Sprecher der Wir-Gruppe wird; (3) die Angaben l^{e}*dāwid* mit zusätzlicher Historisierung, die sich bis auf Ps 142,1 alle in den beiden Davidpsaltern finden und mit ihrer Rückbindung an das Leben Davids aus den Samuelbüchern vornehmlich das Bild des angefochtenen, bedrängten David zeichnen, im Gegensatz zum Davidbild der Chronik. Dabei muß methodisch zunächst offengelassen werden, ob l^{e}*dāwid* überall bzw. in allen Phasen der Entstehung des Psalters die gleiche Bedeutung (im Hinblick auf/von/für) hat; de facto läßt sich zeigen, daß dies nicht der Fall ist.

Für die Davidisierung der Psalmen spielt Ps 18 eine Sonderrolle; wahrscheinlich hat er sogar die entscheidenden Weichen zur Davidisierung des Psalters gestellt. Dafür spricht eine Reihe von Singularitäten: Das überlange Königsgebet ist der einzige Psalm mit davidischer Über- und Unterschrift (Ps 18,1.51). Ps 18 ist der einzige Psalm, der (mit Über- und Unterschrift) im dtr. Geschichtswerk zitiert wird (2 Sam 22). Die Situationsangabe 18,1 = 2 Sam 22,1 und die Stellung des Psalms im Erzählzusammenhang des Samuelbuches machen ihn zum testamentarischen Gebet Davids, obwohl nach dem Kolophon von Ps 72,20 erst mit Ps 70 bzw. Ps 72 die Gebete Davids zuendekommen. Die Besonderheiten in der Formulierung von Über- und Unterschrift (18,1.51 = 2 Sam 22,1.51) rücken diese in die Nähe dtr. Literatur. Deswegen haben wir angenommen, daß die formative, dtr. inspirierte (spät)exilische Komposition der Pss 15.17.18.20.21./22.24 identisch ist mit der *formativen*

[12] Vgl. Frank-Lothar Hossfeld / E. Zenger, „Wer darf hinaufziehen zum Berg JHWHSs?“ Zur Redaktionsgeschichte und Theologie der Psalmengruppe 15–24, in: Georg Braulik u. a. (Hg.), Biblische Theologie und gesellschaftlicher Wandel (FS N. Lohfink), Freiburg i. Br. u. a. 1993, 166–182, hier 173 ff. (in diesem Band S. 47–50); Egbert Ballhorn, „Um deines Knechtes David willen“ (Ps 132,10). Die Gestalt Davids im Psalter, in: BN 76 (1995), 16–31; Martin Kleer, „Der liebliche Sänger der Psalmen Israels“. Untersuchungen zu David als Dichter und Beter der Psalmen (BBB 108), Weinheim 1996.

Armenredaktion des gesamten ersten Davidpsalters. Diese formative Redaktion ist zu unterscheiden von der nachexilisch/weisheitlichen Redaktion des ersten Davidpsalters, wie sie z. B. in Ps 18,26–32 vorliegt, die eine modifizierte Armentheologie bzw. Armenfrömmigkeit einträgt.

Eine Davidisierung des Psalters in einem einzigen Schub hat es nicht gegeben, weil das „System" der auf David bezogenen [338] Überschriften allein schon zu komplex ist.[13] Wie sich die entwickelnde Davidisierung und die sich entfaltende Armentheologie zueinander verhalten, muß in unserer weiteren Psalmenexegese ausgelotet werden.

4. Konventionierte Psalmensprache

Die Frage der „Traditionsgebundenheit der Psalmensprache" sowohl im Hinblick auf die Entstehungsgeschichte eines Psalms als auch in bezug auf die für Psalmen typische Weiterverwendung in der Wirkungsgeschichte ist aus der Perspektive der traditionellen Gattungskritik gestellt. Sie unterstreicht zurecht die Anbindung jedes individuellen Sprachgebrauchs an kollektive, herkömmlich vorgegebene Sprachmuster und Verwendungsweisen.

Aber schon Gunkel hat diese Frage erweitert, indem er eine „Wendung" von der kultgebundenen zur kultfreien geistlichen Dichtung notierte.[14] Der Umgang mit der traditionellen Psalmensprache in dieser heute gerne „nachkultisch" genannten Dichtung stellt sich noch einmal anders. Schließlich rechnen wir, wie Millard, mit Psalmen oder redaktionellen Psalmenteilen (vgl. nur Ps 108 als Kombination von Psalmteilen aus Pss 57; 60), deren Sprachprägung auf der literarischen Ebene des Psalters funktioniert und wie ein Leitmotiv den meditierenden Leser lenkt und Anschlüsse schafft.[15]

5. Drei Modelle der Entstehung des Psalters

Millard unterscheidet in seiner obigen Besprechung unseres Kommentars drei Basismodelle zur Erklärung der Komposition des Psalters. Wir sind der Meinung, daß wir in unserer redaktions- und kompositionskritischen Exegese alle drei Modelle zur Anwendung bringen: (1) Wir arbeiten mit dem *Redaktionsmodell*, bei kürzeren Psalmen eher verhalten, bei langen Psalmen wie z. B. Pss 18; 22; 35 stärker, aber in jedem Falle mit Begründung aus dem Text. Der von Millard konstatierte „neuere Trend der Einzelpsalmenauslegung" hat sein *fun-*

---

[13] Vgl. dazu besonders Martin Kleer, „Der liebliche Sänger der Psalmen Israels" (s. Anm. 12).

[14] Vgl. besonders Hermann Gunkel, Einleitung in die Psalmen. Die Gattungen der religiösen Lyrik Israels, Göttingen 1933 (^{2}1966), 30, 446 f.

[15] Vgl. nur die Hinüberleitung von Ps 32 nach Ps 33.

damentum in re und besitzt Analogien zu den „Fortschreibungsmodellen" in der Schriftpropheten- [339] exegese, die gerade das Wachstum der Prophetenbücher bis in nachexilische Zeit verfolgen.

(2) Wir verwenden das *Kompositionsmodell* bei der Behandlung von Pss 1; 9f und als Möglichkeit bei Pss 25; 33 (außerhalb des kommentierten ersten Drittels die Pss 86; 100; 117; 145).[16] Die Pss 36 und 37 werden von uns literarkritisch nicht beanstandet, aber entgegen Millards Zuweisung nicht dem Kompositionsmodell zugeschlagen, sondern in ihrer Gänze als von der exilischen (Ps 36) und der nachexilischen Redaktion (Ps 37) eingebracht betrachtet.

(3) Das von Millard favorisierte *Sammlungsmodell*, „weil es ohne redaktionsgeschichtlich bedingte Literarkritik auskommt", wird von uns nicht vernachlässigt. Millard[17] insinuiert uns einen literarkritischen Furor, der so in unserem Kommentar und in den Detailbegründungen unserer Aufsätze zur Redaktion des (ersten) Davidpsalters nicht gegeben ist. Für den „Klagecluster" der Pss 3–7 kommt faktisch das Sammlungsmodell zur Anwendung, denn die Einschübe sind markant und minimal. In Ps 3 ist der abschließende Halbvers 9b sekundär bzw. redaktionell (s. u.). Die Pss 4 und 5 werden von uns als einheitlich erachtet. In Ps 6 wird nur das wörtliche Zitat aus Jer 45,3 in V. 7a zum Einschub erklärt. Die Einheitlichkeit von Ps 7 wird bis auf den ersten Satz von V. 9 nicht angerührt. Dieser Satz – eine Verbindung zu den JHWH- Königspsalmen 93 ff. – ist auch von anderen Autoren als Einschub anerkannt.[18] Der nachfolgende zentrale Ps 8 enthält die altbekannten Cruces in den VV. 2 f., derer sich auch Millard (Komposition S. 142 f.) annimmt. Faktisch wird auch die Gruppe der vorexilischen Armenpsalmen 11–14 in ihrer literarischen Integrität kaum berührt. Lediglich Ps 12,9 wird literarkritisch sekundär diagnostiziert; über Ps 13,3b kann man streiten;[19] die redaktionelle Rahmung in Ps 14,6 f. wird von uns ausführlich gerechtfertigt.[20] Die Reihe der von Millard genannten „literarkritisch unbeanstandet" bleibenden Psalmen ist um die Pss 23; 26, 39 und 50 (bis auf V. 3a.16aα) zu erweitern. [340]

---

16 Zu Ps 25 und 33 vgl. nun Norbert LOHFINK/Erich ZENGER, Der Gott Israels und die Völker (s. Anm. 9), 73 f. 112.

17 Vgl. die obige Besprechung Anm. 16.

18 Vgl. Bernd JANOWSKI, JHWH der Richter – ein rettender Gott. Psalm 7 und das Motiv des Gottesgerichts, in: JBTh 9 (1994), 53–85, hier 58 f., 81 Anm. 124.

19 Vgl. Hubert IRSIGLER, Psalm-Rede als Handlungs-, Wirk- und Aussageprozeß. Sprechaktanalyse und Psalmeninterpretation am Beispiel von Psalm 13, in: Klaus Seybold/Erich Zenger (Hg.), Neue Wege der Psalmenforschung (s. Anm. 6), 63–194, hier 74 Anm. 32.

20 Vgl. Frank-Lothar HOSSFELD/E. ZENGER, „Selig, wer auf die Armen achtet" (Ps 41,2). Beobachtungen zur Gottesvolk-Theologie des ersten Davidpsalters, in: JBTh 7 (1992), 12–50, hier: 35 f. (in diesem Band S. 24–26).

6. Literar- und redaktionskritische Beurteilung von Ps 3,9

Millard setzt sich in seiner obigen Besprechung besonders genau mit unserer Literar- und Redaktionskritik von Ps 3,9 auseinander. Er stellt die Abtrennung von 3,9b in Frage und den redaktionellen Bezug von 3,9b nach Ps 14,7. Stattdessen verweist er auf seine Gegenthese von einem „ersten Kompositionsbogen“ Ps 1–10[21] und spezifischer auf den gesamten Ps 3 als „Midrasch zur Absalomgeschichte“.[22]

Die Gründe für die Abtrennung von 3,9b haben ihr Gewicht:[23] 3,9a bildet den abschließenden Kontrapunkt zu 3,3b. Das Bekenntnis von V. 9a vollendet die Erhörungsgewißheit von V. 8. V. 9b steht in semantischer Spannung zu V. 7 (V. 7 redet vom feindlichen Kriegsvolk – V. 9b erfleht den Segen über das mit dem Beter zusammengehende Gottesvolk). Hinzuzunehmen ist der auffällige Personenwechsel: Das Bekenntnis V. 9a redet von JHWH in dritter Person, die Segensbitte redet JHWH in 2. Person an – der König David bittet für das Gottesvolk!

Das Gegenargument Millards mit der „im poetischen Text übliche(n) zweiten Vershälfte“ kommt dagegen nicht auf, da der Grundpsalm mit der Schlußzeile von V. 8 und V. 9a eine Art Trikolon bildet, das in der freien Poesie der Psalmen häufiger Abschnitte oder ganze Psalmen abschließen kann (vgl. Pss 14,7; 16,11; 18,50.51; 19,7.15).

Die Volks- oder Israelperspektive der Segensbitte muß auffallen. Der in Literatur- und Redaktionskritik weniger belastete N. Lohfink kommt bei seinem „Kurzüberblick über die Verteilung der Namen Israel, Zion und Jerusalem sowie über die Verwendung von עם ‚Volk‘ für Israel im gesamten Psalter“ zu folgendem Ergebnis:

> Das erste Psalmenbuch (Ps 1–41) fällt, was „Israelperspektive“ angeht, deutlich aus dem Rest des Psalters heraus. Und besonders gilt das … von den Psalmen 25–34. Hier zeigt sich keine auch nur durch redaktionelle Zusätze erzeugte, konkret greifbare, durch entsprechende Markierungen aufrechterhaltene „Israelperspektive“ von der Art, wie sie im restlichen Psalter vorliegt. … Es könnte sich um die älteste Sammlung des Psalters handeln, an die sich der Rest ankristallisiert hat und diese Sammlung kam in ihrem Kernbestand von Klage- und Dankliturgien her, möglicherweise gar nicht aus dem Hochkult. In ihnen ging es nicht um Israel und Jerusalem, sondern um den Einzelnen, manchmal auch den König, und um deren Nöte.[24] [341]

Dieser Überblick konvergiert mit dem Befund vor Ort in Ps 3,9b und Ps 14,7, der sich vom jeweiligen Psalmenkorpus her als signifikante Akzentverschiebung zu erkennen gibt.

---

21 Matthias Millard, Die Komposition des Psalters (s. Anm. 2), 127, 135, 168.

22 Ebd., 128 ff.

23 Vgl. Frank-Lothar Hossfeld / Erich Zenger, „Selig, wer auf die Armen achtet“ (s. Anm. 20), 35 (in diesem Band S. 24 f.).

24 Norbert Lohfink / Erich Zenger, Der Gott Israels und die Völker (s. Anm. 9), 114 f.

Millards Deutung von Ps 3 (und Ps 7) als „Midrasch zur Absalomgeschichte“ interpretiert den Psalm von der historisierenden Überschrift her und kann auf einige durchaus zutreffende Bezüge zu 2 Sam 15–17.18 verweisen. Die Tendenz dieser sekundären Historisierung will aber über Davids Leben ein typisches Paradigma für jeden Einzelnen hinstellen.

> „Es ist ein Paradox, daß gerade über die Bindung von ‚allgemeinen‘ Psalmen an ganz bestimmte Situationen aus dem Leben Davids diese Psalmen auf das jeweils unterschiedliche und individuelle Leben der vielen Beter adaptibel werden. Die Davidisierung gibt ein Beispiel für die Anwendung auf die jeweils konkrete Situation. ‚As David, so every man‘“.[25]

Die historisierende Davidisierung betont den Menschen David (vor der Königwerdung!) und nicht den König und Dynastiegründer.

Wir haben vermutet, daß die Historisierung der Überschriften von Pss 3.7.18 in sprachlichem und logischem, d. h. biographischem Konnex steht und deswegen zur dtr. inspirierten, formativen Redaktion des ersten Davidpsalters gehört (s. o. zu Ps 18). Wir unterscheiden von dieser Redaktion die nachexilische Redaktion, der wir Ps 3,9b und Ps 14,7 zuweisen. Sie bringt die Perspektive auf das gesamte (arme) Gottesvolk Israel ein und verstärkt die königlichen Züge Davids. Insofern fließen im vorliegenden Text von Ps 3 drei Aspekte zusammen: Das Gebet eines von Feinden bedrohten, königlichen Beters (Grundpsalm), die Gleichsetzung des bedrohten Beters mit dem Menschen David der Samuelbücher (historisierende Überschrift) und die Ausweitung des Individualgebetes auf die Anliegen des Gottesvolkes mit Verstärkung der königlichen Züge Davids. Dieser Facettenreichtum des Ps 3 ergibt sich nur aus der genauen Beobachtung des Textes von Ps 3.[26] Der von Millard erwogene Kompositionsbogen Ps 1–10 scheitert an der großkontextuellen Funktion von Pss 1.2, an der um das Zentrum Ps 8 herum aufgebauten (chiastischen) Struktur der Davidpsalmen 3–14 und am Sondercharakter von Ps 9/10. [342]

7. Zur Analyse von Ps 49

Millards obige Auseinandersetzung mit unserer Exegese von Ps 49 ist gelinde gesagt etwas salopp (Anm. 42 erweckt den falschen Eindruck, als sei nach unserer Auffassung V. 15 Teil einer weiteren Redaktion; der Kommentar deutet eine Lösung der textkritischen Probleme von V. 15 an, der vielen als unübersetzbar gilt; V. 15 zählt zum Grundpsalm). Die Verständnis- und Interpretationsschwierigkeiten gerade dieses Psalms werden von Millard nicht ernstgenommen. Die Wahrnehmung der enormen Spannungen innerhalb die-

---

25 Egbert BALLHORN, „Um deines Knechtes David willen“ (s. Anm. 12), 24.

26 Zur Verschränkung von unterschiedlichen Aspekten am Beispiel des Morgenmotivs in Ps 3,6 bzw. des Motivs der entscheidenden Nacht (2 Sam 17) vgl. jetzt auch Bernd JANOWSKI, JHWH der Richter – ein rettender Gott (s. Anm. 18), 57 Anm. 20.

ses Psalms ist in Millards Kritik nicht erkennbar (Konstatierung des unabänderlichen allgemeinen Todes VV. 13.21 – individuelle Errettung vom Tode V. 16; Ankündigung von weisen Äußerungen VV. 2–4 – Empfang eines Weisheitsspruches V. 5; unterschiedliche Ausrichtung: VV. 11–15.21 Weise und Toren vor dem Tod als Gleichmacher – VV. 6–10.16–20 der arme Beter mit Hoffnungen auf Leben nach dem Tode gegenüber dem Reichen mit sicherem Todeslos). Solche und andere Beobachtungen haben uns zur Hypothese eines zweistufigen Wachstums geführt, nämlich zur Annahme eines Grundpsalms 49,11–15.21 mit anthropologischer/weisheitlicher Aussage zum Todeslos *aller Menschen*, die später durch VV. 2–10.16–20 zu einer armentheologischen Aussage über Leben und Todesende *des Reichen* umgedeutet wurde.

Millards Interpretation der Schlußzeile von Ps 48 (V. 15) „Gott ist immer und ewig. Er wird uns leiten über den Tod hinaus“[27] schafft eine gute Überleitung zu Ps 49 und bestätigt die Interpretation der sekundären, redaktionellen Bearbeitung des Grundpsalms. Zugleich ist sie ein Votum gegen die von Millard in Anschlag gebrachte Interpretation von Ps 49 als „Vergänglichkeitsklage“. Ps 49 enthält keine formgeschichtlichen Elemente der Klage;[28] eher trifft die annähernde Beschreibung zu, „Thema dieser Psalmen (gemeint sind Ps 49 und 73) ist eine weisheitliche Reflektion über das positive Geschick der Gottlosen“.[29] Diese Bemerkungen ändern nichts an der von Millard und uns konstatierten Rahmungs- und Abschlußfunktion von Ps 49 für die erste Gruppe der Korachpsalmen 42–49, sie zeigen aber die Ambivalenz von abstrahierenden Gattungs- und Inhaltsangaben. Jede Exegese muß sich vor dem vorgegebenen Text rechtfertigen. [343]

Fazit: Unser methodisches Konzept einer diachron reflektierten synchronen Lektüre des Psalters stellt sich also einerseits entschieden auf die bewährten Wege bisheriger Psalmenforschung, will aber zugleich die neuen Wege der holistischen und kanonischen Exegese konsequent einbeziehen – freilich nicht als Ausgangspunkt, sondern als Ziel eines theologischen Gesamtverständnisses des Psalters.

Abstract

Das Psalmenbuch ist eine Komposition *sui generis*. Einerseits präsentiert es sich als eine Zusammenstellung von 150 Einzelpsalmen, die als solche entstanden sind und gelesen werden wollen. Andererseits gibt es zahlreiche Indizien dafür, daß diese 150 Einzeltexte in kleineren und/oder größeren kompositionellen Zusammenhängen stehen. Um diese von Redaktionen intendierten Zusammenhänge *textgemäß* zu erfassen, müssen synchrone *und* diachrone Analysemethoden kombiniert werden. Der formgeschichtliche Ansatz kann dabei nur eine sekundäre Funktion übernehmen, da die meisten Psalmen nachkultische Dichtungen sind und weil der Psalter nicht als „Kultbuch“ entstanden ist. Von besonderer Bedeutung für die Rekonstruktion der Entstehungsgeschichte der Teilsammlungen und des Gesamtpsalters sind sozialgeschichtliche und intertextuelle Fragestellungen.

27 Matthias Millard, Die Komposition des Psalters (s. Anm. 2), 73.
28 Ebd., 72 ff.
29 Ebd., 173.

Psalmenauslegung im Psalter

Frank-Lothar Hossfeld
Erich Zenger

237 Der Jubilar, den wir mit diesem Beitrag in freundschaftlicher Hochschätzung grüßen, hat uns Psalmenforschern wichtige Erkenntnisse geschenkt, die wir hier aufgreifen und konkretisieren wollen. Nicht nur im Blick auf das Jesajabuch, auch für den Psalter als Buch hat O.H. Steck für das Projekt der Synchronlesung methodische Vorgaben erarbeitet, die als Weg-Weiser dienen können.[1] Es ist zunächst das Konzept der historischen Synchronlesung, das biblische Bücher zwischen den Extremen Kompilation und Redaktionswerk als historisch beschreibbare Abfolge von Buchgestalten analysieren und den dabei sichtbar werdenden Überlieferungsvorgang so als theologisch relevante Auslegung begreifen will, dass nicht ein statischer Endsinn, sondern die Sinnbewegung des Buches wahrgenommen wird. Eng verbunden ist damit die Einsicht, dass innerhalb eines Buches der einen anderen Text auslegende Text keineswegs immer direkt hinter dem ausgelegten Text steht, was bedeutet: Es geht bei dieser Art von „Auslegung“ nicht darum, dass das Textgut, auf das auslegend Bezug genommen wird, unverständlich sei und deshalb ausgelegt werden müsste, sondern es ist angesichts neuer Wahrnehmungen der Wirklichkeit weiter entfaltungsbedürftig, damit die im Überlieferungsvorgang sich aussprechende Sache in ihrer Geltung und Gültigkeit weiter verdeutlicht wird:

> „Nicht der Wortlaut wird exegetisch expliziert, sondern die damit angesprochene Sache, Gottes mit jeweiliger Erfahrung korreliertes Langzeitvorhaben mit dem Gottesvolk, wird entfaltet; diese Explikation der Sache führt aber, aufs Gesamtbuch gesehen, zu einer Fortschreibung des überlieferten Wortlauts. Daß in der Auslegung so frei mit den Bezugstexten umgegangen wird, hängt gerade auch mit diesem sachlichen Woraufhin der Auslegungsperspektive zusammen: Gott stiftet die höhere Einheit der Textbeziehungen.“[2]

Dass und wie diese beiden hermeneutischen Perspektiven auch für die theologische Lektüre des Psalters relevant sind, soll im Folgenden durch die paradigmatische Untersuchung von Psalmen aus zwei unterschiedlichen Bereichen des Psalmenbuchs gezeigt werden, die aus unterschiedlichen Buchgestalten in
238 der Wachstumsgeschichte des Psalters stammen und die gleichwohl in der Sinnbewegung des Psalters eng zusammengehören. Es handelt sich zum einen

---

1 Vgl. u.a. O.H. Steck, Zu Eigenart und Herkunft von Ps 102, in: ZAW 102 (1990), 357–372, sowie besonders den Abschnitt „Zur Frage der Schlußredaktionen des Psalters“, in: ders., Der Abschluß der Prophetie im Alten Testament (BThS 17), 1991, 157–166.

2 O.H. Steck, Die Prophetenbücher und ihr theologisches Zeugnis, 1996, 161.

um den Bereich der Asaf-Sammlung Ps 50.73–83 und zum anderen um den Bereich der sog. JHWH-König-Psalmen Ps 93–100. Beiden Textbereichen ist gemeinsam, dass in ihnen das Thema Israel und die Völker im Horizont der Sachperspektiven „JHWH und sein Heiligtum“ und „JHWH als König und Richter des Kosmos“ so expliziert wird, dass dabei unterschiedliche Weisen von Psalmenauslegung im Psalter realisiert werden.[3]

1. Psalmenauslegung in der Asaf-Sammlung Ps 50.73–83

Die im Psalter mit der Zuweisung לאסף gekennzeichneten und (mit Ausnahme von Ps 50) in kontinuierlicher Reihenfolge überlieferten zwölf Asaf-Psalmen Ps 50.73–83 haben derart viele sprachliche, motivliche und konzeptionelle Gemeinsamkeiten, dass ihre Zusammenstellung als gezielt geschaffene Komposition ausgewählter Psalmen beurteilt werden muss. Zwar haben die meisten dieser Psalmen ihre je spezifische Entstehungs- und Verwendungsgeschichte, die unabhängig von der Entstehung der Asaf-Sammlung ist, doch legt ihr erkennbar planvolles Arrangement in der Sammlung die Vermutung nahe, dass sie sich als Teilelemente der Komposition gegenseitig auslegen.[4] Darüber hinaus ist zu prüfen, ob zwischen einzelnen Psalmen bei ihrer Zusammenstellung redaktionelle Verklammerungen geschaffen wurden, die einen zusätzlichen Auslegungshorizont konstituieren. Und schließlich kann gefragt werden, ob nicht sogar Psalmen ausdrücklich für diese Sammlung verfasst und in ihr gezielt positioniert wurden, nicht nur um das Programm der Gesamtkomposition zu vervollständigen oder zu verdeutlichen, sondern um einen anderen Psalm der Sammlung auszulegen, eben just in dem von O. H. Steck gemeinten Sinn von „Sachauslegung“. Im begrenzten Rahmen dieses Beitrags kann verständlicherweise nicht die ganze Komplexität der Asaf-Sammlung und ihrer Beziehung zur David-Sammlung Ps 51–71.72, um die sie als „Rahmen“ gelegt ist, diskutiert werden. Ebenso muss die wichtige Frage, wie sich Asafpsalmen und Korachpsalmen (Ps 42–49 bzw. Ps 84–85.87–88) zueinander verhalten, außer Be- [239] tracht bleiben. Hier kann lediglich durch einen kurzen Blick auf die Asafpsalmen 74 und 76 paradigmatisch erläutert werden, welche

---

3 Verständlicherweise kann hier keine Einzeldiskussion der betreffenden Psalmen und schon gar nicht eine differenzierte Diskussion mit anderen Forschungspositionen durchgeführt werden; wir verweisen dazu auf F.-L. Hossfeld / E. Zenger, Die Psalmen 51–100 (Herders theologischer Kommentar zum AT), 2000.

4 Zwar fehlt bislang eine die Asaf-Psalmen als *Gesamt-Komposition* auslegende Studie [Stand: 2000], doch liegen inzwischen mehrere Studien zu Einzelpsalmen vor, die auch Kompositionsaspekte berücksichtigen, vgl. besonders Th. Hieke, Psalm 80. Praxis eines Methodenprogramms (ATSAT 55), 1997; ders., Psalm 80 and its Neighbours in the Psalter. The Context of the Psalter as a Background for Interpreting Psalms, in: BN 86 (1997), 36–43; B. Weber, Psalm 77 und sein Umfeld. Eine poetologische Studie (BBB 103), 1995.

unterschiedlichen Techniken von Psalmenauslegung hier verwendet werden und welche neuen Sinnhorizonte der Gotteswahrnehmung[5] damit entworfen werden.

1.1 Innerpsalmische Auslegung in Ps 74

Der allgemein als „Volksklagepsalm" bestimmte *Psalm 74* gliedert sich in drei Teile. Der erste Teil (V. 1b–11b) ist Klage über die Zerstörung des Tempels bzw. Anklage Gottes angesichts der dadurch entstandenen Störung des Verhältnisses zwischen Gott und „seiner Gemeinde". Der zweite Teil (V. 12–17), dessen Neueinsatz durch das adversativ-emphatische *waw* und die damit eingeführte, betont an den Anfang gestellte Gottesanrede markiert ist, ist eine hymnische Proklamation des universalen Weltkönigtums Gottes. Der dritte Teil (V. 18–23) ist eine Kette imperativischer und jussivischer Bitten an JHWH, die sein rettendes und kämpferisches Eingreifen herbeirufen. Die Abfolge der drei Teile entspricht in ihrer Grundbewegung zwar dem üblichen Schema der Volksklagelieder, doch ist das besondere Gewicht des Mittelteils nicht zu übersehen. Während nämlich die Teile 1 und 3 in der Form der Gottes-Anklagen und der Gottes-Bitten die Erfahrungen benennen, die gegen JHWHs rettende Wirkmächtigkeit sprechen, beschwört der mittlere Teil 2 mit dem Rückgriff auf die (in Israels Ursprungsgeschichte bei Exodus und Landnahme aktualisierte) Vorstellung von JHWH als Chaosbekämpfer (V. 13–15) und als Stifter bzw. Garant der kosmischen Ordnung (V. 16–17) eben jene Fundamente des Gottesglaubens, die durch die Tempelzerstörung nicht zerstört werden und so einen Ausweg aus der Krise ermöglichen konnten.[6]

In Ps 74 überlagern sich zwei Aussageebenen. Während der Psalm insgesamt von der Spannung zwischen Gott und *seinen* Feinden bzw. von der Perspektive des Kampfes Gottes gegen *seine* Feinde bestimmt ist, kommt in V. 19–21 die tödliche Bedrohung der Armen als innergeschichtlicher bzw. innerisraelitischer Konflikt in den Blick. Für die Annahme, dass an dieser Zweiheit der Textebenen eine Wachstumsgeschichte des Psalms erkennbar wird, die durch eine veränderte zeit- und theologiegeschichtliche Situation ausgelöst ist, sprechen folgende Beobachtungen: 1. Während V. 18.22 f. semantisch mehrfach auf den Klageteil V. 1b–11b zurückgreift, ist dies in V. 19–21 nicht der Fall. 2. In V. 19–21 fehlt die Tempelperspektive. 3. Zwischen V. 19–21 und V. 22 f. besteht inso- [240] fern eine Spannung, als die Bitten von V. 22 f.

5 Vgl. zu diesem Begriff O. H. Steck, Wahrnehmungen Gottes im Alten Testament. Gesammelte Studien (ThB 70), 1982, 7: Der Begriff „Wahrnehmungen Gottes im Alten Testament" soll „zum Ausdruck bringen, daß die Frage, in welchen Zügen sich Gott zu verschiedenen Zeiten in den Zeugnissen des Alten Israel wahrnehmen ließ, in allen Bemühungen alttestamentlicher Exegese die zentrale sein muß."

6 Vgl. dazu vor allem F. Hartenstein, Die Unzugänglichkeit Gottes im Heiligtum. Jesaja 6 und der Wohnort JHWHs in der Jerusalemer Kulttradition (WMANT 75), 1997, 229–244.

hinter die in V. 21 anvisierte Zielperspektive zurückgreifen. 4. Der Appell an den Bund in V. 20 ist angesichts der im übrigen Psalm entfalteten Geschichtstheologie (Exodus und Landnahme) überraschend. So legt sich die Hypothese nahe, V. 1–18.22–23 sei der Primärpsalm, der durch V. 19–21 erweitert bzw. eben weiter ausgelegt worden sei.[7]

Als Entstehungszeit des Primärpsalms kommt am ehesten die Exilszeit in Frage. Er ist eine Auseinandersetzung mit der durch die Zerstörung des Jerusalemer Tempels, aber auch durch die Verwüstung anderer Heiligtümer in Juda (V. 8) bewirkten Erschütterung des Gottesglaubens und der damit verbundenen Identitätskrise der den Psalm bei ihren Klagegottesdiensten rezitierenden Gemeinschaft. Für diese Datierung sprechen folgende Überlegungen:

1. Der Psalm beklagt die vollständige Zerstörung des Tempels (V. 3.7); eine solche fand nur 586 v. Chr. durch die Babylonier und 70 n. Chr. durch die Römer statt. Diese Beobachtung schließt die immer wieder vorgeschlagene Korrelation des Psalms mit der Entweihung des Tempels durch Antiochus IV. Epiphanes (vgl. 1 Makk 1,21–40; 2,6; 4,38) in den Jahren 168/167 v. Chr. aus; auch andere (vermutete) Angriffe auf den Tempel durch die Edomiter oder durch die Perser sind als Entstehungsanlass unwahrscheinlich.[8]

2. Die motivliche und theologische Nähe zu exilischen oder frühnachexilischen Texten (Klgl 2; Jes 51,9–11; Ex 15,1–18) machen eine exilische Herkunft beinahe sicher.

3. Die Radikalität der Gottesanklage, die in der singulären Psalmeröffnung (Ps 74 ist der einzige Psalm, der mit der Warum-Frage beginnt und erst *danach* die Gottesanrufung setzt) zum Ausdruck kommt, und die massive Betonung des unbegreiflichen Gotteszorns sprechen sogar dafür, den Psalm in die Frühzeit des Exils, also bald nach den beklagten Ereignissen, anzusetzen.

4. Das gegen diese Datierung vorgebrachte Argument, der Psalm beklage nicht die Exilierung und sei deswegen nicht exilisch, ist nicht überzeugend, wenn man die Gesamtbewegung des Psalms bedenkt, die sich voll auf die Tempelklage und die in ihr gestaltete Gottesanklage konzentriert.

Die Erweiterung V. 19–21 kann als auslegende Aktualisierung des Primärpsalms begriffen werden. Hier spiegeln sich die sozialen Verwerfungen der nachexilischen Epoche wider (vgl. Neh 5; Am 8,4–7; Mi 6–7), die die Tem-

---

7 Zu ähnlichen, wenngleich im Detail anderen literarkritischen Positionen vgl. besonders M. Emmendörfer, Der ferne Gott. Eine Untersuchung der alttestamentlichen Volksklagelieder vor dem Hintergrund der mesopotamischen Literatur (FAT 21), 1998, 96–102; K. Seybold, Die Psalmen (HAT I.15), 1996, 287.290; H. Spieckermann, Heilsgegenwart. Eine Theologie der Psalmen (FRLANT 148), 1989, 122–133.

8 Bezug auf Antiochus IV: vgl. B. Duhm, Die Psalmen (KHC 14), 1899, 289; H. Donner, Argumente zur Datierung des 74. Psalms, in: J. Schreiner (Hg.), Wort, Lied und Gottesspruch. FS J. Ziegler (fzb 2), 1972, 41–50. – Angriffe der Edomiter auf den Tempel um 485 v. Chr.: vgl. J. Morgenstern, Jerusalem 485 B.C., in: HUCA 27 (1956), 130–131. – Plünderung des Tempelschatzes durch die Perser: vgl. H. Gunkel, Die Psalmen (HK 2.2), [4]1926, 322.

pelge- 241 meinde erschütterten und mit dieser Auslegung dadurch als eine Tempelzerstörung *sui generis* be- und verurteilt werden, dass sie in die Tempelklage des Primärpsalms eingetragen werden. Damit wird diese Vernichtung der Armen zugleich dem Gericht JHWHs unterstellt, der dadurch seine wahre Göttlichkeit (s. u. zu Ps 82) erweisen müsse. Im 5. Jh. erhält dieser Appell an den Gerichtsgott JHWH insofern einen starken Erfahrungshintergrund, als inzwischen ja die babylonischen Tempelzerstörer ihr politisches Strafgericht erlitten hatten.

1.2 Innerpsalmische Auslegung in Ps 76

Auch *Psalm 76* hat eine analoge innerpsalmische Auslegung erfahren. Der Psalm wird meist zu Recht in die theologische Nähe der sog. Zionspsalmen 46 und 48 gerückt und als eine weitere Ausprägung des mit dem Zion verbundenen religiösen Symbolsystems verstanden. Freilich dürfen bei aller Gemeinsamkeit, die Ps 76 mit Ps 46.48 verbindet, die Differenzen nicht übersehen werden:

1. In Ps 76 ist ausdrücklich weder vom „Gottesberg" noch von der „Gottesstadt" die Rede. Dementsprechend fehlt auch die in Ps 46 und Ps 48 dominierende Perspektive, dass der Zion „Schutz" und „Zuflucht" für seine Bewohner sei.

2. Der Psalm beschreibt nicht den Zion als Ort, sondern den auf dem Zion bzw. vom Zion her handelnden Zionsgott und die Folgen seines Handelns an den Feinden. Dabei überlagern sich mehrere Metaphern:[9] JHWH als der aus seinem Versteck über die Feinde herfallende Löwe, als aufgehende Sonne, deren Schreckensglanz die Feinde zu Boden wirft, und als drohender Chaoskämpfer.

3. Neben JHWHs *kriegerischem* Handeln *vom Zion aus*, durch das er die Feinde entmachtet, steht in V. 9–10 sein *richterliches* Eingreifen *vom Himmel her* zu Gunsten „aller Armen der Erde". Allerdings scheint hier nur die Urteilsverkündung (ohne Nennung der Verurteilten) zu ergehen; von einer Vollstreckung des Urteils ist zumindest ausdrücklich nicht die Rede. Diese Armenperspektive fehlt in Ps 46 und Ps 48.

4. Falls in V. 11 der masoretische Text im Wesentlichen beibehalten wird,[10] hat Ps 76 eine anthropologische Grundsätzlichkeit, die in Ps 46 und 48 so nicht aufscheint.

Ps 76 wird meist (mit inhaltlichen Beobachtungen) in folgende vier Abschnitte gegliedert: 1. die machtvolle Inbesitznahme des Zion durch den

[9] Vgl. zur Metaphorik von Ps 76 vor allem W. A. M. BEUKEN, God's Presence in Salem. A Study of Psalm 76, in: Loven en geloven. FS H. N. Ridderbos, 1975, 135–150; B. WEBER, „In Salem wurde sein Versteck …". Psalm 76 im Lichte literarischer und historischer Kontexte neu gelesen, in: BN 97 (1999), 85–103.

[10] Vgl. zu anderen (unnötigen) Textrekonstruktionen K. SEYBOLD, Psalmen, 295.

Zionsgott (V. 2–4); 2. der Sieg des Gottes Jakobs über das feindliche Heer (V. 5–7); 3. das Ziel des Sieges Gottes: die Rettung der Armen (V. 8–10); 4. Implikationen und Konsequenzen des Machterweises Gottes (V. 11–13). Diese vier Abschnitte lassen sich auch als sukzessives Geschehen verstehen: JHWH erwählt sich den Zion, um von hier aus den Krieg gegen die Unterdrücker der Armen [242] zu führen, diese zu retten und so eine universale Weltordnung durchzusetzen, auch bzw. gerade gegenüber den Königen der Erde.

Diese auf den ersten Blick einleuchtende Gliederung und Gesamtinterpretation hat bei genauerer Analyse hinsichtlich der Zäsur zwischen V. 10 und V. 11 freilich folgende Probleme:

1. Der Abschnitt V. 8–10 schließt zwar einerseits durch die hymnische Gottesprädikation V. 8 an den vorangehenden Abschnitt V. 5–7 an, andererseits führt V. 9–10 eine veränderte Szenerie ein: JHWH ist nun nicht (mehr) auf dem Zion, sondern im Himmel; Horizont des Geschehens ist auch nicht der Zion oder seine Umgebung, sondern offensichtlich die ganze Erde; der kriegerische Kontext fehlt in V. 9–10.

2. V. 11–13 kann man kaum als zusammengehörende Einheit abgrenzen; der von V. 11 nach V. 12–13 vollzogene Wechsel der Sprechrichtung signalisiert eine Zäsur zwischen V. 11 und V. 12–13. In V. 11–13 fehlt die in V. 9–10 dominierende Armen- und Gerichtsperspektive.

Unter Berücksichtigung dieser Beobachtungen, auf Grund konsequenter Wahrnehmung der im Psalm wechselnden Sprechrichtungen und bei Auswertung der hymnischen Prädikationen V. 5 und V. 8 als Strukturmarker legt sich nahe, die *Endgestalt* des Psalms in die vier Abschnitte V. 2–4.5–7.8–11.12–13 zu gliedern.

Allerdings kann bezweifelt werden, dass dies die *Primärgestalt* des Psalms ist. Zu dieser dürfte noch nicht V. 9–10 gehört haben,[11] wofür die bereits notierten Differenzen zum übrigen Psalm sowie weitere Beobachtungen sprechen:

1. Ohne V. 9–10 hat der Psalm eine konsequent durchlaufende Geschehensstruktur: V. 2–7 berichtet in perfektischen Verbalsätzen das kriegerische Handeln des Zionsgottes. V. 8.11–13 zieht daraus die Konsequenzen: Diesem „furchterregenden" Gott kann sich niemand widersetzen (V. 8.11), ihm sollen sich alle huldigend unterwerfen (V. 12–13). Von dieser durchgängigen Kriegsmetaphorik hebt sich V. 9–10 mit seiner forensischen Metaphorik (JHWH als rettender Richter der Armen) ab.

2. Diese Primärgestalt hat einen gut markierten vierteiligen Aufbau (V. 2–4.5–7.8+11.12–13), der sowohl durch die Syntax als auch durch signifikante Themawörter angezeigt ist: Der Psalm setzt programmatisch mit dem Partizip (oder 3. Person Suffixkonjugation?) נודע als „Themawort" ein, das dann im ersten Abschnitt V. 2–4 inhaltlich entfaltet wird. In V. 5 ist der Neueinsatz einerseits durch den Wechsel der Sprechrichtung mit dem betont gesetzten Personalpronomen אתה und andererseits durch das Partizip נאור,

[11] Vgl. auch K. SEYBOLD, Psalmen, 295–297.

das auf den Psalmanfang zurückweist, markiert. Das mit diesem „Themawort“ angezeigte Wirken JHWHs wird in V. 5–7 konkretisiert. Die nächste Abschnittmarkierung bilden dann das in V. 8a gleich zweimal gesetzte Personalpronomen אתה, das dazwischen stehende Themawort נורא, das lautlich auf die vorangehenden Themawörter zurückweist, und die in V. 8b sich anschließende rhetorische [243] Frage. Der Anfang des vierten Abschnitts, V. 12–13, ist dann wieder durch einen Wechsel der Sprechrichtung angezeigt; zum Abschluss dieses Abschnitts steht im letzten Bikolon nochmals das auf JHWH bezogene Themawort נורא.

Dieser Primärpsalm feiert den auf dem Zion wohnenden Gott, der dort und von dort aus die als Akteure des Chaos die Lebensordnung des Kosmos gefährdenden Kriegsheere entmachtet und der so alle Könige der Erde zur Anerkennung seines Weltkönigtums hinführen will. Dabei ist eine Spannung im Text nicht zu übersehen: Während die ersten beiden Abschnitte des Psalms (V. 2–4.5–7) ein Handeln JHWHs in der Vergangenheit rühmen, blicken die beiden letzten Abschnitte V. 8+11.12–13) in die Gegenwart bzw. in die Zukunft. Das in der ersten Hälfte des Psalms besungene Wirken des Zionsgottes wird damit einerseits als eine geschichtlich erfahrene Wirklichkeit proklamiert, deren universale Wirksamkeit für Gegenwart und Zukunft andererseits freilich, wie die zweite Hälfte des Psalms zeigt, noch aussteht.

Auf welche geschichtlichen Erfahrungen bzw. Geschichtsüberlieferungen sich der Psalm konkret bezieht, ist schwer zu entscheiden, da er nur in der für die Zionstheologie *typischen* Metaphorik redet. Manche Exegeten sind der Meinung, dass der Psalm auf die Überlieferungen von Davids Siegen über die Philister und die Nachbarvölker, die in der Eroberung Jerusalems kulminierten (vgl. 2 Sam 2–8; 10; 17–25), anspielt. Wahrscheinlicher ist allerdings, dass die Rettung Jerusalems vor den Assyrern im Jahre 701 v. Chr. im Blick ist, zumal dieses Ereignis in der Theologie Israels eine vielgestaltige Deutung und eine breite Wirkungsgeschichte erhalten hat (vgl. besonders 2 Kön 18,13–19,37; Jes 36–39; Jdt). Freilich ist dieser „geschichtliche“ Bezug nicht der primäre Hintergrund des Psalms. Dieser ist vielmehr die Zionstheologie selbst – und zwar als *interpretatio israelitica* der vor-jahwistischen Jerusalem-Theologie *und* als Aneignung gemeinaltorientalischer Vorstellungen. Wie immer die Religionsgeschichte Jerusalems im Einzelnen zu rekonstruieren ist, spätestens seit der mittleren Königszeit sind mit dem Tempel bzw. mit der Stadt die Vorstellungen von JHWH als dem Sonnengott, der in seinem täglichen Aufgang die Unrechtsmächte vertreibt, und von JHWH als dem Götterkönig, der als Sieger über die Chaosmächte auf dem Götterberg das ordnende Königtum ausübt, verbunden und in das Symbolsystem der Jerusalemer Tempeltheologie integriert.[12] Dieser „Mythos-Komplex“ von der ordnenden, schützenden und

12 Vgl. dazu besonders B. JANOWSKI, JHWH und der Sonnengott. Aspekte der Solarisierung JHWHs in vorexilischer Zeit, in: ders., Die rettende Gerechtigkeit. Beiträge zur

rettenden Gottespräsenz, durch die die Weltordnung als Gerechtigkeits- und Lebensordnung konstituiert und revitalisiert wird, ist der „eigentliche" Hintergrund der Zionspsalmen 46.48.76. Dass dieses Symbolsystem in Ps 76 mit der Figuration von JHWH als Löwen entfaltet wird, ist zunächst innerhalb dieses Systems durch- [244] aus nachvollziehbar, weil der Löwe in der ägyptischen und in der mesopotamischen Tradition sowohl mit den Sonnengottheiten als auch mit den Kampf- und Kriegsgottheiten verbunden ist. So dürfte JHWH als „Löwe vom Zion" sowohl chaosbekämpfende als auch solare Aspekte konnotieren. Darüber hinaus könnte eine unmittelbar antiassyrische Perspektive bei der Ausprägung dieser mythischen Figuration mitgewirkt haben. Da besonders die neuassyrischen Könige ihren (quasi-göttlichen) Machtanspruch mit Löwenmetaphern und -bildern propagierten,[13] könnte Ps 76 als „Gegen-Entwurf" konzipiert sein, mit dem im 7. Jahrhundert die Jerusalemer Theologie den assyrischen „Löwen" ihren Zionsgott JHWH als den „eigentlichen" Löwen JHWH gegenüberstellte.[14]

Dass man auch nach der Zerstörung Jerusalems und des Tempels den Ps 76 rezitierte, um mit seiner „Gegenwelt" die rettende Macht des Zion-Gottes zu beschwören, ist vom spezifischen Profil seiner Zionstheologie her durchaus plausibel. Da im Unterschied zu Ps 46 und Ps 48, wo die Gottesstadt als „Realmetapher" des Schutzgottes Zion gefeiert wird, in Ps 76 diese konkrete Metaphorik nicht gegeben ist, konnte dieser „Zionspsalm" leichter als Ps 46 und Ps 48 auch angesichts der Zerstörung der „Gottesstadt" weiter gebetet werden. Die Konzentration von Ps 76 auf den *Gott* vom Zion und die Perspektive, dass JHWH als Löwe vom Zion aus seine Macht erweist, machten es möglich, gerade mit diesem Psalm einen Weg aus der Krise zu suchen. So wurde er durch die Einfügung von V. 9–10 erweiternd bearbeitet. Die vom Primärpsalm entworfene Botschaft, dass niemand sich der Macht des Zionsgottes entgegenstellen kann, wurde durch V. 9–10 dahingehend präzisiert, dass der Zionsgott seinen „eigentlichen" Wohnsitz im Himmel hat, weshalb er durch die Tempelzerstörung nicht entmachtet werden konnte, *und* dass sein Weltkönigtum darauf abzielt, dass „alle Armen der Erde" aus ihrer vielfältigen Not gerettet werden. Die Zionstheologie des Primärpsalms wird durch V. 9–10 also in mehrfacher Weise „sachgemäß" ausgelegt:

Theologie des Alten Testaments 2, 1999, 192–219 (Lit.); O. Keel / Ch. Uehlinger, Göttinnen, Götter und Gottessymbole (QD 134), 1992, 189 ff.

13 Vgl. zur ersten Information G. J. Botterweck, Art. ארי, ThWAT I, 1973, 407–411.

14 Zu Jerusalemer Theologie-Konzepten als anti-assyrischen Gegenentwürfen vgl. vor allem die zahlreichen Arbeit von E. Otto, zuletzt: Die besiegten Sieger. Von der Macht und Ohnmacht der Ideen in der Geschichte am Beispiel der neuassyrischen Großreichspolitik, in: BZ 43 (1999), 180–203; Krieg und Frieden in der Hebräischen Bibel und im Alten Orient, 1999, 37–75.86–121; Das Deuteronomium. Politische Theologie und Rechtsreform in Juda und Assyrien (BZAW 284), 1999.

1. Die in der Sonnensymbolik (vgl. V. 5) nur anklingende Perspektive von JHWH als dem die Rechtsordnung durchsetzenden Richter-Gott wird nun explizit gemacht.

2. Der Richter-Gott wird als soziale Instanz expliziert, die die Armen rettet, indem sie richtet.

3. Der Richtergott übt sein universales Richteramt vom Himmel her aus.

Die Formulierungen dieser innerpsalmischen Auslegung von Ps 76 berühren sich eng mit Ps 74, so dass sich beide Psalmen gegenseitig auslegen, zumal ihre Positionierung in der Psalmen-Abfolge der Asaf-Sammlung einen theologisch reflektierten Kompositionsbogen bildet: Ps 74 ist die Klage wegen des [245] vielgestaltigen Chaos, das den Zion als kosmosstiftenden Ort und den von ihm aus wirkenden Zionsgott bedroht hat und weiterhin bedroht. Auf diese Klage antwortet in Ps 75 JHWH selbst in direkter Gottesrede mit der Ankündigung seines Gerichts, dessen Durchführung dann Ps 76 mit Bildern der Zionstheologie ausmalt. Der innerpsalmische Auslegungsprozess, den wir für Ps 74 und Ps 76 kurz erläutert haben, erhält damit in der Tat eine „Sinn-Bewegung", die diese Psalmen (und die Asaf-Komposition als ganze) für eine Rezeption öffnet, die mit diesen Psalmen auch nach ihrer historisch begrenzten Entstehungssitation an JHWH als dem Gott der Gerechtigkeit festhalten kann. Dies gilt umso mehr, als innerhalb der Asaf-Komposition die beiden Psalmen 74 und 76, denen unser Interesse in dieser kleinen Studie gilt, durch die Fortsetzung der Asaf-Sammlung noch weitere Sinn-Dimensionen erhalten, nämlich durch die Psalmen 79 und 82, die ihrerseits als „Auslegung" dieser Psalmen entstanden sind.

1.3 Auslegung von Ps 74 und 76 durch Ps 79 und 82

Wie Ps 74 ist auch *Psalm 79* ein Volksklagepsalm, der sich in seinen drei Teilen (V. 1–4: Klage mit Notschilderung; V. 5–9: Bitte um Rettung durch Schuldvergebung; V. 10–13: Bitte um נקמה an den Völkern bzw. Nachbarn mit abschließendem Lobgelübde) an der fundamentalen Krise abarbeitet, die die Ereignisse um 586 v. Chr. und deren Folgen auslösten. Zwar wird immer wieder bezweifelt, dass der Psalm überhaupt die Tempelzerstörung reflektiere.[15] Wenn freilich erkannt wird, dass der Psalm gleich zu Anfang durch ein implizites Zitat des Micha-Wortes 3,12 gegen den Zion, das in Jer 26,18 ausdrücklich als gegen den Tempel gerichtet aktualisiert wird, die beklagte Katastrophe als Erfüllung dieses Gerichtsworts deutet, ist die Schlussfolgerung unausweichlich: Ps 79 setzt sich mit der Tempelzerstörung und der darin bzw. dadurch offenbar gewordenen *theologischen* Krise auseinander. Diese hat so-

---

[15] Vgl. z. B. H. GUNKEL, Psalmen, 349: „Auf die Ereignisse von 586 … wird das Gedicht sich schwerlich beziehen, weil darin weder von einem Kriege, einer Belagerung, einem Könige, noch von einem Tempelbrande oder einer Fortführung des Volkes gesprochen wird."

wohl eine Innen- wie eine Außenperspektive. Die Innenperspektive macht der Psalm an der Frage fest, wie sich die beiden Wirkweisen göttlichen Handelns, sein (berechtigter) Zorn und seine Barmherzigkeit gegenüber seinem Volk, zueinander verhalten – und zwar angesichts der im Gottesnamen gegebenen Zusage, dass er seinem Volk ein „Gott der Rettung/des Heils" (V. 9) sei. Die Außenperspektive bündelt der Psalm in der Hohnfrage der Völker „Wo ist denn *ihr* Gott?" (V. 10) und expliziert die Tiefendimension dieser Frage als öffentliche Infragestellung der universalen Kompetenz JHWHs als Gott des Rechts. Da es dem Psalm um Theodizee in diesem komplexen Sinne geht, verzichtet er auf konkretere zeitgeschichtliche Details und arbeitet mit Zitaten und Anspielungen vor allem aus Jeremia und Joel, aber auch mit Bezugnahme auf seine Nachbarpsalmen 77 [246] und 78[16] – und vor allem auf Ps 74, den er aus im Vergleich zu Ps 74 größerem Zeitabstand vom Ereignis selbst „auslegt".

Zwischen Ps 74 und Ps 79 gibt es eine ganze Reihe auffallender semantischer und vorstellungsmäßiger Gemeinsamkeiten. Vor allem bedrängen beide Psalmen JHWH, sein Richteramt auszuüben (74,22; 79,10–12). Gerade in der Konzeption des göttlichen Richteramts bedeutet aber Ps 79 eine Sachauslegung von Ps 74, und zwar in dreifacher Hinsicht:

1. Anders als in Ps 74 wird die Katastrophe ausdrücklich mit der „Schuld der Früheren" (V. 8, vgl. Jer 11,10) und mit den „Sünden" der betenden Gemeinde (V. 9) in Verbindung gebracht. Der Psalm beklagt also nicht die Irrationalität des Gotteszorns, sondern begreift diesen als Ausdruck der קנאה JHWHs (V. 5) bzw. als ein seinem Namen entsprechendes Handeln (V. 9).

2. Doch genau mit dem Appell an das Geheimnis dieses Namens bittet der Psalm zugleich um Rettung, und zwar durch Vergebung der Sünden aus „Barmherzigkeit" als der dem „Zorn" entgegenwirkenden „Eigenschaft" JHWHs.

3. Der Psalm verortet das Geschehen ausdrücklich auf der Bühne der Völkerwelt. Er fordert die öffentlich wahrnehmbare Wiederherstellung der verletzten Rechtsordnung. Das verhöhnende Fremdvölkerzitat 79,10 betont, dass es hier nicht nur um das Überleben Israels geht, sondern um das Gott-Sein des Gottes Israels. Mit der Frage „Wo ist denn *ihr* Gott?" wird die Theodizeeklage des Psalms in den Horizont der Götterwelt der Völker gestellt. Das ist gegenüber Ps 74 eine unverkennbare Radikalisierung der Gottesfrage: Es geht um das spezifische Profil des Gottes Israels vor den Augen aller Völker. Dies ist ja die thematische Leitperspektive der Asaf-Sammlung insgesamt, wie ihr Schlusssatz Ps 83,19 festhält. Dies ist aber auch das Thema von Ps 82, der als Antwort auf die in Ps 79,10 gestellte Frage gelesen werden will.

Psalm 82 gibt auf diese Frage eine klare Antwort: Der scheinbare Verlierergott, als der der Gott Israels in den Augen der (Nachbar-)Völker erscheint, ist der einzig wahre Gott. Ps 82 erzählt eine grundlegende Göttergeschichte,

---

[16] Vgl. die Hinweise bei F.-L. Hossfeld/E. Zenger, Psalmen 51–100, z. St.

insofern JHWH hier nicht einfach, wie oft gesagt wird, zum Vorsitzenden des Götterpantheons aufsteigt, sondern das gesamte Götterpantheon ablöst.[17] Der Psalm entwirft mit mythischen Farben ein hochdramatisches „Weltbild", das eine Welt voller Unrecht und Gewalt zeigt, und er beklagt diese Erschütterungen der kosmischen Ordnung als Folge des Versagens der Götter der Völker. Er sieht keinen anderen Ausweg, als dass diese Götter von der Himmels- und Weltbühne verschwinden und dass JHWH, der Gott Israels, zum Gott aller Völker wird. 247

> „Für die den Psalm betende Gemeinde [ist] nicht einen Moment zweifelhaft, daß JHWH seine im Himmel gesprochene Verurteilung der Götter in Bälde vollstrecken und auf Erden spürbar werden läßt; deshalb bittet sie abschließend und leidenschaftlich um Verwirklichung der schon visionär geschauten alleinigen Weltherrschaft Jahwes (V. 8). Andererseits macht eben dieses abschließende Gebet deutlich, wie sehr sie unter dem Auseinandertreten von Glaube (Verurteilung) und Erfahrung (von Ungerechtigkeit in der Welt) leidet."[18]

Der Psalm kündigt den „Tod" der Götter an, weil sie dem vom Psalm als Gegen-Entwurf zur leidvollen Realität proklamierten Gottes-Konzept nicht entsprechen:

> „Der Begriff des Göttlichen wird hier vom Begriff der Gerechtigkeit her definiert: ‚Götter' und ‚Söhne des Höchsten' sind nicht das, was sie zu sein vorgeben – nämlich Instanzen, die Recht und Gerechtigkeit in der Welt des Menschen garantieren und darin das Antlitz des wahren Gottes zu erkennen geben."[19]

Die besondere Pointe des Psalms liegt aber nun darin, dass die göttliche Gerechtigkeit als Rettung der Armen und Unterdrückten definiert wird, und dass diese Göttergeschichte im Himmel spielt, aber von der Geschehensstruktur des Psalms her von der betenden Gemeinde hörend miterlebt wird. Im Horizont der Asaf-Sammlung muss dann aber Ps 82 als Auslegung von Ps 76 verstanden werden, zumal beide Psalmen semantisch und motivlich miteinander verbunden sind. Darüber hinaus hat Ps 82 im Kompositionsbogen Ps 79 + 80 (Klage) – Ps 81 (Gottesorakel als Antwort auf die Klage) – Ps 82 (Übernahme des Weltregiments durch JHWH als dem allein wahren Gott) eine Ps 76 im Kompositionsbogen Ps 74 (Klage) – Ps 75 (Gottesorakel) – Ps 76 (JHWH als Löwe/Sonne der Gerechtigkeit) analoge Funktion.

Die wichtigsten über Ps 76 vertiefend hinausführenden und diesen so auslegenden Aspekte sind:

---

17 Vgl. E. Zenger, Psalm 82 im Kontext der Asaf-Sammlung. Religionsgeschichtliche Implikationen, in: B. Janowski/M. Köckert (Hg.), Religionsgeschichte Israels. Formale und materiale Aspekte, 1999, 272–292.

18 J. Jeremias, Die Erde „wankt", in: R. Kessler u. a. (Hg.), „Ihr Völker alle, klatscht in die Hände!" FS E. S. Gerstenberger, 1997, 173.

19 B. Janowski, Israel: Der göttliche Richter und seine Gerechtigkeit, in: J. Assmann/B. Janowski/M. Welker (Hg.), Gerechtigkeit, 1998, 33.

1. Ps 82 deckt die eigentlichen Verursacher des vom Zionsgott gemäß Ps 76 bekämpften Chaos auf: Es sind die Götter der Völker.
2. Ps 82 expliziert die in Ps 76 anklingenden kosmischen Dimensionen sowohl des Unrechts gegen die Armen als auch des von JHWH angekündigten Strafgerichts.
3. Ps 82 erläutert die in Ps 76 am Ende anvisierte universale Extensität des Königtums des Zionsgottes.

2. Psalmenauslegung in den JHWH-König-Psalmen 93–100

Die klassische Gattungskritik der Psalmen hat die Verwandtschaft der Ps 47, 93 und 96–99 erkannt, die in der Verwendung der themenbestimmenden Formel „JHWH ist König geworden" und der Königstitulierung gründet. Mit Blick auf [248] die Struktur verleihenden hymnischen Elemente des Lobaufrufes mit anschließender Begründung könnte die Verwandtschaft obiger Kerngruppe ausgeweitet werden auf die Nachbarpsalmen 95 und 100. Unter Rücksicht auf die umfassendere Königsmotivik (König, Hirte, Richter) kann auch noch das Klage- und Bittgebet Ps 94 einbezogen werden. Der neueren synchronen Betrachtung der Psalmen fiel nach den vorangehenden David-, Korach- und Asafpsalmen die fast durchgehende Titellosigkeit der Gruppe Ps 93–100 auf, wobei die Ausnahmen bei den Ps 98 und 100 mit ihren Minimalangaben im Vergleich mit anderen ausgebauten Überschriften die Regel bestätigen, dass das Fehlen der Überschrift als besonders enger Anschluss der Psalmen aneinander gewertet werden kann. Damit öffnete sich der Blick auf die interne stilistisch-semantische Vernetzung dieser Psalmengruppe.[20] Diese ist jüngst unterstrichen worden durch J. Jeremias in seiner Untersuchung von „Ps 100 als Auslegung von Ps 93–99*".[21] Ps 100 teilt nicht nur viele Aussagen mit den vorausgehenden Psalmen, sondern er ist bewusst als Klimax an seine jetzige Position gestellt worden, mehr noch, er ist für diese Funktion gedichtet worden. Dieses Ergebnis ruft die redaktionskritische Frage auf den Plan, ob die Psalmengruppe 93–100 durch eine oder mehrere Hände zu einer inhaltlich kompakten Gruppe von JHWH-König-Psalmen gestaltet wurde, die mit ihrem spezifischen Charakter einmal den vorausgehenden Psalter hat abschließen können. Auf dem allgemeinen Stand der Psalmenexegese insbesondere zu Ps 93–100 geht es derzeit um eine Synthese von synchroner und diachroner Betrachtung gerade dieser Psalmen, die schon immer in der Psalmenexegese

[20] Vgl. die synchronen Analysen von D. M. Howard, The Structure of Psalms 93–100 (Biblical and Judaic Studies 5), 1997; E. Zenger, Das Weltenkönigtum des Gottes Israels (Ps 90–106), in: N. Lohfink/E. Zenger, Der Gott Israels und die Völker (SBS 154), 1994, 151–78; K. Koenen, Jahwe wird kommen zu herrschen über die Erde (BBB 101), 1995.

[21] J. Jeremias, Ps 100 als Auslegung von Ps 93–99*, in: Skrif en Kerk 19 (1998), 605–615.

besondere Aufmerksamkeit erfahren haben. Die synchrone Analyse betont die interne Vernetzung, den engen Zusammenhalt besagter Psalmen und verfolgt die Entfaltung der Königsherrschaft JHWHs im Duktus von Ps 93 nach Ps 100. Die diachron orientierte Exegese erarbeitet das jeweilige Profil der Einzelpsalmen und unterscheidet verschiedene Phasen der Entstehung.[22] Den folgenden Hinweisen und Bemerkungen geht es darum, beide Tendenzen miteinander ins Gespräch zu bringen und im Sinne des Jubilars nach möglichen theologisch motivierten Fortschreibungen bzw. nach einer redaktionskritisch reflektierten Beschreibung von Psalmenauslegung im Psalter zu suchen. [249]

2.1 Hinweise auf übergreifende Redaktionsarbeit in Ps 93–100

Redaktionskritik im Psalter muss sich mit aller Vorsicht an der individuellen poetischen Gestalt der Einzelpsalmen mit ihren spezifischen stilistischen Mitteln abarbeiten. Solche Vorsicht ist im Falle der zur Debatte stehenden Ps 93–100 noch zu steigern, weil (was hier wegen des nur begrenzt zur Verfügung stehenden Raumes nicht weiter erläutert werden kann) die Hälfte von ihnen, nämlich die Ps 96, 97, 98 und 100, anerkanntermaßen anthologischen Charakter haben und ihre Eigenaussage aus einer Kombination von Zitaten älterer Psalmen oder Prophetentexte entwickeln. Redaktionskritische Bemerkungen erfordern die Ps 93, 95 und 96.

Psalm 93 leitet die Gruppe Ps 93–100 programmatisch ein. Er ist Huldigung und Bekenntnis zu JHWH, dem König, der auf seinem (himmlischen) Thron in der Höhe von Gründung an auf Dauer die Stabilität des Kosmos gegen die Chaosmächte garantiert. Der alte vorexilische Grundpsalm 93,1–4 ist in V. 5 redaktionell bearbeitet und auf Gesetz und Tempel hin aktualisiert worden. Dafür sprechen stilistische und semantische Gründe. Der Grundpsalm besitzt durch Front- (V. 1) und Abschlussposition (V. 4) des JHWH-Namens eine Inclusio, bei der V. 5 überschießt. Zwar hat V. 5 die Gestalt eines sog. kanaanäischen Trikolons, das den Grundpsalm sowohl in V. 1 nach der Überschrift „JHWH ist König“ zu Beginn prägt als auch in V. 3–4. Aber es fehlen in V. 5 die für solche Trikola typischen, verklammernden Wortparallelen, die eine Steigerung zum Ausdruck bringen. V. 5 ist die Nachahmung eines Trikolons im Anschluss an den Grundpsalm.[23] Die lexikalische Füllung des Trikolons spricht ebenso für eine spätere Formulierung in exilisch-nachexilischer Zeit. Der erste Satz hat seine nächste Parallele in Ps 19,8b; der zweite Satz formuliert in singulärer Weise eine selbstverständliche Rede der Zionstradition vom

---

[22] Vgl. die maßgebliche Untersuchung von J. Jeremias, Das Königtum Gottes in den Psalmen (FRLANT 141), 1987. Jeremias ordnet die einschlägigen Psalmen folgendermaßen ein: Ps 93 in die ältere bis mittlere Königszeit (a.a.O. 26), Ps 95 und 99 in den Umkreis dtn/dtr Theologie aus exilisch-nachexilischer Zeit (a.a.O. 107), Ps 96 und 98 in den Umkreis deuterojesajanischer Theologie (a.a.O. 121), Ps 99 schließlich in die hellenistische Zeit (a.a.O. 136).

[23] Zum stilistischen Abstand des V. 5 von 93,3–4 jetzt auch J. Jeremias, Ps 100, 609.

heiligen Haus (vgl. Ps 5,8); der dritte Satz klingt formelhaft (vgl. Ps 21,5 und 23,6). Die Kombination von Preisung des Gesetzes bzw. der Zeugnisse JHWHs und Lob auf den Tempel bzw. das Heiligtum findet sich im Erzählbogen des Geschichtspsalms von Ps 78,5 nach 78,69. Wichtiger noch, innerhalb unserer Gruppe bietet allein Ps 99,7.9 eine adäquate Parallele. Dieses sog. Trishagion thematisiert Recht und Gesetz Israels (Ps 99,4.7) sowie die Heiligkeit JHWHs und seines Zionberges (Ps 99,3.5.9).[24]

Im Falle von *Psalm 95*, einem Hymnus mit göttlicher Mahnrede, ist immer wieder die Einheit des Psalms entweder aus gattungskritischen Gründen (Divergenz von Lobpreis und Mahnung) oder wegen literarkritisch feststellbarer
250 Spannungen im Bereich der V. 6–7 in Frage gestellt worden.[25] Die dafür geltend gemachten Argumente schlagen allerdings aus folgenden drei Hauptgründen nicht durch:

1. Das Abheben des redaktionellen Anteils (V. 7–11 oder V. 7b–11) führt zu keinem in sich stimmigen, poetisch ausbalancierten, eigenständigen Grundpsalm.

2. Die stilistischen Verbindungen, die wörtlichen Wiederholungen und vor allem die durchgehende Anzeige einer Sprecherrolle gegenüber dem kollektiven Wir bzw. Israel (vgl. den Sprecher in den einleitenden Imperativen von V. 1.6 und im Höraufruf der Überleitung von V. 7b) votieren für die Einheit.

3. Das Zusammengehen von hymnischer Aufforderung mit Begründung und göttlicher Mahnrede in Ps 95 hat bei allen Unterschieden im Detail doch seine makrostrukturellen Parallelen in den Festpsalmen 50 und 81 (vgl. die Zweiteiligkeit von einleitender Theophanieschilderung bzw. Fremdaufforderung zum Lob und nachfolgender JHWH-Rede gekoppelt mit dem strukturrelevanten Aufruf an Israel zum Gehorsam Ps 50,7; 81,9.14; 85,7b). Ps 95 bleibt ein dtr. eingefärbter, mit den Asafpsalmen 50 und 81 verwandter Festpsalm, wenn es auch schwer fällt, die kultische Situierung oder Anbindung näher zu beschreiben.[26]

Das „neue Lied“ von *Psalm 96* besteht aus drei Strophen jeweils mit Lobaufforderungen (V. 1–3.7–9.11–12) und deren Begründung V. 4–6.10.13). Nach der Überschrift in V. 1, die in V. 1b proleptisch den gesamten Adressatenkreis der Lobaufrufe des Psalms zusammenfasst, wendet sich die *erste Strophe* zunächst an Israel, was sich sowohl aus dem Auftrag (singen, preisen, verkünden und erzählen) als auch aus dem Inhalt der Wortmitteilung (Name

[24] Grundlegend zu Ps 99: R. Scoralick, Trishagion und Gottesherrschaft. Ps 99 als Neuinterpretation von Tora und Propheten (SBS 138), 1989.

[25] So zuletzt von Th. Seidl, Scheltwort als Befreiungsrede. Eine Deutung der deuteronomistischen Paränese für Israel in Ps 95,7c–11, in: H. Keul / H. J. Sander (Hg.), Das Volk Gottes. Ein Ort der Befreiung. FS E. Klinger, 1998, 107–120.

[26] Vgl. auch die gleiche Position von W. S. Prinsloo, Psalm 95. If Only Yo Will Listen To His Voice!, in: M. D. Carroll / D. Clines / Ph. R. Davies (Hg.), The Bible in Human Society. FS J. Rogerson (JSOT.S 200), 1995, 393–410.

JHWHs, seine Hilfe, seine Glorie, seine Wundertaten) ergibt. Das Neue des „neuen Liedes“ kann sich naturgemäß nicht auf Gottes konstantes Walten in der Schöpfung, sondern nur auf sein Wirken in der Geschichte, und zwar an Israel, beziehen. In der Begründung V. 4–6 ist V. 5 redaktionell. Der Zusatz verdoppelt die Begründungspartikel (כי: V. 4a und V. 5a) und wechselt vom durchgehenden Subjekt JHWH zu den Göttern der Völker. Mit seinem Verbalsatz V. 5b durchbricht er die Kette der Nominalsätze. Vor allem sprengt sein Inhalt den Rahmen des Kontextes: In V. 4 und 6 wird JHWH gepriesen als der den Göttern überlegene Weltenkönig. In V. 5 werden die Völkergötter zu Nichtsen (אלילים), die zur Schöpfertätigkeit JHWHs nicht in der Lage sind. Eine solche Argumentation gehört in den Zusammenhang der Götzenbilderpolemik, deren [251] Grundgedanke die Unvereinbarkeit von Schöpfer und hergestelltem Götterbild ist. Im Kontext der Nachbarpsalmen bietet sich lexikalisch und der Aussage nach nur die Parallele aus Ps 97,7a an, wo die Bilderdiener (עבדי פסל) mit den sich der Nichtse (אלילים) Rühmenden gleichgesetzt werden und ihnen der Untergang angesagt wird. Durch Ps 96,5 wird also eine zentrale Aussage von Ps 97 in Ps 96 sekundär eingebracht. Die *zweite Strophe*, Ps 96,7–9.10, wendet sich ausdrücklich an die „Sippen der Völker“ und fordert sie „explizit zur ‚Völkerwallfahrt‘ und zur Teilnahme am Tempelgottesdienst auf“.[27] Die Völkerwallfahrt und das „Erbeben der ganzen Erde“ kommen in dem Bekenntnis von V. 10 zur Vollendung, das hier an die Stelle der Begründung des Lobaufrufs tritt. Der Vers zitiert dabei in auswählender Aufnahme von Ps 93,1[28] das Credo der Völker unter den Völkern: JHWH ist König und garantiert die Beständigkeit des Erdkreises. In V. 10b wird das Zitat um die Ansage des Völkergerichts erweitert. Diese Fortführung ist aus folgenden Gründen sekundär: Das Kolon erweitert auffällig die durchgehaltenen parallelen Bikola des Psalms zum Trikolon. Im Duktus des Ps 96 greift V. 10b der Klimax des gesamten Psalms in V. 13 voraus, denn die *dritte Strophe* V. 11–13 steigert das Lob Israels (erste Strophe) und der Völker (zweite Strophe) zum Lob der Natur und begründet das mit dem anstehenden Kommen JHWHs zum Gericht, d. h. zum Ordnung stiftenden Eingreifen Gottes in Bezug auf den Erdkreis und die Völker. Vom Vokabelbestand her sind die nächsten Parallelen in den Ps 7,9 und 9,9 zu finden; dieser Makrobezug zu den Psalmen, die am Anfang des Psalters den gerechten Richter JHWH thematisieren, ist gewollt. Die nahen Parallelen in Ps 98,9 und 99,4 weisen partielle Vokabelüberschneidungen auf und unterstreichen den Maßstab des göttlichen Richtens „in Geradheit“, d. h. nach göttlicher Ordnung.[29]

---

27 So E. ZENGER, Weltenkönigtum, 160.

28 Anders E. ZENGER, Weltenkönigtum, 159 Anm. 16.

29 Bezeichnend ist, dass ältere Psalmen wie Ps 17,2; 58,12; 75,2 מישרים adverbial gebrauchen, während es Ps 9,9; 96,10; 98,9; 99,4 als Substantiv einsetzen.

Weitere Hinweise auf Redaktionsarbeit sind in der Gruppe Ps 93–100 nicht zu finden.[30] Immerhin hat der knappe Durchgang durch die Gruppe ergeben, dass die beiden Erweiterungen in Ps 93,5 und Ps 96,3 eine so offensichtliche Verklammerung (*concatenatio*) zu den Ps 93; 97 und 99 bilden, dass hier in der Tat von gezielter redaktioneller Zusammenbindung gesprochen werden muss. 252

2.2 Die Rezeption älterer Psalmen: Ps 93–100 als Auslegung von Ps 29

Es kann im Folgenden nur darum gehen, die Beobachtungen der bisherigen Exegese zu bündeln und für unsere Fragestellung auszuwerten. Dass im Bereich von Ps 93–100 das Phänomen von Rezeption im Dienste von „Sachauslegung" vorliegt, legt sich schon allein von der Beobachtung her nahe (auf die wir bereits eingangs hingewiesen haben), dass mehrere dieser JHWH-König-Psalmen unbestreitbar „anthologischen Charakter" haben. Dieses Phänomen lässt sich nun noch insofern verschärft beobachten, als man Ps 93–100 sogar als „Auslegung" eines einzigen Psalms, nämlich von Psalm 29, lesen kann. Dazu einige Beobachtungen:

1. Der ebenso alte Grundpsalm 93,1–4 ist diesem geistes- und stilverwandt. Dafür stehen die sog. kanaanäischen Trikola (Ps 29,1 f.; 93,3 f.) sowie die Königstitulatur und die Chaosmotivik (Ps 29,3.10; 93,1.3 f.).

2. Ps 96 ist so von Ps 29 geprägt, dass J. Jeremias den Hauptanteil, insbesondere V. 1–9, d. h. die beiden ersten Strophen, zu Recht „eine ‚moderne' Exegese von Ps 29,1 f." genannt hat.[31] Der Stil der kanaanäischen Trikola aus Ps 29,1 f. wird in 96,1 f.7 f. nachgeahmt und in Bikola umgegossen; Ps 29,1–2a.2b.8 werden in Ps 96,7–8a.9a.9b zitiert; Leitworte aus Ps 29 wie Ehre und Macht, Ehre des Namens JHWH und Hoheit sind auch Leitworte von Ps 96. Die in Ps 29 geschilderten himmlischen Vorgänge (Verehrung des Gottkönigs im Palast) werden in die Geschichte übertragen und zu Aufgaben Israels wie der Völker am irdischen Tempel in Jerusalem.

3. In Ps 97 klingt demgegenüber Ps 29 nur mehr verhalten an. Der dreiteilige (V. 1–6.7–9.10–12: Theophanie – Auswirkungen der Theophanie – Applikation für die Gegenwart) Psalm nimmt zunächst das dynamische Theophanie-Bild von Ps 29 auf und ironisiert die in Ps 29 gezeichnete Huldigung der „Göttersöhne" als eine Huldigung der „Götter-Nichtse" angesichts der Vernichtung ihrer „Diener" (vgl. Ps 97,7 mit Ps 29,1 f.). Von Ps 29 her erhalten aber auch mehrere Einzelmotive von Ps 97 ihre besondere Pointe (zu JHWH als dem wirkmächtig das Chaos von seinem Thron aus bekämpfenden

---

30 Allerdings könnte auch Ps 97,10–12 erst redaktionelle Bildung sein, wenn man davon ausgeht, dass Ps 97,1–9 ein ursprünglich eigenständiger Psalm war, der bei seiner Einfügung in die Komposition Ps 93–100 durch V. 10–12 erweitert wurde (vgl. das „weisheitstheologische Vokabular", das ähnlich in Ps 94 gegeben ist).

31 J. Jeremias, Königtum Gottes, 125.

Weltkönig Ps 97,1–6 vgl. Ps 29,3–9; zur Offenbarung des כבוד Ps 97,6 vgl. Ps 29,2.9; wie in Ps 29 liegt auch in Ps 97 eine Verschmelzung von El- und Baal-Vorstellungen zugrunde; man kann auch die Applikation Ps 97,10–12 als „Auslegung" von Ps 29,11 lesen).

4. In Ps 99,1 schimmert im Hintergrund die theologische Hauptaussage von Ps 29 durch. Die JHWH-Titel des Königs und des Kerubenthroners spiegeln die Kombination des beständigen Königtums Els mit dem dynamischen Königtum des Wettergottes Baal wider, wie sie in Ps 29 miteinander verbunden werden. [253]

5. Für Ps 100 hat J. Jeremias nachgewiesen, dass Ps 100 wie „auch Ps 93 von Trikola geprägt ist", die innerhalb des Psalters noch in Ps 29,1 f.; 118,15 f.; 77,17–20; 92,10 zu finden sind. Es handelt sich im Falle von Ps 100 wie bei Ps 93,5 um moderne „Trikola, bei denen das erste Kolon den Ton trägt" im Unterschied zu den „klassischen, repetierenden Trikola" mit dem Hauptton auf dem dritten Kolon.[32]

Ps 29 spielt also in den Ps 93, 96 und 100 eine Haupt-, in den Ps 97 und 99 eher eine Nebenrolle, aber immer geht es um eine Auslegung des „alten" Themas vom göttlichen Königtum.[33]

2.3 Durchgehende Aspekte der Auslegung in den JHWH-König-Psalmen 93–100

Im Folgenden sollen nun unter dem Blickwinkel Einzelpsalmen übergreifender Aspekte bzw. Themen sowohl das jeweilige Profil der einschlägigen Psalmen als auch ihre Verbindungen untereinander abgetastet werden.

Als Erstes bietet sich das Thema „Gesetz" an. Sein Auftauchen in 93,5 ist nach obiger Redaktionskritik im Zusammenhang mit Ps 99 zu sehen. Ps 94,12 preist in Absetzung von den Toren und Narren (V. 8) den Mann selig, der von JHWH erzogen und „aus seiner Tora" belehrt wird. Offensichtlich umfasst die Tora JHWHs mehr als eine punktuelle Priestertora, wenn es auch schwierig ist, den weiteren Inhalt zu konkretisieren. Die göttliche Unterweisung hat gemäß V. 13 das Ziel, dem selig gepriesenen Gerechten Ruhe vor Verfolgung und

---

32 J. Jeremias, Ps 100, 606.608.

33 An dieser Stelle kann nur pauschal auf einen weiteren Rezeptionsbereich der JHWH-König-Psalmen verwiesen werden, der an Anspielungen und Zitaten feststellbar ist. Durchgehend geben die Zionslieder der Korachpsalmen 46–48 Stichworte und Motive. Außer Ps 93 bleibt keiner der übrigen Psalmen von solchen Beziehungen unberührt. Ebenso gibt es analoge Brückenschläge von den Asafpsalmen 50.73–83, sei es im Bereich der Festpsalmen (s. o.), sei es z. B. bei der Rede vom „Gott Jakobs" in Ps 94,7 oder vom „furchterregenden Gott" (Ps 76,13; 96,4; 99,3), sei es in der Rede vom weltweit richtenden Gott (Ps 75,3; 82,1.8; 96,13; 98,9), sei es in der Beschreibung von Theophanien (Ps 50,1–6; 77,17–19; 97,26; vgl. 99,1). Geht man über die Psalmen hinaus, werden die Beziehungen zum Pentateuch und vor allem zu den Büchern Jesaja und Ezechiel wichtig.

Anfechtung zu verschaffen, bis dem Frevler das Grab geschaufelt wird. Das weist auf einen weisheitlichen Torabegriff hin, der Ps 19,8 nahe kommt. In Ps 95,10 wirft JHWH Israel vor, während der vierzig Jahre dauernden Wüstenzeit seine Wege nicht gekannt zu haben. Diese Formulierung steht zwischen der geläufigen Redeweise vom Wandel auf JHWHs Wegen (vgl. Ps 81,14) und der Feststellung von Jer 5,4 f., dass die kleinen wie großen Leute JHWHs Weg und Recht nicht kennen. Die Gesetzesterminologie erscheint noch flexibel und dem Inhalt nach offen. In Ps 97,7 wird weltweit allen Bilderdienern unter den Völkern das Gericht angesagt. Konkret wird dadurch der Verstoß gegen das zweite Gebot geahndet, wobei das erste Gebot im Hintergrund steht, weil Bilderdienst [254] zugleich Götzendienst ist, der dem Glauben an den einen und einzigen Gott zuwiderläuft. Der Maßstab des göttlichen Gerichts wird konkret benannt. In Ps 97,10–12 wird darüber hinaus die in Ps 97,1–9 entworfene Botschaft vom eschatologischen Offenbarwerden der universalen Königsherrschaft JHWHs toratheologisch im Blick auf die חסידים bzw. צדיקים konkretisiert: Zwar ist JHWHs universale Gerechtigkeitsordnung erst im Kommen, doch ist sie in denen, die sich von ihr in ihrem Alltag leiten lassen, bereits partikular gegenwärtig. In Ps 98,9 klingt der Normgehalt des Völkergerichts nur an, ohne dass er inhaltlich präzisiert werden kann. Dagegen machen Ps 99,4.7 das Gesetz zum Hauptthema. V. 4a erwähnt im Kontext von Schöpfungsterminologie „*mēšārīm* als Geradheit, Ordnung in Sinne von ‚Weltordnung'"[34] V. 4b greift die Formel von „Recht und Gerechtigkeit" auf und bezeichnet damit umfassend die in Israel/Jakob geltenden Normen. In V. 7b kann hinter der singulären Kombination von JHWHs Zeugnissen und seiner Satzung die Gesamtheit der profanen und kultischen Anordnungen der Sinaigesetzgebung vermutet werden.[35]

Insgesamt hat man den Eindruck, dass in den Ps 94, 97 und 99 mit 93,5 (red.) das Thema „Gesetz" durch etablierte Gesetzestermini deutlicher angesprochen und konkreter umschrieben wird als in den Ps 95 und 98.

Ein zweites Thema schiebt sich im Duktus der JHWH-König-Psalmen mehr und mehr in den Vordergrund: die Völker. Ps 93 (Grundpsalm) konzentriert sich auf den Kosmos; die Völker tauchen gar nicht auf. Ps 94 lässt es in den betreffenden Passagen der V. 3–7.8.14 in der Schwebe, ob es bei der Klage des Beters um eine Gruppe im Volk, d.h. in Israel, geht oder ob der Horizont sich auf die Völker ausweitet. Je nachdem sind die Feinde Gegner im eigenen Volk oder Fremdvölker. Ps 95 hat nur Israel im Blick. Erst Ps 96 spricht universal die Völker an. V. 8b integriert sie in den Tempelgottesdienst: „Sie bringen Gaben und treten in die Vorhöfe ein." Das hebräische Wort für Gaben (מנחה) kann drei Bedeutungen haben: entweder Geschenke – wie für einen König (Ps 72,10) – oder Opfergaben (Ps 20,4) oder Speiseopfer

---

[34] So R. Scoralick, Trishagion, 69.

[35] Vgl. R. Scoralick, Trishagion, 101 f.

(Ps 40,7). Bei nachexilischer Ansetzung des Psalms legt sich die spezifische Bedeutung von Speiseopfer nahe, was dann eine keineswegs selbstverständliche Teilnahme der Völker am Opferkult bedeuten würde (vgl. den Ausschluss der Fremden vom Opferkult in Ez 44,9). Das Völkergericht in V. 13 schließt alle Völker ein, nämlich Israel und die Fremdvölker. In Ps 97 treten Israel und die Völker auseinander. Auf der guten Seite stehen Zion-Jerusalem und die Tochterstädte Judas (V. 8), auf der bösen Seite die Götzen- und Bilderverehrer der Völker (V. 7). In Ps 98 tritt Israel in den Vordergrund, wohingegen die Völker eine Nebenrolle spielen. Sie sind Zeugen des Heilswirkens Gottes an Israel (V. 2 f.); sie haben Teil am Jubel (V. 4–6) und sind in das Völkergericht mit Israel eingeschlossen [255] (V. 9). In Ps 99 verstärkt sich die Konzentration auf Israel, wohingegen die Völker am Rande stehen. Sie erzittern vor JHWH, dem König (V. 1), sie erfahren den Abstand zu seiner Erhabenheit (V. 2), und sie werden im Unterschied zu Israel nicht zum Lobe „unseres Gottes" direkt aufgefordert, sondern jussivisch-neutral dazu beauftragt (V. 3). Die Klimax der Psalmengruppe in Gestalt von Ps 100 integriert die Völker in den Gottesdienst: Sie jubeln JHWH zu, dienen ihm (vgl. den Kontrast der „Götterbilder-Diener" Ps 97,7) mit Freude wie Israel, erfahren seine Nähe (V. 1–2). Aus einer durch die eigene Niederlage erzwungenen Anerkennung JHWHs (vgl. Ps 46,11 und 83,19 sowie Ps 97,9 als „Auslegung" von Ps 47,4; 83,19) wird nun die freiwillige Anerkennung ihrer Geschöpflichkeit „und als deren Folge die Zugehörigkeit zu dem einen Gott und Schöpfer, und diese Erkenntnis öffnet den Völkern das Tor zur gleichberechtigten Anteilhabe an Israels Gottesdienst"[36] (V. 3–4). Allerdings hat man den Eindruck einer Teilhabe am Wortgottesdienst, weil das Darbringen von Opfern wie in Ps 96 nicht (mehr) erwähnt wird.

Mustert man also unter dem Völkeraspekt unsere Psalmengruppe durch, dann bilden sich zwei Untergruppen: Die eine mit den Ps 96, 98 und 100 vertritt die Tendenz der Integration. Die anderen mit den Ps (94), 97 und 99 betont den Abstand zwischen Israel und den Völkern wenn nicht sogar eine Antagonie.

2.4 Schlussüberlegung

J. Jeremias hat in seinem Aufsatz „Ps 100 als Auslegung von Ps 93–99*" nachgewiesen, „daß sich die evidenten Berührungen von Ps 100 mit benachbarten Psalmen auf die Psalmen 95–99 beschränken".[37] Genauer sind dies die Ps 95, 96 und 98. Das korrespondiert mit unseren obigen Beobachtungen zur Redaktionsarbeit, zur Rezeption von Ps 29 und zu den Themen „Gesetz" und „Israel – Völker". Die Vermutung legt sich nahe, dass Ps 100 der gewollte Abschluss

36 J. Jeremias, Ps 100, 614.
37 J. Jeremias, Ps 100, 609.

einer älteren Zusammenstellung von JHWH-König-Psalmen war, die die Ps 93 (Grundpsalm), 95, 96, 98 und 100 umfasste. Ob diese Komposition, die man als „Auslegung" (im Horizont von Ps 29) des alten JHWH-König-Psalms 93 begreifen muss, einen liturgischen oder „nur" einen literarischen „Sitz im Leben" hatte, ist schwer zu entscheiden. Immerhin lässt sich die Komposition Ps 93*; 95; 96; 98; 100 als ein dramatisch inszeniertes Ritual lesen, so dass eine kultische Aufführung (eine Art „Oratorium") durchaus vorstellbar ist.

In diese (ältere) Komposition sind die Psalmen 94; 97; 99 später eingeschoben worden, und zwar jeweils an theologisch bzw. dramaturgisch passender Stelle. Sie wurden darüber hinaus mit dieser älteren Komposition durch die redaktionellen Einfügungen Ps 93,5 und Ps 96,5 verklammert. Ob die Einfügung [256] dieser drei Psalmen von ein und derselben Redaktion vorgenommen wurde, kann hier nicht näher untersucht werden. Immerhin fällt auf, dass Ps 97 und Ps 99 vielfach miteinander verwandt bzw. verwoben sind. Vieles spricht im Übrigen dafür, dass die Einfügung von Ps 97 und 99 (und wahrscheinlich auch von Ps 94) mit der Formation des 4. Psalmenbuchs Ps 90–106 zusammenhängt, wobei diese *Formation* bereits „in den Rahmen eines literarischen Lesegebrauchs von Psalmen im Dienste sich vergewissernder Frömmigkeit" gehört, von der der Jubilar mit Blick auf Ps 97 gesprochen hat.[38] Die drei „neuen" Psalmen 94; 97; 99 setzen gegenüber dem Duktus der älteren Sammlung neue Akzente bzw. bringen Komplikationen ein. Sie betonen im Bild von JHWHs Königtum den strafenden und vergeltenden Richter (vgl. die Eingangsbitte von Ps 94 mit ihrer Verwendung von נקם/rächen und die gleiche Formulierungsvariante von Ex 34,6 mit נקם in 99,8). Ps 97 betont analog Gerechtigkeit und Gericht des erscheinenden Königs (V. 2b.6a.8). Die Maßstäbe des göttlichen Gerichts differenzieren sich aus und gewinnen an Konkretion (die weisheitliche Tora aus Ps 94, das erste und zweite Gebot in Ps 97, die umfassende Sinaioffenbarung in Ps 99). Zugleich wird das Verhältnis zu den Völkern komplexer, weil sie nicht mehr nur unter Jubel integriert werden können, sondern sich auch die Möglichkeit des Scheidungsgerichts in Gerechte und Frevler (vgl. Ps 94 und 97) andeutet – eine Erfahrung, die Israel in der eigenen Geschichte nach Ps 95 schon gemacht hat.

Versucht man die sich in der Komposition Ps 93*; 95; 96; 98; 100 und in den in diese Komposition eingefügten Ps 94; 97; 99 vollziehende „Sinn-Auslegung" des alten JHWH-König-Psalms 93,1–4 auf den entscheidenden Punkt engzuführen, wird eine mehrfache Auslegungsperspektive sichtbar: Das von Urzeit an machtvolle Weltkönigtum JHWHs erweist seine chaosbekämpfende Dynamik im Drama der Geschichte Israels im Spannungsfeld der Weltgeschichte (Israel und die Völker) und sogar in der Lebensgeschichte der einzelnen „Frommen" bzw. „Gerechten" (Spannungsfeld רשעים – צדיק). Lebensförderliche Instrumente der richtenden und rettenden Königsherrschaft

[38] H. O. Steck, Abschluß der Prophetie, 109.

JHWHs sind der Tempel und die Tora; am Verhältnis zu ihnen entscheidet sich nicht nur die Zukunft Israels, sondern auch der Völker. Diese Perspektiven sind auf der Ebene der Einbindung von Ps 93–100 in das vierte Psalmenbuch bzw. in den Horizont der diesem voranstehenden (in drei Bücher gegliederten) Ps 12.3–41.42–72.73–89 der groß angelegte Antwort-Entwurf auf die drängenden Fragen und Bitten, die die oben kurz besprochenen Asaf-Psalmen formulieren: „Warum sollen die Völker sagen: ‚Wo ist denn ihr Gott?‘ Es soll erkannt werden unter den Völkern vor unseren Augen die Rache/Ahndung (נקמה) des vergossenen Bluts deiner Knechte!« (Ps 79,10). Gerade in der theologischen Zusammenschau dieser Psalmen als Teilelemente des Psalmenbuchs gilt, was der Jubilar im Blick auf prophetische Einzeltexte als Teilelemente der Prophe- [257] tenbücher gesagt hat: „‚Das Recht der Bilder gesehen zu werden‘ – dafür ist O. Keel eingetreten (OBO 122, 1992). Nicht anders steht es um das Recht der Prophetenbücher, als Bücher gelesen zu werden.“[39] Das gilt auch für die fünf Psalmenbücher bzw. das Psalmenbuch als Ganzes.

[39] H. O. Steck, Prophetenbücher, 123.

The So-Called Elohistic Psalter

A New Solution for an Old Problem

Frank-Lothar Hossfeld
Erich Zenger

I. The Problem with the „Elohistic Psalter“

[35] Since W. Gesenius, H. Ewald, and F. Delitzsch first called attention to the conspicuous differences in the use of *yhwh* (Yahweh) and *'lhym* (Elohim) in the Psalter, it has been debated how the virtually exclusive use of *'lhym* in Psalms 42–83 should be understood, because *yhwh* appears hardly ever – or not at all – in this section.[1] While F. Delitzsch was of the opinion that this characteristic of these psalms, which he called „Elohimic,“ was originally connected to their „specific kind of poetry,“[2] H. Ewald held the view that the Elohistic permeation of Psalms 42–83 was explained by redactional work that replaced the original name of God, *yhwh*, with *'lhym*.[3] Ewald's view has largely prevailed up to the present day;[4] subsequently, the [36] occurrences of *yhwh* that cannot be overlooked in the so-called Elohistic psalms are usually explained as a later

---

Authors' note: We first met our friend Patrick D. Miller at the 1993 International SBL meeting in Münster, where he gave a fascinating presentation on Psalms 15–24. Miller's work on the Psalms has provided impetus to and been exceedingly important for our own research on the Psalter. We are thankful for both of these things. In particular, MILLER's outstanding monograph, They Cried to the Lord: The Form and Theology of Biblical Prayer (Minneapolis: Fortress, 1994), has proved to be (and still is) a valuable companion to us in our work. We always have it at the ready.

1 W. GESENIUS, Thesaurus Philologicus Criticus Linguae Hebraeae et Chaldaeae Veteris Testamenti (3 vols.; Lipsiae: Fr. Chr. Guil. Vogelii, 1835) 1:97–98; H. EWALD, Die Psalmen (Die Dichter des Alten Bundes 2; Göttingen: Vandenhoeck & Ruprecht, 1839) 191–92; and F. DELITZSCH, Symbolae ad psalmos illustrandos isagogicae (Leipzig, 1846) 2 ff.

2 F. DELITZSCH, Die Psalmen (BKAT I; Leipzig: Dörffling und Franke, 1867) 16.

3 H. EWALD, Allgemeines über die Hebräische Poesie und über das Psalmenbuch (Die Dichter des Alten Bundes 1; Göttingen: Vandenhoeck & Ruprecht, 1835).

4 Moreover, most introductions to the Old Testament give the impression that an additional Elohistic redaction of Psalms 42–83 is an assured thesis. See, among others, Otto EISSFELDT, The Old Testament: An Introduction (trans. P. R. Ackroyd; New York: Harper & Row, 1965) 449; O. KAISER, Einleitung in das Alte Testament (Gütersloh: Mohr, 1984) 352; Rolf RENDTORFF, The Old Testament: An Introduction (Philadelphia: Fortress, 1986) 248; W. H. SCHMIDT, Einführung in das Alte Testament (Berlin: de Gruyter, 1995) 304–5; and R. SMEND, Die Entstehung des Alten Testaments (Berlin: de Gruyter, 1989) 190–91.

redaction that is supposed to have inserted *yhwh*. At the same time, there is, of course, the thesis that the Elohistic redactors worked so superficially in editing that they overlooked the occurrences of *yhwh*. Finally, the *yhwh*-passages are also sometimes explained as a later incorporation of „Yahwistic" psalms to an already existing and purely Elohistic collection, and as having been re-edited in the Elohistic sense only partially.

Ewald's thesis of an Elohistic redaction of original „Yahwistic" psalms has been taken for granted in many, especially German, commentaries in such a way that even the traditional Hebrew text has been adjusted to correspond to it. The translations printed in such commentaries frequently insert the Tetragrammaton in Psalms 42–83 where, text-critically, there is no doubt that *ʾlhym* is in the traditional text. This practice has almost become dogma in critical commentaries and in many Psalms monographs, especially via the influential work of H. Gunkel.[5]

H.-J. Kraus's commentary on the Psalms is a typical example of this scenario. In the „Introduction" to this commentary, the problem of why *yhwh* also occurs in the so-called Elohistic Psalter seems not even to exist. Kraus says simply:

> „In Psalms 42–83 the *consistent* use of אלהים as the name for God is striking. … If we think of the ‚Elohistic Psalter' as a separate component, a partial compilation within the chief collection of the Psalter, then it becomes apparent: (a) that the ‚Elohistic Psalter' is put together from three sources; and (b) that it was the compiler of the Elohistic part of the Psalter who undertook the *consistent* use of אלהים as the name of God."[6]

Accordingly, in the commentary on Psalms 42–83, *yhwh* is substituted for *ʾlhym*. Consequently, the problem of why the Tetragrammaton nevertheless appears in the *traditional* Hebrew text in numerous psalms of the so-called Elohistic Psalter goes unexpressed and unexplained. Moreover, in the notes to the translation of these psalms, Kraus is content with a stereotypically repeated formulation: „Transpositions of אלהים to יהוה in the Elohistically revised part of the Psalter are mandatory."[7] This hypothesis [37] can even appear as an argument when, for example, in Ps 47:5, the sequence of *ʾlhym* and *yhwh* that appears in parallelism is destroyed by the (in our opinion unjustified) substitution of *yhwh* for *ʾlhym*. In addition, *yhwh* is substituted for *ʾlhym* in Ps 47:1, where Kraus writes in the text-critical note, „In the Elohistically edited part of

---

5 H. Gunkel, Die Psalmen (HKAT II/4; Göttingen: Vandenhoeck & Ruprecht, 1926). Gunkel's exegetical reasoning is not found in the commentary itself, but in his Introduction to Psalms: The Genres of the Religious Lyric of Israel (completed by Joachim Begrich, trans. James D. Nogalski; Macon: Mercer University Press, 1998) that was first published in 1933 (cf. there 343–45 [German edition = 447–49]).

6 Hans-Joachim Kraus, Psalms 1–59: A Commentary (Minneapolis: Augsburg, 1988) 17 (emphasis added).

7 See, e. g., ibid., 436 n. b.

the Psalter יהוה is to be inserted as the original reading.“[8] Still further, Kraus says of the change of the text of 47:5 only „Cf. note a.“[9]

How strong the „dogma“ of a so-called Elohistic redaction and the resulting pressure to „correct“ the traditional (!) text are, is shown in a monograph by H. Spieckermann. He, too, changes the traditional text of Ps 74:1, 10, and 12, with the short remark, „In vv. 10, 12, 22 the appellation ‚God‘ has probably replaced the name Yahweh due to the incorporation of the text into the Elohistic Psalter.“[10] Nonetheless, Spieckermann sees the problematic nature of the „dogma“ of an additional Elohistic redaction when examining Psalms 78 and 48. With regard to the first, he writes

> „Although Psalm 78 is part of the Elohistic Psalter, the divine name Elohim was not exchanged for Yahweh in what follows [i. e., the translation] for it would be, in view of the accumulation of different names for God in this Psalm – among them El is almost as frequent as Elohim – without any real support: Elohim (vv. 7, 10, 19, 22, 31, 35, 56, 59), El (vv. 7, 8, 18, 19, 34, 41), Elyon (vv. 17, 56), El Elyon (v. 35), Yahweh (vv. 4, 21), the Holy One of Israel (v. 41), Adonai (v. 65). Of course, it cannot be ruled out that the Elohim passages go back to redactional influence (cf., especially, v. 31a with the pattern in Num 11:33); however, it would then be hard to explain why the name Yahweh remained in the prominent place of v. 4, which after all, states the theme with its first mention of God’s name.“[11]

Essentially, with these accurate and important observations the often uncritically accepted thesis of an *additional* Elohistic redaction of Psalms 42–83 is fundamentally shaken. The dubiousness of the Position finally becomes evident when Spieckermann comments on his translation of Psalm 48, where he again substitutes „Yahweh“ for „Elohim“ even though the Tetragrammaton, already existing in the Hebrew text of vv. 2a and 9a, creates a problem for him: „Because the psalm belongs to the Elohistic Psalter, Elohim has been exchanged for Yahweh in vv. 4, 9–11, 15 [Eng. vv. 3, 8–10, 14]. Since v. 2 [Eng. v. 1] obviously refers to a fixed liturgical formula (cf. [38] Ps 96:4a), the Tetragrammaton was not redactionally changed in it. The same applies to the combination Yahweh Sabaoth in v. 9 [Eng. v. 8].“[12] Here we see the whole inconsistency of the traditional „Elohistic thesis“: a consistent redaction that does not always redact (Psalm 78) or that cannot redact (Psalm 48) is, to say the least, not a „consistent“ redaction!

---

8 Ibid., 466 n. a.

9 Ibid., n. 5d; cf. the German original: „Die Einsetzung von יהוה statt אלהים scheint unter den unter a [= zu v. 1 (= MT v. 2)] *dargelegten Gründen* wahrscheinlich zu sein“ (emphasis added).

10 H. Spieckermann, Heilsgegenwart: Eine Theologie der Psalmen (FRLANT 148; Göttingen: Vandenhoeck & Ruprecht, 1989) 122 n. 1.

11 Ibid., 133 n. 1.

12 Ibid., 186 n. 2.

That the assumption of an Elohistic redaction of Psalms 42–83 belies a more complex problem than many commentaries and monographs realize was pointed out already by B. Jacob in 1898 (!):

> „For, if the ‚redactor' really had the intention to avoid the name of God altogether, he would have also accomplished this – since it is truly easy to do so – and he would not have let it stand 43 [*sic*!] times. Certainly, one should not always imagine redactors to be as incredibly and unreasonably maladroit and careless workers as they are often supposed to be. … Finally, statements like ‚nevertheless' has the other name for God ‚asserted' itself more often … are nothing more than mythological veilings of our ignorance, by which one introduces the insidiousness of the object into the critique. We would like to know how a word or verse was able to ‚assert itself' despite the redactor. …"[13]

Looking to non-German research on the Psalms, one finds more reserve and methodological sobriety *vis-à-vis* the „Elohistic dogma." As one example among many, the following citation from the first volume of the voluminous commentary on the Psalms by G. Ravasi may suffice. He begins his analysis of Psalm 42, the first of the „Elohistic" Psalms, as follows,

> „The so-called *Elohistic Psalter*, which extends from 42–83 and which is characterized by the systematic substitution of the sacred Tetragrammaton YHWH with the more generic term *ʾElohîm* „God" (a word common to the whole Semitic world for defining the divinity), begins with the psalms that we will treat in a moment [i. e., Psalm 42]. A decisive explanation has not yet been found for this redactional work that sometimes creates problems (*ʾElohim Ṣebaʾôt* in 80:5!), which often results in difficulties (45:8; 63:2; 68:9; 8(:4, 8, 20), and for which the artificiality is documented from the duplicates, Psalm 53 (a reedition of Psalm 14) and Psalm 70 (a reedition of Ps 40:14–18). According to some scholars, the correction would be due to reverential and pietistic motives from more recent epochs, a relic of which would remain in this section of the Psalter. For others, it would be an *escamotage*, a disguise, contrived by the Hebrews in the diaspora for hiding the true identity of Israel's God from the pagans, preventing the magic and blasphemous use of his true name. For still others, it would be evidence of diverse editions of the Psalter, according to different geographic-cultural areas (perhaps that of [39] Mesopotamia). For others, it would be a kind of sophisticated reduction of biblical prayer to produce a more general and abstract invocation suitable for diverse believers or a less familiar and personal, more sacerodotal and ritualized type of prayer. It is better to conclude by declaring our ignorance about the origins of the phenomenon, remembering among other things, that the third book of Psalms (Psalms 73–89) turns out, in the end, to be ‚Yahwistic': Psalms 84–89, called ‚the Yahwistic supplement,' have a proportion of 3 to 1 for the name YHWH in comparison with *ʾElohîm*."[14]

Here it is clearly stated that we are far from having a convincing solution for *the problem* of the so-called Elohistic Psalms.

---

13 B. JACOB, „Beiträge zu einer Einleitung in die Psalmen IV," in: ZAW 18 (1898) 100–101 n. 1.

14 G. RAVASI, Il libro di Salmi (3 vols.; Collana Lettura Pastorale della Biblica 12; Bologna: EDB, 1981) 1:757.

The skepticism expressed above toward the reigning hypothesis explaining the dominance of *ʾlhym* in Psalms 42–83 in comparison with the dominance of *yhwh* in Psalms 1–41 and 84–150, also obtains for the exact opposite perspective that posits a Yahwistic redaction of Psalms 1–41 and 84–150 that was not carried out consistently in Psalms 42–83. This latter thesis is considered, at least as a possibility, by G. H. Wilson and E. S. Gerstenberger. Wilson summarizes his deliberations on the genesis of the Psalter in his pioneering study *The Editing of the Hebrew Psalter* as follows:

> „It is a matter of common knowledge that the name of the deity plays a role in the grouping of the pss in MT 150. The group of 42 pss from Ps 42 through Ps 83 has been designated the ‚Elohistic Psalter‘ because here the regular designation of the deity is *ʾlhym ‚Elohim,ʻ* in contrast to the predominance of the name YHWH in the remaining 108 pss. The figures are quite impressive. In the 42 pss of the ‚Elohistic Psalter‘ *ʾlhym* occurs 197 times as the divine name. In the 108 pss outside this collection … *ʾlhym* occurs *as a name* on only 19 occasions. Of these 19, nine occur in the speech of or in relation to unbelievers (and reflect the unbeliever's terminology); four occur in duplicate portions of two pss from the ‚Elohistic Psalter‘ (Ps 108 = Pss 57:8–12 + 60:7–14). This leaves only *six* occurrences in which *ʾlhym* appears to have a force equivalent to that of YHWH.
>
> The really striking feature of these data is not so much the reduced occurrence of the name YHWH in the ‚Elohistic Psalter‘ as it is the *almost complete elimination* of *ʾlhym* as a designation for the God of Israel elsewhere. Could this be evidence of a concerted effort to eradicate the more ambiguous term in favor of the more particularistic YHWH?“[15]

E. S. Gerstenberger makes a similar proposition in the introduction to his commentary on the Psalms, after having introduced the traditional thesis [40] of an „Elohistic redaction“ of Psalms 42–83: „One should, however, be aware of the other possibility. Perhaps this collection preserved a fairly original mode of naming the deity, while the rest of the Psalter suffered a Yahwistic redactional revision.“[16]

Even this rough sketch should have made it plain: the evidence in the so-called Elohistic Psalter is contrary to the impression that many commentaries and even famous „Introductions to the Old Testament“ give.[17] This is, in fact, an unresolved problem that is hardly dealt with in a serious way in the scholarly literature. Only recently have two different works attempted to reflect on

---

[15] G. H. WILSON, The Editing of the Hebrew Psalter (SBLDS 76; Chico: Scholars, 1987) 196–97.

[16] E. S. GERSTENBERGER, Psalms, Part I: With an Introduction to Cultic Poetry (FOTL 14; Grand Rapids: Eerdmans, 1988) 37.

[17] Cf. also the informative presentation of this problem by J.-M. AUWERS, La composition littéraire du Psautier: Un état de la question (CahRB 46; Paris: J. Gabalda, 2000) 70–76. Important reflections with a beginning toward an independent solution can also be found in D. C. MITCHELL, The Message of the Psalter: An Eschatological Programme in the Book of Psalms (JSOTSup 252; Sheffield: Sheffield Academic Press, 1997) 69–73, 302–3.

the problem in greater detail.[18] We would like to draw on some of this recent work in order to then give our own proposal that flows from the work on our commentary on the Psalms.[19] Obviously, space limitations prevent us from presenting our proposal in full detail. Hence, for at least some further treatment of the texts discussed here we refer the reader to both of our previously published commentaries on Psalms 1–150 and Psalms 51–100.[20]

II. New Possibilities for Solving the Problem

Both of the recent studies by Millard and Rösel on the Elohistic Psalter have clearly shown that Psalms 42–83 stand out from the remaining psalms by their specific usage of *ʾlhym* and *yhwh* and that this difference, by no means fortuitously, begins with Psalm 42 – the beginning of the second book of Psalms and the opening of the Korahite collection of Psalms 42–49. Moreover, Psalm 83 – the final psalm of the Asaph collection (Psalms 73–83)[21] – is the end of the collection. These data provide important indications of the structure and growth of the book of Psalms. [41]

Both studies come up with the following result in light of the statistics emerging from the history of research. Thus Millard:

> „Although Psalms 42–83, with 740 of 1527 verses, constitute nearly half (ca. 48.5 %) of the entire Psalter, only 45 of the 695 occurrences (ca. 6.5 %) of the Divine Name [יהוה] within the Psalter are found in these psalms. Accordingly, many examples can be found within Psalms 42–83 where formulations with אלהים are comparable to the corresponding Yahwistic use of language outside these psalms. Typical for these psalms, however, is not the total avoidance of the Divine Name in Psalms 42–83, but its receding in comparison with אלהים“[22]

and Rösel:

> „The table shows a significant concentration of the instances of אלהים as a proper name in Psalms 42–83, in connection with a clear decrease of the instances of יהוה, in the same section. The existence of an Elohistic Psalter comprising Psalms 42–83 is

[18] M. Millard, „Zum Problem des elohistischen Psalters: Überlegungen zum Gebrauch von יהוה und אלהים im Psalter,“ in: Der Psalter in Judentum und Christentum (ed. E. Zenger; Herders Biblische Studien 18; Freiburg: Herder, 1998) 75–110; C. Rösel, Die messianische Redaktion des Psalters: Studien zu Entstehung und Theologie der Sammlung 2–89* (Stuttgart: Calwer, 1999) 21–38.

[19] F.-L. Hossfeld and E. Zenger, Psalmen 51–100 (HTKAT; Freiburg: Herder, 2000); the commentary will be published in English in the series Hermeneia [Psalms 2: A Commentary on Psalms 51–100 (Hermeneia), Minneapolis: Fortress Press, 2005].

[20] F.-L. Hossfeld and E. Zenger, Die Psalmen I: 1–50 (NEchtB 29; Würzburg: Echter Verlag, 1993). For Psalms 51–100, see the previous note.

[21] For the history of the origin of Psalms 42–83, see F.-L. Hossfeld and E. Zenger, Psalmen 51–100, 26–32.

[22] M. Millard, „Zum Problem,“ 85–86.

> therefore obvious and has to be taken into account as a structural element whenever one reflects on the Psalter."[23]

Despite this similarity, both scholars interpret the same phenomenon differently. Millard opts for a composition-critical explanation:

> „The significant preference for the absolute אלהים in Psalms 42–83 and the Name Theology, especially in the Asaph Psalm collection closing this collection, are obvious indications of a literary composition; however, both of these characteristics refer to the environment of the entire Psalter. Therefore, Psalms 42–83 cannot be described as the source. Moreover, no reasons for assuming an Elohistic redaction were revealed."[24]

Rösel prefers a redaction-critical solution,

> „The use of אלהים as the designation for God can therefore be explained best through redactional activity. A consistent redaction originally substituted אלהים for יהוה in a single operation in the Psalms. In turn, the first unequivocal evidence of the redaction was blurred only later through the interpolation of יהוה."[25]

One can note positively for both analyses that they approach this complex phenomenon by paying increased attention to the individual cases. We will follow them in this fashion when we, utilizing our redaction- and composition-critical concepts,[26] consider the occurrences of *yhwh* sorted [42] according to psalm-groups in the order of their historical development.[27] In this way, the attempt to interpret the occurrences of *yhwh* in a particular psalm will be grounded in style and content and this will have methodological priority over literary- and redaction-critical, or even text-critical, solutions.

Of course, the total of 45 occurrences of *yhwh* within Psalms 42–83, provided by Millard and Rösel and their predecessors, has to be rounded out by the four passages that employ the short form *yh* (Pss 68:4, 18; 77:11; 81:5) and in the passage (Ps 81:5) where the Tetragrammaton appears in the unique spelling of the name Joseph as יהוסף (note the theophoric element *yh-* in first position).

III. *Yhwh* in the „Second Davidic Psalter": Psalms 51–72

After the exclusively Elohistic Psalms 51–53,[28] Ps 54:6 offers the first occurrence of *yhwh* in the second collection of Davidic Psalms (Psalms 51–72). The

---

23 C. Rösel, Die messianische Redaktion, 25.

24 M. Millard, „Zum Problem," 97.

25 C. Rösel, Die messianische Redaktion, 35.

26 See F.-L. Hossfeld and E. Zenger, Psalmen 51–100, as well as our individual research listed there in the general bibliography.

27 The limited space of this essay allows only this methodological step; additionally it would be *both* necessary *and* profitable to discuss also the *ʾlhym* occurrences as well as all *šm* references (i. e., the „Name Theology") in detail.

28 Psalm 53 is renowned for being a chief witness for the Elohistic Psalter hypothesis. We agree; however, we do not agree that Psalm 53 was originally „Yahwistic" in its actual

vow to praise in v. 6b refers especially to the praise of the name *yhwh* so that here the Name Theology suggests the mentioning of *yhwh*. A reference to v. 1a, with its introductory plea for help through the divine name without mentioning *yhwh*, is not an argument against an original *yhwh* in v. 6b, because the plea of v. 1a and the promise of thanksgiving of v. 6b could be deliberate as a varying *inclusio*; if so, from the beginning, the Elohistic psalm had the concluding mention of the proper name in view. The confession of trust in Ps 52:9b, related to the promise of thanksgiving in Ps 54:6b, refers to the attitude of trust in the Divine Name and can therefore dispense with explicitly mentioning it. However, the promise of thanksgiving in Ps 54:6b remains oriented toward the act of praise – that is, toward the proclamation of God's name.

The first instance of parallel use of divine appellation and proper name can be found in Ps 55:16. This is intentional, particularly since the expectation of salvation requires the intimate closeness of the saving *yhwh*. The use of the Tetragrammaton later in the same psalm (Ps 55:22) can be ex- [43] plained analogously. The pious prayer stands in a special relationship to *yhwh*, whereas *ʾlhym* will execute judgment upon the evil-doers.

In Ps 56:10, *ʾlhym* and *yhwh* are also in parallel so that, even with the Elohistic tendency, the proper name is not only included, it is intentionally put in second Position.

After the Elohistic Psalm 57, *ʾlhym* and *yhwh* can again be found in parallel in Ps 58:6. Verse 6 contains the Psalm's central plea that contrasts the designation for God (*ʾlhym*) and the proper name for God (*yhwh*) in chiastic form.

Psalm 59 mentions *yhwh* three times in vv. 3, 5, 8, whereas *ʾlhym* follows in vv. 9, 10, 13, 17. Verse 3 mentions *yhwh* in the context of a confession of innocence, perhaps in consideration of the statements of confession in vv. 5 and 8. Moreover, v. 5 stands out with its accumulation of titles – „YHWH," „God of hosts," and „Israel's God." Here the old title „YHWH of hosts," linked to the Ark of the Covenant, is expanded or rather burst open by the generic name „God" (in the *status absolutus*!).[29] This procedure demonstrates that the Elohistic tendency does not always replace God's name, but respects it, even if it does not prefer it.

Following Psalms 60–63 that utilize only *ʾlhym*, the next use of the Tetragrammaton is in Ps 64:10. Verses 9–10 describe responses to God's punishment of the psalmist's enemies; in addition they distinguish between the people's reaction to Elohim's act and the righteous' reaction to YHWH's work. One and the same God has a distant relationship as Elohim to „all people"

literary context and *then*, *only later*, was Elohistically edited in that context. Rather, we believe the psalm received its „Elohistic" structure when it was inserted into the context of Psalms 51–72. For the comparison of Psalm 14 with Psalm 53, see F.-L. HOSSFELD and E. ZENGER, Psalmen 51–100, 75–79.

[29] Cf., among others, the connection *yhwh ʾlhy ṣbʾwt* in Amos 4:13; 5:14–16; and Ps 89:9 *ʾlhym* in construct).

in distinction from the righteous who stand in a close relationship to YHWH (cf. Pss 5:10–12, 32:10, and above on 55:22).

After the exclusively Elohistic Psalms 65–67,[30] Psalms 68 and 69 represent two special cases. Both psalms are prominent in the Elohistic Psalter, with each containing five occurrences of *yhwh*; both have the same scope, the same importance, and the same complexity. In the context of the first Davidic Psalter, it is the concurrent preexilic portions – Pss 68:7–31 and 69:1–4, 13–18, 30 – that are of special interest here.[31]

Both of the framing strophes of Psalm 68 (vv. 7–10, 28–31) show a definite Elohistic tendency that avoids the proper name. The four instances of
44 *yhwh* can be found only in the body of the psalm: vv. 16, 18, 20, 26. The frequency of the occurrences of *yhwh* alongside other names for God like „Lord," „Almighty," and „El" has raised the question of whether this psalm has been Elohistically redacted at all.[32] Verse 16 is a clear case of intentional parallelism. God's mountain (Zion) is the mountain Elohim desired, and on which YHWH lives. The stanza of vv. 15–18 culminates in addressing „YH, God" (v. 18), whereby *ʾlhym* takes on the function of a complement „YH (is, or rather, as) God." In v. 20, *yhwh* is combined with the title *ʾdny*, „Lord," which then dominates the pertinent stanza (vv. 19–23; see vv. 19, 20, 22). In this combination of proper name + title, the order is reversed when compared to Pss 69:6; 71:5, 16; 73:28. Here, „Lord" is most likely to be emphatically identified with *yhwh*. In v. 26, the praised „God" (*ʾlhym*) is in parallel with „the LORD, O you who are of Israel's fountain!"

The original portion of Psalm 69 has an occurrence of *yhwh* in v. 16, which is an urgent plea to YHWH to act according to his goodness and mercy. The original portion of the psalm prefers the generic divine designation in vv. 1, 13, 30, but allows the proper name to come forward in central pleas framed in vv. 16–18 because YHWH's self-assertion, or better, the creed of Exod 34:6 shows up. The tradition of the Jerusalem cult thus becomes present here. Contrary to expectations, the praise of the divine name in v. 30 is not connected with the proper name *yhwh*.

---

[30] Psalm 67, especially, shows that the different occurrences of *ʾlhym* were placed deliberately, not that an *additional* Elohistic redactor had worked on the psalm. Instead, from the beginning, the psalm was an „Elohistic" transformation of the Yahwistic blessing formula handed down in Num 6:24–26. See F.-L. HOSSFELD and E. ZENGER, Psalmen 51–100, 228–41.

[31] On these literary-critical positions, see F.-L. HOSSFELD and E. ZENGER, Psalmen 51–100, 246–50, 265–69.

[32] Cf. J. P. FOKKELMANN, „The Structure of Psalm LXIII," in: In Quest of the Past: Studies on Israelite Religion (ed. A. S. van der Woude; OTS 26; Leiden: Brill, 1990) 77: „Now older commentaries sometimes wondered whether this poem had undergone an Elohistic redaction. I don't think so."

In the markedly Elohistic Psalm 70 (note *ʾlhym* in vv. 1, 4, 5), *ʾlhym* and *yhwh* are nevertheless found in parallel in vv. 1 and 5. Thus, a framing of the psalm (*inclusio*) develops at the same time.[33]

The three occurrences of *yhwh* in Psalm 71 (vv. 1, 5,16) can be explained as follows: v. 1 belongs to the paragraph (vv. 1–3) that adopts and edits Ps 31:1–3. The use of *yhwh* here, then, is taken from Ps 31:1. In vv. 5 and 16, one finds the well-known combination „Lord YHWH" (see Pss 69:6; 73:28). This is not surprising, because Psalm 71 is formally an anthology and uses several names for God (e.g., „Holy One of Israel" in V. 22 [repeated only in Pss 78:41 and 89:18] „my God" in vv. 4, 22; *ʾlhym* six times in vv. 11, 12, 17–19).

Within the Elohistic Psalm 72, *ʾlhym* is mentioned only once in the address at the beginning of the psalm. The second Davidic Psalter closes with this psalm. [45]

This investigation of the second Davidic Psalter brought to light *several regularities* that can explain the occurrence of *yhwh* despite the existing Elohistic tendency throughout this section. First, we discovered the intentional parallel, *yhwh* || *ʾlhym*, in Pss 55:16; 56:10; 58:6; 68:16, 26; 70:1, 5. This parallel maintains the memory of *yhwh*, and ensures that Elohim's connection to the proper name does not get lost. *Second*, related to this intentional parallel is the interest in the proclaimed name *yhwh*, as we have come upon it in Ps 54:6b. *Third*, there is the differentiation in the perspective of or relationship to God: *ʾlhym* for those far away, the enemies, and transgressors; but *yhwh* for those who are near and righteous (see Pss 5:10–12 [a corroborating parallel from the first Davidic Psalter]; 55:22; 64:10). *Fourth*, various combinations of God's name occur with other terms for God, whereby old terms are taken over and are adapted to the Elohistic tendency (Pss 59:5; [68:20]; 71:5, 16). In the case of Ps 71:1, we have become aware of the intertwining with non-Elohistically-oriented psalms that has caused the infiltration of the Tetragrammaton into the Elohistic Psalter.

IV. *Yhwh* in the Asaph Psalms: Psalms 50, 73–83

The otherwise decidedly Elohistic Asaph Psalm 50 (see especially v. 7 with its Elohistic formula of self-introduction) begins in v. 1 with a rare triad of names for God (*ʾl ʾlhym yhwh*), which is a programmatic and increasing expression of confession. The psalm intends to stress the final term in the triad, YHWH, and relate the others to it.[34]

[33] For a comparison of Psalm 70 with Ps 40:14–18, see F.-L. HOSSFELD and E. ZENGER, Psalmen 51–100, 282–85.

[34] Between Psalms 50 and 83 – the two book-end psalms of the Asaph-David-Asaph composition (Psalms 50–83) – there are important semantic and thematic references. There is the theophany of YHWH, announced in Psalm 50 as „God of gods" (50:1) and „Most

Ps 73:28 introduces the combination „Lord YHWH" in the last line. It serves as a parallel to Elohim in the sense that God's closeness, given as a [46] gift by God and for the well-being of the supplicant, corresponds to the psalmist's trust in YHWH.[35]

Ps 74:18 is also evidence for the Name Theology that is also extant in this psalm. „Ps 74:10 [reminds one of] the disrepute of the Divine Name. … This passage is to be seen together with v. 18, which is parallel to its content, where the absolute אלהים of v. 10 is replaced by יהוה … The dwelling place of the name of God is desecrated (Ps 74:7), and the psalm's perspective of its purpose is the praise of God's name (74:21)."[36]

In Ps 75:8, the expression „a cup in YHWH's hand" is conspicuous. It is imparted through the incorporation of the motif of the cup of wrath and judgment found in YHWH's hand elsewhere (see Isa 51:17; Jer 25:15; Hab 2:16).

In Ps 76:11, the mention of „YHWH, your God" stands out from its Elohistic context (see vv. 1, 9). But in connection with concrete cultic obligations, the inclusion of the proper name is a self-evident duty; it belongs to the spectrum of God's concrete manifestations alter vv. 1–2.

As in Ps 75:8, the term „YH's deeds" stands out in Ps 77:11 since it appears in an otherwise Elohistic context. Perhaps one has to think of this as a deliberate incorporation of a *terminus technicus* in the style of Exod 15:2 („YH's song") and Exod 17:16 („YH's ensign").

Psalm 78 generally uses *'lhym* save for two exceptions: vv. 4 and 21. Verse 4 belongs to the passages in the Elohistic Psalter „for which no immediate evidence of a redaction can be traced."[37] This verse is the indispensable programmatic statement of the theme of the entire historical psalm. The proper name is thus intentionally placed in front, analogous to Ps 50:1. God's history, narrated

---

High" (50:14), who is revealed in a tempest and fire (50:3). This revelation is also found and proclaimed in Psalm 83 (cf. the analogous motifs in vv. 13–15 and v. 18), but no longer as judgment on the people, or rather, on Zion (as announced in Psalm 50 and lamented in the popular lamentations of Psalms 73–80), but in the eschatological judgment on all world powers that threaten Israel. The connection from Psalm 83 back to Psalm 50 is enhanced by the redactional note in Ps 50:3a, „Our God comes and *does not keep silence*." It is in the light of this statement, that one has to understand Ps 83:2. Psalm 83 claims the completion of YHWH's „coming" that started at Sinai or, as the case may be, at Zion, for the purpose of being the Deliverer – as announced in Psalm 50. Thus, the Asaph collection, as a whole, is a composition of lamentation and plea toward YHWH that stands under the promise of Ps 50:15: „Call on me in the day of trouble; I will deliver you!"

35 Describing the theological profile of Psalms 42–83 would necessitate a detailed discussion of the occurrences of *'dny* especially since 23 of the 63 instances in the Psalter are found within Psalms 42–83 alone. They, too, hardly originate in an *additional* redaction of the already existing collection (Psalms 42–83), but are connected with the original program of the collection itself.

36 M. MILLARD, „Zum Problem," 92.

37 C. RÖSEL, Die messianische Redaktion, 34.

in Psalm 78, is, of course, YHWH's history with his people. Verse 21 is, like Ps 71:1, a redacted adoption of a text from another context outside the Elohistic Psalter, here even from outside the book of Psalms – namely, Num 11:1–10.

In the case of Ps 79:5, the invocation of God with the proper name sets a counterpoint to the invocation to Elohim in v. 1. „The invocation of God by name (v. 5) is in contrast with the plea against those who do not appeal to God's name (v. 6). With this plea the honor of God's name is at stake (v. 9).“[38] [47]

Psalm 80 presents a differentiated picture in relation to the designations for God. First, the „system“ of the refrains in vv. 3, 7, 19 needs to be considered. Each of the introductory appeals to God are systematically intensified: God (v. 3); God of hosts (v. 7); YHWH, God of hosts (v. 19). The climax lies in the last refrain that stands in a matter-of-fact relation to the Name Theology in v. 18. „The appeal to God's name is the perspective of those who survived the catastrophe (v. 18).“[39] In the redactional refrains, Asaphite theology can be recognized without any difficulty. In v. 4, the preexilic original portion of the psalm anticipates the extended appeal to God that appears again in the final refrain. It presents an important accent at the beginning of the lamentation. As is the case in Ps 59:5, it describes an Elohistic variant of the old title „YHWH of hosts“ which is copied outside the Elohistic Psalter in the Korahite Psalm 84 (v. 8). At the beginning of the supplicatory passage in Ps 80:14, the variant is taken up in the shortened form „God of hosts.“ Thus, the designations for God in the Elohistic original portions of the psalm in vv. 4–14 get converted to the Asaphite „system“ in vv. 3, 7, 19.

Psalm 81 has two characteristics that are germane to our investigation: (1) it incorporates an Elohistic fragment from the northern kingdom in vv. 2–5; and (2) it contains more instances of YH/YHWH than of Elohim (three in vv. 5, 10, 15), which is unique in the context of the Elohistic Psalter. Verse 5 conceals the occurrence of the short form YH as the theophoric element in the unique writing of Joseph's name already mentioned above. This is not subtle, but against the background of the reflective practices of the Asaphites, it must surely be a signal for the proper name of the God of the Exodus who is remembered in this psalm and whose own word is presented here. The self-introduction of v. 10 does without the Elohistic change *à la* Ps 50:7 and evokes the topic of the First Commandment. Verse 15 takes up the Yahwistic orientation of the entire psalm.

Millard has noted the crucial thing about both of the last occurrences of *yhwh* in the Asaph Psalter (Ps 83:16, 18):

> „The Asaph Psalms have thereby a characteristic Name Theology that builds to a crescendo in the last psalm of the Elohistic Psalter, Psalm 83 – the final perspective of

---

[38] M. MILLARD, „Zum Problem,“ 92.

[39] Ibid.

> the individual psalms, of the collection of Asaph Psalms, and the collection of Psalms 42–83, which is dominated by the Asaph Psalms – ‚Fill their faces with shame, so that they may seek your name, YHWH!" (83:16). Thus, God's name is definitely known within the Elohistic Psalter, but it is nevertheless concealed. There is a secret about God's name. One has to search for this name. The recognition of God's name lies in Psalm 83, as it does in Ezekiel, in a future that is identified by God's intervention, ‚Let [48] them know that you alone, whose name is the LORD, are the Most High over all the earth' (83:18). Coming, as this does, from the Name Theology – which becomes clear at the end of the Elohistic Psalter and which has its nearest parallel in Ezekiel – both the exilic origin of the composition of the Elohistic Psalter and its formation/shaping in the postexilic period, as in the book of Ezekiel, can be established."[40]

While corrections are necessary with regard to Millard's hypothesis on the origin of the composition of the Elohistic Psalter, both of his other points – the nature of the composition and the Asaphite Name Theology – are to be emphasized. Reading through the relevant passages in the twelve Asaph psalms reveals that despite provable Elohistic tendencies, each Asaph psalm mentions the name YHWH at least once, even be it „only" in the short form; this must be intentional, not merely coincidental. The only exception, Psalm 82, actually proves the rule, since the setting of this psalm takes place in the trial of the gods in heaven. Psalm 82 is not about the historical revelation of YHWH to his people, but about his superior divinity in comparison with the other doomed gods. The other Asaph psalms adhere deliberately to the proper name of YHWH: they recall YHWH in confession (Pss 50:1; 73:28); point to his working in the past, present, and future (Pss 75:8, 76:12, 77:11, 78:4, 81:5, 10, 16); and represent, like their predecessors in the second Davidic Psalter, a distinct Name Theology (Pss 74:18; 79:6; 80:18; 83:16, 18). From this perspective, one can revisit the specifically Asaphite parts of Psalm 68, namely, the outer ring of the vv. 4–6, 32–35.[41] These verses corroborate the Elohistic tendency and prove again in v. 4 the specific Asaphite Name Theology.

The subordinate second paragraph of the Lamentation in Ps 69:5–13ab makes the move from *'lhym* (v. 5) to *yhwh* (v. 13b) in its introductory and closing invocations to God; in so doing it reminds one of Pss 79:1, 5; 80:3, 19. In v. 6, the psalmist amasses a number of important honorary titles. The psalmist combines „Lord" and „YHWH" (cf. [68:20]; 71:5, 16; 73:28) with the title „(YHWH) of hosts," which recalls Pss 59:5; 80:4, 19 (all with *'lhym*). Furthermore, the psalmist applies the honorary title „God of Israel," which was previously mentioned in Pss 59:5 and 68:8 (cf. the closing doxologies in Pss 41:13 and 73:18). In this fashion, traditional credal titles for belief in YHWH are utilized in connection with the in-group – the supporters of the psalmist. In the final text at hand, Ps 69:13 (without the break after v. 13ab), there is again

[40] Ibid., 92–93.
[41] See F.-L. HOSSFELD and E. ZENGER, Psalmen 51–100, 249–50.

the typical paralleling of proper name and generic appelation name, however in an unusual order (*yhwh* || *ʾlhym*). 49

The subordinate continuation of the praise in Ps 69:31–33 mentions *yhwh* in v. 31, speaks of those „who seek God" (cf. Ps 34:10: „who seek YHWH") in v. 32, and comes back to *yhwh* in v. 33. The first mentioning of *yhwh* in v. 31 may have been instigated by the praise of God's name in V. 30 at the end of the original portion of the psalm. Thus, this praise would have challenged the Asaphite Name Theology, which immediately takes up the name of YHWH in its own way. The change from *ʾlhym* to *yhwh* in vv. 32–33 corresponds to the common parallelism in the Elohistic Psalter. The four *yhwh* occurrences in Ps 69:6, 13ab, 31, 33 can be easily explained within the scope of Asaphite theology.

V. *Yhwh* in the First Collection of Korahite Psalms: Psalms 42–49

Within the solely Elohistic Psalms, 42–45 only Ps 42:8 is out of place in its use of the Tetragrammaton. According to broad consensus among exegetes, this verse is redactional, which in its own way transforms the „law" of parallelism, and connects the proper name with a variation on the Korahite divine appellation „Living God" (Pss 42:2; 84:2), namely, „God of my life." The solely Elohistic Psalm 49 closes this first collection of Korahite Psalms. The remaining seven instances of *yhwh* are only found in the so-called hymnic part of the collection (Psalms 46–48).

In Ps 46:7, both of the old northern kingdom titles for God, „YHWH of hosts" and „God of Jacob" are found in chiastic arrangement. Here, an additional redaction can be ruled out, especially because this verse, according to the evidence of Ps 46:11, functions simultaneously as a refrain. Moreover, the declarations that begin in v. 1 with *ʾlhym* and end in v. 8 with traditional titles for God by employing the Tetragrammaton are the climax of vv. 1–7. The original preexilic portion of the psalm preserves an old tradition here. Verse 8, with its „deed of YHWH," is Yahwistic in contrast to its near-by Elohistic parallel in Ps 66:5.[42]

Psalm 47:2a belongs to the original preexilic portion of Psalm 47; hence, it should not be excised.[43] It reflects the Jerusalemite tradition in which YHWH is the Most High, the awesome God of peoples and kings. Psalm 47:5 also belongs to this original portion and shows a clear example of the intentional parallel *yhwh* || *ʾlhym*.

The original preexilic portion of Psalm 48 consists of vv. 1–8, 12–14. That this is a psalm with Elohistic tendencies becomes evident in vv. 3, 8, 50 and

---

42 The discussion about the scope of the original, preexilic portion(s) of Psalm 46 cannot be dealt with at this point (in our judgment, only vv. 9–11 *or* v. 10 are postexilic).

43 C. RÖSEL, Die messianische Redaktion, 29–30.

especially v. 14 („that is God, our God"). The mention of *yhwh* at the beginning of the psalm (v. 1) is indispensable. Both v. 1 and v. 8 („in the city of YHWH of hosts") take up an old tradition (see Ps 46:7, 11). The preference of *ʾlhym* in vv. 12–14 can be connected with the fact that the imperatives of vv. 12–13 „exhort the inimical kings to expose themselves seriously to what has happened to them and to act accordingly,"[44] and thus to accept *yhwh* as God.

A short glance at the seven *yhwh* occurrences (excluding Ps 42:8) in the preceding section of Korahite Psalms reveals that they are concentrated within the so-called hymns and thus present the preexilic tradition, which, just as in the second Davidic Psalter, couples an Elohistic tendency and a consideration for the YHWH tradition throughout the collection.

VI. Conclusions

We have examined the so-called Elohistic Psalter according to its constituent groups of psalms in their assumed chronological order (second Davidic Psalter [Psalms 51–72], Asaph Psalms [Psalms 50, 73–83], the first collection of Korahite Psalms [Psalms 42–49]). This analysis has produced the following insights:

1. The 49 occurrences of *yhwh* are distributed among all three groups. The sheer quantity of these occurrences as well as their dispersion throughout this material should dictate that simplistic explanatory models for the Elohistic Psalter – such as the substitution of the generic term Elohim for the original proper name YHWH with occasional re-infiltration of the proper name – or the model of a consistent avoidance of YHWH through a particular group of psalms are best avoided. The frequent use of the generic term Elohim along with the less frequent, but purposefully-used name for God, YHWH, is not indicative of a secondary redaction, but an expression of theological thinking that typically reveals itself only as a theological tendency in these texts.

2. This theological tendency has a preexilic beginning and a postexilic ending; between these points are specific metamorphoses of its implementation in the texts at hand. Its beginning can be grasped in the older preexilic psalms of the second Davidic Psalter (Psalms 51–72) and in the preexilic hymnic texts of the first collection of Korahite Psalms (Psalms 42–49). Certain regularities when using the proper name can be consistently observed throughout. These include: the intentional paralleling of *yhwh* and *ʾlhym*; the inclusion of established divine titles and combined terms for God; the differentiation in use *vis-à-vis* the perspective on God [51] (YHWH for the ones who are close, Elohim for those who are far away); as well as credal-type reminders of the revealed

44 F.-L. HOSSFELD and E. ZENGER, Psalmen 1–50, 45.

proper name. The theologians responsible for the Asaph Psalms gave the Elohistic tendency a distinctive expression in that they propagated their theology of God's name and introduced the proper name YHWH in an „all-encompassing manner." In the group of Korahite Psalms (Psalms 42–49) the proper name was accepted, or rather, tolerated chiefly as traditional material. The Elohistic tendency does not recur in the Korahite Psalms 84–88.

3. Chronologically, it is possible that the Elohistic tendency with its respective concerns is related to the so-called Elohistic texts of the Pentateuch, which, in our opinion, do not constitute a distinct literary entity or source. The northern kingdom traditions, known in the exegesis of the psalms in the Elohistic Psalter especially, do not speak against this. The Elohistic tendency should be clearly separated from the fear of misusing or pronouncing the Tetragrammaton, which only began later. This is shown by the fact that the use of *ʾlhym* markedly declines, whereas *yhwh* is ubiquitously used throughout the rest of the Psalter. „The fact that *yhwh* remained in the texts also speaks against a direct connection with the fear known from Judaism. Moreover, *ʾdny*, not *ʾlhym*, was chosen as the substitute word."[45]

4. Motivations for the Elohistic tendency arise from classical connotations of speech about „Elohim" in connection with Old Testament beliefs about YHWH. The preference for „Elohim" presupposes a gravitation toward monotheism by which the generic term becomes the proper name. Moreover, as already indicated, the use of „Elohim" emphasizes God's distance and transcendence; the distant, dark, mysterious God is accentuated. Finally, „Elohim" is preferred when God's universality ought to be extolled (so, similarly the Priestly writings in Gen 1–11); such speech is suggested in the Psalms when the nations are included in prayer.[46]

---

45 C. RÖSEL, Die messianische Redaktion, 35–36 n.104.

46 We thank Michael Zipser for translating this essay and the editors for their assistance with the English translation.

Das Matthäusevangelium im Lichte der Psalmen

Frank-Lothar Hossfeld
Erich Zenger

[129] Der Jubilar, dem wir seit Jahrzehnten freundschaftlich und wissenschaftlich verbunden sind, hat mit seinem bedeutenden Matthäus-Kommentar den Heiligen Schriften Israels eine fundamentale Rolle bei der im MtEv angelegten Leserlenkung zugesprochen. Er hat die hermeneutische Regel, dass das Neue Testament im Lichte der Heiligen Schriften Israels zu lesen sei, im Blick auf die „Erstleser“ des MtEv meisterhaft umgesetzt, weil diese leserorientierte Hermeneutik ja auch die Voraussetzung für heutige christliche Leserinnen ist: „Das MtEv kann von Christen nur angemessen verstanden werden, wenn man es im Lichte jener biblischen Schriften liest, die für ihn [d. i. Matthäus] und für seine Adressaten heilige Schriften waren.“[1] So zeigt er im Kommentar immer wieder, dass nach dem MtEv die Geschichte Jesu die Worte der Propheten erfüllt und dass Jesu Handeln die Worte der Tora „ganz“ und „ohne Abstriche“ erfüllt – gemäß dem Grundsatz: „Meint nicht, ich sei gekommen, das Gesetz oder die Propheten aufzulösen; ich bin nicht gekommen, aufzulösen, sondern zu erfüllen“ (Mt 5,7).[2] Als Psalmen-Kommentatoren wollen wir seinen „erstleserorientierten“ Ansatz aufgreifen und fragen, welche Leserlenkung das MtEv durch die in ihm auftretenden Psalmenzitate und Psalmenanspielungen erhält. Immerhin gehört ja der Psalter neben dem Jesajabuch zu den im Neuen Testament am breitesten zitierten Heiligen Schriften Israels, sodass man davon ausgehen kann, die Psalmen seien auch bei den Erstlesern des MtEv gut bekannt gewesen. Dann hätten die expliziten und impliziten Psalmenzitate nicht nur als Einzelsätze oder Einzelmotive eine Relevanz für das Verständnis des MtEv, sondern die mit den Zitaten evozierten Psalmen, ja sogar die durch diese Psalmen konstituierten Motivzusammenhänge wären hermeneutisch zu reflektieren. Wir wollen dies im Folgenden versuchen und hoffen, damit dem Jubilar eine kleine Freude zu machen – und ihn zur [130] konsequenten Weiterarbeit an seinem hermeneutischen Programm zu inspirieren. Dass unser Beitrag die Einzelstellen nicht so detailliert darstellen kann, wie es notwendig wäre, und dass vor allem keine Diskussion mit den unterschiedlichen Mt-Kommentaren geschieht, ist einerseits durch den begrenzten Umfang vorgegeben; anderer-

---

1 H. Frankemölle, Matthäus: Kommentar 1, Düsseldorf 1994, 35.
2 Übersetzung nach H. Frankemölle, Matthäus: Kommentar 1, Düsseldorf 1994, 23.

seits erscheint uns der Versuch, möglichst alle Psalmenzitate zu besprechen, so interessant, dass wir uns für diesen Weg entschieden haben.[3]

1. Zusammenstellung und erste Systematisierung der Psalmenzitate

Statistik: Wir gehen von insgesamt siebenundzwanzig Stellen im MtEv aus, in denen implizit oder explizit Psalmen zitiert werden. Die Psalmenstellen werden nun in Klammern hinter den Stellen des Matthäus-Evangeliums angegeben: 1,21 (Ps 130,8); 3,17 (Ps 2,7); 4,6 (Ps 9,11 f. LXX); 5,3 (Ps 34,19); 5,5 (Ps 36,11 LXX); 5,8 (Ps 73,4 LXX); 5,9 (Ps 34,15); 5,35 (Ps 48,3); 7,23 (Ps 6,9); 13,34f. (Ps 78,2); 14,30 (Ps 69,2f.); 16,26 (Ps 49,8f.); 16,27 (Ps 62,13); 17,5 (Ps 2,7); 21,8f.15 (Ps 117,25 LXX); 21,16 (Ps 8,3 LXX); 21,42 (Ps 117,22f. LXX); 22,41–46 (Ps 110,1); 23,39 (Ps 117,26 LXX); 26,38 (Ps 41/42 LXX); 26,64 (Ps 109,1 LXX); 27,34 (Ps 68,22 LXX); 27,35 (Ps 21,19 LXX); 27,39 (Ps 21,8 LXX); 27,43 (Ps 21,9 LXX); 27,46 (Ps 22,2); 27,48 (Ps 68,22 LXX).

Blickt man synchron auf das MtEv, dann schälen sich folgende Schwerpunkte der Psalmenrezeption heraus: Für die Kindheits- und Vorbereitungsgeschichte ergeben sich drei Stellen in 1,21; 3,17 und 4,6. Ein zweiter Schwerpunkt bildet die Bergpredigt und hierbei insbesondere die Seligpreisungen mit insgesamt sechs Stellen: 5,3; 5,5; 5,8; 5,9; 5,35 und 7,23. Ein dritter Schwerpunkt lässt sich ausmachen in den Auseinandersetzungen Jesu mit seinen Gegnern in Jerusalem; hier sind es insgesamt fünf Stellen: 21,8f.; 21,16; 21,42; 22,41–46; 23,39. Der vierte und letzte Schwerpunkt wird in der Passionsgeschichte gebildet mit insgesamt acht Vorkommen: 26,38; 26,64; 27,34; 27,35; 27,39; 27,43; 27,46 und 27,48.

Versucht man eine ganz grobe Ordnung nach Inhalten, so bietet sich folgende Unterscheidung an. Zuerst die Stellen, die man als christologisch orientiert einordnen kann: 1,21; 3,17; 4,6; 7,23; 16,27; 17,5; 21,8f.; 21,42; 22,41–46; 23,39 und 26,64. Es sind insgesamt elf Stellen. Eine zweite Un- [131] terteilung bildet die Anthropologie: 5,3; 5,5; 5,8; 5,9; 14,30; 16,26; 21,16; 26,38; 27,34; 27,35; 27,39; 27,43; 27,46; 27,48. Es sind insgesamt vierzehn Stellen. Eine dritte Einteilung bilden die beiden Sonderfälle, nämlich 5,35 mit Bezug auf Jerusalem und 13,34f.; hier schreibt die Zitateneinleitung das Zitat dem Propheten Jesaja zu, dessen Benennung textkritisch die lectio difficilior dar-

[3] Wir verzichten auf Literaturverweise zu den einzelnen Psalmen. Zu unserem eigenen Verständnis der besprochenen Psalmenzitate siehe: F.-L. Hossfeld / E. Zenger, Die Psalmen. Psalm 1–50 (NEB), Würzburg 1993; dies., Die Psalmen. Psalm 51–100 (NEB), Würzburg 2002; dies., Psalmen 51–100 (HThKAT), Freiburg [2]2001; E. Zenger, Die Psalmen, in: ders. (Hg.), Stuttgarter Altes Testament. Einheitsübersetzung mit Kommentar und Lexikon, Stuttgart 2004.

stellt, aber zitiert wird Ps 78,2. Das Psalmzitat unterstützt die Parabeltheorie des Matthäus: Die Gleichnisse verkünden den seit Grundlegung der Welt verborgenen endzeitlichen Plan Gottes und lassen die Gruppe der Hörer an dem privilegierten Wissen des Sprechers teilhaben.

2. Psalmenzitate in christologischer Perspektive

Einige Bemerkungen zu den christologischen Stellen in der o. a. Reihenfolge: Mt 1,21 verarbeitet den sechsten Bußpsalm 130,8. Auf dem Höhepunkt der Engelrede wird der Name Jesus gedeutet. Der Name bedeutet „JHWH ist Hilfe“ und über diese Brücke wird die Kurzbeschreibung JHWHs im Stile von Ex 34,6 f. aus Ps 130,8 auf den Namensträger Jesus übertragen. JHWH ist der Gott der „Gnade“ und der „Erlösung“, wie beide Begriffe vorher schon Ps 44,27 verbunden hat. Unter der Erlösung wird zuerst einmal die persönliche Bedrängnis wie in Ps 25,22 oder die nationale Notlage wie in Ps 44,27 verstanden. In Ps 111,9 kann Erlösung dem Volk gesandt werden und damit ein geschichtliches Eingreifen JHWHs beim Exodus oder bei einem anderen Erlösungsgeschehen gemeint sein. Auffällig am Ps 130,8 ist die Anwendung der Erlösung auf die Sünden Israels, wobei der V. 8 dem V. 3 („Würdest du, Herr, unsere Sünden beachten, Herr, wer könnte bestehen?“) tendenziell entspricht. Entscheidend ist hier die Übertragung der Charakterisierung JHWHs auf den Namensträger Jesus. Als alttestamentliche Analogien bieten sich folgende Stellen an: In Ex 4,16 wird Mose funktional zum Gott für Aaron ernannt und in Ex 7,1 f. etwas abgedämpfter wird Mose ebenso funktional zum Gott für Pharao gemacht. Im Epitaph von Dtn 34,10–12 wird Mose zum singulären Propheten gemacht, weil er im Auftrag JHWHs „Zeichen und Wunder“ sowie „furchterregende und große Taten“ beim Exodus in Ägypten und in der Wüste vollbracht hat, die allerdings im vorausgehenden Deuteronomium sonst JHWH zugeschrieben werden. Hier sichert die Bestimmung „im Auftrag JHWHs“ die Differenz zwischen Gott und Mensch ab. In Ps 45,7 wird der König „Gott/Göttlicher“ genannt, wobei es wie an den beiden vorangehenden Stellen um eine gottähnliche Stellung geht, die eine Funktion – hier Stellvertretung Gottes auf Erden – beschreibt und darauf auch begrenzt ist. In diesen Zusammenhang der altorientalischen Königsideologie gehört auch Ps 8,6 („Du hast ihn nur wenig geringer gemacht als Gott“). Der Mensch wird in seiner Herrschaftsfunktion zum königlichen Menschen bzw. zum „Beina- 132 he-Gott“ geadelt. Aber an allen genannten Stellen handelt es sich immer um eine partielle oder annähernde Stellung eines Menschen, nie um eine wesenhafte Gleichsetzung. Die Übertragung von Wesensbeschreibungen JHWHs wie im Falle der Namensgebungen Mt 1,21 oder 1,23 („Immanuel, das heißt übersetzt: Gott ist mit uns“) vollzieht solche Gleichsetzungen.

In der Taufperikope Mt 3,17 wird die Sohnesaussage von Ps 2,7 kombiniert mit der Erwählungsaussage des Gottesknechts aus Jes 42,1. Die alttestamentliche Sohnesaussage dient der Beschreibung der Gottesnähe des Königs und ist ein performativer Akt, der offen ist für den Zeitpunkt der Ernennung zum Sohn Gottes. Wichtig ist, dass die gleiche Kombination noch einmal in der Verklärungsperikope Mt 17,5 eingesetzt wird, wobei sie dort um das die Autorität legitimierende Zitat aus dem Prophetengesetz Dtn 18,15 erweitert wird.

In Mt 4,6 zitiert der Teufel bei der zweiten Versuchung Ps 90,11 f. LXX und ahmt damit den Schriftrekurs Jesu in der ersten Versuchung nach. In diesem Vers des Psalms haben wir die Zusage eines kultischen oder prophetischen Sprechers an den Beter des Psalms vor uns, der die Rettung durch Gott im alltäglichen Leben beschreibt. In der Versuchungsperikope wird das Zitat zu einer Aufforderung zu einem außerordentlichen Demonstrationswunder an den Gottessohn, wobei der Teufel in Bezug auf die psalmistische Rettung durch Gott zwei neue Akzente setzt: Der Gottessohn soll auf Wink des Teufels seine göttliche Macht demonstrieren und er soll diese Macht nicht für die ihm anvertrauten Menschen, sondern für sich selbst zum Beweis seiner Gottheit einsetzen. Die theologische Gemeindebildung der Versuchungsperikope kann an Ps 91 gut angeknüpft haben, weil die Zusage der Rettung durch Gott in Ps 91,11 f. durch die abschließende Gottesrede bestätigt wird und sich damit zur Übertragung auf den Gottessohn geradezu angeboten hat. Das wäre dann ein Vorgang analog zur Heranziehung der Gottesreden aus den beiden sog. messianischen Pss 2 und 110.

Mt 7,23 verarbeitet Ps 6,9. Im Krankenpsalm 6 ruft der Kranke gegenüber seinen Feinden die Trennung aus, weil er zugleich seine Genesung bzw. seine Erhörung antizipiert. Die Trennung von den Feinden ist Ausdruck der Besiegung der Krankheit und der öffentlichen Rechtfertigung des Beters durch Gottes Hilfe. Matthäus hat diese Situation übertragen auf den Weltenrichter Jesus. Der Weltenrichter trennt sich von den Falschpropheten. Sicherlich ist Matthäus an der Betonung der Übeltäter im Zitat interessiert, weil das seiner Betonung der Werke entspricht.

Mt 16,27 verarbeitet Ps 62,13. Die beiden Schlussverse des Psalms beschreiben das Wesen Gottes nach seinen beiden Seiten der Macht und der Gnade und verbinden es mit einer klassischen Formulierung der Vergeltung nach dem Tun-Ergehen-Zusammenhang. Nahe Parallelen sind vor [133] allem Ps 31,24 und auch noch Ps 28,4. Die Beschreibung Gottes gilt für Gegenwart und Zukunft. Matthäus übernimmt das beschriebene Verhalten Gottes und überträgt es auf den Weltenrichter in einem leicht abgewandelten Zitat aus Ps 61,13 LXX. Die Abwandlung (wörtlich: „gemäß seiner Praxis / seinem Verhalten") erklärt sich aus dem Kontext, wo es ja nicht nur um einzelne Taten, sondern um ein gesamtes Verhalten geht. Nebenbei ist dies wiederum eine Paradestelle für die Kontinuität im göttlichen Verhalten zwischen AT und NT: Der Menschensohn richtet wie der Vater nach Ansehung der individuellen Taten.

Mt 17,5 verarbeitet Ps 2,7 wie oben schon anlässlich von Mt 3,17 beschrieben.

Mt 21,9.15 verleiht der Erzählung Mt 21,1–17 über den Einzug Jesu nach Jerusalem und über die sog. Tempelreinigung durch das Zitat aus Ps 117,25 f. LXX = 118,25 f. MT eine vielschichtige Dimensionierung. Die zweimalige Aufnahme von Ps 117 LXX = 118 MT unterstreicht hier nicht nur die auch thematisch gegebene Zusammengehörigkeit der beiden Abschnitte 21,1–10 (der König Jesus zieht als „Sohn Davids" in die Hauptstadt Jerusalem ein) und 21,11–17 (der König Jesus macht den Tempel zum Ort der heilenden Gegenwart des Zionsgottes), sondern baut zugleich einen königs- und tempeltheologischen Spannungsbogen auf, der durch die weiteren Zitate aus Ps 117 LXX = 118 MT in Mt 21,42 (s. u.) und Mt 23,39 (s. u.) der Perikope Mt 21,1–17 einen herausragenden Ort in der Partitur des MtEv (s. u.) gibt. Ps 117 LXX = 118 MT dürfte als Festpsalm der Tempelliturgie und als Abschlusspsalm des beim Sedermahl gesungenen ägyptischen (bzw. kleinen) Hallel Ps 112–117 LXX = 113–118 MT bei den Erstlesern des MtEv nicht nur gut bekannt gewesen sein, der Psalm hat auch in sich selbst eine Perspektivik, die sich geradezu aufdrängt, um die auch von der Überlieferung dem MtEv vorgegebene Kombination der Tempelkritik Jesu und des Königstitels Jesu als römischem Verurteilungsgrund tiefer zusammenzubinden. Ps 118 hat mit V. 1–4 und V. 29 einen hymnisch gestalteten Rahmen, der sich um den aus zwei Abschnitten (V. 5–18: Erzählung über Not und Rettung eines „Gerechten"; V. 19–28: Dankfest des Geretteten inmitten einer großen Festversammlung im Tempel) bestehenden Hauptteil V. 5–28 legt. Der Psalm spiegelt (wie Ps 116, mit dem Ps 118 kompositionell verbunden ist) die Dankliturgie eines aus tödlicher Bedrohung geretteten „Gerechten" und „Armen" wider (der Eröffnungspsalm des Hallel, Ps 112 LXX = 113 MT, entwirft für das Hallel die „Armenperspektivik"!), dessen Rettung im Psalm eine geradezu weltgeschichtliche Bedeutung erhält (vgl. V. 10–12) und als Aktualisierung des Israel konstituierenden Exodus präsentiert wird (vgl. die Zitate von Ex 15,2.6.11.12 in V. 14.16). Der so aus dem Tod Gerettete, dessen Rettung seine Gerechtigkeit offenbarte, zieht in den Tempel ein und wird von den dort Versammelten als „Fundamenteckstein" für jene Wiederherstellung des Zion gefeiert, in der der Tempel Realmeta- [134] pher einer Gemeinschaft ist, in der die Güte des Zionsgottes erfahrbar ist (vgl. V. 1–4.29). Wenn Mt 21,9 nun den von 2 Sam 14,4; 2 Kön 6,26 her königstheologisch aufgeladenen Hosannaruf Ps 117,25 LXX = 118,25 MT aufgreift und ihn durch die Hinzufügung des Titels „Sohn Davids" explizit zur Königshuldigung transformiert, erhält der dann gleich anschließend aus Ps 117,26 LXX = 118,26 MT wörtlich zitierte Segensspruch „Gesegnet sei, der kommt im Namen des Herrn!" neue Dimensionen. In Ps 118 ist „der Name JHWHs" die Kraft, mit/in der der Gerettete die Feinde abwehrte (V. 10–12). Nach 1 Sam 17,45 ist „der Name JHWHs" die Kraft, in der der kleine David den Gotteslästerer Goliat besiegt. Wenn Mt 21,9 dann nach diesem Segensspruch den Hosannaruf ein zweites Mal wiederholt und ihn mit der Anspielung auf Ps 148,3 LXX = MT „in den Höhen“ fortführt, ist wichtig, dass Ps 148 ebenfalls ein Lobpreis des „Namens JHWHs“ ist (vgl. V. 5 und V. 13), genauer: der „Himmel und Erde“ gründenden und erhaltenden Macht dieses Namens. Zumindest in der Komposition des sog. Schlusshallel des Psalters, Ps 146–150, ist die Abfolge „König“ (Ps 146) – „Jerusalem / Zion“ (Ps 147) – „Kosmos“ (Ps 148) konstitutiv. Für Leserinnen, die um diesen Zusammenhang wissen, stellt dann die in Mt 21,9 gestaltete Königshuldigung der Volksscharen im Lichte dieser Psalmentheologie eine grandiose Dimensionierung des Jerusalemeinzugs dieses geretteten und demütigen Königs (vgl. das Zitat von Sach 9,9 in Mt 21,5) dar. Dann aber wird verständlich, dass der in Mt 21,15 innerhalb von Mt 21,1–17 zum dritten Mal (!) als Zitat aus Ps 117 LXX = 118 MT verwendete Hosannaruf auf das Jesus in den Mund gelegte Zitat von Ps 8,3 LXX (s. u.) als den Höhepunkt der Einheit Mt 21,1–17 hinzielt. Der von den „Kindern“ als Reaktion auf die von Jesus im Tempel vollzogenen Heilungen der Blinden und Lahmen gesprochene Hosannaruf macht einerseits deutlich, dass Jesus als „Sohn Davids“ den Tempel als Ort der Gegenwart des das Chaos bekämpfenden Zionsgottes wiederherstellt. Andererseits betont das Zitat von Ps 8,3 LXX, dass sich in Jesus genau das ereignet, was das Thema von Ps 8 ist, nämlich die Offenbarung der Herrlichkeit des Namens Gottes auf der Erde (vgl. den Refrain des Psalms Ps 8,2 = 8,10). Darüber hinaus bewirkt der mit Jesus durch sein Zitat von Ps 8,3a bei seinen Feinden genau das, was Ps 8,3b sagt, wenn durch den Mund der Kinder und Säuglinge „die Feinde“ Gottes zum Schweigen gebracht werden sollen. Im Lichte von Ps 118 wird also Mt 21,1–17 zur Vision des „Hauses Gottes“ als dem Ort der Heilung der Kranken und einer das göttliche Weltkönigtum feiernden Festgemeinde.

Mt 21,42 bietet innerhalb des sog. Winzergleichnisses Mt 21,33–46 ein Zitat aus Ps 117,22 f. LXX = 118,22 f. MT, diesmal ausdrücklich mit der Zitationsformel „Habt ihr nicht in den Schriften gelesen?“ eingeleitet. Ps 118 spricht mit dem „Fundamentecksteinwort“ V. 22 der wunderbaren Rettung des Gerechten eine geradezu spektakuläre Bedeutung zu: Der Gerettete [135] wird durch JHWHs Wunderhandeln (V. 23!) zum Fundamenteckstein jenes eschatologischen Hauses der Gerechtigkeit für Israel und die Völker, mit dessen Erbauung JHWH bereits begonnen hat. Ps 118,22 spielt nicht nur auf Jes 28,16 und Neh 3,34 an, sondern steht im Horizont der Motivik von der eschatologischen Wiederherstellung Zions / Jerusalems als einer Gemeinschaft der Gerechten (vgl. besonders Jes 54,11–17; 58,12; 62,7; Ps 51,20; 102,17; 147,2; Tob 13,17 f.; 14,5 f.). Ps 118,23 qualifiziert dies ausdrücklich als Wundertat JHWHs, die dann in Ps 118,24 mit Anspielung auf Jes 25,9; 26,1 als Beitrag zur Verwirklichung der Israel und die Weltvölker aussöhnenden universalen Gottesherrschaft des Zionsgottes gefeiert wird. Wenn Mt 21,42 demnach Ps 117,22 LXX = 118,22 MT als Deutehorizont für die Sendung Jesu aufgreift, will dies einerseits als christologische Aussage im Horizont von

Mt 21,1–17 gelesen werden: Jesus wird in Mt 21,42 mit jenem „Gerechten" von Ps 118 identifiziert, dessen Rettung aus dem Tod für die eschatologische Wiederherstellung Zions / Jerusalems als einem aus lebendigen Steinen bestehenden „Haus" konstitutiv ist. Und andererseits gibt das Psalmenzitat in V. 42 die entscheidende Leserlenkung für das anschließende Jesuswort in V. 43 f., das in V. 44 mit der Technik der Stichwortassoziation ein weiteres „Steinwort" folgen lässt. V. 44 nimmt kontrastiv das Gerichtswort Jes 8,14 f. auf, das JHWH selbst „als Stein, an dem man anstößt, und als Felsen, an dem man strauchelt" und woran „viele straucheln und fallen werden" auf, wobei nicht übersehen werden darf, dass dieses Gerichtswort nicht das „Ende Israels" verkündet, sondern auf die Botschaft Jes 8,16–18 zuläuft, wonach Jesaja und seine Jünger zu Zeichen der Hoffnung auf Rettung bestimmt werden. Das Gerichtswort Jes 8,14 f. von JHWH als „Stein des Falls" wird in Mt 21,43 f. auf Jesus übertragen. Bereits von Jes 8,14–18 her (insbesondere im Kontext der Fortführung Jes 8,19–9,6) ist das verbreitete Verständnis von Mt 21,42–44 wenig wahrscheinlich, hier werde die Verwerfung *ganz* Israels proklamiert. Gegen diese Lesart spricht vor allem die durch das Psalmenzitat Ps 117,22 f. LXX = 118,22 f. in Mt 21,42 entworfene Perspektive der Wiederherstellung des „Hauses JHWHs" als eines Sammlungsortes „der Gerechten" aus Israel und den Völkern (vgl. die Anspielung von Ps 118,20 auf Jes 26,1–6).

Mt 22,41–46 bezieht sich auf Ps 110,1. Der Psalm zeichnet sich durch drei Besonderheiten aus, die allgemein anerkannt sind: Er gehört zu den besonderen Königspsalmen, wie die Pss 2; 89; 110 und 132, die sich durch intensive Übernahme altorientalischer Königsvorstellungen, durch Einbau von Gottesrede(n) und durch ihre Randstellung in Teilsammlungen des Psalters auszeichnen. Ferner zählt Ps 110 zu den meist zitierten Psalmen im Neuen Testament und schließlich schlägt er sogar auf das Credo durch („sitzend zur Rechten des Vaters / Gottes"). Folgende Punkte sind aufzugreifen: David ist für Jesus der inspirierte und poetische Psalmenverfasser. Auf die Unterwerfungsaussage „unter deine Füße" kann Ps 8,7 LXX [136] Einfluss genommen haben, zumal Ps 8 der Hymnus auf den königlichen Menschen ist. Im frühen Urchristentum wurde Ps 110,1 mit Ps 8,7 und Dan 7,13 verbunden. Die konkrete Eigenart des Christusgeschehens veranlasst die Gemeinde, einige wenige Stücke der alttestamentlichen Psalmen- und Prophetenüberlieferung in Verbindung zu setzen. Pss 8,7b und 110,1b sowie Dan 7,13b helfen die Erhöhungsaussage (Pss 8,7b; 110,1b) und deren Folge, die Erwartung der Parusie (Dan 7,13b), zur Sprache zu bringen. Jesus als Kyrios und Davidssohn und Messias wird in seiner Erhöhung bzw. Inthronisation beschrieben. Es kann gefragt werden, ob die Trias des kleinen Davidpsalters 108–110 eine Rolle gespielt hat, denn diese Trias beschreibt den Weg Davids von der Niedrigkeit zur Erhöhung und ist darin analog dem Weg Jesu Christi.

Mt 23,39 verwendet in der großen Wehrede Jesu gegen die Schriftgelehrten und Pharisäer abermals das bereits in der Erzählung über den Einzug Jesu nach Jerusalem pointiert gesetzte Zitat aus Ps 117,26 LXX = 118,26 MT. In der Kontroverse, ob die in Mt 24,1–2 gestaltete Symbolhandlung des Herausgehens Jesu aus dem Tempel mit der damit verbundenen Ankündigung der Zerstörung des Tempels die Rede Mt 24–25 eröffnet oder ob Mt 24,1–2 den Abschluss der Einheit 23,1–24,2 bildet, könnte das Zitat von Ps 117 LXX = 118 MT in Mt 23,39 die Abgrenzung 23,1–24,2 stützen, da so eine spiegelbildliche Entsprechung zum Geschehenszusammenhang Mt 21,1–17 gegeben wäre (Einzug Jesu nach Jerusalem und in den Tempel mit Psalmenzitat bzw. Psalmenzitat mit anschließendem Auszug Jesu aus dem Tempel). Die Leserlenkung, die das Psalmenzitat in Mt 23,39 im Hinblick auf die Zerstörung des Tempels (vgl. Mt 23,38: Anspielung auf Jer 22,5) geben will, muss im Horizont von Mt 21,1–17 beurteilt werden: Das Psalmenzitat in Mt 23,39 ist wie in Mt 21,9 ein positives Deutesignal, das angesichts der zur Zeit der Erstleser des MtEv bereits geschehenen Zerstörung des Jerusalemer Tempels Jesus als den verkündet, der in der Kraft des Namens JHWHs die eschatologische Vollendung bringen wird – auch für Israel. Dass das gleiche Psalmenzitat in Mt 21,9 eine positive und in Mt 23,39 eine negative Botschaft transportieren soll, wie die oft vertretene Deutung von Mt 23,39 als „Verwerfungswort" unterstellt, ist wenig wahrscheinlich. Das würde im Übrigen auch wenig zu der für die alttestamentliche Gerichtspredigt typischen Dialektik vom letztendlich rettenden Gericht JHWHs passen. Da innerhalb von Ps 117 LXX = 118 MT der in Mt 23,39 zitierte V. 26 den aus dem Tod geretteten Gerechten begrüßt, der zur eschatologischen Feier der Gerechten aus Israel und den Völkern kommt, klingt in dem Zitat zugleich die Perspektive des eschatologischen Kommens des aus dem Tode auferweckten Königs Jesus an.

Mt 26,64 verarbeitet zum zweiten Mal 109,1 LXX. Mt zitiert die Gottesrede von Ps 109,1 LXX, ersetzt aber kontextgemäß das dort auf Gott verweisende Personalpronomen durch das beschreibende Gottesepitheton [137] „Macht", das seinerseits zur Psalmensprache gehört (vgl. Ps 53,3 LXX; 76,15 LXX; 88,14 LXX; 144,11 f. LXX). Auf dem Höhepunkt des Verhörs vor dem hohen Rat bestätigt Jesus zum ersten Mal öffentlich die Messias- und Gottessohntitulatur und macht eine öffentliche Aussage über den Menschensohn und seine Inthronisation. Diese Inthronisation findet „von jetzt an" statt, d. h. von den zusammengesehenen Ereignissen von Kreuz und Auferstehung an. Entscheidend ist, dass die sog. messianischen Psalmen 2 und 110 jeweils zwei Mal vorkommen und das an zentralen Punkten des gesamten Weges Jesu, nämlich bei der Taufe, dann bei der Verklärung, dann auf einem Höhepunkt der Auseinandersetzungen in Jerusalem und schließlich als Schlussaussage Jesu selbst vor dem Hohen Rat. Wichtig ist hier zudem noch, dass schon die Septuaginta vor dem Neuen Testament Ps 2 und Ps 110 bzw. 109 LXX zusammenschaut. Die Verständnisschwierigkeiten des masoretischen Textes in Ps 110,3.7 haben wohl die Septuaginta stimuliert, den verwandten Ps 2 (s. o.) heranzuziehen und stellenweise Ps 109 LXX an Ps 2 LXX anzupassen. Die Vorarbeit der Septuaginta wird dann bei Matthäus aufgegriffen und weitergeführt.

3. Psalmenzitate in anthropologischer Perspektive

Hier fallen die vier Fälle der Seligpreisungen der Bergpredigt auf. Die erste Seligpreisung in Mt 5,3 verarbeitet Ps 34,19, insofern sie die materielle Armut des Armen mit der Haltung „im Geiste" verbindet. Ps 34 zeichnet das Bild des Armen und Gerechten und preist in V. 19 das zerbrochene Herz und den zerschlagenen Geist. Die gleiche Haltung findet sich wieder in Ps 51,19 mit dem zerbrochenen Geist und mit dem zerbrochenen und zerschlagenen Herzen. Wie bei Matthäus werden in Ps 34 materielle Armut und geistige Armutshaltung miteinander verbunden. Die dritte Seligpreisung in Mt 5,5 verarbeitet Ps 36,11 LXX. Der Armenpsalm 37 macht die Beziehung des Armen zum gelobten Land zum Leitthema, nach Ausweis der V. 3.9.11.18 f.22.29.34. Der aus Ps 36 zitierte V. 11 ist im Psalm auch der erste Vers, der explizit vom Armen redet. In 4Q171, III wird die Verheißung des Landes universal auf die Erde ausgeweitet und zugleich ethisiert. Die Rezeption dieses Psalms bzw. des genannten Verses ist ja schon häufiger beschrieben worden. Passend ist dazu das Zitat von Ulrich Luz aus dem ersten Band seines Matthäuskommentars auf S. 283:

> „Den Freundlichen wird die Erde gehören, nicht nur das Land Israel, denn die traditionelle Landverheißung ist längst ins Kosmische transponiert worden, aber auch nicht das Jenseits, denn die Verheißung der Erde macht klar, dass das Himmelreich ein neues Diesseits mit umfasst."

Die sechste Seligpreisung in Mt 5,8 verarbeitet Ps 23,4 LXX oder auch Ps 50,12 LXX und vielleicht die Parallele in Ps 73,1 im hebräischen Text. Das seliggepriesene „reine Herz" ist eine gesamtmenschliche Haltung bzw. eine weisheitliche Be- [138] schreibung des Gerechten, der zum Tempel zugelassen ist, und insgesamt ist es auch die Haltung dessen, der arm und klein ist vor Gott. Hier ist gesondert darauf aufmerksam zu machen, dass die Hervorhebung der Haltung in der ersten und sechsten Seligpreisung mit Bezug auf den Geist und das Herz durchaus der Anthropologie der Psalmen entspricht. Die parallele bzw. synonyme Verwendung von „Herz" und „Geist" ist keineswegs häufig und selbstverständlich. Wenn das „Herz" das vegetative, emotionale, noetische und voluntative Zentrum des Menschen ist und der „Geist" das Zentrum der Lebenskraft und des Willens darstellt, dann überschneidet sich die Bedeutung beider Begriffe. Man kann dann nach einer Bedeutungsdifferenz zwischen beiden Begriffen fragen, ob „Herz" das im Menschen vorhandene mehr statische Lebenszentrum bezeichnet, während „Geist" auf die von Gott gegebene und im Menschen dynamisch wirkende Lebens- und Willenskraft abzielt.

Die oben genannte Verwendung von „Herz" und „Geist" konzentriert sich auf das Ezechielbuch (Ez 11,19; 13,2 f.; 18,31; 21,12; 36,26) und dann auf die Psalmen (Ps 34,19; 51,12.19; 77,7; 143,4); außerdem bleibt noch Dtn 2,30. Insofern können die erste und sechste Seligpreisung anthropologisch an den Sprachgebrauch der genannten Psalmen anknüpfen.

Ferner ist auf die siebte Seligpreisung aufmerksam zu machen, die auf die Friedensstifter abhebt. Die Friedensstiftung gehört ebenso zum Repertoire der Armenpsalmen wie Ps 34,15 ausweist: „Suche den Frieden und jage ihm nach!“ Die Gruppe der „Friedensstifter“, d. h. derjenigen, die Frieden halten und Frieden stiften vgl. Spr 10,10 LXX, hat Verbindung zu den sprichwörtlichen „Stillen im Lande“, wobei der Begriff die verfolgte Gruppe der „Schwachen und Armen“ (vgl. Ps 35,10) beschreibt und sich von den Feinden des Beters absetzt; diese verfolgen den Beter mit Schmähung, grundlosem Hass und treffen ihn durch ihr Reden, „das nicht dem Frieden dient“ (Ps 35,20). So vermittelt sich doch der Eindruck, dass die Seligpreisungen bei Matthäus stärker als bisher wahrgenommen von einer bestimmten Armenfrömmigkeit geprägt sind.

Mt 14,30 verarbeitet Ps 69,2 f. Die Perikope vom Gang Jesu auf dem Wasser knüpft an die klassischen Metaphern der Not in den Psalmen an, wie Wasser, Sturm und Nacht. Der versinkende Petrus zitiert den Anfang des Armenpsalms 69. Wie der angefochtene König in Ps 18,17 und der bedrängte Arme in Ps 69,15 durch die Hand Gottes gerettet werden, so wird der versinkende Petrus durch die Hand des Gottessohnes Jesus gerettet. In Petrus geht es Matthäus um den einzelnen Christen, insofern hat die Szene existenzielle Absichten.

In Mt 16,26 wird Ps 49,8 f. verarbeitet. Von Ps 49 her ist Reichtum keine Versicherung gegen den Tod. Das Leben ist der Güter Höchstes und hat keinen Gegenwert, weswegen es vor Gott nicht getauscht werden kann. Die [139] matthäische Perikope sowie der Ps 49 sind sich einig in der Relativierung des Reichtums durch den Tod.

Mt 21,16 verarbeitet Ps 8,3 LXX. Das Zitat in der sog. Tempelreinigungsperikope des Matthäus will ein Identifikationsangebot an die Gemeinde machen, die ja zu den Unmündigen zählt, wie sie aus Mt 11,25 her bekannt sind. Ps 8,3 LXX spiegelt das Selbstverständnis der nachexilischen Armenredaktion wider, der Herr stärkt sein armes Volk, das wie eine Festung ist inmitten einer feindlich gesinnten Umwelt. Ps 8,3 hat zusammen mit Ps 28,8 und Ps 29,11 den Begriff „Macht“, den die Septuaginta aber in Ps 8,3 zum „Lob“ verwandelt. Hier ist entsprechend dem Zusammenhang, der in 21,15 den „Kindern“ das Zitat aus Ps 117,25 LXX = 118,25 MT in den Mund legt, der Kontext Ps 117 LXX = 118 MT hinzuzunehmen, wonach die Gemeinde der „Gerechten“ in V. 15 f. sich zum Lobpreis der Macht Gottes konstituiert und auch in V. 24 das Kommen des Gerechten als Theophanie feiert.

Unter anthropologischem Gesichtspunkt gibt es im Passionsbericht des Matthäus insgesamt sieben Verarbeitungen von Psalmen: 26,38; 27,34; 27,35; 27,39; 27,43; 27,46 und 27,48. Gegenüber den zehn Stellen in der markinischen Passion verzichtet Matthäus auf eine Anspielung auf Ps 41,10 (Mk 14,18) in seiner Perikope über das Abendmahl. Ebenso wird die Anspielung an Ps 51,14 (Mk 14,38) bei Matthäus in der Getsemaniperikope nicht aufgegriffen oder vielleicht auch in Mt 26,41 nicht erkannt. Ferner wird eine Anspielung beim

Bekenntnis zum Gottessohn in Mk 15,39 mit Ps 22,28 f. in Verbindung gebracht, was bei Mt dank seines Einschubs über die Auferstehung der Heiligen nach dem Tode Jesu im Anschluss an Ez 37 in Mt 27,54 ganz anders begründet wird. Zusätzlich aufgenommen hat Matthäus in 27,34 die Aufnahme von Ps 68,22 LXX, wiederum eine Verbindung zum schon bekannten Armenpsalm 69. Im Sterbegebet Jesu von Mt 27,46 zitiert Mt den Klageschrei Jesu aus Ps 22,2; das Zitat kann sowohl der hebräische Text wie auch dessen aramäische Sprachform sein. Anschließend bietet Mt eine (eigene) Übersetzung, die Ps 21,2 LXX nicht entspricht. Diese Fakten allein heben das Zitat über die anderen Zitierungen heraus. Hinzukommt, dass die Zitate des Klageliedteils von Ps 22,2–22 nämlich 22,19 und 22,8 f. von hinten her „aufgerollt" werden und auf die Ausgangsklage in 22,2 zulaufen, die auch dadurch betont wird. Gemäß den Klageliedern in den Psalmen ist solche Klage Ausdruck der Verzweiflung und Bedrängnis, aber zugleich auch letzter Appell an den rettenden und schweigenden Gott, die Notlage zu wenden. So klagt der Beter gegen Gott und hofft zugleich auf ihn. Insofern stützt sich Matthäus in seiner Passion vor allem auf Ps 42/43, dann zwei Mal auf Ps 69 und zwar hier auf V. 22 und dann insgesamt vier Mal auf Ps 22. Deshalb kann man sagen, dass Matthäus die Linie der markinischen Passion durchhält bzw. sogar verstärkt, dass der leidende Jesus ein leidender Gerechter und leidender Ar- 140 mer ist. Mt verfolgt im Rekurs auf Ps 22 und Ps 69 konsequent seinen Kurs: Der Christus der Passion wird misshandelt, geschmäht, von unterschiedlichen Gruppen verspottet und bis zum Ende gequält. Es gibt für den Leidenden keine solidarische Entlastung; er ist ein „Wurm und kein Mensch" (Ps 22,7), „umsonst hat er auf Mitleid gewartet, auf einen Tröster, doch keinen gefunden" (Ps 69,21).

4. Zwei Sonderfälle

Zum Schluss seien noch die beiden Sonderfälle erwähnt: Mt 5,35 überliefert Ergänzungen der Gemeinde zu Ersatzformeln für die Anrufung Gottes beim Eid, wobei zwei der Ersatzformeln aus Jes 66,1 stammen und eine aus Ps 48,3 genommen ist. In Ps 48 wird Jerusalem als die Stadt des großen Königs gepriesen, ein Paradevers der Zionstradition. In Mt 13,34 f. ist die Diskrepanz der Zitateinleitung und des Zitates aus Ps 78,2 interessant. Vor allem wenn in V. 35 die Identifikation des Propheten mit dem Propheten Jesaja textkritisch noch hinzuzunehmen ist, kann man sich fragen, wieso Matthäus das Psalmenzitat dem Propheten Jesaja zuschreibt. Möglich ist, dass der vorhersagende Prophet Jesaja wie der prophetische Psalmenverfasser David sich näher gekommen sind.

5. Kurzes Fazit

Insgesamt kann man bei Matthäus eine spezifische Akzentuierung seiner Psalmenrezeption bzw. seiner Leserlenkung wahrnehmen.

In der Christologie arbeitet er mit der Übertragung von Aussagen der Psalmen über JHWH auf Jesus. Er nimmt die komplexe messianische Linie der verwandten Pss 2 und 110 auf, wie sie im masoretischen Text beginnt und in der Septuaginta verstärkt wird.

Auffällig ist der armentheologische Akzent aus den Pss 8 und 118, den er auch christologisch verarbeitet.

In der Anthropologie hat die armentheologische Akzentuierung der Rezeption ihren Schwerpunkt in den Selipreisungen und in der Passion. Hier ist es vor allem die armentheologische Perspektive in den Pss 8; 22; 34; 37; 51 und 69, die bei ihm den „Weg der Niedrigkeit" Jesu beschreibt und das Verhalten in der Nachfolge Jesu umreißt.

Überlegungen zur Davidisierung des Psalters

Frank-Lothar Hossfeld
Erich Zenger

79 Der Jubilar hat in seiner ausführlichen Darstellung der Messiaserwartung im Alten Testament deren ursprüngliche Verbindung mit der (judäischen) Königsideologie herausgestellt: „Die Königsideologie trägt im Alten Testament die Hauptlast für die spätere Ausformung der Messiaserwartung. Sie setzt sich aus zwei aufeinander verwiesenen Bereichen zusammen: aus der Vorstellung vom Königtum Gottes und der vom irdischen König als dem durch die Salbung eingesetzten Mandatar JHWHs."[1] Besonders die Psalmen haben den Inhalt des Titels „Gesalbter JHWHs" profiliert: „Die Psalmenliteratur des Alten Testaments hat dies vorbereitet, das traditionelle Königskonzept aufgenommen und weiter ausgestaltet."[2] Zurecht beruft H.-J. Fabry sich dabei auf die Königspsalmen: „Die *Königspsalmen* (Ps 2; 18; 20; 21; 45; 72; 89; 101; 110; 132; 144) gehen auf eine Interessengruppe zurück, die eine restaurative dynastische Königserwartung propagierte. Die Psalmen hatten ursprünglich den aktuell regierenden König im Blick und wurden in nachexilischer Zeit auf den künftigen Herrscher der Endzeit bezogen."[3] Der Wandel der Königsvorstellungen im Psalter leistet Vorarbeit für die vielfältigen Messiasvorstellungen im Frühjudentum und in Qumran, die der Autor dann ausführlich beschreibt. Der vorliegende Beitrag will an diese Akzentsetzungen anknüpfen und die Messiaserwartungen des Psalters in den größeren Kontext der für den Psalter typischen sogenannten Davidisierung stellen.

1. Zur Genese der Davidisierung

> „Dass David als geschichtliche Größe wie prototypische Figur eine prägende Gestalt des Psalmenbuches darstellt, ist offensichtlich. Dieser Befund basiert weniger auf den nicht allzu zahlreichen Belegen in den Psalmen selber, als auf den metatextlichen Präskripten, die dreiundsiebzig Psalmen David (und teilweise biographischen Situationen) zuweisen. Sie leiten an, die derart überschriebenen Psalmen als mit ihm verbunden zu verstehen."[4] 80

1 H.-J. Fabry / K. Scholtissek, Der Messias, 26.
2 Ebd., 27.
3 Ebd.
4 B. Weber, Psalm 78 als „Mitte" des Psalters?, 321.

Dieser Befund lässt sich in seiner Genese in folgenden Thesen zusammenfassen, die unseren derzeitigen Stand zur Entwicklung der Davidisierung darstellen:[5]

1) Die Davidisierung des Gesamtpsalters ist ein komplexer Wachstumsprozess, der im Psalter selbst beginnt und sich über ihn hinaus fortsetzt bis zur Gleichsetzung, dass das Psalmenbuch die Psalmen Davids sind.

2) Die ersten beiden Davidpsalter sind das Fundament der Davidisierung und gleichzeitig der Grundstock, von dem die Sammlung von Teilpsaltern hin zum Gesamtpsalter gewachsen ist.

3) Der Grundstock des ersten Davidpsalters ist im 6. Jh. v. Chr. in Juda entstanden. Das Verbindende der in den Grundstock aufgenommenen Psalmen war der konstante individuelle Beter, d. h. der sich in Nöten befindende und daraus gerettete David. Ein Beleg für die Identifizierung des Beters mit David ist der spezifische Rahmen des großen Königspsalms 18 (vgl. V. 1.51) neben dessen für die Psalmen singulären Doppelung in 2 Sam 22.

4) Tempelsängergruppen wie die Asafiten und Korachiter inklusive der Esrachiter haben ihre eigenen David-Psalmen ins babylonische Exil mitgenommen. Diese haben sie an den Grundstock des ersten Davidspsalters angefügt. Die Klammer-Funktion Davids als Beter haben sie respektiert und ihre Verbindung mit dem ersten Davidpsalter in den bekannten Doppelüberlieferungen der Ps 14 // 53 und Ps 40,14–18 // 70 angezeigt. Darüber hinaus haben sie die Identifizierungen des Beters im ersten und zweiten Davidpsalter inklusive des ansatzweisen Rückgriffes auf die Biographie Davids aus den Samuelbüchern durch Ps 18,1.51 weiter ausgebaut. Erstens haben sie in ihrer Weise vornehmlich den zweiten Davidpsalter (insgesamt achtmal) und den ersten Davidpsalter in Ps 3,1; 34,1 mit Situationsangaben aus dem Leben Davids biografisiert. Zweitens gestalteten sie die Schlussgruppe des zweiten Davidpsalters Ps 69–71 zum Gebet eines armen, schuldbewussten, leidenden, alten Beters, der zum Ende seines Lebens seinem Sohn Salomo sein königliches Vermächtnis vorbetet und der im singulären Kolophon Ps 72,20 als David, der Sohn Isais, identifiziert wird.

5) Das Erbe der Davidisierung aus den beiden ersten Davidpsaltern wurde im dritten (Ps 101–103), vierten (Ps 108–110) und fünften (Ps 138–145) Davidpsalter weitergegeben und über solitäre Davidzuschreibungen in Ps 86 sowie im Wallfahrtspsalter Ps 122; 124; 131; 133 und über weitere Ausbaustufen in der Septuaginta wie in Qumran zu Rezeption des kanonischen Psalters als Psalmen Davids fortgeführt. [81]

[5] Vgl. E. Zenger, Das Buch der Psalmen, 363–365 (Kompositions- und Redaktionsgeschichte des Psalters); F.-L. Hossfeld, Der elohistische Psalter (in diesem Band S. 203–215); ders., David als exemplarischer Mensch.

2. David als durchgehend prägende Gestalt des Psalters

Wenn man sich der Gestalt Davids nähern möchte, ist es sinnvoll, in den Psalmenkorpora zu beginnen. Sechsmal wird David in den Psalmenkorpora erwähnt, viermal ausdrücklich thematisiert:

- Der *Schlussvers von Ps 18* zeigt eine gezielte Selbstidentifizierung des Beters mit David, die Weichen stellen will. David erhält die Titel „König“ und „Gesalbter“. Ferner wird ihm der dauerhafte, zeitlich also entschränkte Bestand seiner Dynastie zugesagt, was einen Zukunftsaspekt impliziert. Sachlich und sprachlich steht diese Zusage dem Natanorakel in 2 Sam 7,11b–16 nahe.
- Der asafitische *Geschichtspsalm 78* in zentraler Position der Ps 73–83 erzählt die Geschichte Israels vom Exodus bis zum Untergang des Nordreiches und womöglich darüber hinaus bis zur Rettung Jerusalems 701 v. Chr. (vgl. Ps 78,66). Er kulminiert in der Erwählung des Stammes Juda (Südreich), des Zion und Davids als königlichen Hirten.
- *Ps 89* offenbart den Konflikt zwischen den göttlichen Zusagen des Davidbundes und der Verwerfung bzw. dem Untergang des Königtums.[6] Er zielt bewusst auf die anklagende Frage nach der Gültigkeit göttlicher Zusagen an David und gibt die Erinnerung an David im Psalter weiter.
- *Ps 132* behandelt ausdrücklich die Leistungen Davids. Nach diesem Psalm gründete David den Tempel und die Tempelliturgie auf dem Zion. JHWH antwortet mit der (bedingten) Zusage des Wiederauflebens des Königtums am gesegneten Ort. Der Psalm bestätigt die restaurativen nachexilischen Erwartungen.
- Die beiden Daviderwähnungen in *Ps 122,5* (Throne des Hauses David in Jerusalem) und *144,10* (Befreiung Davids, des Knechtes JHWHs, d. h. Rettung der weiteren Nachfolger Davids) haben im Kontext ihrer Teilpsalter, des Wallfahrts- und des fünften Davidpsalters, größere Bedeutung als den einer sporadischen Erwähnung (s. u.).
- Flankierend zu diesem Befund tritt die Übersicht über das Vorkommen des Königstitels „Gesalbter“ in den Psalmenkorpora (insgesamt zehnmal). Fünf Stellen (Ps 18,51; 89,39.52; 132,10.17) gehören zu den oben erwähnten Königspsalmen. Weitere vier Stellen bestätigen die Bedeutung des Königsthemas in den Königspsalmen: Ps 2,2 gehört zum Grundpsalm 2,1–9, der zugleich den sogenannten messianischen Psalter Ps 2–89 als Proömium eröffnet und wohl deswegen als „Orphanus“ vom ersten Davidpsalter abgesetzt wurde. Ps 20,7 gehört als redaktionelle Fürbitte für den König zum dritten Königspsalm. Ps 28,8 ist eine redaktionelle Vertrauensaussage in Bezug auf den göttlichen Bestand für den König, gefolgt von einer Bitte für das Volk. Ebenso ist Ps 84,9–10 eine eingeschobene, redaktionelle Fürbitte

---

6 Vgl. J. Schnocks, „Verworfen hast Du den Bunde mit dem Knecht“, 195–202.

für den König im Eröffnungspsalm der zweiten 82 Gruppe der Korachpsalmen. In Ps 105,15 wird der Titel in vom Königstitel abgeleiteter Funktion auf die Patriarchen angewandt.

Der Einstieg über die „David"-Vorkommen und die Stellen mit dem mit David verbundenen Titel „Gesalbter" im Psalter führt uns mit Notwendigkeit zu den elf Königspsalmen, die als Gerüst den Psalter strukturieren:[7]

- Der *erste Königspsalm* (Ps 2,1–9) ist das anerkannte Vorwort zum messianischen Psalter – in bewusster Spannung zum Ende des messianischen Psalters in Ps 89, was auch das Fehlen einer naheliegenden David-Zuschreibung erklären könnte.
- Der *zweite Königspsalm* (Ps 18), zusammen mit dem *dritten* und *vierten Königspsalm* (Ps 20 und 21), bildet ein älteres Zentrum der zweiten Psalmengruppe 15–24 im ersten Davidpsalter, das später durch den Einschub von Ps 19 abgelöst wurde.
- Der *fünfte Königspsalm* (Ps 45) ist ein metaphorisches Hochzeitslied auf die Hochzeit des Königs mit der Königstochter Zion. Er fungiert als Kontrapunkt zur Volksklage in Ps 44 und als Überleitung und hermeneutischer Schlüssel zur Trias der Zionspsalmen 46–48.
- Der *sechste Königspsalm* (Ps 72) steht am Ende des zweiten Davidpsalters und wegen dessen Abhängigkeit vom ersten Davidpsalter auch zugleich am Ende der im ersten und zweiten Davidpsalter durchgehaltenen Biografie Davids (vgl. die Schlussgruppe Ps 69–71.72 zusammen mit der Salomozuschreibung und dem Kolophon [s. o.]). Ferner ist Ps 72 am Ende des zweiten Buches (Ps 42–72) markiert durch eine Doxologie, deren *baruk*-Formel der elohistischen Tendenz des elohistischen Psalters entspricht.
- Der *siebte Königspsalm* (Ps 89) beendet den messianischen Psalter. Redaktionelle königstheologische Notizen wie Ps 20,7; 28,8 f.; 61,7; 63,12; 89,9 f., die in den bisherigen Teilgruppen des Psalters die Königsfrage wach halten, hören mit Blick auf den Gesamtpsalter nach Ps 89 auf. Zugleich markiert der Psalm das Ende des dritten Buches, und vor allem steht er mit Blick auf die übergreifende Dynamik des Psalters von der Klage zum Lob an der anerkannten Hauptzäsur oder Wasserscheide des Psalters.
- Der *achte Königspsalm* (Ps 101) folgt auf das Finale der JHWH-König-Psalmen in Ps 100, die den JHWH-König-Psalter abschließen. Insofern antwortet er auf diesen theokratischen Höhepunkt und trägt damit die Grundfrage des Gesamtpsalters weiter, die auch in allen Königspsalmen mitschwingt: Wie vermittelt sich die Königsherrschaft JHWHs in die konkrete Geschichte? Ps 101 stellt das Gebet eines bescheidenen Provinzkönigs dar, der von Jerusalem aus, der Stadt JHWHs (V. 8), regiert und in der Nähe des Tempels lebt. Die Davidzuschreibung gibt dem Psalm ein

[7] Vgl. K.-P. Adam, Der königliche Held; M. Leuenberger, Konzeptionen des Königtums JHWHs im Psalter; M. Saur, Die Königspslamen; F.-L. Hossfeld, Messianische Texte des Psalters.

auto- [83] biographisches Flair. „Dass in Ps 101 und 103 David zu Wort kommt, ist gleichwohl interpretationsrelevant: Die in den beiden Psalmen beschriebenen Haltungen bzw. Erfahrungen sind in gewisser Weise typisch für das Leben Davids. Sein Vorbild gibt Anleitung dafür, die aktuelle Notsituation zu bewältigen."[8]

Konsequenterweise eröffnet Ps 101 die Trias des dritten Davidpsalters, eine in sich geschlossene Abfolge (Ps 101: Selbstvorstellung des Königs; Ps 102: der König in Nöten; Ps 103: Dank für die Errettung von Sünde und menschlicher Schwäche an den Schöpfer und Weltenkönig JHWH). Der dritte Davidpsalter entwickelt das Thema „himmlisches und irdisches Königtum" weiter und bedenkt David als Paradigma für den Menschen.

- Der *neunte Königspsalm* (Ps 110) schließt die Trias des vierten Davidpsalters ab. Nach dem Proömium des fünften Buches in Ps 107, dem Lobpreis der aus dem Exil Heimgekehrten und Erlösten auf die Liebe Gottes und seine Rettungstaten, traktiert der vierte Davidpsalter die oben schon angeführte Kernfrage der Königspsalmen, die Vermittlung und Konkretion der Königsherrschaft Gottes. Der Kompositpsalm 108 greift auf den zweiten Davidpsalter zurück und erneuert die nachexilisch-restaurativen Hoffnungen auf Etablierung der Herrschaft Davids über das Land. König David wird zum Sprecher der Trias und damit auch Sprecher bzw. Repräsentant des Volkes. In Ps 109 wehrt er sich gegen die Falschanklagen gegen seine Person und erfährt danach im Schlusspsalm 110 die feste Zusage, dass der Weltenherrscher JHWH ihn zu seiner Rechten inthronisieren wird.
- Der *zehnte Königspsalm* (Ps 132) im Wallfahrtspsalter 120–134 gehört als dritter und letzter zu den Mitte-Psalmen Ps 122; 127; 132 der drei konstitutiven Fünfergruppen (120–124; 125–129; 130–134).[9] Ps 122 beschreibt mittels der Zuschreibung an David diesen als Prototyp eines Wallfahrers nach Jerusalem, das gekennzeichnet ist durch die Präsenz des Tempels (Haus JHWHs) und der Dynastie Davids (Haus David). Der Salomopsalm 127 beschreibt die Lehre des weisen Salomo in Bezug auf das friedliche Zusammenleben in Jerusalem, das von JHWH gesegnet und beachtet wird. Der Königspsalm 132 parallelisiert wie Ps 122 die Anliegen des Tempels bzw. Zions und der davidischen Dynastie. Es ist ein Gebet für den Gesalbten und Nachfolger Davids unter Berufung auf das Gelübde Davids und auf die göttliche Zusage der bleibenden Erwählung Zions. David wird vorgestellt als Gründer des Tempels mit dessen Liturgie, und JHWH garantiert das Bestehen der davidischen Dynastie und den Wohlstand [84] Jerusalems. Der

[8] J. Steinberg, Die Ketuvim, 256. Steinberg spricht nicht von Ps 102, dessen Überschrift David nicht nennt, aber dessen Überschrift der zitierten Pragmatik der Ps 101 und 103 entspricht. Hinzu kommt, dass der dritte Davidpsalter zum Kompositionsprinzip der häufiger auftretenden Triaden passt.

[9] Vgl. ebd., 261–263, und F.-L. Hossfeld/E. Zenger, Psalmen 101–150, 403.

Königspsalm 132 ist wiederum ein Zeuge der restaurativen, nachexilischen Königserwartungen.

– Der *elfte und letzte Königspsalm* (Ps 144) ist der vorletzte Psalm im fünften Davidpsalter, der einmal den Gesamtpsalter in der Konzeption der „fünfteiligen Tora Davids“ Ps 1–145 abschloss.[10] Der fünfte Davidpsalter versammelt acht Individualgebete. Im Königspsalm 144 ist der König einzelnes Individuum wie zugleich Repräsentant des Volkes, wie die abschließende Wir-Passage V. 12–15 zeigt. Von vornherein steht der fünfte Davidpsalter unter dem Königsthema. In Ps 138 ist der Beter David der Anführer des universalen Lobes der Völkerkönige. Die gleiche Funktion übernimmt er im Finalpsalm 145. Der Königspsalm 144 ist nur im Verbund mit Ps 145, dem königlichen Lobpreis der Gottesherrschaft JHWHs in Schöpfung und Geschichte, zu verstehen. Der Königspsalm 144 stellt durch Rekurs auf den ersten Davidpsalter, insbesondere auf den Königspsalm 18, den König als hilfsbedürftigen Mandatar des Weltenkönigs JHWH vor. Der irdische König tritt in seiner Niedrigkeit auf und bestimmt sich selber im Vergleich mit älteren Königspsalmen durch die Reihe von Negationen: Der König ist kein Kooperator JHWHs wie in Ps 18, er ist kein Segensmittler wie in Ps 72, er ist kein Träger von Hoheitstiteln wie „König“, „Gesalbter“, „Hirte“, „Richter“; dagegen ist er unter den Menschen, den vergänglichen Geschöpfen, der *primus inter pares*.

3. Diachrone und synchrone Beobachtungen zur Davidisierung

Die Inspektion der Vorkommen von „David“ und „Gesalbter“ in den Psalmenkorpora sowie des strukturellen Gerüstes der Königspsalmen innerhalb des Psalters hat die Konstanz, breite Streuung und Ausstrahlung des Königs, Dichters und Sängers David für den Psalter aufgewiesen. Es kommt nicht von ungefähr bzw. es hängt mit dem Kern des Königsthemas zusammen, nämlich mit der Frage der Vermittlung der Königsherrschaft JHWHs in Schöpfung und Geschichte (speziell in der Geschichte Israels), dass in der neueren Forschungsgeschichte zu den Psalmen gerade die Königspsalmen als der Ansatzpunkt für die geschichtliche Verortung der Psalmen- und Psalmengruppen erkannt wurden.

So hat grundlegend R. G. Kratz von den Doxologien und der Einteilung in fünf Bücher ausgehend den historischen Verlauf des lebenszeitlichen Hintergrundes der Psalmen nachgezeichnet:

> „So führen die ersten beiden Doxologien in 41,14 und 72,18 f. (mit V. 20) auf die Königszeit unter David und Salomo (72.1.20).[11]

---

[10] Vgl. E. Zenger, Das Buch der Psalmen, 365.

[11] R. G. Kratz, Die Tora Davids, 21.

Die Position der Doxologien in Ps 89,53 und 106,(47.)48 ist zweifellos von der chronistischen Darstellung und ihrer Transparenz auf die exi- [85] lisch-nachexilischen Verhältnisse inspiriert, suggeriert aber in der Abfolge der Bücher zugleich einen – sachlich gesteuerten – ‚historischen' Verlauf. In ihm folgt – im Sinne der doxologischen Zäsuren! – auf die Gründerepoche unter David und Salomo (Ps 2/3 – 41.42–72) die Epoche des Niedergangs (Ps 73–89.90–106), die die vorexilische Königszeit abschließt (Ps 89) und in die von Mose präfigurierte, mindestens ‚70 Jahre' währende (Ps 90,10) Exilszeit führt (Ps 90–106), in der das davidisch-salomonische Königtum an JHWH allein übergeht (Ps 74,12 im Kontext; 93 ff.; 103,22) und von der an David selbst seine ‚historische' Rolle von Ps 2–41.42–72 ganz verliert und nur noch das Vorbild des frommen Einzelnen ist.[12]
Im Anschluß an die vierte und letzte Doxologie in 106,48 findet mit Ps 107 ein weiterer Übergang statt, der Übergang vom vierten zum fünften Buch in Ps 107–150. … Im Sinne des redaktionellen Konzepts der Doxologien beginnt mit der Erfüllung der Bitte von 106,47 … in 107,2 f. eine Epoche der Restitution, in der in anderer Form wiederkehrt, was gemäß Ps 3–72 einmal gewesen und gemäß Ps 73–106 verlorengegangen ist."[13]

R. G. Kratz trifft *grosso modo* das geschichtstheologische Epochenschema hinter den fünf Büchern. Das von ihm erkannte Ineinander von historischer und paradigmatischer Bedeutung einer Epoche ist auch – ihn korrigierend – auf die Figur Davids anzuwenden. David ist vom Anfang bis zum Ende des Psalters durchgängig eine historische und zugleich paradigmatische Figur, er ist historischer König und typischer Mensch. Aber es stimmt, dass sein Auftreten im Psalter zugleich seine Verbindung mit dem Geschichtsverlauf provoziert. Deswegen findet sich in jedem der fünf Davidpsalter mindestens ein Königspsalm an herausgehobener Stelle; insgesamt verteilen sich sieben Königspsalmen auf fünf Davidpsalter (1. Davidpsalter: Ps 18; 20; 21 – 2. Davidpsalter: Ps 72 – 3. Davidpsalter: Ps 101 – 4. Davidpsalter: Ps 110 – 5. Davidpsalter: Ps 144).

In diesen Zusammenhang gehört auch der Wandel des David-Bildes, das der Psalter bezeugt. E. Zenger führt im Blick auf die midraschartigen Psalmen-Überschriften vornehmlich im ersten und zweiten Davidpsalter (vgl. aber auch Ps 142) aus:

„Das hier sichtbar werdende David-Bild unterscheidet sich signifikant vom David-Bild der Chronik. Während David in der Chronik weder als Beter noch als Sänger von Psalmen auftritt, sondern Begründer und Organisator der Tempelmusik, wahrscheinlich sogar Erfinder von Instrumenten sowie Auftraggeber zur Dichtung von Psalmen und ihrer musikalischen Aufführung ist, steht der David der Psalmenüberschriften (mit Ausnahme von Ps 30) in keinerlei liturgischem Kontext. Im Gegenteil: Er befindet sich an ‚profanen' Orten, ist ein Verfolgter und [86] Sünder, ein von Feinden Bedrohter und aus Feindeshand Geretteter, der unter dem besonderen Schutz JHWHs steht – und der dies in den Psalmen, die er selbst rezitiert, festhält. Er betet *diese* Psalmen weder in seiner ‚amtlichen' Funktion als König noch in Anspielung auf seine *besondere* königstheologisch begründete Gottesnähe. Zumindest in jenen Psalmen, die in ihrer Überschrift Le-

[12] Ebd., 22 f.

[13] Ebd., 23 f.; vgl. B. Weber, Psalm 78 als „Mitte" des Psalters?, 317 Anm. 32, sowie B. Janowski, Ein Tempel aus Worten.

> benssituationen Davids konkretisieren, ist David (anachronistisch gesprochen) ‚Laie'. Aber gerade als *solcher* ist der Psalmenbeter David eine *allgemeine* Identifikationsfigur: ‚As David, so every man'."[14]

Dieser Gegensatz zwischen dem „Laien" und dem „Liturgen" David ist ein erster Einstieg, um nach dem Wandel des leitenden Königsbildes zu fragen, wie es sich vor allem in den Königspsalmen unter Einbeziehung von Ps 78 widerspiegelt.

Anlässlich des vierten Davidpsalters Ps 108–110 charakterisiert E. Zenger den Wandel des Königsbildes folgendermaßen:

> „Die folgende ‚David-Trilogie' Ps 108–110 ist von der Redaktion hinter Ps 107 gesetzt worden, um mit ihr die Vision der Restitution Israels nach dem Modell der Wiederkehr der davidischen ‚Gründungszeit' zu präsentieren. Die Erinnerung an den ‚historischen' David und an die territoriale Ausdehnung seines Reiches (Ps 108), aber auch an die ihm durch JHWH vermittelte Unterwerfung der Feinde (Ps 110) stilisiert ihn hier zu einer prototypischen Hoffnungsfigur der nachexilischen Zeit. Allerdings fällt auf, dass seine königliche Rolle (im Vergleich zu Ps 2; 18: 21: 45; 72; 89) zurückhaltender gezeichnet wird (er trägt keine Königstitulatur, er bittet um JHWHs Hilfe). Da die Redaktion auch Ps 109, das Bittgebet eines ‚Armen und Elenden' (Ps 109,22), dem David zuschreibt, wird diese Machtreduktion besonders deutlich (zur ‚Depotenzierung' des Königs vgl. auch Ps 144)."[15]

Wie oben dargelegt, stellt Ps 89 die Krise des traditionellen, starken Königsbildes dar (vgl. V. 26.28). Nach Ps 89 an der Hauptzäsur des Psalters verändert sich das Königsbild vom starken zum schwachen König. Das gilt – die von Zenger oben genannten Königspsalmen 110 und 144 ergänzend – schon für den Provinzkönig von Ps 101 sowie für den liturgisch agierenden und auf den Zion konzentrierten Gesalbten von Ps 132. Das Königsbild passt sich dem nachexilischen Geschichtsverlauf an, ohne im restaurativen Beharren aufgegeben zu werden.

Konkordant mit diesem Befund nimmt ab Ps 89 die sog. theokratische Tendenz (die kämpferische Durchsetzung der Gottesherrschaft auf Erden
87 durch JHWH selbst) zu.[16] Ps 101 schweigt von der Außenpolitik. Ps 110 setzt die theokratische Tendenz fort:

> „Einerseits kommt nun die nachexilische Wirklichkeit in den Blick, insofern dem ‚neuen' Davididen (hohe)priesterliche Würde und Funktion zugesprochen werden; das ent-

[14] E. Zenger, Der Psalter als Buch, 40 f.

[15] F.-L. Hossfeld / E. Zenger, Psalmen 101–150, 158.

[16] „Nach Ps 89 schlägt *ausschließlich JHWH* die Feinde nieder. Von Ps 2 als Proömium der Psaltersammlung 2–89* her betrachtet, tritt immer weniger der irdische König in die Gestalt des königlichen Helden (Ps 2.18.21.45), und statt dessen beschreiben die Psalmen zunehmend *JHWH* in dieser Handlungsrolle. So ist es in Ps 74 (V. 12–14) und vor allem ausführlich in Ps 89 zu sehen. Im vorangestellten Hymnus von Ps 89 kommt diese *theokratische Tendenz* zu ihrem Höhepunkt." (K.-P. Adam, Der königliche Held, 176).

> spricht auch dem Davidbild von Ps 132. … Möglicherweise soll diese priesterliche Dimension des Königtums die im übrigen Psalm dominierende kriegerische Dimension relativieren bzw. korrigieren. … JHWH und der König setzen ihre universale Herrschaft durch [vgl. V. 5–7], allerdings geschieht dies so, dass JHWH der eigentliche Akteur ist, der beim Kampf ‚an der Rechten' des Königs agiert, wie wir dies auch aus der Ikonographie kennen."[17]

Ps 132 konzentriert sich wie Ps 101 auf den Zion. Die priesterlichen Züge der davidischen Herrschaft (s. o.) führen zu keiner Aussage zur kämpferischen Außenpolitik. In Ps 144 kämpft der niedrige Knecht JHWHs um sein königliches Überleben und nicht um Herrschaft über die Völker. JHWH muss ihm das eigene Volk unterwerfen (V. 2), ihn von Handlangern ausländischer Besatzungsmächte befreien (V. 7.11) sowie ihn vom bösen Schwert retten (V. 10). Große Siege und Taten werden allein vom König JHWH vollbracht (Ps 145). Für die Beschreibung der „davidisch-messianischen Tendenzen" des Psalters sind vom vierten und fünften Psalmenbuch her sowohl die restaurative Konstante als auch der Wandel des Königsbildes zu berücksichtigen, die beide zur Vorsicht bei der inhaltlichen Füllung der Begriffe „eschatologischer/endzeitlicher Messianismus" oder „Protomessianismus" in Bezug auf den Psalter mahnen.

Der Jubilar hat die Königspsalmen auf eine Interessengruppe zurückgeführt, die eine restaurative dynastische Königserwartung propagierte (s. o.). Wir fragen analog: Wer steht hinter der Davidisierung, hinter den fünf Davidpsaltern mit ihren 73 Davidzuschreibungen neben der Zuschreibung an Salomo und dem Kolophon in Ps 72,1.20? Wer trägt die durchgehenden Königspsalmen und sorgt für ihre strukturbestimmende Positionierung im Gesamtpsalter? Wer behandelt ausdrücklich David bzw. den Gesalbten in den betreffenden Psalmenkorpora? Es können nicht allein die Hof- und Tempelsänger des judäischen Königshofes gewesen sein, die nach Babylon ins Exil deportiert wurden (vgl. Ps 137). Sie, die Asafiten, Korachiter und Esrachiter haben, wie oben angegeben, den ersten und zweiten Davidpsalter als Erbe [88] übernommen und bearbeitet. Zugleich haben sie ihre eigenen Psalmen unter ihrem eigenen Namen herausgegeben, die Davidüberlieferung weitergetragen (Ps 78) und die Tradition der Königspsalmen im Sinne ihrer eigenständigen Theologie (Ps 2; 89 – vgl. die königstheologischen Notizen) weitergeführt. Das spricht für eine den Tempelsängern vor- und aufgegebene David-Tradition, an der sie teilhaben. Im vierten und fünften Psalmenbuch vermehren sich die überschriftslosen Psalmen und es erscheinen keine weiteren Zuschreibungen an Tempelsängergruppen, obwohl sich die Spuren der Tempelsänger weiter verfolgen lassen, wie es die liturgischen und strukturierenden Lobformeln anzeigen oder ein Solitär wie Ps 137 verrät. Einzig die Davidzuschreibungen im dritten bis fünften Davidpsalter laufen durch das vierte und fünfte Psalmenbuch weiter hindurch, ebenso wie die Königspsalmen und Davidnennungen in den Psalmenkorpora durchgehalten werden.

---

[17] F.-L. Hossfeld/E. Zenger, Psalmen 101–150, 210.

Eine weitere Überlegung warnt ebenfalls vor einer monokausalen Rückführung der Davidisierung im weiten Sinne auf die Großgruppe der Tempelsänger. Ausgehend von Traditionssträngen im Penta-, Hexa- und Enneateuch mit den Säulen im Deuteronomismus und der priesterlichen Theologie lassen sich deren Einflüsse auch im Psalter feststellen, was weitere prophetische und weisheitliche Einflussnahmen nicht negieren soll. Wir haben die Nähe der Asafiten zur deuteronomistischen Theologie und die Auseinandersetzung mit ihr festgestellt – auch außerhalb der eigentlichen Asafpsalmen (Ps 18; 95; 103). Ferner haben wir in der Trias der Geschichtspsalmen 104–106 eine priesterliche Redaktion festgestellt; den Wallfahrtspsalter 120–134 und den fünften Davidpsalter 138–145 haben wir auf priesterliche Kreise zurückgeführt, wohingegen wir im vierten Davidpsalter 108–110 sowie im Pessach-Hallel 113–118 und im Schlusshallel 146–150 Kompositionen der Tempelsänger vorfanden. Überträgt man diesen Befund auf die den Psalter prägende Davidisierung im weiten Sinne, dann ist diese Davidisierung im Kern Gemeingut für unterschiedliche mit König David und dem Tempel verbundene Gruppen, d. h. mindestens für zwei im Psalter sich durchhaltende Überlieferungsträger, nämlich die Priester und die Tempelsänger. Die Priester sind wie die Tempelsänger exiliert worden. Im Exil haben sie am Tempel und an König David festgehalten. Dafür gibt es neben dem Psalter einen bedeutenden Beleg, nämlich das Ezechielbuch, das seine Datierung auf das Deportationsjahr 597 v. Chr. eicht – das Jahr, in dem der in priesterlichen Augen letzte Davidide Jojachin mit der Oberschicht nach Babylon deportiert wurde –, ein Buch, das mit einer großen Tempelvision (Ez 40–48) schließt und das ebenso wie der Psalter im vierten und fünften Buch an einer restaurativen Königswartung in Ez 34,23 f. und 37,24 f. beharrlich festhält. Wenn die Davidisierung des Psalters Gemeingut ist, das von Priestern wie von Tempelsängern gepflegt wurde, dann drängt sich eine Analogie zum Verfasserkreis des Dtn auf, den G. Braulik so beschreibt: 89

> „Verschiedenes deutet darauf hin, dass die Verfasser des Dtn in den literarisch wie theologisch und juristisch kompetenten Kreisen der Jerusalemer Führungselite zu suchen sind. Sie trugen eine vorwiegend kultisch und politisch ausgerichtete Reformbewegung, die Israel zu seiner ursprünglichen Identität zurückführen wollte. So waren bei der Auffindung des ‚Tora-Buches' (2 Kön 22 f.) der Hauptpriester Hilkija und der Kanzler Schafan, die beiden wichtigsten Beamten des Königs, maßgeblich beteiligt; später war der Prophet Jeremia mit der Schafanfamilie (vor allem mit Gedalja) verbunden. Ferner zeigt die Prosa des Dtn auch Bezüge zum höfischen Redestil und zur Sprache der Weisheitsliteratur, wie sie wohl vor allem in der höheren Beamtenschaft gepflegt wurde."[18]

So zeigt zusammenfassend gerade die Davidisierung Eigenständigkeit und Vernetzung des Psalters mit anderen Überlieferungen und Büchern des AT und bestätigt den Ruf des Psalters, eine „kleine Biblia" zu sein. 90

[18] G. Braulik, Das Buch Deuteronomium, 142.

Literaturverzeichnis

ADAM, K.-P., Der königliche Held. Die Entsprechung vom kämpfenden Gott und kämpfendem König in Ps 18 (WMANT 91), Neukirchen-Vluyn 2001.

BRAULIK, G., Das Buch Deuteronomium, in: E. Zenger u. a. (Hg.), Einleitung in das Alte Testament (Studienbücher Theologie 1.1), Stuttgart [7]2008, 136–153.

FABRY, H.-J. / SCHOLTISSEK, K., Der Messias (NEB Themen 5), Würzburg 2002.

HOSSFELD, F.-L., Messianische Texte des Psalters. Ein Überblick mit hermeneutischen Konsequenzen, in: I. Z. Dimitrov u. a. (Hg.), Das AT als christliche Bibel in orthodoxer und westlicher Sicht. Zweite europäische orthodox-westliche Exegetenkonferenz im Rila-Kloster vom 8.–15. September 2001, Tübingen 2004, 307–324.

–, Der elohistische Psalter Ps 42–83. Entstehung und Programm. Vortrag auf dem Colloquium Biblicum Lovaniense LVII. August 5–7, 2008, in: E. Zenger (Hg.), The Composition of the Book of Psalms (BEThL 238), Leuven 2010, 199–213 (in diesem Band S. 203–215).

–, David als exemplarischer Mensch. Literarische Biographie und Anthropologie am Beispiel Davids. Vortrag auf der AGAT-Jahrestagung 2008 in Münster, in: C. Frevel (Hg.), Biblische Anthropologie. Neue Einsichten aus dem Alten Testament (QD 237), Freiburg u. a. 2010, 243–255.

– / ZENGER, E., Psalmen 101–150 (HThK.AT), Freiburg u. a. 2008.

JANOWSKI, B., Ein Tempel aus Worten. Zur theologischen Architektur des Psalters. Vortrag auf dem Colloquium Biblicum Lovaniense LVII, August 5–7, 2008, in: E. Zenger (Hg.), The Composition of the Book of Psalms (BEThL 238), Leuven 2010, 279–306.

KRATZ, R. G., Die Tora Davids. Psalm 1 und die doxologische Fünfteilung des Psalter, in: ZThK 93 (1996), 1–34.

LEUENBERGER, M., Konzeptionen des Königtums JHWHs im Psalter. Untersuchung zu Komposition und Redaktion der theokratischen Bücher IV–V innerhalb des Psalters (AThANT 83), Zürich 2004.

SAUR, M., Die Königspsalmen. Studien zur Entstehung und Theologie (BZAW 340), Berlin 2004.

SCHNOCKS, J., „Verworfen hast du den Bunde mit deinem Knecht“ (Ps 89,40), in: C. Dohmen / C. Frevel (Hg.), Für immer verbündet. Studien zur Bundestheologie der Bibel. FS F.-L. Hossfeld (SBS 211), Stuttgart 2007, 195–202.

STEINBERG, J., Die Ketuvim – ihr Aufbau und ihre Botschaft (BBB 152), Hamburg 2006.

WEBER, B., Psalm 78 als „Mitte“ des Psalters? – ein Versuch, in: Biblica 88 (2007), 305–325.

ZENGER, E., Der Psalter als Buch. Beobachtungen zu seiner Entstehung, Komposition und Funktion, in: ders. (Hg.), Der Psalter in Judentum und Christentum (HBS 18), Freiburg u. a. 1998, 1–57.

–, Das Buch der Psalmen, in: ders. u. a. (Hg.), Einleitung in das Alte Testament (Studienbücher Theologie 1,1), Stuttgart [7]2008, 348–370.

Ps 50 und die Verkündigung des Gottesrechts

Frank-Lothar Hossfeld

[83] Der Jubilar hat sich in seiner Auseinandersetzung mit den Psalmen zuletzt mit Fragen der Redaktionskritik[1] und darauf weiterbauend mit Fragen der Endredaktion des Gesamtpsalters[2] beschäftigt. Dabei relativiert er eindrucksvoll die gängige These, der Psalter sei das Lieder- und Gesangbuch des zweiten Tempels zugunsten der Verwendung des Psalters als persönliches „Gebets- und Betrachtungsbuch“ in den Händen der sogenannten Frommen zur Zeitenwende. Für den hier zur Debatte stehenden Psalm 50 hält er einerseits an der kultischen Verwurzelung fest (eine „prophetische Liturgie“ zusammen mit Ps 81 und 95), rechnet ihn aber andererseits zu einer Gruppe von Tora-Psalmen (die „eigentlichen Tora-Psalmen“ 1; 19 B; 119 sowie die Einzugsliturgien Ps 15 und 24 einschließlich der „prophetischen Liturgien“ Ps 50 und 81), die eine redaktionelle Tendenz zur „Nomisierung des Psalters“ anzeigen.[3] Beide Rückfragen, die nach der kultischen Wurzel wie die nach der redaktionellen Position und Ausrichtung, bestimmen nach wie vor die Interpretation dieses Psalms.

Zur Literar- und Gattungskritik

Der Psalm ist bis auf V. 3a.16aα einheitlich. Die beiden Bitten in V. 3a („es komme unser Gott und schweige nicht“) unterbrechen die Schilderung der Theophanie. Die Bitte an Jahwe „schweige nicht“ leitet öfters ganze Psalmen oder deren Unterabschnitte ein (Ps 28,1; 35,22; 39,13 u. ö.). Hier fällt sie darüber hinaus durch die im Psalm singuläre 1. pers. pl. „unser Gott“ auf. Sie wurde wohl mit Blick auf V. 21a eingangs eingefügt und trägt gruppenspezifische Bittelemente ein. Die Redeeinleitung V. 16aα steht außerhalb des umgebenden Parallelismus membrorum. Ferner erwartet man mit Rücksicht auf V. 1.7 das gefülltere *dbr* statt des geläufigen *ʾmr* der Botenformel. Diese Rede-

1 N. Füglister, Ein garstig Lied – Ps 149, in: E. Haag / F.-L. Hossfeld (Hg.), Freude an der Weisung des Herrn. Beiträge zur Theologie der Psalmen, FS H. Groß (SBB 13), Stuttgart ²1987, 81–105.

2 Ders., Die Verwendung und das Verständnis der Psalmen und des Psalters um die Zeitenwende, in: J. Schreiner (Hg.), Beiträge zur Psalmenforschung. Psalm 2 und 22 (fzb 60), Würzburg 1988, 319–384.

3 Ders., Die Verwendung und das Verständnis der Psalmen (s. Anm. 2), 330 und 361.

einleitung verstärkt die Zweiteilung der [84] Jahwerede V. 7–23 und insinuiert eine Spaltung des Volkes bzw. der Gemeinde in Fromme und Frevler, wohingegen der übrige Psalm an das ganze Volk Israel denkt, in dem zwar der einzelne mehr und mehr in den Vordergrund tritt. Beide Eintragungen können auf eine spätere Redaktion im Sinne der Gruppe der Frommen und Armen hinweisen.

Der Psalm gliedert sich deutlich in drei Teile: Diese Einleitung mit der Schilderung der Theophanie in V. 1–6 und dann die geteilte Jahwerede an das Volk (wie an den einzelnen) mit dem ersten Redeteil zum Thema „Opfer" in V. 7–15 und dem zweiten Teil zum Thema „Einzelvergehen gegen den Nächsten" in V. 16–23. Die drei Teile sind mehrfach miteinander verbunden: Einmal durch punktuelle Entsprechungen wie die Rede vom „Rügen" (V. 8.21) oder vom „Ehren Jahwes" durch die Beter (V. 8.21) oder durch Anspielungen an den Bundesschluß (V. 5.16). Sowohl in V. 5 wie in V. 22 wird das Volk durch Partizipien tituliert und charakterisiert. Zweimal wird das Weltganze des Kosmos räumlich durchmessen. Jahwes Rufen erfaßt sowohl die horizontale („vom Aufgang der Sonne bis zu ihrem Untergang" V. 1) wie die Vertikale („dem Himmel droben und der Erde [unten]" V. 4). Ebenso herrscht er über die Tiere, nämlich die Wald- bzw. Wildtiere sowie die Haustiere auf der Erdoberfläche in V. 10 und in vertikaler Erstreckung über die Vögel des Himmels sowie das Feldgewürm in V. 11. Die Dekaloganklänge in V. 7 (Selbstvorstellungsformel) und in V. 18–20 (Trias von Geboten der zweiten Tafel) binden die Jahwerede zusammen. Deren Zweiteilung entspricht auch in der Sache der systematisierenden Zwei-Tafel-Einteilung des Dekalogs in Kultus (Gottesgebote) und Ethos (Sozialgebote). Die den Psalm in V. 23 abschließende Lehre greift die Zweiteilung auf: Es geht um die Jahwe ehrende Darbringung des Dankopfers und um die heilvolle Beachtung des Gesetzesweges.[4]

Die gerade für die Psalmenexegese typische formen- und gattungskritische Diskussion hat bei diesem Psalm sowohl den Charakter einer prophetischen Gerichtsrede[5] als auch den einer belehrenden Predigt[6] als auch die spezifisch kultische Anbindung insbesondere [85] an das Fest der Bundeserneuerung[7]

---

4 Mit H. Gese, Psalm 50 und das alttestamentliche Gesetzesverständnis, in: J. Friedrich u. a. (Hg.), Rechtfertigung, FS Käsemann, Göttingen 1976, 57–77 bes. 60 f., ist in V. 23 *w*^{e}*śåm dærœk* als Breviloquenz für *śåm ʿal libbo* wie in Ijob 24,12 („achten auf …") zu verstehen; eine Konjektur des MT ist daher überflüssig.

5 Diese Position wird ausführlich referiert und diskutiert bei M. Mannati, Le psaume 50 est-il un *rîb*?: Sem. 23 (1973) 27–50.

6 Diese Einschätzung erwächst aus einer Kritik der vorhergehenden Position und beruft sich vor allem auf die Anklänge an dtn-dtr Sprache: J. Jeremias, Kultprophetie und Gerichtsverkündigung in der späten Königszeit Israels (WMANT 35), Neukirchen-Vluyn 1970, 125–127; ders., Das Königtum Gottes in den Psalmen. Israels Begegnung mit dem kanaanäisehen Mythos in den Jahwe-König-Psalmen (FRLANT 141), Göttingen 1987, bes. 107–114 (zu Ps 95).

7 Vgl. A. Weiser, Die Psalmen 1 (ATD 14), Göttingen ^{9}1979, und die Diskussion bei H. J. Kraus, Psalmen (BK.AT XV/1), Neukirchen ^{5}1978, 527–530.

herausgearbeitet. Für eine prophetische Gerichts- und Streitrede bietet der Psalm mehrere Indizien: Er verweist selbst auf den Vorgang der Anklage bzw. des Rügens durch Jahwe vor dem Gerichtsforum von Himmel und Erde (V. 8.21 im Verbund mit V. 4). Die Frage von V. 16 („was zählst du meine Gebote auf?“) hat ihre Parallelen in den anklagenden Fragen der prophetischen Gerichtsreden von Mich 6,3 und Jer 2,5. Ironische Vergleiche wie die von V. 13.21 unterstützen den Streitcharakter der Auseinandersetzung. Konkrete Vorwürfe werden in V. 17–20 aufgeführt. Die Täter werden umfassend des Gott-Vergessens bezichtigt V. 22. Schließlich steigert sich der Vorgang zur Drohung von V. 22b. Aber es folgt eben kein konsequentes Gerichtswort, und die Drohung von V. 22b wird durch die Mahnung V. 22a und ihre den ersten Teil der Jahwerede abschließenden Schwester V. 14 f. gezähmt. Vor allem wird der Charakter einer Gerichtsrede durch didaktische Elemente gebrochen: Der erste Teil der Jahwerede mündet nicht in eine Gerichtsansage, sondern in die Ermahnung von V. 14 f. Sie wirbt mit der Verheißung der Rettung und zielt auf ein häufiger zu wiederholendes Verhalten in der Zukunft. Der im anklagenden Ton härtere zweite Teil der Jahwerede gipfelt in der Warnung von V. 22, die aber das mögliche Gericht verhindern will. Typisch für den pädagogischen Eros des Psalms ist die abschließende Lehre von V. 23. Die erste Partizipialkonstruktion bewertet ein iteratives Verhalten positiv, und die zweite verspricht für ein ständiges anderes Verhalten den göttlichen Lohn. Damit knüpft die Lehre an die vorausgehende Aufforderung zur Einsicht an. Ist die These, Psalm 50 sei prophetische Gerichtsrede, allgemein erschüttert, dann wird man auch hellhörig für die einseitige Festlegung einzelner Wendungen des Psalms auf ein verurteilendes Gericht.[8] In V. 4 macht Jahwe Himmel und Erde zum kosmischen Forum seines Richtens. Die Parallelen aus prophetischen Gerichtsreden (Jes 1,12–4; Mich 6,1–5 und Jer 2,12) sowie aus dem Buch Deuteronomium (Dtn 4,2; 30,19; 31,28) haben dazu verleitet, den Zeugenaufruf mit der Absichtserklärung als Gerichtsansage gegen Israel zu verstehen. Aber der Zeugenaufruf kann durchaus und häufiger neutral verstanden werden wie etwa in Dtn 32,1 im Sinne von „Zeuge sein lassen“. Dieses neutrale Verständnis legt sich nahe, weil die Ab- [86] sicht Jahwes, sein Volk zu richten, keine von vornherein gegen Israel gerichtete Tendenz besitzt. Dtn 32,36 und Ps 135,14 u. a. belegen die positive Bedeutung von „seinem Volk Recht verschaffen“ oder übertragen „es ins rechte Lot bringen“. In gleicher Weise ist V. 6 zu verstehen. Die kosmischen Zeugen wie Himmel (und Erde) verkünden die Heilsgerechtigkeit Jahwes, weil eben Jahwe der Richter ist.[9] Sein Richten zielt nicht auf Strafe, sondern zuerst auf die Wiederherstellung der Ordnung im Kosmos, die auch Israel einschließt. Ps 75,8 und 97,6 greifen ebenso das im

---

8 M. Mannati, Le psaume 50 (s. Anm. 5) hat das Punkt für Punkt nachgewiesen und H. Gese, Psalm 50 (s. Anm. 4), 62 f., hat dem zugestimmt.

9 Wegen der elohistischen Psalterredaktion dürfte hier wohl ursprünglich der Eigenname gestanden haben, der kontextgemäß betont vorangestellt wird.

Kosmos Ordnung stiftende Richten Gottes auf; letzterer leitet sogar mit einer analogen Aussage von der Theophanieschilderung (97,2–5) zur Beschreibung konkreter menschlicher Reaktionen (97,6–8) über. Schließlich muß das *weʾāʿîdâ bāk* in V. 7 nicht mit „ich zeuge gegen dich" bzw. „ich klage dich an" wiedergeben werden, sondern mit „ich zeuge über dich" bzw. „ich bezeuge (mahnend) vor dir". Von den nahen Parallelen in Dtn 32,1.46 her will die Redeeinleitung in V. 7 das Folgende nicht als Gerichtsrede, sondern neutraler, weniger scharf als eine feierlich-verpflichtende Eröffnung beginnen. Wie im Großen neben den richtenden, rügenden Aspekt der weisheitlich-didaktische tritt, so verhält es sich auch im Kleinen einzelner Begriffe und Wendungen: Die Redeeinleitung von V. 7 folgt in ihrer Konstruktion (Höraufruf mit Anrede und Absichtserklärung zum folgenden Redevorgang) einem Muster, das vor allem im Ijobbuch beheimatet ist (Ijob 13,17; 15,17 u. ö.) und in den Psalmen 34,12; 66,16; 81,9 seine Parallelen hat.[10] Das weisheitliche Ethos, *Zucht* zu lieben und nicht zu hassen (Spr 5,12; 12,1), geht in V. 17 eine Verbindung mit der Bundestradition ein (vgl. noch die deuteronomistischen Bearbeitungen von Jer 17,23 und 35,13). Auch das „Ausbreiten (der Worte) vor deinen Augen" in V. 21b hat nach Ausweis der Parallelen in Jes 44,7 und Ijob 32,14 weisheitlichen Klang. Ebenso besitzt der Appell an die Einsicht in V. 22a weisheitlichen Charakter. Zwar knüpft die Bezeichnung „die Gott Vergessenden" an das „Jahwe-Vergessen" an, das seit Hosea Leitbegriff prophetischer Gerichtsrede ist, aber es wird hier weisheitlich umgeprägt sowohl durch die titulierende Partizipialwendungen (vgl. Ijob 8,13) als auch durch die für Ijob typische Gottesbezeichnung *ʾ*^{æ}*lō*^{a}*h* als nomen rectum. Typisch für den Psalm unter gattungskritischem Aspekt ist also die Mischung von mahnend-rügenden mit didaktisch-belehrenden Elementen. [87]

Wie steht es nun mit der kultischen Verwurzelung, die ja gerade auch mit der Bezeichnung wie „prophetische Liturgie" festgehalten wird? Der Psalm wurde immer wieder mit dem sogenannten Bundeserneuerungsfest in Verbindung gebracht.[11] Wenn auch die Existenz eines Bundeserneuerungsfestes umstritten ist,[12] so kann man eine kultische Anbindung des Psalms kaum übersehen. Die Theophanie – ihr Aufbau wird weiter unten dargelegt – hat ihr Handlungszentrum auf dem Zion (V. 2). Sie selbst läuft auf die göttliche Einberufung der Kultversammlung der Frommen und Bundschließenden (V. 5) zu. Die Versammlung und das Opfer finden aktuell statt und erfahren eine Jahwerede, die dem Anlaß entsprechend auch das „Opfern" zum Thema macht. D.h. der Psalm ist im grob erfaßten Aufbau durch zwei Glieder bestimmt: Die aktuelle Theophanie auf dem Zion gibt die kultische Situierung und den

---

10 Vgl. den Nachweis bei J. Arambarri, Der Wortstamm „hören" im Alten Testament. Semantik und Syntax eines hebräischen Verbs (SBB 20), Stuttgart 1990, 168 f.

11 Siehe die Diskussion bei H. J. Kraus, Psalmen (s. Anm. 7).

12 Skepsis ist zu finden bei N.H. Ridderbos, Die Theophanie in Ps 50,1–6, in: OTS 15 (1969), 213–226, bes. 221 ff. und bei H. Gese, Psalm 50 (s. Anm. 4), 63.

kultischen Anlaß; die große, zweigeteilte Jahwerede sorgt für den Inhalt. Von gleicher Architektur sind noch die Psalmen 81 und 95, die seit der grundlegenden Analyse von J. Jeremias[13] zur Untergruppe der „großen Festpsalmen" zusammengefaßt werden. Gegenüber der ausführlichen Zionstheophanie von Ps 50 schildern die beiden anderen nur den kultischen Festjubel (Ps 81,1–4 und 95,1–7); in Ps 81,4 ist er noch mit Hinweisen auf das Herbstfest versehen. Der Übergang vom ersten Teil zur Jahwerede kann sich unmerklich vollziehen wie in 95,7 f. oder angedeutet werden wie in 81,6 oder deutlich angezeigt werden wie in 50,7. Die Identität des Sprechers der Jahwerede wird nicht preisgegeben; sie ist zu erschließen. Die mahnenden Jahwereden von Ps 81,7–17 und 95,8–11 argumentieren mit der Heils-, Unheilsgeschichte und fordern Gehorsam; bei Ps 50 haben sich Thema (Kult und Ethos) sowie Ton der Rede (Anklage und Lehre) verschoben. Über den Strukturvergleich hinaus sind die Festpsalmen auch durch punktuelle Entsprechungen untereinander verknüpft. Der zur Jahwerede einleitende Höraufruf von Ps 50,7a stimmt fast wörtlich mit dem von Ps 81,9 überein. Die Selbstvorstellung von 50,7b ist umgestellt und knapper gegenüber der von 81,11, wo die Nähe zur Dekalogeinleitung noch deutlicher wird. An die Gesetzesverkündigung am Sinai bzw. Horeb mit jeweiliger Dekalogverkündigung wird sowohl in 50,18–20 wie in 81,6.10 angespielt. Der Errettungsvorgang wird gleich geschildert: In 81,8 zielt er auf vergangene Heilstaten Jahwes; in 50,15 begleitet er die Anweisung zum Todaopfer. Zu Ps 95 laufen die Verbin- [88] dungen von Ps 50 aus eher indirekt. In der Jahwe-König-Aussage von 95,3 kann man ein Äquivalent zur einleitenden Titulierung Jahwes in 50,1 sehen: Jahwe ist der allen Göttern überlegene Gottkönig schlechthin.[14] Sein Status wird in 95,4 f. mit der Verfügungsgewalt über den Kosmos und mit seiner Schöpfertätigkeit begründet; die Welt wird dabei vertikal und horizontal durchmessen. Analog dazu begründet Jahwe in 50,10–12 seine Ablehnung der Tieropfer mit seiner Verfügungsgewalt über alle Tiere und das Universum mit entsprechender Erfassung des Raumes. Das Lehrthema „Toda" aus 50,14.23 ist in 95,2 nur Erläuterung des besonderen Festjubels im einleitenden Imperativ; die Toda erscheint an letzterer Stelle schon „spiritualisiert". Von besonderer Bedeutung ist die Verbindung durch das Thema „Bund". 50,5.16 f. erwähnen ihn expressis verbis („meinen Bund") und haben ihn durch die Dekaloganklänge als Sinaibund präsent. 95,7 erwähnt ihn indirekt durch seine variierte Bundesformel („denn es ist unser Gott, wir

[13] J. Jermeias, Kultprophetie und Gerichtsverkündigung (s. Anm. 6).

[14] Die dreifache Titulierung Jahwes zum Eingang des Psalms (Gottesname *ʾel*; Gattungsname *ʾælôhīm*; Eigenname Jahwe) begegnet so nur noch in dem priesterschriftlichen Zusatz von Jos 22,22 im Kontext einer schwurähnlichen Anrufung Gottes zum Zeugen. Die Konstruktion unterscheidet sich von wortkonstanten Konstruktverbindungen in Dtn 10,17; Ps 136,2 und Dan 11,36, die superlativisch mit „Gott der Götter" wiederzugeben sind. Die Titulierung von 50,1 tendiert aber durch die Häufung der Namen auf dieselbe Aussage: Jahwe ist der Gott schlechthin (vgl. auch Jes 45,21 f.).

aber sind das Volk seiner Weide"). Beiden Psalmen ist die Rede vom „Weg für das gebotene Verhaften wichtig: 95,10 beklagt, daß Israel Jahwes Wege nicht kennt, wobei Exodusweg und Gesetzesweg ineinander übergehen; 50,23 stellt den zweiten Teil der Jahwerede, der das Ethos behandelt, unter die Zusammenfassung „Achten auf den Weg". Der Vergleich der drei Festpsalmen beleuchtet den gemeinsamen Hintergrund. Offensichtlich sind alle drei mit einer kultischen Festversammlung verbunden, die wahrscheinlich auf das Herbstfest gelegt werden kann. Nach Ausweis von Dtn 31,9–13 sollte jedes Laubhüttenfest im siebten Jahr durch die Verlesung des (deuteronomischen) Gesetzes ausgezeichnet werden. Neh 8,8.18 gibt uns den seltenen Hinweis, daß in nachexilischer Zeit unter Esra ein analoges Laubhüttenfest gefeiert wurde. Ob aus diesen Nachrichten einschließlich der Hinweise aus den drei Festpsalmen auf ein regelmäßiges Bundeserneuerungsfest in exilisch-nachexilischer Zeit geschlossen werden kann, erscheint mir eher fraglich.[15] Die punktuel-
89 len Entsprechungen innerhalb der Festpsalmen wie die Einflüsse deuteronomisch-deuteronomistischer Sprache und Theologumena weisen nicht so sehr auf einen konstanten kultischen Sitz im Leben, sondern auf die Tätigkeit einer Gruppe mit kultischem Interesse und kultischer Anbindung. Das erklärt auch besser die erheblichen Unterschiede zwischen den Festpsalmen. Ps 81 und 95 realisieren die kultische Anbindung durch den Festjubel, wohingegen Ps 50 eine ausführliche Theophanie bietet, die von Natur aus nicht regelmäßig wiederholbar erscheint. Die mahnend-warnende Jahwerede blickt in 81 und 95 auf die Geschichte des Exodus zurück und zieht daraus ihre Argumente für die Forderung nach Gesetzesgehorsam (81,12.14 und 95,7.10). Wegen der unterschiedlichen Tonlage (81 – Mahnung; 95 – Warnung) kann man wie J. Jeremias[16] die beiden Psalmen um das Exil gruppieren: Ps 81 vorexilisch und Ps 95 zwischen erster und zweiter Deportation (also zwischen 597 und 586) oder noch später in frühnachexilischer Zeit. In bezug auf die Jahwerede hebt sich Ps 50 wiederum von den beiden anderen Psalmen ab. Er spielt darin auf Vergangenes nur an, in dem er sich auf die Gesetzesverkündigung am Sinai/Horeb konzentriert und deren Inhalt neu bestimmt: Die Balance von rechtem Opferkult und Alltagsethos. Formenkritisch, dazu theologie- und sprachgeschichtliche Gründe machen wahrscheinlich, daß Ps 50 den beiden anderen Psalmen nachzuordnen und in die nachexilische Zeit einzustufen ist.

---

15 Vgl. die tastenden Fragen bei N. H. Ridderbos, Die Theophanie in Ps 50,1–6 (s. Anm. 12), 223, und die allgemeinen Hinweise bei J. Jeremias, Kultprophetie und Gerichtsverkündigung (s. Anm. 6), 113: „Die Zusammenstellung von Festjubel und erwecklicher Predigt ist offensichtlich nicht literarische Fiktion, sondern kultische Realität gewesen … Ps 81 ist noch voll … von der für das Herbstfest charakteristischen Rechtsverkündigung (vgl. etwa Neh 8,18)."

16 J. Jeremias, Kultprophetie und Gerichtsverkündigung (s. Anm. 6), 113.

Besonderheiten von Ps 50

Allen voran steht die *Schilderung der Theophanie in V. 1–6*. Sie besitzt ein mehrfaches Gefälle auf die nachfolgende Jahwerede hin. Die eigentliche Theophanieschilderung in V. 2f. wird eingerahmt durch das raumgreifende Rufen Jahwes, des allmächtigen Gottes (vgl. einleitende Titulierung) in V. 1.4. Dadurch wird die Theophanie ausgerichtet auf die Beschreibung Gottes, der zum „Richten" gekommen ist. Dieses „Richten" wird in der Überleitung V. 5f., dem Aufruf zur Kultversammlung, vorbereitet und dann in der zweigeteilten Jahwerede konkretisiert. Das interne Gefälle der Einleitung kommt auch im Zeitaspekt der Verben zum Ausdruck.[17] Der Sprecher setzt mit seiner Schilderung ein, als Jahwe schon zu rufen begonnen hat und vom Zion her schon strahlend aufgegangen ist [90] (Vergangenheit in V. 1f.). Das Theophaniegeschehen ist also schon zugange. Nach dem Einschub in V. 3a schwenkt die Schilderung ins Präsens bzw. in die Gegenwart um: „Feuer frißt vor ihm her und rings um ihn her ist starker Sturm aufgekommen" (individuelles Perfekt der Gegenwart). Die Dramatik des aktuellen, gegenwärtigen Geschehens wird in dem yiqtol-x von V. 4, dem Imperativ von V. 5 und dem syndetischen Injunktiv[18] von V. 6 weitergeführt und mündet in die Redeöffnung von V. 7.

Die überlieferungsgeschichtlich ältesten Theophanietexte wie Ri 5,4f.; Dtn 33,2; Hab 3,3; Ps 68,9 lassen Jahwe vom Sinai aufbrechen. Nur in den jüngeren Texten Am 1,2 und Ps 50,2 ist sein Wohnort der Zion. Beim Hinweis auf die Schönheit des Zion in V. 2 taucht alte, vorexilische Zionstradition auf (vgl. Ps 48,3; Klgl 2,15; Ez 24,16.21; 1 Makk 2,12). Der Zion übernimmt darin die mystische Vorstellung vom vollkommenen Weltberg und paradiesischen Wohnort der Götter (vgl. Gen 2,9–15[19] und Ez 28,11–19). Das Theophanieelement des Lichtglanzes begegnet im Kontext von Theophanie nur noch hier und in Dtn 33,2 (vgl. Jes 60,1ff.). „Der Lichtglanz Jahwes hat von Haus aus nichts mit seiner Theophanie zu tun, konnte aber in formgeschichtlich späten Ausformungen der Gattung der Theophanieschilderungen mit ihr verbunden werden."[20] Das Theophanieelement Feuer in V. 3 ist aus der jehowistischen Sinaitheophanie bekannt (vgl. Ex 19,18 im Verbund mit der jehowistischen Schilderung von Gen 15,17). Der Topos „fressendes Feuer" prägt die Schilderung der Horebtheophanie (Dtn 5,25f.; 4,11f.24; 9,3 und vgl. wiederum 32,22) und der priestergrundschriftlichen Sinaitheophanie in Ex 24,17. Eben-

---

[17] Dazu W. Gross, Verbform und Funktion. *wayyiqṭol* für die Gegenwart (ATS 1), St. Ottilien 1976, bes. 148f.

[18] Der Narrativ des MT ist im Kontext kaum zu erklären; darum wird mit der LXX zu *w^{e}jaggidû* umpunktiert.

[19] Die Paradiesgeographie Gen 2,10–14 wird vom Jehowisten in den zweiten Schöpfungsbericht eingebracht. Sie lokalisiert das Paradies in Jerusalem auf dem Zion; vgl. dazu zuletzt C. Dohmen, Schöpfung und Tod (SBB 17), Stuttgart 1988, 63.

[20] J. Jeremias, Theophanie (WMANT 10), Neukirchen-Vluyn ^{2}1977, 63.

so übernehmen ihn auch andere Theophanieschilderungen wie in Ez 1,4 und in den Ps 18,8 f. und 97,3. Das Theophanieelement Sturm ist weniger verbreitet, so nur in Nah 1,3 und Ez 1,4. Alles in allem setzt die eigentliche Theophanie V. 2 f. schon eine ausgebaute pentateuchische Sinaitheophanie voraus. Die Vielzahl der verarbeiteten Theophanieelemente, die Verschmelzung mit der Ziontradition und das formenkritische Spätstadium der Gattung „Theophanieschilderung" machen eine nachexilische Zeitansetzung schon allein aus diesen Gründen wahrscheinlich. Hinzu kommt natürlich die singuläre Verbindung von Theophanie und Jahwerede, die hier durch das [91] soeben beschriebene Gefälle realisiert wird. Auf sie hat man öfters aufmerksam gemacht.[21] Beides zusammen, sowohl die „fortgeschrittene" Schilderung mit ihrem reichen Inhalt als auch die singuläre Abzweckung verraten den Anspruch des Sprechers, „seine Botschaft sei von so großer Wichtigkeit, daß ihre Übermittlung soviel bedeutet wie eine Wiederholung des Offenbarungsgeschehens am Sinai"[22]. Noch schärfer drückt es H. Gese aus: „Vielmehr tritt diese Zionstheophanie geradezu in eine Konkurrenz zur Sinaiüberlieferung."[23] Die Überleitung V. 5 f. gibt wichtige Aufschlüsse zur kultischen Situierung des Psalms. Der Aufruf zur Kultversammlung erinnert an bedeutende Versammlungen wie die zu Sichem unter Josua (Jos 24,1) oder die in Jerusalem, wo Joschija zum Beitritt des Bundes zusammenrief (2 Kön 23,1; 2 Chr 34,29), nur daß hier Jahwe selbst Initiator ist. Die Bezeichnungen für die Adressaten des Aufrufes wechseln, stehen aber nach Ausweis der Suffixe in besonderer Verbindung zu Jahwe. Das geladene Volk Jahwes (V. 4) sind zugleich „seine Frommen" – eine für die Psalmen typische Bezeichnung Israels als Kult- und Lebensgemeinschaft (vgl. Ps 30,5; 79,2; 85,9; 149,1.5.9 u. ö.).[24] Die Parallelbezeichnung „die meinen Bund schließen über dem Schlachtopfer" wird gerne präterital übersetzt. Dann erinnert er an den Bundesschluß am Fuße des Sinai in Ex 24,3–8 und kann als Indiz für ein Bundeserneuerungsfest verstanden werden.[25] Aber das zeitneutrale Partizip versetzt aus sich heraus die Handlung nicht in die Vergangenheit, und der Kontext verlangt eher nach einem aktuellen Bundesschluß. Dabei bleibt die Anspielung an den Sinaibund von Ex 24,4–8 mit ihrer Verbindung von Opferfeier und Bundesschluß bestehen. Sie drückt aber nicht das vergangene Datum aus, noch zeigt sie eine regelmäßige Bundeserneuerungs-

---

[21] Vgl. N.H. Ridderbos, Die Theophanie in Ps 50,1–6 (s. Anm. 12), 213 ff.; J. Jeremias, Theophanie (s. Anm. 20), 192; W.H. Schmidt, Alttestamentlicher Glaube in seiner Geschichte, Neukirchen-Vluyn [6]1987, 191.

[22] N.H. Ridderbos, Die Theophanie in Ps 50,1–6 (s. Anm. 12), 213.

[23] H. Gese, Psalm 50 (s. Anm. 4), 65; vgl. J. Jeremias, Theophanie (s. Anm. 20), 192 Anm. 28: „Ps. 50 (hat) eine Wiederholung des Geschehens am Sinai im Blick, insofern der Sprecher des Psalms mit der Autorität des Mose im Sinai auftritt."

[24] Vgl. N. Füglister, Ein garstig Lied – Ps 149 (s. Anm. 1), 88.

[25] Vgl. N.H. Ridderbos, Die Theophanie in Ps 50,1–6 (s. Anm. 12), 127, und die Zurückweisung dieses Verständnisses bei M. Mannati, Le psaume 5 (s. Anm. 5), 46; H. Gese, Psalm 50 (s. Anm. 4), 58, und die EÜ übersetzen präterital.

feier an, sondern verweist auf einen aktuellen besonderen Verpflichtungsakt, der möglicherweise an einem Herbstfest stattgefunden hat. Den Sinai- und/oder Horebbund zwischen Jahwe und Israel hat Jahwe selber geschlossen. Das halten der Jehowist in Ex 34,27 wie die Deuteronomisten in Ex 24,8 und Dtn 5,2 f. fest. Dagegen sind in 50,5 bei Jahwes Bund (Suffix!) die Frommen die Bundschließenden. Eine vergleichbare Aussage (das Volk bzw. [92] die Gemeinde als Subjekt des Bundschließens und ein aktueller Bundesschluß ausgedrückt durch das Partizip) findet sich nur noch Neh 10,1.29 f.[26]

> „Der nachchronistische Ergänzer konnte die von ihm skizzierte Bußfeier nicht mit dem Bußpsalm schließen. Er ergänzte die Reihe der Feste von N 8 um einen Bußtag ja nicht um dieser zusätzlichen Feier als solcher willen. Seine Ergänzung wollte vor allem das chr. Verständnis des nachexilischen Israel als exklusive Gemeinde der Heimkehrer erweitern: Das wahre Israel der Gegenwart bilden die, die sich ihrer Sünden bewußt sind, Buße tun, sich von allem Fremden trennen und sich ausdrücklich und namentlich auf das Gesetz verpflichten.“[27]

Von V. 5 her liegt es also näher, einen nachexilischen Verpflichtungsakt auf das mosaische Gesetz an einem bestimmten Herbstfest im Nachvollzug von Ex 24 als Modell der kultischen Versammlung von Ps 50 zu nehmen.

V. 6 gibt nun direkt überleitend das Thema der Jahwerede an. Die Himmel dienen als kosmische Zeugen für Jahwes Ordnung schaffende Gerechtigkeit. Was nun folgt, steht unter der Autorität und dem Anspruch des göttlichen Richters.

Die *zweite Besonderheit* von Ps 50 ist *die ausgebaute Jahwerede*, die den Psalm beherrscht. Dem Gewicht des Ereignisses entsprechend wird sie feierlich eingeleitet (s. o.). Auf die Vorbilder aus dem Buch Dtn und die weisheitliche Stilisierung ist schon hingewiesen worden. Die Rede wendet sich an das gesamte Israel. Das Redekorpus beginnt mit einer invertierten Selbstvorstellungsformel: „Jahwe (mit Rücksicht auf die elohistische Psalterredaktion), dein Gott bin ich!“ Die Inversion im Unterschied zur engen Parallele Ps 81,11 erklärt sich wohl durch den Verzicht auf die im Relativsatz angeschlossene Herausführungsformel. Sowohl der Sprachgebrauch der Einleitung V. 7 wie die Parallele im Festpsalm 81,9–11 und der vorausgehende Kontext der Theophanie (s. o.) machen in V. 7b eine bewußte Anspielung an die Sinai- bzw. Horebtheophanie mit ihrer Dekalogverkündigung plausibel.

---

[26] Diese Stelle hat J. W. H. Bos, Oh, When the Saints: A Consideration of the Meaning of Psalm 50, in: JSOT 24 (1982), 65–77.73 f., übersehen: „but nowhere is it said that they, i. e. the people, make a covenant with God. The ‚makers of my covenant‘ is an ironic and mocking term, for it is pretense to believe that the saints could establish the covenant with God.“ Zum theologisch Anstößigen dieser Formulierung auch N. H. Ridderbos, Die Theophanie in Ps 50,1–6 (s. Anm. 12) 14 Anm. 2. Im Sinne von 2 Kön 23,1–3 und Neh 10,1.29 f. ist damit nicht die Gründung des Jahwebundes, sondern nur dessen Übernahme in einer Verpflichtung gemeint.

[27] A. H. J. Gunneweg, Nehemia (KAT 19,2), Gütersloh 1987, 131.

Da genügte im Grunde das Zitat der Dekalogeinleitung, um die ganze Szenerie zu assoziieren.

„Danach könnte man die einzelnen Dekaloggebote erwarten. Und wenn in V. 16ff. die den Menschen betreffenden Dekaloggebote be- 93 handelt werden, so steht das Vorhergehende, V. 8–15 offensichtlich für den ersten Teil des Dekalogs."[28] Damit wird die *Opferkritik* der V. 8–15 in den Rang der ersten Tafel gerückt, und ihre Ausführungen verstehen sich als grundsätzliche Neuformulierung des religiösen Verhaltens bzw. der spezifisch dem Gottesverhältnis gewidmeten Gebote.

Es erstaunt, daß die erste sachliche Einlassung Jahwes in V. 8 mit einer Verneinung beginnt. Das setzt einen Kontext der Diskussion um die Legitimität der Opfer voraus und gibt uns einen kleinen Hinweis auf das, was wir bei der Redaktionskritik erörtern werden, daß Ps 50 in der Kultkritik eine besondere Stellung einnimmt. Denn die Darbringung der Opfer wird nicht radikal gerügt, d.h. sie werden von Jahwe akzeptiert. Auch ihre wiederholte Darbringung stößt auf kein Mißfallen. Von den Opfern werden als pars pro toto Schlacht- und Brandopfer erwähnt, die altehrwürdigen und vornehmsten Opferarten, wie etwa Gen 8,20; 22; Ex 10,25; 24,5 und das deuteronomische Kultzentralisationsgesetz Dtn 12,13–19 (vgl. 12,6.7.26) oder die frühen kultkritischen Texte wie 1 Sam 15,22 und Hos 6,6; vgl. Jes 1,11; vgl. Ps 51,18 belegen.[29] Hier ist nur daran zu erinnern, daß nach V. 5 der Verpflichtungsakt auf den Jahwebund über dem Schlachtopfer stattfindet. Insofern paßt V. 8 zu V. 5. Allerdings scheint V. 9 dem zu widersprechen: Jahwe verweigert die Annahme jeglicher Opfertiere (*lqḥ* als terminus technicus priesterlicher Anrechnung vgl. Gen 15,9). Stiere und Böcke sind die besten männlichen Opfertiere aus Groß- und Kleinvieh (vgl. Jes 1,11; Ez 39,18 und Ps 51,21); sie vertreten hier die Gesamtheit der Opfertiere, ob sie aus dem eigenen Haus (d.h. der mit dem Haus verbundene Stall, also drinnen) oder aus der eigenen Hürde (d.h. der Pferch, also draußen) stammen. Die in V. 10ff. folgende Begründung löst den Widerspruch auf. Opfer kann man aus verschiedenen Motiven heraus Gott darbringen: Aus Dank als Gabe und Huldigung an den Urheber und Erhalter allen Lebens, aus dem Willen zur Gemeinschaft mit Gott und den Opfernden untereinander, aus dem Verlangen nach Sühne für menschliche Unreinheit und Sünde und Versöhnung mit Gott. Nach Ps 50 meinen die Opfernden, Gott etwas zu geben, ihm etwas zu schenken, weil er dessen bedürftig sei; vergessen dabei seine Schöpferwürde und Gottnatur. Was die einleitende Titulierung und die Schilderung der raumfüllenden Theophanie indirekt zum Ausdruck gebracht haben, das bringt die „Eigentumsdeklaration" von V. 10 auf den Begriff: Dem allmächtigen Gott kann man nichts übereignen, weil jegliche Opfergabe ihm 94 schon von Anfang an gehört. Wahrscheinlich ist

[28] H. Gese, Psalm 50 (s. Anm. 4), 68.

[29] Vgl. dazu die Gesamtdarstellung von W.H. Schmidt, Alttestamentlicher Glaube in seiner Geschichte (s. Anm. 21), 152ff.

bei der hier vorzufindenden Besitzerklärung die creatio wie die conservatio des Schöpfers mitzuhören, wie sie die Parallelen Ex 19,5; Ps 24,1 f.; 89,12 und 104,24 entfalten. V. 10 f. erfaßt die Tiere in ihrer universalen Gesamtheit von oben („Vögel des Himmels“) nach unten („Feldgewürm“ vgl. Ps 80,14) und auf der horizontalen Erdoberfläche („Wald- bzw. Wildtiere“ und „Haustiere“ auf den Bergen). Hier wird nicht nach priesterlich-kultischen Gesichtspunkten von rein und unrein gefragt, noch nach menschlichen Interessen der Jagd und der Tierzucht unterschieden. Es geht viel grundsätzlicher um die im Opfer zutage tretende Haltung dem allmächtigen Gott gegenüber, als könnte das Geschöpf durch das Opfern der Kreatur dem Schöpfer etwas zuführen. Die Aussage von V. 11 sprengt den Rahmen einer nüchternen Besitzerklärung, weil der Schöpfer Jahwe sein inneres Verhältnis zu den Tieren beschreibt: Er kennt (*yd‘*) die Vögel, wie der Gerechte von Spr 12,10 sein Vieh kennt, d. h. er sorgt und kümmert sich darum. Sogar das Feldgewürm ist „bei ihm“ (wörtlich: mit mir!) in persönlicher Nähe (vgl. Ijob 29,5). Der Vers deutet die intime Beziehung des Schöpfers und Erhalters zu seinen Geschöpfen an – ein wichtiger Hinweis für jede Tierethik, zumal er hier in einem Kontext auftritt, der das Tier zuerst unter dem Aspekt der Opfermaterie betrachtet. Diesem Aspekt des Nutzens läuft die Wertung der außermenschlichen Schöpfung entgegen. Sowohl vom Schöpfer als dem Adressaten als auch von der Opfergabe, dem Tier, her wird ein grobes Opferverständnis unterlaufen. Haben die Begründungen von V. 10 f. vom Adressaten und von der Gabe her argumentiert, so verspotten die ironischen Fragen von V. 12 f. die Vermenschlichung des Allmächtigen. Es ist durchaus möglich, daß eine anthropomorphe Redeweise wie die des Jahwisten in Gen 8,21 (Jahwe roch den beruhigenden Duft des Opfers) oder die junger P-Texte in den Opfervorschriften (Lev 3,11.16; 21,6.8.17.21; Num 28,2; vgl. Ez 44,7), die von einer Speise für Gott redet, einem Verständnis Vorschub geleistet hat, daß Opfer Nahrung für Gott sind. Einschlägig ist auch die scharfe Opferkritik Deuterojesajas in Jes 43,23 f. Dieser Psalm und der „Kriminalfall“ von Dan 14,1–22 zeigen, daß ein solches Verständnis undenkbar ist. Was in den angegebenen Texten der Intention nach längst aufgegeben war, mußte offensichtlich immer wieder bekämpft werden.[30]

Die Opferkritik von V. 8–13 mündet in die Weisung von V. 14 f. Viele Gründe sprechen für ein wörtlich-„kulttechnisches“ und nicht für [95] ein übertragenes Verständnis von V. 14.[31] Der Kontext kritisiert das Opferverständnis und nicht die Opfer als solche. Damit votiert er für die Interpretation von *tôdâ* als spezifische Opferart und nicht nur allgemein, übertragen als Lob und Dank. Nach Ausweis der mit *tôdâ* verknüpften Verben *zbḥ* = opfern/schlachten und *šillem nædær* = ein Gelübdeopfer erfüllen und ebenso nach Bestätigung durch die nächsten Parallelen wie Ps 107,22; 116,17 f. (vgl. Lev 7,11–21; 22,29;

30 Vgl. W. H. Schmidt, Alttestamentlicher Glaube in seiner Geschichte (s. Anm. 21), 154 f.

31 Im einzelnen vgl. H. Gese, Psalm 50 (s. Anm. 4), 70 f.

2 Chr 29,31; 33,16; Am 4,5) bezeichnet *tôdâ* die Opferart des Dankopfers, das man aus gegebenem Anlaß nach Errettung aus nationalen oder persönlichen Notlagen im Tempel darbrachte.[32] Das Dankopfer bezieht die Gemeinschaft mit ein, denn man ißt das Fleisch – die seltene Festspeise – im Kreise der Mitfeiernden. Wie es der Begriff ausdrückt, ist dieses Opfer mit dem öffentlichen Dank für die Errettung und dem Gotteslob verbunden. Die Aufforderung von V. 14 legt Wert auf die Gottesnamen *ʾælohîm*[33] und *ʿælyôn*, weil sie nicht in der Jahwerede durch Personalpronomina ersetzt werden. Eine mögliche Erklärung ist, daß sowohl der Gattungsname wie der auf Jahwe übertragene Ehrentitel des Jerusalemer Stadtgottes „der Höchste" das Wesen Jahwes, des Weltenherrschers und Schöpfers (vgl. V. 1 und Gen 14,19), im Sinne des Psalms unterstreichen. Von den vielen möglichen Opferarten bevorzugt V. 14 das Dankopfer, weil es unabhängig von Rubriken die dem Jahweglauben entsprechende Opfergesinnung des Dankes umschreibt, die dem Wesen Gottes, des Schöpfers und Erhalters des Kosmos, am besten entspricht. Der die Opferkritik abschließende V. 15 stellt das Dankopfer in den Lebenskontext. Befindet sich das Volk wie der einzelne in Not, dann sollen sie Jahwe anrufen; der wird sie herausreißen und die Geretteten werden ihn im Dankopfer ehren. Was V. 15 hier auf knappem Raum verdichtet, das beschreibt ausführlich Ps 18,7.17–20 für den königlichen Beter, das beschreibt der Festpsalm 81,9 für das Volk, und das verheißt Ps 91,15 (allerdings mit bezeichnendem Subjektwechsel beim „Ehren" zu Jahwe). Spr 3,9 zeigt, daß das „Jahwe-Ehren" des Menschen die kultische Anerkennung Jahwes durch Opfer einschließt.

Die spezifische Kult- und Opferkritik von Ps 50,8–15 wird häufig zu schnell in eine allgemeine Opferkritik eingeebnet. Ps 50,8–15 legt Wert auf die Haltung, mit der das Opfer vollzogen wird und stellt darin mehr Ansprüche als das Opferversprechen von Ps [96] 66,13–15. Zugleich hebt er sich von der Opferkritik der Psalmen 40,7–9; 51,18 f. und 69,31 f. ab. Diese gehen mit der prophetischen Kultkritik konform, in dem sie die Opfer pauschal ablehnen und demgegenüber den Gehorsam und das Üben von Recht und Gerechtigkeit vorziehen.[34] Darin ziehen sie gleich mit der angedeuteten Kultkritik der älteren Weisheit (vgl. Spr 15,8; 21,3.27; 28,9). Ps 50 dagegen sieht im Dankopfer den Maßstab für jeglichen kultischen Vollzug, denn im Dankopfer kommt die gewünschte Opfergesinnung zur Geltung: Der einzelne wie das Volk, ein jeder erkennt die Majestät Jahwes an, der Schöpfer und Eigentümer der Welt ist und

[32] Dankopfer bei nationalen Belangen: Lev 7,11–21; Jer 33,11; 2 Chr 29,31; 33,16 – Dankopfer bei privaten Rettungen: Ps 54,8 f.; 56,13 f.; 107,19–22; 116,17 f. und vgl. Jon 1,16.

[33] Trotz der elohistischen Redaktion dürfte hier diese Bezeichnung ursprünglich sein, vgl. auch Ps 46,5 und 78,35.

[34] Zur vorexilischen Kultkritik der Propheten vgl. F.-L. Hossfeld, Nachlese zu neueren Studien der Einzugsliturgie von Ps 15, in: J. Zmijewski (Hg.), Die Alttestamentliche Botschaft als Wegweisung, FS H. Reinelt, Stuttgart 1990, 135–156.153 f.

der aus jeglicher Not rettet. Der Opferkult wird dadurch weder spiritualisiert, in dem Dankesworte an die Stelle des Opfers treten wie in Ps 141,2, noch wird er gegenüber dem Gesetzesgehorsam abgewertet. In der richtigen Gesinnung vollzogen, steht er neben dem Halten der Gebote.

Im zweiten Teil der Jahwerede V. 16–23 geht es um die Kritik des Ethos. Der Ton der Rede wandelt sich von der Mahnung und Lehre im ersten zur Anklage und Warnung im zweiten Teil. Ferner treten aus dem Kollektiv des Gottes- und Bundesvolkes mitsamt den einzelnen stärker die zu rügenden einzelnen heraus. V. 16 zielt mit seiner anklagenden Doppelfrage (vgl. Jer 2,5 und Mich 6,3) auf vergangene Fehler: Das reine Hersagen von Jahwes Satzungen und Bund! Der Vers betont mit teils singulären Wendungen den Sprechakt (das Aufzählen und In-den-Mund-Nehmen) und setzt die deuteronomistische Konzeption voraus, wonach der Bund Jahwes mit einzelnen Geboten und Worten identifiziert wird; gemeint ist der Sinai-Horebbund vor allem mit dem Dekalog wie in Ex 34,28 und Dtn 4,13; 5. Sowohl der Parallelismus membrorum als auch die Parallelen Ps 105,10 f. (gemeint ist hier die Landverheißung von Gen 15) und Jes 24,5 (Noach- und/oder Sinaibund) legen ein synonymes Verständis der Termini *ḥōq* und *b*^{e}*rît* nahe. Im Hintergrund stehen aber spätdeuteronomistische Reihungen von Gesetzesbegriffen wie 1 Kön 11,11 und 2 Kön 17,15, die in jedem Fall den Dekalog im Rahmen der Sinaitheophanie einschließen.

V. 17 verstärkt die Anklage und mißt das Vergehen am weisheitlichen Ethos, Zucht zu lieben und nicht zu hassen (Spr 5,12; 12,1). Dabei werden weisheitliche Wendungen mit Begriffen der Bundestradition verknüpft (s. o.). Die Bundesworte hinter sich zu werfen bedeutet krasse Ablehnung trotz aller Lippenbekenntnisse. [97]

V. 18–20 konkretisieren die allgemeine Anklage in spezifischer Weise. Den Raster für die Anklagepunkte gibt der Dekalog ab, näherhin die zweite Tafel des Dekalogs oder die dekalogische Trias von Töten-Stehlen-Ehebrechen in unterschiedlicher Reihenfolge; nachexilische Belege wie Jes 1,21–23 und Ijob 24,14 f. zeigen, wie der Dekalog greift. V. 18 orientiert sich am Diebstahls- und Ehebruchsverbot, zeigt allerdings nicht direkt den Diebstahl und Ehebruch an, sondern greift auf, daß man mit solchen Tätern sympathisierte und gemeinsame Sache machte (*rṣḥ ʾim* sonst nur noch Ijob 34,9). V. 19 f. läßt das Tötungsverbot links liegen und konzentriert sich auf Tatbestände aus dem Bereich des Falschzeugnisverbotes. Anschaulich, mit seltenen Wendungen wird der vergangen-gegenwärtige Tatbestand der üblen Nachrede beschrieben. Die Sorge um wahrhaftige Rede und aufrichtigen Umgang mit dem Nächsten treibt die Psalmen noch an anderer Stelle um: Ps 15,3; (24,4); 34,14; 39,2; 52,4–6; 141,3 f. V. 20 wird konkreter. Das einleitende *tešeb* ist iterativ aufzufassen und gilt für beide Versteile: Jedesmal, wenn du an einer öffentlichen Sitzung teilnimmst, dann …! Für dieses Verständnis bürgt auch die nächste Sach- und Formulierungsparallele Ps 119,23. Diese absolute Angabe verschweigt den Ort und läßt viele Möglichkeiten offen, ob die Sitzung im Tor (Ps 69,13; Gen 19,1; Jer 39,3), bei offiziellen Anlässen wie im Haus des Propheten (Ez 8,1; 14,1; 20,1) oder in guter oder schlechter Gesellschaft (Ps 1,1; 26,4 f.) stattfindet. Jedesmal redet der Sünder gegen den leiblichen Bruder (*dbr* + *b*^{e} in Ps 78,19; Jer 31,20) und häuft Verleumdung (*dōfī* ist ein singulärer Aramäismus) auf den „Sohn seiner Mutter". In V. 20 wird die Anklage am konkretesten: Die Tatbestände kommen dem forensischen Inhalt des Falschzeugnisverbotes sehr nahe. Die verbalen Angriffe sogar auf Familienmitglieder sollen als Steigerung der üblen Nachrede verstanden werden (vgl. die analoge Steigerung von Feinden zu Besuchern aus der Nachbarschaft bzw. Familie bis zu Freunden, die dem kranken Beter nachstellen in Ps 41,6–10).

Die Anklage V. 16–20 lehnt sich an die zweite Tafel des Dekalogs an.[35] In ihren einzelnen Vorwürfen erfaßt sie Tatbestände der Vergangenheit bis zu Vergehen der Gegenwart. Sie rügt den Gegensatz von Hersagen der Gebote und völliger innerer Distanzierung, die von der Gesinnung her den Gesetzesbrechern zustimmt und das fal- [98] sche Zeugnis wie die üble Nachrede sogar gegen Familienmitglieder richtet. V. 21 faßt die Anklage zusammen.[36] Jahwe bestätigt die Anklage und verweist auf sein bisheriges Schweigen, so daß er diese Zeit des Schweigens nun beendet und mit der neuen Offenbarung eine Zäsur setzt. Das unterstreicht dann noch einmal wie die Theophanieschilderung den besonderen Anspruch des Psalms. Jahwes Schweigen hat eine falsche Partnerschaft und Kumpanei zwischen Gott und Menschen unterstützt, die Gleichsetzung von Gott und Mensch gefördert (vgl. das Thema der Opferkritik). Die Jahwe-Rede will den Abstand zwischen dem allmächtigen Gott und dem gläubigen Menschen einschärfen wie Num 23,19; Hos 11,9; Jer 31,3 u. ö. Deswegen erinnert Jahwe an sein Rügen (s. o. zu V. 8) und will es in geordneter Abfolge der Gedanken (*ʿrk* wie in Jes 44,7) auseinanderlegen. Die beiden Hauptmotive der Jahwe-Rede, Mahnung und pädagogische Lehre, klingen an. Was den Tadel und die rechte Ordnung zwischen Gott und Mensch angeht, trifft V. 22 die gleiche Stimmung wie Ijob 40,2.

Der Schluß V. 22 f. verläßt die Du-Anrede (an das Kollektiv wie an den einzelnen). Statt eines Strafgerichts werden eine strenge Warnung und die Schlußlehre aufgeboten. Der dringende Appell an die Einsicht in V. 22a klingt weisheitlich (s. o.). Die Drohung V. 22b greift das seit Amos und Hosea bekannte Gerichtsbild vom Löwen „Jahwe" auf, der die Beute reißt und dem niemand widerstehen kann (Am 3,4.8.12; Hos 5,14). Die Schlußlehre V. 23

---

35 M. Mannati, Les accusations de Psaume L 18–20, in: VT 25 (1975), 659–669, will hinter V. 18 die Anklage des religiösen Synkretismus, hinter V. 19 magische Praktiken und hinter V. 20 den Vorwurf Judas an das Nordreich, vom Jahweglauben abgefallen zu sein, entdecken. H. Gese, Psalm 50 (s. Anm. 4), 77, hat das zu Recht abgelehnt, weil die durchgehende Analogie zum Dekalog verlassen wird, abgesehen von den Deutungsschwierigkeiten im einzelnen.

36 Das Perfekt von *w*^{e}*hæḥ*^{æ}*raštî* konstatiert das vergangene Faktum eines vielleicht iterativen Schweigens „und ich habe immer wieder geschwiegen".

faßt die beiden Teile der Jahwe-Rede in zwei Partizipialkonstruktionen zusammen: Die erste Konstruktion verdichtet die ausgeführte Kultanweisung mit Verheißung aus den V. 14 f. Die zweite bezieht das „Achten-auf-den-Weg" auf den ethischen Teil der Jahwe-Rede und verheißt dem Gehorsamen die Erfahrung des Gottesheils. Im Unterschied zu Ps 91,16 wird der Begriff „Heil Gottes" nicht durch Suffixe in die Jahwe-Rede integriert. Wahrscheinlich soll zum Abschluß das Gewicht des Gattungsnamens im Sinne von „allmächtiger Gott" wie in V. 1 und V. 14(.22) eingebracht werden.

Die alte Anrufung Jahwes „Gott meines Heils" (Ps 18,47 und 25,5; 27,9) oder „Gott unseres Heils" (Ps 65,6; 79,9; 85,5) oder „Gott seines Heils" (Ps 24,5) ist umgekehrt worden wie in Jes 52,10 und davon abhängig in Ps 98,3 zum „Heil unseres Gottes". Offensichtlich soll die Vertrautheit, die die Possesivsuffixe nahelegen, vermieden werden. Reformierter Opferkult und Gehorsam in aufrichtiger Erfüllung der Dekalog-Bundesgebote sind der wahre, ehrfürchtige Gottesdienst. [99]

Der Festpsalm 50 bietet das Echo auf eine nachexilische Feier der Verpflichtung des Bundesvolkes auf die Gesetze im Stile von Neh 8,10. Möglich ist, daß eine solche Feier mit Opfer und Gesetzesverkündigung an einem Laubhüttenfest stattgefunden hat. Die Singularität der Theophanie, der Anspruch der grundsätzlichen Opferkritik wie der Ethoskritik, das Bewußtsein von einer neuen Offenbarung nach einer Zeit des Schweigens, all das spricht gegen ein Formular für ein periodisch wiederkommendes Fest. „Als herkömmliches Kultformular eines üblichen, regelmäßig wiederholten Festes ist Ps 50 mit seinem zumindest hinsichtlich der Opfertora neuen Verkündigungsinhalten schlechterdings nicht begreifbar."[37] Der Psalm nimmt Maß an der Sinai-, Horebtheophanie mit Theophanie und Dekalogverkündigung. Der Dekalog gibt das Muster ab für die zweigeteilte Jahwerede mit den Hauptthemen von Kultus und Ethos. Ferner treten punktuelle Verbindungen hinzu wie die einleitende Selbstvorstellungsformel (V. 7), die Anspielungen an das Aufsagen von Gebotsreihen des Bundesrechts (V. 16) und die Anknüpfung an das Diebstahls-, Ehebruchs- und Falschzeugnisverbot (V. 18–20). Der Psalm will Neuinterpretation des Dekalogs, d. h. des Grundgesetzes der Sinaigesetzgebung sein. Er nimmt sich stärker des Kultus an und korrigiert ein anthropomorphes Opferverständnis. Er bevorzugt das Dankopfer, weil es der Beziehung von Schöpfer und opferndem Geschöpf entspricht und weil in ihm Jahwes individuelle Rettungen vollendet werden. Der ethische Teil dringt auf Vertiefung des Gehorsams: Keine Lippenbekenntnisse, schon in der Gesinnung Distanzierung von den Sündern und besondere Vorsicht im Umgang mit der Rede über die Nachbarn und Familienmitglieder.

Psalm 50 ist ein wichtiger Zeuge für die exilisch-nachexilische Wirkungsgeschichte des Dekalogs und dessen Rezeption im Kult. Geht man von der

---

[37] H. GESE, Psalm 50 (s. Anm. 4), 64.

historischen Priorität der Deuteronomiumfassung des Dekalogs einschließlich der damit gegebenen Konzeption von Grundgesetz mit dessen mosaischer Auslegung aus,[38] dann hat der Dekalog noch innerhalb des Buches Deuteronomium die Fluchgesetzgebung von Dtn 27 geprägt,[39] bevor er in Lev 19 „in einem Rechtstext größeren Umfangs eingearbeitet“[40] und dann durch die [100] Pentateuchredaktion in die Sinaitheophanie eingestellt und allen Gesetzeskorpora des Pentateuch vorgeordnet wurde. Ps 50 ist demgegenüber (vielleicht neben Ps 81?) ein gewichtiger Zeuge für die Nachwirkung außerhalb des Pentateuch. Diese Wirkungsgeschichte harmoniert mit den oben angeführten Hinweisen zur nachexilischen Entstehung des Psalms.

Zur Redaktionskritik des Psalms

Redaktionskritische Überlegungen helfen weiter, das individuelle Profil des Ps 50 einzukreisen. Der elohistische Psalter besteht aus drei Sammlungen: Den Korachpsalmen 42–49, den Asafpsalmen 50.73–83 und dem eingeschobenen zweiten Davidpsalter 51–72. Die isolierte Stellung des Asafpsalms 50 fällt auf. Man kann in ihm den Abschluß der Korachpsalmen sehen, wie entsprechend der Davidpsalter durch den Salomopsalm 72 und die Asafpsalmen durch den Korachpsalm 84 abgeschlossen werden, der dann zum elohistischen Psalter hinzuzunehmen ist.[41] Nun verbindet Ps 50 mit Ps 49 kaum etwas. Dagegen existieren viele Verbindungen zwischen Ps 50 und 51, wie ein Vergleich belegen soll.[42] In Ps 50,6 verkünden die Himmel die Gerechtigkeit Jahwes und begründen das mit seiner Richtertätigkeit; in Ps 51,6 will der einzelne Beter durch sein Sündenbekenntnis dem Urteilsspruch Gottes Gerechtigkeit widerfahren lassen und dessen Richten bestätigen. 50,23 wird dem, der auf seinen Wandel achtet, das „Heil Gottes“ in Aussicht gestellt, in 51,14.16 bittet der Beter um dieses Heil den „Gott seines Heils“. Die Rettung wird mit verschiedenen Verben sowohl in 50,15 wie in 51,16 angesprochen. Ein wichtiger Vergleichspunkt ist das Thema der Opfer. Ps 51,18 f. nimmt die prophetische Kultkritik auf. Jahwe verweigert die Schlacht- und Brandopfer wegen des kul-

---

38 Dazu zuletzt N. Lohfink, Kennt das Alte Testament einen Unterschied von „Gebot“ und „Gesetz“? Zur bibeltheologischen Einstufung des Dekalogs, in: JBTh 4 (1989), 63–89; F.-L. Hossfeld, Art. Dekalog (I) AT, in: M. Görg / B. Lang (Hg.), Neues Bibel-Lexikon, Lieferung 3, Zürich 1990, 400–404.

39 Vgl. H. J. Fabry, Noch ein Dekalog, in: M. Böhmke (Hg.), Im Gespräch mit dem Dreieinen Gott, FS W. Breuning, Düsseldorf 1985,75–96.

40 So N. Lohfink, Kennt das Alte Testament einen Unterschied (s. Anm. 38), 84.

41 So die These von H. Gese, Die Entstehung der Büchereinteilung des Psalters, in: ders., Vom Sinai zum Zion, München 1974, 159–167.162.

42 Erste Hinweise bei H. Irsigler, Psalm 73 – Monolog eines Weisen (ATS 20), St. Ottilien 1984, 93 f.; ebenso K. Seybold, Die Psalmen. Eine Einführung (UB 382), Stuttgart 1986, 25.

tischen Leerlaufs und der Diskrepanz von Kult und Ethos, allerdings im Urteil
des Beters. Die „Schlachtopfer Gottes“, auf die es ankommt, sind ein zer-
brochenes und zerschlagenes Herz. Ps 50,8 ff. dämpft die radikale Opferkritik;
Schlacht- und Brandopfer sind legitim, wenn sie im richtigen Verständnis voll-
zogen werden. Darum kann auch gerade zum „Schlachten des Dankopfers für
Gott“ in 50,14.23 aufgefordert werden. Die stärksten Brücken – lexikalisch
101 und thematisch – werden von Ps 50 zum anerkannten Anhang in 51,21 f.
geschlagen. Vom Zion wird sowohl in 50,2 wie in 51,20 gesprochen; Jung-
stiere werden zum Opfer gebracht (vgl. 50,9 mit 51,21); von den Opferarten
werden die Brand-, Ganz- und Schlachtopfer erwähnt.

Wenn unter den *zibḥê ṣædæq* von 51,21 Opfer verstanden werden, die Jahwes Rechtsspruch anerkennen und den Gemeinschaftsfrieden wiederherstellen zwischen Gott und Mensch sowie Mensch und Mensch, dann haben sie eine sachliche Nähe zu Inhalt und Absicht der Dankopfer von 50,14.23. Dem Anhang 51,21 f. wie dem Ps 50 geht es um eine Reform des Opferkultes auf dem Zion. Insofern entwickelt Ps 50 die prophetisch-geprägte Opferkritik von Ps 51 weiter und zwar zu einer Opferreform. Dann kann auch vermutet werden, daß dieselbe Redaktion, die den Grundpsalm 51 in V. 21 f. bearbeitet hat, den Ps 50 ihm vorangestellt hat. Der erste Asafpsalm 50 mit Theophanie und Jahwe-Rede eröffnet den Davidpsalter 51–72 und nimmt diesen in die Sammlung der Asafpsalmen 73–83 auf. Zugleich steckt er mit höchster Autorität den Rahmen für die nachfolgende Opferkritik vom Grundpsalm 51 ab. Was Jahwe in Ps 50 anordnet, das vollzieht der Beter in der Nachfolge Davids nun im redaktionell bearbeiteten Ps 51.

Das oben geschilderte Profil des Psalmes mit den Indizien für seine Heimat in einer dem Tempelkult verbundenen Gruppe wie der Hinweis der Überschrift auf Asaf, den Sänger und Autor, und die redaktionelle Position stimmen mit den chronistischen Nachrichten zu Asaf überein. Innerhalb der levitischen Kultsänger (1 Chr 6,24) wird Asaf herausgehoben (1 Chr 16,37–43; 25,1 u. ö.). Er ist Sänger vor der Lade; dazu paßt, daß ihm innerhalb der Sängergruppen (Heman, Etan, Jedutu, Korach) die meisten (zwölf) Psalmen zugeschrieben werden. Wie andere Sänger und Instrumentalisten wird auch Asaf „Seher“ genannt (2 Chr 29,30). Ein Nachkomme Asafs tritt in 2 Chr 20,13–19 prophetisch auf und hält eine Kriegsansprache in bewußter Anknüpfung an Ex 14,13 f. – ein Hinweis darauf, daß bei den Asafsängern schriftgelehrte Prophetie und inspirierte Auslegung des Pentateuchs gepflegt wurden, was mit der Aussage und dem Anspruch von Ps 50 übereinstimmt.

Der erste Asafpsalm und zugleich der erste Festpsalm ist von einem Asafsänger anläßlich einer Verpflichtungszeremonie auf den Sinaibund wahrscheinlich zu Anfang des 4. Jhs. v. Chr. vorgetragen worden.

Das Prophetische in den Psalmen

Zur Gottesrede der Asafpsalmen im Vergleich mit der des ersten und zweiten Davidpsalters

Frank-Lothar Hossfeld

[223] Dieser Beitrag gehört nicht direkt in den Themenbereich dieser Festschrift zur alttestamentlichen Prophetie. Dennoch hat das Thema sein eigenes Gewicht sowohl für die Psalmen als auch für die Prophetie und deren Nachleben. Die folgenden Ausführungen wollen den Jubilar ehren, der selbst unter anderem auch das Feld der Psalmen beackert hat.

Jüngere Veröffentlichungen zu den Beziehungen zwischen der Prophetie und den Psalmen heben vor allem auf die Gottesrede im Psalter ab. Sie gilt zurecht als auffälliges und wichtiges Indiz für das Prophetische in den Psalmen. R. J. Tournay kommt in seiner Monographie „Seeing and Hearing God with the Psalms. The Prophetic Liturgy of the Second Temple in Jerusalem" zu dem Ergebnis:

> „At the end of this study, it is apparent that there is a prophetic dimension within Israelite Psalmody. All through the psalter, and more generally in all Israelite hymnology, theophanic evocations and cultic oracles continually appear."

Wenig später macht er dafür die levitischen Sänger des Zweiten Tempels verantwortlich: „... they wanted to compensate for the disappearance of the great prophets and the apparent silence of the God of the covenant."[1]

H. Spieckermann beschreibt in seinem Aufsatz „Rede Gottes und Wort Gottes in den Psalmen" den Tatbestand ähnlich:

> „Im Traditionsprozeß sind Redeformen der Psalmen ebensosehr in die prophetische Literatur eingedrungen, wie prophetische Redeformen in den Psalter Eingang gefunden haben. ... (Die Form der Gottesrede im Psalter) scheint in ihm aufs Ganze gesehen ein Erbe der Prophetie zu sein, kein direkter Erbfall allerdings, sondern ein mittelbarer."

Der mittelbare Erbfall hat [224] auch seine bestimmte historische Stunde, „daß vom Mittel der autoritativen Gottesrede schwerpunktmäßig in spätexilischer und frühnachexilischer Zeit Gebrauch gemacht worden ist."[2]

Die meines Wissens jüngste Veröffentlichung zum Thema von K. Koenen „Gottesworte in den Psalmen" beginnt mit dem offenbaren Gegensatz: „Wäh-

---

1 R. J. Tournay, Seeing and Hearing God with the Psalms. The Prophetic Liturgy of the Second Temple in Jerusalem (JSOT.S 118), Sheffield 1991, 230.

2 H. Spieckermann, Rede Gottes und Wort Gottes in den Psalmen, FS W. Beyerlin (HBS 1), Freiburg i. Br. u. a. 1994, 157–173, Zitate S. 157 und 167.

rend uns z. B. in der Tora mit ihren Verheißungen und Gesetzen sowie in den Ankündigungen der Prophetenbücher Worte Gottes begegnen, hören wir in den Psalmen also Worte von Menschen." Aber zugleich gilt: „Denn auch in den Psalmen finden sich Worte Gottes, ja letztlich kann auch der Psalter als Wort Gottes gelesen werden." Koenen mustert die Gottesworte in den Psalmen einzeln durch und kommt zu dem Ergebnis:

> „Die Gottesworte in den Psalmen sind sehr verschiedenartig und haben in ihrem jeweiligen Kontext unterschiedliche Funktionen. Da sind zunächst Heilszusagen und ultimative Ermahnungen, wie sie – jedenfalls der Form nach – von prophetischen Sprechern vorgetragen wurden, welche sich entsprechend dem Inhalt ihrer Botschaft als Zukunftsankündiger oder Mahner zum rechten Handeln verstanden haben. Sie geben ein Wort Gottes weiter, das ihnen im Blick auf die aktuelle Lage offenbart wurde. Neben diesen Worten stehen solche, die aus der Vergangenheit zitiert werden."[3]

Die jüngere Forschung zum Thema sitzt auf den Schultern der älteren. Für H. Gunkel waren die Psalmen Erben der eschatologischen Erwartung der Propheten. Unter formgeschichtlichem Aspekt machten die Psalmen Anleihen beim prophetischen Orakel, das sie in prophetische Liturgien einbauten. S. Mowinckel konzentrierte sich auf das prophetische Orakel, das für ihn zu einem eigenständigen, von der Prophetie unabhängigen Indiz der Kultprophetie wurde. Die Hypothese der Kultprophetie [225] wurde von A. R. Johnson ausgebaut, und für viele Psalmen suchte man einen Sitz im Leben in besonderen kultischen Feiern und Anlässen. Die Kultprophetenhypothese wirkt bis heute nach.[4]

Die jüngere Psalmenforschung geht zu einer globalen Kultprophetenhypothese mehr und mehr auf Distanz. Das zeigt sich einmal in dem Bemühen bei den eingangs angeführten Autoren, den Befund der Gottesreden im Psalter möglichst individuell und differenziert wahrzunehmen, ohne gleich zur Kultprophetie Zuflucht zu nehmen. Gekoppelt ist das mit zwei Tendenzen, der literarischen Gestaltung des Psalmisten mehr zuzutrauen als dem unmittelbaren Echo bzw. dem Niederschlag einer kultischen Ursprungssituation und der Bereitschaft, die vorexilische Entstehung von Psalmen mehr und mehr in die exilisch-nachexilische Zeit umzuschichten. Ein weiteres Indiz für die Distanz ist das Abrücken von der Erklärungskraft des kultisch-priesterlichen oder kultprophetischen Heilsorakels, das in Klagegebeten im Stimmungsumschwung zwischen Notschrei und Erhörungsgewißheit vermitteln soll.

K. Seybold gibt drei Möglichkeiten der Erklärung für den Stimmungsumschwung an:

---

3 K. Koenen, Gottesworte in den Psalmen. Ein formgeschichtliche Untersuchung (BThS 30), Neukirchen-Vluyn 1996, Zitate S. 1 und 67.

4 Vgl. die Darstellung ihrer Geschichte bis zur Position von J. Jeremias (Kultprophetie und Gerichtsverkündigung in der späten Königszeit Israels [WMANT 35], Neukirchen-Vluyn 1970) bei H. W. Bellinger Jr., Psalmody and Prophecy (JSOT.S 27), Sheffield 1984, 9–21.

1. Den Gebetsprozeß bzw. die innere Dynamik des Gebetes selbst.
2. Die redaktionskritische Lösung mit späterer Hinzufügung des Gebetserfolgs bzw. der Aufhebung der Not.
3. Die Rekonstruktion eines dazwischentretenden, vorauszusetzenden priesterlich-prophetischen Heilsorakels.[5] 226

W.H. Bellinger stimmt der Erklärung mit dem (prophetischen) Heilsorakel zu und rückt zugleich von ihr ab: „While it may well be that the Heilsorakel is the most probable explanation for the presence of this certainty, this cannot at present be considered assured, …“[6] Hossfeld/Zenger entscheiden sich bei ihrer Auslegung der Psalmen 1–50 für die Erklärung mit Hilfe des Gebetsprozesses.[7] Abstand zum Heilsorakel nimmt auch Spieckermann:

> „Die Form der Gottesrede ist auch in den älteren Psalmen nicht unbekannt und wird in ihnen ganz spezifisch eingesetzt: nicht als an den einzelnen im Klagegebet vermitteltes Heilsorakel, welches nirgendwo im Psalter erhalten ist und deshalb auch nicht postuliert werden sollte, …“[8]

B. Janowski votiert mit Blick auf Ps 13 analog:

> „Im Gegensatz zu J. Begrich, der dafür (für den Stimmungsumschwung) ein zwischen Klage und Lob gesprochenes ‚priesterliches Heilsorakel‘ namhaft machte, gehe ich mit O. Fuchs davon aus, daß hinter der besagten Wende ein Gebetsprozeß steht, demzufolge der Überschritt von der Klage zum Lob nicht textextern, sondern textintern geschieht, indem er vom Beter im Prozeß des Betens stufenweise vollzogen wird.“[9]

Ob man nun das Heilsorakel einem Priester oder Kultpropheten zuschreibt, die kultische Anbindung der betreffenden Psalmen schwächt sich bei diesem neueren Trend ab. Das Wirken der Kultpropheten verliert einen bestimmten Tätigkeitsbereich, und damit wird das Indiz der Gottesreden im Psalter um so wichtiger für die Frage nach der Beziehung zwischen Prophetie und Psalmen. 227

---

5 Vgl. K. Seybold, Das Gebet des Kranken (BWANT 99), Stuttgart 1973, 157. Hier bevorzugt er die dritte Möglichkeit. In seinem neuen Kommentar „Die Psalmen“ (HAT 1/15), Tübingen 1996, votiert er z.B. bei Ps 3 für die redaktionskritische Lösung (ebd., 35 f.), und bei Ps 6 (ebd., 43 f.) läßt er die Entscheidung der Alternativen offen.

6 H.W. Bellinger Jr., Psalmody and Prophecy (s. Anm. 4), 58.

7 Vgl. ihre Auslegung der Psalmen 3 und 6 in F.-L. Hossfeld/E. Zenger, Die Psalmen. Psalm 1–50 (NEB 29), Würzburg 1993, S. 55 ff. und 67 ff. oder auch S. 150 im Falle von Ps 22.

8 H. Spieckermann, Rede Gottes und Wort Gottes in den Psalmen (s. Anm. 2), 157 f.

9 B. Janowski, JHWH der Richter – ein rettender Gott. Ps 7 und das Motiv des Gottesgerichts, in: JBTh 9 (1994), 53–85, 4 f.

Prophetie und Asafpsalmen

Unter den neueren Monographien zu den Asafpsalmen gibt es einen roten Faden, der Kultprophetismus als ein Markenzeichen der Asafpsalmen ansieht.

K. J. Illman kommt unter anderem zu folgendem Schluß:

> „Der Kultprophetismus spielt eine wichtige Rolle in APs [Asafpsalmen], aber auch hier verbietet sich jede Generalisierung. Was behauptet werden kann, ist, daß es unter den Asafiten Kultpropheten oder wenigstens die Funktion der Kultprophetie gegeben hat.“[10]

P. Schelling konkretisiert in seinem englischen Summary:

> „The theme of judgement we find in some form or another in all twelve songs. There, where YHWH's judgement strikes Israel, it is not severely punishing, but rather admonishing (paraenetic) in character. In most psalms the hostile and godless peoples are under YHWH's judgement. That this theme occurs so frequently and penetratingly in the Asaph psalms bears witness to a prophetic spirit in these psalms. Evidently the writers comes from prophetic surroundings, and cult and prophecy belong together.“[11]

Während Schelling die Asafpsalmen beieinander sieht und im fünften Jahrhundert v. Chr. ansetzt, rechnet H. P. Nasuti mit Kontinuität und langer Entwicklung der Asafgruppe. Beheimatet in nordisraelitischer Tradition, womöglich seit den Reformepochen Hiskijas und Joschijas, hält sich die Asafgruppe durch bis in die nachexilische Zeit der Chronik und danach. Ihre Spezifika sind die Volksklage und die prophetischen Psalmen.

> „The distinctively Asaphite use of prophetic speech for the purpose of warning the people against various legal and cultic abuses indicates how such prophetic warnings found elsewhere in the Ephraimite literature might have been actualized in the cult. This aspect of warning well fits a reform situation, though it should not be limited to such a time. … What the [228] Asaphite psalms clearly show is that at some point in the pre-exilic period the Ephraimites did achieve at least something of a presence in the central cult. They resumed this presence in the time of the second temple and maintained it for as long as can be seen into the post-exilic period. … With respect to function, it is precisely the distinctive Asaphite concerns with cult prophecy and the communal lament that seem to have changed over time.“[12]

Zu unterstreichen sind die kleinen Akzentverschiebungen dieser Zusammenfassung gegenüber der älteren Forschung. Die Asafiten sind nicht mehr Paradebeispiele einer breiter belegten Kultprophetie, sondern sie selbst betätigen sich kultisch und suchen Gelegenheiten für ihre spezifische Botschaft. Ihr Auftreten und ihre Funktion können sich im Laufe der Geschichte und ihrer Entwicklung verändern.

---

[10] K. J. ILLMAN, Thema und Tradition in den Asaf-Psalmen (Åbo 1976), 64 (6. These).

[11] P. SCHELLING, De Asafpsalmen – hun samenhang en achtergrond, Kampen 1985, 250 f.

[12] H. P. NASUTI, Tradition History and the Psalms of Asaph (SBL.DS 88), Atlanta 1988, 194.

Für K. Seybold löst sich die kultische Anbindung der Asafpsalmen an den zentralen Jerusalemer Tempelkult völlig:

> „Dies führt in der aufgezeigten Richtung [Untersuchung des „Wir“ in den Psalmen] zu dem in der Geschichte Israels relativ neuen Phänomen einer, sagen wir, religiösen Gemeinschaft ohne staatliche und ohne kultische Institutionalisierung; wohl einer ganz neuen Form von Gemeinschaft einer *ʿedāh* von Laien, auf die der Begriff ‚Volksgemeinde‘ am ehesten zutrifft.“

An anderer Stelle nimmt er zu den Textgruppen im Anschluß an R. J. Tournay (s. o.) Stellung, die durch Gottesworte besonders geprägt sind: die Königspsalmen (2; 89; 110; 132 und 60) und die Asafpsalmen:

> „Bei den wohl ursprünglich vorexilischen Königspsalmen erklärt das Königsritual in kultischem Zusammenhang die Königsorakel. Bei den Asaph-Psalmen ist eine Erklärung dafür noch zu suchen, weshalb sie ohne erkennbaren Übergang, ohne prophetische oder liturgische Einleitungsformel Ich-Worte Gottes wie selbstverständlich einführen können. Ich weiß bisher keine einleuchtendere Erklärung für das Phänomen als die Annahme, daß für die ‚betende [229] Gemeinschaft‘ (J. Scharbert), die hinter diesen Psalmen steht, eine neue Art dialogischer Liturgie gefunden und entwickelt worden ist. So ließe sich auch Tournays Lösung mit dem Verweis auf die Kultprophetie verstehen, obwohl dieses Phänomen schwer greifbar ist.“[13]

Seybold sieht in der Trägergruppe der Asafpsalmen eine Gemeinde im Umkreis der mittelpalästinischen Heiligtümer Betel und Schilo zur Zeit des Exils.[14] Der Schüler Seybolds, B. Weber, analysiert und interpretiert auf den Bahnen seines Doktorvaters. Mit Blick auch auf die chronistischen Nachrichten über die Asafiten stellt er sich den Sachverhalt so vor:

> „Ich denke, daß die Asaphiten schon in vorexilischer Zeit mit gottesdienstlichen Aufgaben, zu denen auch (gerichts-)prophetische Momente gehörten, betraut waren und daß die überwiegend in die vorexilische und exilische Zeit zu datierenden Asaph-Psalmen aus diesen (levitischen) Kreisen stammen und von ihnen tradiert wurden. Die Relevanz der in der Zeit der Bedrängnis des Exils (re)artikulierten Psalmen mag zur Führungsfunktion der Asaphiten in der (früh)nachexilischen Zeit beigetragen haben. Die Asaph-Psalmen werden also den nachexilischen Asaphiten (mehrheitlich) bereits vorgelegen haben, was nicht ausschließt, daß sie diese in der Zeit des zweiten Tempels reaktualisiert oder daß sie auch neue Stücke verfaßt haben.“[15]

Läuft man den roten Faden des Kultprophetismus in den Monographien zu den Asafpsalmen entlang, gewinnt man den Eindruck, daß die Asafpsalmen eine eigene Art der Beziehung von Kult und Prophetie kreiert und nicht ererbt haben bzw. daß sie nicht in eine etablierte Kultinstitution eingetreten sind. Ihre sogenannte Kultprophetie ist ein Sonderphänomen. Dem wollen wir in

---

13 K. Seybold, Das „Wir“ in den Asaph-Psalmen. Spezifische Probleme einer Psalmengruppe, FS W. Beyerlin (HBS 1), 1994, 143–155, die Zitate S. 148 und 150.

14 Vgl. ders. jetzt in „Die Psalmen“ (s. Anm. 5), 8 f.

15 B. Weber, Ps 77 und sein Umfeld. Eine poetologische Studie (BBB 103), Weinheim 1995, 304.

einem Vergleich mit den einschlägigen Stellen des [230] ersten und zweiten Davidpsalters, die beide älter als die Asafpsalmen sind, nachgehen.

Gottesrede im ersten Davidpsalter 3–41

Der vorexilische Armenpsalm 12 bietet gleich ein wichtiges Beispiel der Gottesrede.[16] Das Gotteswort 12,6 steht in der Mitte des nach Wortwahl und Sprechrichtungen (Bitte in Anrede an Gott, Bitte in Rede über Gott, Gotteswort, preisender Kommentar über Gottes Wort, Bekenntnis in Anrede an Gott) konzentrisch gestalteten Psalms.

Das Gotteswort ist wie eine prophetische Gerichtsrede zweiteilig aufgebaut in Anklage (wegen der Vergewaltigung der Schwachen und wegen des Stöhnens der Besitzlosen) und in Gerichtsansage (jetzt stehe ich auf [zum Gericht]). Dann folgt keine klassische prophetische Redeformel (Botenspruch- oder Gottesspruchformel), sondern eine Kontextformel wie in Jes 40,1 f. Im Unterschied zur texteröffnenden, den Sprecher legitimierenden Botenformel hat sie die Funktion, den Sprecher als Ohrenzeugen eines sich gleichzeitig abspielenden Wortgeschehens anzuzeigen. Anschließend wird das angesagte Eingreifen JHWHs nicht als Gericht über die Frevler (vgl. V. 9), sondern als Heil über den von ihnen verfolgten Armen konkretisiert (ich bringe Rettung dem, gegen den man schnaubt). Zweierlei gilt es festzuhalten: Die Gottesrede ist eine zum Heil für die Armen hin konkretisierte Gerichtsansage. Der Sprecher des Psalms, der zur Gruppe der Armen gehört, weiß sich als (prophetischer) Ohrenzeuge eines göttlichen (himmlischen) Entschlusses zum Eingreifen. Von einer prophetischen Liturgie mit offiziellen Kultpropheten sollte man deswegen nicht sprechen, weil der mitgeteilte Vorgang wohl einmalig ist bzw. nicht institutionalisiert zu sein scheint. [231]

Der zweite Fall Ps 14,4 ist in bezug auf die Gottesrede umstritten und wird deswegen auch in den meisten Untersuchungen zur Gottesrede im Psalter übergangen.[17] Gegenüber stehen sich eine kultprophetische Deutung des Psalms, die gerade V. 4 von einem Kultpropheten verkünden läßt, der im Stil von Mich 3,3 spricht, und eine zur Kultprophetie distanzierte Interpretation, die JHWH als Sprecher des Verses sieht.[18] Für die zweite Möglichkeit votieren

[16] Vgl. zur Exegese F.-L. Hossfeld / E. Zenger, Die Psalmen (s. Anm. 7), 92–96 (Zenger).

[17] Vgl. nun R. J. Tournay, Seeing and Hearing (s. Anm. 1), und K. Koenen, Gottesworte in den Psalmen (s. Anm. 3).

[18] Die erste Position wird einflußreich von J. Jeremias, Kultprophetie und Gerichtsverkündigung in der späten Königszeit Israels (WMANT 35), Neukirchen-Vluyn 1970, 114 ff. bes. 116 Anm. 3 vertreten. Die zweite Position wird z. B. bei H. W. Bellinger Jr., Psalmody and Prophecy (s. Anm. 4), 71, angedeutet, von P. C. Craigie, Psalms 1–50 (WBC 19), Waco 1983, 144 ff., vertreten und von E. Zenger (F.-L. Hossfeld / E. Zenger, Die Psalmen [s. Anm. 7]), 99–103, ausführlich begründet.

der Sprachgebrauch („mein Volk“ in den Psalmen fast immer JHWH-Rede) und vor allem der Zusammenhang. Ps 14,1–6 – ein vorexilischer Armenpsalm – beginnt mit einer konstatierenden Klage in V. 1 und schildert dann in VV. 2–4 den Prüfvorgang JHWHs vom Himmel her. V. 3 wiederholt bzw. bestätigt mit verschärfenden Worten das vernichtende Urteil über das zeitgenössische Israel aus V. 1 im Munde des Psalmisten. Diese variierende Wiederholung bzw. Steigerung erklärt sich am besten, wenn man mit V. 3 die JHWH-Rede beginnen läßt. V. 4 in angezeigter JHWH-Rede konkretisiert das Urteil bzw. die Anklage. V. 5 setzt das Gericht voraus und schildert die Folgen von JHWHs Eingreifen. V. 6 kommentiert den Vorgang (vgl. Ps 52,8 f.) in Anrede an die gegnerischen Toren.

Der Psalmbeter hat Anteil an einem im Himmel beginnenden Gerichtsvorgang, dessen Auswirkungen auf Erden im Tempel er beobachten kann. Deswegen spricht E. Zenger von „prophetischer Vision“[19], obwohl keine Visionseinleitung vorhanden ist und der Sprecher des Psalms auch wenig zu sehen bekommt, dafür aber um so mehr hört, wenn auch [232] bei der akustischen Wahrnehmung jede Anzeige der JHWH-Rede durch eine Redeformel fehlt. In der Makrostruktur (Abfolge der Elemente) von menschlicher Anklage/Klage – göttlichem Gericht – menschlicher Reaktion in Kommentierung und Bekenntnis gleicht Ps 14 dem Armenpsalm 12.

Die Verbindung zur Prophetie ist nicht zu leugnen, wie die visionären und auditiven Elemente beweisen, aber es ist eine sehr spezifische Anlehnung an die Prophetie, die keine etablierte kultprophetische Funktion des Sprechers nahelegt.

Das dritte Beispiel Ps 27,8 f. bietet eine denkbar kurze Gottesrede mit einer knappen, aber schwer zu verstehenden Einleitung, die Tournay zurecht so paraphrasierend umsetzt: „My heart repeats your word [literally: ‚speaks for you‘, ‚in your place‘, or ‚about you‘]: ‚Seek my face.‘ It is your face, YHWH, that I seek; do not hide your face from me.“[20]

Der Beter in diesem Bittgebet eines Gerechten geht bei seiner „Unschuldsbeteuerung“ in V. 8 in Vorleistung, um JHWH zum Eingreifen zu bewegen. Er verweist auf seine Erinnerung an JHWHs Gebot, das er gleichsam im Herzen trägt und auch ausführt. Der Wortlaut des göttlichen Gebots hat eine nahe Parallele in Am 5,4 (vgl. Hos 5,15; Ex 33,7; 2 Sam 21,1), kann aber ebensogut eine freie Wiedergabe der Toravorschrift Ex 23,17 und Ex 34,23 f. sein.

In diesem Fall wird (vergangene) Gottesrede zitiert und nicht aktuell übermittelt.[21]

---

19 F.-L. Hossfeld / E. Zenger, Die Psalmen (s. Anm. 7), 101.

20 R. J. Tournay, Seeing and Hearing (s. Anm. 1), 125; vgl. meine Exegese des Psalms in F.-L. Hossfeld / E. Zenger, Die Psalmen (s. Anm. 7), 175.

21 K. Koenen, Gottesworte in den Psalmen (s. Anm. 3), 55, bewertet diese Interpretation: „M.E. ist diese für eine sinnvolle Deutung des überlieferten Textes notwendige Konstruktion zu kompliziert, um wahrscheinlich zu sein. Vielleicht hat der Beter im ur-

In dem vorexilischen Weisheitslied zur Vergebung Ps 32 – dem traditionellen zweiten Bußpsalm – wird mit Konsens unter den Exegeten [233] V. 8 aus inhaltlichen Gründen vornehmlich wegen des Motivs vom göttlichen Auge, das fürsorglich und streng blicken kann, als Gottesrede festgehalten.[22] Das Orakel wirkt wie eine weisheitliche Interpretation der Beistands- und Hilfszusage. Es geht um die göttliche Hilfe zu gerechter Lebensführung und entsprechende Fürsorge. Die Gottesrede antwortet auf das vorausgehende dankbare Bekenntnis des Beters in V. 7, das wiederum auf die erfahrene Vergebung von V. 5 reagiert. Insofern ist sie unerwartete Bestätigung und Erweiterung der in der Vergebung erfahrenen Nähe Gottes auf das weitere Leben hin. Die Gottesrede kommt ohne Einleitung und prophetische Redeformel aus und steht vornehmlich im Grundpsalm (32,1–5.7–8.11) als Klimax in Endstellung. Wiederum fällt bei diesem weisheitlichen Heilsorakel die individuelle Abwendung prophetischer Redeformen auf.[23]

Das letzte und fünfte Beispiel einer Gottesrede im ersten Davidpsalter findet sich in Ps 35,3. Der Beter bittet um eine persönliche Beistandszusage. „Das noch nicht vernommene, sondern erwünschte Gotteswort zeigt uns eine auf das Wesentlichste verdichtete göttliche Heilszusage.“[24] Sie stammt, wie der engere Kontext 35,1–6 nahelegt,aus der Tradition des Kriegsorakels (vgl. Ex 14,13 f.). Hier übernimmt sie die gleiche Funktion [234] wie das jesajanische Heilsorakel. Ein verwandter Seitengänger sowohl in bezug auf die Einleitung wie auf den kurzen Inhalt ist der Rettungsbericht Klgl 3,55 ff. mit dem Orakel in 3,57, dem einzigen der gesamten Klagelieder.[25]

---

sprünglichen Text zu Gott gesagt: ‚Suche mein Angesicht!‘ und so mit der Wendung ‚das Angesicht suchen‘ gespielt.“ Ist diese Ersatzlösung weniger kompliziert und vor allem plausibler?

[22] Die jüngste Analyse bietet K. Koenen, Gottesworte in den Psalmen (s. Anm. 3), 6–9. Er plädiert wieder für das Hinzunehmen von V. 9 in die Gottesrede. Ich bleibe bei meinem Gegenvotum (V. 9 als redaktioneller Zusatz) aus drei Gründen: Von V. 8 nach V. 9 wechselt der Numerus der Anrede vom Singular zum Plural. V. 9 bietet Prosa im Unterschied zur ausgefeilten Stilistik (Parallelen und Triaden) des Grundpsalms inklusive V. 8. Nur V. 8 hat Verbindung zum Kontext (vgl. die Korrespondenz „auf mir deine Hand“ V. 4 – „auf dir mein Auge“ V. 8). Nach Koenen dürfte das Gotteswort mit seinen Heilszusagen als das Heilswort zu verstehen sein, das der Rettung „voranging“ (S. 8 f.). Die Rettung – genauer die Vergebung – kam in V. 5 ohne Heilswort aus. Die Gottesrede von V. 8 geht weit über die Situation der Vergebung hinaus.

[23] Im Kommentar F.-L. Hossfeld/E. Zenger, Die Psalmen (s. Anm. 7), 204, schrieb ich: „Ein Kultprophet kann es [das Heilsorakel] vermittelt haben.“ Heute setze ich ein Fragezeichen dahinter.

[24] K. Koenen, Gottesworte in den Psalmen (s. Anm. 3), 5.

[25] Vgl. P. D. Miller, They Cried To The Lord. The Form and Theology of Biblical Prayer, Minneapolis 1994, 141 ff.

Beim Durchgang durch die Gottesreden des ersten Davidpsalters[26] fallen die unterschiedlichen Funktionen der Gottesrede auf: Zwei Gottesreden gehören in die aktuelle Gerichts- und Heilsverkündigung der Armenpsalmen (12,6; 14,4). Sie stehen im Zentrum der jeweiligen Psalmen. Eine Gottesrede setzt als weisheitliches Heilsorakel die prophetische Beistandszusage individuell um und krönt den Psalm (32,8). Zwei sehr knappe Gottesreden sind freies Zitat vorgegebener Traditionen womöglich des Pentateuchs, sei es in der Erinnerung (27,8), sei es im Vorgriff (35,3). Insgesamt sind die Gottesreden kurz gehalten. Sie zeigen Verbindungen mit der Prophetie, sind aber wohl nicht das Produkt einer institutionalisierten Kultprophetie.

Die Gottesreden im zweiten Davidspalter

Die erste Gottesrede ist in Ps 53,5 zu finden. Ps 53 ist ein Doppelgänger von Ps 14. Grundsätzlich muß Ps 53 mit seinen Textabweichungen und vor allem in seinem anderen Kontext, dem zweiten Davidpsalter, noch einmal für sich ausgelegt werden. Allerdings fallen die Textabweichungen im Bereich der Gottesrede 53,4 f. und in dem ihr vorausgehenden Kontext [235] kaum ins Gewicht. Größere Unterschiede ergeben sich im Bereich der Schilderung des Gerichts mit dem nachfolgenden Kommentar (vgl. 14,5 f. und 53,6). M. Millard hat beide Texte verglichen: „Spricht Ps 14 in der Sprache der psalmentypischen Armentheologie, so greift Ps 53 die Sprache des Krieges auf, genauer gesagt, die Sprache des JHWH-Krieges."[27] Dieses Urteil gilt hauptsächlich für den Schluß der beiden Psalmen. Die Armentheologie bleibt für 53,2–5 || 14,1–4 erhalten. Deswegen ändert sich nichts Wesentliches an unseren obigen Überlegungen zur Gottesrede in 53,4 f. || 14,3 f.[28]

Die Gottesrede von Ps 60 steht im Zentrum des Psalms.[29] Ihr voraus geht eine Volksklage VV. 3–7, eine Ich-Wir-Klage folgt ihr nach VV. 11–14. Seybold hat die drei Teile – gut begründet – historisch situiert:

---

26 Wir haben hier auf eine Behandlung von Ps 21 verzichtet, weil die hinter 21,9–13 vermuteten göttlichen Zusagen an den König nur erschlossen werden können und im Konnex mit den messianischen Psalmen 2 und 110 behandelt werden müssen, die aber in diesen Ausführungen nicht berührt werden; vgl. dazu K. Koenen, Gottesworte in den Psalmen (s. Anm. 3).

27 M. Millard, Die Komposition des Psalters (FAT 9), Tübingen 1994, 117.

28 Ps 53 erweckt den Eindruck, in seinem Zwittercharakter (armentheologisch-militärisch) eine eigene Weiterbildung von Ps 142 zu sein. Ferner unterbricht er die enge Verbindung von Ps 52 mit Ps 54 und scheint sekundär zwischen diese beiden Psalmen eingeschoben.

29 Neuere Analysen sind zu finden bei: H. Spieckermann, Rede Gottes und Wort Gottes in den Psalmen (s. Anm. 2), 164 f.; K. Koenen, Gottesworte in den Psalmen (s. Anm. 3), 49–54; K. Seybold, Die Psalmen (s. Anm. 5), 236–240.

„Die Ich-Klage bezieht sich auf militärische Konflikte mit Edom und stammt wohl aus den letzten Jahrzehnten des davidischen Königtums. Die Wir-Klage setzt den Zusammenbruch voraus und gehört in die exilische Zeit. Der Orakelteil weist mit seinem Territorialprogramm in die josianische Zeit und bietet so etwas wie ein ideologisches Fundament für die Politik der Restauration des davidischen Großreiches. Offenbar ist er das älteste Stück."[30]

Die Volksklage endet mit der Bitte um Hilfe und Erhörung (V. 7) und läßt das Orakel wie eine Antwort darauf erscheinen. Aber das Orakel ist situationsenthoben ohne jede Anrede formuliert. Koenen vermutet deswegen zurecht: „Wir dürften hier vielmehr einen – gleichsam visionär [236] vernommenen – Entscheid hören, den Gott in seinem Heiligtum zu sich selbst gesprochen hat."[31] Das Orakel ist ein hymnisches, im AT seltenes „Eigenlob Gottes" (Spieckermann), mit dem er Anspruch auf das Territorium eines Großreiches erhebt. Der konkrete Adressat (ein Feldherr?, ein König?), der das göttliche Territorialprogramm umsetzen kann, kann nur aus der Ich-Wir-Klage VV. 11–14 erschlossen werden. Dem Psalm geht es aber primär um Gottes Eingreifen zugunsten seines Volkes. Das Orakel hat eine individuelle Einleitung, aus der drei Informationen zu entnehmen sind: 1. Gott ändert den Modus der Mitteilung: Er sagt nicht mehr (*'mr* wie in den Pss 12,6 und 35,3), sondern er spricht feierlich (vgl. Ps 50,1). 2. Wie in Ps 50,1 hat der Sprechakt in der Vergangenheit stattgefunden, ist also keine aktuelle Wortoffenbarung. 3. Die Verkündigung fand im Heiligtum statt, wohl der Tempel zu Jerusalem aus dem zentralen (joschijanischen) Reichsheiligtum.

„Das Klagelied Ps 60 unterhält in V. 8–10 also kein aktuelles Gotteswort, sondern der klagende Psalmist greift zum Mittel der Zitation. ... Er erinnert Gott an sein früheres Heilswort und will ihn so dazu bewegen, in der gegenwärtigen Not im Sinne seines damaligen Wortes einzuschreiten."[32]

Das Kriegsprogramm JHWHs im Orakel hat seine Pentateuchparallele in den sekundären Versen des Schilfmeerliedes Ex 15,14–16, allerdings dort aus der Perspektive der schon vollzogenen Eroberung.

Den dritten Fall von Gottesworten im zweiten Davidpsalter bietet der anerkannt schwierige Ps 68, schwierig in bezug auf Textverständnis, Kohärenz, Aufbau und Gesamtaussage.[33] [237]

VV. 12–14 können als Orakel interpretiert werden. Die Einleitung in V. 12 (der Herr gab ein Wort; die Freudenbotinnen ein großes Heer) läßt eine wörtliche Rede mit freudigem Inhalt erwarten. Die Präfixkonjugation im Verb kann nach der archaischen Weise von Ps 18 präterital aufgefaßt werden, was zum erzählenden Kontext passen würde. Die seltene Wortverbindung „ein

30 K. Seybold, Die Psalmen (s. Anm. 5), 237.
31 K. Koenen, Gottesworte in den Psalmen (s. Anm. 3), 51.
32 Ebd., 53.
33 Vgl. zuletzt M. E. Tate, Psalms 51–100 (WBC 20), Dallas 1990, 159–186; K. Seybold, Die Psalmen (s. Anm. 5), 260–265.

Wort geben“ hebt nicht auf das Begleitphänomen des Donners ab wie in V. 34, sondern auf die Übermittlung einer Rede,[34] was die Anrede in V. 14 unterstreicht. Inhaltlich geht es um die Ankündigung eines Sieges:

> „Auch wenn Israel – der Tradition des Gotteskrieges entsprechend – nur daliegt, wird Jahwe den Sieg erringen. Könige werden die Flucht ergreifen, Frauen wird man als Beute verteilen, und mit Glitzer geschmückte Tauben werden die Siegesbotschaft in alle Welt hinaustragen.“[35]

Entscheidend ist, daß das Orakel, im Kontext eingebettet, von vergangener Siegesansage erzählt, die auf ihre Weise auf die Ereignisse des Debora-Liedes in Ri 5 anspielt.

Das zweite Gotteswort des Psalms findet sich in VV. 23–24. Die Einleitung (es sprach der Herr) zeigt kontextgemäß an, daß es sich um ein vergangenes Gotteswort handelt zu einer bestimmten Stunde der Geschichte Israels. Die Auslegung des Inhalts schwankt zwischen einem Verständnis der Ansagen als Metaphern für die weltbeherrschende Macht Gottes, der kein Feind entkommen kann (vgl. Am 9,2–4 und Ps 139,7–9), und einer historisch-literarischen Interpretation, die in den Ansagen Anspielungen an Vorgänge zur Zeit Elijas entdeckt (vgl. die Niederlage Jorams, des Sohnes Achabs, in Ramot-Gilead 2 Kön 8,29; 9,15 und vor allem an die Ansage des Todes Achabs in 1 Kön 21,19; 22,38 ebenso wie die Isebels 1 Kön 21,23; 2 Kön 9,36). Trifft die zweite Deutung zu, hätten wir in den beiden Gottesworten des Psalms Rückgriffe auf bedeutende prophetische Auftritte in der Geschichte Israels (Debora und Elija) vor uns. 238

Für den Psalmbeter sind die Erinnerungen an vergangene und vor allem eingetroffene Gottesworte Belege für die Wirkmacht Gottes. „Die zitierten Gottesworte bieten also keine Ätiologie des künftigen Heils, sondern ein Modell für dieses Heil.“[36]

Die Gottesreden der drei Pss 53; 60; 68 sind etwas ausführlicher als die knapperen des ersten Davidpsalters. Ihre Funktion innerhalb ihrer Psalmen bewegt sich auf bekannten Bahnen: Sie vermitteln aktuelle Gerichtsansage (Ps 53) und zitieren aus der Tradition bekannte Orakel, um den Zeitgenossen der Psalmbeter Mut zu machen (Pss 60; 68).

Die Gottesreden der Asafpsalmen

Mit den Gottesreden der Asafpsalmen betreten wir eine andere Welt. Natürlich gibt es Anknüpfungen an die Gottesreden des ersten und zweiten Davidpsalters, aber einige signifikante Unterschiede springen gleich ins Auge.

---

34 Anders K. SEYBOLD, Die Psalmen (s. Anm. 5), 264.

35 K. KOENEN, Gottesworte in den Psalmen (s. Anm. 3), 58.

36 Ebd., 61.

Zuerst fällt die materiale Ausdehnung der Gottesreden auf. In den Pss 50; 75; 81; 82; (95) prägen sie bzw. füllen sie den betreffenden Psalm aus. Das wirkt sich auf ihren Anteil an der Gesamtgruppe aus. Von 12 Asafpsalmen sind ein Drittel prophetische Psalmen. Deren Gewicht verstärkt sich, wenn Ps 95 mitgerechnet wird, gilt er vielen doch als eine Art „deuteroasafitischer Psalm“[37]. 239

Ferner sind alle genannten Gottesreden durch die Gerichtsthematik miteinander verbunden – drohendes, warnendes, mahnendes Gericht über Israel (50; 81; 95) oder Gericht über die Frevler der Rede bzw. die falsch richtenden Götter (75; 82).

Weiterhin kommen die genannten Psalmen im Übermittlungsmodus des göttlichen Wortes überein. Hier kann man auf eine Unterscheidung zurückgreifen, die Nasuti eingeführt hat, die wir oben schon beobachtet haben und die Nasuti mit „quotation-type“ und „non-quotation type“ folgendermaßen umschreibt:

> „This [der quotation-type mit Zitateinleitung] may indeed indicate some form of prophetic activity, but, if so, it is an activity of a different type than that indicated by those psalms in which the divine speech is not of this quotation variety. More specifically, the latter would seem to indicate the possibility of a direct cultic actualization of the divine reality, while the former would appear to exclude this possibility, since the use of a quotation seems to set the divine presence at a distance. Only in the non-quotation type of psalms does one have a real possibility of a direct cultic actualization of the divine reality.“[38]

Zwar ist diese Unterscheidung zu grob, denn es gibt auch den Fall von Ps 12,6, wo die Kontextformel das aktuell ergehende Gotteswort anzeigt, und Nasuti hat auch prompt seine Schwierigkeiten mit Ps 12,[39] aber im Prinzip hilft sie, zwischen real geschehenden und aus der Vergangenheit erzählten Gottesworten zu unterscheiden.[40] 240

---

[37] Unter formenkritischem Gesichtspunkt zählt er zur Gruppe der Fest- bzw. Orakelpsalmen (50; 81; 95), vgl. M. Millard, Die Komposition des Psalters (s. Anm. 27), 95 Anm. 142; F.-L. Hossfeld, Psalm 95. Gattungsgeschichtliche, kompositionskritische und bibeltheologische Anfragen, FS W. Beyerlin (HBS 1), Freiburg i. Br. u. a. 1994, 29–44, 30 ff.; vgl. B. Weber, Ps 77 und sein Umfeld (s. Anm. 15), 295 Anm. 5. H. P. Nasuti, Tradition History and the Psalms of Asaph (s. Anm. 12), 66 f. Anm. 35 kommt beim Wortvergleich zu folgendem Ergebnis: „Psalm 95, while not technically a ‚deutero-Asaphite‘ like the following Psalm 96 [vgl. 1 Chr 16], will be seen to have many links to the Asaphite psalms.“ Vgl. z. B. im einzelnen: Israel als „Herde von JHWHs Weide“ in 74,1; 79,13; 95,7; 100,3 – die zweifache Aufforderung zum Festjubel 81,2; 95,1; 98,4; 100,1 f. – der Gehorsamsaufruf JHWHs an Israel „höre mein Volk“ 50,7; 81,9.14; 95,7 usw.

[38] H. P. Nasuti, Tradition History and the Psalms of Asaph (s. Anm. 12), 128.

[39] Vgl. ebd., 130.

[40] Koenen hat die Unterscheidung für seine Untersuchung übernommen und trennt zwischen „In die Gegenwart des Psalmisten gesprochene(n) Gottesworte(n)“ und „Aus der Vergangenheit zitierte(n) Gottesworte(n)“.

Nasuti rechnet zurecht alle prophetischen Asafpsalmen inklusive Ps 95 zum „non-quotation type“.[41]

In Ps 50 führt Gott sowohl in der Theophanie als auch in der Gottesrede allein Regie.[42] Der Psalmbeter tritt nirgendwo auf oder bringt sich selbst zur Sprache. Er ist Augen- und noch mehr Ohrenzeuge. Seine prophetische Funktion ist sehr zurückgenommen bzw. nur mehr aus dem geschilderten Vorgang erschließbar. Das Urteil von Spieckermann legt sich nahe: „Nachahmungen prophetischer Denk- und Redeweise, und keine authentischen Erinnerungen, prägen Ps 50 tatsächlich.“[43]

Den Ps 75 füllen die beiden Gottesreden VV. 3–7[44] und V. 11 aus. Beide werden nicht eingeleitet. Der Psalmbeter kommt im einleitenden Lobpreis als Gruppensprecher V. 2, im Kommentar VV. 8–9 und im individuellen Lobversprechen V. 10 zu Wort. Die einzige Redeeinleitung in V. 5 (Perfekt der Koinzidenz) gehört in den Mund Gottes.

Der Psalmbeter wird zum Ohrenzeugen einer göttlichen Ansage des universalen Gerichts über die Stolzen und Frevler mit gleichzeitiger Erhebung der Häupter der Gerechten (V. 11). Diese Audition wird vom Beter zugleich mit visionären Momenten (die Frevler der Erde müssen den Gerichtsbecher trinken, V. 9) verbunden.

In Ps 81 wird die große Gottesrede (VV. 7–17) nach Lobaufforderung (VV. 2–4) und deren Begründung (VV. 5–6a) eigens eingeleitet: „Eine Sprache, die ich nicht kenne, höre ich“ (V. 6b). Die seltene Formu- [241] lierung hebt auf das Faktum der aktuellen Audition des Beters ab. Sie umschreibt seine „prophetische Inspiration“, ist aber keine gewohnte prophetische Redeformel. Eher hat man den Eindruck, daß sich der Beter wie der junge Samuel in 1 Sam 3 an die ungewohnte Sprache gewöhnen muß; zu Zeiten des jungen Samuel „waren Worte JHWHs selten; Visionen waren nicht häufig“ (1 Sam 3,1).

Ps 82 besteht aus einer Einleitung V. 1, einer Gottesrede VV. 2–7 und einer Bitte des Beters V. 8. Ohne irgendeine klassische Visionseinleitung sieht der Beter die himmlischen Vorbereitungen zum göttlichen Gericht. Dann erfolgt der Gerichtsvorgang in Gottesrede mit anklagender Frage V. 2, Ermahnung zu den Maßstäben der Rechtsprechung an die Angeklagten VV. 3–4, Konstatierung der Schuld V. 5 und dann, durch eigene Redeeinleitung (Perfekt

---

[41] H. P. Nasuti, Tradition History and the Psalms of Asaph (s. Anm. 12), 130 f. K. Koenen behandelt Pss 50; 75; 81; 95 unter der Rubrik „Mahnreden“ der „In die Gegenwart des Psalmisten gesprochene(n) Gottesworte“ (ders., Gottesworte in den Psalmen [s. Anm. 3], 15). Ps 82 behandelt er zu Unrecht unter der zweiten Rubrik (Worte der Vergangenheit), tendiert aber bei der Auslegung dann doch wieder zur ersten Rubrik (ebd., 61–65).

[42] Vgl. F.-L. Hossfeld, Psalm 95 (s. Anm. 37), 30.

[43] H. Spieckermann, Rede Gottes und Wort Gottes in den Psalmen (s. Anm. 2), 159.

[44] Zur Begründung der Abgrenzung jetzt K. Koenen, Gottesworte in den Psalmen (s. Anm. 3), 19–22.

der Koinzidenz) besonders angezeigt, die Verkündigung des Urteils VV. 6–7. Im Schluß V. 8 bittet der Beter um den Vollzug des himmlischen Gerichts auf Erden.

> „Im Himmel hat Gott bereits Gericht gehalten. Er hat die Götter, die für das Treiben der Frevler und das Unrecht in der Welt letztlich verantwortlich sind, zu Fall gebracht. … [Die Rede] bietet die Argumentationsgrundlage für die Erwartung, daß Gott das im Grunde bereits Geschehene irdische Wirklichkeit werden läßt."[45]

Wie in Ps 75 ist der Beter bzw. Psalmsprecher Augen- und Ohrenzeuge himmlischer Vorgänge.

Was in Ps 81,9.12.14 leitende Mahnung und Wunsch Gottes war, daß sein Volk auf ihn höre, wird in Ps 95,7b zur Überleitung im Munde des Sprechers von dem Doppelhymnus VV. 1–7a zur Klimax der Gottesrede in VV. 8–11. Der Wunsch des Sprechers zielt nicht so sehr auf den Vorgang der Wahrnehmung der Gottesrede als auf die gehorsame Aufnahme des aktuellen Gotteswortes, das wiederum ohne jede prophetische Redeformel unmittelbar eingeführt wird. 242

Ps 81 ist der einzige der obigen Asafpsalmen, der einen Hinweis auf den Übermittlungsmodus der Gottesrede gibt, was innerhalb der Gruppe der Fest- bzw. Orakelpsalmen 50; 81; 95 seinen Sonderstatus unterstreicht und unter anderem zu seiner relativen Früherdatierung als die beiden anderen geführt hat.[46] Sonst lassen die besagten Psalmen nur erkennen, daß der Beter Augen- und noch mehr Ohrenzeuge himmlischer Vorgänge ist.

Kein Zweifel besteht daran, daß es sich bei allen Gottesreden um aktuelle, zum Zeitpunkt des Betens sich vollziehende Vorgänge handelt. Darin knüpfen die Gottesreden der Asafpsalmen an die kleineren Gottesreden des 1. und 2. Davidpsalters in Pss 12.14.32 und 53 an. Die Kontextformel von 12,6 legte die Spur zu Deuterojesaja. Die starke Betonung der Audition ebenso wie das Zurücktreten traditioneller prophetischer Redeformeln, das sich in den Asafpsalmen vollendet hat, erinnern wieder an die Analogie zu Deuterojesaja.

Die Gottesreden in den Asafpsalmen haben im Kontext des Gesamtpsalters ein singuläres Gewicht. Die restlichen Vorkommen von Gottesrede im Psalter haben wir hier nicht behandelt. Aber soviel kann gesagt werden, daß sie an die Bedeutung der Asafpsalmen nicht herankommen. Weder die Gottesreden der

---

45 K. Koenen, Gottesworte in den Psalmen (s. Anm. 3), 65.

46 Zu den Datierungsunterschieden der drei Festpsalmen jetzt auch E. Zenger, in: N. Lohfink/E. Zenger, Der Gott Israels und die Völker (SBS 154), 139 Anm. 50: „Der theologie- und redaktionskritische Zusammenhang der drei untereinander verwandten Psalmen 50; 81; 95 kann hier nicht diskutiert werden. Hossfeld, ‚Psalm 95' nimmt die Abfolge 81 → 95 → 50 an. Spieckermann, ‚Rede Gottes' argumentiert demgegenüber für die Abfolge 50 → 95 → 81. Ich selbst denke an die Abfolge 81 → 50 → 95,7b–11." K. Koenen, Gottesworte in den Psalmen (s. Anm. 3), 16 Anm. 19 folgert konsequent: „M. E. ist bei der Datierung und der relativen Einordnung der drei Psalmen große Zurückhaltung angebracht."

Korachpsalmen 46; 85; 87; (89) noch die Gruppe der messianischen Psalmen mit ihren spezifischen Gottesreden Pss 2; (89); 110; 132 noch die Restgruppe Pss 90; 91; 105; 108 können mit den Asafpsalmen gleichgestellt werden. 243

Diese Besonderheit kann weniger mit der Hypothese der Kultprophetie als mit dem besonderen Interesse der Asafiten erklärt werden.

In Analogie zu den Klageliedern geben die Asafpsalmen Hinweise auf ein Defizit an Prophetie: „Es ist kein Prophet mehr da." (Ps 74,9) – „Hat der von Generation zu Generation (ergangene) Spruch aufgehört?" (Ps 77,9) – „Schweig doch nicht, o Gott, bleib nicht still, o Gott, bleib nicht stumm!" (Ps 83,2). Ebenso vermitteln Klgl 2,9.20 den Eindruck vom Ende der Prophetie, das nach Klgl 2,14; 4,13 selbstverschuldet ist. B. Weber gibt eine zutreffende Deutung dieser Beobachtung:

> „In ihrer redaktionellen Zusammenstellung … dürfte die Asaphpsalmengruppe Zeugnis einer Wende von der alten, problematisch gewordenen oder verlorengegangenen Form der Gottesvergewisserung (Kult, Prophetie) hin zu einer neuen Weise der Vergewisserung der Gottes-Präsenz im ‚Wort' bzw. einer stark auf die Reaktualisierung der Überlieferung abstellenden ‚Wort-Gottes-Theologie' sein."[47]

Daran knüpft eine letzte Beobachtung an. Erster und zweiter Davidpsalter verwenden die Gottesrede teils in „Reden-Splittern" (Pss 27; 35), teils in ausgebauter Form (Pss 60; 68) zur Erinnerung an frühere (pentateuchische) Traditionen. Diese zweite Funktion tritt zu der oben behandelten ersten Funktion (aktuelle Gerichts- und Heilsansage) hinzu. Was in den beiden Davidpsaltern getrennt auftritt, wird in den Gottesreden der Asafpsalmen in einer Gottesrede verbunden. Die Gottesreden verkünden Gericht und bedingtes Heil in freier Verarbeitung von Tradition. Somit vermittelt sich ein (vorsichtiger) Gesamteindruck, daß die Asafpsalmen unter anderem wahrlich das Erbe der vorexilisch-exilischen Prophetie antreten, nicht als Kultpropheten und Vertreter einer etablierten Institution, sondern als Theologen mit eigenständigem Bemühen um Prophetie und Geschichte Israels.

---

[47] B. Weber, Psalm 77 und sein Umfeld (s. Anm. 15), 281.

Schöpfungsfrömmigkeit in Ps 104 und bei Jesus Sirach

Frank-Lothar Hossfeld

129 Unter den sogenannten Schöpfungspsalmen (Ps 8; 19; 104; 148) ist Ps 104 der umfangreichste. Unter dem Blickwinkel der Rezeption zählt er seit langem zu den klassischen Schöpfungstexten wie etwa der Große Aton-Hymnus aus der Amarnazeit, mit dem er immer wieder verglichen wird, oder der Sonnengesang des Hl. Franziskus. An Ps 104 wird die poetische Kraft und die ganzheitliche Sicht des Kosmos gerühmt, Aspekte, die in der ökologischen Debatte nach wie vor eine Rolle spielen.[1] Im Psalter steht er im vierten Psalmenbuch Ps 90–106.

Einerseits wird er durch die anerkannt sekundäre Rahmung mit Hilfe der Selbstaufforderung „Preise, meine Seele, den JHWH“ in Ps 104,1.35 an Ps 103 und damit an die kleine Trias von Davidpsalmen Ps 101; (102;) 103 angeschlossen. Mit Ps 103 verbindet ihn die Gottesvorstellung vom Königtum JHWHs vornehmlich in Ps 103,19–22 und Ps 104,1–4, sowie das anthropologische Interesse besonders in Ps 103,5.14.15–18 und Ps 104,13 f.24.27–30.[2] Andererseits wird er durch den ihn abschließenden Halleluja-Ruf (Ps 104,35; 105,45; 106,1.48) zum Eröffnungspsalm der Trias von Geschichtspsalmen 104–106 gemacht, die die gesamte Geschichte vom Schöpfungsanfang bis zum Exil in den Blick nimmt. Die Halleluja-Rahmung bzw. -Reihung setzt sich fort in den Psalmen 111–117; 135 und dann vor allem im Schlusshalleluja Ps 146–150. Wahrscheinlich ist sie vom Schlusshalleluja nach vorne getragen worden. Dieses Faktum korrespondiert mit dem Nachleben von Ps 104 gerade in den Ps 145–147, die anthologisch den Schöpfungspsalm aufgreifen. Für Qumran gilt das Urteil von U. Dahmen: „Ps 104 (ist) neben Ps 119 der in Qumran am häufigsten belegte Psalm und zeigt bereits 130 da-

1 Vgl. dazu den für die Exegese von Ps 104 weichenstellenden Artikel von Odil H. STECK, Der Wein unter den Schöpfungsgaben. Überlegungen zu Ps 104, in: ders., Wahrnehmungen Gottes im Alten Testament. Gesammelte Studien (TB 70), München 1982, 240–261.

2 Vgl. Erich ZENGER, Das Weltenkönigtum des Gottes Israels (Ps 90–106), in: Norbert Lohfink/Erich Zenger, Der Gott Israels und die Völker. Untersuchungen zum Jesajabuch und zu den Psalmen (SBS 154), Stuttgart 1994, 151–178, bes. 172–177; Frank-Lothar HOSSFELD, Ps 89 und das vierte Psalmenbuch (Ps 90–106), in: Eckart Otto u. a. (Hg.), „Mein Sohn bist du“ (Ps 2,7). Studien zu den Königspsalmen (SBS 192), Stuttgart 2002, 173–183.

durch seine Wichtigkeit bzw. Beliebtheit an.“[3] Aus diesen Gründen mag es sinnvoll erscheinen, den intertextuellen Verbindungen von Ps 104 in Richtung Jesus Sirach nachzugehen. Der Siracide ist ja das Lebensthema des zu Ehrenden, der sich selbst in seiner Forschung wie in seinem Habitus dem Ideal des „schriftgelehrten Weisen“ mehr und mehr annäherte. Die punktuellen Verbindungen werden hier unter vier Themen gebündelt und betrachtet: Gottesbild, Kosmos, Anthropologie und Gotteslob. Dabei wird Ps 104 in seinem vorliegenden Text verglichen. Die durchaus im Text des Psalms begründete Literar- und Redaktionskritik wird hier nicht vorgeführt.

1. Das Gottesbild von Ps 104 bei Jesus Sirach

Das komplexe Gottesbild des umfangreichen Sirachbuches wird hier nur selektiv von Ps 104 her verfolgt. Wie oben schon angedeutet, schildert Ps 104 gleich zu Anfang JHWH als König, ohne im ganzen Psalm den Begriff zu gebrauchen. Aber die Indizien sprechen eindeutig für dieses Gottesbild: Die „Größe“ gehört zu den königlichen Eigenschaften. JHWHs Investitur mit „Hoheit, Pracht, Licht“ spricht dafür. Der gezimmerte himmlische Palast mit seinen Obergemächern ist ein weiteres Zeichen für seine königliche Stellung. Schließlich gehört zum König der Hofstaat, der hier in Ps 104 durch die kosmischen Boten und Diener, die Winde und Blitze, repräsentiert wird (vgl. insgesamt V. 1–4). Ähnlich indirekt klingt die Königsvorstellung in Sir 1,8 (der Herr sitzt auf seinem Thron) an. Hinzuzunehmen ist noch Sir 46,17, „wo 1 Sam 7,10 (in Kombination mit 2 Sam 22,14 par. Ps 18,14) aufgenommen ist“ und „sich eine Anspielung auf die Wohnsitz-Vorstellung erkennen (lässt)“[4]. Vorherrschend in Ps 104 wie bei Sirach ist die Vorstellung von Gott als Schöpfer sowohl im Blick auf die prima creatio wie die creatio continua. Ps 104 bringt das unter anderem durch sein Leitwort עשׂה (V. 4.13.19) und den Bewunderungsruf V. 24 „wie zahlreich sind deine Werke, JHWH, sie alle hast du in Weisheit gemacht, voll ist die Erde von deinen Gütern“ zum Ausdruck. Bei Sirach ist dies die vorherrschende und durchgehende Vorstellung (vgl. Sir 7,30; 24,8; 43,28); in Sir 2,18 und 18,4 ff. ist das Schöpferwirken mit dem Königsepitheton der „Größe“ verbunden. Neben diesen allgemeineren Beschreibungen Gottes fallen einige parallele besondere Tätigkeiten des Königsgottes und Schöpfers auf. In Sir 43,23–25 bändigt Gott das chaotische Meer, das von schauderverursachender Weite ist und von allerlei 131 Getier

---

3 Ulrich Dahmen, Psalmen- und Psalter-Rezeption im Frühjudentum. Rekonstruktion, Textbestand, Struktur und Pragmatik der Psalmenrolle 11QPs[a] aus Qumran, Habil. masch. Bonn 2002, 104.

4 Rüdiger Bartelmus, *šāmajim* – Himmel. Semantische und traditionsgeschichtliche Aspekte, in: Bernd Janowski u. a. (Hg.), Das biblische Weltbild und seine altorientalischen Kontexte (FAT 32), Tübingen 2001, 87–124, 118.

und Ungeheuern belebt ist. Diese Schilderung erinnert an die uranfängliche Bezwingung der chaotischen Wasserfluten aus Ps 104,5–9 und die analoge Schilderung der Weite des Meeres mit seinen wimmelnden kleinen und großen Tieren (Ps 104,25–26).

Gegenüber den harmonischen Beziehungen JHWHs zu seiner Schöpfung im Löwenanteil des Psalms zeigt dieser am Ende auch Störungen der Harmonie an. Dazu zählt das zornige Anblicken der Erde, das wie bei einer Theophanie Beben und beim Berühren der Berge vulkanischen Rauch auslöst (Ps 104,32). Bei Sirach wird das Motiv des Anblickens der Erde bzw. Schöpfung mehrfach ausdifferenziert: In 16,29 blickt der Herr fürsorglich auf die Erde und füllt sie mit seinen Gütern. Das entspricht der Zuwendung Gottes durch sein Geben und durch die Öffnung seiner Hand in Ps 104,28. Zur gleichen Art des Anblickens zählt auch Sir 39,20: „Von Ewigkeit her zu Ewigkeit blickt er aufmerksam zu. [Und nicht ist] messbar sein rettendes Tun. Nichts ist zu klein oder zu gering bei ihm. Und nichts zu wunderbar und zu mächtig für ihn.“[5]

Dem positiven Anblicken Gottes steht das negative gegenüber. Gottes Augen schauen prüfend auf das Tun des Menschen (Sir 15,19), wie deren Wege nicht verborgen vor seinen Augen sind (Sir 17,15), weil seine Augen zehntausendmal heller sind als die Sonne (Sir 23,19). Vor allem löst sein Anblicken im Kosmos vom höchsten Himmel über Meer und Land bis zu den Fundamenten von Bergen und Erde ein Wanken und Beben aus (Sir 16,18 f.). Hier finden sich also die Topoi der Theophanieschilderung wie in Ps 104,32 (s. o.). Zugleich erinnert es an das Verstörtsein der Geschöpfe in Ps 104,29a, wenn Gott sein Angesicht abwendet bzw. verbirgt und seine lebengewährende Zuwendung entzieht.

Im reflektierenden und zusammenfassenden Schlussabschnitt Ps 104,27–30 versorgt der Schöpfer seine Geschöpfe mit Nahrung zur rechten Zeit (V. 27; vgl. noch Ps 145,15). Der Beter hat das vorher an einzelnen Beispielen demonstriert. Gott hat Pflanzen sprossen lassen, durch deren Weiterverarbeitung der Mensch seine Lebensmittel produziert (V. 14 f.) oder nachts werden die Junglöwen mit Beute-Nahrung versorgt (V. 21). Die „rechte Zeit“ meint hier den in der Schöpfungsordnung bzw. den in der Natur festgesetzten Zeitpunkt, genau so wie zu diesem Kairos der am Wasser gepflanzte Baum seine Frucht hervorbringt (Ps 1,3). Sirach hat dieses Theologumenon von der „rechten Zeit“ in seiner Theodizeeperikope Sir 39,16–35 aufgegriffen und zum Programmwort und Rahmen gemacht (V. 16.33): „[Die Werke] Gottes: Sie alle sind gut. Und einen jeden Zweck erfüllen sie reichlich zur rechten Zeit.“[6] Im Bewunderungsruf von Ps 104,24a werden die Fülle und die weise Herstellung aller Werke Gottes gerahmt. Dieses Lob verbindet Sirach mit [132] seiner Lehre von der „rechten Zeit“. Das Programmwort von V. 16.33 erfasst die Gesamtheit der

---

5 Text nach Michael Reitemeyer, Weisheitslehre als Gotteslob. Psalmentheologie im Buch Jesus Sirach (BBB 127), Berlin 2000, 361 f.

6 Text nach Michael Reitemeyer, Weisheitslehre (s. Anm. 5), 361–363.

Werke Gottes und hebt auf ihre Gutheit, d. h. Zweckmäßigkeit, ab im Sinne der Billigungsformel aus Gen 1 („und es war [sehr] gut") und konkretisiert diesen Zweck in der Wirkung der Werke zum beabsichtigten Zeitpunkt.

> „Es geht um die Zeit als ‚given occasion', in der das jeweilige Geschehen zu seiner wahren, letztlich von Gott intendierten Wirkung kommt und sich damit in seiner Zweckhaftigkeit und Güte erweist."[7]

In den Ausführungen über den rechten Zeitpunkt für Reden und Schweigen (Sir 20,1–6.7–20) macht Sirach die „rechte Zeit" zum Handlungsprinzip des weisen Menschen: „Die rechte Zeit einzuhalten, ist ein die Schöpfung bestimmendes und zum guten Verlauf drängendes Erfordernis."[8] Der Hinweis auf die spezifische Abwandlung des Theologumenons bei Kohelet darf nicht fehlen. Der biblische Philosoph formuliert unter Einfluss der griechischen Kalokagathie den gleichen Grundgedanken: „Gott hat das alles zu seiner Zeit *schön* gemacht" (Koh 3,11).

2. Die Vorstellungen zum Kosmos

Ps 104 gehört wie Ps 148 und Ijob 38 zu den „kosmologisch gegliederten Textkompositionen"[9] (vgl. V. 1–4: Himmel, V. 5–23: Erde, V. 25–26: Meer). Diese Dreiteilung des Kosmos wird von Sirach vorausgesetzt (s. o. zum himmlischen Wohnsitz Gottes). In Sir 16,18–19 unterscheidet er im Kosmos den gestuften Himmel, das Meer und das Land, das er sich wohl auf einer Ebene vorstellt, und den Untergrund der Berge zusammen mit den Grundfesten der Erde. Im Selbstlob der Weisheit (Sir 24,1–22) beschreibt die Weisheit ihren Weg von Gott (V. 3) über die Schöpfung (V. 4–7) zum Volk Israel (V. 8–22).[10] In V. 5–6 beschreibt sie den Bereich ihrer Anwesenheit zuerst in der Vertikalität von Himmel und Tiefe des Abgrundes (vgl. Ps 104,2–4.5–6), dann in der Horizontale von Fluten des Meeres und allem Land (vgl. Ps 104,24.25–26, wo ebenso beide einem Bereich bzw. einer Ebene zugehören).

Ein weiterer kleiner Einzelzug in der Darstellung der Schöpfung fällt auf. Ps 104 schildert zweimal das Leben der Vögel des Himmels, die in den Bachtälern im Gezweig der Bäume zwitschern (V. 12) und in den oberen Bergregionen in den Zedern des Libanon ihre Nester bauen (V. 16 f.). Diese Szenen müssen imponiert haben. Sirach greift sie in der Seligpreisung des weisheits-

---

7 So Michael Reitemeyer, Weisheitslehre (s. Anm. 5), 375.

8 Josef Schreiner, Jesus Sirach 1–24 (NEB.AT 38), Würzburg 2002, 109.

9 Dazu Annette Krüger, Himmel – Erde – Unterwelt. Kosmologische Entwürfe in der poetischen Literatur Israels, in: Bernd Janowski u. a. (Hg.), Das biblische Weltbild (s. Anm. 4), 65–83, 77 f.

10 Vgl. den Aufriss bei Johannes Marböck, Das Buch Jesus Sirach, in: Erich Zenger u. a., Einleitung in das Alte Testament (KStTh 1,1), Stuttgart u. a. [4]2001, 363–370, 365.

suchenden Menschen (14,20–27) auf. Die Weisheit wird als stattli- [133] cher Baum gemalt, in dem der Weise wie ein Vogel des Himmels Nester baut und in dessen Gezweig er übernachtet (vgl. noch die Baumbilder in Ez 17,23; 31,6a und Ps 1,3 s. o.). Nicht von ungefähr lebt das Bild fort im synoptischen Gleichnis vom Senfkorn (Mk 14,32 parr.).

Unter den Schöpfungsgaben spielt die häufiger belegte Dreierliste der von Gott geschenkten und vom Menschen bearbeiteten Lebensmittel Wein, Öl und Brot in Ps 104,15 eine Rolle. Sirach greift sie auf in Sir 39,26 und baut sie ein in seine Behandlung der zehn gebräuchlichen und lebenswichtigen Elemente und Lebensmittel. Dabei ist von besonderer Bedeutung der Wein, dem Sirach in seinem „Knigge" für das Benehmen bei Tisch erhöhte Aufmerksamkeit schenkt. In Sir 31,27 f. lobt er ihn als von Anfang an zur Freude erschaffen und als Spender der „Freude des Herzens". Wie der Sprachgebrauch von אנוש, שמח und לב anzeigt, stehen diese Ausführungen unter dem Einfluss des bekannten Spruchs aus Ps 104,15: „Der Wein, der das Herz des Menschen erfreut".

In Ps 104,19 hat die spezifische Behandlung der Schöpfungswerke von Mond und Sonne in der neueren Exegese Aufmerksamkeit erregt. Einmal weicht die Reihenfolge von der üblichen und weitverbreiteten Abfolge Sonne, Mond ab. Diese wird auch in den nahen Parallelen von Gen 1,14–19 und Sir 43,1–9 eingehalten. In Ps 104,19 ist sie kontextbedingt geändert worden, wobei sich der sekundäre V. 19 dem Übergang des Grundtextes von V. 18 nach V. 20 einpasst, was aber hier nicht zu verhandeln ist. Zum zweiten Mal sticht die Funktionsbestimmung des Mondes ins Auge. Sowohl in Ps 104,19 als auch in Sir 43,6 f. ist der Mond für die Bestimmung der Festzeiten und Fristen zuständig, während die Sonne als Licht- und Wärmespender gepriesen wird. In der kultisch-kalendarischen Hochschätzung des Mondes kommen Ps 104 und Sir 43,6 f. überein.

In der konzentrierten Darstellung der Schöpfungswerke (Sir 16,26–30) klingen einige Passagen aus Ps 104,5–9.24 an. Das Thema der „Werke Gottes" ist übereinstimmend (vgl. noch Ps 104,13). Der Aspekt der Gründung bzw. der creatio prima bestimmt Ps 104,5 und Sir 16,26. Der Aspekt der Festlegung von Aufgaben und Festsetzung der Machtbereiche aus Sir 16,27 ähnelt der Festlegung der Grenze für die chaotischen Wassermassen aus Ps 104,9. Diese Bestimmungen gelten in beiden Texten auf Dauer und sind Ausdruck der Schöpfungsordnung in Raum und Zeit. Die Erfüllung der Erde mit Gottes Gütern in Sir 16,29 spielt wohl auf Ps 104,29b an. Ebenso verweist die Fülle und Vielfalt der sterblichen Lebewesen aus Sir 16,30 auf Ps 104,24a.29b. Die Rede von der „Fläche der Erde" im selben Vers kann ein Nachklang der Rede vom „Angesicht des Erdbodens" aus Ps 104,30 sein. Das spezifische Textproblem des Sirachbundes erschwert im einzelnen den [134] Vergleich,[11] und selbst mit dem dämpfenden Verweis auf weiter verbreitete Topoi der Kosmosbeschreibung bleibt doch die Kumulation der intertextuellen Bezüge zwischen Ps 104 und dem Sirachbuch beachtlich.

3. Die Anthropologie von Ps 104 und Jesus Sirach

An erster Stelle geht es um die Konstitution des Menschen, die in der Schlussreflexion von Ps 104 in V. 27–30 enthalten ist. Der Mensch im Kreise der Geschöpfe ist wie diese auf die göttliche Versorgung mit Nahrung angewiesen. Seine Natur besteht aus den beiden Komponenten Körper und Lebensatem. Die Erschaffung des Menschen wird in Ps 104 vorausgesetzt, während der Tod bedacht wird. Am Ende des Menschenlebens lösen sich die beiden Komponenten des Menschen auf. Der Körper kehrt zur Erde zurück, wobei dessen Vergänglichkeit durch das Motiv des Staubes unterstrichen wird. Der Lebensatem bzw. der individuelle Geist des Menschen wird von Gott zurückgenommen (so in V. 29). Diese Anthropologie steht unter dem Einfluss von Gen 2,7 und 3,19. Sirach greift sie mehrfach auf: In Sir 17,1 („Der Herr hat die Menschen aus Erde geschaffen und lässt sie wieder zu ihr zurückkehren") hebt er auf die Vergänglichkeit ab und betont die Hinfälligkeit des Körpers. In Sir 40,11 („alles, was von der Erde [stammt], kehrt zur Erde zurück, und was von der Höhe [stammt], zur Höhe") wird verhalten auf Körper und Lebensatem angespielt (vgl. Ijob 3,14 f. und Koh 3,20 f.). Gott, der Höchste – so ein bei Sirach beliebter Gottestitel – und der von ihm gegebene Geist der Menschen werden nur angedeutet. Im Unterschied zu Ps 104,27–30 redet Sirach kaum vom Geist des Menschen. In Sir 34,14 („Der Geist derer, die den Herrn fürchten, wird leben") geht es um das Überleben der Gottesfürchtigen in Todesgefahr, aus denen sie Gott rettet. In Sir 38,23 wird der Tod als „Ausgang des Lebens (נפש)" bzw. als „Heimgang des Lebensgeistes" umschrieben und Sir 39,28 erwähnt stürmische Winde. Sonst ist nur noch vom Geist als charismatischer Gabe für Propheten die Rede in Sir 39,6; 48,12.24.[12]

Wie in Ps 104 wird der Tod als das natürliche Ende des Menschen angesehen, das der Mensch im günstigsten Falle nach hundert Jahren erreicht (Sir 18,9). Sirach verbindet in Übereinstimmung mit einigen Psalmen das Leben als Zeichen der Daseinsfreude und des harmonischen Lebens vor Gott mit dem Tod.

> „Der Topos vom ‚Verstummen der Lobpreisungen Gottes im Tod' begegnet im Alten Testament insgesamt fünfmal: in den Klageliedern Ps 6 [135] und Ps 88, in den Dankliedern Ps 30 und Jes 38, in Ps 115 sowie in Sir 17,27 f. (…). Sachlich verwandt mit

---

[11] Vgl. Pancratius C. Beentjes, The Book of Ben Sira in Hebrew. A Text Edition of all Extant Hebrew Manuscripts and a Synopsis of all Parallel Hebrew Ben Sira Texts (VT.S 68), Leiden u. a. 1997.

[12] Vgl. die Besprechung dieser Stellen bei Michael Reitemeyer, Weisheitslehre (s. Anm. 5), 323 und bes. Anm. 177.

Ps 115,17 f., weil ebenfalls aus der Perspektive des Lebens formuliert, sind Ps 118,17 und Ps 119,175."[13]

Der natürliche Tod ist also zugleich das Ende der Beziehungen zu Gott. Weder Lob noch eine letzte Umkehr zu Gott (Sir 17,26) sind möglich. Von daher ist es konsequent, dass es ein Weiterleben nach dem Tod nur in der Erinnerung der Nachkommen und im dauernden Gedächtnis der Gemeinde, ja sogar der Völker, gibt, die allerdings nur den Ruhm des Weisen pflegen werden, wie es Sir 39,9–11 darlegt (vgl. Sir 40,19). Der Tod ist das von Gott auferlegte Los und als solcher zu akzeptieren (Sir 43,3–4), was der Mensch aber steuern kann, ist der durch Weisheit erworbene Name:

„Ein Hauch ist der Mensch dem Leibe nach, doch der Name des Frommen wird nicht getilgt. Sei besorgt um deinen Namen, denn er begleitet dich treuer als tausend kostbare Schätze. Das Gut des Lebens währt zählbare Tage, das Gut des Namens unzählige Tage" (Sir 41,11–13).

Die „kleine Pneumatologie" von Ps 104,29 f. betrachtet den Tod in V. 29 (s. o.), schließt aber bewusst mit der Feststellung eines neuen Beginns: „Du sendest deinen Geist aus, sie werden geschaffen und du erneuerst das Angesicht des Erdbodens" (V. 30). Damit ist nicht die eschatologische Zäsur eines neuen Himmels und einer neuen Erde gemeint, sondern der Kreislauf der Geschöpfe im Vergehen und Werden. Was Ps 104 aus der Perspektive Gottes mit pneumatologischem Akzent formuliert, das beschreibt Sir 14,17 f. aus der Perspektive der Menschen: „Alles Fleisch wird alt wie ein Kleid und es ist ein ewiges Gesetz: Sie müssen sterben. Wie sprossende Blätter an einem grünen Baum – das eine welkt, das andere wächst nach."

Diesen Gedanken kann man in Ps 90,3 wiederfinden: „Du lässt den Menschen zum Staub zurückkehren und sprichst: Kehrt zurück, Menschenkinder!"

„Das zweimalige Auftreten des Verbs שׁוב innerhalb von V. 3 wird von den meisten Auslegern im Sinn eines synonymen Parallelismus gedeutet. Jedoch könnte man auch einen synthetischen Parallelismus annehmen (…), wenn man das Verb שׁוב in der zweiten Vershälfte anders interpretiert: Nicht an eine ‚Rückkehr zum Staub' wäre dann hier zu denken, sondern an eine ‚Rückkehr ins Leben', nämlich indem eine neue Generation die alte ablöst."[14]

Koh 1,4 („eine Generation geht, eine andere kommt") bezeugt dieselbe Position, vielleicht mit anderer Einfärbung durch den Kontext des Eröffnungsgedichts Koh 1,4–11.

Ps 104,29 und Sir 14,17 sind durch dasselbe Verb גוע („dahinschwinden, sterben") verbunden. 136

[13] Bernd Janowski, Konfliktgespräche mit Gott. Eine Anthropologie der Psalmen, Neukirchen-Vluyn 2003, 246 f.; vgl. Frank-Lothar Hossfeld, Lob I. Biblisch, RGG^4 5 (2002), 476–477.

[14] Christine Förster, Begrenztes Leben als Herausforderung. Das Vergänglichkeitsmotiv in weisheitlichen Psalmen, Zürich 2000, 147.

Ein weiterer Aspekt der konvergenten Anthropologie ist hinzuzufügen. Ps 104,14.23 beschreiben die Arbeit des Menschen. Sie besteht aus der Bearbeitung des Ackerbodens zum Zweck der Nahrungsgewinnung und vollzieht sich täglich von Morgen bis zum Abend. Sirach sieht das in 7,15 ähnlich: „Sei nicht hastig bei der Mühe des Werkes der (Ackerbau-)Arbeit, denn von Gott ist sie zugewiesen." Er denkt dabei wohl wie Ps 104 an den „Ackerbau, den Gott als paradiesische Lebensform verordnet (Gen 2,15) und den erst der Mensch durch seine Abkehr von Gott und seine Sünde zur Mühe gemacht hat (Gen 3,17–19)."[15] In Sir 38,25–26 wird die Arbeit des Bauern in das ausdifferenzierte Spektrum der weiteren Handwerker eingeordnet (38,27–30) und zugleich dem aristokratischen Ideal des Weisen untergeordnet. Allerdings bleibt eine traditionelle Hochschätzung des Bauern inklusive der Handwerker erhalten. Ohne die spätweisheitliche Relativierung in 38,32 f. kommt sie in 38,31 f. zum Ausdruck und vor allem in 38,34: „Das Schaffen dieser Welt werden sie stärken und ihr Gebet liegt in der Ausführung ihres Handwerks."[16]

> „Rein innerweltlich haben Handwerker und Bauern eine positive, für die Gesellschaft förderliche Wirkung: Man kommt ohne sie wohl nicht aus. Der Hinweis auf den Gebetscharakter der Arbeit nimmt eine der wesentlichen Tätigkeiten des Sofer vorweg. Möglicherweise gibt Sirach hier einlenkend zu, dass die konsequente Verrichtung der Arbeit auch eine innere Ausrichtung auf Gott erfordert, um tatsächlich in das gesellschaftliche Gefüge in nützlicher Weise zu passen."[17]

In Ps 104 wie bei Sirach ist die Arbeit des Bauern für den Menschen notwendig; sie entspricht dem Auftrag Gottes und fügt sich in den mit Weisheit gestalteten Kosmos ein.

4. Die Theologie des Gotteslobes

Abgesehen davon, dass der ganze Schöpfungshymnus Ps 104 Gotteslob ist, wird das Loben eigens im Abgesang Ps 104,31–35 thematisiert. Das geschieht auf eine so differenzierte Weise, dass von diesen Versen ausgegangen werden soll, um Linien hin zum Sirachbuch auszuziehen. In V. 31–35 ist das Lobversprechen von zwei sekundären Wünschen des Beters in V. 31 f. und V. 34 f. ummantelt, bevor die Rahmenformeln in V. 35 den Psalm abschließen. Die Literar- und Redaktionskritik spielt aber für den Vergleich mit Sirach keine Rolle, da Sirach den ganzen Psalm vor sich hatte.

An erster Stelle fällt auf, dass das Lobversprechen nicht wie bei Dankliedern und Hymnen üblich am Anfang steht, sondern am Ende. In der Einleitung hat die Lobaufforderung oder das Lobversprechen die Funktion, das Korpus

[15] Josef Schreiner, Jesus Sirach 1–24 (s. Anm. 8), 50.
[16] Text nach Michael Reitemeyer, Weisheitslehre (s. Anm. 5), 294.
[17] Michael Reitemeyer, Weisheitslehre (s. Anm. 5), 294.

des Dankliedes oder des Hymnus anzustoßen. Am Ende wechselt es [137] die Funktion. Nun ist das Lobversprechen die angemessene Redaktion auf das vorher Geäußerte, hier auf das Wirken Gottes in seiner Schöpfung. Aus der Betrachtung des Kosmos in seiner Entstehung wie vor allem in seinem Dauerbestand ergibt sich das Lob des Beters. Damit wird hier schon in Ps 104 eine Weichenstellung vollzogen, die im Psalterfinale insbesondere in den Ps 148 und 150 ausgeführt wird. Analoges führt J. Marböck aus:

> „Zum Gotteslob als Ziel aller Schöpfung wird zwar auch spontan in manchen Psalmen aufgerufen (vgl. Ps 148 und 150), Sirach hebt dies in seinen Reflexionen über die Gegensätze in der Schöpfung auf die grundsätzliche Ebene: im Gotteslob des Menschen wird die ihm geschenkte Weisheit und der Sinn der Schöpfung offenbar."[18]

Das Lobversprechen Ps 104,33 verspricht nicht einfach eine übliche ewige Dauer des Lobes im Sinne eines „ich bin dir auf ewig dankbar", sondern es gibt die Zeitstrecke konkreter an mit „in meinem Leben" und mit „solange ich da bin". Hier klingt die anthropologische Überzeugung an, dass Schöpfungslob und eigenes Leben koextensiv sind. Oder mit Sir 17,27 f. ausgedrückt, dass der Lebende und Gesunde den Herrn preist, während beim Toten der Lobgesang verstummt.

Das Lobversprechen Ps 104,33 wird flankiert von der in V. 34 nachfolgenden Dedikation mit der Bekundung der Absicht des Beters, dass er sich unbedingt freuen will. Das Lob wird selbstverständlich mit der Freude verbunden. Auch diese Verbindung hat Sirach reflektiert, wie 15,5 f. anzeigen, wo die Weisheit gemäß seiner Darlegung den Mund des Weisen zum Lob in der Versammlung öffnet und ihm Jubel und Freude sowie unvergänglichen Ruhm verleiht. „Freude ist für Sirach Symptom des Einklangs von menschlicher Existenz und weisheitlicher Grundordnung des Kosmos."[19]

Zum Schluss sei eine Beobachtung J. Marböcks aufgegriffen. Der Beter betont in Ps 104,34, dass sein Lob und seine Freude ihn von den Sündern und Frevlern trennen, die von der Erde verschwinden sollen, so dass es sie nicht mehr gibt. Sirach hat das unter anderem durchdacht und ausgebaut wie in Sir 15,9 f.:

> „Diese Verbindung der תהלה mit dem Mund des Weisen ist eine erstmals ausdrücklich bei Ben Sira begegnende Akzentsetzung. Die Psalmen bezeugen zwar in ihren Aufforderungen zum Lob die Zusammengehörigkeit von Rechtschaffenheit und Gotteslob wie Ps 32,11; 33,1 oder auch Ps 19,12–15; 104,33–35, von Gerechtigkeit und Weisheitswort Ps 37,50. Die Grundsätzlichkeit der Feststellung, daß Gotteslob Aufgabe des Weisen ist, ist ein Spezifikum Ben Siras, wie weitere Texte seines Werkes zu zeigen ver-

---

[18] Johannes Marböck, Sir 15,9 f. – Ansätze zu einer Theologie des Gotteslobes bei Jesus Sirach, in: ders., Gottes Weisheit unter uns. Zur Theologie des Buches Sirach (HBS 6), Freiburg i. Br. u. a. 1995, 167–175, 173. J. Marböck ergänzt an anderer Stelle des Aufsatzes auf S. 172: „Was 15,9 f nur kurz angeklungen ist, kommt 17,6–10 ausführlicher zur Sprache."

[19] Michael Reitemeyer, Weisheitslehre (s. Anm. 5), 232.

mögen [138] (17,8–10; 17,25–28; 32(35),13; 39,5 f.; 39,12–35; 42,15–43,33; 47,8–10; 50,22).“[20]

Der Schöpfungshymnus Ps 104 setzt für das letzte Drittel des Psalters wichtige Signale, die von Sir empfangen und weiterverarbeitet werden. Die Verbindungen zwischen beiden Texten bestätigen den weisheitlichen Charakter von Ps 104 und den Einfluss der psalmistischen Schöpfungsfrömmigkeit auf die Theologie des „schriftgelehrten Weisen“.

[20] Johannes Marböck, Sir 15,9 f. (s. Anm. 18), 171.

Eine poetische Universalgeschichte

Ps 105 im Kontext der Psalmentrias 104–106

Frank-Lothar Hossfeld

1 Einleitung

[294] Der Titel „poetische Universalgeschichte“ will einerseits auf den Anspruch der Psalmentrias 104–106 aufmerksam machen, andererseits will er die Reichweite der Geschichtsbetrachtung unterstreichen, die zwar nicht vom Anfang aller Geschichte bis zu deren Ende reicht, die aber immerhin vom Schöpfungsbeginn (Ps 104) über die Patriarchen- und Frühgeschichte Israels (Ps 105) bis zur Volksgeschichte mit ihrem Ausgang im Exil (Ps 106) läuft. Die folgenden Ausführungen setzen aus Platzgründen eine Analyse einschließlich der Redaktionskritik des Schöpfungspsalms 104 voraus. Sie konzentrieren sich auf eine Exegese des Ps 105 und erörtern seine Vernetzung mit seinem Vorgänger und Nachfolger. Für Ps 106 wird auf meine Analyse in der FS für *P. Weimar*[1] zurückgegriffen. Ziel ist die Erarbeitung der Geschichtskonzeption besagter Psalmentrias, die das vierte Psalmenbuch kongenial abschließt.[2] Die Ausführungen verbinden Psalmen- und Psalterexegese.[3] [295]

---

1 F.-L. Hossfeld, Ps 106 und die priesterliche Überlieferung des Pentateuch, in: K. Kiesow/T. Meurer (Hg.), Textarbeit. Studien zu Texten und ihrer Rezeption aus dem Alten Testament und der Umwelt Israels. FS P. Weimar (AOAT 294), Münster 2003, 255–266.

2 Vgl. F.-L. Hossfeld, Ps 89 und das vierte Psalmenbuch (Ps 90–106), in: E. Otto/E. Zenger (Hg.), „Mein Sohn bist du“ (Ps 2,7). Studien zu den Königspsalmen (SBS 192), Stuttgart 2002, 173–183.

3 Jüngst hat A. R. Müller, Der Psalter – eine Anthologie. Überlegungen zur sogenannten Psalterexegese, in: BN 119/120 (2003), 118–131, seinem Ärger über die „nutzlose und unbegründete“ Psalterexegese Luft gemacht. Beachtenswert sind seine Anfragen bezüglich des Textbegriffs (Stichwort „Anthologie“) der Psalterexegese. Der Rest des Artikels besteht aus tendenziösen Auszügen und selektiver Wahrnehmung bisheriger Psalterexegese. Dazu vorerst nur folgende Hinweise: Der Gewährsmann gegen die Psalterexegese E. S. Gerstenberger urteilt mittlerweile differenzierter, vgl. ders., Psalmen und Ritualpraxis, in: E. Zenger (Hg.), Ritual und Poesie. Formen und Orte religiöser Dichtung im alten Orient, im Judentum und in Christentum (HBS 36), Freiburg i. Br. u. a. 2003, 73–90, 86 f.: „Wie verhalten sich die auch im kanonischen Letztzustand deutlich voneinander abgesetzten Einzeltexte zu eindeutig redaktionellen Notizen (vgl. z. B. ‚Buchschlüsse‘ Ps 41,14; 72,18–20; 89,53; 106,48) und zum Gesamtpsalter? Läßt der hebräische, evtl. der griechische, Buchtitel etwas über die Zweckbestimmung der Sammlung erkennen? Um gleich auf diesen letzten Punkt einzugehen: Die Textsammlung heißt in der Regel im Hebräischen *tehillim*, im Griechischen *psalmoi*, bzw.

2 Loblied auf die Taten JHWHs in der Frühgeschichte

Die Formen- und Gattungskritik von Ps 105 bleibt beim konstanten Urteil: „Zwar fehlt in diesem Text beim Übergang vom Aufruf zur Durchführung das typische כי; doch darf diese Durchbrechung der Form nicht darüber hinwegtäuschen, daß trotzdem die Gesamtstruktur des Psalms der Form des imperativischen Hymnus folgt."[4] Ebenso gilt: „Es besteht kein Grund, an der Einheitlichkeit von Ps 105 ernste Zweifel zu haben."[5]

Differenzen bestehen jedoch in der Einteilung des Psalms.[6] Nach der Kette von Aufrufen in V. 1–6 kann der Bekenntnissatz V. 7 als hymnische Durchführung der vorangegangenen Aufrufe oder als Übergang zur nach- 296 folgenden Erzählung verstanden werden. Anerkannt ist der Einschnitt nach V. 11.

---

seper tehillim oder *biblos psalmon*. Der konsequent verwendete Plural im Blick auf die ‚buchmäßig' vereinigten Einzeltexte lässt unmittelbar das Gewicht dieser kleinen Einheiten erkennen, das ja auch durch die vielen separierenden Überschriften zu den Psalmen zum Ausdruck kommt. Eine kollektive Zweckbestimmung des Buches legt sich nahe.

Dennoch bleiben Fragen über Fragen, die noch stark im Fluss sind. Soviel lässt sich vorläufig sagen: Direkte Beweise für einen nicht-rituellen Gebrauch des Psalters, d. h. für rein private Lektüre, lassen sich nicht erbringen. Seine Buch-Existenz ist schon durch das echte Kolophon Ps 72,20 (‚Zu Ende sind die Gebete Davids, des Sohnes Isais') gesichert."

Das Urteil „Psalterexegese ist etwas absolut Neues" (A. R. Müller, Der Psalter – eine Anthologie [s. Anm. 3], 120), um diese dann als nicht durch die Psalmenforschung ausgewiesen und gerechtfertigt abzulehnen, hat sich nicht an der Vorgeschichte der Psalterexegese abgearbeitet, vgl. z. B. die Psalmenartikel der theologischen Standardlexika (TRE, LThK^3, RGG^4) und Forschungsberichte wie den von J.-M. Auwers, La composition littéraire du Psautier. Un état de la question (CRB 46), Paris 2000.

Die Duldung der Ausführungen von W. Zimmerli, Zwillingspsalmen, in: ders. (Hg.), Studien zur alttestamentlichen Theologie und Prophetie. Gesammelte Aufsätze Bd. II (ThB 51), München 1974, 261–271, als „Ausnahmen" (A. R Müller, Der Psalter – eine Anthologie [s. Anm. 3], 123 f.) läuft der Absicht und dem Fazit des Aufsatzes von Zimmerli stracks zuwider. Überhaupt scheint dem Autor die liturgische Tradition der „lectio continua" im Stundengebet „currente psalterio" nicht bekannt bzw. erwägenswert zu sein.

4 F. Crüsemann, Studien zur Formgeschichte von Hymnus und Danklied in Israel (WMANT 32), Neukirchen 1969, 76. Darüber hinaus stellt Crüsemann, ebd., Anm. 4 die Frage: „Sollte das Fehlen des כי nicht damit zusammenhängen, daß die so ungeheuer erweiterte Durchführung dieses Psalms ihre ursprüngliche Funktion – also ihren Platz im Munde der Gemeinde – verloren hat? Es ist ja nicht vorstellbar, daß das Korpus des Psalms, wie es V. 1 ff. will, von der Gemeinde gesungen wurde. Deshalb entfällt das für den Einsatz der Durchführung typische כי."

5 J. Schnocks, Vergänglichkeit und Gottesherrschaft. Studien zu Psalm 90 und dem vierten Psalmenbuch (BBB 140), Berlin–Wien 2002, 244.

6 Vgl. P. Auffret, Essai sur la structure littéraire du Psaume 105 (BN Beiheft 3), München 1985, mit einer Übersicht über Einteilungen im 20. Jh.

Mit dem Zitat in V. 11 wird die programmatische Ouvertüre zum Abrahambund beendet, und in V. 12 beginnt die eigentliche Erzählung der Patriarchengeschichte. Die nächste Zäsur nach V. 15 liegt nahe – abermals durch einen Zitatabschluss in V. 15 und durch den Beginn der Josefsgeschichte in V. 16. Unsicherheiten ergeben sich beim Ende der Josefsgeschichte und dem Beginn der Volksgeschichte je nach dem, wie man das „Israel/Jakob" aus V. 23 interpretiert: entweder als Bezeichnung des Patriarchen Jakob, dann gehört ihr Vers noch zur Josefsgeschichte, oder als Bezeichnung des Volkes, dann eröffnet V. 23 die Volksgeschichte. Weil V. 24 auf Ex 1,7 anspielt, folgt man gerne der pentateuchischen Buchzäsur und setzt in V. 24 mit der Volksgeschichte ein (vgl. BHS).

Eine weitere Zäsur nimmt man nach V. 38 aus inhaltlichen Gründen an: Hier vollendet sich nach der ausgebauten Plagenerzählung der Auszug aus Ägypten und mit V. 39 beginnt der Zug durch die Wüste. V. 42 unterbricht die Erzählung durch das begründende כי und durch den Rekurs auf V. 8. Der Schlussabschnitt V. 42–45 vollendet den Exodus mit der Landgabe und kommentiert ihn zugleich. Einen Akzent setzt der schwebende, auf Zukunft hin offene Schluss V. 45 (ohne das Halleluja). „Tout comme l'ensemble du Pentateuque. Notre psaume nous situe par rapport à une promesse dont l'accomplissement est en voie de réalisation, mais inachevé."[7]

3 Kommentierung nach Abschnitten

Der erste Abschnitt V. 1–7 besteht aus einer langen Kette von Aufrufen mit dem abschließenden Bekenntnissatz.

Die erste Trias von Imperativen V. 1 schafft den universalen Rahmen des Gotteslobs – vergleichbar der Einleitung des JHWH-König-Hymnus Ps 96,1–3 und Jes 12,4. Die zweite Trias V. 2 konzentriert sich auf die Aufführungspraxis (Singen, Spielen, Reden). V. 3 steigert das Lob auf den Namen JHWHs zum „heiligen Namen" (vgl. Ps 99,3 und 103,1). Vor allem durchbricht der zweite Halbvers die Imperativkette durch einen Jussiv, der einen Hinweis auf das Selbstverständnis der angesprochenen Gruppe gibt. Es sind die „JHWH-Sucher", die nach Auskunft von Ps 40,17; 70,5 und 69,7 den sog. „Armen" nahe stehen. Die nächsten [297] beiden Imperative in V. 4 spezifizieren den Gotteskontakt. Im „Nachfragen nach JHWH und seiner Macht" ist nicht die spezifische prophetische Zukunftsanfrage, sondern ein allgemeiner Gotteskontakt gemeint, der mit dem kultisch konnotierten „Suchen nach JHWHs Angesicht" (vgl. Am 5,4; Hos 5,15; 1 Sam 21,1; Ps 27,8) parallelisiert wird. Gemäß den Parallelen Ps 22,27 und 24,6 bleibt V. 4 im Einflussbereich der Armentheologie. Der zehnte Imperativ von V. 5 geht wie V. 1–2 noch ein-

7 P. Auffret, Essai sur la structure littéraire du Psaume 105 (s. Anm. 6), 80.

mal auf den Inhalt des Gott-Lobens ein. In singulärer Kombination werden Standardbegriffe für das Wirken Gottes aufgegriffen: Wunder (vgl. Ex 34,10; Ps 78,4), Zeichen (vgl. das Wortpaar „Zeichen und Wunder" aus V. 27) und Entscheide des Mundes (vgl. Ex 6,6; Jes 42,4). „Diese Begriffe, die im deuteronomischen und priesterschriftlichen Pentateuch Gottes Eingreifen in Ägypten bezeichnen, charakterisieren hier das Handeln Gottes schlechthin."[8]

V. 6 charakterisiert den Adressaten der Aufrufe genealogisch. Titel, die in Ps 78,70 und 89,4 mit David verbunden sind, werden auf Abraham und die Jakobsöhne übertragen; der Einfluss deuterojesajanischer Sprache (vgl. Jes 42,1; 43,20; 45,4) ist spürbar.

> „On voit donc que le qualificatif בחיר (et cela est également vrai pour עבד, en parallèle, mais le terme est plus commun) attribué à David en Ps 89,4, est dans les Psaumes 90–106, transféré sur les Patriarches, Moïse et finalement sur l'ensemble de la communauté primitive. La communauté postexilique est invitée à s'identifier à cette communauté primitive."[9]

Der abschließende Bekenntnissatz der eben geschilderten Adressaten erinnert an das „Sch^{e}ma Israel" aus Dtn 6,4 und an Ps 95,7. Die Entscheide des Gottes Israels, d. h. sein Geschichtshandeln, gelten universal.

Der zweite Abschnitt in V. 8–11 stellt als erste und grundlegende Tat JHWHs seinen Bund mit den Vätern vor. Er hat auf Dauer seines Bundes gedacht (V. 8a), was an den priesterlichen Noachbund Gen 9,15 f. erinnert. Dieser Bund wird als dauerhaft befehlendes Wort erläutert (V. 8b), was seinen Charakter als göttliche Stiftung und Verheißung unterstreicht; in Dtn 7,8 f. rücken Väterschwur und Sinaibund zusammen, während in Ps 89,4 der Davidbund als Schwurwort interpretiert wird. Ps 33,9 spricht vom Schöpfungswort, das JHWH befiehlt. V. 9 f. entfalten sukzessiv die Patriarchen als Bundespartner. Die nichtpriesterschriftliche Rede vom „Bund schließen mit Abraham" stammt aus Gen 15,18 und Ps 89,4 (mit David). Die Parallelisierung von Bund und Schwur ist Erbe dtr Sprache [298] (Dtn 7,12; 8,18; Ri 2,1), an die Psalmen vermittelt durch Ps 89,4. Isaak taucht im Psalter nur hier auf; als Bundes- und Schwurpartner wird er in Gen 17,19.21 und 26,3b erwähnt. In V. 10 wird nach Bund, Wort, Schwur der vierte Parallelbegriff „Satzung" aufgeführt, wohl im Sinne einer unzerstörbaren Festsetzung wie in Ps 148,6. Der Patriarch Jakob taucht mit seinem Doppelnamen Jakob/Israel auf. Der Ewigkeitscharakter des Bundes verweist auf priesterschriftliche Bundestheologie (Gen 9,16; 17,7.13.19; Ex 31,16). Das Zitat von V. 11 umschreibt den Bundesinhalt in einer Kurzfassung von Gen 17,8 (vgl. Ex 6,4), der Übergabe

---

8 N. Füglister, Psalm 105 und die Väterverheißung, in: M. Görg (Hg.), Die Väter Israels. Beiträge zur Theologie der Patriarchenüberlieferungen im Alten Testament. FS J. Scharbert, Stuttgart 1989, 41–59, hier 43 f.

9 B. Gosse, Le quatrième livre du Psautier, Psaumes 90–106, comme réponse à l'échec de la royauté davidique, in: BZ 46 (2002,2), 239–252, hier 246.

des westjordanischen Landes Kanaan an Abraham und Nachkommen. Selten ist die Beschreibung des Landes als „Los eures Erbes". Sie findet sich nur noch im Moselied von Dtn 32,9, einem Verwandten der Asaf- und Korachpsalmen, was die nächsten Psalterparallelen in Ps 16,6 und 78,55 ihrerseits unterstreichen. Die Väterbundtheologie von V. 8–11 hat zwei Vorgänger: eine in den Psalmen 78 und 89 weiterentwickelte dtr Bundestheologie und die Geschichtskonzeption der Priesterschrift.[10]

Der dritte Abschnitt V. 12–15 setzt die Ouvertüre V. 8–11 voraus und konkretisiert den Väterbund, indem er das Leben der Patriarchen im Lande schildert. Die Vätergruppen sind klein an Mitgliederzahl und weilen als umherziehende Fremdlinge im Gelobten Land. Die Erfüllung der Verheißung steht noch aus. Die Schilderung erinnert an das „kleine historische Credo" Dtn 26,5 und greift ein Leitwort der Erzelternerzählungen, „als Fremdling weilen" (Gen 12,10; 20,1; 26,3; 32,5; 35,27/Priesterschrift), auf. V. 13 fasst die Wanderungen der Väter zusammen und verrät mit der ausgebauten Synonymie von Nation, Königreich und Volk seine späte Sprache (vgl. Ex 19,3b–9 und Gen 17,6). „14 nimmt wohl auf die Erzählungen von der Bewahrung der Ahnfrauen Bezug (vgl. Gen 12,10 ff.; 20,3 ff.; 26,7 ff.)."[11] Wörtliche Anspielungen auf die Ahnfrauenerzählungen finden sich in V. 14 f. nicht. Dafür passt die kritiklose Konzentration auf die Väter zu einer Tendenz der biblischen Auslegung des Stoffes.

> „Damit ist Gen 20B bereits ein Vorläufer der späteren, außerbiblischen Tradition der Bearbeitung des Stoffes, welche [299] die vorhandenen Geschichten durch gezielte Erweiterungen und Umstellungen des Erzählverlaufes entschärft, ohne ihnen – wie es Gen 26 versucht – die Dramatik zu nehmen. Dieser Prozeß geht Hand in Hand mit einer Überzeichnung der Charaktere und der Bewahrung durch Gott, an dessen Höhepunkt der ‚Heilige Abraham', die tugendhafte, keusche Schönheit Sara, der lasterhafte Frauenheld Pharao und der personifizierte Schutz Gottes als himmlischer Schlägertyp stehen. Doch diese Dinge sind frommes Fabulieren, und hierin den christlichen Heiligenlegenden an die Seite zu stellen."[12]

Eine einzige, aber wichtige Spur wird gelegt, indem V. 15 die Väter zu „Gesalbten" und „Propheten" ernennt. Der Titel „Prophet" wird Abraham in Gen 20,7 verliehen, wobei der Versanteil einer nachexilischen Bearbeitung ange-

[10] Vgl. N. Füglister, Psalm 105 und die Väterverheißung (s. Anm. 8), 42: „Es könnte ja sein – und tatsächlich scheint es so zu sein –, daß der Verfasser samt seinen (ersten) Adressaten die eigentliche Erfüllung der Landverheißung, nachdem das Land verlorengegangen ist, noch erwartet – ähnlich wie der (jüngere) Deuteronomist, die Verfasser der Priester(grund)schrift und der anonyme, Deuterojesaja genannte Exilsprophet. Anders als Ps 78 kümmert sich Ps 105 (vgl. Ps 106 und 136) dabei freilich nicht (wie DtJes) um den Zion und (wie P) um das Heiligtum noch – darin mit der Priesterschrift und dem Deuterojesaja verwandt – um das davidische Königtum (bzw. den ‚Messias')."

[11] H. J. Kraus, Psalmen. Psalmen 60–150 (BK XV, 2), Neukirchen-Vluyn [5]1978, 894.

[12] I. Fischer, Die Erzeltern Israels. Feministisch-theologische Studien zu Genesis 12–36 (BZAW 222), Berlin–New York 1994, 258.

hört.[13] „Si en Gn 20,7, Abraham reçoit le titre de נביא, ce qui peut correspondre par extension au ‚mes prophètes' de Ps 105,15."[14] In gleicher Weise wird wohl über Abraham die Ernennung der Väter zu „Gesalbten" laufen. Sowohl das Auftreten Abrahams in Gen 14 als auch in Gen 17,6 können die Interpretation Abrahams als König und Gesalbter angeregt haben. Ps 47,10 („Die Fürsten der Völker haben sich versammelt, das Volk des Gottes Abrahams. Denn Gott gehören die Schilde der Erde.") hat dabei die Funktion des Katalysators übernommen. „Ainsi, si en Ps 47,10, Abraham devient le père des rois et des messies, il est en mesure de recevoir lui-même le titre de Messie."[15]

Der vierte Abschnitt V. 16–23 widmet sich der Josefsgeschichte, die in geraffter Form erzählt wird. Hungersnot als Auslöser (vgl. V. 16a mit 2 Kön 8,1 und V. 16b mit der priesterlichen Sprache in Lev 26,26 und Ez 4,16; 5,16; 14,13) – dann die Sendung Josefs (V. 17a vgl. Gen 45,5) – sein Verkauf in die ägyptische Sklaverei (V. 17b vgl. Gen 37,28; 45,5) – Gefängnisaufenthalt (V. 18 vgl. Gen 39,20). Einen besonderen Akzent setzt die Erwähnung der Traumdeutung aus Gen 41. Hier wird das Eintreffen der Voraussagen Josefs angeführt. Das entspricht einem existenziellen Problem der Prophetie Ezechiels, der sich häufig mit der Erfüllung bzw. dem Kommen seiner Prophezeiungen auseinandersetzt (vgl. Ez 7,7.12; 12,21–28; 33,33 u. ö.). V. 20–22 berichten die weiteren Stationen Josefs: Befreiung (V. 20 vgl. Gen 41,14) – Einsetzung zum Völkerherrscher (V. 20b vgl. Gen 41,40 f., ein Titel wie die persischen Großkönige in [300] 2 Chr 9,6; 20,6) sowie zum Hofverwalter – Amtsausübung als weises Regiment über Fürsten und Älteste, wobei Ägyptens Staat nach dem Modell israelitischer Stämmeordnung geschildert wird. Das Ende der Josefsgeschichte in V. 23 spielt bewusst mit der Doppelbedeutung von Israel/ Jakob – entweder der Patriarch oder das Volk (vgl. V. 10) – und leitet damit zur Volksgeschichte über. Die Bezeichnung Ägyptens als „Land Hams" knüpft an die Priesterschrift in Gen 10,6 an und ist Spezifikum der Geschichtspsalmen 78,51; 105,23.27; 106,22.

Der fünfte Abschnitt V. 24–38 erfasst den Ägyptenaufenthalt des Volkes, konzentriert sich dabei aber auf die Plagen, auf die in V 24–26 hingeführt und deren Auswirkung in V. 37 f. kurz geschildert wird.

Die Hinführung V. 24–26 rekurriert knapp auf den Beginn der Volksgeschichte in Ägypten, auf die Vermehrung in Erfüllung des Schöpfungssegens (vgl. Ex 1,7 [Pg]) und auf den Politikwechsel des Pharao (vgl. Ex 1,10). Die Sendung von Mose und Aaron erinnert an Ex 3,10. Wie in V. 6 werden die Ehrentitel Davids aus Ps 78,70 und 89,4 nun auf die beiden Volksführer übertragen.

---

13 Vgl. ebd., 371 f.

14 B. Gosse, Le quatrième livre du Psautier (s. Anm. 9), 248.

15 Ebd.

V. 27 dient als Überschrift zur Plagenerzählung, auf die mit der Formel „Zeichen und Wunder" (vgl. Ex 7,3 und Ps 78,43) hingewiesen wird. Die eigentümliche Ausdrucksweise „sie (Mose/Aaron) setzten Worte seiner Zeichen und Wunder" versteht sich als gedrängte Zusammenfassung der priesterschriftlichen Beauftragung von Mose und Aaron aus Ex 7,1–3, wo das Plagengeschehen als prophetische Wortvermittlung von JHWH über Mose-Aaron-Pharao gedeutet wird.[16]

Die Plagenerzählung V. 28–36 fordert zum Vergleich heraus. „Besides the Plagues narrative in Exod. vii–xii, Pss lxxviii und cv are the only two examples of a complete presentation of the Plagues in Egypt known to us."[17] Es ist davon auszugehen, dass sowohl dem Ps 78 als auch 105 die pentateuchische Plagenerzählung vorgelegen hat. Ferner kann Ps 78,40–51 als Einschub in den asafitischen Grundpsalm 78 angesehen werden.[18] Von den zehn Plagen in Ex 7–12 werden in Ps 78,44–51 sieben und in Ps 105,28–30 acht ausgewählt.[19] Sowohl im Exoduszyklus als auch in Ps 78 und 105 behaupten die Verwandlung des (Nil-)Wassers und die Tötung der Erstgeburt die Anfangs- und Schlussstellung. Nur in [301] Ps 105,28f. wird die Eckposition der Verwandlung des Wassers durch die Voranstellung der Finsternisplage relativiert, die in Ps 78,44–51 fehlt. Die (sechste) Plage der Geschwüre auf Mensch und Tier aus dem Exoduszyklus wird weder in Ps 78 noch in 105 aufgenommen. Die (fünfte) Plage des Viehsterbens durch Seuche wird in Ps 78,48 erwähnt, fehlt aber in Ps 105. Andererseits schweigt Ps 78 über die (dritte) Plage der Mücken, die aber in Ps 105,31b aufgenommen werden. Die Logik der Präsentation der Plagen bleibt in Ps 78 undeutlicher als in Ps 105, weil deren Eigenheiten in diesem Psalm offener zutage treten. Dazu hat *A. C. C. Lee* die Weichen gestellt: „The literary style of the Plagues account also betrays its affinity with the priestly style of Gen."[20] V. 28 betont die Entsprechung von göttlicher Aktion und sofortigem Ergebnis bzw. der unmittelbaren Erfüllung göttlicher Initiative. V. 31 und 34 halten in Fortführung der Akzentsetzung von V. 28 die unmittelbare Abfolge von göttlicher Wort-Ansage und deren Einlösung fest. Ferner: „It cannot be a mere coincidence that Ps. cv displays the same structure as Gen. i. The movement from heaven, to the waters, to earth guides the arrangement."[21] Die Plage der Finsternis in Frontstellung

---

16 Vgl. W.H. Schmidt, Exodus (BK II/2), Neukirchen-Vluyn 1995, 313–334.

17 A.C.C. Lee, Genesis I and the Plagues Tradition in Psalm CV, in: VT 40 (1990), 257–263, hier 257.

18 Vgl. F.-L. Hossfeld/E. Zenger, Psalmen 51–100 (HThKAT), Freiburg i. Br. u. a. 2000, 423ff.437.

19 In Ps 105,31 handelt es sich um zwei Plagen („Stechfliegen" und „Mücken") und nicht um Synonyma für eine Plage; anders N. Füglister, Psalm 105 und die Väterverheißung (s. Anm. 8), 44 Anm. 13.

20 A.C.C. Lee, Genesis I (s. Anm. 17), 261.

21 Ebd., 260.

(Ps 105,28) fällt ins Chaos zurück, widerspricht der Erschaffung des Lichts am ersten Schöpfungstag und setzt die Erschaffung der Leuchten am vierten Tag außer Kraft. Die folgende Verwandlung des Wassers mit der Konsequenz des Fischsterbens in Ps 105,29 widerspricht der Belebung der Wasser am fünften Tag. Die weiteren Plagen durch Frösche, Stechfliegen und Mücken in Ps 105,30 schädigen die Trennung der Wasser in Erde und Meer am dritten Tag und zerstören das geordnete Nebeneinander von Landtieren am sechsten Tag. Die Plagen von Hagel (Ps 105,32 f.) und Heuschrecken (Ps 105,34 f.) vernichten die Vegetation des dritten Schöpfungstages, die Lebensgrundlage für Mensch und Tier gemäß der Nahrungsübergabe am sechsten Tag. Am Höhepunkt und Schluss der Plagenreihe steht in diametraler Umkehrung zur Erschaffung des Menschen die Tötung der Erstgeburt (Ps 105,36). Insofern zeigt der Plagenzyklus von Ps 105,28–36 eine regional auf Ägypten begrenzte Rücknahme der Schöpfung, wie Gen 1 sie konzipiert. Diese Logik erklärt auch das Übergehen der fünften und sechsten Plage. Die fünfte Plage des Viehsterbens durch Seuche doppelt die Auswirkungen der zweiten, dritten und vierten Plage, die sich ja vor allem gegen das Vieh und die Menschen auswirken, zumal wenn man die Interpretation von Ps 78,45 (Stechfliegen und Frösche) für Ps [302] 105 berücksichtigen muss. Deswegen konnte auf diese fünfte Plage verzichtet werden. Ebenso verwischt die sechste Plage, Geschwüre auf Mensch und Tier, die angezielte Trennung von Tier und Mensch und stört die Steigerung auf die Tötung der menschlichen Erstgeburt hin. Deswegen wurde auch sie in Ps 105 übergangen. Besonders bedacht werden die sechste (Hagel) und die siebte Plage (Heuschrecken); ihnen widmen sich jeweils zwei Verse (V. 32 f. 34 f.). Der Hagel wird mit Gewitterphänomenen ausgestaltet und dadurch der Gewittertheophanie von Ps 29 angenähert (vgl. 105,32 mit 29,7 und 105,33b mit 29,5). Die Auswirkungen des Hagels werden auf die Schädigung von Fruchtgewächsen und Bäumen enggeführt. Ebenso konzentriert sich die Heuschreckenplage auf die Vernichtung des Pflanzenwuchses. Auch bei diesen beiden Plagen bestätigt sich der systematisierende und ordnende Zugriff des Psalmisten.

Der Vergleich der Plagenerzählungen von Ps 78,44–51 und 105,28–36 zeigt Differenzen in Bezug auf die Plagen der Finsternis, der Mücken und der Viehseuche. Auf der anderen Seite ergeben sich Analogien in Bezug auf das Fehlen der Geschwürplage und dem Festhalten an der Eckposition der Plagen, der Verwandlung von Wasser und der Tötung der Erstgeburt, sowie in Bezug auf das Verständnis der Hagel- und Heuschreckenplage als Vernichtung der Vegetation. Hinzu kommen die punktuellen Formulierungsparallelen wie die Bezeichnung Ägyptens als Zelte/Land Hams (Ps 78,51; 105,23.27), die Rede von der „Erstgeburt der Kraft“ (Ps 78,51; 105,36) und die Schädigung des Weinstocks durch Hagel (Ps 78,47; 105,32 f.). Man kann also eine Verwandtschaft, wenngleich auch keine Identität, der Verfasser feststellen.[22]

---

[22] Vgl. N. Füglister, Psalm 105 und die Väterverheißung (s. Anm. 8), 46.

Die Besonderheiten der Plagenerzählung von Ps 105,28–36 weisen eine Tendenz zur Erinnerung an die Schöpfungserzählung von Gen 1 auf und nähern Ps 105 an den Schöpfungspsalm 104 an. „The present position of the two historical psalms, which immediately follow the creation hymn of Ps. civ, may also be connected with the priestly arranging of creation-history in the Pentateuch."[23]

V. 37 f. schildern knapp den Auszug aus Ägypten als Erfolg dieser Plagen nach Ex 3,21 f.; 11,2 f.; 12,35 f. Der Auszug erfolgt „ohne Straucheln" (vgl. Jes 5,27) und nach Stämmen gegliedert wie im redaktionellen Ps 78,55c. Die Ägypter sind erleichtert, weil sie ein Schrecken vor Israel überfallen hatte (vgl. das asafitische Meerlied Ex 15,16). 303

Der sechste Abschnitt V. 39–41 erzählt vom Zug durch die Wüste mit drei Wundern. Zuerst erwähnt er die Wolken- und Feuersäule aus Ex 13,21 f. (vgl. Ps 78,14). Allerdings wird die Wolkensäule umgedeutet zur schützenden Decke analog zum schützenden Adler aus dem Moselied Dtn 32,11. Dabei wird die Wolke wie in Ex 24,16 (Pg) zum Verhüllungszeichen für Gott. Die Erzählung vom Wachtel- und Mannawunder knüpft sowohl an Ps 78,23–28 (vgl. das Himmelsbrot) als auch an Ex 16,13 an, da wie in Ex 16,13 und Num 11,31 die Wachteln zuerst erwähnt werden. Die Beschreibung des Wasserwunders hält sich wiederum stark an die Sprache von Ps 78,15 f.20 (vgl. noch Jes 48,21).

Der siebte und Schlussabschnitt V. 42–45 kommentiert und vollendet den Exodus. Die Begründung von V. 42 greift auf den Anfang des Psalms in V. 6.8 zurück. Das verheißende Bundeswort wird in der priesterlichen Heiligkeitstheologie zum „heiligen Wort". V. 43 charakterisiert den Exodus insgesamt. Er ist Exodus der Erwählten, d. h. der Nachkommen Abrahams und Jakobs wie in V. 6. Er vollzieht sich unter Wonne und Jubel wie der neue Exodus nach Jes 48,20 f.; 51,11. Die Landgabe V. 44 deutet das Land als „Länder der Nationen", d. h. der Vorbewohner Kanaans wie in Gen 15,19 und 26,4. Die zweite, singuläre Bezeichnung des Landes als „Arbeitsertrag der Völker" darf als begriffliche Fassung der Landnahmevorstellung Dtn 6,10–13 (vgl. Jes 24,13; Neh 9,22–25) angesehen werden: Israel erbt ohne eigene Vorleistungen die Einrichtungen (Häuser, Zisternen, Weinberge, Ölbäume) der Kanaanäer. Mit V. 45 endet der Psalm schwebend mit Andeutung des Lebens im Gelobten Land. Die Verknüpfung von Landgabe und Gesetzesgehorsam gehört zum roten Faden des Deuteronomiums (vgl. Dtn 4,1 f. u. ö.) und ist auch in Ps 78,5.10.53 Thema. Die Gesetzestermini „Satzungen und Gesetze" im Plural entstammen später, priesterlicher Sprache über den Gesetzesgehorsam (Gen 26,5; Ex 28,16.20; Lev 26,46; vgl. Neh 9,13).

Der Schluss von Ps 105 unterstreicht noch einmal den priestertheologischen Standort dieses hymnischen Geschichtsrückblicks: Das Thema „Gesetz" wird nicht vergessen, wenngleich der Sinai bzw. Sinaibund nicht erwähnt wird. 304

[23] A. C. C. Lee, Genesis I (s. Anm. 17), 263.

4 Die Verknüpfung vom Schöpfungspsalm 104 mit dem Geschichtspsalm 105

Ausführungen zur Verknüpfung der beiden Psalmen sind zu finden bei *P. Auffret*, *K. Koenen* und *J. Schnocks*.[24] Der individuelle Abgesang von Ps 104,33 hat in seinem Lobversprechen dieselbe Abfolge von Stichworten bzw. Verben des Lobens wie der kollektive Aufgesang von Ps 105,2 f. Damit wird ein Prinzip der Verknüpfung von Psalmen im vierten und fünften Psalmenbuch bestätigt, das ab Ps 103 durch Formeln des Lobens durchgeführt wird.[25]

Die Theozentrik der beiden Psalmen tritt sowohl bei den Schöpfertätigkeiten als auch bei dem Geschichtswirken JHWHs zutage: JHWH macht (Ps 104,13.19.24.31; 105,5) – JHWH sendet bzw. schickt (Ps 104,10.30; 105,17.26.28) – JHWH setzt fest (Ps 104,3 vgl. in gottähnlicher Funktion Mose und Aaron in 105,27) – JHWH gibt (Ps 104,27 f.; 105,32) – JHWH sättigt (Ps 104,13 vgl. 104,16.28; 105,40) – begleitend tritt zum Sättigen das Motiv vom Brot (Ps 104,14 f.; 105,16.40). Diese Überschneidungen in den Aktivitäten JHWHs legen eine Kontinuität im Wirken von der Schöpfung zur Geschichte nahe, zumal die Plagenerzählung von Ps 105,28–36 aus sich selbst heraus auf die Schöpfung zurückführt.

Hinzu kommen einzelne Wendungen und Motive: die unzählige Fülle an Lebewesen (Ps 104,25; 105,34) – JHWH erschafft in Weisheit seine Werke und besitzt viele Güter (Ps 104,24); ebenso lehrt der gottgesandte Josef den Ältesten Ägyptens Weisheit und herrscht über die Güter des Pharaos (Ps 105,21 f.) – die universale Rede vom „Menschen" liegt im Schöpfungspsalm nahe (Ps 104,14.23), findet sich aber auch in Ps 105,14.

Insgesamt ergibt sich eine Reihe von Verknüpfungen, die es plausibel erscheinen lassen, dass die selbstständigen Psalmenkorpora von Ps 104 und 105 bewusst hintereinander gesetzt worden sind, weil sie trotz aller Unterschiede eine fortlaufende hymnische Geschichtserzählung vom Schöpfungsanfang her ergeben. [305]

Die Redaktionskritik der letzten vier Psalmen des vierten Psalmenbuches kann vorerst folgendermaßen skizziert werden: Der zur David-Trias Ps 101–103 gehörende Hymnus über den königlichen und barmherzigen JHWH (das sog. Hohelied der Gnade) des Psalms 103 ist über die jeweils sekundären Selbstaufforderungen („Segne, meine Seele, den JHWH") in Ps 103,22b und

---

24 Die Analyse der Verkettung von P. Auffret, Essai sur la structure littéraire du Psaume 105 (s. Anm. 6), 110–127 ist ebenso detailliert wie unübersichtlich, vor allem ohne bündelnde Zusammenfassung. K. Koenen, Jahwe wird kommen, zu herrschen über die Erde. Ps 90–110 als Komposition (BBB 101), Weinheim 1995, macht auf S. 93 einige Beobachtungen, die J. Schnocks, Vergänglichkeit und Gottesherrschaft (s. Anm. 5) 244 f.271–273 erweitert.

25 Vgl. F.-L. Hossfeld, Von der Klage zum Lob – die Dynamik des Gebets in den Psalmen, in: BiKi 56 (2001), 16–20, hier 19 f.

104,1.35 mit dem individuellen Schöpfungshymnus an und über JHWH zu einem Paar individueller Hymnen verbunden und zugleich aus der David-Trias ausgegliedert worden. Damit bildet das Hymnenpaar Ps 103–104 die erste Kleingruppe von Psalmen im letzten Psalterdrittel, die durch formelhafte Aufrufe zum Lob zu Gruppen zusammengespannt werden.

Wie oben schon dargelegt, können die Psalmen 104 und 105 hintereinander im Verbund verstanden werden. Das legt sich nicht nur durch die genannten Verknüpfungen nahe, sondern auch durch das Janusgesicht des Schöpfungspsalms, der nach dem Stand der Redaktionskritik zu diesem Psalm mehrere Wachstumsstufen kennt. Die eigene Analyse dieses Psalms kann hier nicht geboten werden, sie bewegt sich aber auf der redaktionskritischen Linie, die *H. Spieckermann* erarbeitet hat:

> „Ps 104 im Grundbestand ist ein ‚Schöpfungspsalm' im Sinne der conservatio und gubernatio der Schöpfung, zwar vertraut mit dem Gedanken der konstituierenden Schöpfungstat (vgl. V.2b), ohne aber davon entschieden Gebrauch zu machen und damit theologisch Zentrales zu sagen … Der Eindruck, daß Ps 104 ein Schöpfungspsalm ist, geht im wesentlichen auf die umfängliche Bearbeitung zurück. Dem verantwortlichen Redaktor schien der Aspekt des konstituierenden Schöpfungshandelns gegenüber dem konservierend-providentiellen zu kurz gekommen zu sein. Fast alle Nachträge erklären sich aus seinem Interesse an der prima creatio, die ihm aus seinen Quellen von Gen 1 bis Hi 40 als wichtiges Theologoumenon bekannt und dementsprechend ergänzt worden ist."[26]

In Übereinstimmung mit *Spieckermann* zähle ich zu dieser nachexilischen Redaktion die V. 5–9.19.25–26. Sie geht wie Gen 1 von einer kosmischen Trias von Himmel, Erde, Meer aus. Sie kennt die Chaoswasser (Ps 104,6 vgl. Gen 1,2), erwähnt die Trennung von Erde und Chaoswasser (Ps 104,8 vgl. Gen 1,9), nennt die Erschaffung von Mond und Sonne (Ps 104,19 vgl. Gen 1,14–19) und schildert das Meer (Ps 104,25 f. vgl. Gen 1,20–23). Damit schafft sie die Anknüpfungsmöglichkeiten für Ps 105, weil beide sich ausdrücklich auch auf Gen 1 beziehen. [306]

5 Die Vernetzung der sog. Zwillingspsalmen 105 und 106

Seit langem schon gelten die Ps 105–106 als verwandt und doch getrennt, Ps 105 als „Rühmen der Taten Jahwes an den Vätern", Ps 106 als „Generalbeichte Israels".[27] *W. Zimmerli* konstatiert nach der Betrachtung der Verbindungen:

> „Dann aber will doch wohl der Redaktor, der die beiden Psalmen zusammengebunden hat, zum Ausdruck bringen, daß im Lobpreis Gottes die beiden Aussagen zutiefst zusammengehören: Das Rühmen der unerschütterlichen Bundestreue Jahwes und das of-

---

26 H. SPIECKERMANN, Heilsgegenwart. Eine Theologie der Psalmen (FRLANT 148), Göttingen 1989, 49 und 48.

27 Vgl. F. CRÜSEMANN, Studien zur Formgeschichte von Hymnus und Danklied in Israel (s. Anm. 4), 77 Anm. 3 und 4.

> fene Bekenntnis der Sündigkeit der Geschichte des Gottesvolkes, in welcher sich auch dessen einzelnes Glied mitbefaßt weiß. Diese Sündigkeit führt in eine Tiefe, über welche nur das Wunder der Treue Gottes gegenüber seinem Bundesversprechen Rettung schaffen kann. Das eine will nicht ohne das andere gehört sein."[28]

Bei der redaktionellen Verknüpfung unterscheidet *Zimmerli* eine äußere Rahmung durch das Halleluja von einer inneren Rahmung durch den Lobaufruf mit „*hodu*".

Vergleicht man die Psalmenkorpora der jeweiligen Grundpsalmen 105,1–45 und 106,6–47[29] lassen sich die Beobachtungen *Zimmerlis* konkretisieren.

Hauptbindeglied ist die priesterliche Bundestheologie von Ps 105,8.11.42 und 106,45 mit ihren vier Elementen: JHWH gedenkt seines Bundes; es ist explizit oder vom Kontext her ein Bund mit den Patriarchen im Blick;[30] der Inhalt des Bundes ist nicht mehr das Gesetz, sondern das Verheißungswort der Landgabe, der Schwur, die Fülle der Huld und des Erbarmens; Bund und göttliches Gedenken geschehen auf ewige Dauer hin, vgl. im Blick auf Ps 106 den V. 31 und den redaktionellen V. 1. Weiterhin korrespondiert das Verhalten Israels, wie es in beiden Psalmen gefordert oder geschildert wird. Das Volk bzw. die Wir-Gruppe bekennt sich zu „JHWH, unserem Gott" (Ps 105,7; 106,47). Sie soll den heiligen Namen JHWHs rühmen (*hll* im *Hitp.*) wie in Ps 105,3; 106,47 vgl. 106,5. Die Wunder JHWHs sollen bedacht oder der Wunder soll gedacht werden (Ps 105,2.5), aber vom Exodusbeginn her werden sie nicht begriffen und [307] ihrer wurde nicht gedacht (Ps 106,7) bzw. sie werden vergessen (Ps 106,22). Der Ehrentitel „Erwählter" wird in Ps 105,26 Aaron und in Ps 106,23 Mose verliehen.

Schließlich ist auf zwei seltenere Ausdrücke zu verweisen: Ägypten wird als „Land Hams" bezeichnet (Ps 105,23.27; 106,22). Und Ägypten gilt als „Hasser (Israels)" in Ps 105,25; 106,10 (vgl. 106,41 die Völker als Hasser).

Neben den genannten punktuellen Entsprechungen ist an den schon erörterten Hauptinhalt der beiden Zwillingspsalmen zu erinnern: Sie sind Geschichtspsalmen, die trotz der Überschneidungen in der Phase des je eigenständig erzählten Exodus die gesamte Geschichte Israels von Abraham bis zum erbetenen neuen Exodus aus dem Exil betrachten.

An dieser Stelle hat ein kurzer Blick auf die redaktionelle Bearbeitung der beiden Psalmenkorpora zu erfolgen. Während Ps 105 bis auf den sekundären Hallelujaruf in 105,45c keine Spuren redaktioneller Bearbeitung kennt, besitzt

---

[28] W. Zimmerli, Zwillingspsalmen (s. Anm. 3), 270.

[29] Zu Ps 106 vgl. F.-L. Hossfeld, Ps 106 und die priesterliche Überlieferung des Pentateuch (s. Anm. 1).

[30] Angesichts von Ps 106,45–46 kommt B. Gosse, Le quatrième livre du Psautier (s. Anm. 9), 249, zu dem Schluss: „Ainsi c'est l'alliance avec Abraham, qui permet même le retour de l'exil en raison de la fidélité divine, qui elle, est inébranlable et n'a pas besoin de nouvelles alliances."

Ps 106 einen weithin anerkannten sekundären Rahmen in den V. 1–5 und der Schlussdoxologie mit Hallelujaruf in V. 48.

Der Aufruf zum Lobpreis JHWHs mit *jdh*/Hif. ist in Ps 105,1 und 106,47 in den Grundpsalm integriert. Dagegen sprengt er in 106,1 den JHWH anredenden Rahmen (des Grundpsalms) von 106,6 f.47. Gegenüber dem kurzen Aufruf von Ps 105,1 ist er zu einem einleitenden Kurzhymnus ausgebaut, dessen Inhalt sich aus den Aufrufen an die Völker aus Ps 100,4 f. speist. Der wortgleiche Aufruf in Ps 107,1 dürfte eine sekundäre Übernahme aus Ps 106 nach Ps 107 sein, um diesen Psalm an die Trias der Geschichtspsalmen über die Schlussdoxologie mit Hallelujaruf von Ps 106 hinweg anzudocken.

Ps 106,2 f. gehören mit Frage V. 2 und antwortender Seligpreisung V. 3 zusammen. Sie wollen das Subjekt der Rühmung JHWHs klären. Die Frage enthält im aramäischen Lehnwort „*mll*" vgl. Gen 21,7 (P) späte Sprache. Der Inhalt des Lobens verweist mit „Machttaten" und „Ruhm" auf Ps 106,8.12. Die Seligpreisung V. 3 besitzt keine Verbindungen zum Kontext.[31] Sie umschreibt kein spezifisches Verhalten wie die Seligpreisung von Ps 41,2, sondern allgemein die Haltung eines Gerechten. Dazu übernimmt sie die prophetische Formel vom „Tun von Recht und Gerechtigkeit" (vgl. z. B. Ez 18,5). Mit dieser Absicht passt sie zur Aussage der Seligpreisung des Gerechten in Ps 112,1 (mit weisheitlicher Diktion) und der von Ps 119,1 f. (mit Betonung der Gesetzesfrömmigkeit). Wahr- [308] scheinlich sind Frage und Antwort in V. 2 f. aus dem fünften Psalmenbuch eingetragen.

Die Bitte eines Nicht-Israeliten um Teilnahme an Lob und Rettung Israels in V. 4 f. wechselt in die Redesituation der Anrede JHWHs wie V. 6 f. Sie übernimmt sowohl prophetischen wie kontextgebundenen Sprachgebrauch. Die beiden Imperative finden sich so in Jer 15,15. Die erbetene Hilfe weist auf V. 47 voraus. Die Privilegien Israels werden füllig umschrieben: deine Erwählten (vgl. Ps 105,6.43), deine Nation (vgl. Zef 2,9 redaktionell), dein Erbe (vgl. Ps 78,62.71; 94,5; 106,40), dein Volk (vgl. Ps 105,43). Die Proselytenperspektive dieser beiden Verse passt gut zur universalen Tendenz von Ps 107 (vgl. seinen Refrain in V. 8.15.21.31) und zur Erfüllung der Bitte in Ps 107,2 f. Somit gehört nur Ps 106,1 zur sekundären Rahmung mit Blick auf Ps 106,47 (Grundpsalm), die den Grundpsalm an Ps 105 angebunden hat. Danach wurde die Bitte von V. 4–5 von Ps 107 her eingeschoben. Noch später erfolgte der Eintrag von Frage und Antwort in V. 2–3.

[31] Vgl. J.-M. Auwers, La composition littéraire du Psautier (s. Anm. 3), 132 f.: „Cette béatitude ne présente de lien apparent ni avec l'ancienne hymnique qui précède ni avec la section pénitentielle qui suit … Elle reste aussi en dehors du réseau des correspondances du psaume."

6 Die Abrundung der Psalmentrias 104–106 durch Schlussdoxologie und Hallelujaruf

Gerade in der neuen Psalterexegese hat Ps 106,48 besondere Aufmerksamkeit erfahren.[32] Drei Möglichkeiten zur Begründung der Schlussdoxologie von Ps 106,48 stehen logisch zur Verfügung: Die Doxologie gehört allein zu Ps 106.[33] Die Doxologie schließt redaktionell das vierte Psalmenbuch ab.[34] Die Doxologie gehört zur allerletzten Psalterredaktion, die dadurch den „Tora-Symbolismus" der Fünfteilung des Psalters herstellt.[35] [309]

Die erste Lösung argumentiert entweder von der Parallele in 1 Chr 16,36 her, die aber ihrerseits Ps 106,48 voraussetzt, oder bringt die rahmende Entsprechung zu Worten aus Ps 106,1–5 in Anschlag, wobei die Entsprechungen nur bedingt und wage zutreffen. Dabei werden die Eigenheiten von Ps 106,48 nicht genügend erfasst und die redaktionelle Funktion der drei vorausgehenden Doxologien für Ps 106,48 zu wenig in Anschlag gebracht. Die dritte Lösung verweist zurecht auf die singuläre Parallele aus Dtn 27, zieht aber daraus voreilige Schlüsse, weil sie nicht den ganzen Vers ausschöpft. Sie übersieht den Hallelujaruf und die redaktionelle *hodu*-Reihung der Psalmen 105–107.

---

32 Vgl. ebd., 80 ff. Jüngst hat C. LEVIN, Die Entstehung der Büchereinteilung des Psalters, in: VT 54 (2004), 83–90, die Doxologien erneut behandelt und für Ps 106,48 eine neue Lösung vorgeschlagen.

33 Für diese Lösung plädieren *H. Gese*, *R. G. Kratz* und *J.-M. Auwers*. Zu *H. Gese* und *R. G. Kratz* vgl. C. LEVIN, Die Entstehung der Büchereinteilung des Psalters (s. Anm. 32), 86 ff.

34 Diese Lösung haben zuerst *K. Koch* und *E. Zenger* vertreten, vgl. den Forschungsbericht von J.-M. AUWERS, La composition littéraire du Psautier (s. Anm. 3), 80 f.

35 Diese Lösung vertritt jetzt C. LEVIN, Die Entstehung der Büchereinteilung des Psalters (s. Anm. 32). Zurecht konstatiert er: „Die Doxologien xli 14; lxxii 18–19 und lxxxix 53 sind sowohl in ihrer Stellung als auch in ihrer offensichtlichen gegenseitigen Verflechtung aus der Sammlungsgeschichte von Ps ii–lxxxix hinreichend zu erklären" (86).
Für Ps 106,48 lässt er diese Lösung nicht zu: „Durch cvi 48 wird im Zusammenspiel mit den drei vorgegebenen Doxologien die Fünfteilung des Psalters absichtsvoll hergestellt" (86). Den entscheidenden Hinweis gibt das Spezifikum der Doxologie von Ps 106,48, die Antwort des Volkes mit der einzigen Parallele aus Dtn 27 mit dem dortigen elfmaligen „und das ganze Volk soll sagen: Amen". Daraus schließt Levin: „Mit Hilfe des Zitats von Dtn xxvii hat die vierte Doxologie auf der Grundlage der drei bereits vorhandenen Doxologien den Psalter als ἄλλην πεντάτευχον gekennzeichnet" (88). Und er folgert weiter: „Viertes und fünftes Buch mögen für die Endtextexegese eine, wenn auch geringe, Rolle spielen. Sammlungsgeschichtlich hat es diese Größen nicht gegeben" (89 Anm. 23).
Als Motiv für die vierte Doxologie nennt er einen ästhetischen Grund: „Nunmehr wurde die vierte Einheit so aufgeteilt, daß der Umfang des dritten Buches sich im vierten (Ps xc–cvi: 17 Psalmen) wiederholte und eine ungefähre Entsprechung zwischen erstem und fünften Buch entstand (Ps cvii–cl: 44 Psalmen)" (89).

> „Der Hallelujaruf gehört in das mit ואמר כל־העם eingeleitete Zitat des vom Volk zu sprechenden Segensspruchs und kündigt das fünfte Psalmenbuch an. In redaktionsgeschichtlicher Hinsicht bedeutet dies freilich, daß der Hallelujaruf nicht zum ursprünglichen System der abschließenden Doxologieformeln gehörte, sondern erst bei der Anfügung des fünften Psalmenbuchs hinzukam.“[36]

Die *hodu*-Reihung unterstreicht den buchredaktionellen Standort von Ps 106,48, weil sie den Vers vor sich hat und zugunsten des Anschlusses von Ps 107 überspielt.

Der bewusste Rekurs der Schlussdoxologie von Ps 106,48 (ohne Hallelujaruf) auf Dtn 27 entspricht dem Rückgriff von Ps 106 gerade auch auf die Bücher Numeri und Deuteronomium. Ferner folgt er dem Blick der Psalmentrias 104–106 auf den gesamten Pentateuch von Gen 1 bis zum Tod des Mose (und darüber hinaus). Damit gibt er zugleich einen weiteren Hinweis auf die Überschrift von Ps 90 (Bittgebet des Mose, des Mannes Gottes). Schließlich liegt die buchredaktionelle, die zweite Lösung, auf der Linie der vorausgehenden drei Doxologien. Somit haben das vierte und fünfte Psalmenbuch durchaus ihr Eigengewicht. Das Urteil von *Levin* trifft zu: „Der Tora-Symbolismus ist dem Psalter zuallerletzt und ganz äußerlich aufgesetzt worden.“[37] Allerdings geschah dies nicht [310] durch die Doxologie von Ps 106,48, sondern erst nach Ansehen des gesamten Psalters von 150 Psalmen mit ihrer gewachsenen Einteilung in fünf Bücher.

Wir kommen damit zum Hallelujaruf. „Verstärkt wird der Abschlußcharakter von Ps 106 dadurch, daß er der Schlußpsalm der ersten kleinen Hallelujagruppe des Psalters Ps 104–106 ist. Damit ist aber auch ein Muster der Textstrukturierung angesprochen, das sich im fünften Psalmenbuch fortsetzt.“[38]

Ferner ist zu beobachten: „Dabei rhythmisiert die Stellung des הללויה diese Gruppierungen zusätzlich durch die Abfolgen: Endstellung, Endstellung, Rahmung (Ps 104–106); Anfangsstellung, Anfangsstellung, Rahmung (Ps 111–113) und nur Endstellung (Ps 115–117).“[39]

In einer Literar-, Redaktions- und Kompositionskritik der Psalmentrias 104–106 wirken drei Faktoren zusammen: die gezielte Abfolge und Vernetzung der Psalmenkorpora, die Würdigung der Schlussdoxologie von Ps 106,48 und die Beachtung der redaktionellen Rahmenformeln. Sie etablieren die bewusste Zusammenstellung jeweils ursprünglich selbstständiger Psalmen zu einer geschlossenen Psalmentrias, die eine „kleine“ Universalgeschichte in hymnischer Form erzählt. Sie reicht vom Schöpfungsanfang bis zum Exil und schildert vornehmlich in nachexilisch-priesterlicher Theologie die Großtaten

---

36 E. Zenger, Der Psalter als Buch. Beobachtungen zu seiner Entstehung, Komposition und Funktion, in: ders. (Hg.), Der Psalter in Judentum und Christentum (HBS 18), Freiburg i. Br. u. a. 1998, 1–57, hier 28 f.

37 C. Levin, Die Entstehung der Büchereinteilung des Psalters (s. Anm. 32), 89.

38 J. Schnocks, Vergänglichkeit und Gottesherrschaft (s. Anm. 5), 271.

39 Ebd., 72 Anm. 868.

des Königs JHWH, des Erhalters des Kosmos und Schöpfers der Welt, des treuen Bundesgottes und des richtend-rettenden Gottes für Israel.

Literatur

AUFFRET, Pierre, Essai sur la structure littéraire du Psaume 105 (BN Beiheft 3), München 1985.

AUWERS, Jean-Marie, La composition littéraire du Psautier. Un état de la question (CRB 46), Paris 2000.

CRÜSEMANN, Frank, Studien zur Formgeschichte von Hymnus und Danklied in Israel (WMANT 32), Neukirchen 1969.

FISCHER, Irmtraud, Die Erzeltern Israels. Feministisch-theologische Studien zu Genesis 12–36 (BZAW 222), Berlin–New York 1994.

FÜGLISTER, Notker, Psalm 105 und die Väterverheißung, in: M. Görg (Hg.), Die Väter Israels. Beiträge zur Theologie der Patriarchenüberlieferungen im Alten Testament. FS J. Scharbert, Stuttgart 1989, 41–59. [311]

GERSTENBERGER, Erhard S., Psalmen und Ritualpraxis, in: E. Zenger (Hg.), Ritual und Poesie. Formen und Orte religiöser Dichtung im alten Orient, im Judentum und im Christentum (HBS 36), Freiburg i. Br. u. a. 2003, 73–90.

GOSSE, Bernard, Le quatrième livre du Psautier, Psaumes 90–106, comme réponse à l'échec de la royauté davidique, in: BZ 46 (2002,2), 239–252.

HOSSFELD, Frank-Lothar, Von der Klage zum Lob – die Dynamik des Gebets in den Psalmen, in: BiKi 56 (2001), 16–20.

–, Ps 106 und die priesterliche Überlieferung des Pentateuch, in: K. Kiesow / T. Meurer (Hg.), Textarbeit. Studien zu Texten und ihrer Rezeption aus dem Alten Testament und der Umwelt Israels. FS P. Weimar (AOAT 294), Münster 2003, 255–266.

–, Ps 89 und das vierte Psalmenbuch (Ps 90–106), in: E. Otto / E. Zenger (Hg.), „Mein Sohn bist du" (Ps 2,7). Studien zu den Königspsalmen (SBS 192), Stuttgart 2002, 173–183.

HOSSFELD, Frank-Lothar / ZENGER, Erich, Psalmen 51–100 (HThKAT), Freiburg i. Br. u. a. 2000.

KOENEN, Klaus, Jahwe wird kommen, zu herrschen über die Erde. Ps 90–110 als Komposition (BBB 101), Weinheim 1995.

KRAUS, Hans-Joachim, Psalmen. Psalmen 60–150 (BK XV, 2), Neukirchen-Vluyn [5]1978.

LEE, Archie C. C., Genesis I and the Plagues Tradition in Psalm CV, in: VT 40 (1990), 257–263.

LEVIN, Christoph, Die Entstehung der Büchereinteilung des Psalters, in: VT 54 (2004), 83–90.

MÜLLER, Augustin R., Der Psalter – eine Anthologie. Überlegungen zur sogenannten Psalterexegese, in: BN 119/120 (2003), 118–131.

SCHMIDT, Werner H., Exodus (BK II/2), Neukirchen-Vluyn 1995, 313–334.

SCHNOCKS, Johannes, Vergänglichkeit und Gottesherrschaft. Studien zu Psalm 90 und dem vierten Psalmenbuch (BBB 140), Berlin–Wien 2002.

SPIECKERMANN, Hermann, Heilsgegenwart. Eine Theologie der Psalmen (FRLANT 148), Göttingen 1989.

ZENGER, Erich, Der Psalter als Buch. Beobachtungen zu seiner Entstehung, Komposition und Funktion, in: ders. (Hg.), Der Psalter in Judentum und Christentum (HBS 18), Freiburg i. Br. u. a. 1998, 1–57.

ZIMMERLI, Walther, Zwillingspsalmen, in: ders. (Hg.), Studien zur alttestamentlichen Theologie und Prophetie. Gesammelte Aufsätze Bd. II (ThB 51), München 1974, 261–271.

Der elohistische Psalter Ps 42–83

Entstehung und Programm

Frank-Lothar Hossfeld

I. Vorüberlegungen

[199] H. Gunkel kommt im vorletzten Paragraphen (§ 13)[1] seiner Einleitung in die Psalmen auf die Sammlung der Psalmen zu sprechen. Er erörtert die Zeit der Entstehung der Sammlung und kreist sie ein in der Bestimmung der unteren Grenze um 200 v. Chr. und ihrer oberen Grenze mit Verweis auf 1 Chr 16 als Beleg für die früheste Möglichkeit der Psaltersammlung zwischen 400 und 350 v. Chr. Danach bespricht er die nachexilischen Sängergruppen der Asafiten und Korachiter. Die Letztere ist erst nach Abschluss der Chronik um 400 v. Chr. zu der mit den Asafiten ebenbürtigen Stellung gelangt, wie sie der Psalter widerspiegelt. Also verschiebt sich die obere Grenze der Psaltersammlung nach unten zwischen 350 und 300 v. Chr. Dann befasst er sich mit dem Zweck der Psalterzusammenstellung und kommt zu dem Ergebnis:

> „Ist aber eine geistliche kultusfreie Dichtung und ein außergottesdienstlicher Gebrauch ursprünglich kultischer Lieder von Jeremia bis in die Makkabäerzeit neben der Kultusdichtung nachweisbar, so ist die Annahme wohl berechtigt, daß die abschließende Sammlung der Psalmen der kultischen wie der geistlichen Psalmendichtung Rechnung getragen habe. Zwingend beweisen läßt sie sich freilich nicht, aber doch zu einer Wahrscheinlichkeit erheben, die über die unbefriedigenden Schlußfolgerungen aus den Notizen des Psalters hinausführt."[2]

Allerdings gilt auch: „Ein sicheres Urteil über den Zweck des Psalters zu fällen ist deshalb so schwer, weil er nicht in einem einzigen Akte nach den Plänen eines einzigen Sammlers zusammengestellt worden ist, sondern auf Teilsammlungen beruht."[3] Und nun kommt er auf die Psalmengruppe 42–83 zu sprechen, die den Namen „ʾ^elōhīm vor Jahve"[4] bevorzugt: „Diese Eigentümlichkeit kann nur auf die ändernde Hand des Sammlers zurückgeführt werden. Denn die Psalmen lassen an [200] zahlreichen Stellen, die der Aufmerksamkeit des Sammlers entgangen sind, erkennen, daß sie ursprünglich den Gottesnamen Jahve gebrauchen."[5] Ferner:

---

1 H. Gunkel, Einleitung in die Psalmen: Die Gattungen der religiösen Lyrik Israels (HKAT), Göttingen 1933, 442–455.

2 Ebd., 447.

3 Ebd.

4 Ebd.

5 Ebd.

> „Daß der Sammler der Psalmengruppe 42–83 von dem Sammler des Ganzen zu unterscheiden ist, ergibt sich einmal daraus, daß die anderen Psalmen keiner Elohim-Rezension unterworfen sind, ferner daraus, daß einzelne der hier gesammelten Lieder außerhalb ihres Rahmens im Psalter noch einmal vorkommen. Wäre der Psalter nur aus Einzelpsalmen, nicht mit Benutzung von Teilsammlungen zusammengestellt, so würde das Auftauchen von Dubletten nicht zu erklären sein."[6]

Als Quellen des elohistischen Psalters führt er den ersten Teil der Korachpsalmen 42–49 auf, dann die Davidpsalmen 51–70/71 ohne den namenlosen Ps 66 und den Salomopsalm 72 sowie die Asafpsalmen 50.73–83. Die Unterschrift unter Ps 72 stammt vom Sammler des elohistischen Psalters, „der damit den Schluß der von ihm aufgenommenen David-Sammlung kenntlich machen wollte"[7]. Die Abtrennung von Ps 50 vom Korpus der Asafpsalmen geht auf eine Umstellung zurück, die den Gesamtpsalter voraussetzt. Dem elohistischen Psalter ist nachträglich der Anhang Ps 84–88 ohne den störenden Davidpsalm 86 und den Etanpsalm 89 hinzugefügt worden. Diese Psalmen haben keine Änderung des Gottesnamens erfahren.

Schließlich ist von einem „anderen Davidpsalter" Ps 3–41 die Rede, der eine Schlussdoxologie besitzt, die wohl ursprünglich ist. Der andere Davidpsalter hat einen Nachteil: „Die Sammlung lässt im heutigen Zustande keine dem elohistischen David-Psalter entsprechende sachliche Anordnung erkennen."[8] Das Schlussurteil Gunkels über die Sammlungen des Psalters lautet:

> „Aus der Reihenfolge, in welcher die Teilsammlungen in den Psalter aufgenommen worden sind, lassen sich kaum zwingende Schlüsse auf ihr zeitliches Nacheinander ziehen. Das gilt insbesondere für das Verhältnis des ersten David-Psalters zum elohistischen Psalter. Nur dann, wenn sicher stünde, daß der ältesten Sammlung die jüngere im Sammelprozeß angeschlossen wurde, wären sie gültig. Es besteht aber auch durchaus die Möglichkeit, daß die Voranstellung der ersten David-Sammlung bestimmt ist von dem Zwecke, den der Gesamtpsalter verfolgte. Beachtet man nämlich, daß die erste David-Sammlung ein Andachts- und Gebetsbuch darstellt, so ist sie vielleicht deshalb an den Anfang gestellt worden, weil der Sammler den ganzen Psalter als Andachts- und Gebetbuch aufgefaßt wissen wollte."[9] [201]

Ganz am Ende wird die Einteilung in fünf Bücher erwähnt: Drei der Doxologien hat der Sammler mit den Teilsammlungen übernommen (1. Davidpsalter, 2. Davidpsalter, erweiterter elohistischer Psalter). Die vierte hat er am Schluss von Ps 106 selbst hinzugefügt mit Blick auf das Ordnungsprinzip der Fünfzahl.

Für Gunkel ist der gottesdienstliche Gebrauch leitend angezeigt durch die Zweckangabe „dem Chormeister" oder durch die Gattungsangabe „Psalm"

---

6 Ebd., 447 f.
7 Ebd., 448.
8 Ebd., 451.
9 Ebd., 454 f.

oder durch musikalisch-technische Vermerke. Hinzu kommen die Zuordnungen zu den Tempelsängergruppen.

Die Hauptmasse der Psalmen des elohistischen Psalters ist für den Kult gedichtet. Davon hebt sich der andere Davidpsalter ab, der in neun bis zwölf Psalmen keine Beziehung zum Gottesdienst erkennen lässt. Das Kriterium des Kultgebrauchs lenkt den primären Zugriff auf den elohistischen Psalter. Die konkurrierenden Zäsuren wie der Kolophon unter Ps 72, die Doxologien mit der Einteilung in fünf Bücher oder die anerkannte Zweiteilung des Gesamtpsalters nach Ps 89 bzw. dem dritten Buch spielen keine Rolle. Darüber hinaus tauchen Untergruppen durch weitere Davidzuschreibungen wie im dritten (Ps 101–103), vierten (Ps 108–110) und fünften Davidpsalter (Ps 138–145) oder durch Formeln wie die Hallelujarufe oder Untergruppen durch strukturelle Indizien gar nicht auf. Entscheidend ist der Ansatz beim elohistischen Psalter mitten im Kontext des Gesamtpsalters.

II. Das Erbe der Position Gunkels

Die Position Gunkels wirkt nach bis heute; z. B. bei C. Rösel:

> „Fest steht jedoch, daß der frühestens in exilischer Zeit entstandene elohistische Psalter die älteste aus mehreren Teilsammlungen zusammengestellte Sammlung war, die sich aus dem hebräischen Psalter des Alten Testaments noch rekonstruieren läßt. Auf dem Weg zur Sammlung Ps 2–89 wurde der elohistische Psalter sowohl durch die Vorschaltung der Davidpsalmen 3–41 als auch durch einen Anhang erweitert.“[10]

Ferner hält Rösel fest:

> „Die älteste Teilsammlung des Psalters dürfte statt dessen eher im vorelohistischen zweiten Davidpsalter oder vielleicht in einem Grundbestand der Asafpsalmen zu finden sein. Die Kombination von Ps 3–41* mit dem elohistischen Psalter geschah gleichzeitig mit der Ergänzung des Rahmens Ps 2 und Ps 88/89. Warum die Davidpsalmen dem elohistischen Psalter vorgeschaltet und nicht ange- [202] fügt wurden, läßt sich jedoch nicht mehr mit Sicherheit sagen. Auf der Ebene der Strukturbeobachtungen bleibt jedoch festzuhalten, daß durch die Vorschaltung der Sammlung die schon vorhandene Schlußnotiz zu den Davidpsalmen in Ps 72,20 gültig bleibt.“[11]

Ebenso fasst C. Süssenbach ihre Position zusammen:

> „Abschließend lässt sich feststellen, dass der spezifische Gebrauch der Gottesnamen bzw. die Bevorzugung der Gottesbezeichnung Elohim in Ps 42–83 dahingehend gedeutet werden muss, dass diese Psalmen eine ursprünglich eigenständig existierende Komposition bildeten. Es wird hier ein theologisches Denken sichtbar, das sich in dieser

10 C. Rösel, Die messianische Redaktion des Psalter: Studien zu Entstehung und Theologie der Sammlung Psalm 2–89* (Calwer Theologische Monografien. Bibelwissenschaft 19), Stuttgart 1999, 85 f.

11 Ebd., 89.

Form in anderen Bereichen des Psalters nicht findet. Diese Beschränkung lässt sich sinnvoll nur durch eine ursprüngliche Selbstständigkeit des elohistischen Psalters erklären. Die Tatsache, dass sowohl die Sammlung des ersten Davidpsalters (Ps 3–41) als auch spätere Wachstumsstufen des Psalters jenseits von Ps 89 den elohistischen Sprachgebrauch nicht weitergeführt haben, sondern den Gottesnamen JHWH bevorzugen, weist darauf hin, dass der elohistische Psalter die erste, sicher abgrenzbare Vorstufe des Psalters bildete, die später sowohl nach vorn als auch nach hinten durch weitere Sammlungen und Einzelpsalmen ergänzt wurde."[12]

K. Seybold setzt hinter diese Position ein Fragezeichen. In seinem TRE-Artikel von 1997 „Psalmen/Psalmenbuch I"[13] erwähnt er den elohistischen Psalter:

„Eine eigenständige Geschichte zeigt der Komplex Ps 42–83, der einer besonderen Bearbeitung durch die nicht ganz konsequent durchgeführte Ersetzung des Gottesnamens durch den Begriff *ʾælohîm* (‚elohistischer Psalter') unterzogen wurde, was doch wohl seine zumindest zeitweilige Selbständigkeit voraussetzt. War er die Basis der Psalterentstehung in exilischer Zeit (so Millard 175 ff.)?"[14]

Nach dem Fragezeichen fährt er fort: „Der erste David-Psalter wurde durch Klammersetzung (Ps 2–72 [vgl. 72,20] oder Ps 2–89) mit den anderen Teilen verbunden."[15]

Anfragen an das Gunkelsche Konzept kommen neuerdings auch von der Seite einer sog. „strukturell-kanonischen Exegese", wie sie J. Steinberg[16] vorgelegt hat. Für die vorliegende Endgestalt des Psalters sind primär die Einteilung in fünf Bücher durch die vier Doxologien in Ps 41,14; 72,18 f.; 89,53 und 106,49 maßgebend. Die Doxologien über- [203] nehmen die Funktion des Trenners zwischen den Büchern und als eine Art „Mottosätze" tragen sie „einen wichtigen Teil der Gesamtbotschaft in sich, nämlich den Aufruf zum universalen Lob Gottes"[17].

In den ersten drei Büchern treten ihnen die Königspsalmen 2; 72 und 89 zur Seite:

„Die ersten drei Bücher enthalten drei Königspsalmen an strukturell signifikanten Positionen: Ps 2 am Anfang von Buch I (nach dem einleitenden Ps 1), Ps 72 am Ende von Buch II sowie Ps 89 am Ende von Buch III. Die drei Psalmen bilden einen inhaltlichen Spannungsbogen: In Ps 2 wird das davidische Königtum begründet, Ps 72 beschreibt die Übergabe des Königtums an die Nachfolger, Ps 89 schließlich beklagt den Untergang des Königtums mit dem babylonischen Exil."[18]

---

[12] C. Süssenbach, Der elohistische Psalter: Untersuchungen zu Komposition und Theologie von Ps 42–83 (FAT II/7), Tübingen 2005, 58.

[13] K. Seybold, Art.: Psalmen/Psalmenbuch, in: TRE 27 (1997), 610–624.

[14] Ebd., 620.

[15] Ebd.

[16] J. Steinberg, Die Ketuvim – ihr Aufbau und ihre Botschaft (BBB 152), Hamburg 2006, 222–271.

[17] Ebd., 227.

[18] Ebd., 228.

Schließlich ist der Kolophon von Ps 72,20 zu berücksichtigen.

> „Eine Besonderheit bildet der einzige explizit redaktionelle Satz im Psalter ‚Es sind zu Ende die Gebete Davids' am Ende von Buch II in 72,20. Tatsächlich befindet sich zwar ein Großteil der Davidpsalmen in den ersten beiden Psalmbüchern, jedoch enthalten auch die Bücher III bis V eine ganze Reihe von meist verstreuten Psalmen Davids. Häufig wird aus diesem Fakt geschlossen, dass der Satz in 72,20 eine frühere Sammlung von Psalmen Davids abschloss und bei der Übernahme in den jetzigen Psalter einfach an seiner Position belassen wurde. Doch wäre es für die Redaktoren ein Leichtes gewesen, den Satz bei der Endredaktion zu entfernen. Die sonst erkennbare theologische Sorgfalt der Endredaktion (wie auch der – je nach redaktionsgeschichtlichem Modell – angenommene große Umfang an redaktionellen Eingriffen) macht es unwahrscheinlich, dass eine solche Bemerkung unintentional stehengelassen worden wäre. Theologisch unterstreicht der Satz die Funktion von Ps 72: Die historische Rolle Davids endet, nachdem die Königsherrschaft an Salomo übergeben ist. Interessanterweise stützt der unbetitelte Ps 71 mit dem Thema der ‚Zuflucht bei Gott im Alter' diese Interpretation, wenn er auf Davids Greisenalter bezogen wird. Außerdem fällt auf, dass der Satz von 72,20 hinter der Doxologie steht, die den Übergang von Buch II zu III markiert (72,18 f.). Rein formal kommt der Satz damit auf einer noch höheren Gliederungsebene zu stehen als die Doxologien und bindet Buch I und II zusammen."[19]

Die synchrone Sicht auf den Gesamtpsalter zwingt zu einem Abgleich mit der Psalmenstrecke des elohistischen Psalters. Der Anfang des elohistischen Psalters fällt mit dem Beginn des zweiten Buches zusammen. Anschließend überlappt er bzw. überspielt er die zweifach begrün- [204] dete Zäsur nach dem zweiten Buch durch Doxologie und Kolophon. Sein Ende erreicht der elohistische Psalter am strukturell schwächeren Übergang vom Asaf- zum zweiten Teil des Korachpsalters, der in das Ende des dritten Buches mündet. Strukturell gesehen nimmt der Aufbau des Gesamtpsalters nur begrenzt Rücksicht auf den elohistischen Psalter.

III. Was ist der elohistische Psalter?

Bei diesem Punkt bahnt sich die Ablösung der Gunkelschen Konzeption von einer elohistischen Redaktion oder Rezension an. Der elohistische Psalter ist der Niederschlag eines theologischen Denkens, das sich meist nur als theologische Tendenz in den Texten erkennen lässt. Den erfreulichen jüngeren Konsens stelle ich anhand einiger einschlägiger Zitate von C. Süssenbach dar:

> „Gegen Rösel ist Millard und Hossfeld/Zenger dahingehend zuzustimmen, dass die Bevorzugung der Gottesbezeichnung Elohim in Ps 42–83 nicht auf eine eigenständige Redaktion zurückgeht, die den gesamten Bereich der bereits bestehenden Komposition Ps 42–83 in einem Zuge elohistisch, d. h. im Sinne einer Einsetzung des Tetragramms durch die Gottesbezeichnung überarbeitet hätte. Vielmehr dürfte die Verwendung der

[19] Ebd., 229 f.

allgemeineren Gattungsbezeichnung Elohim Ausdruck eines theologischen Denkens sein, das den universellen Machtanspruch des Gottes Israels betont.“[20]

„Einen besonderen Akzent innerhalb ihrer Komposition haben dabei die Redaktoren der Asafpsalmen gesetzt, indem sie ihre spezifische Namenstheologie und in Verbindung damit den JHWH-Namen gleichsam wie ein Netz über diese Gruppe legten. Die Konzentration der Belege des Tetragramms im zweiten Davidpsalter und in den Korachpsalmen auf bestimmte, begrenzte Bereiche lässt vermuten, dass die Namenstheologie der Asafpsalmen in Form der pointierten Setzung des JHWH-Namens im Laufe der weiteren Zusammenstellung der Teilkompositionen zunächst zur David-Asaf-Gruppe und schließlich zum elohistischen Psalter in eben diese Bereiche mit eingetragen wurde.“[21]

Die Asafiten bearbeiten mit ihrer Namenstheologie den 2. Davidpsalter:

„Da die Asafiten also insbesondere den vorderen Teil des zweiten Davidpsalters bearbeitet haben, ist es kaum verwunderlich, dass sie vor allem in diesen Bereich auch ihre spezifische Namenstheologie bzw. ihren spezifischen Gebrauch des Gottesnamens eingetragen haben. Entsprechend ihrer programmatischen For- [205] mulierung Ps 50,1 betonen sie die Identität des einen und einzigen Gottes mit dem Gott Israels, indem sie in einzelnen Versen die allgemeine Gottesbezeichnung אלהים und den Gottesnamen יהוה ausdrücklich parallel setzen, wobei das Tetragramm in der Regel an zweiter Stelle steht (Ps 55,17; 56,11 ; 58,7).“[22]

Die Korachiter schließen sich der Namenstheologie der Asafiter an:

„Ausgehend von dem Befund, dass der Gottesname JHWH innerhalb der ersten Gruppe der Korachpsalmen vor allem in der Trias Ps 46–48 begegnet, ergibt sich eine Verbindungslinie zur Intention der in Hinblick auf die Asafpsalmen ermittelten und beschriebenen Namenstheologie. … In eine grundsätzlich vergleichbare Richtung weist auch die Botschaft von Ps 46–48 mit ihrer Betonung des Königtums bzw. der Herrschaft Gottes über alle kosmischen und historisch-politischen Mächte. … Auf diesem Hintergrund legt sich die Annahme nahe, dass die konzentrierte Setzung des JHWH-Namens in Ps 46–48 eine vergleichbare Intention hat wie die Namenstheologie der Asafpsalmen und auf die Redaktion zurückgeht, die die erste Gruppe der Korachpsalmen mit der bereits bestehenden David-Asaf-Komposition verbunden hat.“[23]

Mit Blick auf die englischsprachige Auseinandersetzung mit dem elohistischen Psalter ist auf die detaillierte Prüfung des „unusual use of Divine names in Ps 42–83“ durch L. Joffe[24] aufmerksam zu machen und ihre These zur Entstehung desselben zu beachten, „that the Elohisitic Psalter was constructed in order to invoke a ‚magic triangle‘ (comprising God’s name, the number 42, and a blessing) for some apotropaic purpose“[25]. Die jüngere

[20] C. Süssenbach, Der elohistische Psalter (s. Anm. 12), 56.
[21] Ebd., 56 f.
[22] Ebd., 293.
[23] Ebd., 360 f.
[24] L. Joffe, The Elohistic Psalter: What, How and Why?, in: SJOT 15 (2001), 142–166.
[25] L. Joffe, The Answer to the Meaning of Life, the Universe and the Elohistic Psalter, in: JSOT 27 (2002), 223–235, hier 223.

Forschung hat J. S. Burnett[26] zusammengefasst. Ich zitiere die vier Hauptpunkte:

> „In recent scholarship on the Elohistic Psalter, significant agreement has emerged on some basic points regarding its arrangement and development. The first results from shape and shaping studies of the book of Psalms carried out by such scholars as James A. Senders, Gerald Wilson, and Peter Flint on the basis of the Qumran Psalms manuscripts and the evidence of superscriptions, ‚postscripts', and book divisions for the canonical book of Psalms. Within this area of scholarship, there is broad agreement that the first two-thirds of the book of Psalms became established in content and ordering before the rest of the book. … Second, regarding development [206] toward this early stage of the Psalter, scholars studying the Elohistic Psalter note various forms of internal evidence indicating that this part of the Psalter developed gradually from smaller to larger collections. The evidence invoked includes the book divisions of Psalms, doxologies and postscripts, superscriptions and the personal names and technical terms they contain, perceived patterns of arrangement by genre, content and recurring themes, and catchwords. … Third, this growth by stages resulted in the existence of Psalms 42–83 as an independent psalm collection before it became part of the stage of the Psalter's development. As an established psalm collection, Psalms 42–83 came to be combined with what we have roughly as Psalms 3–41 of the MT, which is understood variously to have originated as a collection predating the formation of the Psalms 42–83 collection or as being created to serve as complement to it."[27]

> „These major points of agreement on growth and shaping represent a significant degree of scholarly consensus that has emerged within the last two decades of study of the Elohistic Psalter. It should be noted that scholars have arrived at these shared conclusions based on a variety of kinds of evidence. On the basis of this emerging consensus, one might speak of a new model for understanding the developing and shaping of the Elohistic Psalter in terms of the points described above."[28]

Unter Einschluss der oben angeführten Ergebnisse von C. Süssenbachs Analysen zum elohistischen Psalter kann man fest halten: Der sog. elohistische Psalter ist ein Zwischenstadium in der Entstehung des Psalters. Er geht zurück auf die Namenstheologie der Asafiten, auf ihre Bearbeitung des 2. Davidpsalters und ihre Nachwirkung auf die verwandte Gruppe der Korachiter in deren erstem Teil der Ps 42–49.

IV. Hinweise auf das Verhältnis des ersten und zweiten Davidpsalters

Hier können keine Einzelexegesen, sondern nur übergreifende Beobachtungen angeführt werden. Methodisch stehen dabei die Hinweise aus der Exe-

[26] J. S. Burnett, Forty-Two Songs for Elohim: An Ancient Near Eastern Organizing Principle in the Shaping of the Elohistic Psalter, in: JSOT 31 (2006), 81–101.

[27] Ebd., 84 f.

[28] Ebd., 87.

gese der Psalmenkorpora und ihrer jeweiligen Vernetzung untereinander im Vordergrund. Die wichtigen Überschriften mit ihrer Differenzierung in Zuschreibung an eine Person (David, Salomo etc.), dann Zweckangabe „für den Chormeister“, Gattungsangabe, biographische Ein- 207 ordnung und musikalisch-technische Angabe nebst gelegentlichen kultbezogenen Angaben sind eine unverzichtbare Hilfe bei der Zusammenordnung von Psalmen, bleiben aber ein sekundäres Phänomen, das schwer zu systematisieren ist.

Zurecht wird festgestellt, dass die Doppelüberlieferungen auf ein mehrstufiges Wachstum des Psalters verweisen. Im gleichen Atemzug wird präzisiert, dass sie einen Bezug zum elohistischen Psalter haben. Das kann weiter eingegrenzt werden: Zwei der drei Doppelüberlieferungen geben Hinweise zum Verhältnis der ersten beiden Davidpsalter.

1. Ps 14 und Ps 53

Die jüngere Analyse von C. Körting[29] zu beiden Psalmen kommt zu folgendem Ergebnis: „Ps 53 ist in Abwandlung von Ps 14 entstanden. Er weist sich durch die differenziertere und schärfere Redeweise als ‚stilistische Bearbeitung‘ von Ps 14 aus. Hinzu kommt, daß Ps 53 gegenüber Ps 14 in der Überschrift gerade mit על־מחלת משכיל einen Überschuß hat.“[30] Ps 53 ist in seiner Gänze an die Thematik von Ps 52 und 54 angepasst und dazwischengeschoben worden. Ps 14 ist im ersten Davidpsalter Schlusspsalm der Kleingruppe Ps 11–14 bzw. Schlusspsalm der ersten Teilgruppe Ps 3–14 – dazu C. Körting:

> „Ps 14 tritt in seinem Kontext zunächst einmal als ein Fazit der Ps 11–14 auf. Die Klagen über Frevler (רשעים) und Feinde (איבים) finden in der Feststellung, daß es nicht einen gibt, der Gutes tut, ihren Höhepunkt. Und auch in der Hinwendung Gottes zu seinem Volk, dem Geschlecht der Gerechten und den Armen, faßt Ps 14 zusammen, was zuvor Teil der Klage einzelner war. Schließlich ist es auch die Perspektive, die Jhwh einnimmt, indem er vom Himmel schaut (Ps 11,4 und 14,2), die die Psalmengruppe inhaltlich und formal umklammert.“[31]

D. h. aus der Sicht des zweiten Davidpsalters fiel die Wahl unter dem Gesichtspunkt der Verklammerung mit dem ersten Davidpsalter auf den im ersten Davidpsalter herausgehobenen Ps 14, der selbst Zusammenfassung einer kleinen Psalmenstrecke ist. Der erste Davidpsalter muss in einer bestimmten Form bzw. einem bestimmten Umfang vorgelegen haben. 208

2. Ps 40,14–18 und Ps 70

Nach einem intensiven Vergleich der Schlussgruppe des zweiten Davidpsalters Ps 69–71 fasst C. Süssenbach ihr Ergebnis folgendermaßen zusammen:

[29] C. Körting, Zion in den Psalmen (FAT 48), Tübingen 2006, 120–132.
[30] Ebd., 128.
[31] Ebd., 129.

> „Die Übersicht über die zahlreichen sprachlichen und thematischen Verbindungslinien zwischen den beiden Schlussgruppen des ersten und zweiten Davidpsalters hat gezeigt, dass diese beiden Bereiche des Psalters denkbar eng miteinander verzahnt sind. Dabei ließ sich jedoch nur in einigen Fällen klären, in welche Richtung die Abhängigkeit verläuft. Festzuhalten ist, dass Ps 40,14–18 abhängig ist von dem ursprünglich eigenständigen Ps 70. Ebenso dürften die besprochenen Formulierungen in Ps 35,21.27 und 38,13.22 f. im Anschluss an vergleichbare Aussagen in Ps 70 und 71 gebildet worden sein. Im Übrigen lässt sich lediglich feststellen, dass die Psalmen 35, 38 und 40 mit jedem einzelnen der untereinander wiederum eng verbundenen Psalmen 69–71 diverse Berührungspunkte aufweisen, ohne dass eindeutig und sicher nachweisbar wäre, welcher Text jeweils als Vorbild und Vorlage gedient hätte. Vielmehr legt sich die Annahme nahe, dass die beiden Psalmengruppen 35–41 und 69–71 redaktionell stark überarbeitet wurden, um die beiden Davidsammlungen miteinander zu verknüpfen."[32]

Bemerkenswert ist in diesem Zusammenhang, dass die Quellentexte jetzt zum zweiten Davidpsalter gehören, dass sich aber die Verankerungen im ersten Davidpsalter in Ps 35,21.27 und 38,13.22 f. nicht in den betreffenden Grundpsalmen, sondern in redaktionellen Texten nach der bisherigen Analyse von Hossfeld/Zenger befinden. Dieses Faktum hebt die Hypothese einer vorexilischen Sammlung von Psalmen des später sogenannten ersten Davidpsalters nicht auf.

3. Die Schlussgruppe des zweiten Davidpsalters Ps 69–71

Die zweite Doppelüberlieferung hat uns zur Schlussgruppe Ps 69–71 geführt. Mit Konsens wird konstatiert, „dass es zwischen diesen drei benachbarten Psalmen zahlreiche sprachliche, motivliche und thematische Berührungspunkte gibt"[33]. Ps 69 ohne die Zionsergänzung der VV. 35–37 ist eine manche Beeinträchtigungen zusammenfassende Klage eines leidenden und zugleich schuldbewussten Gerechten und Armen. Ps 70 ist die Klage eines Armen. Diesem Armenpsalm ist Ps 71 als „Orphanus" direkt zugeordnet. Singulär für den Gesamtpsalter macht er [209] die volle Lebenslange zwischen Jugend und hohem Alter zum Hauptthema seiner Klage und Bitte um Errettung.

Das Sündenbewusstsein des leidenden Gerechten erinnert an den Bußpsalm 51 vom Anfang des zweiten Davidpsalters. Dem korrespondieren die beiden Zionsergänzungen in Ps 51,20 f. (in der Form der Bitte) und in Ps 69,35–37 (in der Form der Lobansage). Anerkanntermaßen ist die Einleitung des Alterspsalms 71,1–3 aus dem Bittgebet Ps 31,2–4 übernommen und variiert worden.

Die Schlussgruppe übernimmt für den zweiten Davidpsalter sowohl in den jeweiligen Grundpsalmen 51 und 69 wie in deren redaktionellen Ergänzungen die Funktion der Rahmung. Ferner greift sie bewusst auf den ersten Davidpsalter zurück wie im Fall der ersten Doppelung und der Einleitung von Ps 71. Im Fall der zweiten Doppelung verklammert sie sich mit demselben.

---

32 C. Süssenbach, Der elohistische Psalter (s. Anm. 12), 273.

33 Ebd., 267.

Diese Tendenz der Anbindung an den ersten Davidpsalter verstärkt sich im Blick auf das Armenthema, mit dem die Schlussgruppe an das Ende des ersten Davidpsalters andockt. In Ps 40,14–18 wird der Armenpsalm 70 an die Vorlage 40,1–13 angehängt. In Ps 41,2–4 erhält der den ersten Davidpsalter abschließende Krankenpsalm 40,5–13 eine weisheitliche Einleitung, die den kranken Armen seligpreist und als Paradigma für die Heilung und Rettung durch JHWH empfiehlt. Das Armenthema wird in der zweiten und dritten Strophe des hymnischen Lobpreises Ps 68,5–7.8–11 aufgenommen, in der Schlussgruppe durchgehalten und mündet in die Ausführungen zur klassischen Armenfürsorge des Königs im Königpsalm 72,4.12–14.

Die Schlussgruppe Ps 69–71 mit dem abschließenden Königspsalm bietet das spannungsreiche Bild eines armen, schuldbewussten leidenden, alten Beters, der zugleich ein siegreicher König ist. Die programmatische Tendenz der Schlussgruppe 69–71 zusammen mit dem Königspsalm 72 führt dazu, die Abfolge der Psalmen als davidische Lebenssumme zu deuten. Dazu leitet allein schon das Hintereinander von singulärem Alterspsalm und den spezifischen Indizien aus Ps 72 an. Die einleitende Bitte 72,1 für König und Königssohn zeigt das dynastische Interesse, das der kontinuierlichen Genealogie von David, dem Sohn Isais, im singulären Kolophon 72,20 entspricht. Ebenso konsequent wird in der Überschrift der Psalm Salomo zugeschrieben. Daher ist es plausibel, die Abfolge der Psalmen biographisch zu deuten:

> „Ps 71 platzierte die Redaktion am Ende des zweiten Davidpsalters, da durch die Altersthematik ein geeigneter Anknüpfungspunkt und Abschluss der biographischen Linie (vgl. Ps 51–63) entsteht. Dadurch, dass Ps 71 keine eigene Überschrift erhält, wird er besonders eng an Ps 70 herangerückt. Ps 70/71 werden so zum Gebet des alternden David, Ps 72 schließlich [210] erscheint als sein Wunsch und sein Vermächtnis für seinen Sohn Salomo."[34]

Zum Schluss dieses Abschnittes ist noch auf zwei Besonderheiten der Schlussgruppe zu verweisen: Erstens das Fehlen von Gattungsangaben in den Überschriften –

> „Im Allgemeinen werden die Psalmen der einzelnen Kleingruppen innerhalb des zweiten Davidpsalters (Ps 52–55; 56–66; 61–64; 65–68) durch eine gemeinsame Gattungsangabe in der Überschrift zusammengebunden. Die Tatsache, dass diese Vorgehensweise in Ps 69–71 trotz der offensichtlichen sprachlichen und inhaltlichen Gemeinsamkeiten nicht durchgehalten wird, ist ein Indiz dafür, dass hier eine andere Redaktion am Werk war als bei der Zusammenstellung der übrigen Psalmengruppen des zweiten Davidpsalters."[35]

Zweitens die Verteilung des JHWH-Namens im elohistischen Psalter: „Eine besondere Konzentration des JHWH-Namens findet sich schließlich mit zehn Belegen in der Schlussgruppe des zweiten Davidpsalters Ps 69–71(72), die

[34] Ebd., 275.
[35] Ebd., 274 f.

zahlreiche Verbindungslinien zum Ende des ersten Davidpsalters aufweist (Ps 35–41).“[36]

Insgesamt werte ich die Hinweise aus den Doppelüberlieferungen und aus den Spezifika der Schlussgruppe Ps 69–71.72 folgendermaßen aus: Der zweite Davidpsalter zeigt sich vom ersten Davidpsalter abhängig. Die Zeit Davids ist an ihr Ende gekommen, aber die Hoffnung auf eine Fortsetzung des Königtums ist nicht gestorben. Der Kolophon von Ps 72,20 bezieht sich auf beide Davidpsalter.

V. Bemerkungen zum 2. Teil des Korachpsalters Ps 84–85.87–89

In der Konzeption Gunkels und seiner Erben bildet der zweite Teil des Korachpsalters einen Anhang an den elohistischen Psalter, wobei Ps 89 wegen fehlender Zuweisung an die Korachiter aus der Reihe tanzt und keine besondere Aufmerksamkeit erfährt. Das widerspricht der Position besagter Psalmen im Psalter in mehrfacher Hinsicht: 1. Die Ps 84–89 bilden den Abschluss des dritten Buches. 2. Insbesondere die zusammengehörenden beiden Esrachiterpsalmen 88 und 89, die sprachlich und inhaltlich mit den Korachpsalmen verwandt sind, markieren die anerkannte Hauptzäsur des Gesamtpsalters und stellen die Weichen für die zweite Hälfte des Psalters in den Psalmen 90–150. 3. Obiges Vorge- [211] hen übersieht den parallelen Aufbau der beiden Korachteile. Ich schließe mich hier ganz der Position von S. Gillingham in ihrer Rezension von C. Süssenbachs Monographie[37] an:

> „The entire collection of Korahite psalms (42–4; 84–5; and 87–8) is very much integrated in terms of genre. Psalms 42–3 and 84 are individual laments at the beginning of each collection, and the reflections on individual suffering in Psalms 49 and 88 form another correspondence at the end of it; Psalms 44 and 85 are communal laments, and Psalms 46 and 87 are psalms of confidence in Zion, and, in the heart of the collection, Psalms 45 and 86 celebrate the memory of David; different parts of the collection are also linguistically related (particularly Psalms 42–3 and 84, Psalms 44 and 85, and Psalm 46 and 48 and Psalm 87), furthermore, they have other correlations by way of their superscriptions.“[38]

Daran anschließend ergibt sich eine kleine Beobachtung und Anfrage bezüglich der Position der Königspsalmen.

Im ersten Davidpsalter befinden sich die Königspsalmen 18.20.21 im Kontext bzw. in der Mitte. Der erste Teil des Korachpsalters verlegt den Königspsalm 45 ebenso in den Kontext. Der zweite Davidpsalter positioniert ihn in der

---

[36] Ebd., 55.

[37] S. Gillingham, Der elohistische Psalter: Untersuchungen zu Komposition und Theologie von Ps 42–83 by Claudia Süssenbach, in: Journal of Theological Studies 57 (2006), 575–580.

[38] Ebd., 579.

biographischen Konzeption der Schlussgruppe ans Ende des zweiten Buches. Die Asafiten lassen ihren zentralen Geschichtspsalm 78 in der Erwählung des Zion und Davids kulminieren. Der zweite Teil des Korachpsalters positioniert seinen einzigen Davidpsalm 86 mit dem Bild vom armen Beter, der von der Barmherzigkeit Gottes lebt, ebenso in die Mitte. Der Psalm trägt sekundär ein späteres Davidbild nach vorne und wählt dabei die zentrale Stellung. Das dritte Buch schließt mit dem großen Königspsalm 89. Hier folgen die Korachiter-Esrachiter dem zweiten Davidpsalter und setzen ihren dramatischen Kontrapunkt mit der Reflexion auf das Ende der davidischen Dynastie. Der zweite Teil des Korachpsalters setzt sowohl in der Integration der Königspsalmen wie im Aufgeben der elohistischen Tendenz seine eigenen Akzente, die sich mit einer gewissen Kontinuität über die Asafpsalmen 73–83 hinweg an die Schlussgruppe des zweiten Davidpsalters (vgl. die abnehmende elohistische Tendenz und die Position des Königspsalms 72) anschließen. Der zweite Teil des Korachpsalters relativiert das Ende des elohistischen Psalters. Deswegen drängt sich mir der Eindruck auf, dass in Bezug auf die Entstehung des Gesamtpsalters der elohistische Psalter eine Episode ist, ihm kommt nicht wie in der Nach- [212] folge Gunkels behauptet die Dignität der „ersten, sicher abgrenzbaren Vorstufe des Psalters“[39] zu.

VI. Anfragen und Vermutungen zur Psalterentstehung

Ich empfehle – wie gehabt – den Ansatz bei den getrennten ersten beiden Davidpsaltern. Der erste Davidpsalter besitzt drei Vorteile: Er steht in der synchronen Leserichtung am Anfang und die synchrone Leseweise deckt sich bei diachroner Gesamtanlage des Psalters mit der synchronen Sicht. Der erste Davidpsalter ist synchron wie diachron Anfang des Gesamtpsalters. Der zweite Vorteil ist die einfachere Struktur. Er besitzt eine fast lückenlose durchgehende Zuschreibung an David; die beiden Ausnahmen der überschriftlosen Ps 10 und 33 sind erklärbar. Gattungskritisch ist er überwiegend von Klage- und Bittgebeten des Einzelnen geprägt; die individuelle Perspektive überwiegt auch bei anderen Gattungsexemplaren wie hymnischen Texten, Dankliedern, Vertrauensliedern etc. Er besitzt – wie mittlerweile anerkannt – eine vernetzte, nachvollziehbar aufgebaute vierteilige Struktur, die wegen der Deckungsgleichheit von erstem Buch und erstem Davidpsalter leichter beschreibbar ist als der elohistische Psalter. Der dritte Vorteil unter dem Blickwinkel der Diachronie ist der, dass er, wiederum mittlerweile anerkannt, eine Reihe von alten, vorexilischen Grundpsalmen enthält, die bei aller Rücksicht auf die Ergänzung und Durchsetzung mit späteren, jüngeren Psalmen, seine Anfangsstellung unterstützen. Ich schließe mich voll und ganz dem Urteil von S. Gillingham an:

[39] C. Süssenbach, Der elohistische Psalter (s. Anm. 12),

„Furthermore, and linked to this, the assumption that the Davidic Psalter of Psalms 51–72 is the very earliest creates a number of difficulties. The most obvious is that, if its compilation took place in the mid-Persian period, a much later date is required for the so-called first Davidic Psalter (Psalms 3–41), a collection whose subgroups contain psalms which, to my mind at least, are much earlier than this. Their superscriptions are less developed, and their internal structure, with 3–14; 15–24; 25–34; and 35–41 each indicating some internal relationship, suggests this was a less complex process of growth. Süssenbach's argument that Ps 72:20 (‚The prayers of David, the son of Jesse, are ended') suggests no knowledge of earlier psalms of David is not entirely convincing, for this verse could simply be an appropriate conclusion the one particular, self-contained collection."[40] 213

Der zweite Davidpsalter ist das anerkannte Kernelement und damit der diachrone Anker für den elohistischen Psalter. Er bildet den Schwerpunkt und zugleich die Heimat der weiter ausgreifenden, d. h. über ihn hinausgehenden Biographisierung der Zuschreibung an David. Aber von den Überschriften her ist er komplexer. Er enthält zwei Psalmen ohne Davidzuschreibung Ps 66 und 67 neben den erklärbaren Ausnahmen wie dem Orphanus Ps 71 und dem Salomopsalm 72. Die Gattungsangaben wie Weisheitslied (Ps 52–55), Miktam-Lied (Ps 56–60) helfen zur Erkennung von Kleingruppen, werden aber ab Ps 61 unregelmäßiger (Ps 61 ohne Gattungsangabe, Ps 62–64 mit Psalm Davids, Ps 65–68 mit Doppelangabe von Psalm und Lied, zur Schlussgruppe s. o.).

In Ps 60 dringt die Volksklage in den Kontext der überwiegenden Gebete des Einzelnen ebenso wie in Ps 66 sich Ich- und Wir-Rede mischen.

In Bezug auf die Überschriften der beiden Davidpsalter erscheint es mir notwendig mit Rücksicht auf ihre möglichen fünf Einzelelemente (Zuschreibung an eine Person, Zweckangabe „für den Chormeister", Gattungsangabe, Biographisierung und musikalisch-technische Angabe), nach der Kleingruppen konstituierenden Funktion zu unterscheiden, wobei der oberste Rang der Personenzuschreibung zukommt. Das gilt vor allem für den ersten Teil des Gesamtpsalters Ps 1–89.

Die zweifache Ummantelung durch die Asaf- und Korachpsalmen ist ein Indiz seines spezifischen im Exil bzw. in Babylonien zuerst stattfindenden Wachstumsprozesses. In diese Wachstumsgeschichte gehört auch der elohistische Psalter.

40 S. Gillingham, Der elohistische Psalter (s. Anm. 37), 579.

Drei umstrittene Theophanien im ersten und zweiten Davidpsalter (Ps 18; 29; 68)

Frank-Lothar Hossfeld

[153] Die drei durch ihre Theophanien verbundenen Psalmen 18; 29; 68 werden aufgrund ihres vermuteten hohen Alters für die Rekonstruktion der alttestamentlichen Religionsgeschichte herangezogen und stehen daher[1] wie auch deshalb, weil sie das für den Psalter durchgehend wichtige Thema des göttlichen und irdischen Königtums besingen und ihnen in der Struktur des Psalters eine besondere Stellung zukommt, besonders im Fokus der exegetischen Wissenschaft. Die Auslegung der Theophanien in diesen Psalmen kann gewinnbringend an den Ergebnissen des gewichtigen Kommentars zum Richterbuch[2] des Jubilars, Kollegen und Freundes Walter Groß anknüpfen.

Seine Analyse des Deboraliedes in Ri 5,1–31b führt zu folgenden Hauptergebnissen:

1. zur Literarkritik:

> „Die folgende Argumentation … geht von der … These aus, daß das Lied im Umfang 5,2–30 literarisch einheitlich ist unbenommen der Wahrscheinlichkeit, daß sein Autor unterschiedliche Versionen vom israelitischen Sieg kannte und für sein Werk verwendete."[3]

2. zur Datierung:

> „So wird man die Abfassung des Liedes eher erst unter Jerobeam I. oder Omri, d. h. in der zweiten Hälfte des 10. oder in der ersten Hälfte des 9. Jh.s ansetzen."[4] [154]

---

1 Vgl. Martin Leuenberger, Jhwhs Herkunft aus dem Süden. Archäologische Befunde – biblische Überlieferungen – historische Korrelationen, in: ZAW 122 (2010), 1–19, der die traditionelle These von den älteren Ursprüngen JHWHs im Süden Palästinas überzeugend verteidigt: „Im konkreten Fall, so lässt sich zum Schluss bilanzieren, konvergieren Archäologie und Exegese in beinahe idealtypischer Weise darin, dass sie Jhwhs Ursprungsheimat in der Araba lokalisieren und mithin seine Herkunft aus dem Süden begründen. … In diesem Rahmen lässt sich das angedeutete, religions- und theologiegeschichtlich älteste Profil des Schutz und Beistand bietenden solitären Sturm-, Kriegs- und Wettergottes Jhwh aus dem südpalästinischen Bergland näher herausarbeiten: Es bildet den grundlegenden Ausgangspunkt einer jeden Geschichte der atl. Gottesvorstellungen." (Ebd., 18 f.)

2 Vgl. Walter Gross, Richter (HThKAT), Freiburg i. Br. u. a. 2010.

3 Ebd., 345 f.

4 Ebd., 348.

3. zur Aussage des Motivs der Dichtung:

> „Der Dichter gestaltet daraus [der Überlieferung der siegreich kämpfenden Stämme – F.-L.H.] … am Königshof des sich konsolidierenden Nordstaates Israel ein Lied, durch das er alle zugehörigen zehn Stämme, besonders aber die am östlichen (Ruben und Gilead) und nördlichen (Dan und Ascher) Rand angesiedelten, zur Überwindung des Stämme-Egoismus und -Separatismus und zum gemeinsamen militärischen Einsatz als Volk JHWHs für JHWH, den Gott Israels, und die größere Gemeinschaft Israel aufruft.“[5]

Aus der Perspektive der Psalmen- und Psalterexegese ist die Analyse deshalb interessant, weil das Richterbuch im Deboralied besonders enge Beziehungen zum Psalmenbuch besitzt, insbesondere zu dem gewichtigen Ps 68:

> „Ps 68 ist in diesem Textbereich [Ri 5,4–5 und 68,8–9 – F.-L.H.] als Abwandlung von Ri 5 verständlich, insofern er historisierend den Auszug JHWHs auf den Exodus-Wüstenzug Israels bezieht und die erschrockene Reaktion des Himmels Ri 5,4c–d, Ps 68,9b als kontinuierliche Regengabe JHWHs in eine Segensgabe für Israel umdeutet Ps 68,10 … Der Psalm spielt außerdem unterschiedlich frei auf Ri 5 an, die behaupteten Parallelen überzeugen nicht gleichermaßen: (1) Ps 68,13 (Nach der Flucht der Könige verteilt eine Frau, ‚die Schöne des Hauses‘, Beute. Text richtig gedeutet?), vgl. Ri 5,29–30 (… Parallele sehr unsicher); (2) Ps 68,14, vgl. Ri 5,16 …; (3) Ps 68,28, vgl. Ri 5,18 (Sebulon und Naftali; … Parallele fraglich). Ps 68 hängt somit von Ri 5 ab … und ist kein unabhängiger Zeuge … Ri 5,4b; Ps 68,8b und Hab 3,12a wiederum sind die einzigen alttestamentlichen Belege, die das ohnehin seltene Verb צעד ‚feierlich schreiten‘ von JHWH aussagen.“[6]

Einschlägig für die gesamte Debatte um die Theophanieschilderungen in Ps 18; 29 und 68 ist die sog. „Berliner These“, die die klassische Annahme der Herkunft JHWHs aus dem Süden in Frage stellt und dies mit einer literar- und redaktionskritischen Analyse u. a. der genannten Psalmen und Ri 5 verbindet:

> „Im Lichte von Ps 18 stellt sich die Traditionsgeschichte des ‚Motivkomplexes Theophanie‘ jedoch anders dar: Die Theophanieüberlieferung kommt nicht von Seir, Sinai oder aus der Wüste nachträglich auch noch auf den Zion, sondern stammt aus der Tempeltheologie. Vom Zion ist sie an den Sinai und die eigentümlichen Rahmenstücke zum Deboralied (Jdc 5,4–5), zum Mosesegen (Dtn 33,2–5) und zu Ps 68 (V. 1–9.34–36) getragen worden, als man die kanonische Gründungsgeschichte Israels mit seinem Ursprung außerhalb des Landes entwarf, weil Land und Tempel dahin waren.“[7]

H. Pfeiffer folgt seinem Lehrer M. Köckert in Methode und These und kommt nach einer akribischen Analyse von Ps 68 zu der Bilanz: 155

> „Ps 68* gibt sich in jeder Hinsicht als ein später Text zu erkennen. Er ist anthologisch aus anderen Texten komponiert. Dabei verarbeitet er die nachexilischen Texte Jdc 5 (mindestens in der Gestalt der zweiten hymnischen Bearbeitung) und Dtn 33. Vermutlich

5 Ebd., 349.
6 Ebd., 306 f.
7 Matthias Köckert, Die Theophanie des Wettergottes in Ps 18, in: Thomas Richter/Doris Prechel/Jörg Klinger (Hg.), Kulturgeschichten (FS V. Haas), Saarbrücken 2001, 209–226, hier 226.

hat Ps 68 nie für sich existiert, sondern ist von vornherein für den gegenwärtigen Kontext geschaffen worden. Redaktionsgeschichtlich setzt er dabei bereits den elohistischen Psalter voraus. Theologisch ist er mit seinem armentheologischen Profil und der Verbindung von Thronbesteigung und kanonischer Heilsgeschichte vollends in der nachexilischen Theologie beheimatet. Bezieht man die literaturgeschichtlichen Erkenntnisse der vorhergehenden Analysen ein, so wird man auf Grund der vorausgesetzten Texte Jdc 5 und Dtn 33 von einer Entstehung in hellenistischer Zeit auszugehen haben."[8]

In religionsgeschichtlicher These und literarkritischer Methode wird dieses Ergebnis durch die Münchner Habilitationsschrift von R. Müller „Jahwe als Wettergott. Studien zur althebräischen Kultlyrik anhand ausgewählter Psalmen" u. a. anhand von Ps 18 und 29 untermauert:

„Die Theophanie von Ps 18 ist einer der wichtigsten Texte zum Bild des Wettergottes im Alten Testament: Sie besingt einen Gott, der im Gewitter erscheint, um seine Macht über den Kosmos zu beweisen und seine Feinde, zu denen das Meer zählt, zu vertreiben. Die Rahmung [V. 4–7.17–20 – F.-L.H.] des epischen Textes schreibt die mythische Szenerie im Blick auf die tödliche Gefahr, in der ein wahrscheinlich königlicher Beter schwebt, fort: Der Wettergott wird zum göttlichen König Jahwe, der in seinem Palast in der Höhe thront und von dort aus die chaotischen Mächte Tod, Unterwelt und Fluten bekämpft, die den irdischen Feinden des Beters entsprechen. Ps 18,4–20 bezeugt damit den religionsgeschichtlich entscheidenden Schritt vom Wettergott zum Königsgott Jahwe, in dessen Bild die Züge des Wettergottes aufgenommen sind."[9]

Diese Entwicklung des Wettergottes JHWH zum Königsgott JHWH bildet sich nach R. Müller ebenso in Ps 29 ab:

„Kern von Ps 29* ist der beschwörende Gesang über die gewaltige Stimme des Wettergottes Jahwe, der in V. 3–9* enthalten ist. Durch den Rahmen (V. 1 f*.9 f*) wird das Stück zum Königshymnus. Das Ergebnis ist eine Erweiterung des Gottesbildes: Der im Gewitter nahende Jahwe ist in seinem göttlichen Palast eingezogen, um Huldigungen durch Götter und Menschen zu empfangen und sich als ewiger König feiern zu lassen."[10]

Zu diesen Forschungsergebnissen wird im Folgenden Stellung genommen. [156]

1. Der Theophaniebericht von Ps 18

In Bezug auf den Theophaniebericht in V. 8–16 von Ps 18[11] hat R. Müller richtig erkannt, dass die Ergebnisse der Exegese der Theophanie von dem leiten-

8 Henrik PFEIFFER, Jahwes Kommen von Süden. Jdc 5; Hab 3; Dtn 33 und Ps 68 in ihrem Literatur- und theologiegeschichtlichen Umfeld (FRLANT 211), Göttingen 2005, 256 f.

9 Reinhard MÜLLER, Jahwe als Wettergott. Studien zur althebräischen Kultlyrik anhand ausgewählter Psalmen (BZAW 387), Berlin–New York 2008, 42.

10 Ebd., 132.

11 Die jüngere Exegese geht für Ps 18 überwiegend von einem längeren Wachstumsprozess aus. Martin KLINGBEIL, Yahweh Fighting from Heaven. God as Warrior and as God

den Entstehungsmodell als Rahmenhypothese abhängig sind, d.h. „die Entscheidung hängt daran, wie die Eigenprägung von V. 8–16 gewichtet wird."[12] Es gilt zu entscheiden, ob die Eigenständigkeit der Theophanie zu literar- und redaktionskritischen Konsequenzen zwingt – ungeachtet wie dann die relative Chronologie von Rahmen V. 4–7.17–20 und Theophaniebericht V. 8–16 zu bestimmen wäre – oder ob die relative Selbständigkeit des Theophanieberichts zu einer traditionskritischen Lösung rät, bei der der Verfasser des Rahmens von vornherein den Theophaniebericht eingebracht hat. Ich votiere für die zweite Lösung.[13]

Für dieses Votum ist es interessant zu beachten, dass J. Jeremias in jüngerer Zeit – meiner Meinung nach flexibler – nicht mehr von einer Gattung „Theophanie" spricht, sondern von einem „geprägten Sprachmuster von Jah- 157 wes ‚Kommen' bzw. ‚Ausziehen', ‚Herabsteigen' u.ä. unter der erschrockenen Reaktion der Natur".[14] Der Psalter verwendet viele Male und

---

of Heaven in the Hebrew Psalter and Ancient Near Eastern Iconography (OBO 169), Fribourg 1999, beschränkt sich auf die Untersuchung von V. 8–16 unter motivlichem und ikonographischem Aspekt (S. 57–74.282–285) und votiert mit „sufficient evidence and even relative consensus" für eine zeitliche Ansetzung des gesamten Psalms im 10. Jh. v. Chr. (ebd., 60 f.). Klaus-Peter Adam, Der königliche Held. Die Entsprechung von kämpfendem Gott und kämpfendem König in Psalm 18 (WMANT 91), Neukirchen-Vluyn 2001, geht von einer vorexilischen Komposition in V. 4–20.33–41 aus, die in nachexilischer Zeit in mehreren redaktionellen Stufen erweitert wurde (ebd., 204). Matthias Köckert, Die Theophanie des Wettergottes (s. Anm. 7), 210–212, erkennt nur einen alten vorexilischen Königspsalm in V. 33–47 an, der nachexilisch durch die V. 3–20 (unter Einschluss der Theophanie), sowie dem folgend durch die V. 26–30(.31–32) und anschließend durch V. 21–25 nebst V. 1.48–51 und schließlich V. 2 erweitert wurde. Markus Saur, Die Königspsalmen. Studien zur Entstehung und Theologie (BZAW 340), Berlin 2004, untersucht Ps 18 als zweiten der elf Königspsalmen (ebd., 25–79) und versteht ihn als aus drei vorexilischen Überlieferungsstücken V. 2*–7.17–20; V. 8–16 und V. 33–46 zusammengesetzt; dieser Kernbestand wurde durch nachexilische Verfasser in V. 21–25.26–32, dann durch den hymnischen Abschluss in V. 47–50 und schließlich durch die Sprecher- und Königsidentifikation in V. 51 fortgeschrieben. Reinhard Müller, Jahwe als Wettergott (s. Anm. 9), 18–42, konzentriert sich nur auf die Theophanie in V. 4–20 und trennt im Rahmen seiner Konzeption, „dass ältere Gedichte über den Wettergott Jahwe durch Verse über Jahwes Königsherrschaft erweitert wurden" (ebd., 236), die Theophanie in „ein episches Fragment über die Erscheinung eines kriegerischen Wettergottes" in V. 8–16 sowie das rahmende Danklied an „den in seinem Palast thronenden Jahwe als Retter vor dem Tod" (ebd.). Leonard P. Maré, The Theophany Report in Psalm 18 as Expression of an Alternative Reality, in: Journal for Semitics 19 (2010), 98–112, behandelt den Psalm als strukturell unterteilte Einheit „written during or shortly after David's lifetime" (ebd., 103).

12 Reinhard Müller, Jahwe als Wettergott (s. Anm. 9), 21.

13 Frank-Lothar Hossfeld / Erich Zenger, Die Psalmen. Psalm 1–50 (NEB.AT), Würzburg 1993,119; Klaus Seybold, Die Psalmen (HAT 1/15), Tübingen 1996, 15.81; Klaus-Peter Adam, Der königliche Held (s. Anm. 11), 51.

14 Jörg Jeremias, Art. Theophanie, in: RGG[4] 8 (2008), 335–338, hier 337.

auf vielerlei Weise solche Theophanie-Sprachmuster,[15] die jeweils individuell mehrfach mit ihrem Kontext vernetzt sind.[16] Beim Abwägen der Eigenheiten des Theophanieberichts in Ps 18 gegenüber den Verbindungen zum Kontext von V. 4–7.17–20 ist die Balance zu wahren. Das schwierige Nebeneinander der Tempora (*qatal*-Verbformen neben *yiqtol*-Formen und Narrativen) charakterisiert den gesamten Abschnitt von V. 4–20 und erlaubt keine literarkritischen Konsequenzen. Entscheidend ist die syntaktische Abhängigkeit von V. 8–13 von der Nennung JHWHs in V. 7: Der Notschrei des Beters in V. 7 ist dementsprechend der Auslöser für JHWHs theophanes Eingreifen. Wichtig ist ferner die durchgehende vertikale Darstellung des Raumes in der Polarität von „Oben", dem Aufenthaltsort Gottes, und „Unten", dem Aufenthaltsort des Beters (der Beter im Griff der Unterwelt/des Todes V. 6 – Gott in seinem Tempel V. 7; die Grundfesten der Berge V. 8 – JHWH neigt den Himmel und fährt herab V. 10; der Donner im Himmel V. 14 – das Aufdecken der Tiefen des Meeres/der Grundfesten der Erde V. 16; JWHW greift herab aus der Höhe V. 17 – JHWH zieht heraus aus gewaltigen Wassern V. 17). Durchgehend ist auch die Erwähnung des Elements „Wasser" in V. 5.12.16.17. Ebenso passt die Nennung des göttlichen Palastes/Tempels in V. 7 zu den Tempelanspielungen innerhalb der Theophanie.[17] Diese Verklammerungen des Rahmens mit der relativen Selbstständigkeit des Theophanieberichtes sprechen für eine von Anfang an gewollte Zusammengehörigkeit beider Teile. Diese These bietet den zusätzlichen Vorteil, dass man Ps 18 vor allem im Rahmen des Psalterkontextes keinen zu komplizierten Wachstumsprozess zuschreiben muss.

Eine hilfreiche Korrektur für die Auslegung des Theophanieberichts hat M. Köckert an der älteren Auffassung angebracht, V. 8–9.13 würde auf eine (sinaitische) Vulkantheophanie zielen: [158]

> „Doch beruht die Wahrnehmung vulkanischer Elemente auf einer vordergründigen Deutung von Beben und Rauch, Feuer und Feuerkohlen. Davor hätte schon immer die Beobachtung warnen können, daß weder Erde noch Berge rauchen oder gar Feuerkohlen spucken, sondern daß Rauch und Feuer in V. 9 Erscheinungen an der Gottheit und Feuerkohlen neben dem Hagel in V. 13 ein Himmelsphänomen sind. Feuer und Rauch begegnen in V. 9 als bildhafte Ausdrücke für den Gotteszorn, der buchstäblich ‚entflammt' ist oder ‚raucht'."[18]

---

[15] Vgl. Ps 18,8–16; 68,8–11; 50,2–3; 77,17–20; 97,2–5; 114,3–7; 144,5–6.

[16] R. Müller tendiert jedoch konzeptionell zur Gattung „Theophaniebericht": „Der … traditionsgeschichtliche Sachverhalt hat ein literargeschichtliches Profil: Immer wieder ist zu erkennen, dass ältere Gedichte über den Wettergott Jahwe durch Verse über Jahwes Königsherrschaft erweitert wurden." (Reinhard MÜLLER, Jahwe als Wettergott [s. Anm. 9], 236). Bei diesem Ansatz muss er den Theophaniebericht von Ps 18 zum „epischen Fragment" erklären, eine Annahme, die mehr Probleme schafft, als sie löst.

[17] Das Auftreten des Kerubs in V. 11, der Titel „Höchster" in V. 14, die Parallelen zu den mit dem Tempel verbundenen Visionen Ezechiels wie der „göttliche Glanz" in V. 13 (vgl. Ez 1,4.13.27 f.; 10,4) und „die Glühkohlen" in V. 13.14 (vgl. Ez 1,13; 10,2).

[18] Matthias KÖCKERT, Die Theophanie des Wettergottes (s. Anm. 7), 216, gegen (zuletzt) Frank-Lothar HOSSFELD / Erich ZENGER, Die Psalmen (s. Anm. 13), 119. Wichtige Pa-

Eine weiterhin bestehende exegetische Herausforderung, die der Theophaniebericht dem Ausleger stellt, ist der Umstand, dass die Schilderung punktuell von den Bikola des sog. Rahmens V. 4–7.17–20 als auch von seinen eigenen Bikola abweicht. Bei dieser Frage ist man ein Stück weiter gekommen, weil sich die bisher angenommenen Glossierungen als redaktionelle Bearbeitungen erklären:[19]

– V. 8b nimmt die Metaphern von V. 9a vorweg und interpretiert sie als Zorn JHWHs. Es bleibt das Bikolon von V. 8a übrig.

– V. 9b verzichtet auf die überwiegende Syndese und nimmt V. 13b vorweg; die Aussage berührt sich eng mit Ez 1,13. Wiederum ist das Bikolon in V. 13a ursprünglich.

– V. 12 bietet eine traditionelle *crux interpretum*: Der Vers besitzt Überlänge. Die masoretische Verseinteilung macht aus ihm ein Tetrakolon. Die Exegeten versuchen durch Streichen von unterschiedlichen Nomina bzw. Constructus-Verbindungen ein ausbalanciertes Bikolon herzustellen. Mir erscheint bei Abweichung von der masoretischen Verseinteilung ein ursprüngliches Bikolon möglich („er machte Dunkelheit zu seiner Hülle, zu seiner Hütte um sich herum Wasserfinsternis"), wobei der singuläre Ausdruck „Wasserfinsternis" sekundär mit „Wolkendichte" erläutert wurde. Dies würde bedeuten, dass der Begriff „Hütte" eine zweifache Funktion übernimmt: Er schlägt als Tempelbegriff eine Brücke zu V. 7 und schützt zugleich die Verborgenheit Gottes.

– Am Bikolon von V. 13 sind keine Textauslassungen vorzunehmen.[20] K.-P. Adam führt treffend aus: [159]

> „Zu dem zum Kampf nahenden JHWH gehört mehrfach dessen *Glanz*. Der von JHWH ausgehende (Schreckens-)glanz ist ein ambivalentes Phänomen. In seinen positiven Seiten beschreibt ihn der Terminus נגה, z. B. in Ezechiels Tempelvision in Ez 10,4 von JHWHs כבוד ausgehend … Hingegen versinnbildlichen nicht zuletzt die über der Stadt (Jerusalem) ausgeschütteten glühenden Kohlen (Ez 10,2.7) den negativen Aspekt des Schreckensglanzes."[21]

---

rallelen sind Dtn 32,22 und Jer 17,4. Die sinaitische Vulkantheophanie gebraucht den seltenen Vergleich mit einem Schmelzofen (Ex 19,18, vgl. Gen 15,17).

19 Reinhard Müller, Jahwe als Wettergott (s. Anm. 9), 22–26.

20 Gegen ebd., 24 f.

21 Klaus-Peter Adam, Der königliche Held (s. Anm. 11), 64. Nach Moshe Greenberg, Ezechiel 1–20 (HThKAT), Freiburg i. Br. u. a. 2001, bildet der Glanz bzw. Strahlenkranz einen Rahmen (Ez 1,4.27–28) um die gesamte Erzählung der Berufungsvision: „Das undifferenzierte, unverstandene Feuerwerk in der Wolke von V. 4 wird stufenweise richtig eingeordnet und in V. 27 f. schließlich entschlüsselt." (Ebd., 51) In V. 27 „umgibt der Strahlenkranz die gesamte Gestalt, wie ein Nimbus den Gott Assur umgibt" (ebd., 75). Konsequenterweise konstatiert M. Greenberg: „Die nächste Analogie zu der allein für Ezechiel bestimmten Vision bildet Ps 18, V. 8–14" (ebd., 53). Karin Schöpflin, Theologie als Biographie im Ezechielbuch. Ein Beitrag zur Konzeption alttestamentlicher Prophetie (FAT 1/36), Tübingen 2002, 133 mit Anm. 23.24 und 144 Anm. 92, bestätigt dies.

Der Schreckensglanz bzw. Strahlenkranz verbindet sich in V. 13 mit der Trias von Wolken, Hagel und Glühkohlen, wobei Wolken und Hagel zur Theophanie des Wettergottes, die Glühkohlen zur Tempelvision nach Ezechiel gehören.

> „Ps 18 verbindet offenbar auch hier Vorstellungen und Topoi, die im Jerusalemer Tempelkult beheimatet sind, mit den charakteristischen Zügen einer Wettergottheit, verwendet aber diese Kombination zum Ausdruck des Zornes Jahwes und der Strafe.“[22]

– V. 14 ist ein Trikolon. Das erste Kolon nennt zum ersten Mal im Theophaniebericht den Eigennamen Gottes und das in Verbindung mit dem Donner im Himmel. Dies verweist auf das Trikolon von Ps 29,3; denn in der Beschreibung der Gewittertheophanie von V. 10–13 fehlte bisher dieses markante Phänomen. Das zweite Kolon mit dem Titel „Höchster“ bestätigt diesen Bezug. Insofern wird V. 13 durch das Bikolon V. 14a fortgeführt und gehört zum Grundtext.[23] Das dritte Kolon V. 14b wiederholt V. 13b (vgl. V. 9b), gleichsam um die Zugehörigkeit des Donners zur bisherigen Theophanie sicherzustellen.

– Die Darstellung der Blitze im Bikolon von V. 15 gehört zum kanaanäischen Kanon von Gewittertheophanien (vgl. Ex 19,16 und Ps 77,19; 97,4; 144,6).

– V. 16 zeigt ein Tetrakolon. Konsens besteht darüber, dass das zweite Bikolon sekundär ist, weil es über die gewollte Rahmung durch das [160] erste Bikolon zusammen mit V. 8a hinausgeht und weil es überraschend einen Sprechrichtungswechsel zur Anrede JHWHs vollzieht; diese begegnete bisher in der Einleitung von V. 2–3 und ab V. 26. Das Schelten JHWHs gehört zum Chaoskampf und hat seine nächsten Parallelen im Moselied Ex 15,8 (vgl. Ps 77,20 und Ps 104,6–7; 106,9). Zugleich wird das Zornmotiv aus dem Grundtext V. 9a aufgegriffen und an den Wind aus V. 11 erinnert. So kann man bei den sekundären Zusätzen in V. 8b.9b.14b.16 (zweites Bikolon) an eine redaktionelle Bearbeitung des Grundtextes denken, die die Gerichtszüge des Grundtextes verschärft und den Horizont der verwandten Psalmenbezüge erweitert.

Auf die gattungskritische Frage, warum ein einzelner Beter in einer derartig ausgebauten Theophanie gewürdigt wird, kann es nur eine Antwort geben: Der Beter ist ein König! Es zeigt sich altorientalische Königsideologie, die M. Oeming anlässlich von Ps 2 knapp beschreibt:

> „Die [ägyptische – F.-L.H.] Königsvergötterung ist keine höfische Schmeichelei, keine Übertreibung, sondern lebendige Religion. Ähnlich liegen die Dinge im westsemitischen Kulturkreis. Der König ist nicht nur politischer Würdenträger, sondern von ihm hängt die ganze Weltordnung ab. … Freilich ist die Kritik am Königtum keineswegs in allen Bereichen des ATs anzutreffen. Es finden sich auch im Glauben Israels sehr deutliche Formen von religiöser Königsverehrung, besonders auch im Psalter.“[24]

---

[22] Matthias Köckert, Die Theophanie des Wettergottes (s. Anm. 7), 223.

[23] Gegen Reinhard Müller, Jahwe als Wettergott (s. Anm. 9), 25.

[24] Manfred Oeming, Das Buch der Psalmen. Psalm 1–41 (NSK.AT 16/1), Stuttgart 2000, 57 f.

Der Theophaniebericht zeigt die Solidarität des himmlischen Königs mit dem irdischen. Diese Koalition lässt sich im Guten wie im Schlechten durch den Psalter verfolgen. Typisch für diese Theophanie ist vom Grundtext her in V. 4–20 die Mischung von Jerusalemer Tempeltradition mit Zügen altorientalischer Gewittertheophanie. Zeitlich ist man nicht zu einer spätexilischen oder gar nachexilischen Einordnung gezwungen.

2. Der Theophaniepsalm 29

Erich Zenger hat seine Studie zu Ps 29 mit folgenden Worten eingeführt:

> „Ps 29 gehört zu jenen Psalmen, deren Verständnis trotz unüberschaubar gewordener Fülle von Studien, immer noch sehr kontrovers ist. Da sind einerseits zahlreiche Einzelprobleme der Syntax sowie der Semantik und da sind andererseits übergreifende Probleme [161] wie der religionsgeschichtliche Hintergrund des Psalms, seine Entstehungsgeschichte und seine gattungsgeschichtliche Einordnung."[25]

Während bestimmte Fragen der Semantik und der Textkritik konstant diskutiert werden, hat sich die Analyse der Syntax und die Berücksichtigung des Metrums verfeinert. Maßgebend bleibt die syntaktische Analyse des Psalms von W. Groß in seiner Habilitationsschrift „Verbform und Funktion. *wayyiqtol* für die Gegenwart?", die er mit folgender Feststellung abschließt:

> „Der (fiktive) Miterlebende schildert … dem Zuhörer die Ereignisse als Folge gerade eben bereits abgeschlossener und daher schon vergangener Handlungen. Ps 29 kann daher nicht als Beweis dafür zitiert werden, daß *wayyiqiol* einen gegenwärtigen individuellen Sachverhalt bezeichne."[26]

---

25 Erich Zenger, Psalm 29 als hymnische Konstituierung einer Gegenwelt, in: Klaus Kiesow/Thomas Meurer (Hg.), Textarbeit. Studien zu Texten und ihrer Rezeption aus dem Alten Testament und der Umwelt Israels (AOAT 294), Münster 2003, 569–584, hier 569 (in diesem Band S. 267); an dieser Problemlage hat sich in der vergangenen Dekade nichts geändert. Vgl. die Literatur, die über die dort genannten Arbeiten hinausgeht: Pierre Auffret, Voix de YHWH dans la splendeur! Etude structurelle du psaume 29, in: BN 112 (2002), 5–11; Reinhard G. Kratz, Der Mythos vom Königtum Gottes in Kanaan und Israel, in: ZThK 100 (2003), 147–162; Dennis Pardee, On Psalm 29: Structure and Meaning, in: Peter W. Flint/Patrick D. Miller (Hg.), The Book of the Psalms. Composition and Reception (VT.S 99), Leiden 2005, 153–183; Reinhard Müller, Jahwe als Wettergott (s. Anm. 9), 103–132; Thomas Krüger, Die Stimme Gottes. Eine ästhetisch-theologische Skizze, in: Stefan Gehrig/Stefan Seiler (Hg.), Gottes Wahrnehmungen (FS H. Utzschneider), Stuttgart 2009, 41–65; James M. Kennedy, Psalm 29 as Semiotic System: A Linguistic Reading, in: JHS 9 (2009), 2–21.

26 Walter Gross, Verbform und Funktion. *wayyiqtol* für die Gegenwart? Ein Beitrag zur Syntax poetischer althebräischer Schriften (ATSAT 1), St. Ottilien 1976, 99. Vgl. auch Reinhard Müller, Jahwe als Wettergott (s. Anm. 9), 220 mit Anm. 34; 125 mit Anm. 168, 126 mit Anm. 169.

Mit Blick auf die zu unterscheidenden Verbformen[27] und die Konsequenzen für den Aufbau ergibt sich die Einsicht:

> „Grundlegend für das Verständnis des Psalms ist die sich aus diesem Aufbau [V. 1–2 Aufforderung zur Huldigung vor dem auf seinem Thron sitzenden König JHWH; V. 3–9ab Hymnische Darstellung der Macht des Königs JHWH; V. 10–11 Proklamation/Akklamation und Definition der Königsherrschaft JHWHs – F.-L.H.] ergebende Erkenntnis, daß der Psalm nicht beschreibt, wie JHWH König wird, sondern wie er sein von Urzeit an gegebenes (V. 10 ingressiv-durativ) Königtum ausübt und wie dieses erfahren wird.“[28]

Nach wie vor umstritten ist die Literar- und Redaktionskritik vor allem im hinteren Teil des sog. Rahmens, näherhin ab dem dritten Kolon von V. 9, dem Huldigungsruf im Königspalast. Ist der Psalm einheitlich – so E. Zenger?[29] Oder gehört das dritte Kolon zum hinteren Teil des Rahmens V. 9c–11, der mit dem vorderen Teil V. 1–2 den ursprünglichen Kern V. 3–9b sekundär und zugleich redaktionell gestaffelt ummantelt?[30] Oder bleibt ein Rahmen in V. 9c erhalten, wohingegen V. 10–11 sekundärer Anhang sind, [162] gleichsam eine „interpretatio israelitica des kanaanäischen Mythos“ – wie bei R. Kratz:

> „Ps 29,10–11 bewegen sich somit nicht nur literarisch, sondern auch religionsgeschichtlich außerhalb des Rahmens in V. 1–9. Die Schlußverse machen den Bezug des vorher geschilderten Geschehens im himmlischen Palast (bzw. im Tempel) und in der Natur zur Erfahrungswirklichkeit der Menschen auf der Erde explizit. … Erst sie [V. 10–11 – F.-L.H.] überführen den Mythos vom Königtum Gottes in V. 1–9, der aus vorexilischer Zeit stammt, in die uns geläufige, alttestamentliche Glaubensaussage, die der späteren, frühestens exilischen Tradition entspringt.“[31]

Schließlich kann vor allem bei jussivischem Verständnis des V. 11 als an V. 1 anknüpfende Schlussbitte nur dieser Vers als redaktionell betrachtet werden, weil die Gotteserfahrungen aus der Schöpfung nun für das Volk in der Geschichte erbeten werden.[32]

– V. 9c ist mehrfach mit dem gesamten vorhergehenden Psalm verbunden: Das partizipiale Monokolon (vgl. V. 7) schließt an das Wirken der Stimme JHWHs an (vgl. die Kopula), schildert aber gleichzeitig zum Wirken der Stimme in V. 3–9b die Huldigung vor JHWH im himmlischen Palast und nimmt damit die Szene von V. 1–2 auf. Das Subjekt der Huldigung „alles/jeder“ bezieht sich wiederum auf die Himmlischen, d. h. die Verehrer JHWHs, schließt aber zugleich die irdischen Verehrer JHWHs im Tempel ein, die ja die Zeugen

---

27 Vgl. die Übersetzungsvorschläge in Frank-Lothar HOSSFELD/Erich ZENGER, Die Psalmen (s. Anm. 13), 183 f.

28 Erich ZENGER, Psalm 29 als hymnische Konstituierung (s. Anm. 25), 577 (in diesem Band S. 275).

29 Ebd., 576 (in diesem Band S. 274).

30 So Reinhard MÜLLER, Jahwe als Wettergott (s. Anm. 9), 104.

31 Reinhard G. KRATZ, Der Mythos vom Königtum Gottes (s. Anm. 25), 158.161.

32 Vgl. Frank-Lothar HOSSFELD/Erich ZENGER, Die Psalmen (s. Anm. 13), 181 f.

der theophanen Machterweise aus V. 3–9b waren bzw. sind. Der Tempel ist nach der *opinio communis* der Exegeten die Schnittstelle zwischen „Oben" und „Unten", wo Himmel und Erde sich begegnen. Das Thema der „Ehre JHWHs" beherrscht V. 1–2 und 3–4, verbindet somit den vorderen Rahmen und den Mittelteil. Man kann also nicht wie R. Müller von einer „ganz anderen Ebene" gegenüber den Handlungen des Mittelteils sprechen.[33]

– V. 10 ist das Pendant zu V. 3b, dem mittleren Kolon im Trikolon V. 3. Beide beschreiben perfekte, abgeschlossene Vorgänge des Uranfangs.

> „Das Kolon V. 3b hat demnach eine wichtige Funktion im Aufbau des Psalms. Es gibt mit dem Nomen ‚Herrlichkeit' den hermeneutischen Horizont für die Einzel- [163] aussage von V. 3–9 an. Es bindet durch den Stichwortbezug nach V. 1–2 den Abschnitt V. 3–9 an den Psalmenanfang zurück."[34]

Analog dazu interpretiert V. 10 wie eine Unterschrift den gesamten Psalm und deutet das gesamte Geschehen als Proklamation der uranfänglichen Thronbesteigung JHWHs zur ewigen Königsherrschaft.

Die Alternative der auffälligen Ortsangabe „sitzen in Richtung auf/angesichts der (Ur-)Flut" (direktional) oder „sitzen auf der Flut" (lokal) kann komplementär interpretiert werden:

> „… the phrase does not mean that YHWH sat upon the Flood, treating it like a chair, but that he sat upon his kingly throne with respect to the Flood, i. e. acted as sovereign towards it."[35]

Die Flut wird dabei wie die Wasser in Ps 18,5–6.16–17 in den Abgründen unter dem göttlichen Königspalast (Ps 18,7.17) lokalisiert.

– Diskutabel bleibt trotz E. Zengers Votum für ursprüngliche Zugehörigkeit die Zuordnung von V. 11. Der Vers darf wegen seiner Stichwortverbindung (vgl. „Macht" in V. 1.11) nicht zu schnell mit V. 10 parallelisiert werden: Der Vers erweitert die Situation der Huldigung aus V. 1–2.9c zu einer Szene der Audienz beim Königsgott, bei der Bitten an den König vorgetragen werden:

> „Verse 11 evokes the image of supplicants who have appeared before the divine king to petition for blessing. The undefined character of the prefixed verbs … suggests both the hope that YHWH will so act and the assurance that the divine king will grant the request."[36]

Syntaktisch wählt das Bikolon von V. 11 ein anderes Satzmuster als V. 10. Die Bikola von V. 5.8.10 pflegen den Chiasmus der Verbstellung bei ein- und derselben Verbwurzel. Davon weichen die Bikola von V. 11 mit ihrer parallelen Frontstellung des Tetragramms und verschiedenen Verben ab. Es geht um ein

---

33 Vgl. Reinhard MÜLLER, Jahwe als Wettergott (s. Anm. 9), 109.

34 Erich ZENGER, Psalm 29 als hymnische Konstituierung (s. Anm. 25), 571 (in diesem Band S. 269).

35 Dennis PARDEE, On Psalm 29 (s. Anm. 25), 172.

36 James M. KENNEDY, Psalm 29 as Semiotic System (s. Anm. 25), 21.

neues Thema: Das Volk soll teilhaben an der Macht und dem Segen des Königs und Schöpfers JHWH – was immer das auch beinhaltet: Politische Macht und Wohlstand durch Fruchtbarkeit und reiche Ernten?! 164

Für die Möglichkeit einer redaktionellen Ergänzung sprechen auch die nahen Parallelen Ps 28,8–9 und 68,35–36, die ebenso redaktionell sind (s. u.).[37] Für die genaue zeitliche Verortung einer solchen Redaktion muss hier auf den noch ausstehenden Kommentar in der Reihe „Herders theologischer Kommentar zum Alten Testament" zu den Psalmen 1–50 verwiesen werden.

Ein klassisches Problem von Psalm 29 ist die schwierige poetische Anlage von V. 3–9ab. Die Forschung hat zur Lösung dieses Problems eine Fülle von Konjekturen, Ergänzungen und Umstellungen vorgeschlagen.[38] Nach wie vor ist es angeraten, vom vorliegenden masoretischen Text auszugehen. Dabei fällt das singuläre Monokolon von V. 7 in der Mitte der Bikola von V. 5–6.8–9b auf. J. Jeremias hat, von diesem Vers ausgehend, eine Ringkomposition in V. 5–9ab beobachtet mit der Abfolge der Naturphänomene Sturm (V. 5), Erdbeben (V. 6), Feuer (V. 7), Erdbeben (V. 8), Sturm (V. 9ab).[39] Davon abweichende Vorschläge haben durchweg Schwierigkeiten mit V. 7.[40]

So erscheint insgesamt ein Grundpsalm plausibel mit vorderem Rahmen in V. 1–2, einem Mittelteil mit Beschreibung von Ort und Kraft der Stimme in

37 Vgl. Frank-Lothar Hossfeld / Erich Zenger, Die Psalmen (s. Anm. 13), 182; Reinhard Müller, Jahwe als Wettergott (s. Anm. 9), 104–107.

38 Vgl. Reinhard Müller, Jahwe als Wettergott (s. Anm. 9), 104.

39 Vgl. Jörg Jeremias, Das Königtum Gottes in den Psalmen (FRLANT 141), Göttingen 1987, 33. Ihm sind gefolgt: Frank-Lothar Hossfeld / Erich Zenger, Die Psalmen (s. Anm. 13), 181; Erich Zenger, Psalm 29 als hymnische Konstituierung (s. Anm. 25), 580 (in diesem Band S. 277 f.).

40 Der Vorschlag von Beat Weber, Werkbuch Psalmen I. Die Psalmen 1–72, Stuttgart 2001, 147, erfährt die Kritik von Thomas Krüger, Die Stimme Gottes (s. Anm. 25), 45 mit Anm. 12: „Nach Weber zeigt Ps 29 einen ringförmigen Aufbau (A: V. 1b–2, B: V. 3–5, C: V. 6, B': V. 7–9, A': V. 10–11). Die von ihm genannten ‚inhaltlichen Bezugnahmen der um die Mitte in 6 gelegten Ringe (5/7, 4/8, 3/9, 2/10, 1/11)' sind aber nicht sehr überzeugend. V. 1b–2 stehen V. 9c näher als V. 10 und V. 11, V. 3 korrespondiert eher V. 10 als V. 9, V. 6 bildet ein besseres Gegenstück zu V. 8 als V. 4, und V. 5 passt besser zu V. 9b als zu V. 7." Die Kritik von Thomas Krüger stützt sich zu Recht auf die Ringkomposition von Jörg Jeremias. Auch der jüngste Vorschlag von Reinhard Müller, Jahwe als Wettergott (s. Anm. 9), 109–115, konstruiert V. 5a zum Monokolon in Entsprechung zum Monokolon V. 7 und gestaltet V. 5b–6b zum zentralen Trikolon. Schon das Zentrum ist weder syntaktisch noch semantisch stimmig, weil mit drei Kola (V. 5a–6a) das Handeln JHWHs an den Zedern ein Übergewicht erhält, dann das Handeln an Libanon und Sirjon nur mit einem Nominalsatz angedeutet wird. Das Bikolon von V. 6 kann nicht semantisch-syntaktisch auseinandergerissen werden, weil auch Ps 114,4.6 wohl in Erinnerung an Ps 29 das Hüpfen der Berge und Hügel bestätigt. Müllers Textänderungen in V. 8 und 9 sind unnötig bzw. willkürlich. James M. Kennedy, Psalm 29 as Semiotic System (s. Anm. 25), 16–18, bestätigt die ungeteilte Zusammengehörigkeit der Bikola in V. 5.6.8 und 9a.b.

der Ringkomposition V. 5–9ab und einem hinteren Rahmen in V. 9c, gefolgt von dem Schlusswort in V. 10. [165]

Rahmen und Mittelteil lassen sich weder literar- bzw. redaktionskritisch trennen noch inhaltlich verschiedenen religionsgeschichtlichen Stadien zuweisen. Dagegen spricht erstens die gewollte Verknüpfung von vorderem Rahmen und Mittelteil durch das zweite Kolon von V. 3. Zweitens wird die Königswürde JHWHs durchgehend in allen Teilen des Psalms angezeigt: In V. 1–2 ist JHWH in seiner königlichen Ehre, Macht und heiligen Majestät der Adressat der Huldigung. In V. 3 donnert er als Gott der Ehre, und seine Stimme wirkt souverän über den (chaotischen) Wassern. In V. 4 wird die Kraft der Stimme (V. 4a; vgl. Ps 33,16) und ihre Majestät (V. 2b.4b, vgl. Ps 8,6; 21,6; 45,4) beschrieben – beides heroische, königliche Qualitäten. V. 9c greift die Huldigung an den König aus dem vorderen Rahmen auf, und V. 10 proklamiert die uranfängliche und ewige Königsherrschaft JHWHs. Der Wettergott des Mittelteils und der König des Rahmens sind in der Personalunion JHWHs vereint.

> „Hier kommt Jhwh nicht nur im Gewand des Baal einher, sondern trägt auch die Züge Els, des höchsten Gottes im ugaritischen Pantheon und Vaters der Götter und der Menschen, der ebenfalls König ist, aber nicht dafür kämpfen muß.“[41]

3. Psalm 68

In jüngerer Zeit hat sich C. Süssenbach mit Psalm 68 beschäftigt und schickt ihrer Auslegung folgendes Vorwort voran:

> „Viele Fragen werden offen bleiben müssen. Im Sinne der Zielrichtung dieser Arbeit wird es daher primär darum gehen, Ps 68 in seiner vorliegenden Endgestalt als Teil der Psalmengruppe Ps 65–68 zu begreifen …“[42]

C. Körting führt mit folgenden Worten in ihre Behandlung des Psalms ein:

> „Wenn im folgenden literar- und redaktionskritische Fragen im Hintergrund bleiben, steht dennoch nicht in Frage, daß sie für das Verständnis von Ps 68 insgesamt unverzichtbar sind. Das Augenmerk soll sich in der Hauptsache auf die Strophen 3 (vv 8–11), 5 (vv 16–19) und 8 (vv 29–32) richten, die neben den Motiven Berg und Heiligtum auch den Gott vom Sinai zum Thema haben.“[43] [166]

R. Müller verfolgt in seiner Arbeit das Motiv des Wettergottes in den Psalmen möglichst vollständig zu erfassen, wobei er Ps 68 nicht bearbeitet und dies wie folgt begründet:

---

41 Reinhard G. Kratz, Der Mythos vom Königtum Gottes (s. Anm. 25), 156.

42 Claudia Süssenbach, Der elohistische Psalter. Untersuchungen zur Komposition und Theologie von Psalm 42–83 (FAT II/7), Tübingen 2005, 226; seine Endgestalt habe Ps 68 „erst in nachexilischer Zeit erhalten“ (ebd., 237).

43 Corinna Körting, Zion in den Psalmen (FAT 48), Tübingen 2006, 147.

> „Bruchstücke eines alten Hymnus auf den Wettergott Jahwe könnten sich außerdem in Ps 68 finden, der wegen seines komplizierten anthologischen Charakters hier nicht berücksichtigt wurde.“[44]

Die Charakterisierung von Ps 68 als „anthologisch“ stammt aus der Beurteilung von H. Pfeiffer, dessen ausführliche neuere Analyse besonders Struktur und Metrum beachtet und vor allem literar- und redaktionskritisch arbeitet.[45] Er konzentriert sich auf die Exegese von Ps 68. Das Anliegen der sog. neueren Psalmen- und Psalterexegese, die die Vernetzung eines Psalms mit seinem nahen und weiteren Kontext einschließlich seiner Position im Gesamtpsalter berücksichtigt, spielt für ihn keine Rolle. Ein solches Verfahren erleichtert natürlich erheblich die freihändige Datierung des Grundpsalms nebst redaktionellen Ergänzungen in hellenistischer Zeit. Pfeiffer verkennt dabei völlig den Aufbau des Grundpsalms: Das auffällige Sela-Zeichen unterstreicht den Anfang der dritten (V. 8), sechsten (V. 20) und neunten (V. 33) Strophe. Es ist strukturrelevant und betont – vorwegnehmend gesagt – die Zweiteilung des Grundpsalms, beginnend mit der dritten Strophe im ersten Teil (Weg JHWHs vom Sinai in V. 8 zum erwählten Thronsitz in Jerusalem in V. 19) mit anschließendem zweitem Teil, der mit der sechsten Strophe anhebt (Lobpreis Gottes V. 20–24, Verehrung am Thronsitz V. 25–28 und Schlussbitten der achten Strophe V. 29–32). Zu Recht bekräftigt C. Körting den Grundsatzcharakter von V. 20–21 und V. 29a, die die Zuwendung Gottes an sein Volk beschreiben.[46] Diese Zweiteilung des Grundpsalms wird überlagert durch die je sekundäre zweite (V. 5–7) und neunte Strophe (V. 33–36). Die neunte und letzte Strophe ahmt das Sela-Zeichen aus V. 8.20 nach und macht mit der *Baruk*-Formel den ganzen Psalm zum hymnischen Lobpreis. Bei H. Pfeiffer wird das Sela-Zeichen schlichtweg entsorgt.[47]

Indem Pfeiffer die zweite, armentheologisch orientierte Strophe (V. 5–7) zur Eingangsstrophe seines Grundpsalms macht, wird die Anlage des Grundpsalms ab der dritten Strophe geschwächt. Die Beschreibung Gottes in dieser Strophe (Wüstenfahrer und Gott in seiner heiligen Wohnung) nimmt das Ziel
167 des Weges Gottes vom Sinai über den Norden (Schwarzberg/Hauran und Baschangebirge) zum Tempelberg vorweg – ein gewichtiges Argument für den sekundären Charakter der zweiten Strophe. Die Frontposition der Theophanie wird neben den bekannten Parallelen (vgl. Dtn 33, Ri 5 und Hab 3) im Psalter noch durch die knappe Zionstheophanie aus Ps 50,2–3 und die Gerichtstheophanien Ps 97,2–5 unterstützt. Dadurch, dass Pfeiffer V. 10–11 in der dritten Strophe (die Regengabe für das ausgedörrte Erbland zur Ver-

---

[44] Reinhard Müller, Jahwe als Wettergott (s. Anm. 9), 17 mit Anm. 153.

[45] Zu den Besonderheiten der Literarkritik von H. Pfeiffer im Falle seiner Untersuchung von Ri 5 vgl. Walter Gross, Richter (s. Anm. 2), 337 f.; Martin Leuenberger, Jhwhs Herkunft aus dem Süden (s. Anm. 1), 12–17.

[46] Vgl. Corinna Körting, Zion in den Psalmen (s. Anm. 43), 152.

[47] Vgl. Henrik Pfeiffer, Jahwes Kommen von Süden (s. Anm. 8), 226 mit Anm. 136.

sorgung der Armen) direkt auf „Zion“ verlegt, kommt die Lokalisierung zu früh. Die nachhaltige Regengabe gehört zum Motivkreis der hier modifizierten Theophanie des Wettergottes, die aber im Aufriss des Grundpsalms nicht den Weg JHWHs über den Norden zum erwählten Berg, zum Heiligtum in der Höhe, zum Tempel über Jerusalem (V. 16–19.30) abkappt.[48] Kaum nachzuvollziehen ist Pfeiffers Zuweisung der achten Strophe (V. 29–32) an eine spätere Bearbeitung.[49] Die Strophe besteht aus fünf regelmäßigen Bikola wie die sechste Strophe (V. 20–24). Das erste und letzte Bikolon bilden einen rahmenden Chiasmus (Mittelstellung der Wurzel עז und der Ländernamen). Inhaltlich geht es um die Grundsatzerklärung in V. 29a, in der der Sprecher Israel an das Eingreifen Gottes zu seinen Gunsten erinnert (vgl. das zweite Kolon „was du an/für uns getan hast“). Darauf folgen drei/vier Bitten („erweise dich mächtig …, bedrohe …, tritt nieder (?) … zerstreue …“). Wie immer man in der schwierigen Textkritik entscheidet: Es geht um die Kontinuität von Gottes Handeln für Israel.

„Wie das Land unter allen Ländern von der Gegenwart Gottes profitiert (V. 10), so gewinnt auch das Volk durch die Macht, die Gott ihm zuteil werden läßt. Nun ist Israel in der Auseinandersetzung Gottes mit dem ‚*Tier im Schild*‘, mit Ägypten und den nach Krieg lüsternen Völkern, nicht mehr passiver Zuschauer, sondern wird aktiv hineingenommen in das machtvolle Handeln Gottes.“[50]

Aus der Strophe ergibt sich, dass Gottes Verhältnis zu Israel exklusiv ist, während die Beziehung zu den Völkern antagonistisch bleibt. Deswegen kann man nicht Ägypten/Kusch zu JHWH-Verehrern machen, wie Pfeiffer es [168] tut, indem er V. 32b („Kusch hebt eilends zu Gott seine Hände“) zum Gestus der Gottesverehrung macht und die Strophe im Sinne der Völkerwallfahrt deutet.[51] Die achte Strophe verbleibt ganz im Duktus des Grundpsalms: Der Lobpreis Gottes bleibt Privileg Israels, und die feindlichen Völker bringen Tribut nach Jerusalem (vgl. V. 19 mit V. 30.32).

Zusätzlich sind zwei wichtige Beobachtungen von der *nicht*-sekundären achten Strophe zu bedenken – C. Körting hat darauf aufmerksam gemacht:

---

[48] Gegen H. Pfeiffer zu Recht Corinna Körting, Zion in den Psalmen (s. Anm. 43), 148 f. Anm. 294: „Diese Sichtweise [Pfeiffers F.-L. H.] ist jedoch nicht unproblematisch. Hier wird gegen den Verlauf des Psalms argumentiert, der Strophe für Strophe den Zug Jhwhs zum Zion und seine Inbesitznahme nachvollzieht. Dazu gehört der Sieg über die Könige, der in den V. 12 ff. geschildert wird. Auch erscheint es schwierig, das Volk zum Thronsitz Gottes zu bringen, bevor er selbst ihn eingenommen hat.“

[49] Vgl. Henrik Pfeiffer, Jahwes Kommen von Süden (s. Anm. 8), 222–225.

[50] Corinna Körting, Zion in den Psalmen (s. Anm. 43), 152.

[51] Henrik Pfeiffer, Jahwes Kommen von Süden (s. Anm. 8), 223, trennt V. 32 von der achten Strophe ab und interpretiert ihn von der neunten Strophe her: „Offensichtlich wird der Erwartung Ausdruck gegeben, Ägypten/Kusch dereinst zu den Jahwe-Verehrern zählen zu dürfen. … Mit der Verheißung an die Fremdvölker in V. 32 wird die Strophe zugleich mit dem universalen Gotteslob von V. 33 vermittelt.“

„Ausgerechnet der Name Zion wird in Ps 68 jedoch nicht aufgegriffen. Gleichwohl ist Zion in den Gottesberg- und Heiligtumsaussagen des Psalms präsent …“[52]

Diese Beobachtung ist mit ihrer zweiten Feststellung zu V. 30 zu verbinden:

„Der Tempel ist über Jerusalem, er gehört in den Bereich, wo Himmel und Erde sich treffen. Die Nennung Jerusalems dient der Konkretion, der Orientierung des Beters. Diesem wird aber mit עַל die greifbare Nähe des Ortes wieder entzogen. Anders als der Zion, der das Bindeglied zwischen irdischem Tempel und himmlischem Palast ist, wird Jerusalem davon losgelöst dargestellt.“[53]

Beide Fakten korrespondieren mit dem Befund im Ezechielbuch. Dieses erwähnt den Zion nicht, obwohl auf dem Tempel der Fokus liegt. Der Abschluss des Buches mit der zweiten Tempelvision Ez 40–48 gehorcht der Grundidee der Trennung des Heiligen vom Profanen.[54] Ich werte dies als Spur einer spezifisch priesterlichen Sichtweise im Unterschied zu einer zwischen Stadt und Gott vermittelnden Sicht der Tempelsängergruppen.

Die achte Strophe legt eine Betrachtung der Sprecherrolle des Psalms nahe, die H. Pfeiffer übersieht. In der Grundsatzerklärung in V. 29a redet der Sprecher Israel an und vollzieht in V. 29b einen Sprechrichtungswechsel zur Anrede Gottes in V. 30–31. Zugleich schließt er sich in das Kollektiv Israel („uns“) ein. Das entspricht der Sprecherrolle in der dritten Strophe V. 8–11, in der er Gott anredet; dies gleicht V. 19 der fünften Strophe sowie V. 25 der siebten Strophe. In V. 20–21 schließt sich der Sprecher wieder in das Kollektiv Israel ein. In V. 25 redet er zugleich im selben Atemzug von „den [169] Umzügen / dem Einzug meines Gottes, meines Königs“. Der Sprecher gehört zum Kollektiv Israel, er redet Gott an und tritt dem Volk gegenüber (V. 29a, vgl. V. 20 mit der Aufforderung zum Lobpreis). Er hat die Autorität, von seiner Gotteserfahrung zu sprechen in V. 25, was sein Selbstbewusstsein verrät. Insofern passt die achte Strophe zu den vorhergehenden dritten bis siebten Strophen.

Im Übrigen sind die Bitten um Teilhabe des Volkes an der Macht Gottes in der achten Strophe am Ende eines Theophaniepsalms nichts Ungewöhnliches, wie Psalm 29 zeigt.

Nach Pfeiffer gehört die zweite Strophe (V. 5–7) zum Grundbestand des Psalms und korrespondiert als hymnische Rahmung mit der Schlussstrophe (V. 33–36).[55] Hier seien nur die wichtigsten Argumente für den redaktionellen Charakter der Schlussstrophe zusammengefasst:

1. Der Jubel der Völker („ihr Königreich der Erde“) ist nach dem Grundpsalm V. 8–32 unerwartet, da nach dessen Aussagen (vgl. V. 13–15.19.21–24.29–32) die Völker zu den Feinden Gottes und Israels zählen. Hier zeigt sich das wäh-

---

52 Corinna Körting, Zion in den Psalmen (s. Anm. 43), 146.

53 Ebd., 152 f.

54 Vgl. Michael Konkel, Architektonik des Heiligen. Studien zur zweiten Tempelvision Ezechiels (Ez 40–48) (BBB 129), Berlin 2001, 349 ff.

55 Vgl. Henrik Pfeiffer, Jahwes Kommen von Süden (s. Anm. 8), 215–217; 232–235.

rend der Perserzeit veränderte Verhältnis zu den Fremdvölkern. Das Selbstwertgefühl Israels (V. 18 und 24: Israel badet im Blut seiner Feinde) ist noch nicht durch Untergang und Exil erschüttert.

2. Das Königtum Gottes ist räumlich ausgedehnt und von der Erde weiter abgerückt. Aus dem Wüstenfahrer (V. 6) ist nun ein Himmelsfahrer geworden, wörtlich „ein Fahrer an den Himmeln der uralten Himmel" (V. 33), dessen Macht und Hoheit *über* Israel und *in* den Wolken waltet (V. 35); dagegen ist er nicht mehr „der Allherr" *unter* ihnen (V. 18) oder der, der *vor* dem Volk voranzieht und *durch* die Wüste schreitet (V. 8).

3. Aus dem Heiligtum im Singular (V. 18.25) sind die Heiligtümer im Plural (V. 36) geworden, d. h. der heilige Tempelbezirk mit all seinen Einrichtungen.

4. Der Horizont der Einfluss nehmenden Texte hat sich geweitet. Vor allem wird Ps 29 in V. 35–36 verarbeitet (s.o.).[56] 170

Zum Schluss möchte ich noch einmal auf die eingangs erwähnten, von W. Groß bearbeiteten Beziehungen von Ri 5 zum „abhängigen Zeugen" Ps 68 zurückkommen, vor allem im Blick auf den vorgeschlagenen Grundpsalm V. 8–32. Die Berührungen sind relativ eng in Bezug auf die Theophanie und

---

[56] Zur Ergänzung sollen hier ein paar Bemerkungen zur Text- und Redaktionskritik Pfeiffers gemacht werden: Henrik PFEIFFER, Jahwes Kommen von Süden (s. Anm. 8), 224, nennt gute Gründe, dass der Nominalsatz „JH ist sein Name" in V. 5 eine Glosse zur Identifikation des Wolken/Steppenfahrers ist. Er wird unterstützt durch Bill T. ARNOLD / Brent A. STRAWN, *b^eyāh š^emô* in Ps 68,5: A Hebrew Gloss to an Ugaritic Epithet?, in: ZAW 115 (2003), 428–432; Hans-Peter MÜLLER, Zur Grammatik und zum religionsgeschichtlichen Hintergrund von Ps 68,5, in: ZAW 117 (2005), 206–216. Die Frage bleibt, wann die Glosse eingesetzt wurde. B. Arnold und B. Strawn halten ein frühes Datum für möglich zu der Zeit, als die ugaritische Parallele vom Wolkenfahrer selbstverständlich mit Baal identifiziert und deswegen auf JHWH hin festgelegt wurde.
Pfeiffers Vorschlag, die Erwähnung der Empörer in V. 7b und in V. 19bα einer Redaktion zuzuweisen (Henrik PFEIFFER, Jahwes Kommen von Süden [s. Anm. 8], 221) erscheint plausibel. Ebenso ist wohl V. 14aα eine Glosse aus Ri 5,16, weil dieser Zwischenruf der Freudenbotinnen den Vorgang des Beuteteilens unmotiviert unterbricht (ebd., 224).
Allerdings ist zu fragen, ob Pfeiffers Übersetzung von V. 13b „und auf der Flur des Hauses teilst du Beute" dem masoretischen Text „die Schöne des Hauses verteilt Beute" vorzuziehen ist. Wer ist, abgesehen von der Textkonjektur (vgl. BHS), das „du" in V. 13b?
Über Pfeiffers „Nachträge" in V. 17b und V. 19bβ kann man streiten (ebd., 224). V. 19bβ passt mit seiner hymnischen Kurzform „JH" und der singulären Kombination mit dem Titel „Gott" zur emphatischen Du-Anrede des Sprechers in V. 19. Stilistisch schließt die fünfte Strophe mit einem Trikolon wie die siebte Strophe. V. 17b kann dann eine verdeutlichende sekundäre Vorwegnahme sein.
Das Bikolon V. 22 im Sinne der innergemeindlichen Feinde aus der ersten Strophe (V. 24) zu interpretieren und deswegen zum Nachtrag zu erklären (ebd., 221), ist eine kühne Behauptung. V. 22 stellt sicher, dass beim Sieg Israels (V. 24) über die fliehenden Könige der Heerscharen aus V. 13 Gott als „Gott der Hilfen" führend beteiligt ist und dafür seine Gründe hat.

vor allem auf die Nordreichüberlieferungen.[57] Die Gegner Israels sind die Könige Kanaans (vgl. Ri 5,19 mit den fliehenden „Königen der Heerscharen" im Gebiet von Hauran und Baschan Ps 68,13.30). Nach dem Kampf wird Beute gemacht und verteilt (vgl. Ri 5,30 mit Ps 68,13–14). Es werden Gefangene genommen und verteilt (vgl. Ri 5,30 mit Ps 68,19). Wie Jael das Haupt Siseras zerschlägt, so zerschlägt JHWH das Haupt seiner Feinde (vgl. Ri 5,26 und Ps 68,22). Drei Stämme (Benjamin, Sebulon, Naftali) aus der Stämmekoalition (Ri 5,14–18) stimmen mit den in Ps 68,28 genannten überein. In Ri 5,20–21 kämpfen himmlische (Sterne) und irdische (Bach Kischon) Kräfte mit Israel gegen die Feinde; in Ps 68,15 bestätigt der auf den Schwarzberg fallende Schnee den Sieg JHWHs. Wie in Ri 5,23 der Bote JHWHs zweifach zum Fluch gegen Meros auffordert, so gibt in Ps 68,12 der Allherr ein Wort über die Freudenbotinnen heraus (V. 13–14), das den Kampf entscheidet. Das sind Indizien für eine breite Verarbeitung von Ri 5 in Ps 68, die durch die Ri 5,16 zitierende Glosse noch verstärkt wurden. Allerdings spricht die Art der Ver- [171] arbeitung für eine eigenständige Leistung des Autors des Grundpsalms, der die Verbindungen zu Ri 5 in seinen poetischen Text integriert hat. Ich sehe darin keine literarische Nachdichtung der Vorlage von Ri 5.

4. Ein kurzes Fazit

Insgesamt komme ich zu der Schlussfolgerung, dass alle drei mit bedeutenden Theophanien verbundenen Texte Ps 18,4–20; 29,1–10; 68,8–32* aus vorexilischer Zeit stammen.

Ps 18,4–20 verbindet Jerusalemer Tempeltradition mit Zügen des altorientalischen Wettergottes. Ps 29,1–10 verbindet Tempeltradition mit dem zweifachen Königtum JHWHs als Erbe der altorientalischen El- und Baalverehrung. Ps 68,8–32 verknüpft JHWH Herkunft und Kommen vom Süden über den Umweg zum Norden mit dem Jerusalemer Tempel. In allen drei Texten ist JHWH der eine und souveräne König. [172]

Literaturverzeichnis

Adam, Klaus-Peter, Der königliche Held. Die Entsprechung von kämpfendem Gott und kämpfendem König in Psalm 18 (WMANT 91), Neukirchen-Vluyn 2001.

Arnold, Bill T. / Strawn, Brent A., *b^{e}yāh š^{e}mô* in Ps 68,5: A Hebrew Gloss to an Ugaritic Epithet?, in: ZAW 115 (2003), 428–432.

Auffret, Pierre, Voix de YHWH dans la splendeur! Etude structurelle du psaume 29, in: BN 112 (2002), 5–11.

---

[57] Vgl. dazu auch Henrik Pfeiffer, Jahwes Kommen von Süden (s. Anm. 8), 238 f.; allerdings mit einem anderen Grundpsalm.

Greenberg, Moshe, Ezechiel 1–20 (HThKAT), Freiburg i. Br. u. a. 2001.

Gross, Walter, Verbform und Funktion. *wayyiqtol* für die Gegenwart? Ein Beitrag zur Syntax poetischer althebräischer Schriften (ATSAT 1), St. Ottilien 1976.

–, Richter (HThKAT), Freiburg i. Br. u. a. 2010.

Hossfeld, Frank-Lothar / Zenger, Erich, Die Psalmen. Psalm 1–50 (NEB.AT), Würzburg 1993.

Jeremias, Jörg, Das Königtum Gottes in den Psalmen (FRLANT 141), Göttingen 1987.

–, Art. Theophanie, in: RGG[4] 8 (2008), 335–338.

Kennedy, James M., Psalm 29 as Semiotic System: A Linguistic Reading, in: JHS 9 (2009), 2–21.

Klingbeil, Martin, Yahweh Fighting from Heaven. God as Warrior and as God of Heaven in the Hebrew Psalter and Ancient Near Eastern Iconography (OBO 169), Fribourg 1999.

Köckert, Matthias, Die Theophanie des Wettergottes in Ps 18, in: Thomas Richter / Doris Prechel / Jörg Klinger (Hg.), Kulturgeschichten (FS V. Haas), Saarbrücken 2001, 209–226.

Konkel, Michael, Architektonik des Heiligen. Studien zur zweiten Tempelvision Ezechiels (Ez 40–48) (BBB 129), Berlin 2001.

Körting, Corinna, Zion in den Psalmen (FAT 48), Tübingen 2006.

Kratz, Reinhard G., Der Mythos vom Königtum Gottes in Kanaan und Israel, in: ZThK 100 (2003), 147–162.

Krüger, Thomas, Die Stimme Gottes. Eine ästhetisch-theologische Skizze, in: Stefan Gehrig / Stefan Seiler (Hg.), Gottes Wahrnehmungen (FS H. Utzschneider), Stuttgart 2009, 41–65.

Leuenberger, Martin, Jhwhs Herkunft aus dem Süden. Archäologische Befunde – biblische Überlieferungen – historische Korrelationen, in: ZAW 122 (2010), 1–19.

Maré, Leonard P., The Theophany Report in Psalm 18 as Expression of an Alternative Reality, in: Journal for Semitics 19 (2010), 98–112. 173

Müller, Hans-Peter, Zur Grammatik und zum religionsgeschichtlichen Hintergrund von Ps 68,5, in: ZAW 117 (2005), 206–216.

Müller, Reinhard, Jahwe als Wettergott. Studien zur althebräischen Kultlyrik anhand ausgewählter Psalmen (BZAW 387), Berlin–New York 2008.

Oeming, Manfred, Das Buch der Psalmen. Psalm 1–41 (NSK.AT 16/1), Stuttgart 2000.

Pardee, Dennis, On Psalm 29: Structure and Meaning, in: Peter W. Flint / Patrick D. Miller (Hg.), The Book of the Psalms. Composition and Reception (VT.S 99), Leiden 2005, 153–183.

Pfeiffer, Henrik, Jahwes Kommen von Süden. Jdc 5; Hab 3; Dtn 33 und Ps 68 in ihrem Literatur- und theologiegeschichtlichen Umfeld (FRLANT 211), Göttingen 2005.

Saur, Markus, Die Königspsalmen. Studien zur Entstehung und Theologie (BZAW 340), Berlin 2004.

Schöpflin, Karin, Theologie als Biographie im Ezechielbuch. Ein Beitrag zur Konzeption alttestamentlicher Prophetie (FAT I/36), Tübingen 2002.

Seybold, Klaus, Die Psalmen (HAT 1/15), Tübingen 1996.

Süssenbach, Claudia, Der elohistische Psalter. Untersuchungen zur Komposition und Theologie von Psalm 42–83 (FAT II/7), Tübingen 2005.

Weber, Beat, Werkbuch Psalmen I. Die Psalmen 1–72, Stuttgart 2001.

Zenger, Erich, Psalm 29 als hymnische Konstituierung einer Gegenwelt, in: Klaus Kiesow / Thomas Meurer (Hg.), Textarbeit. Studien zu Texten und ihrer Rezeption aus dem Alten Testament und der Umwelt Israels (AOAT 294), Münster 2003, 569–584 (in diesem Band S. 267–280).

„Wozu tosen die Völker …?“

Beobachtungen zur Entstehung und Theologie des 2. Psalms

Erich Zenger

[495] Die beiden ersten Psalmen des Psalmenbuchs, die sich durch das Fehlen einer Überschrift von den danach folgenden Psalmen abheben, haben ihre Position nach Meinung vieler Exegeten einer gezielten Redaktorentätigkeit zu verdanken. Durch diese beiden Psalmen „steht das ganze Buch im Licht der Tora-Frömmigkeit einerseits (1), des Messiasglaubens andererseits (2)“[1]. Ob beide Psalmen freilich diese Position in einem einzigen Redaktionsvorgang erhalten haben, ist kontrovers, zumal damit die komplexe Problematik der Entstehung des Psalmenbuchs aus Einzelsammlungen tangiert wird. Teilweise wird angenommen, daß die Position von Ps 2 mit der Entstehung eines „messianischen Psalmenbuches“ Ps 2–89 zu tun hat:

> „Nach einer Vermutung J. W. Rothsteins (bei S. R. Driver, Einleitung in die Literatur des AT, 1896, 399[2]) hat diejenige Hand, die Ps 84–89 zum elohist. Psalter hinzufügte, gleichzeitig dessen Vereinigung mit dem David-Psalter Ps 3–41 vollzogen und der so entstandenen größeren Sammlung den Ps 2 als Gegenstück zu dem ebenfalls königlich-messianischen Ps 89 … vorangestellt. Die Sammlung wäre [496] auf diese Weise in die Klammer des Messiasglaubens gefaßt. In einem späteren Stadium dürfte der Tora-Ps 1 hinzugekommen sein, als programmatischer Anfang des ganzen Psalters.“[2]

Die besondere Stellung, die die beiden Psalmen haben, wird in einigen hebräischen Handschriften auch dadurch hervorgehoben, daß sie als ein einziger Psalm zusammengeschrieben werden,[3] was zumindest auf eine rabbinische Tradition zurückgeht,[4] die auch mehreren Kirchenvätern und mittelalterlichen

---

[1] Rudolf Smend, Die Entstehung des Alten Testaments (Theologische Wissenschaft 1), Stuttgart 1978, 190; vgl. ähnlich Otto Kaiser, Einleitung in das Alte Testament, Gütersloh ^{5}1984, 414: „Daß er [der Psalter: E. Z.] im Horizont des Gesetzesgehorsams und der messianischen Hoffnungen gelesen und gebetet werden sollte, zeigen die ihm prologartig vorangestellten Ps 1 und 2 an.“

[2] Rudolf Smend, Die Entstehung des Alten Testaments (s. Anm. 1), 191.

[3] Vgl. die Angaben bei Hans Bardtke, Erwägungen zu Psalm 1 und Psalm 2, in: Martinus A. Beek (Hg.), Symbolae Biblicae et Mesopotamicae. FS Francisco M. Th. de Liagre Böhl (Studia Francisci Scholten memoriae dicata 4), Leiden 1973, 1–18, hier 2 f. Allerdings sind die Handschriften, die Ps 1 und Ps 2 als zwei getrennte Psalmen schreiben, weitaus zahlreicher, worauf auch John T. Willis, Psalm 1 – An Entity, in: ZAW 91 (1979), 381–401, hier 381, aufmerksam macht.

[4] Vgl. dazu John T. Willis, Psalm 1 (s. Anm. 3), 386 f.

christlichen Psalmenkommentatoren bekannt war.[5] Die folgenden Beobachtungen zur Entstehung von Psalm 2 wollen ein Beitrag zur Frage des redaktionsgeschichtlichen Ortes dieses Psalms sein; damit ist zugleich die Frage nach dem Gesamtverständnis des Psalms gestellt.

Zweifel an der literarkritischen Einheitlichkeit von Ps 2 sind nur gelegentlich geäußert worden. Sie betrafen meist die Versteile 2b, 7aα und 12b, die wegen ihres die Parallelismusstruktur störenden Überhangs als „erläuternde oder liturgische Zusätze" beurteilt wurden.[6] Für J.A. Soggin sind „die letzten zwei Sätze" V. 12aβb „eine spätere, fromme Glosse, deren Inhalt mit dem Rest des Psalmes wenig zu tun hat."[7] A. Bruno hält V. 8b–9 sowohl aus rhythmischen wie aus inhaltli- 497 chen Gründen für zwei sukzessive Glossierungen.[8] Mit sekundärer Überarbeitung von V. 10–12 rechnet W. Thiel:

> „In Anbetracht der Tatsache, daß der König in Vers 10–12 so plötzlich aus dem Geschehen verschwindet, und unser Vergleich einer ähnlichen, aber auf den König bezogenen Aussage in Ps. 110,1, wird man eher die Vermutung wagen, daß das Ultimatum von Vers 10–12 urursprünglich den König selbst zum Gegenstand hatte. Diese Annahme würde auch gut mit dem Ablauf des in Ps. 2 reflektierten Geschehens, des Inthronisationsritus, übereinstimmen. Die Ersetzung des Königs durch Jahwe wäre dann eine Nachinterpretation, die den ursprünglich ausgedrückten Machtanspruch des Königs begrenzt, indem sie ihn auf Jahwe überträgt. Im Laufe dieser Korrektur wäre auch der abschließende, an weisheitliche Formen erinnernde Glückwunsch angeschlossen worden, der sich nämlich von Anfang an auf Jahwe bezogen haben muß."[9]

Von der oben erwähnten Tradition, die Ps 2 mit Ps 1 als einen einzigen Psalm betrachtet, ausgehend, entwickelten H. Bardtke und E. Lipiński differenziertere Hypothesen über die Entstehung von Ps 2.

Die ursprüngliche Gestalt von Ps 2 ergibt sich für Bardtke[10] durch Ausgrenzung von drei Textpassagen aus dem jetzt vorliegenden Psalm. Am wichtigsten ist seine Beobachtung, daß V. 6–9 sich nur schwer in den Gesamt-

---

5 Hans Bardtke, Erwägungen zu Psalm 1 und Psalm 2 (s. Anm. 3), 5 nennt Justin, Tertullian, Origenes, Cyprian, Athanasius, Hilarius von Poitiers, Hieronymus sowie Albertus Magnus; vgl. dazu John T. Willis, Psalm 1 (s. Anm. 3), 387–391.

6 So z.B. Rudolf Kittel, Die Psalmen (KAT 13), Leipzig [5–6]1929, 8. Andere Kommentatoren, z.B. Hans-Joachim Kraus, Psalmen (BK XV/1), Neukirchen-Vluyn [5]1978, 143 halten nur V. 2b für eine spätere Zufügung, „die das Ziel der feindlichen Koalition erläuternd benennt und das Pluralsuffix (‚ihre Stricke') erklären will".

7 Jan A. Soggin, Zum zweiten Psalm, in: Hans J. Stoebe (Hg.), Wort – Gebot – Glaube. Beiträge zur Theologie des Alten Testaments. FS Walther Eichrodt (AThANT 59), Zürich 1970, 191–207, hier 196.

8 Arvid Bruno, Die Psalmen. Eine rhythmische und textkritische Untersuchung, Stockholm 1954, 17: „Es ist doch sehr merkwürdig, daß die Völker, die dem Neugekrönten zum Erbe werden, von ihm völlig vertilgt werden sollen."

9 Winfried Thiel, Der Weltherrschaftsanspruch des judäischen Königs nach Psalm 2, in: Theologische Versuche III, Berlin 1971, 53–63, hier 59.

10 Hans Bardtke, Erwägungen zu Psalm 1 und Psalm 2 (s. Anm. 3), 1–18.

duktus des Psalms einfügt. Er greift dabei eine Bemerkung von R. Press[11] auf, wonach man dieses Mittelstück des Psalms problemlos herauslösen kann, mit dem Vorteil, dann sogar einen stimmigeren Text zu erhalten:

„‚Uns will es nicht folgerichtig erscheinen, wenn die Überle- [498] genheit Jahwes über die tosende Völkerwelt nicht mit seiner göttlichen Allmacht, sondern mit der Einsetzung des Königs auf dem Zion und der Verleihung des Sohnesrechtes an ihn begründet wird‘… auch die abrupte Einführung dieses Mittelstücks dürfte dafür sprechen, daß hier sicher altes Traditionsgut in einem jüngeren Zusammenhang eingefügt worden ist.“[12]

Wenn aber das königstheologische Stück V. 6–9 nicht ursprünglich ist, muß auch V. 2b ausgeschieden werden, der ohnehin von vielen Autoren als Glosse oder Zusatz betrachtet wird. Schließlich möchte Bardtke auch noch jene vier Wörter in V. 11b und 12a herauslösen, die immer schon eine crux interpretum gebildet haben:

„Ganz gleich, wie man emendieren will, der Vers paßt nicht in den ursprünglichen Zusammenhang von Psalm 2 und scheint viel eher mit dem Mittelstück 2,6–9 in Verbindung zu stehen, so daß der Fußkuß ein Zeremoniell der Huldigung nach der Krönung gebildet haben würde.“[13]

Nach Ausscheidung dieser drei Textstücke nimmt Bardtke noch eine Umstellung von V. 2 und V. 3 vor, deren jetzige Abfolge s. E. auf die „königstheologische“ Einfügung von V. 2b zurückgeht. In der so rekonstruierten „Urform“ von Ps 2 spricht ein Weisheitslehrer, der die Revolution der Völker gegen ihre Könige ebenso verurteilt wie den Versuch dieser Könige, die Revolution ihrerseits durch Gewalt niederzuschlagen. Der Psalm ist die Aufforderung, sich im politischen Bereich von der Weisheit leiten zu lassen. Und gerade in dieser Sinnspitze sieht Bardtke den Zusammenhang mit Ps 1. Während in Ps 1 das Befolgen der Tora Jahwes als Ideal des individuellen Lebens gezeichnet wird, wird dieses Ideal in Ps 2 auf den politischen Bereich ausgedehnt. „Nicht Revolution, Krieg und Kampf, sondern die Belehrung durch Jahwe und der Dienst gegenüber Jahwe machen das wahre Heil aus.“[14] Ps 1 und die Grundgestalt von Ps 2 waren demnach eine Art Dip- [499] tychon, „das auf der einen Seite das Heil des von Jahwe geleiteten Individuums, auf der anderen Seite das Heil der von jahwegehorsamen Herrschern geleiteten und regierten Völker darstellen will.“[15] Als Entstehungszeit der „Urform“ von Ps 2 ist nach Bardtke die erste Hälfte des 3. Jh. v. Chr. aus zwei Gründen wahrscheinlich: zum einen wurde Palästina in dieser Zeit in die weltpolitischen Erschütterungen hineingezogen, die das Auseinanderbrechen des Weltreichs Alexanders des Großen auslöste, und zum anderen ist in dieser Zeit jene Mischung von Torafrömmigkeit und

---

[11] Richard Press, Jahwe und sein Gesalbter, in: ThZ 13 (1957), 321–334.

[12] Hans Bardtke, Erwägungen zu Psalm 1 und Psalm 2 (s. Anm. 3), 13 f.

[13] Zur Deutung dieser vier Wörter וגילו ברעדה נשקו־בר vgl. unten Anm. 20.

[14] Hans Bardtke, Erwägungen zu Psalm 1 und Psalm 2 (s. Anm. 3), 16.

[15] Ebd., 17.

Weisheitslehre zu beobachten, die für Ps 1 und die Urform von Ps 2 charakteristisch ist. Als um 200 v. Chr. die jüdische Widerstandsbewegung gegen die Besatzungsmächte zu einer Rückbesinnung auf die nationale Geschichte und ihre großen Gestalten, insbesondere zu einer Revitalisierung der Davidtraditionen führte, wurde nach Meinung Bardtkes auch Ps 2 entsprechend umgestaltet. „Dem Weltherrscher Jahwe trat der erwählte König des Zion zur Seite, der seinen Willen auf Erden zu vollstrecken hat.“[16] Durch diese Erweiterung wurde Ps 2 dann deutlicher von Ps 1 abgerückt.

Noch konsequenter als H. Bardtke stellt E. Lipiński[17] die beiden unterschiedlichen Traditionen heraus, die in Ps 2 nebeneinanderstehen. Da ist zum einen die Königstheologie, die besonders in V. 6–9 durchschlägt. Und da sind zum anderen in V. 11–12 die Themen vom „Weg“ als Lebenswandel und von der Gottesfurcht, wobei die Formulierung vom Weg, „der sich verliert“ bzw. „der in den Abgrund führt“ außer in Ps 2,12 nur noch in Ps 1,6 vorkommt. Dies veranlaßt Lipiński zur Hypothese, daß 2,11–12 einmal ursprünglich mit Ps 1,1–6 zusammengehörte und einen einzigen Psalm bildete, den er als Willkommensgruß für Tempelpilger deutet. In diesem „Urpsalm“ sei dann sekundär das vorexilische 500 Königslied Ps 2,1–9 eingefügt worden, wobei V. 10 als Bindeglied geschaffen wurde. Die Leitidee dieser sekundären Verbindung des alten „Pilgergrußes“ mit dem „Königspsalm“ sei es gewesen, am Beispiel des jahwetreuen Königs und der revoltierenden Völker das in Ps 1 entfaltete unterschiedliche Schicksal des jahwetreuen Gerechten und der massa damnata der Gottlosen zu illustrieren und zu belegen.

Beide Hypothesen betonen m. E. zurecht die literarkritische Spannung, die zwischen V. 6–9 und V. 10–12 besteht. Wegen ihrer Fixierung auf die Hypothese, Ps 2 müsse in irgendeiner Gestalt einmal mit Ps 1 einen einzigen Text gebildet haben,[18] führen sie jedoch zu schnell Kriterien ein, die das voraus-

---

16 Ebd.

17 Edward Lipiński, Macarismes et Psaumes de Congratulation, in: RB 75 (1968), 321–367.

18 Die jetzige Textgestalt von Ps 2 will auch William H. Brownlee, Psalms 1–2 as a Coronation Liturgy: Bibl 52 (1971), 321–336 von der Verbindung von Ps 2 mit Ps 1 herleiten. Er sieht diese Verbindung aber nicht auf der Ebene einer textlichen, sondern einer institutionellen Zusammengehörigkeit der beiden Psalmen. Ps 1 und Ps 2 hatten seiner Meinung nach beide einen Sitz im Leben in der spätvorexilischen Krönungsliturgie des Jerusalemer Königs. Für Ps 2 ergibt sich dies aus dem Text selbst, für Ps 1 läßt sich dies aus Dtn 17,18–20 erschließen. Zwar sei Ps 1 zunächst als Weisheitspsalm entstanden, aber er sei bald in der Krönungsliturgie verwendet worden, um den König durch diesen Psalm als treuen Vollstrecker der deuteronomischen Reform darzustellen. In Ps 1 sah man, dabei das Lebensprogramm eines idealen Königs, der sich nicht mit trügerischen Ratgebern umgebe, sondern sich in seiner Politik von der Tora Jahwes leiten lasse. Nachdem Ps 1 in die Krönungsliturgie aufgenommen wurde, in der bereits eine Urform von Ps 2 einen festen Ort hatte, wurde Ps 2 sprachlich Ps 1 angeglichen. Diese Hypothese setzt aber voraus, daß Ps 1 vorexilisch ist. Da Brownlee die Möglichkeit einräumt, daß Ps 1 erst aus nachexilischer Zeit stammt, erwägt er noch eine zweite Hypothese für

setzen, was sie beweisen sollen. Das will unsere literarkritische Hypothese vermeiden, die zunächst einmal Ps 2 daraufhin untersucht, ob und wie er als in sich geschlossener Text verstanden werden kann. Erst in einem weiteren methodischen Schritt soll dann gefragt werden, ob und gegebenenfalls welche 501 Zusammenhänge mit Ps 1 bestehen.[19]

Unsere erste literarkritische Beobachtung setzt bei dem spannungsreichen Verhältnis von V. 6–9 zu V. 10–12 an, auf das auch Bardtke und Lipiński aufmerksam gemacht haben. Nach der in V. 6–9 breit entfalteten Königstheologie verwundert es, daß der König in V. 10–12 keine Rolle mehr spielt. Sowohl die Aufforderung, Jahwe in Gottesfurcht zu dienen und ihm zu huldigen,[20] als auch die um politische Loyalität werbende Seligpreisung[21] zielen auf das Königtum *Jahwes*. Die Argumentation arbeitet nicht mehr, wie nach V. 6–9 zu erwarten wäre, mit dem königlichen „Gottessohn“ als dem Repräsentanten des Himmelsgottes,[22] sondern mit dem „bald“ bevorstehenden Zorngericht Gottes,

---

die sekundäre Angleichung von Ps 2 an Ps 1. Ihre Zusammenstellung gehörte dann in das Bemühen der nachexilischen Messiastheologie, die in Ps 1 und Ps 2 die Gestalt des erhofften Messias zum einen im Blick auf Israel (Ps 1) und zum anderen im Blick auf die Völkerwelt (Ps 2) darstellen wollte.

19 Daß Ps 1 als in sich geschlossener Text entstanden und als solcher zu lesen ist, heben besonders John T. Willis, Psalm 1 (s. Anm. 3), 393–401 sowie Rémi Lack, Le Psaume 1. Une analyse structurale, in: Bibl 57 (1976), 154–167, hervor. Über die Relation von Ps 2 zu Ps 1 bzw. deren Zustandekommen ist damit aber noch nicht alles entschieden! Weitgehende Strukturentsprechung zwischen Ps 1 und Ps 2 stellt Pierre Auffret, La sagesse a bâti sa maison. Études de structures littéraires dans l'Ancien Testament et spécialement dans les psaumes (OBO 49), Fribourg–Göttingen 1982, 173–178 heraus, ohne freilich deren Herkunft näher zu präzisieren.

20 Im Anschluß an zahlreiche Autoren, zuletzt wieder Alfons Deissler, Zum Problem der Messianität von Psalm 2, in: Maurice Carrez (Hg.), De la Tôrah au Messie. Études d'exégèse et d'herméneutique bibliques offertes à Henri Cazelles pour ses 25 années s'enseignement à l'Institut catholique de Paris, Paris 1981, 283–292, hier 285 f halte ich נשקו־בר für eine späte Glosse; גילו ברעדה ist Aufforderung zur Königshuldigung, die den Aspekt des lauten Jubels mit dem des Erbebens angesichts der Theophanie des Königs verbindet (vgl. ähnlich Ps 22,24; 67,4–6.8; 96,9; 97,1.4).

21 Zu dieser Funktion der Seligpreisung vgl. besonders Jan Assmann, Weisheit, Loyalismus und Frömmigkeit, in: Erik Hornung/Othmar Keel (Hrsg.), Studien zu altägyptischen Lebenslehren (OBO 28), Fribourg–Göttingen 1979, 11–72.

22 Die Amtseinsetzung des „Königs Jahwes“ wird in V. 7 als mythisch-mystische Zeugung bzw. als Wiedergeburt gedeutet. Wegen der Angabe „heute“ hat man immer wieder gesagt, daß hier nicht von einer mythischen Zeugung, durch die Gott im König in besonderer Weise gegenwärtig wird, die Rede ist, sondern nur von einer Adoption des Königs zum Gottessohn. Diese Adoption werde durch das Wort vollzogen, das dem König zugesprochen werde. Das sei ein entscheidender Unterschied zur ägyptischen Königstheologie, wo von einer quasi-naturhaften Gottessohnschaft des Königs geredet werde. Hinter dieser Abgrenzung steckt die Angst, die alttestamentliche Theologie würde durch derartige Anleihen aus der ägyptischen Umwelt in ihrem theologischen Eigenwert kompromittiert. Diese Angst ist einerseits theologisch völlig unbegründet

der [502] *selbst* eingreift, um die, die sich ihm nicht unterwerfen, zu vernichten. Die in V. 10–12 entfaltete Alternative von Gottesfurcht oder Untergang überrascht nach der einseitigen Beauftragung des „Gottessohnes“ zur bedingungslosen Unterwerfung bzw. Vernichtung der Völker. Dies gilt vor allem, wenn die Suffixkonjugation in V. 9 als sichere Voraussage der Zukunft oder gar jussivisch zu deuten ist; die Metapher des Zerschmetterns von Tongefäßen meint ohnedies nicht nur die leichte, sondern die gänzliche und unwiderrufliche Vernichtung.

V. 10–12a steht ebenso in Spannung zu V. 1–3. Während in V. 1–3 von der Aufkündigung der Unterordnung durch die Könige/Fürsten *und* deren Völker die Rede ist, fordert V. 10 nur die Könige/Herrscher zum Jahwedienst auf. Auch semantisch greift V. 10–12a nicht auf V. 1–3 zurück, um die gegenüber V. 1–3 geforderte „Umkehr“ zu formulieren.

Weitere literarkritische Beobachtungen betreffen den Zusammenhang von V. 5 mit seinem unmittelbaren Kontext. Nach dem in V. 1–4 wirkungsvoll geschilderten Kontrast zwischen der Weltrevolution auf der Erde und dem Himmelsgott, der darüber lacht und spottet, überrascht die Aussage von V. 5 in mehrfacher Hinsicht. Zum einen ist wenig wahrscheinlich, daß der Vers als Redeeinleitung zu V. 6 dienen kann, wie viele Autoren meinen. Das ist natürlich ohnehin auszuschließen, wenn in V. 6 der schwierige masoretische Text so geändert wird, daß der „Got- [503] tessohn“ der Sprecher ist.[23] Aber auch der Wortlaut von V. 5 selbst ist keine Redeeinleitung. Das „Reden im Zorn“ (V. 5a) spielt auf die Donnerstimme der Gewittertheophanie an, das „Verstören in der Zornesglut“ (V. 5b) auf den Gottesschrecken im Jahwekrieg bzw. beim eschatologischen Völkersturm. Beide Aussagen meinen einen Geschehenszusammenhang von Ursache (V. 5a) und Wirkung (V. 5b): durch sein Reden wird der Allherr die rebellierenden Völker und Könige entmachten (V. 5b). Bei diesem Reden kommt es nicht auf den Inhalt der Rede an, sondern auf die erschreckende Wirkung des Redens. Von der chaosbannenden Macht göttlichen Redens weiß vor allem die alttestamentliche Schöpfungstheologie. So braucht der Schöpfergott den mythischen Chaosdrachen des Urmeers nur anzuschreien (גער) und schon sucht dieser schleunigst das Weite, so daß die vom Wasser befreite Erdscheibe sichtbar wird (vgl. Ps 18,16; 104,6; Jes 50,2;

---

und sie verzeichnet andererseits die historisch unbestreitbare Tatsache, daß das AT sich vielfach an Bildern und Vorstellungen seiner Umwelt inspiriert, um seine Botschaft zu formulieren. Wer Ps 2,7 fälschlicherweise auf die Adoption beschränkt, obwohl der Text doch eindeutig von Zeugung redet, sagt in der Tat viel weniger als der Text selbst. Denn der Text erhofft einen messianischen König, der in einer mythisch-mystischen Vater-Sohn-Beziehung steht, durch die der Schöpfergott den König in einer Art Wiedergeburt so neu schafft, daß er die menschliches Vermögen sprengenden Aufgaben eben als „Gottessohn“ durchführen kann. Als „Gottessohn“ ist er zwar nicht Gott. Man könnte aber sagen, daß der König von seinem Amtsantritt an ein Mensch ist, in dem Gottes Wirkmacht voll und universal gegenwärtig ist.

23 So viele Kommentatoren mit mehreren griechischen Handschriften und mit Vulgata.

Nah 1,4). Aber auch die Geschichtstheologie weiß um die tödliche Macht des göttlichen Redens (Dtn 4,33; 5,25–27; 18,16). Vor allem aber begegnet das Motiv von der erschreckenden (Donner-)Rede des zürnenden Gottes im eschatologischen Kontext. So wird nach Jes 30,27–33 die Zornes-Stimme Jahwes Assur erschrecken lassen. Auch den Völkersturm gegen den Zion wird Jahwe mit seinem Drohen und in der Gewalt seines Zorns so beenden, daß „Rosse und Wagen erstarren“, wenn er „vom Himmel her sein Urteil bekannt macht“ (Ps 76,7–9; vgl. auch Ps 46,7). Die Wirkung des „redenden“ Gotteszorns wird in V. 5b mit dem Motiv vom „Gottesschrecken“ formuliert, das (teilweise mit anderen Verben) vor allem in Jahwe-Kriegs-Erzählungen und in [504] Texten vom „Tag Jahwes“ vorkommt. Über wen der „Gottesschrecken“ fällt, der wird starr und leblos (vgl. Ex 15,15), verliert seine Lebenskraft (Ps 104,29) oder seine Kampfeswut und seinen Kampfesmut (vgl. Ex 14; Ps 48,6). Beide Motive von der drohenden Gottesrede und vom vernichtenden Gottesschrecken finden sich verbunden auch in der prophetischen Gerichtsrede Jes 17,12–14, in der Jahwes Eingreifen angesichts des eschatologischen Völkersturms gegen Zion-Jerusalem angekündigt wird. Was konkret geschieht, sagen diese Texte bzw. ihre Metaphern nicht. Entscheidend ist die Aussagerichtung: Die Macht der Feinde zerbricht, weil die Geschichte letztlich dem Weltkönig Jahwe gehört. Ist V. 5 im Horizont dieser Vorstellungen zu deuten, wird verständlich, warum der Vers mit der Partikel אז eingeführt wird. Diese drückt nicht einfach eine sukzessiv fortschreitende Zeitkette aus, wie oft angenommen wird:

> „Jehova’s Verachtung drückt sich erst im ruhigen Lachen aus, dann im leidenschaftlicheren Spotten; von diesem geschieht dann der Übergang zum handelnden Zorn … Nachdem Jehova eine Zeitlang ruhig zugesehen, lässt er seinen Unwillen ausbrechen.“[24]

Die Partikel, die hier mit Präfixkonjugation verbunden ist, kann auch auf keinen Fall im urgeschichtlich-mythischen Sinne verstanden werden,[25] sondern ist eschatologisch gemeint (vgl. ähnlich Mich 3,4; Zef 3,9): Dann,

> „d.h. nicht darauf, sondern in jenem Israel bekannten Zeitpunkt, ‚an jenem Tage‘, wie die Bearbeiter der Prophetenschriften zu sagen lieben, wird er ‚im Zorn zu ihnen reden‘, er, der jetzt lacht; dann zieht er sie vor sein Gericht. Es ist klar, dass dieses zukünftige zornige Reden Jahwes nicht in V. 6 ausgeführt wird, selbst wenn man den hebr. Text der Juden reden lässt, und nicht den griechischen, wo der König redet, für richtig hält.“[26]

Das in V. 5 [505] angekündigte Zorngericht Gottes ist nun genau die Perspektive von V. 10–12a. Nicht nur semantisch wird dort das Thema vom Zorn Gottes wieder aufgegriffen, auch die eschatologische Dimension wird in V. 12a anvisiert. Die in V. 12a gebrauchte adverbiale Bestimmung כמעט ist nicht modal im Sinne von „leicht, wenig nur“, sondern temporal im Sinne von

---

24 Wilhelm M. L. de Wette, Commentar über die Psalmen, Heidelberg [5]1856, 12.

25 Gegen Aage Bentzen, Messias, Moses redivivus, Menschensohn (AThANT 17), Zürich 1948, 13 f.

26 Bernhard Duhm, Die Psalmen (KHC 14), Freiburg i. Br. 1899, 7.

„bald“ (vgl. LXX: εν ταχει) zu deuten, worauf mit Nachdruck auch B. Duhm hingewiesen hat:

> „beinahe, leicht (könnte entbrennen) passt gewiß nicht zu der Meinung des Dichters und seiner Zeit vom Gericht, das sicher kommt, nicht zu V. 5, ebensowenig zu der kräftigen Haltung dieses Ps.s, die plötzlich nachliesse, wenn der Dichter das Entbrennen des Zorns nur als leicht möglich hinstellte.“[27]

V. 5.12 bietet in den Verben בהל und אבד einen Zusammenhang, der so auch in Ps 83,18 vorliegt.

Die skizzierten literarkritischen Beobachtungen lassen sich nun so auswerten, daß V. 5 und V. 10–12a die Bearbeitung eines vorgegebenen „Königspsalms“ V. 1–4.6–9 darstellen, wobei auch V. 2b und V. 6b nicht zum ursprünglichen Bestand gehört haben dürften.[28] Die angenommene „Grundschicht“ von Ps 2 ist ein (messianischer)[29] Königspsalm, in dem das redende Ich von dem [506] ihm übergebenen Auftrag berichtet, die sich der Weltordnung des Schöpfergottes entziehende Völkerwelt zu vernichten. Der erste Teil dieses Königspsalms V. 1–4 kulminiert in dem Bild vom Himmelsgott, der souverän über solche Versuche von bloßen „Erdenkönigen“ lacht und spottet, weil er, wie der zweite Teil V. 6–9 ausführt, „seinen König“ als „seinen Sohn“ durch die mythisch-mystische Neuzeugung der Amtseinsetzung mit der universalen Vollmacht ausgestattet hat, die Geschichte der Aufstände und der Widerstände gegen die göttliche Weltordnung definitiv zu beenden. Dieser „Grundpsalm“, der sich konzeptionell mit Ps 110 berührt,[30] ist stark von der ägyptisch-altorientalischen Königsideologie geprägt. Dies gilt nicht nur vom Dogma der Gottessohnschaft, sondern von der Gesamtkonzeption, die man geradezu als

---

[27] Ebd., 10.

[28] V. 2b fällt aus der Parallelismusstruktur heraus; mit seinem Akzent auf dem zuerst genannten Jahwe könnte dieser verdeutlichende Zusatz bereits auf die „theokratische“ Bearbeitung (s. u.) zurückgehen. V. 6a ist ebenfalls ohne paralleles Element; der Halbvers könnte von jener Hand stammen, die die Grundschicht von Ps 2 an den Anfang des „messianischen Psalters“ Ps 2–89 stellte; der Halbvers bildet dann einen Stichwortbezug nach Ps 3,5. Ebenfalls sekundär dürfte der Imperativ שאל ממני am Anfang von V. 8a sein. Dieser den Parallelismus störende und überhängende Imperativ, der sich an 1 Kön 3,5 inspiriert, ordnet den „Gottessohn“ Jahwe unter; er dürfte ebenfalls auf das Konto der theokratischen Bearbeitung gehen, die dabei die ursprüngliche Suffixkonjugation von נתן in Präfixkonjugation verändert.

[29] Zu sprachlichen und vorstellungsgeschichtlichen Argumenten für eine nachexilische und damit „messianische“ Interpretation des Königspsalms vgl. vor allem Alfons Deissler, Zum Problem der Messianität von Psalm 2 (s. Anm. 20).

[30] Die „göttliche“ Dimension des Königs in diesen beiden Psalmen und das Fehlen der „innerisraelitischen“ Perspektive (König über bzw. für sein Volk, Fürsorge für die personae miserabiles etc.) unterscheidet Ps 2 und 110 von den möglicherweise vorexilischen Königspsalmen Ps 20.21.72.

Umsetzung ägyptischer Vorstellungen ansehen kann, wie der Blick auf die beiden am Ende dieses Beitrags wiedergegebenen Abbildungen[31] belegt.

Abb. 1 zeigt den Gott Amun auf seinem himmlischen Thron als Garanten der universalen Weltordnung, in die er die einzelnen Völker einbindet, die unter seinem Thron als eine Völkerkette abgebildet sind, repräsentiert in ihren Fürsten, die an den Armen mit Stricken gefesselt und an ihrem Hals durch ein Seil zusammengebunden sind. Genau diese doppelte Bindung dürfte auch in Ps 2,3 gemeint sein, weshalb sich die wiederholt vorgeschlagene Textänderung „Laßt uns ihre Stricke zerreißen und ihre Joche von uns werfen“[32] erübrigt. Auf den Gott zu schreitet der Pharao, wobei er in seiner linken Hand Vertreter von Völkern, wieder mit Stricken an den Armen und mit Seilen am Hals zusammengebunden, hält, die sich [507] gegen die Weltordnung durch Rebellion vergangen haben und nun wieder in diese integriert werden sollen. Abb. 2 zeigt rechts den Gott Amun, der in der Rechten das Sichelschwert ausstreckt und dadurch dem König die Vollmacht übergibt, die Feinde niederzuschlagen. In seiner Linken hält der Gott die Enden der Seile, mit denen er die seiner Weltherrschaft unterworfenen Völker zusammengebunden hat, die wieder durch ihre an den Armen mit Stricken gefesselten Fürsten über/in entsprechenden Namenskartuschen dargestellt sind. Das Henkelkreuz = Lebenszeichen in derselben Hand unterstreicht zugleich, daß es sich bei dieser „Bindung der Völker“ um eine Aktion handelt, die der Lebensordnung dienen soll. Der Pharao selbst ist als monumentale Gestalt im Laufschritt dargestellt. In seiner linken Hand hält er ein ganzes Bündel von Feinden, über denen er seine Eisenkeule schwingt, um sie niederzuschlagen. Daß es hier nicht um ein realistisches Schlachtenbild geht, sondern um eine quasi-sakramentale Hieroglyphe, die die Macht des Pharao als Inkarnation des Schöpfergottes gegenwärtig setzen soll, wird durch mehrere Einzelzüge des Bildes angedeutet. Der Pharao ist nicht als Feldherr, sondern mit kultischen Konnotationen dargestellt. Er trägt den Ritualbart und ist barfuß wie bei kultischen Handlungen. Außerdem ist kein Kriegskontext gegeben; der Pharao ist weder von einem Heer begleitet, noch kommt es überhaupt zu einem Kampf.

Was mit diesen monumentalen Hieroglyphen[33] bildhaft beschworen wird, beschwört unser Psalm mit Worten, die dem von Israel erhofften messianischen

---

31 Entnommen aus Walther WRESZINSKI, Atlas zur altägyptischen Kulturgeschichte. Bd. 2, Leipzig 1935, 119 (Abb. 1) und 53a (Abb. 2).

32 Um das Bild vom Joch, das mit Stricken am Nacken des Stieres festgebunden ist, zu erhalten, lesen viele Kommentatoren, z. B. Hermann GUNKEL, Die Psalmen (GHK 2,2) Göttingen [4]1926, 11 f. עלתימו statt עבתימו (vgl. Jer 2,20; 5,5; 28,24.11; 30,8); allerdings ist das dazu gehörige Verbum nicht שלך, sondern שבר.

33 Der Zusammenhang von „thronen“ und „die Völker an Seilen (um den Hals) und mit Stricken (an den Armen) binden“ wird auch gut sichtbar auf der bei Othmar KEEL, Die Welt der altorientalischen Bildsymbolik und das Alte Testament. Am Beispiel der Psalmen, Zürich–Neukirchen [2]1977, 232, wiedergegebenen Abb. 341. Zur „doppelten“ Fesselung vgl. auch ebd., 280 Abb. 406; dagegen scheint im assyrischen Raum, wie die

König als Zitat einer Gottesrede in den Mund gelegt werden. Als zeitgesehichtlicher Sitz im Leben dieses „messianischen“ Psalms legt sich die Epoche nach dem Zusammenbruch der unter den Achämeniden etablierten Völkerordnung nahe, der ja zu einer weltweiten Erschütterung führte und sich in mehreren alttestamentlichen Texten widerspiegelt. [508] Es ist sogar zu erwägen, ob der Psalm mit der Eroberung Jerusalems durch Ptolemaios I. im Jahre 302/1 v. Chr. zusammenhängt.[34] Gegen den realen und ideologischen Machtanspruch des hellenistischen Königtums, das seine „Gottessohnschaft“ in den „Geburtskapellen“ (Mammisi) der Tempel ikonographisch darstellen und rituell spielen ließ,[35] betont unser Psalm die „wahre“ Gottessohnschaft des von Jahwe gegebenen messianischen Königs. In dieser Funktion ist die Grundschicht von Ps 2 auch als Eröffnungspsalm des um 300 v. Chr. zusammengestellten „messianischen“ Psalters Ps 2–89 denkbar.[36]

Als schließlich ab 220 v. Chr. die militärischen Auseinandersetzungen zwischen Ptolemäern und Seleukiden nicht zuletzt um die Vorherrschaft in Palästina ausgetragen wurden, mit der Folge, daß Jerusalem und Judäa dem Seleukidenreich zufielen, verschärfte sich die soziale und religiöse Krise. In dieser Situation gesteigerter Not wurde Ps 2,1–4.6–9 eschatologisch neu gelesen und durch V. 5.10–12 erweitert. Diese Erweiterung geschah mit Blick auf Ps 1, der gleichzeitig als erster Psalm dem nun redigierten Psalmenbuch Ps 1–150 vorangestellt wurde. Mit Ps 1 teilt diese Erweiterungsschicht nicht nur mehrere Formulierungen, die aus Ps 1 aufgenommen wurden,[37] sondern die eschatologische Perspektive,[38] die weisheitlich geprägte Sprache und die Toratheologie. Die Aufforderung השכילו greift [509] den weisheitlichen Fachbegriff der Regierungskunst auf (vgl. 1 Sam 18,5.4.14; Ps 101,1 f.; Jer 23,5; Jes 52,13).[39] In Jos 1,7 f.; 1 Kön 2,3 ff.; 2 Kön 18,3 ff. ist die Befolgung der Tora die Voraussetzung für die staatsmännische Einsicht, die in Ps 2,10 gefordert

---

ebd., 281 wiedergegebene Abb. 407 zeigt, eine andere Vorstellung bzw. Praxis beheimatet zu sein.

34 Vgl. hierzu Martin Hengel, Juden, Griechen und Barbaren. Aspekte der Hellenisierung des Judentums in vorchristlicher Zeit (SBS 76), Stuttgart 1976, 33 f.

35 Vgl. Jan Assmann, Die Zeugung des Sohnes. Bild, Spiel, Erzählung und das Problem des ägyptischen Mythos, in: Jan Assmann / Walter Burkert / Fritz Stolz, Funktionen und Leistungen des Mythos. Drei altorientalische Beispiele (OBO 48), Fribourg–Göttingen 1982, 13–61 (Lit.!).

36 Vgl. Hartmut Gese, Die Entstehung der Büchereinteilung des Psalters, in: Josef Schreiner (Hg.), Wort, Lied und Gottesspruch. Beiträge zu Psalmen und Propheten FS Joseph Ziegler (FzB 2), Würzburg 1972, 57–64, hier 61.63.

37 דרך אבד (Ps 2,12: vgl. Ps 1,6); אשרי (Ps 2,12: vgl. Ps 1,1); הגה (Ps 2,1: vgl. Ps 1,2): möglicherweise wurde הגה in Ps 2,1 erst von dieser Bearbeitung an Stelle eines anderen Verbums gesetzt.

38 Diese wird in Ps 2 durch den sekundär eingetragenen V. 5 hergestellt.

39 Vgl. Fritz Stolz, Einsicht und Erfolg – ein Element alttestamentlicher Königsideologie. Zum normativen Stellenwert eines biblischen Themas, in: ThGl 4 (1979), 343–356.

ist.[40] So verwundert es nicht, daß die Aufforderung von V. 11–12a auf die deuteronomische Tora-Paränese Dtn 6,13–18 zurückgreift. Auf diesen Abschnitt spielt die Erweiterung von Ps 2 mehrfach an: „*Fürchte Jahwe* und *diene ihm … sonst entbrennt sein Zorn* und er vernichtet dich vom Erdboden. Du sollst tun, was in seinen Augen richtig und gut ist. Dann wird es dir gut gehen, und du kannst in das prächtige Land, das Jahwe deinen Vätern mit einem Schwur versprochen hat, hineinziehen und es in Besitz nehmen.“ Vor diesem Hintergrund wird die auf der Ebene der Schlußredaktion des Psalmenbuch sekundär hergestellte Beziehung zwischen Ps 2 und Ps 1 verständlich. Wenn die Könige der Völker die Tora Jahwes zu ihrem Handlungsprinzip machen, wird „ihr Weg sich nicht verlieren“[41] wie der Weg der „Gottlosen“ von Ps 1, sondern er wird gelingen wie der Weg der „Gerechten“. Vor allem aber: In der Annahme der Tora Jahwes durch die Völker nimmt das universale Gottesreich Jahwes sichtbare Gestalt an.[42] Dazu will die sich an „*alle* wendende Schlußformel von Ps 2, die den Bogen zum Beginn von Ps 1 schlägt, bewegen.[43]

40 Da Ps 1,3b sekundär aus Jos 1,8 eingetragen wurde, ist es wahrscheinlich, daß Jos 1,8 auch bei der Formulierung von 2,10 mitwirkte.

41 Das in Ps 2,11 f. vorliegende Wortspiel עבד - אבד findet sich auch in (dem sehr späten Texteinschub: vgl. Odil H. Steck, Bereitete Heimkehr. Jesaja 35 als redaktionelle Brücke zwischen dem Ersten und dem Zweiten Jesaja [SBS 121], Stuttgart 1985, 70.80) Jes 60,12.

42 Vgl. ähnlich Ps 47,7–10; 102,23, aber auch Jes 2,1–5; 24,23+25,6–8.

43 Auf der Ebene der Schlußredaktion des Psalmenbuchs besteht auch ein Zusammenhang zwischen Ps 2 und Ps 149: vgl. Ps 149,7–8 mit Ps 2,1–3; Ps 149,9 mit Ps 2,12; Ps 149,2 mit Ps 2,11. Dazu vgl. auch Joseph P. Brennan, Psalms 1–8: Some Hidden Harmonies, in: BTB 10 (1980), 25–30, hier 26.28 f.

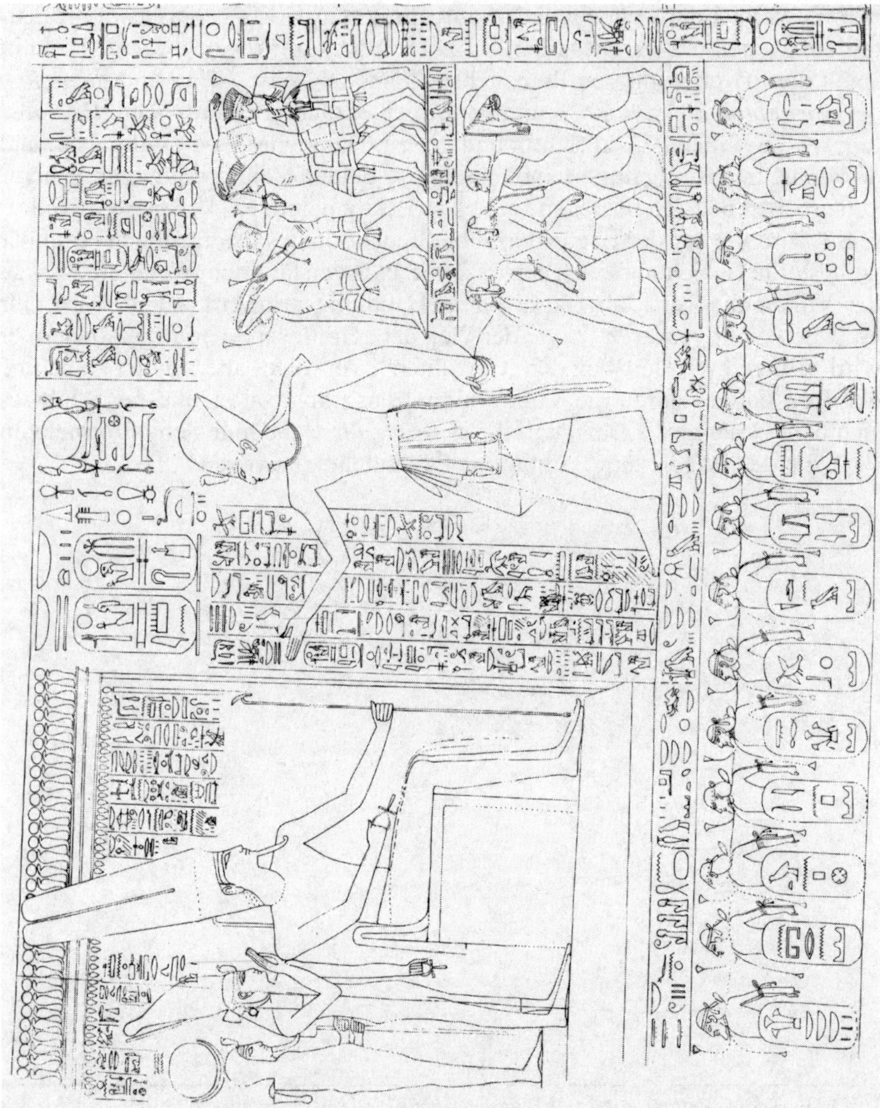

Abb. 1

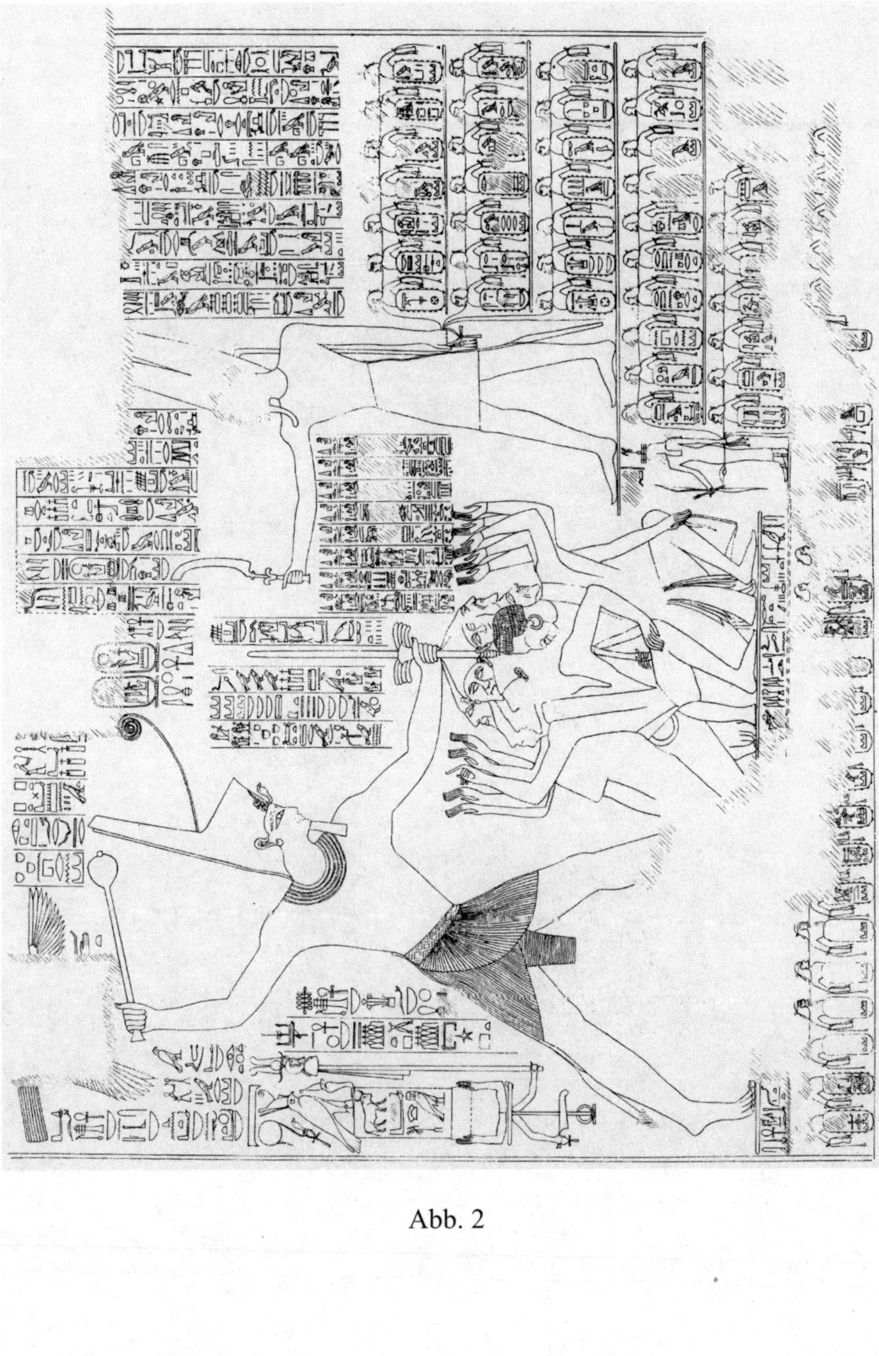

Abb. 2

Der Psalter als Wegweiser und Wegbegleiter

Ps 1–2 als Proömium des Psalmenbuchs

Erich Zenger

I.

[29] Die beiden Psalmen, die das biblische Psalmenbuch programmatisch eröffnen, haben bei christlichen Theologen nicht immer ungeteilte Zustimmung gefunden. Den Kritikern erscheinen sie schlichtweg zu jüdisch, als daß Christen diese Psalmen unbesehen nachsprechen oder als Gottes Wort hören könnten.

Die Vorbehalte gegenüber Ps 1 hat R. Kittel in seinem Psalmenkommentar so zusammengefaßt:

> „Gewiß verdient der hohe sittliche Ernst unsere volle Achtung, der entschlossen ist, Gottes Willen in allem sich zur Richtschnur zu machen, ja Tag und Nacht über ihn zu sinnen. Aber restlos können wir die einzelnen Forderungen unseres Psalms uns doch nur dann aneignen, wenn wir sie zugleich christlich vertiefen, d. h. wenn wir Frömmigkeit und Gotteswillen uns erheblich anders denken als es hier geschieht. Weder ist der Inhalt eines geläuterten Frömmigkeitsideals nur das Gesetz, so, wie es Ps 1 versteht, sondern die Forderung des Guten in ihrer Gesamtheit, die, in der Weise von Jer 17 verstanden, die Glaubensstellung Gott gegenüber über alles setzt. Noch ist es für uns ein wesentliches Kennzeichen des Frommen, daß er sich unbedingt und allezeit, auch äußerlich, vom Gottlosen lossagt: Jesus nimmt die Sünder an und isset mit ihnen – freilich zum Ärgernis der Pharisäer und Schriftgelehrten. Noch endlich kann es ein Hauptstück unserer religiösen Zuversicht ausmachen, daß Gott die Frommen und Gottlosen auch äußerlich und sinnenfällig ihren Lohn erlangen läßt. Gewiß bleibt es dabei, daß die Sünde ‚der Leute Verderben' ist und daß Gottes Gericht auch auf Erden sich immer wieder auswirkt und an den tiefen Zusammenhang zwischen der natürlichen und der sittlichen Weltordnung erinnert. Er ist oft genug im Leben handgreiflich zu spüren. Noch weniger werden wir daran zweifeln, daß Gottes Gerechtigkeit weder Gute noch Böse je unbeachtet und unbelohnt läßt. *Wie* aber und *wann* Gott das [30] tut, ob äußerlich oder innerlich, ob hier auf Erden und sichtbar ‚in der Gemeinde der Frommen' oder auf ganz andere Art und in rein geistigen Formen, – das sind Fragen, über die nicht wir zu entscheiden haben.
>
> Es ist von Bedeutung, diese Grundsätze … auszusprechen, weil unser Psalm … nicht als ein Psalm wie die Mehrheit der anderen galt, sondern … als eine programmartige Vorrede zum Psalter überhaupt. Die Gesinnung, die uns hier entgegentritt, wird uns im Psalter noch vielfach begegnen, und demjenigen, der unseren Psalm hierher gestellt hat, war sie … das Wesentliche im Psalter, ja die Quintessenz des Psalters überhaupt. Was hier gesagt wird, gilt für große Teile des Psalters überhaupt und für weite Kreise der jüdischen Gemeinde, die den Psalter gebrauchte. Diese Auffassung ist durch den Psalter

auch vielfach in die christliche Gemeinde und in die populäre Gemeindefrömmigkeit gedrungen. Um so wichtiger ist es, sie am Evangelium des Glaubens, wie es Jesus und Paulus vertreten, zu messen."[1]

Daß R. Kittel zu diesem negativen Urteil gelangt, hängt unbestreitbar mit antijüdischen Klischees zusammen, die er in den Psalm einträgt, wie sich aus seiner Kommentierung von Ps 1,1–2 unschwer entnehmen läßt, weil er hier unmißverständlich das nachbiblische Judentum bis „heute" in den Blick nimmt:

„Im besonderen tritt die *Absonderung* von anderen, die den Pharisäern (von *prš*) den Namen gegeben hat, hier schon deutlich als eine Kennzeichnung des Frommen heraus … Das Judentum glaubte durch alle Jahrhunderte hindurch seine nationale und religiöse Eigenart am besten durch das wahren zu können, was Tacitus das von ihm geübte *odium generis humani* nennt, die gehässige Stellung gegen andere und die Absonderung von Andersgerichteten … Besonders bezeichnend ist nun aber, daß die Freude am Gesetz und der Eifer um seine Erfüllung sich … im ‚Sinnen' über seine Satzung bestätigen soll. Damit ist das Studium des Gesetzes gemeint, das bis auf den heutigen Tag die Hauptbeschäftigung des gesetzestreuen Juden geblieben ist. Wie wir im NT den 12jährigen Jesus im Tempel finden, unter den Schriftgelehrten sitzend, daß er ‚ihnen zuhörte und sie fragte', so sitzt heute noch der angehende Gesetzesfromme zu den Füßen der Torahgelehrten im Lehrhaus *bet ha-midrasch*, und je mehr Zeit und Eifer er darauf verwendet, das Gesetz nach allen seinen Satzungen sich einzuprägen und es auf alle vorkommenden Fälle des täglichen Lebens anzuwenden, desto heiliger ist er."[2]

Zwar läßt sich R. Kittel bei seiner Kennzeichnung des „Gesetzesfrommen" nicht zu jenen häßlichen Klischees hinreißen, die sich beispielsweise bei
31 H. Schmidt[3] und B. Duhm[4] finden, aber sein theologisches Nein zu dieser jüdischen „Werkgerechtigkeit", die im schroffen Gegensatz zur prophetischen „Glaubensgerechtigkeit" steht, ist eindeutig. Auch wenn man die Bedeutung dieser Gesetzesfrömmigkeit „in der Zeit des Ersterbens der Profetie als Ersatz des lebendigen Profetenwortes und zur Bewahrung und Rettung der hohen Errungenschaften der Vergangenheit Israels für die größere Zukunft"[5], d. h. wohl für deren „Aufnahme" ins Christentum, nicht verkennen darf, ist klar, daß das Christentum – im Sinne der sog. „Prophetenanschlußtheorie" – wieder zu den

---

1 Rudolf Kittel, Die Psalmen (KAT XIII), Leipzig 1914, 6 f.

2 Ebd., 4.

3 Hans Schmidt, Die Psalmen (HAT I 15), Tübingen 1934, 1 f.: „Über die Schriftrolle gebeugt, ‚murmelnd', wie das sonst z. B. vom Gurren der Tauben gebrauchte Wort eigentlich heißt, so sieht man den hier Gegrüßten Tag für Tag, und auch des Nachts sitzt er so beim Schein seiner Öllampe … Man lebt in dieser Zeit in seiner Frömmigkeit nicht mehr aus einer unmittelbaren Erfahrung von Gott. Die Stimme seiner lebendigen Boten, der Propheten ist verstummt. Dafür hat man das heilige Buch, das *gebietet* in der Religion. Es ist eine Spätzeit, eine Zeit der Epigonen."

4 Bernhard Duhm, Die Psalmen (KHC XIV), Freiburg i. Br. ²1922, 3: „Hier ist gemeint das Brummeln, Murmeln eines Mannes, der in seiner unpunktierten Thorahhandschrift mühsam Wort um Wort entziffert und mit halblauter Stimme ausspricht und dann das Gelesene repetiert und glossiert."

5 Rudolf Kittel, Die Psalmen (s. Anm. 1), 5.

großen Quellen der Ursprünge Israels zurückkehrte und den „spätjüdischen" Nomismus auf die Seite schob:

> „Es ist der Unterschied von profetischer und gesetzlicher Frömmigkeit, der Gegensatz von *Werk*gerechtigkeit und *Glaubens*gerechtigkeit, der sich hier widerspiegelt … An welche der beiden Anschauungen von Gott wohlgefälligem Verhalten Jesus und Paulus sich anschlossen, kann keinem Zweifel unterliegen."[6]

Daß diese Widersprüche zu Ps 1 nicht vorschnell auf die Seite geschoben werden dürfen, zeigt eine Predigt von G. Ebeling, der einerseits zwar die bei R. Kittel, H. Schmidt und B. Duhm begegnenden antijüdischen Klischees ausdrücklich ablehnt,[7] aber andererseits den christlichen „Protest" gegen Ps 1 noch viel radikaler ansetzt – im Namen der Erfahrung und des Glaubens:

> „Die Erfahrung lehrt uns, daß das Leben viel differenzierter, komplizierter und problematischer ist, als der Psalm in seinem einfachen Holzschnittstil zu berücksichtigen scheint … Und wenn es darum geht, Einspruch gegen das zu erheben, was in unserem Psalm so einlinig optimistisch, allzu vereinfacht und glatt klingt, dann ist der Glaube dazu berufen, diesem Protest tiefer, schärfer, aber auch hilfreicher Ausdruck zu geben. [32]
>
> Der Glaube verdankt sich Jesus und beruft sich auf ihn, den Anfänger und Vollender des Glaubens. Kommen wir mit dem 1. Psalm zu ihm, so ertönen aufs erste harte Dissonanzen. Freilich wird dem Psalm nicht in der Weise widersprochen, daß sein Nein einfach in Ja und sein Ja einfach in Nein verkehrt würde …
>
> Statt eines Mannes, der durch entschiedene Trennung von der Gemeinschaft mit den Sündern sich von Ansteckung freihält, sehen wir den, der aus Gehorsam gegen den Vater, aus Lust am Gesetz des Herrn, aus Liebe zu Gott und darum in Ausführung seiner Liebe zur Welt sich zu den Sündern gesellt, das Mahl der Gemeinschaft mit ihnen nicht verschmäht und dafür sich schmähen läßt als der Zöllner und Sünder Geselle … Nicht um sie mitschuldig zu machen, sondern um die Schuld der Welt auf sich zu nehmen, begibt er sich an den Ort der Sünder. Statt eines Mannes, … dem man vom Standpunkt der Lebensweisheit aus ehrlich gratulieren kann, sehen wir den Schmerzensmann, der sich daran hingibt, sich dafür verzehrt, diejenigen seligzusprechen, deren Leben nicht nach Glückseligkeit aussieht und die es gegen den Augenschein auf sein Wort hin glauben dürfen, daß sie dennoch selig sind. Darum ist das Zeichen Jesu nicht der prächtig grünende Baum, sondern das hohle Kreuz, das Wahrzeichen des Todes; jedoch als Zeugnis von dem Gott, der sich nicht in Gleichschaltung mit unseren Wünschen offenbart, vielmehr angesichts des Todes als der Gott der Lebendigen und nicht der Toten geglaubt sein will, als der Gott also, der die Toten erweckt …"[8]

Im auffallenden Kontrast zu diesen Vorbehalten der „kritischen" Theologie steht die Hochschätzung des ersten Psalms in der alten Kirche.[9] Man sieht in Ps 1,1–3 einerseits das Ideal des christlichen Menschen, der sich vom „Gesetz

---

[6] Ebd.

[7] Gerhard EBELING, Psalmenmeditationen, Tübingen 1968, 9.

[8] Ebd., 15–20.

[9] Im NT wird der Psalm nicht zitiert; vielleicht (eher unwahrscheinlich!) liegen Anspielungen in Lk 23,51 (Ps 1,1?) und in Mt 7,17–20 par (Ps 1,3) vor.

des Neuen Bundes", das dem Herzen eingeschrieben ist, leiten läßt und so dem aus Mt 7,17 herausgelesenen Bild vom Christen als „guten Baum, der gute Früchte bringt", entspricht.[10] Andererseits wurde Ps 1 auf vielfache Weise christologisch gedeutet; da sich dabei ein gemeinsamer Deutungshorizont für die Psalmenreihe 1–3 ergab, kam es ab dem 5. Jh. dazu, daß mit Ps 1 die Vigilien der Sonntagspsalmodie und, als die alte Ostervigil auf den Karsamstagmorgen wanderte, dann insbesondere auch die Psalmodie des Ostersonntags eröffnet wurden. [33]

Ansatzpunkt der christologisch-österlichen Deutung des Psalms, die sich erstmals im Barnabasbrief (Barn 11,6–8) findet, ist die Seligpreisung „des Gerechten", der „wie ein Baum an Wasserbächen gepflanzt ist", als Bild des Kreuzes (hebr. „Baum" = griech. „Holz") Christi, aus dem die Wasser der Taufe geströmt sind. Diese typologische Deutung, die von Origenes abgelehnt und bekämpft wurde, wurde von der neuen Liturgia Horarum aufgegriffen, als sie Ps 1 als Eröffnungspsalm der Vigilien des 1. Sonntags unter die Antiphon stellte: „Dein Kreuz, o Herr, das ist der Baum des Lebens. Halleluja."[11]

Daß Ps 1 im Judentum eine reiche, „positive" Rezeptions- und Wirkungsgeschichte hatte, ist nicht verwunderlich. Das um 180 v. Chr., also in zeitlicher Nähe zu Ps 1, entstandene Buch Jesus Sirach, stellt an den Beginn seines großen Theodizeeabschnitts (15,11–18,14) den Makarismus 14,20–15,10, der sich stark von Ps 1 inspirieren läßt.[12] Der Abschnitt, der wie Sir 24 einerseits die Tora Israels als die wahre Weisheit feiert (vgl. Dtn 4,6–8) und der

---

[10] Hippolyt arbeitet sogar die Parallelität zwischen Ps 1 als Proömium des Psalters und den Seligpreisungen Mt 5 als Eröffnung der Bergpredigt heraus (vgl. GCS Hippolyt I/2, 129 f.).

[11] Zur frühchristlichen Auslegung von Ps 1,3 vgl. besonders Balthasar Fischer, Das Taufmotiv an der Schwelle des Psalters. Die frühchristliche Deutung von Ps 1,3a und ihr Schicksal bei den lateinischen Kirchenvätern, in: ders., Die Psalmen als Stimme der Kirche. Gesammelte Studien zur christlichen Psalmenfrömmigkeit (hg. von Andreas Heinz), Trier 1982, 103–112; ders., Liturgiegeschichte und Exegesegeschichte. Interdisziplinäre Zusammenhänge, in: JAC 30 (1987), 11–13; ebd. auch der Hinweis: „Die neue Liturgia Horarum hat sich unsere exegesegeschichtliche Erkenntnis zunutze gemacht." Zur Bedeutung der Psalmen 1–3 in der neuen Liturgia Horarum vgl. auch Vitus Huonder, Zur Psalmodie der Herrenfeste in der „Liturgia Horarum": Eccl Or 7 (1990), 157–159; ebd., 159: „Man hätte sich freilich gewünscht, daß die Ps 1,2 und 3, die das ‚Consilium' selber als vorzüglich österliche Psalmen bezeichnet, in die Osternachtfeier integriert worden wären."

[12] Vgl. Johannes Marböck, Zur frühen Wirkungsgeschichte von Ps 1, in: Ernst Haag / Frank-Lothar Hossfeld (Hg.), Freude an der Weisung des Herrn. Beiträge zur Theologie der Psalmen. FS H. Groß (SBB 13), Stuttgart ^{2}1987, 211–217; die demgegenüber von Ernst Haag, Psalm 1. Lebensgestaltung nach dem alttestamentlichen Menschenbild in: Rudolf Mosis / Lothar Ruppert (Hg.), Der Weg zum Menschen. Zur philosophischen und theologischen Anthropologie. FS A. Deissler, Freiburg i. Br. 1989, 159 Anm. 7 vorgeschlagene Umkehrung der traditionsgeschichtlichen Abhängigkeit ist kaum einsichtig zu machen.

andererseits die Weisheit Israels als Explikation der Tora präsentiert, ist ein midraschischer Kommentar zu Ps 1,2. Was „Lust an der Tora JHWHs" und „rezitierende Meditation der Tora" meint, kann man in Sir 14,20–15,10 plastisch miterleben: Der Mensch, der die Tora sucht, ist deshalb seligzupreisen, weil die Tora längst ihn sucht. Er findet sie, weil sie sich finden lassen will. Er erfährt die Begegnung mit ihr als Lust, weil sie ihm als die Liebende entgegengeht. Wer von der Tora ergriffen ist, dem öffnet sie den Mund inmitten der Versammlung (15,6) – und befähigt ihn zum Psalmendichten und zum Psalmenrezitieren (15,9 f.).[13] Wer sich so auf [34] die Tora JHWHs einläßt, dem wird auch die Kraft gegeben, seinen Lebensweg trotz der Erfahrung von Sünde und Leid voller Hoffnung zu gehen, wie der den Theodizeeabschnitt 15,11–18,14 zusammenfassende Makarismus festhält: „Selig alle, die auf sein Erbarmen hoffen und seine Gebote annehmen."

Während offen bleiben muß, ob PsSal 14 eine Aktualisierung von Ps 1 sein will,[14] dürfte es keine Frage sein, daß der nun von É. Puech edierte aus Qumran stammende Makarismus 4Q 525, der wegen seiner Struktur und wegen seines Inhalts 4Q Beat genannt wird,[15] Ps 1,2b zitiert und zugleich für das Gesamtverständnis von Ps 1 wichtig ist. Eine der in 4Q 525 formulierten Seligpreisungen[16] lautet:

Selig der Mensch, der die Weisheit erlangt,
    und der in der Tora des Höchsten geht
    und der ausrichtet auf ihre Wege sein Herz
und der sich stark macht durch ihre Warnungen
    und der an ihren Zurechtweisungen immer sein Gefallen hat
und der sie nicht verwirft in den Bosheiten seiner Not
    und in der Zeit der Bedrängnis sie nicht verläßt

[13] Vgl. Johannes MARBÖCK, Sir 15,9 f. – Ansätze zu einer Theologie des Gotteslobes bei Jesus Sirach, in: Irmtraut Seybold (Hg.), *Meqor ḥajjim*. FS G. Molin, Graz 1983, 267–276.

[14] Vgl. Johann MAIER, Psalm 1 im Licht antiker jüdischer Zeugnisse, in: Manfred Oeming u. a. (Hg.), Altes Testament und christliche Verkündigung. FS A. H. J. Gunneweg, Stuttgart 1987, 353–365, hier 356 f.

[15] Auf die Existenz dieses Textes machte erstmals Jean STARCKY, Le travail d'édition des fragments manuscrits de Qumrân, in: RB 73 (1956), 67, aufmerksam; die wissenschaftliche Publikation bietet nun Émile PUECH, 4Q 525 et les péricopes des béatitudes en Ben Sira et Matthieu, in: RB 98 (1991), 80–86; die erste deutsche Übersetzung, der ich oben weitgehend folge, besorgte Heinz-Josef FABRY, Der Makarismus – mehr als nur eine weisheitliche Lehrform. Gedanken zu dem neu-edierten Text 4Q 525, in: Jutta Hausmann / Hans J. Zobel (Hg.), Alttestamentlicher Glaube und biblische Theologie. FS H. D. Preuß, Stuttgart 1992, 362–371.

[16] Émile PUECH, 4Q 525 (s. Anm. 15) will 8 Seligpreisungen rekonstruieren und zieht daraus weitreichende Konsequenzen für die „Urform" von Mt 5 (ebenfalls ursprünglich 8 Seligpreisungen; gegen die üblichen Theorien einer Wachstumsgeschichte) – freilich wenig überzeugend!

und sie nicht vergißt in den Tagen des Schreckens
    und in der Bedrücktheit seiner Sache sie nicht verabscheut.
Ja, er rezitiert sie immer,[17]
    und in seiner Not meditiert er [die Tora[18]
und mit seinem ganzen] Sein sucht er Einsicht in ihr
    und er stellt sie sich vor seine Augen, 35
damit er nicht geht auf den Wegen [der Frevler …]
und inmitten der Brüder bringt er Frucht …

Einerseits sind die motivlichen Gemeinsamkeiten mit Ps 1 frappierend: Die Tora ist hier Wegweiser und Wegbegleiter zugleich. Sie bewahrt „den Menschen" vor den Wegen der Frevler und macht ihn zum fruchtbringenden Baum für seine Gemeinschaft. Andererseits wird die in Ps 1 nur aus seiner Hinordnung auf den Gesamtpsalter zu erschließende Aussage, daß die Tora-Meditation gerade in Zeiten der Not, also auf schwierigen „Wegstrecken", ihre rettende Kraft erweist, hier explizit betont.

Aus dem schwer datierbaren Midrasch Tehillim[19] ist in unserem Zusammenhang bedeutsam, daß mit Hilfe von Ps 1 als Proömium des Psalmenbuchs dieses mit der Tora parallelisiert wird. Dies wird auf doppelte Weise erreicht. Zum einen wird der Schluß der Tora mit dem Anfang des Psalters eng verbunden: „Als Mose die Israeliten segnen wollte, … schloß er mit den Worten: ‚Selig bist du Israel' (Dtn 33,29). Als David aufstand, begann er, womit Mose geschlossen hatte, er sprach nämlich: Ich will Israel mit dem Worte ‚Selig' (Ps 1,1) segnen." Von daher ist der Psalter die Fortsetzung der Tora. Und zum anderen greift der Midrasch die Fünfgliederung des Psalmenbuchs auf, um das Psalmenbuch als „Entsprechung" zur Tora zu kennzeichnen: „Wie Mose Israel die fünf Bücher der Tora gab, so gab David Israel die fünf Bücher der Psalmen." Gerade weil Ps 1 das Psalmenbuch Davids so eng an die Tora des Mose anbindet, zitiert der Midrasch einen Ausspruch des R. Judan: „Dieser Psalm ist der vorzüglichste von allen Psalmen." Schließlich reflektiert der Midrasch auch die in der Exegese meist vernachlässigte Frage, was in Ps 1,2 mit „seiner Tora" gemeint sei, und gibt u. a. folgende Antwort:

„Wenn du Lust hast an der Tora, so wird sie zuletzt nach deinem Namen genannt … Du kannst es auch daraus erkennen, daß es sich so verhält, denn siehe, die Tora ist doch des Heiligen, geb. sei er!, wie es heißt: ‚Die Tora des Ewigen ist untadelig' (Ps 19,8),

---

17 Zu dieser von Heinz-Josef FABRY, Der Makarismus (s. Anm. 15) abweichenden Übersetzung s. u. Anm. 37.

18 Da *śiᵃḥ* + *b* im Parallelismus zu *hgh* + *b* belegt ist (Ps 77,13) und außerdem in der Bedeutung „rezitierend, singend meditieren" häufig vorkommt (Ps 105,2; 119,15.23.27.48.78.148), schließe ich mich hier – abweichend von Heinz-Josef FABRY, Der Makarismus (s. Anm. 15) – der Übersetzung von Émile PUECH, 4Q525 (s. Anm. 15) an.

19 Nach Hermann L. STRACK/Günter STEMBERGER, Einleitung in Talmud und Midrasch, München 1982, 295 geht „der Großteil des Materials … sicher auf talmudische Zeit zurück."

weil aber Mose hinauf zur Höhe stieg und daselbst 40 Tage und 40 Nächte verweilte [und sein Leben für sie einsetzte] – wird sie nach seinem Namen genannt, wie es heißt: ‚Gedenket der Tora des Mose, seines Knechtes‘ (Mal 3,22).“[20] 36

II.

Daß Ps 2 im frühen Christentum und im frühen nachbiblischen Judentum eine bedeutsame, wenngleich unterschiedliche Rezeption erfahren hat, kann und braucht hier nicht im Detail dargelegt zu werden. Der Psalm wird im NT, mit einer Ausnahme, immer in christologischer Aussageabsicht aufgenommen.[21] Während der sog. westliche Text von Lk 3,22 das Herabkommen des Geistes Gottes auf Jesus bei der Taufe durch Zitat von Ps 2,7 als „Zeugung“ interpretiert, deutet die Predigt des Paulus in Apg 13,33 mit diesem Zitat die Auferweckung Jesu als Neuschöpfung. Der Hebräerbrief greift in 1,5 und 5,5 ebenfalls Ps 2,7 auf, um Jesu Einsetzung zum „Herrn der Völker“ und zum himmlischen Hohenpriester „nach der Ordnung des Melchisedek“ zu legitimieren. Daneben werden aber auch Ps 2,1 f. und Ps 2,9 zitiert, um Jesus als Opfer der chaotischen Gewalt (Apg 4,25 f.: Zitat von Ps 2,1 f.) und als apokalyptischen Überwinder aller chaotischen Mächte und Gewalten (Offb 12,5; 19,15: Zitat von Ps 2,9 G) darzustellen; daß die, die in der Nachfolge des gewaltlosen Christus ihrerseits Opfer der chaotischen Gewalt wurden, beim eschatologischen Gericht über das Böse an der Seite Jesu teilnehmen, wird in Offb 2,26 f. ebenfalls mit Zitat von Ps 2,9 verheißen.

Angesichts dieser starken christologischen Rezeption von Ps 2 schon durch das Neue Testament, die bei den Kirchenvätern fortwirkt, verwundert es nicht, daß das mittelalterliche Judentum diese „messianische“ Auslegung der Christen ausdrücklich abgelehnt hat. Man hat den Psalm dann konsequent auf den historischen David und seine Auseinandersetzungen mit den Philistern hin gelesen. Freilich wissen die großen mittelalterlichen Exegeten um die mes-

[20] Den in der rabbinischen Überlieferung betonten Zusammenhang zwischen Tora und Psalmen bzw. die Parallelisierung Mose – David erklärt Clemens Thoma, Psalmenfrömmigkeit im Rabbinischen Judentum, in: Hansjakob Becker u. a. (Hg.), Liturgie und Dichtung. Ein interdisziplinäres Kompendium I (Pietas Liturgica 1), St. Ottilien 1983, 91–105, 102, so: „Die ausgestaltende Sinngebung der Tora durch die Psalmen geschah vor allem in zwei Richtungen: 1. Die Psalmen (und mit ihnen David) verbürgten den Rabbinen den offenbarungs- und heilsgeschichtlichen Zusammenhang der Tora-Aussagen, 2. Sie gaben den Tora-Aussagen eine poetisch-milde und emotional-religiöse Note.“

[21] Vgl. den Überblick bei Paul Maiberger, Das Verständnis von Psalm 2 in der Septuaginta, im Targum, in Qumran, im frühen Judentum und im Neuen Testament, in: Josef Schreiner (Hg.), Beiträge zur Psalmenforschung. Psalm 2 und 22 (fzb 60), Würzburg 1988, 113–118; Hans-Joachim Kraus, Theologie der Psalmen (BK XV/3), Neukirchen-Vluyn 1979, 227–233.

sianische Auslegung des Psalms innerhalb des Judentums,[22] die gerade für die Zeit des entstehenden Christentums gut bezeugt ist. Hauptzeugen dieser Aufnahme sind PsSal 17 (vgl. besonders 17,21–24) 37 und das 4. Esrabuch (vgl. 4 Esr 7,28 f.; 13,32.37.52; 14,9); allerdings fällt auf, daß dabei gerade das in Ps 2,7 stehende „Zeugungsmotiv“ nicht zitiert wird.[23] Daneben ist ein Strom jüdischer Auslegung hervorzuheben, der den Psalmanfang, auf freilich unterschiedliche Weise, als Bedrohung „des Gesalbten Israel“ interpretiert. So hat schon die im 1. Jh. v. Chr. entstandene LXX-Übersetzung des Psalters in Ps 2,1–2 eine Bedrohung Israels gesehen.[24] Hier wird durch eine ausdrückliche Zäsur (Diapsalma) zwischen 2,2 und 2,3 die Wir-Rede von 2,3 als Befreiungsruf des von Fremdvölkern bedrohten Israel ausgewiesen, das im Vertrauen auf die Souveränität JHWHs (2,4 f.) und auf den von JHWH dann beauftragten Zionskönig (Ps 2,6–9) den Widerstand, ja den Kampf gegen die Fremdmacht wagt. Diese „revolutionäre“ Tendenz kommt auch am Schluß des LXX-Psalters zum Ausdruck, der sich so nicht im MT-Psalter findet.[25] Die kollektive Interpretation „des Gesalbten“ von Ps 2,2 ist auch in Qumran bezeugt,[26] aber auch im Midrasch Tehillim, der sogar die Gottessohn-Aussage von 2,7 ausdrücklich auf Israel als den „Erstgeborenen JHWHs“ (vgl. Ex 4,22) bezieht.

---

[22] Raschi: „Unsere Lehrer haben die Stelle auf den König, den Messias, ausgelegt.“ Auch im Midrasch Tehillim finden sich mehrere „messianische“ Deutungen.

[23] Zur Diskussion über die christliche Interpolation „(mein) Sohn“ in 4 Esr vgl. zuletzt Martin Karrer, Der Gesalbte. Die Grundlagen des Christustitels (FRLANT 151), Göttingen 1991, 305.

[24] Daß der Gesalbtenbegriff und überhaupt Zusagen an David in der nachexilischen Theologie auf Israel als Gemeinschaft übertragen wurden, ist unbestreitbar: Ps 89,39.52 und Jes 55,3–5 sind klare Belege. Im hellenistischen Judentum der Diaspora ist ab dem 2. Jh. v. Chr. in der LXX eine starke Zunahme der Übertragung des Gesalbtenbegriffs auf das Gottesvolk feststellbar; so ist die Bezugnahme in Ps 2,2 LXX auf den „Gesalbten Israel“ nicht besonders auffallend. Vgl. zu dieser „Kollektivierung“ des Gesalbtenbegriffs in der LXX: ebd., 228–231.

[25] Die LXX zieht die beiden nicht in das kanonische Psalmenbuch aufgenommenen (oder wieder abgestoßenen?) Psalmen 151 A und 151 B zu einem einzigen Psalm zusammen und macht daraus ein implizites „Kampflied“; was an David interessiert, ist vor allem, daß er, der kleine Hirte, „dem Fremdstämmigen“ (Goliath) entgegenzog, ihm den Kopf abschlug und so „Schande wegnahm von den Kindern Israels“. Auch Ps 149 erhält, abweichend vom hebräischen Text (s. u.), klare kämpferische Töne (vgl. besonders die futurische Perspektive der Übersetzung sowie den Plural „Schwerter“ in 149,6). In Ps 2,3 ändert die LXX auch das Bild, indem sie das für Fremdherrschaft gebräuchliche Bild des Joches einträgt. Zur zeitgeschichtlichen Einordnung des LXX-Psalters als „Widerstandsliteratur“ vgl. ebd., 128 Anm. 162.

[26] Vor allem: 4QFlor I 14–17. Vgl. dazu Johann Maier, Psalm 1 im Licht antiker jüdischer Zeugnisse (s. Anm. 14), 355 f.; Paul Maiberger, Das Verständnis von Psalm 2 in der Septuaginta (s. Anm. 21), 93–101; Martin Karrer, Der Gesalbte (s. Anm. 23), 238–240.

Gegenüber dieser reichen und positiven Rezeption von Ps 2 fällt nun abermals die Kritik der neuzeitlichen Exegese auf, die sich insbesondere gegen die gewalttätigen Bilder und Reden des Psalms richtet und zugleich eine [38] angesichts der „naiven“ Aufnahme des Psalms im NT überraschende Antithese AT–NT konstruiert, die dann nur mit Hilfe besonderer hermeneutischer Überlegungen theologisch „aufgelöst“ wird.

Der scheinbar „einfachste“ Umgang mit Ps 2 (und ähnlichen Texten des Ersten Testaments) ist die explizite oder implizite theologische Kritik, die den Psalm nur partiell rezipiert. Diesen Weg schlagen H. Gunkel und B. Duhm vor: „Die christliche Gemeinde wird sich an einem solchen Psalm, an dem für ihr Empfinden mehr als ein ‚Erdenrest‘ (Kautzsch-Bertholet) klebt, nur mit sehr großen Abstrichen erbauen können.“[27] „Auch diesen Psalm könnte sich das Christentum nur unter starken Abänderungen aneignen.“[28]

Einen radikaleren Weg schlägt F. Baumgärtel für derartige Texte vor: „Die theologische Deutung dieser Psalmen ist nur möglich *e contrario*, als Kontrastparallele zur neutestamentlichen Botschaft.“ Dies sei eine wichtige „Offenbarungsfunktion“ dieser Texte:

> „In der Verkündigung des Evangeliums tut diese Kontrastparallele einen großen Dienst: Sie ist ein Warnungssignal für den Christen, den Glauben nicht zu verkoppeln mit der Sehnsucht nach völkisch-politischer Integration und nach der Integration der sozialen Gemeinschaft.“

> „Der christliche Glaube weiß, daß diese Integrationen, nach denen sich diese Psalmen ausstrecken, nicht möglich sind. Er weiß, daß die Welt der politischen Herrschaft und der sozialen Gemeinschaft nicht hinüberzuretten ist – und damit zu integrieren ist – in das Reich Gottes. Israel wußte es nicht, weil sein Glaube kultisch-völkisch- und diesseitsgebunden war.“[29]

Den Ausweg ins Eschatologische bieten, auf freilich unterschiedliche Weise, H. Schmidt und A. Weiser an, nicht zuletzt deshalb, weil sie die „unkritische“ Rezeption von Ps 2 im NT nicht einfach auf die Seite schieben wollen. So überlegt H. Schmidt, der seinerseits dann freilich den Psalm als vorexilische Poesie im „altorientalischen Hofstil“ theologisch „entschärft“, in seinem Psalmenkommentar:

> „Im NT … ist der Psalm als Weissagung auf Jesus Christus verstanden. Und wenn man dabei auch ohne weiteres die Ungemäßheit einer solchen Voraussage empfindet – wie fremd ist das Bild des Königs, der Völker wie Tontöpfe mit einer Eisenstange zerschlägt, dem Bild des Gekreuzigten! – so bleibt doch zu fragen, ob diese Auslegung nicht [39] insofern im Recht ist, als wir es hier mit einem eschatologischen Gedicht, mit

[27] Hermann GUNKEL, Die Psalmen (HK II/2), Göttingen [5]1968, 10.

[28] Bernhard DUHM, Die Psalmen (s. Anm. 4), 9.

[29] Friedrich BAUMGÄRTEL, Zur Frage der theologischen Deutung der messianischen Psalmen, in: Fritz Maass (Hg.), Das ferne und nahe Wort. FS L. Rost (BZAW 105), Berlin 1967, 23–25.

einem Gemälde, nicht gemeint von einer geschehenen, sondern von der in der Endzeit erwarteten Geschichte zu tun haben."[30]

Und A. Weiser meint:

„Der Ton liegt hier auf dem Willen Gottes: in das Geschichtliche ragt das Ewige hinein und gibt ihm erst einen letzten Sinn und Rahmen. So ist doch ein Unterschied, ob man ähnliche Worte in altorientalischen Orakeln liest als Ausdruck menschlichen Machtwillens, oder im Alten Testament als das Zeugnis einer gläubigen Aufschau zu der Macht des göttlichen Weltenrichters, der die Menschen unter seinen Willen beugt und mitten in der Geschichte letzte Ausblicke auf sein kommendes Reich eröffnet."[31]

III.

Zumindest einer reflektierten, nicht-fundamentalistischen christlichen Rezeption scheinen die beiden Psalmen also ernste Schwierigkeiten zu machen. Werden sie nicht sogar noch größer, wenn man die neuerdings wieder stärker beachtete Tatsache bedenkt, daß beide Psalmen als Proömium des Psalmenbuchs an herausragender Stelle stehen? Muß nicht die „Dunkelheit" dieser beiden Psalmen einen langen Schatten auf das ganze Psalmenbuch werfen? Ich möchte im folgenden das Gegenteil aufzeigen: Gerade wenn man im Sinne der Psalmenbuchredaktion die beiden Psalmen als redaktionelle (!) Einheit und zugleich in ihrer Funktion hinsichtlich des Gesamtpsalters – also kanonisch – liest, „lösen" sich nicht nur die Bedenken der Kritiker, sondern wird das Licht sichtbar, das beide Psalmen auf das Psalmenbuch werfen.

Dafür, daß Ps 1 und Ps 2 im Frühjudentum und in den ersten Jahrhunderten des Christentums zumindest von einem Teil der Überlieferung als eine redaktionelle Einheit betrachtet und ausgelegt wurden, gibt es eine ganze Reihe von Hinweisen und Zeugnissen:

(1) In dem aus paläographischen Gründen ins 2. oder 3. Viertel des 1. Jh. n. Chr. datierten „Florilegium" aus 4Q folgt nach einer Interpretation von 2 Sam 7,11–14, die die Erwartung eines Sprosses Davids und eines eschatologischen Toraauslegers artikuliert, ein zusammengehöriger (!) Midrasch über Ps 1,1 und Ps 2,1 f., der die beiden Psalmenanfänge kollektiv auf die [40] Qumrangemeinde als „die Erwählten Israels" bezieht, die im eschatologischen Kampf mit den „Gottlosen" aus Israel und aus den Völkern stehen.[32]

(2) Der Talmud (Berakot 9b–10a) bezeugt die Tradition, Ps 1 und Ps 2 als *einen* Psalm zu verstehen:

---

30 Hans Schmidt, Die Psalmen (s. Anm. 2), 5

31 Artur Weiser, Die Psalmen (ATD 14), Göttingen ^{5}1959, 77.

32 S.o. Anm. 26. Möglicherweise sprechen die Anklänge in 4Q525 an Ps 1 und Ps 2 ebenfalls für qumranische Tradition, die beiden Psalmen als „Einheit" zu betrachten.

„[Der Psalm] ‚Heil dem Mann' und [der Psalm] ‚Warum toben die Völker' sind *ein* Abschnitt. Denn R. Jehuda b. R. Schimon b. Pazi sagte: Hundertunddrei Psalmen hat David gesagt, doch sagte er nicht eher ‚Hallelujah', als bis er die Niederlage der Frevler gesehen, wie es heißt: ‚Es mögen die Sünder von der Erde verschwinden, und die Frevler nicht mehr da sein; preise, meine Seele, den Herrn, Hallelujah' [Ps 104,35], nun, sind es denn hundertunddrei? es sind ja hundertundvier?! – schließe also daraus, daß [der Psalm] ‚Heil dem Mann' und [der Psalm] ‚Warum toben die Völker' *einen* Abschnitt bilden. Ebenso sagte auch R. Schemuel b. Nahmani im Namen des R. Johanan: David begann jeden Psalmabschnitt, der ihm besonders lieb war, mit [dem Wort] ‚Heil', und schloß ihn mit [dem Wort] ‚Heil'; er begann mit ‚Heil', wie es heißt: ‚Heil dem Mann', und schloß mit ‚Heil', wie es heißt: ‚Heil allen, die in ihm Schutz suchen!'"

(3) Daß in der Lesart des westlichen Textes in Apg 13,33 aus Ps 2 als aus dem *ersten* Psalm zitiert wird und daß ähnlich Tertullian, Cyprian und Hilarius von Poitiers auf Ps 2 als auf den „ersten" Psalm verweisen, ist am ehesten damit zu erklären, daß sie die beiden Psalmen als eine Einheit betrachteten.[33]

(4) Von der jüdischen Tradition, in den Handschriften Ps 1 und Ps 2 wie einen zusammengehörenden Text zu schreiben, berichten Origenes, Eusebius von Cäsarea und Hieronymus.[34]

Daß die Zusammenschau von Ps 1 und Ps 2 von der Schlußredaktion des Psalmenbuchs intendiert ist, wird durch folgende Beobachtungen nahegelegt:

(1) Beide Psalmen heben sich von den nachfolgenden „Davidpsalmen" 3–41 dadurch ab, daß sie keine Überschrift haben und daß sie nicht als Gebete mit Du-Anrede Gottes gestaltet sind.

(2) Sie sind durch die Seligpreisungen in 1,1 und 2,12 miteinander verklammert. Beide Seligpreisungen stehen außerhalb der Parallelismusstruktur.

41

(3) Beide Psalmen sind durch Stichworte aufeinander bezogen: *hāgāh* „halblaut aufsagen, meditieren" (1,2; 2,1) und die Verbindung von *dæræk* „Weg" mit *ʾābad* „zugrunde gehen" (1,6; 2,12).[35]

(4) Beide Psalmen haben als zusammen gelesener Text auffallende Beziehungen zu anderen biblischen Texten, auf die sie offensichtlich anspielen; dabei fällt auf, daß in Ps 2 diese Anspielungen nur von dem Abschnitt 2,10–12 ausgehen, der höchstwahrscheinlich erst auf eine Erweiterung des „Grundpsalms" 2,1–9 zurückgeht.[36] Im einzelnen sind folgende Anspielungen bedeutsam:

---

[33] Die von verschiedenen Autoren vertretene alternative Erklärung, daß Ps 1 als Proömium galt und daß dann Ps 2 als erster Psalm gezählt wurde, scheidet m. E. aus; so mit Recht Paul Maiberger, Das Verständnis von Psalm 2 in der Septuaginta (s. Anm. 21), 85.

[34] Belege ebd., 85; vgl. auch Hans Bardtke, Erwägungen zu Psalm 1 und Psalm 2, in: Martinus A. Beek (Hg.), Symbolae Biblicae et Mesopotamicae. FS Th. de Liagre Böhl (Studia Francisci Scholten memoriae dicata 4), Leiden 1973, 5 f.

[35] Die LXX hat die Bezüge noch verstärkt, indem sie aus Ps 1,6a in 2,12 a den „Weg der Gerechtigkeit" einträgt.

[36] Zu der hier vorausgesetzten Hypothese, wonach der um 300 v. Chr. entstandene „Grundpsalm" 2,1–9 die Teilsammlung Ps (2.) 3–89 einleitete und dann um 200 v. Chr. im

(a) 1,1–2 und 2,10–12 inspirieren sich, teilweise bis in den Wortlaut hinein, an Dtn 6,4–19, einem zentralen Text der „Tora“. Daß der Israelit, wie Dtn 6,7 einschärft, beim Gehen, Stehen und Sitzen, beim Schlafengehen und beim Aufstehen die Worte der Tora halblaut rezitieren soll, um sie „seinem Herzen“ einzuprägen und um sie so seinen Kindern, die mit ihm „gehen“, weiterzugeben, wird in 1,1–2 aufgegriffen.[37] Die Worte der Tora sollen nach Dtn 6,6 f. und Ps 1,1–2 die ständigen „Wegbegleiter“ sein, die dem Alltagsleben Sinn, Orientierung und Ziel geben. Damit gehen schon vom Wortlaut her die eingangs zitierten „kritischen“ Klischees von dem „Tag und Nacht“ über die Torarolle gebeugten Juden an der hier gemeinten Sache vorbei. Ps 2,11 f. nimmt dann Dtn 6,13–15 auf, wo als Ziel der permanenten Torarezitation angegeben ist: „JHWH, deinen Gott, sollst du fürchten; ihm sollst du dienen … Ihr sollt nicht gehen hinter anderen Göttern her …, damit nicht entbrenne der Zorn JHWHs, deines Gottes, gegen dich und er dich nicht vernichtet …“. Die monastische Tradition vom „immerwährenden“ (vgl. 1 Thess 5,17) Psalmengebet, wie es besonders von Johannes Cassianus begründet wurde, hat diese jüdische Tradition fortgeführt.

(b) Daß Ps 1 als Anfang des Kanonteils „Schriften“ auf den Anfang des Kanonteils „Propheten“ dadurch zurückgreift, daß Ps 1,2.3b gezielt Jos 1,7–8
42 zitiert, ist schon oft herausgestellt worden: Die Worte der Tora „auf den Lippen des Josua, bei Tag und bei Nacht“ sollen ihm „Orientierungshilfe“ sein, damit der Weg ins Gelobte Land gelingt; daß der Weg für den in Ps 1 „Seliggepriesenen“ ein Weg zum Leben und nicht in den Tod wird, hängt ebenfalls davon ab, daß er an der Tora JHWHs so sehr seine Lust hat, daß er sie „als seine Tora bei Tag und bei Nacht rezitiert“ (dazu s. u.). Der in Ps 2,10 die Aufforderung an die Könige einleitende Imperativ *haśkīlū* „kommt zur Einsicht, werdet weise“ inspiriert sich abermals an Jos 1,7–8, wo das Verbum als Folge des Toragehorsams gleich zweimal die „Weisheit auf dem Weg“ meint, die den Weg gelingen läßt, zu dem Josua als Anführer seines Volkes aufbricht.[38]

(c) Auch die von Ps 1 als Anfang des Kanonteils „Schriften“ nach Mal 3 als Schluß des Kanonteils „Propheten“ ausgehende Beziehung intensiviert sich, wenn Ps 1 und Ps 2 als redaktionelle Einheit gelesen werden. Wörtliche bzw.

Zusammenhang mit der Schaffung des Proömiums Ps 1–2 als Eröffnung des Gesamtpsalters Ps 1–150 durch V. 10–12 erweitert wurde, vgl. Frank-Lothar HOSSFELD/Erich ZENGER, Die Psalmen 1–50 (NEB), Würzburg 1993.

[37] Zur Bedeutung von *dbr* + *b*; *hgh* + *b*; *gr'* + *b*; *śi^{a}ḥ* + *b* als Ausdruck des Sprechens, Lesens, Rezitierens von „Worten“ und nicht, wie meist angenommen wird, als Reden, Nachsinnen über die „Worte“ vgl. Georg FISCHER/Norbert LOHFINK, „Diese Worte sollst du summen“. Dtn 6,7 *w^{e}dibbartā bām* – ein verlorener Schlüssel zur meditativen Kultur in Israel, in: ThPh 62 (1987), 59–72.

[38] *Hiskīl* begegnet vor allem in weisheitlichem Kontext und meint die Fähigkeit, die der Welt innewohnende Ordnung, die von Gott gesetzt ist und das Leben bestimmt, wahrzunehmen, zu befolgen und so „erfolgreich“ zu sein. Daneben wird damit jene erfolgreiche Regierungskunst eines Königs zum Wohl seines Volkes bezeichnet, die aus dem Gehorsam gegenüber der Tora JHWHs resultiert (vgl. 1 Kön 2,3; 2 Kön 18,7; Ps 101,2).

motivliche Gemeinsamkeiten gibt es zwischen Ps 1,2 und Mal 3,22 (Tora), Ps 1,4 und Mal 3,19 (die Frevler als Spreu), Ps 1,5f. und Mal 3,18 (Unterschied beim „Gericht“ zwischen „Frevler“ und „Gerechten“), Ps 2,11f. und Mal 3,16–20 (JHWH fürchten und dienen; Entbrennen des Zorns JHWHs beim Gericht). Ps 1 und 2 wollen demnach als „Seligpreisungen“ derer gelesen werden, die sich von diesen beiden Psalmen auf den Weg der Tora (vgl. Mal 3,22) rufen lassen, der vor dem eschatologischen Zorngericht JHWHs bewahrt.

(d) Zwischen dem JHWH-Hymnus Nah 1,2–8, der das Nahumbuch eröffnet und insbesondere die an Ps 2,1 erinnernde Frage an Ninive „Was plant ihr gegen JHWH“ (Nah 1,9) präludiert, und Ps 1–2 gibt es mehrere auffallende „Formulierungs- und Sachentsprechungen“[39], die am ehesten so erklärt werden können, daß eine einzige Redaktion von Ps 1 und Ps 2 sich durch Nah 1 anregen ließ. Es kann kaum ein Zufall sein, daß die partizipiale Aussage von Ps 1,6a und die partizipiale Formulierung der Seligpreisungen Ps 2,12b in Nah 1,7b in *einer* Aussage verbunden sind; daß Ps 1,6a und [43] 2,12b von Nah 1,7b abhängig sind, legt sich deshalb nahe, weil auch Nah 1,6 auf die Formulierung von Ps 1,5 eingewirkt haben wird und weil sich außerdem Nah 1,6 eng mit Ps 2,5 berührt.

IV.

Was aber folgt nun aus dieser von der Schlußredaktion den beiden Psalmen zugewiesenen Sonderstellung, daß sie gemeinsam das Proömium des Psalters sind, für das Verständnis dieser beiden Psalmen?[40] Es ist zu fragen, ob und gegebenenfalls wie in diesen beiden Psalmen als Proömium die dann folgenden Psalmen überhaupt im Blick sind. Dies scheint mir in beiden Psalmen der Fall zu sein.

In Ps 1,2 hat die Wiederholung des gleichen Wortes *tōrā* im Parallelismus immer wieder Verwunderung hervorgerufen; manche Ausleger haben das „Problem“ sogar durch Textänderung zu beseitigen versucht.[41] Das ist weder durch

---

[39] Odil H. Steck, Der Abschluß der Prophetie im Alten Testament. Ein Versuch zur Frage der Vorgeschichte des Kanons (BThSt 17), Neukirchen-Vluyn 1991, 162; ebd., 159–162 auch weitere Überlegungen zur „Makroredaktion“ des Psalters.

[40] Zu Ps 1 und 2 als Proömium vgl. auch Gerald T. Sheppard, Wisdom as a Hermeneutical Construct. A Study in the Sapientializing of the Old Testament (BZAW 151), Berlin 1990, 136–144; Patrick D. Miller, Jr., Interpreting the Psalms, Philadelphia 1986, 81–93; James L. Mays, The Place of the Torah-Psalms in the Psalter, in: JBL 106 (1987), 3–12, 10f. – Zu Ps 1 als Proömium vgl. Joseph Reindl, Psalm 1 und der „Sitz im Leben“ des Psalters (TheolJb), Leipzig 1979, 39–50; Walter Brueggemann, Bounded by Obedience and Praise, in: JSOT 50 (1991), 64–66.88–91.

[41] B. Duhm, H. Gunkel, H. Schmidt ändern 1,2a in „sondern hat seine Lust am Dienst (*jirʾat*) JHWHs“; Oswald Loretz, Psalmenstudien I (UF 3), Münster 1971, 102f. erklärt *twrt* in 1,2a als späteren Zusatz und will als ursprünglichen Text lesen: „sondern seine Lust hat an JHWH“.

die Textüberlieferung gedeckt noch in der Sache notwendig. Die beiden Glieder des Parallelismus in 1,2 sprechen über zwei unterschiedliche Aspekte der *einen* Tora, die einerseits als „Tora JHWHs", wie Ps 19 und 119, aber auch Sir 24 entfalten, jene von JHWH selbst gesetzte (bzw. am Anfang der Schöpfung oder sogar vor der Schöpfung geschaffene) „Grundordnung" des Lebens und des Heils ist, die als „Tora des Mose" in Israel ihre Ruhe fand, und die nun andererseits in Israel und von Israel aus ihre belebende, nährende und inspirierende Dynamik entfaltet – in der Prophetie, in der Weisheit, in der „mündlichen Tora" der Halacha, aber auch in den Psalmen. Genau letzteres ist m. E. in Ps 1,2 gemeint: Es geht um das halblaute Rezitieren einer Tora, das aus Begeisterung, Glück und Lust über „die Tora JHWHs" als der grundlegenden und Israel geoffenbarten Welt- und Lebensordnung geschieht. Mit der jüdischen Auslegung 44 (Avoda Zarah 19a; Raschi) ist das Possessivpronomen „*seine* Tora" auf den in Ps 1,1 seliggepriesenen Menschen (David bzw. der Psalmenbeter in der Nachfolge Davids) zu beziehen: Er läßt sich so sehr von der Tora JHWHs ergreifen und ansprechen (1,2a), daß diese, wie Ps 19 und 119 es beschreiben, ihre das Herz und den Mund öffnende Kraft entfaltet und in ihm Meditationstexte über die Tora JHWHs als „seine Tora" hervorbringt – eben das Psalmenbuch, dessen Proömium Ps 1 ist.[42] Daß Ps 1 und Ps 2, wie oben dargestellt, so starke literarische Bezüge zu den beiden vorangehenden Kanonteilen „Tora" und „Nebiim" schaffen, hat deshalb nicht nur die Funktion, die Psalmen als „autoritatives Schriftwerk" neben Tora und Nebiim zu stellen,[43] sondern sie zugleich als Meditationstexte über Tora und Nebiim zu kennzeichnen. Daß vor allem die im 4. und 3. Jh. entstandenen Psalmen zentrale Texte aus Gen-Dtn und aus den „Schriftpropheten" (besonders Jes und Jer) „meditierend" aufnehmen, läßt sich ohnedies durch detaillierte Textanalysen (insbesondere der sog. anthologischen Methode) nachweisen. Den engen Zusammenhang, den die frühjüdische Theologie zwischen Tora bzw. Nebiim und Psalmen sah, unterstrich sie auch dadurch, daß sie in die Tora und in die Nebiim Psalmen integrierte (z. B. Ex 15; Dtn 32; Jes 12; Jer 11; 15; 17; 18; 20 u. a.). Weil und insofern sie „aus der Lust an JHWHs Tora" entspringen, sind die Psalmen in einem sehr tiefen Sinn „Antwort Israels" auf die Liebe JHWHs und zugleich Vollzug jener Liebe, zu der im Schema Dtn 6,4 f. aufgefordert wird.[44] Nach Ps 1,2 sind die Psalmen Realisation der grundlegenden dialogischen Struktur der Beziehung JHWH – Israel bzw. Gott – Mensch (vgl. besonders Ps 119,26 f.).

---

[42] Analog wird in Sir 14,20 die „Weisheit" als Explikation der Tora interpretiert und legitimiert; ähnlich dürfte *hāgāh b*^{e} auch in 4 Q 525 gemeint sein.

[43] Zur „kanonischen" Geltung der Psalmen schon im 1. Jh. v. Chr. vgl. Notker FÜGLISTER, Die Verwendung und das Verständnis der Psalmen und des Psalters um die Zeitenwende, in: Josef Schreiner (Hg.), Beiträge zur Psalmenforschung (s. Anm. 21), 352–354.

[44] Die Selbstaufforderungen „ich will loben aus ganzem Herzen", mit denen die Psalmen 9; 111 und 138 beginnen, sind möglicherweise eine Anspielung auf Dtn 6,5 und verstehen sich dann als Realisation der Gottesliebe „aus ganzem Herzen".

Das Psalmenrezitieren als Meditation und Aktualisierung der Tora soll nach Ps 1,2a „bei Tag und bei Nacht“ geschehen. Dies ist einerseits ein Merismus für „immer, jeden Augenblick“. Aber andererseits dürften auch die im ersten Davidpsalter wichtigen Konnotationen „bei Tag“ = in Zeiten des Lichts, des Heils und „bei Nacht“ = in Zeiten der Finsternis, des Unheils [45] mitschwingen.[45] Vor allem ist der Bezug auf Dtn 6,7; 17,19; Jos 1,8 zu beachten. Die dort aufgetragene Rezitation der Toraworte will diese Toraworte als Wegweiser und Wegbegleiter für alle Situationen des Lebensweges nahebringen: „Du sollst sie aufsagen, wenn du zu Hause sitzt und wenn du auf der Straße gehst, wenn du dich schlafen legst und wenn du aufstehst“ (Dtn 6,7); der König soll die Worte der Tora „alle Tage seines Lebens“ laut rezitieren, „damit er lernt, JHWH, seinen Gott, zu fürchten“ (Dtn 17,19); aus Josuas Mund sollen die Worte der Tora nie weichen und er soll sie rezitieren bei Tag und bei Nacht, damit er so handelt, wie darin geschrieben steht und damit sein Weg gelingt (Jos 1,8). So soll es nach Ps 1,2 auch mit den Psalmen sein: Wer sich von ihnen leiten läßt, dessen Weg führt nicht in den Abgrund (Ps 1,6b), sondern ist ein Weg mit JHWH (Ps 1,6a) und ein Leben, das für andere fruchtbar ist (Ps 1,3). Nach Ps 1 sind die Psalmenbeter „die Gemeinde der Gerechten“ (Ps 1,5), d. h. das wahre Israel (und die wahre Kirche).

Auch Ps 2 als zweiter Teil des Proömiums will eine Aussage über die Bedeutung des Psalmenbuchs machen. Dazu muß er freilich „kanonisch“ gelesen werden, d. h. in dem Beziehungsgeflecht, in das die Schlußredaktion Ps 2 gestellt hat. Während Ps 1 vorrangig die Beziehung der „Gemeinde der Gerechten“ zu den Frevlern in Israel im Blick hat, geht es in Ps 2 um das Verhältnis „der Gemeinde der Gerechten“ als „des Gesalbten JHWHs“ zu den Völkern – und um die Rolle, die die Psalmen in diesem Verhältnis spielen könnten.

Zunächst einmal entwirft Ps 2 das politisch-eschatologische Welt- und Geschichtsbild, das Israel aus dem Meditieren und Rezitieren des Psalmenbuchs „lernen“ soll: Allen geschichtlichen Bedrohungen zum Trotz kann und soll Israel darauf vertrauen, daß JHWH der Herr der Geschichte ist und daß seine Gottesherrschaft die Welt vollenden wird. In dieser Perspektive soll Israel die fünf Bücher der Psalmen als eine geschichtstheologische Meditation lesen, auf deren einzelne Etappen Israel jeweils mit einer Doxologie JHWHs antworten soll (Ps 41,14; 72,18 f.; 89,53; 106,48; 150: Doxologien als Abschluß der einzelnen Psalmenbücher). Ps 2 ist dabei gewissermaßen die hermeneutische Vorgabe, mit der die Psalmenbeter den „Geschichtsweg“ Israels von der Königszeit (Ps 3–89) über die Zeit der Zerstreuung unter die Völker (Ps 90–106) und über den mit der Sammlung aus [46] den Völkern (Ps 107) einsetzenden

[45] Vgl. dazu Frank-Lothar Hossfeld/Erich Zenger, „Selig, wer auf die Armen achtet“ (Ps 41,2). Beobachtungen zur Gottesvolk-Theologie des ersten Davidpsalters (JBTh 7), Neukirchen-Vlyn 1992, 21–50 (in diesem Band S. 11–39).

Prozeß des definitiven Anbrechens der Gottesherrschaft bis hin zu ihrer kosmischen Vollendung (Ps 146–148) nach- und mitgehen sollen.[46]

In Ps 2 ist aber noch in einem viel direkteren Sinn vom Psalmenbuch die Rede. Von der Redaktion, die Ps 1 und Ps 2 als Proömium gestaltet hat, ist nämlich Ps 149 gezielt an den Schluß des Psalmenbuchs gestellt worden, so daß Ps 1 und Ps 2 und Ps 149 sich gegenseitig interpretieren. In Ps 149 wird „die Versammlung der *ḥ^{a}sīdīm*“, die mit der „Gemeinde der *ṣaddīqīm*“ von Ps 1 als das „wahre Israel“ identisch ist, aufgefordert, dem alleinigen Weltkönig JHWH als Königsjubel Psalmen zu singen (Ps 149,1–3), weil er die „Armen“ als sein Volk rettet – nicht zuletzt aus der bedrohlichen Gewalt der Völker, wie der Rückbezug von Ps 149,1–4 auf Ps 106,47, den Schlußpsalm des 4. Psalmenbuchs (90–106), herausstellt.[47] Den Psalmen, die das von JHWH beschützte Gottesvolk singen soll, wird dann aber im 2. Abschnitt von Ps 149 auch noch eine Funktion gegenüber „den Völkern und den Nationen“ (Ps 149,7 wie Ps 2,1) sowie gegenüber den „Königen“ und „Fürsten“ (Ps 149,8: Anklang an Ps 2,10) zugesprochen: Die „Lobeserhebungen auf Gott in ihrer Kehle“ sollen „das zweischneidige Schwert“ sein, mit dem sie das Gericht an den Königen und ihren Völkern vollziehen; die Psalmen sollen die „Fesseln“ sein, mit denen sie die Völkerwelt in die universale Gottesherrschaft einbinden sollen (Ps 149,6–9).[48] Hier wird die bereits in Ps 2 vollzogene Neuinterpretation der „messianischen“ Sendung Israels konsequent zu Ende gebracht: Schon die Erweiterung Ps 2,10–12 brachte als „Ausführung“ der in 2,7–9 recht gewalttätig formulierten Aufgabe des Zionskönigs die Aufforderung an die Könige der Völker, die „Weltordnung“ JHWHs zu lernen (vgl. Jes 2,1–5; 51,4; 4Q185). Analog dazu werden in Ps 149 die Psalmen Israels auf den Weltkönig JHWH als die „Waffen“ dargestellt, mit denen JHWH seine Gottesherrschaft auch über die Völker durchsetzen will; mit den Psalmen werden sie „das Gericht“ be- [47] stehen (Ps 149,9 im Rückblick auf Ps 1,5).[49] Das aber bedeutet rückblickend für Ps 2,10–12: Den dort gewiesenen Weg sollen die

---

46 Vgl. zu dieser Sicht Odil H. Steck, Der Kanon des hebräischen Alten Testaments. Historische Materialien für eine ökumenische Perspektive, in: Jan Rohls/Gunther Wenz (Hg.), Vernunft des Glaubens. Wissenschaftliche Theologie und kirchliche Lehre. FS W. Pannenberg, Göttingen 1988, (Anm. 35) 242 f.; Reinhard G. Kratz, Die Gnade des täglichen Brots. Späte Psalmen auf dem Weg zum Vaterunser, in: ZThK 89 (1992), 1–40, (Anm. 106) 37.

47 Stichwortbezüge: *t^{e}hillā* (149,1; 106,47); *šem* (149,3; 106,47); *jšʿ* (149,4; 106,47).

48 Zu diesem Verständnis von Ps 149 vgl. Raymond J. Tournay, Le Psaume 149 et la ‚vengeance‘ des Pauvres de YHWH, in: RB 92 (1985), 349–358; Erich Zenger, Mit meinem Gott überspringe ich Mauern. Einführung in das Psalmenbuch, Freiburg i. Br. ^{3}1991, 53–60; Norbert Lohfink, Lobgesänge der Armen. Studien zum Magnifikat, den Hodajot von Qumran und einigen späten Psalmen (SBS 143), Stuttgart 1990, 121–125.

49 Zu den Beziehungen zwischen Ps 2 und Ps 149 vgl. Notker Füglister, Ein garstig Lied – Ps 149, in: Ernst Haag/Frank-Lothar Hossfeld (Hg.), Freude an der Weisung des Herrn (s. Anm. 12), 98–101; zur Beziehung zwischen Ps 149 und Ps 1 ebd., 103 f.

Könige der Völker lernen, indem sie auf Israels Psalmen hören – und sie zusammen mit Israel singen. Daß dies das Ziel ist, auf das der Weg der Geschichte hinführen soll und wird, faßt der große Lobpreis Ps 148 am Schluß des 5. Psalmenbuchs[50] und insbesondere der letzte Satz des Psalmenbuchs überhaupt zusammen: „Aller Atem preise JHWH!“ (Ps 150,6). Der Zionskönig von Ps 2 ruft also die (Könige der) Völker auf, die Wege des Bösen zu verlassen und auf den Weg des Lebens zu gehen – indem sie „*seine* Tora“ (vgl. Ps 1,2) auf- und annehmen, nämlich die Psalmen als Wegweisung und Wegbegleiter (vgl. Ps 138,4.7).

50 Ps 148,11 nimmt einerseits Ps 2,1.2.10 auf; andererseits leitet (redaktionell eingefügt) Ps 148,14* nach Ps 149,1 hinüber.

Psalm 29 als hymnische Konstituierung einer Gegenwelt

Erich Zenger

569 Ps 29 gehört zu jenen Psalmen, deren Verständnis trotz unüberschaubar gewordener Fülle von Studien[1] immer noch sehr kontrovers ist. Da sind einerseits zahlreiche Einzelprobleme der Syntax sowie der Semantik[2] und da sind andererseits übergreifende Probleme wie der religionsgeschichtliche Hintergrund des Psalms[3], seine Entstehungsgeschichte[4] und seine gattungsgeschichtliche Einordnung.[5] Diese Problemfelder, die untereinander zusammenhängen, können hier verständlicherweise nicht *in extenso* diskutiert werden. Gleich-

---

1 Die Sekundärliteratur zu Ps 29 ist beinahe unüberschaubar geworden. Einen Forschungsüberblick bis 1987 bietet Otto LORETZ, Ugarit-Texte und Thronbesteigungspsalmen. Die Metamorphose des Regenspenders Baal-Jahwe (Ps 24,7–10; 29; 47; 93; 95–100 sowie Ps 77,17–20; 1 14) (UBL 7), Münster 1988, 76–95 und 232–248 (Bibliographie zu Ps 29). An wichtigen Studien danach sind zu nennen: Johannes F. DIEHL / Anja A. DIESEL / Andreas WAGNER, Von der Grammatik zum Kerygma. Neue grammatische Erkenntnisse und ihre Bedeutung für das Verständnis der Form und des Gehalts von Psalm XXIX, in: VT 49 (1999), 462–486; Edward L. GREENSTEIN, JHWH's lightning in Psalm 29:7, in: Maarav 8 (1992), 49–57; Jörg JEREMIAS, Das Königtum Gottes in den Psalmen. Israels Begegnung mit dem kanaanäischen Mythos in den Jahwe-König-Psalmen (FRLANT 141), Göttingen 1987, 29–45; Martin KLINGBEIL, Yahweh Fighting from Heaven. God as Warrior and as God of Heaven in the Hebrew Psalter and Ancient Near Eastern Iconography (OBO 169), Fribourg–Göttingen 1999, 84–99; Stanislav SEGERT, Poetry and Arithmetic Psalms 29 and 137, in: Armin Lange / Hermann Lichtenberger / Diethard Römheld, (Hg.), Mythos im Alten Testament und seiner Umwelt. FS H.-P. Müller (BZAW 278), Berlin–New York 1999, 165–181; Hermann SPIECKERMANN, Heilsgegenwart. Eine Theologie der Psalmen (FRLANT 148), Göttingen 1989, 165–179.

2 Die syntaktischen Probleme betreffen vor allem die wechselnden Verbformen; die semantischen Diskussionen gehen vor allem um das Verständnis von בהדרת קדש in V. 2b und von V. 9.

3 Die Kontroverse geht insbesondere um die Frage, ob dem Ps 29 ein kanaanäischer (Baal-)Hymnus zugrundeliegt, der sogar rekonstruiert wird, oder ob hier „nur" Vorstellungen der El- und der Baal-Überlieferung aufgenommen wurden, ohne daß vorgegebene „Texte" postuliert werden.

4 Autoren, die eine kanaanäische „Textvorlage" annehmen, rechnen mit einer mehrstufigen Wachstumsgeschichte, wobei man entweder einen „Baal-Psalm" oder einen „El-Psalm" als Grundform annimmt, die dann im einzelnen unterschiedlich abgegrenzt wird. Meist wird V. 11 als sekundärer Zusatz gedeutet; auch V. 3b wird verschiedentlich als sekundär eingestuft.

5 Die am häufigsten vorgeschlagenen Gattungen sind: Hymnus, Siegeslied, Thronbesteigungspsalm.

wohl hoffe ich, durch diesen Beitrag, mit dem ich den „Nachbarkollegen“ zu seinem Geburtstag grüße, einige weiterführende Perspektiven vorzulegen. 570

1. Beobachtungen zur Syntax und zur Kolometrie des Psalms

Zwar gibt es zahlreiche Versuche, wegen der im Ps 29 so unterschiedlichen Satzformen und der eigenartigen Mischung der Zeitstufen bzw. Verbalformen durch literarkritische oder traditionsgeschichtliche Argumentationen einen „stimmigeren“ Grundpsalm zu rekonstruieren oder zumindest den überlieferten Text zu einem „besseren“ Text umzuordnen.[6] Doch ist es durchaus möglich, den vorliegenden Text syntaktisch so zu beschreiben, daß eine kolometrische Struktur[7] sichtbar wird, deren Beachtung es zugleich ermöglicht, die Tektonik des Gesamtpsalms und davon ausgehend das im Psalm poetisch entworfene „Weltbild“ nachzuzeichnen.

Der Psalm setzt (nach seiner Überschrift) mit vier Imperativsätzen V. 1–2 ein, die sich zu zwei Bikola zusammenordnen lassen, wobei das vierte Kolon V. 2b den Höhepunkt und zugleich Abschluß des Geschehens markiert, insofern die zur Darbringung der „Gaben“ aufgeforderten Göttersöhne sich vor JHWH zu Boden werfen sollen – und zwar vor JHWH בהדרת־קדש, d. h. vor JHWH, dessen heilige Pracht ausstrahlt.[8]

Auch V. 3–4 bietet zwei syntaktisch jeweils gleich gestaltete Bikola. Es sind zunächst vier adverbielle Nominalsätze, die paarweise zusammengehören (V. 3a und V. 3c: die Ortsangabe „*über* den Wassern“ V. 3a bzw. „*über* den gewaltigen Wassern“ V. 3c signalisiert eine Steigerung von V. 3a nach V. 3c; V. 4a und V. 4b haben jeweils Angaben mit ב = Beth Essentiae, wobei die Angabe in V. 4b sich insofern gegenüber V. 4a steigert, als das Nomen הדר nach V. 2b zurückgreift). Die vier Nominalsätze V. 3a.b.4a.b, die Zustandsaussagen wiedergeben, bilden insofern eine thematische Einheit, als V. 4 die adverbiellen Angaben von V. 3 expliziert: JHWHs Stimme ist nicht einfach

---

[6] Vgl. z. B. die Rekonstruktionen einer Grundform von Ps 29 bei Siegfried MITTMANN, Komposition und Redaktion von Psalm XXIX, in: VT 28 (1978), 172–194; Klaus SEYBOLD, Psalm 29: Redaktion und Rezeption, in: ders., Studien zur Psalmenauslegung, Stuttgart 1998, 85–111; Hermann SPIECKERMANN, Heilsgegenwart (s. Anm. 1), 166 f.

[7] Ich orientiere mich dabei vor allem an Gerhard FECHT, Metrik des Hebräischen und Phönizischen (ÄAT 19), Wiesbaden 1990 sowie an der Modifizierung dieses Vorschlags durch Martin MARK, Meine Stärke und mein Schutz ist der Herr. Poetologisch-theologische Studie zu Psalm 118 (FzB 92), Würzburg 1999, 37–58.

[8] Die Angabe בהדרת־קדש kann entweder auf die בני אלים oder auf יהוה bezogen werden. Da es in V. 1–2 durchgehend um Eigenschaften/Wirkweisen JHWHs geht, die im Lobpreis anerkannt werden, legt sich der Bezug auf JHWH nahe, zumal die „Herrlichkeit“ von 1–2 als „Ausstrahlung“ der göttlichen „Heiligkeit“ verstanden werden kann (vgl. Jes 6,3; dazu Hubert IRSIGLER, Rezension zu Friedhelm Hartenstein, Die Unzugänglichkeit Gottes im Heiligtum, in: ThLZ 125 [2000], 499).

„*über* den Wassern“ im Sinne einer bloßen Ortsangabe, sondern sie erweist *in Bezug* auf diese Wasser immerfort ihre Macht und ihre Pracht. Im Anschluß an J.F. Diehl/A.A. Die- [571] sel/A. Wagner läßt sich der syntaktische Zusammenhang der imperativischen Verbalsätze V. 1–2 und der darauffolgenden Nominalsätze V. 3–4 so bestimmen, daß V. 1–2 Hauptsatz und V. 3–4 eine davon abhängige Chal-Satz-Folge sind. Geht man davon aus, daß „ein Chal-Satz … ein Zustandssatz (ist), der Nebenumstände angibt, die während bzw. beim Eintritt der Haupthandlung andauern“[9], ergibt sich auch von daher die durch den semantischen Rückbezug von הדר V. 4b nach הדרת־קדש V. 2b insinuierte Aussage: Die Göttersöhne sollen JHWH huldigen, *während* und *weil* er seine Mächtigkeit „über den gewaltigen Wassern“ erweist.

In der syntaktisch und kolometrisch komponierten Abfolge V. 3ac.4ab ist das dazwischengeschobene, mit verbalem Prädikat in *x-qaṭal* gebildete, Kolon V. 3b auffallend. Diese Auffälligkeit wird in der Regel entweder literarkritisch erklärt[10] oder durch Textumstellung beseitigt.[11] Das Kolon hat aber im vorliegenden Text eine aussagerelevante Funktion: In syntaktischer Hinsicht ist V. 3b ein zusammengesetzter Nominalsatz bzw. Pendenssatz[12] wie V. 10a und drückt, mit Betonung des am Satzanfang stehenden Subjekts, einen perfektischen Sachverhalt aus, dessen resultierender Zustand in V. 10b mit Inversion *wajjiqṭol* und in V. 3ac mit Nominalsätzen festgehalten wird: „Der Gott der Herrlichkeit hat einmal und zwar ein für allemal so gedonnert“, daß seine Stimme nun machtvoll über den Wassern walten kann. Die Abfolge der drei Kola V. 3a → V. 3b → V. 3c bringt zudem mit den jeweils an der Spitze stehenden Nomina „Stimme JHWHs“ → „Gott der Herrlichkeit“ → „JHWH“ eine thematisch relevante Steigerung. Zwar wird in V. 3–9 die Macht „*der Stimme* JHWHs“ besungen, aber es geht letztlich um die Macht *JHWHs*, die als „Herrlichkeit“ erfahren wird, wie V. 9c den hymnischen Abschnitt V. 3–9 zusammenfaßt. Das Kolon V. 3b hat demnach eine wichtige Funktion im Aufbau des Psalms:[13] Es gibt mit dem Nomen „Herrlichkeit“ den hermeneutischen Horizont für die Einzelaussagen von V. 3–9 an. Es bindet durch den Stichwortbezug nach V. 1–2 den Abschnitt V. 3–9 an den Psalmenanfang zurück. Und es verweist durch seine syntaktische Struktur als perfektischer Pendenssatz nach V. 10 und gründet damit den Machterweis „der Stimme“ in der ein

---

9 Johannes F. Diehl/Anja A. Diesel/Andreas Wagner, Von der Grammatik zum Kerygma (s. Anm. 1), 475.

10 Vgl. Frank-Lothar Hossfeld/Erich Zenger, Die Psalmen I. Psalm 1–50 (NEB 29), Würzburg 1993, 181 f. (Hossfeld).

11 Vgl. BHS.

12 Zur Diskussion über das Konzept des zusammengesetzten Nominalsatzes und das Plädoyer für das Konzept des Pendenssatzes vgl. Walter Gross, Doppelt besetztes Vorfeld. Syntaktische, pragmatische und übersetzungstechnische Studien zum althebräischen Verbalsatz (BZAW 305), Berlin–New York 2001, 31–60.

13 Das Kolon kann deshalb nicht literarkritisch ausgeschieden werden.

für allemal von JHWH in der „Ur-Vergangenheit" angetretenen Königsherrschaft (s. u.). 572

Mit V. 5 setzt ein neuer Abschnitt ein, der zunächst bis V. 9b reicht. Der Neueinsatz ist sowohl syntaktisch als auch semantisch markiert. Gegenüber den adverbiellen Nominalsätzen von V. 3–4, die eine Zustandsbeschreibung geben, folgt in V. 5a ein partizipialer Nominalsatz, der einen ununterbrochenen Vorgang schildert, der dann in V. 5b–6a mit Narrativsätzen expliziert wird, die zwar einmalige Geschehnisse der Vergangenheit bezeichnen, aber diese von dem in V. 5a partizipial formulierten Geschehen abhängen lassen. V. 5–6 bietet zwei kunstvoll komponierte Bikola: V. 5b nimmt aus V. 5a das Verbum שׁבר und das Objekt ארזים auf und präzisiert, daß es JHWH selbst ist (und nicht „nur" seine Stimme), der die Zedern spaltet, und daß es nicht irgendwelche Zedern sind, sondern eben die Zedern des Libanon. V. 6a nimmt aus V. 5b das Stichwort Libanon auf und deutet das machtvolle Eingreifen JHWHs gegenüber dem Libanon mit einem Vergleich aus der Tierwelt, und V. 6b dehnt dieses Eingreifen JHWHs auf den „Sirjon", die sidonische Bezeichnung für den Hermon (vgl. Dtn 3,9) als den höchsten Berg des Antilibanon, aus, wobei abermals ein Tiervergleich Verwendung findet.[14]

V. 5–6 bilden auf syntaktischer Ebene einen Text- und Geschehenszusammenhang, von dem das Kolon V. 7 deutlich abgesetzt ist, weil es als partizipialer Nominalsatz, der wieder wie V. 5a einen ununterbrochenen Vorgang schildert, eine neue Aussage über das Wirken der Stimme JHWHs bietet und dieses Wirken nun weder lokalisiert noch durch ein weiteres Kolon erläutert. In kolometrischer Hinsicht nimmt V. 7 als Monokolon eine Sonderstellung ein.[15]

Mit V. 8a setzt abermals eine neue Aussagekette ein, die zunächst drei imperfektische Verbalsätze über das Wirken der Stimme JHWHs (V. 8a.9a) bzw. JHWHs selbst (V. 8b) bringt und ein iteratives Geschehen bezeichnet. V. 9b hebt sich insofern davon ab, als der Narrativ (mit JHWH als Subjekt) ein einmaliges Geschehen der Vergangenheit bezeichnet und so einen gewissen Schlußpunkt setzt. V. 8a–9b zeigt die gleiche sprachliche Technik wie V. 5–6, daß das jeweils nächste Kolon das vorangehende semantisch aufnimmt und weiterführt: V. 8b macht deutlich, daß es nicht um irgendeine Wüste geht, sondern um die Wüste von Kadesch. Und V. 9ab hebt hervor, daß die Stimme JHWHs bzw. JHWH selbst baumreiche Regionen buchstäblich zur Öde bzw. Wüste macht.[16]

---

14 Ob mit עגל auf Baal und mit בן־ראמים auf El polemisch angespielt wird, läßt sich schwer entscheiden.

15 Zur Ringkomposition in V. 5–9b mit dem Kolon V. 7 als Mitte s. u.

16 Zur Semantik von V. 9 vgl. nun Andreas WAGNER, Zum Textproblem von Ps 29,9. Überlegungen zum Plural der Nomina collectiva und der Pflanzennamen im biblischen Hebräisch und ihrer Bedeutung für das Verständnis von Ps 29,9, in: ZAH 10 (1977), 177–197.

V. 9c hebt sich einerseits in kolometrischer Hinsicht als Monokolon von V. 9ab ab, ist aber andererseits durch das *waw* in ובהיכלו sowie durch die auf
573 JHWH bezogenen Suffixe an das Vorangehende eng angeschlossen. In syntaktischer Hinsicht liegt wieder ein partizipialer Nominalsatz vor,

> „wobei das Partizip des Satzes dazu dient, die ununterbrochene Dauer des Vorgangs und die Gleichzeitigkeit mit den Machterweisen der Stimme JHWHs auszudrücken. Verdeutlichend müßte man übersetzen: ‚Aber in seinem Palast ruft (währenddessen) ein jeder (anhaltend): Glorie!'"[17] bzw. „O Herrlichkeit!"

Dieses Monokolon hat eine mehrfache strukturelle Funktion: (1) Es schließt zusammenfassend das in V. 3–9 hymnisch beschriebene Wirken der Stimme JHWHs ab und deutet es als Manifestation der „Herrlichkeit" JHWHs. (2) Durch den Stichwortbezug „Herrlichkeit" schlägt es einen Bogen zurück nach V. 3b, also an den Anfang des Abschnitts über die Stimme JHWHs V. 3–9. (3) Es „nimmt das Thema der Huldigung vor dem Weltenkönig in V. 1 f. auf; aber nicht in Gestalt der Aufforderung, sondern der Beschreibung."[18] (4) Es bewirkt eine Zäsur vor V. 10, so daß die häufig behauptete progressive Linearität von V. 3 nach V. 10, wonach der in V. 3–9 beschriebene Machterweis der Stimme JHWHs bzw. JHWHs selbst dazu führt, daß JHWH gemäß V. 10 die Königsherrschaft antreten kann, schon aus syntaktischen Gründen auszuschließen ist.[19] Dieses Verständnis, daß V. 3–9 die *Voraussetzung* dafür ist, daß JHWH König ist, wird gerade durch V. 9c ausgeschlossen. Allerdings legt es sich auch von V. 10–11 her nicht nahe.

Mit V. 10a beginnt ein neuer Abschnitt, der aus den zwei Bikola V. 10 und V. 11 besteht. Jedes Kolon bietet eine Aussage über den in jedem Kolon explizit mit dem Tetragramm genannten JHWH, wobei die drei Kola V. 10a.11a.11b pointiert mit dem Tetragramm beginnen. Das ist eine rhetorisch-stilistische Analogie zu dem dreimaligen Imperativ הבו ליהוה, mit dem V. 1a.1b.2a anfangen. Das Bikolon V. 10 bietet mit dem Inversionspaar *x-qaṭal // wajjiqṭol-x* des Verbums ישב einen synthetischen Parallelismus, der in V. 10a einen einmaligen perfektischen Vorgang bezeichnet und in V. 10b den daraus resultierenden, andauernden Zustand festhält: „JHWH hat ureinst seinen Thron bestiegen und thront seitdem ...". Das Bikolon V. 10 proklamiert, vergleichbar der יהוה מלך-Proklamation der JHWH-König-Psalmen, vor allem vergleichbar mit der Ps 93 eröffnenden Proklamation, den Antritt der Königsherrschaft JHWHs als das „von Anfang an" gegebene Gründungs-

---

17 Jörg Jeremias, Das Königtum Gottes in den Psalmen (s. Anm. 1), 34.

18 Ebd.

19 Vgl. ebd., 33: „Hat man [dies d. h. die syntaktische Steigerung in V. 3–9 von verblosen Nominalsätzen zu solchen mit Partizipien zu zusammengesetzten Nominalsätzen mit imperfektischen Verben] einmal erkannt, wird V. 10 unschwer als letzter Höhepunkt der Steigerung identifizierbar ... entsprechend bietet V. 10 als eine Art thematische Zusammenfassung auch den inhaltlichen Höhepunkt des Psalms, indem er das Königtum Jahwes explizit nennt."

geschehen, das die Weltwirklichkeit fundamental sowie unableitbar bestimmt und so die Voraussetzung *sowohl* der [574] in V. 1–2 ergehenden Aufforderung an die Göttersöhne darstellt, dem auf seinem Thron sitzenden König JHWH zu huldigen, *als auch* der in V. 3–9 hymnisch gefeierten Ausübung seiner Königsherrschaft ist. V. 10 proklamiert in der Zusammenbindung mit V. 3b den Antritt der Königsherrschaft JHWHs als das Gründungsgeschehen schlechthin, das „seither“ die Welt durchwaltet und als Bändigung des Chaos erfahren wird, wie V. 10a durch die Korrelation des König-Seins JHWHs „über“ bzw. „im Hinblick auf die (chaotische) Ur-Flut“[20] betont und V. 10b durch die Angabe לעולם „bis an das Ende der Weltzeit“ ausdehnt. Insofern läßt sich das Konzept von Ps 29 durchaus mit dem von Ps 93 parallelisieren:

> „Thema ist … nicht der Kampf JHWHs gegen die chaotischen Urgewalten, sondern der *Triumph des Königsgottes*, der den siegreich überstandenen Kampf gegen die (Chaos-) ‚Fluten‘ zur Voraussetzung hat, ohne daß dieser noch geschildert wird. JHWHs Königtum ist also nicht *Folge* seines Kampfes gegen das Chaos, sondern *Voraussetzung* für den Bestand der Welt, die immer wieder vom Chaos bedroht wird.“[21]

Das Verständnis und die Funktion des den Psalm abschließenden Bikolons V. 11 werden sehr kontrovers diskutiert. Einerseits führt der Vers die Textwelt von V. 10 weiter, insofern er die Ausübung von JHWHs Königsherrschaft zugunsten „seines Volkes“, dessen König er (auch) ist, expliziert. Andererseits bedeutet dies gegenüber V. 1–2 und V. 3–9 eine auffallende Akzentverschiebung, da dort die Volksperspektive nicht erkennbar ist. Noch auffallender müßte der Übergang von V. 10 nach V. 11 erscheinen, wenn der Ort des Königsthrons JHWHs über dem Himmelsozean wäre, wie zahlreiche Autoren die Angabe למבול in V. 10a ja auslegen.[22] Kontrovers ist vor allem, ob die beiden Präfixkonjugationen in V. 11 jussivisch als Bitte / Wunsch oder indikativisch als Aussage / Definition über JHWHs Königtum zu verstehen sind. Syntaktisch sind beide Auffassungen möglich. Allerdings spricht m. E. die zweimalige Fokussierung auf JHWH durch die Erstpositionierung in der Satzteilfolge für die indikativische Auffassung, weil dann die in V. 10 ebenfalls durch Erst-

---

[20] Vgl. die Darstellung der unterschiedlichen Forschungspositionen zum Verständnis von V. 10a Otto Loretz, Ugarit-Texte und Thronbesteigungspsalmen (s. Anm. 1), 171–178; zu unserem Verständnis im Anschluß an Friedhelm Hartenstein, Die Unzugänglichkeit Gottes im Heiligtum. Jesaja 6 und der Wohnort JHWHs in der Jerusalemer Kulttradition (WMANT 75), Neukirchen-Vluyn 1997, s. u.

[21] Bernd Janowski, Das Königtum Gottes in den Psalmen. Bemerkungen zu einem neuen Gesamtentwurf, in: ders., Gottes Gegenwart in Israel. Beiträge zur Theologie des Alten Testaments, Neukirchen-Vluyn 1993, 170.

[22] Oft wird dies dann sogar religionspolemisch depotenzierend gedeutet, vgl. z. B. Hans-Peter Müller, „Jhwh gebe seinem Volke Kraft.“ Zum Hintergrund der alttestamentlichen Geschichtsreligion, in: ZThK 98 (2001), 265–281, 268: „Ziel des Kampfes ist denn auch Jhwhs Thronbesteigung über dem *mabbûl*, der ‚Urflut‘, die unter Jhwh offenbar zum harmlosen Himmelsozean geworden ist.“

positionierung angezeigte Akzentuierung auf *JHWHs* erfahrbarer Königsherrschaft weitergeführt [575] wird. Wird V. 11 jussivisch verstanden, wird der Vers meist als sekundärer, teilweise sogar als in zwei Stufen hinzugefügter Zusatz beurteilt, der dann die kanaanäische Vorgeschichte von Ps 29 offenbare, wie beispielsweise C. WESTERMANN darlegt:

> „Der V. 11 gehört nicht zum Psalm selbst. Man spürt das schon an der anderen Sprache und dem anderen Rhythmus. Es ist ein liturgischer Segenswunsch, wie er am Ende mancher Psalmen steht. Dieser dem Psalm nachträglich angefügte Segenswunsch aber erhält hier eine besondere Bedeutung. Der Psalm unterscheidet sich von den sonstigen Lobpsalmen auch darin, daß in ihm die gottesdienstliche Gemeinde, also das Volk, überhaupt nicht vorkommt. Der Psalm ist nur von der Relation des Gottes zur Schöpfung bestimmt. Menschen kommen in ihm nicht vor. Deswegen wird bei der Übernahme dieses Psalms in den Gottesdienst diese Beziehung Gottes zu seinem Volk bewußt nachgetragen: ‚… verleihe seinem Volk … segne sein Volk'. Ein deutliches Zeichen dafür, daß der in vielem fremdartige Psalm so wohl in Israel nicht entstanden sein könnte."[23]

Nun ist V. 11 freilich nicht einfach eine der üblichen liturgischen Formeln, sondern fügt sich gut in die Semantik bzw. Vorstellungswelt des Psalms und in seine Gesamtbewegung ein. Das Nomen עז in V. 11a nimmt עז aus V. 1 auf und konstatiert, daß der König JHWH seinem Volk Anteil an seiner eigenen Machtfülle gibt. Diese Vorstellung findet sich indikativisch sowohl im Nachbarpsalm Ps 28,8[24] als auch in dem Ps 29 aufnehmenden Ps 68,36.[25] Im übrigen gehört, wie H.-P. MÜLLER gezeigt hat,[26] die Vorstellung von JHWHs עז ursprünglich in den Kontext vom kriegerischen Eingreifen Gottes zum Wohl seines Volkes, so daß der in V. 11b als Erweis der Königsherrschaft JHWHs genannte שלום nicht einfach die „übliche liturgische Formel" evoziert, sondern durchaus kontextgemäß ist. Dies gilt umso mehr, wenn V. 5–9 JHWHs Macht mit der Bildwelt des *kriegerischen* Gewittergottes feiert:

> „Inhaltlich sind sowohl der Hym- [576] nus auf Jhwhs Stimme als auch die verbalen und nominalen Jhwh Prädikationen, die den Hymnus immer wieder unterbrechen, durch

---

23 Claus WESTERMANN, Ausgewählte Psalmen, Göttingen 1984, 166.

24 Der hebräische Text ist in Ps 28,8 unsicher, wie bereits die alten Versionen und einige Handschriften zeigen. Entweder behält man למו bei (und deutet es auf die hinter dem Beter stehende Gruppe) oder liest (wahrscheinlicher) לעמו und beurteilt den Vers als einen sich von Ps 29,11 her inspirierenden Zusatz, der zugleich eine „Applikation" der in Ps 29 gefeierten Wirkmächtigkeit JHWHs darstellt. Analoges geschieht auch in der Fortschreibung von Ps 30,2–6 durch 30,7–13, wo in V. 13 ausdrücklich Ps 29,9c aufgenommen wird.

25 Der Grundpsalm Ps 68,8–32 ist durch V. 5–7.33–36 tempeltheologisch erweitert bzw. gerahmt worden. Diese Rahmung hat sich offensichtlich an Ps 29 und Ps 46 inspiriert, wie andernorts gezeigt werden soll. In unserem Zusammenhang ist die Beobachtung wichtig, daß Ps 68,35 den gleichen Kreislauf von עז zeigt, wie Ps 29,1–2.10–11 und daß auch Ps 68,33–36 diese Mächtigkeit JHWHs mit der „Stimme" des kämpferischen Wettergottes JHWH verbindet.

26 Hans-Peter MÜLLER, „Jhwh gebe seinem Volke Kraft" (s. Anm. 22), 265–281.

> Motive gekennzeichnet, die auch auf den Krieg passen, als stände Jhwh im Kampf mit natürlichen Instanzen wie den Zedern des Libanon (5), der Wüste Qadeš (8) oder allgemein Bäumen und Wäldern (9a).“[27]

Daß JHWHs עז sich als rettende עז in seinem Kampf gegen das Chaos für seine Verehrer erweist, bestätigen die beiden mit Ps 29 eng verwandten Psalmen 93 und 46, wo JHWH in Ps 93,1 sich „mit עז umgürtet“ und so als Kämpfer auf seinem Thron präsentiert wird und wo das Bekenntnis zu JHWH, der sich als עז und מחסה erwiesen hat (Ps 46,2) den Psalm 46 thematisch zusammenfaßt. Beide Psalmen entwerfen ein Weltbild, dessen Elemente auch in Ps 29 vorliegen, wie wir im nächsten Abschnitt zeigen wollen.

Alle diese Erwägungen zu V. 11 sprechen gegen die Auffassung, V. 11 sei eine „bloße“ oder die „übliche“ liturgische Formel bzw. ein „patriotischer Anhang, den ein israelitisches Herz nicht entbehren mag.“[28] Es ist eher anzunehmen, V. 11 sei der ursprüngliche Abschluß des Psalms, der die Erfahrung der Königsherrschaft JHWHs in seinem Volk zusammenfaßt: JHWHs „Kraft“, die V. 3–9 hymnisch feiert, erweist sich in seinem Volk in *dessen* „Kraft“, mit der es sich dem Chaos widersetzt, und in der Gabe von שׁלום.

Es geht in Ps 29 eben nicht um die „ur-religiöse, archaisch-primitive“ Erfahrung von Gottes Mächtigkeit in einem Gewitter, das dann gar noch geographisch lokalisierbar wäre, wie dies immer wieder vorgeschlagen wird, so neuerdings auch von B. Lang:

> „Den Schlüssel zum Verständnis des Psalms bildet die geographische Lage – das Gebiet des Libanon und Anti-Libanon (im Psalm als Sirion bezeichnet). Diese beiden parallelen Gebirgsketten liegen nördlich von Palästina und damit außerhalb des üblichen Schauplatzes der Bibel. Der Psalm spiegelt in poetischer und mythologischer Weise den für den südlichen Libanon charakteristischen Wechsel der Jahreszeiten vom Sommer zum Winter. Dunkle, dichte Wolken sammeln sich im östlichen Teil des Mittelmeeres und werden von heftigen Winden ostwärts getrieben. Wenn sich schwere, tiefliegende Wolkenbänke zeigen, warten Mensch und Tier mit Ungeduld auf den ersten Regen nach der langen Dürre des Sommers. Am Gebirge stoßen die Wolken mit Luftmassen von stark abweichender Temperatur und geringerem Feuchtigkeitsgehalt zusammen und lösen sich in Regen auf. Der erste Niederschlag vermag den Boden nicht zu erreichen, sondern verdunstet in der Luft. Es können weitere Tage vergehen, bis ein heftiges Nachmittagsgewitter die ersten größeren Niederschläge bringt. Bis Ende November bleibt der Niederschlag gering, doch nimmt [577] er von Dezember bis Februar zu. Im Gebiet von Beirut setzt die Regenzeit früh, oft schon im September ein; dabei kommt es zu heftigem, von Gewitter begleitetem Regenschauer von der in unserem Psalm beschriebenen Art. Ein solches Septembergewitter im Gebiet von Beirut mag das dem Psalmisten zum Vorbild dienende erhabene Naturschauspiel gewesen sein. Tatsächlich sind Gewitter im Gebiet des heutigen Libanon viel häufiger als in Palästina.“[29]

---

27 Hans-Peter Müller, „Jhwh gebe seinem Volke Kraft“ (s. Anm. 22), 268.

28 Hermann Gunkel, Die Psalmen (HK II/2), Göttingen ^{4}1926, 124.

29 Bernhard Lang, Jahwe, der biblische Gott. Ein Porträt, München 2002, 184; ähnlich auch Martin Klingbeil, Yahweh Fighting from Heaven (s. Anm. 1), 93–99.

Zwar ist es konsequent, die Religion eines so verstandenen Psalms, „der das syrische Klima und dessen dramatischen Wechsel vom heißen Sommer zum regnerischen Winter widerspiegelt“, als „Naturreligion“ zu bezeichnen, und das im Psalm entworfene „Weltbild“ als „dramatische Naturauffassung“ zu charakterisieren,[30] doch widerspricht eine solche Deutung des Psalms nicht nur seinem Aufbau, sondern vor allem den von ihm entworfenen „Weltbild“, wie nun gezeigt werden soll.

2. Beobachtungen zum Aufbau und zur Funktion des Psalms

Unsere Beobachtungen zur Syntax und zur Kolometrie von Ps 29 ergeben einen klaren dreiteiligen Aufbau des Psalms:

V. 1–2: Aufforderung zur Huldigung vor dem auf seinem Thron sitzenden König JHWH
V. 3–9a: Hymnische Darstellung der Macht des Königs JHWH
  V. 3–4 JHWHs Macht über die Chaos-Wasser
  V. 5–9 JHWHs Macht über Götterberge und Wüste
  V. 9c Huldigungsruf im Königspalast
V. 10–11: Proklamation/Akklamation und Definition der Königsherrschaft JHWHs

Grundlegend für das Verständnis des Psalms ist die sich aus diesem Aufbau ergebende Erkenntnis, daß der Psalm nicht beschreibt, wie JHWH *König wird*, sondern wie er sein von Urzeit an gegebenes (V 10 ingressiv-durativ) *Königtum ausübt* und wie dieses erfahren wird. Das wird sogleich im ersten Teil des Psalms V. 1–2 unterstrichen, der voraussetzt, daß JHWH bereits als König auf seinem Thron sitzt und von den „Göttersöhnen“ als König anerkannt und gefeiert wird. Die für altorientalisches Denken charakteristische Vorstellung, daß die Adoranten mit ihren „Gaben“ die Machtfülle des Gott-Königs steigern, indem sie ihm zurückgeben, was ihm zu eigen ist und von ihm ausstrahlt, darf nicht so mißverstanden werden, als sei JHWH noch nicht ein König voller „Kraft“ (עז) und „Herrlichkeit“ (כבוד). Im Gegenteil: Daß die „Göttersöhne“
578 ihm gerade diese im weiteren Verlauf des Psalms von ihm ausgehenden göttlichen Wirkweisen gleich zu Anfang des Psalms huldigend zusprechen, bestätigt, daß der Psalm JHWHs von Anfang an gegebenes König-Sein feiert.

Die Szenerie des Psalms ist m. E. falsch beschrieben, wenn z. B. B. Lang sagt:

> „In den eröffnenden Zeilen stellt sich der Dichter in den Kreis der himmlischen Wesen, d. h. der Engel oder, polytheistisch gesprochen, der Götter. Er macht sich zu ihrem Chorführer und ermahnt sie, Gott zu preisen. Offenbar haben sie sich im himmlischen Tempel versammelt, wo sie *der Ankunft des großen Gottes Jahwe harren* (Hervor-

[30] Vgl. Bernhard Lang, Jahwe, der biblische Gott (s. Anm. 29), 185.

hebung: E.Z.) … In dem Augenblick, in dem JHWH seinen Palast betritt, wird er von den Göttern mit dem Zuruf ‚Ehre' begrüßt. Er nimmt auf seinem Thron Platz, und unter seinen Füßen mag es eine Darstellung der aufrührerischen Wasser geben, welche die Erdscheibe umringen."[31]

Diese Interpretation widerspricht nicht nur der oben skizzierten Syntax des Psalms, insbesondere der von V. 10, sondern eben auch der in V. 1–2 entworfenen Szenerie, die den ganzen Psalm durchlaufend bestimmt, wie die Vernetzung der drei Teile des Psalms anzeigt.

Teil 1 (V. 1–2) und Teil 2 (V. 3–9) sind durch das Konzept der „Herrlichkeit" miteinander verbunden, die ein Proprium der Königsmacht JHWHs ist und die von ihm bei der Ausübung seiner Königsherrschaft „ausstrahlt" (V. 2b: הדרה, V 4b: הדר). Gerade die כבוד-Perspektive widerspricht der interpretativen Engführung von V. 3–9 als bloßer Schilderung eines Gewitters. Gewiß sind hier Motive des kämpferischen Wettergottes aufgenommen, aber sie sind der Hauptaussage vom fortwährenden (!) königlichen Herrlichkeitserweis des auf seinem Thron sitzenden und von ihm aus machtvoll regierenden JHWH untergeordnet.[32] Die Zusammenbindung von Teil 1 und Teil 2 wird nicht zuletzt durch V. 9c, das abschließende Monokolon des zweiten Teils, bewirkt, weil hier ausdrücklich auf die in V. 1–2 konstituierte Szenerie zurückverwiesen wird.

Teil 3 (V. 10–11) ist zunächst durch das Motiv von dem auf seinem Thron sitzenden JHWH eng mit V. 9c und damit mit Teil 2 (V. 3–9) verknüpft, denn der Thron JHWHs befindet sich zweifelsohne in dem in V. 9c genannten Palast. Noch massiver freilich ist die Verbindung, die V. 10a nach V. 3, dem Anfang von Teil 2, herstellt. Dies gilt vor allem dann, wenn man der von F. Hartenstein vorgeschlagenen Deutung von V. 10a folgt, der unter Verweis auf E. Jenni die 579 Präposition ל und V. 10a als „Partikel der Beziehung mit *direktionaler* Bedeutung durch Kombination mit einem Substantiv der Orientierung"[33] vorschlägt:

„Für die zwischen *Thronen* (x) und *Flut* (y) durch ל hergestellte Relation würde dann von vornherein eine *räumliche* Beziehung naheliegen, und dies scheint wahrscheinlich, da Thron und Wasserfluten im Sinnhorizont der Jerusalemer Kulttradition auf der *vertikalen Achse* in Opposition zueinander stehen. Die crux interpretum מבול würde dann kaum im Sinne eines ‚himmlischen Ozeans' zu verstehen sein …, sondern als Bezeichnung für den Bereich der *Wasser(tiefen)*, der in der kosmischen Vertikalen den Gegenpol zur ‚Höhe' des Throns bildet: JHWH hat ureinst seinen Thron bestiegen und thront

31 Bernhard Lang, Jahwe, der biblische Gott (s. Anm. 29).

32 Daß die Topoi der (rettenden) Theophanie des Wettergottes nicht einfach „naturreligiös" aufgelöst werden dürfen, läßt sich beispielsweise an Ps 18,8–16 gut erkennen; vgl. dazu nun Matthias Köckert, Die Theophanie des Wettergottes Jahwe in Psalm 18, in: Thomas Richter / Doris Prechel / Jörg Klinger (Hg.), Kulturgeschichten. FS V. Haas, Saarbrücken 2001, 209–226.

33 Vgl. Ernst Jenni, Die hebräischen Präpositionen. Band 1: Die Präposition Beth, Stuttgart–Berlin–Köln 1992, 22.

seitdem ,*in Richtung auf*' die unten befindliche Flut …, d.h. ,*angesichts*' der (Ur)flut, über die er so ständig Kontrolle ausübt."[34]

Wenn diese Interpretation richtig ist, wird zugleich von V. 10a ein Bogen geschlagen an den Anfang von Teil 2, wo die „gewaltigen Wasser" ja nicht das Mittelmeer sind, wie verschiedentlich unterstellt wird,[35] sondern – wie in Ps 93,4 – die Chaoswasser, über bzw. gegen[36] die JHWH seine kämpferische Macht ausübt.

Schließlich sind auch Teil 1 und Teil 3 nicht nur durch das Thema-Wort עז miteinander verknüpft, sondern auch, worauf bereits hingewiesen wurde, durch die Szenerie vom thronenden König JHWH.

Wo aber steht der JHWH-Palast, von dem aus er das Chaos bekämpft und seinem Volk Kraft und Frieden wirkt? Liegt dem Psalm eine implizite Kosmologie bzw. ein (mythischer) Weltbild-Entwurf zugrunde? Für die Beantwortung dieser Fragen scheinen mir drei kurze Überlegungen hilfreich:

(1) Im Psalm ist weder vom Himmel noch vom Gottesberg als Ort der Königs-Residenz die Rede. Als entscheidende Bezugspunkte des Throns sind in V. 3 „die gewaltigen Wasser" und in V. 10 „die Urflut" genannt, die beide räumlich „unter" dem Königspalast verortet werden, wobei diese Relation eher qualitativ gemeint ist.

(2) Daß der Palast als Ort des Thrones JHWHs in V. 9c das auf JHWH bezogene Suffix verwendet, macht deutlich, daß primär der mythische Wohnort JHWHs im Blick ist,

„die Sphäre seines Thrones (V. 10), in der alle Göttersöhne (V. 1) dem Weltenherrscher huldigen (V. 1 f. 9c). Das schließt den *Tempel* als den Ort, an dem der Gottesthron zugänglich wird, nicht aus, sondern ein (vgl. 580 das bewußt inclusive כלו ,alles' in V. 9c, das für beide Ebenen offen ist)."[37]

Wie in den Haupttexten der vorexilischen Zionstheologie, die noch nicht zwischen den im Himmel thronenden und dem im Jerusalemer Tempel gegenwärtig werdenden Gott unterscheiden, sondern den im Tempel stehenden Gottesthron mythisch bis in den Himmel aufragen lassen,[38] so konzentriert auch

[34] Friedhelm HARTENSTEIN, Die Unzugänglichkeit Gottes im Heiligtum (s. Anm. 20), 59 Anm. 117.

[35] Vgl. zuletzt wieder Martin KLINGBEIL, Yahweh Fighting from Heaven (s. Anm. 1), 86 Anm. 189, der gleichwohl feststellt: „though a certain polyvalence can be observed."

[36] Zur Bedeutung der Präposition על als „gegen" vgl. HALAT, 781.

[37] Friedhelm HARTENSTEIN, Die Unzugänglichkeit Gottes im Heiligtum (s. Anm. 20), 61.

[38] Vgl. Jes 6,1–5; Ps 46,2–8; 47; 48,2–9; 93,1–4. Zu den Implikationen der vorexilischen Tempeltheologie vgl. besonders Beate EGO, Von der Jerusalemer Tempeltheologie zur rabbinischen Kosmologie. Zur Konzeption der himmlischen Wohnstatt Gottes, in: Mitteilungen und Beiträge 12/13 Forschungsstelle Judentum Leipzig (1997), 36–52; DIES., Die Wasser der Gottesstadt. Zu einem Motiv der Zionstradition und seinen kosmologischen Implikationen, in: Bernd Janowski / Beate Ego (Hg.), Das biblische Weltbild und seine altorientalischen Kontexte (FAT 32), Tübingen 2001, 361–389; Bernd JANOW-

Ps 29 seine JHWH-König-Theologie auf den Gottesthron als mythische Chiffre seiner universalen Königsmacht.

(3) Die geographischen Angaben des Abschnitts V. 5–9 verweisen nicht auf ein Gewitter, das sich in Nordsyrien zwischen Libanon und Antilibanon entlädt, sondern die Angaben entwerfen m. E. ein horizontales Weltbild, in dessen Mitte der Jerusalemer Tempel liegt. Ansatzpunkt dieser Deutung ist die von J. JEREMIAS beobachtete Ringkomposition von V. 5–9.[39] Diese wird zunächst auf der Geschehensebene erkennbar: Sturm (V. 5), Erdbeben (V. 6), Feuer (V. 7), Erdbeben (V. 8), Sturm (V. 9); im Zentrum steht die partizipial geschilderte Macht der Stimme JHWHs, die (wie ein Steinmetz) aus hartem Gestein Feuerfunken und Feuerflammen herausschlägt. Ob hier nicht auf die mit dem Zionsheiligtum verbundene „Feuerpräsenz" JHWHs[40] angespielt werden soll? Für diese Vermutung spricht m. E. die Geographie von V. 5–9, die mit dem Libanon im Norden beginnt und mit der Wüste von Kadesch (Barnea) im Süden schließt – und als Mitte eben den Gottesthron in Jerusalem positioniert.

Unser Psalm setzt demnach ein (mythisches) Weltbild voraus, dessen Zentrum sowohl in vertikaler als auch in horizontaler Perspektive der Gottesthron JHWHs ist, der die Mitte seiner Königsresidenz darstellt. Von hier aus bekämpft er die Chaoswasser (V. 3–4.10), von hier aus übt er seine machtvolle Weltherrschaft aus (V. 5–9) und von hier aus erweist er sich als segnender und rettender König seines Volkes (V. 11).

Der Psalm spiegelt demnach kein Ritual, mit dessen Rezitation der Wettergott im Herbst eingeladen wurde, die Regenzeit zu beginnen, sondern er ist die hymnische Konstituierung eines „Weltbilds", das JHWH als den [581] königlichen Triumphator über alle Formen des Chaos feiert. Es ist ein Hymnus gegen die Angst vor dem Chaos und in dieser Hinsicht der Entwurf einer „Gegenwelt". Der Hymnus beschwört die Erfahrbarkeit des „urzeitlichen" Weltenkönigtums JHWHs, der von „seinem" Jerusalemer Palast aus den Kosmos stabilisieren und seinem Volk שלום geben soll.

Nimmt man an, daß Ps 29 in der Jerusalemer Tempelliturgie verwendet wurde, bedeutet der Hymnus die kultische Vergegenwärtigung der die Welt erfüllenden und dominierenden Herrlichkeit JHWHs, wie dies auch der Serafenhymnus Jes 6,3 proklamiert.

Die im hebräischen Text nur sehr subtil vorhandene „Tempeltheologie" wird in der Fassung unseres Psalms im Septuagintapsalter verstärkt und zugleich geschichtstheologisch neu dimensioniert, wie abschließend kurz erläutert werden soll.

SKI, Die heilige Wohnung des Höchsten. Kosmologische Implikationen der Jerusalemer Tempeltheologie, in: Othmar Keel/Erich Zenger (Hg.), Gottesstadt und Gottesgarten. Zu Geschichte und Theologie des Jerusalemer Tempels (QD 191), Freiburg i. Br. u. a. 2002, 24–68.

39 Vgl. Jörg JEREMIAS, Das Königtum Gottes in den Psalmen (s. Anm. 1), 33.

40 Vgl. Jes 4,5; 31,9; Ps 21,10.

3. Die Relecture von Ps 29 MT durch die Septuaginta (Ps 28 LXX)

Die Septuagintafassung Ps 28 G hat an fünf Stellen einen deutlicheren Tempelbezug als der überlieferte hebräische Psalm. Ob G dabei eine andere hebräische Vorlage voraussetzt, ob sie den ihr vorliegenden Text dabei falsch gelesen oder falsch übersetzt hat – oder ob sie gezielt anders übersetzt hat, braucht in unserem Zusammenhang nicht diskutiert zu werden.[41] Für uns genügt die Beobachtung, daß die Szenerie tempelliturgisch bzw. tempeltheologisch verstärkt wurde:

(1) Ob man das gegenüber Ps 29 MT überschüssige Element *ἐξοδίου σκηνῆς* als Zuweisung des Psalms an den Ausgang, d. h. letzten Tag des Laubhüttenfestes oder als Ortsangabe „am Ausgang des Zeltheiligtums" versteht, in jedem Fall wird der Psalm dadurch tempelliturgisch verortet.

(2) Die Übersetzung von בני אלים mit *υἱοὶ θεοῦ* in V. 1 mag einerseits von der theologischen Orthodoxie des Übersetzers inspiriert sein, sie insinuiert
582 aber in jedem Fall, daß die Adoranten bzw. Opferdarbringer Menschen sind, wahrscheinlich aber Priester bzw. Leviten beim Tempelkult bezeichnen.

(3) Die zusätzliche Übersetzung von בני אלים mit *υἱοὺς* verlagert die Szenerie eindeutig in den Tempel.[42]

(4) Die Fassung von V. 2b *προσκυνήσατε τῷ κυρίῳ ἐν αὐλῇ ἁγίᾳ αὐτοῦ* könnte man zwar einerseits auf eine hebräische Vorlage בחצרת־קדשו zurückführen, aber andererseits paßt diese „Lesart" stimmig zu der in V. 1 eingetragenen Darbringung der jungen Widder, die im Tempelhof geschächtet bzw. geopfert werden.

(5) Im Kontext des Vorgängerpsalms Ps 27,2 G, wo mit *ναός* sogar das Innerste des Tempels (דביר) übersetzt wird, kann man die Übersetzung von היכל mit *ναός* in Ps 28,9 G in der Verbindung mit *αὐλῇ* in Ps 28,2 G eigentlich nur tempeltheologisch verstehen.

---

[41] Zu Ps 28 G liegen mehrere Einzelstudien vor: Michel Cambe, L'interprétation symbolique du Psaume XXIX (XXVIII) par les Septante. Note sur le verset 6, in: Revue Thomiste 64 (1964), 223–229; Holger Gzella, Das Kalb und das Einhorn. Endzeittheophanie und Messianismus in der Septuaginta-Fassung von Ps 29(28), in: Erich Zenger (Hg.), Der Septuaginta-Psalter. Sprachliche und theologische Aspekte (HBS 32), Freiburg i. Br. u. a. 2001, 257–290; Samuel E. Loewenstamm, The Historical Background to the Septuagint Translation of Psalm 29:5–6, in: ders., From Babylon to Canaan. Studies in the Bible and its Oriental Background, Jerusalem 1992, 280–291; Adrian Schenker, Gewollt dunkle Wiedergaben in LXX? Zu den scheinbar unverständlichen Übersetzungen im Psalter am Beispiel von Ps 28(29),6, in: Henning Graf Reventlow (Hg.), Theologische Probleme der Septuaginta und der hellenistischen Hermeneutik, Gütersloh 1997, 63–71.

[42] Daß G für Ps 29,1 MT zwei unterschiedliche Übersetzungen bietet, hängt möglicherweise damit zusammen, daß es damals bereits zwei unterschiedliche Auslegungstendenzen zum hebräischen Text gab.

Zugleich mit dieser tempeltheologischen Verdeutlichung gibt der Septuagintapsalter unserem Psalm vier neue Akzentuierungen, die den dem Psalm als „Gegenwelt-Entwurf“ inhärenten utopischen Charakter massiv verstärken:

(1) Während Ps 29 MT die präsentische Erfahrung der urzeitlich begründeten Königsherrschaft JHWHs feiert, gibt G dem Psalm eine massiv eschatologische Perspektive, indem (mit Ausnahmne von V. 3b) die Verbformen konsequent futurisiert werden. Sogar V. 10 wird nun als eschatologischer Erweis der Königsherrschaft JHWHs gedeutet. Der Hymnus wird „von der mythischen Vorzeit in die Zukunft, d. h. in die Endzeit, die mit der Erscheinung JHWHs einbricht, transponiert.“[43]

(2) Mit dieser Transformation hängt eng zusammen, daß nun JHWH selbst als Akteur des eschatologischen Geschehens noch stäker betont wird. Die Partizipien in V. 5a.7a und die Verbalformen in V. 8a.9a sind nun nicht mehr wie in Ps 29 MT auf die Stimme JHWHs bezogen, sondern auf JHWH selbst.

(3) Der eschatologische Machterweis JHWHs wird geschehensmäßig so gesteigert, daß JHWH die chaotischen Mächte vernichtet, wie das Goldene Kalb vernichtet wurde.[44]

(4) „Die Zerstörung der Götzen (ist) ein Motiv, das untrennbar mit dem Anbruch der Heilszeit verbunden ist. Unter diesen Voraussetzungen ist die
583 Götzenvernichtung Ausdruck der Schöpfermacht JHWHs, die in der Endzeit (erneut) hervorbricht. Diese Erwartung wird in der Septuaginta-Version des Psalms … mit der messianischen Hoffnung verbunden, denn dem Goldenen Kalb als dem Symbol für die Götzen steht mit dem Einhorn in V. 6b (*καὶ ὁ ἠγαπημένος ὡς υἱὸς μονοκερώτων*) ein messianisches Tiersymbol gegenüber … Die Vernichtung der Götzen, in die die Septuaginta das Beben der Schöpfung vor der Erscheinung Gottes, wie es im hebräischen Text beschrieben wird, umdeutet, wird also anhand eines symbolischen Tiervergleichs geschildert – das Goldene Kalb als Prototyp aller Götzen und ‚der Geliebte, wie ein Einhorn‘ stehen sich als zwei bildhaft als Tiere beschriebene Größen gegenüber. Dies erinnert an die Tiervergleiche in den Visionen des Danielbuches, in denen die Chaosmächte ebenfalls als Tiere erscheinen, die dann beim Anbruch der Endzeit vernichtet werden.“[45]

Gerade diese Nähe von Ps 28 G zum (apokalyptischen) Danielbuch unterstreicht, daß der griechische Übersetzer Ps 29 MT als motivierenden Entwurf der eschatologischen Gegenwelt verstanden hat.[46]

---

[43] Holger Gzella, Das Kalb und das Einhorn (s. Anm. 41), 282 f.

[44] Zu den Anspielungen an Ex 32,20, die nicht zuletzt durch die Lesart G *λεπτυνεῖ* (von דקק „zermalmen“) statt der Lesart MT ירקידם (von רקד „hüpfen“) und die Setzung des bestimmten Artikels *τὸν μόσχον* gebildet werden, vgl. Holger Gzella, Das Kalb und das Einhorn (s. Anm. 41), 280–284.

[45] Holger Gzella, Das Kalb und das Einhorn (s. Anm. 41), 282 f.

[46] Dieser Beitrag entstand im Kontext meines Teilprojekts „Religiöse Dichtung als Konstituierung von Gegenwelten“ im Sonderforschungsbereich 493 „Funktionen von Religion in antiken Gesellschaften des Vorderen Orients.“

„… denn du bist mit mir!“

Psalm 23 als ein Schlüssel zum Psalter als der „kleinen Biblia“

Erich Zenger

232 Als Sammlung von Gebeten, Liedern und Gedichten ist der Psalter ein „Tempel aus Worten“, in dem der lebendige und lebendig machende Gott gesucht und gelobt wird und von dem Gottes Segen und Rettung ausgehen können. Der Psalter ist nach Meinung des großen Bibelwissenschaftlers Hieronymus ein „großes Haus“ (magna domus) mit vielen kostbaren Räumen, die man durchschreiten und dabei vieles erleben kann – vor allem das Geheimnis des richtenden und rettenden Gottes. Er schreibt in der Einleitung zu seinem Psalmenkommentar:

> „Der Psalter ist gewissermaßen ein großes Haus, das zwar einen Schlüssel für die Außentür hat, aber eigene Schlüssel für die verschiedenen inneren Räume. Mag auch der Schlüssel der Haupttür, der Heilige Geist, größer sein, so hat doch jeder Raum sein eigenes Schlüsselchen. Wenn also jemand die Schlüssel des Hauses durcheinanderwirft, so kann er, wenn er einen Raum öffnen will, es nicht tun, außer er findet den Schlüssel. So sind die einzelnen Psalmen gewissermaßen einzelne Räume, die ihre eigenen Schlüssel haben. Die Haupttür dieses Hauses ist der erste Psalm.“[1]

Aus diesem Blickwinkel könnte man Ps 1 (zusammen mit Ps 2), also die beiden Psalmen, die die Exegese gerne als „Eingangsportal“ zum Psalter bezeichnet, als Schlüsseltexte für das Verständnis des Psalters beschreiben. Allerdings fehlt beiden Psalmen (sie sind in gewisser Hinsicht „Lehrtexte“: Ps 1 entwirft als Seligpreisung das Ideal eines mit der Tora als Gottes Wegweisung gelingenden Lebens; Ps 2 proklamiert die universale Königsherrschaft JHWHs, vermittelt durch den Zionskönig als Toralehrer) die für den Gesamtpsalter charakteristische Leidenschaft der poetischen Gott-Suche. Deshalb wähle ich für diesen Beitrag einen anderen Psalm, der das Proprium des Gesamtpsalters plastischer erschließen kann, nämlich den „wunderschönen“ Psalm 23 über JHWH als den Guten Hirten. Er ist der Lieblingspsalm vieler Menschen. Auch ich liebe diesen Psalm, aber mein Lieblingspsalm ist er derzeit nicht (das ist Ps 139, wie ich gleich erläutern werde). Trotzdem: Ps 23 kann eine große Hilfe sein, jenes Profil des Psalters wiederzuentdecken, das Martin Luther in seiner berühmten Vorrede zum Psalter von 1528 als „kleine Biblia“ bezeichnet hat,

---

[1] Ch. Reemts, Schriftauslegung. Die Psalmen bei den Kirchenvätern (NSK-AT 33/6), Stuttgart 2000, 23.

„darin alles auf schönste und kürzeste, wie in der ganzen Bibel stehet, gefasset, und zu einem feinen Enchiridion oder Handbuch gemacht und bereitet ist; dass mich dünkt, der Heilige Geist habe selbst wollen die Mühe auf sich nehmen und eine kurze Bibel und Exempelbuch von der ganzen Christenheit oder allen Heiligen zusammenzubringen, auf dass wer die ganze Biblia nicht lesen könnte, hätte hierin 233 doch fast die ganze Summa, verfasset in ein klein Büchlein."[2]

Römische Erfahrungen mit Psalm 23

Als römischer Theologiestudent im Collegium Germanicum habe ich Psalm 23 sehr geliebt, habe ihn oft im hebräischen Originaltext gebetet (er gehört ja zu den „leichteren" Texten des Psalters) und konnte ihn bald auswendig. Ich liebte seine poetischen Bilder, seine heitere Grundstimmung, das sich in ihm aussprechende Gottvertrauen und vor allem die Intimität der hier realisierten Gottesbeziehung. Das alles passte zur Spiritualität, in der ich mich auf den Priesterberuf vorbereitete. Seine Vision, „im Haus Gottes" das Glück meines Lebens zu erfahren (vgl. den mit Ps 23 verwandten Ps 16: „mein ganzes Glück bist du allein") sowie immer von ihm geführt und beschützt zu werden, begeisterte mich.

Ich erinnere mich noch gut: Der Psalmenkommentar von Artur Weiser, den ich damals gerne las und den ich heute höchstens noch aufschlage, wenn ich Beispiele einer seltsamen Mischung von Pietismus und Antijudaismus suche, sprach mich in jenen Jahren besonders an, weil er den Psalm als levitisch-priesterliche Kultmystik auslegte und so geradezu unserem römischen Berufsideal entsprach. Ich war hingerissen von Weisers Auslegung:

„Die liebliche Anmut der Linien und Bilder und die Innigkeit der religiösen Empfindung haben diesen Psalm unsterblich gemacht. Über ihm liegt der zarte Hauch eines ungetrübten Seelenfriedens, der aus zuversichtlichem Gottvertrauen emporquillt. Doch sind die Töne eines fast kindlichen Vertrauens, die der Dichter hier findet, keineswegs aus jugendlich unbekümmerter Sorglosigkeit geboren. Sie sind vielmehr die reife Frucht eines Herzens, das durch manche bittere Erfahrungen und Kämpfe hindurch (V. 4.5) den stillen Abendfrieden der Seele (V. 6) und trotz aller Bedrohung Kraft hat finden dürfen in der Gemeinschaft mit Gott (V. 2.6) … Die Bilder von Jahwe als freundlichem Gastgeber (V. 5) und der Hausgemeinschaft mit Gott (V. 6) legen es nahe, den Anlaß der Entstehung des Psalms in einem gottesdienstlichen Erlebnis zu suchen, das dem Dichter das Glück und den Segen der Gottesgemeinschaft besonders eindringlich nahe gebracht hat … In diesem Augenblick höchster Gottesbegeisterung wächst ihm die Stunde unmittelbarer Gottesnähe, die er im Gotteshaus erlebt, symbolhaft über die Schranken von Raum und Zeit hinaus: der Augenblick göttlicher Gegenwart wird dem Glauben zu ewiger Zukunft. Nicht nur als Gast, nein als Hausgenosse seines Gottes – d. h. in engster, ununterbrochener Gemeinschaft mit ihm wird er ‚bleiben bis ans Ende der Tage' …

---

2 M. Luther, Zweite Vorrede auf den Psalter (1528), in: H. Bornkamp (Hg.), Luthers Vorreden zur Bibel, Frankfurt 1983, 65.

> Die Weihe des Gottesdienstes ist und bleibt ein Stück heiliger Boden, auf dem das Herz höher gestimmt und die Gottesnähe stärker bewußt wird als im Lärm der Straßen.“[3]

Der so ausgelegte Psalm 23 traf meine damalige Stimmungslage. Ich liebte die feierliche lateinische Liturgie und sang mit Hingabe den Gregorianischen Choral, zumal ich mehrere Jahre Choralmagister im Germanicum war (und als solcher sogar einmal die Konzilsväter in der Konzilsaula dirigierte sowie bei einem Pontifikalamt Pauls VI. im Petersdom als Diakon das Evangelium singen „durfte“). Der Psalm passte zum Leben im römischen Kolleg. Zwar störte mich im Kollegsleben Vieles, aber insgesamt war es ein Leben ohne Sorgen, mit exzellenter mediterraner Küche (auf unseren Tischen stand immer eine Karaffe Wein aus hauseigener Kelterung: vgl. Ps 23,5) – und dem Gefühl, im Haus Gottes bzw. im Haus der Kirche später einmal nützlich und wichtig zu sein.

Neue Erkenntnisse in Israel und mit der 68er-Bewegung

Als ich im Sommer 1966 mehrere Monate in Israel war und dort bei Einladungen durch jüdische Familien sehr konkret mit der Schoa und mit der Frage nach dem Verhalten der katholischen Kirche gegenüber den Juden, nicht nur in der Nazizeit, sondern in der Gesamtgeschichte des Christen- [234] tums konfrontiert wurde, brach die heile theologische Welt zusammen, in der ich in Rom gelebt hatte. Auch die Biographie meiner eigenen Familie wurde nun plötzlich zur irritierenden Infragestellung von Psalmen wie Ps 23. Mein Vater war 1940 tödlich verunglückt, als mein Bruder drei Jahre und ich ein Jahr alt waren. Wir waren eine der ganz armen Familien im Dorf und meine Mutter brachte uns nur mit Mühe (Putzen, Saisonhilfe bei Bauern, Arbeit im Plattensteinbruch) durch. Einen von Gott reich gedeckten Tisch gab es bei uns nie. „Nur Gutes und Liebe Gottes“ ebenfalls nicht. Allerdings: Meine Mutter war eine fromme Frau und voller Gottvertrauen. Ich glaube nicht, dass sie damals den 23. Psalm gekannt hat.

Im Wintersemester 1966/67 erschlossen sich mir an der Evangelisch-Theologischen Fakultät in Heidelberg und beim unmittelbaren Kontakt mit vielen Studierenden (ich half als junger Priester in der Studentengemeinde mit) neue Welten, sowohl in theologischer wie in gesellschaftspolitischer Hinsicht. Diese „Erneuerung“ setzte sich fort, als ich zum Sommersemester nach Münster wechselte. Hier begegnete ich der Theologie von Johann Baptist Metz, die mich bis heute prägt. Außerdem brach nun die 68er Bewegung auf, die mich vor allem binnenkirchlich interessierte. Ich wurde engagierter Assistentenpolitiker und ein moderater (!) kirchenkritischer Theologe. Das blieb ich auch, als ich im Wintersemester 1970 an der Hochschule in Eichstätt Altes Testament zu

---

3 A. Weiser, Die Psalmen I. Psalm 1–60 (ATD 14), Göttingen [10]1987, 153.156.

lehren begann und als ich dann zum Sommersemester 1973 den AT-Lehrstuhl in Münster übernahm.

Zu Psalm 23 hatte ich nun eine Hass-Liebe. Einerseits liebte ich ihn nach wie vor als poetisches Kunstwerk. Andererseits empfand ich das von ihm propagierte Menschen-, Gesellschafts-, Kirchen- und Gottesbild als höchst problematisch, ja geradezu als fatal. Als mein Freund, der Landesrabbiner Nathan Peter Levinson (wir waren lange gemeinsam Mitglieder im „Gesprächskreis Juden und Christen" beim Zentralkomitee der deutschen Katholiken), eine Auslegung von Psalm 23 beim Evangelischen Kirchentag vorlegte, sprach er mir aus der Seele:

> „Man könnte sich vorstellen, dass der 23. Psalm von einem satten, zufriedenen, konterrevolutionären Bourgeois geschrieben wurde. Wir finden hier nichts Gesellschaftskritisches. Den Feinden gegenüber ist der Autor eher passiv. Und er ist erfüllt von einem durch nichts zu rechtfertigenden Optimismus. Wenn er von Gott als dem Hirten spricht, so hat seine Unterwürfigkeit etwas von der Haltung von Schafen. So wünschen sich alle Tyrannen und autoritären Herrscher ihre Untergebenen. Mit denen kann man machen, was man will. Eigeninitiative besitzt er nicht. Er wartet drauf, dass Gott ihn führt, und er führt ihn, so meint der Schreiber, immer an die fettesten Weideplätze. Man könnte meinen, er spräche von den Fleischtöpfen Ägyptens. Es mutet geradezu tollkühn an, wenn nicht einmal der Tod ihn anficht. Nicht das Tal der Todesschatten. Es wird ihm schon nichts passieren! Ist das begnadete Zuversicht oder engstirnige Sklavenmentalität? Wird hier nicht der Tod sträflich verharmlost? Das Leid bagatellisiert? Wird den Leidenden nicht ein Schlaraffenland vorgegaukelt? Was ist denn auf dem Tisch, was im Becher? Vielleicht überhaupt nichts? Wird hier eine Fata Morgana gesichtet, einer Einbildung stattgegeben? Ist Religion hier das Opium für das Volk, die Zukunft einer Illusion? Und wenn von Schafen die Rede ist, kann man das Bild vom Schaf, das zur Schlachtbank geführt wird, aus dem Bewusstsein verdrängen, kommt es nicht immer in unseren Gesichtskreis, wo es uns plagt, verunsichert, aus unserer Lethargie, dem Gleichmut des guten Gewissens herausreißt? ‚Getrieben wurde er, und er, er beugte sich hin, öffnete nicht den Mund, wie ein Lamm, das zur Schlachtbank geführt wird, wie ein Mutterschaf, das vor seinen Scherern verstummt' (Jes 53,7). Für Christen und für manche Juden ist das auch heute noch ein Ideal. Der Opfertod des Gerechten, der unschuldig für andere leidet, stellvertretend geopfert wird. Aber nach Auschwitz wird eine solche Theologie mehr und mehr angezweifelt. Soll man sich wirklich ‚lammfromm' abschlachten lassen? Ohne Widerstand und Gegenwehr? Ist [235] ein solches Märtyrertum noch gefragt? Oder verlangt Gott etwas von uns: das Engagement für die Schwachen und Unterdrückten?"[4]

Levinson verweist dann u. a. auf den Midrash Tehillim, der zum Anfangsvers von Ps 23: „Der Ewige ist mein Hirte, mir wird nichts mangeln" sagt:

> „Diese Worte sind im Einklang mit Dtn 2,7 zu verstehen, wo es heißt: ‚Der Ewige, dein Gott, hat dich gesegnet in allem Tun deiner Hand.' Sagte Rabbi Elieser ben Jacob: Damit du nicht denkst, dass Gott den segnet, der nichts tut, sondern nur dasitzt, sagt die Schrift ‚in allem Tun deiner Hand', um damit anzudeuten, dass nur der tätige Mensch gesegnet ist …"

---

4 N. P. Levinson, Eine jüdische Predigt auf einem Kirchentag, in: ZGP 5, 1985, 13.

Es kommt darauf an, dem Hirten JHWH zu helfen, ja sogar an seiner Stelle und mit seiner Kraft zu handeln: „auf den Wegen der Gerechtigkeit" (Ps 23,3) – für andere und für uns.

Deshalb ist mein Lieblingspsalm seit den 70iger Jahren Psalm 139, und zwar in seiner vollständigen Textgestalt. Also gerade *mit* den Versen 19–22, die im kirchlichen Stundengebet gestrichen wurden und von vielen als unbetbar abgelehnt werden. Für mich sind diese Verse der theologisch-anthropologische Höhepunkt dieses Psalms. Ohne diese Verse verkommt der Psalm leicht zu einem (belanglosen) Hymnus auf die göttliche Vorsehung, die weitschauend alles von Anfang an geordnet hat, sodass der Menschen Schicksal ihr von Anfang an bekannt ist und dass der allwissende und allmächtige Gott alles in seinen guten Händen hält – weil es *seine* Welt ist. Aber die Welt ist nicht *so*, sie ist vielfältig gestört, es gibt Feindschaft und Krieg, Leid und Not. Und dieses Leid schreit laut oder sprachlos um Hilfe und nach Gerechtigkeit. Deshalb gehören die Verse 19–24 für mich konstitutiv zu diesem Psalm, den ich als Theodizeepsalm ernst nehme. Das Ich des Psalms betet sich in V. 1–18 immer tiefer in das Geheimnis hinein, dass die Welt von Gott erfüllt und umfangen ist, und vor allem lässt sich dieses Ich davon ergreifen, dass Gott in ihm und er in Gott ist. Doch diese geradezu mystische Gottesgemeinschaft öffnet dem Ich die Augen für die Leidenden dieser Welt und fordert ihn auf zum Kampf gegen die Henker und Ausbeuter, seien es Individuen, seien es Institutionen. Psalm 139 ist mein Lieblingspsalm, weil er sich *coram deo* hineinbetet in das Projekt Mystik und Politik bzw. Kontemplation und Kampf. Dies ist nicht eine Mystik, die in Gottseligkeit die Welt vergisst und blind ist für die Leidenden, sondern es ist eine „Mystik der offenen Augen." (J.B. Metz). *Diese* Leidenschaft fehlt mir in Ps 23. Und doch habe ich in den letzten Jahren auch Ps 23 wieder lieben gelernt – und zwar durch den neuen methodischen Zugang zu den Psalmen, den wir Psalterexegese nennen.

Neue Perspektiven von Ps 23 im Horizont der Psalterexegese

Die Psalterexegese liest die Einzelpsalmen in ihrem Buchzusammenhang. Natürlich beginnt sie damit, einen Psalm als in sich geschlossenen Text zu verstehen. Dann ist Ps 23 ein Vertrauensgebet, das mit den Metaphern von JHWH als dem fürsorglichen, starken Hirten (V. 1–4) und von JHWH als dem in seiner königlichen Residenz (Tempel) großzügigen Gastgeber gestaltet ist. Er setzt mit dem Bild vom Unterwegssein ein, deutet die vielfältigen Gefahren auf dem Weg an, stößt zur Ankunft im schützenden Haus JHWHs vor und schließt mit der Betonung von der immer möglichen Rückkehr in dieses Haus (V. 6 ist zu übersetzen: „ich kehre [immer wieder] zurück in das Haus JHWHs, solange meine Tage währen"). Von den wechselnden Sprechrichtungen her lässt sich der Psalm in vier Abschnitte gliedern, die spiegelbildlich (chiastisch) aufeinander bezogen sind: V. 1b–3 ist Bekenntnis/Zeugnis über JHWH (er – ich); V. 4 ist Vertrauensgebet zu JHWH (ich – du); V. 5 ist Vertrauensgebet zu JHWH (du – ich); V. 6 ist Bekenntnis/Zeugnis über JHWH. Das Thema des Psalms wird gleich zu Anfang in zwei Kurzsätzen formuliert: „JHWH ist mein Hirte/mir wird nichts mangeln." Typisch für die Poesie bleibt der (logische) Zusammenhang zwischen den beiden (asyndetischen) Kurz-Sätzen unbestimmt und kann/muss vom Beter selbst ge- [236] füllt werden: „*Weil/ wenn/solange* JHWH mein Hirte ist, wird mir nichts mangeln …" Schon von *dieser* Perspektive her lese ich heute den Psalm anders als früher. Er hat seine Dynamik für mich auch verändert, seit ich weiß, dass der Psalm sowohl im Judentum als auch im Christentum als Begräbnispsalm verwendet wurde und wird. Vor allem verändert sich mein Verständnis des Psalms, seit ich ihn als Teil der „kleinen Biblia" (s. o.) lese. Ich kann dies nur sehr knapp andeuten.

Die beiden ersten Strophen, die von der Hirtenmetaphorik geprägt sind, entfalten eine Theologie des Gottesnamens JHWH, die in der Erzählung über die Offenbarung dieses Namens in Ex 3,1–15 verwurzelt ist und von daher verstanden werden muss:

> Er führt mich auf Wegen der Gerechtigkeit um seines Namens willen.
> Auch wenn ich gehe im Tal der Finsternis/des Todesschattens,
> fürchte ich nichts Böses/kein Unheil. Denn du bist mir (V. 3b–4c).

In Ex 3 wird das Tetragramm von jenem Gott geoffenbart, der die Leiden seines Volkes wahrnimmt und dessen Schrei hört – und deshalb „herabsteigt", um sich als der „Ich-bin-mit-euch-da" (vgl. Ex 3,13–15) zu erweisen. Er tut dies, indem er sein Volk aus der ägyptischen Versklavung befreit und es dann auf dem gefahrvollen Weg durch die Wüste führt, ihnen Nahrung (Manna und Wachteln) und Wasser (aus dem Felsen) gibt und schließlich in das verheißene Land bringt – mit dem „Haus JHWHs" in Jerusalem als Zentrum und Ort der Gottespräsenz. Dieses „Gründungsgeschehen" Israels erinnert unser Psalm, und zwar so, dass das betende Ich sich hineinbetet in diese kollektive Wirklichkeit und sie sich damit gewissermaßen individuell aneignet. Vor diesem Hintergrund erhält Ps 23 ein massiv macht- und gesellschaftskritisches Potenzial und ist dann alles andere als idyllische Weltflucht.

Aber auch der zweite Exodus, insbesondere mit seinen Bildern der wunderbaren Verwandlung der Wüste, durch den JHWH die Gola zum Zion führt (vgl. besonders das Bild von JHWH als dem Hirten in Jes 40,11), damit die Gola als der gerechte Ebed JHWH dort und weltweit die einzigartige Göttlichkeit JHWHs verkündet, wird in Psalm 23 erinnert – und zwar als Trostbotschaft für alle Leidenden und Schuldiggewordenen (vgl. zum Trostmotiv in Ps 23,4: „sie trösten mich" vor allem Jes 40,2; 49,13).

Im Horizont des Exodusbuches und von Jes 40–55 ist Ps 23 in der Tat ein „Schlüsseltext" für die individuelle Meditation von Tora und Prophetie, zumal die „Wege der Gerechtigkeit" (Ps 23,3) die Tora als Mittlerin von Gerechtigkeit evoziert.

Schließlich muss Ps 23 im Horizont der konzentrischen Teilkomposition Ps 15–24 gelesen werden. Verständlicherweise kann auch dies alles hier nur angedeutet werden. Aber die neue Perspektive, die Ps 23 dadurch erhält, wird sichtbar werden.

Die drei aufeinanderfolgenden Psalmen 22–24 sind nicht nur durch zahlreiche Motive und mehrere Themawörter aufeinander bezogen, sondern bilden geradezu einen dramaturgisch gestalteten Text- bzw. Ereigniszusammenhang. Ps 22 ist ein Klagepsalm. Auf den typischen Dreischritt „Klage mit Notschilderung“ (V. 2–11) – „Bitte um Rettung aus der Not“ (V. 12–22) – „Dankversprechen“ als Ausdruck tiefsten Vertrauens trotz bzw. inmitten der tödlichen Bedrohung folgt eine vorwegnehmende Schilderung der erbetenen und erhofften Rettung (V. 23–27), die schließlich in einem (redaktionell hinzugefügten) vierten Teil (V. 28–32) als Offenbarung der universalen Königsherrschaft JHWH gedeutet wird, die sogar die Macht des Totenreichs überwindet (vgl. V. 30). Ps 23 kann dann einerseits als die in Ps 22,23–27 versprochene Verkündigung des „Namens“ JHWHs gelesen werden, insofern Ps 23 nicht nur eine „Namenstheologie“ bietet (s. o.), sondern darüber hinaus das in Ps 22,27 angekündigte „Mahl der Sättigung“ im Angesicht des rettenden Gottes JHWH plastisch schildert (V. 5). Liest man Ps 23 als Weiterführung von Ps 22, der mit ausdrucksstarken Bildern [237] die feindliche Bedrohung und die Todesängste des betenden Ich zum Ausdruck bringt, werden die dann auch im Ps 23,4 evozierten Gefahren und die in Ps 23,5 auftretenden „Feinde“ plastisch. Der so in der Abfolge Ps 22,23 aufscheinende „Hoffnungsweg“, dass JHWH als JHWH inmitten tödlicher Bedrohung rettet und dem Bedrängten als König in seinem „Haus“ neue Lebenskraft, ja Lebensgemeinschaft schenkt, wird dann in Ps 24 weiter ausgezogen. Dieser Psalm, der in seinem ersten Teil V. 1–2 JHWHs das Chaos bändigende und das Leben stiftende Schöpfermacht (Vollzug seiner Königsherrschaft: vgl. Ps 93) besingt, konkretisiert in seinem zweiten Teil V. 3–6 die Voraussetzungen für die in Ps 23,5–6 erhoffte Zulassung zum Haus JHWHs und verheißt denen, die diese „Einlassbedingungen“ erfüllen, genau das, was der Schluss von Ps 22 als die entscheidende Heilstat JHWHs formuliert. Im hebräischen Text liegt eine wichtige Stichwortbeziehung vor: „sie werden seine *Gerechtigkeit* verkünden“ (Ps 22,32), d. h. seine *Gerechtigkeit*, die sich in der Rettung der Verfolgten und der Armen, ja sogar der Toten erweist; „er wird Segen empfangen von JHWH und *Gerechtigkeit* vom Gott seiner Rettung“ (Ps 24,5). Im Horizont dieses semantischen Kompositionsbogens erhält dann Ps 23,3 eine zusätzliche Bedeutung: „er führt mich auf Wegen der *Gerechtigkeit*“, womit sowohl die rettende Gerechtigkeit JHWHs als auch die vom Ich des Psalms gelebte Gerechtigkeit (als das in Ps 24,4 summarisch formulierte Lebensprogramm) gemeint ist. Ps 24,6 schlägt dann mit dem Stichwort „Gottsucher“ ausdrücklich den Bogen zurück nach Ps 22,7. Der dritte Teil von Ps 24 (V. 7–10) bildet das grandiose Finale der Psalmenabfolge Ps 22–24: Hier wird das in Ps 22,28–32 anklingende Thema der Königsherrschaft JHWHs ausdrücklich mit dem „Haus JHWHs“ verbunden und zugleich wird die in Ps 23 besungene schützende und rettende Königsmacht JHWHs, die er dem einzelnen Ich erweist, in einen mythisch-kosmischen Rahmen gestellt („der König der Herrlichkeit" ist der Chaosbekämpfer „JHWH Zebaot").

Schon diese wenigen Beobachtungen zur Abfolge Ps 22–24 (sie müssten vertieft werden durch die Beschreibung der kompositionellen Struktur von Ps 15–24) lassen erkennen: Ps 23 ist alles andere als ein „naives" bzw. „kin dliches" Vertrauensgebet. Es ist ein Gebet, das inmitten tödlicher Bedrohung sich an JHWH, dem Gott, der „da ist und da sein will", festhält. Es ist ein Hoffnungsgebet, das die großen Verheißungen beschwört – „für die Länge der Tage" (Ps 23,6).

Innerbiblische und nachbiblische Leseweisen des Psalmenpaares 42/43

Erich Zenger

31 Die hermeneutische These, die ich am Beispiel des Psalmenpaares 42/43 erläutern möchte, lautet: Da Psalmen Poesie sind und da sie bereits von ihren Verfassern als Wiedergebrauchstexte geschaffen wurden, erschöpft sich ihr Sinnpotenzial nicht in dem historisch erschließbaren Erstsinn. Sie haben vielmehr ein vielfältiges Bedeutungs- und Sinnpotenzial. Dies zeigt sich bereits im Psalter selbst, wo die Einzelpsalmen durch ihre Einbindung in Psalmengruppen, in Teilpsalter und in den Gesamtpsalter zusätzliche Sinnhorizonte erhalten. Darüber hinaus sind die Psalmen in Judentum und Christentum als Teiltexte ihrer Bibel rezipiert worden und werden von beiden als solche in ihrer Liturgie verwendet, wodurch sie eine jeweils unterschiedliche Lebenskontextualisierung erhalten. Es gibt deshalb legitimerweise eine jüdische und eine davon unterschiedene christliche Leseweise der Psalmen, die zwar viele Gemeinsamkeiten haben, aber eben auch ihre je spezifischen Akzentuierungen.

Es versteht sich von selbst, dass ich diese komplexe These hier nur sehr fragmentarisch erläutern und konkretisieren kann.

1. Psalm 42 und Psalm 43 – ein Zwillingspaar

Nach Meinung der meisten Kommentatoren waren die beiden Psalmen 42 und 43 ursprünglich ein einziger Psalm. Sie werden in den Kommentaren meist sogar als solcher abgedruckt und ausgelegt. Klaus Seybold konstatiert lakonisch: „Ps 42/43 wird in der hebr. Überlieferung zu Recht als ein einziger Psalm angesehen und behandelt (anders G und Theodotion)“.[1] Hermann Gunkel sagt in einer Einzelbemerkung zu 43,1 nur beiläufig: „Auch das Fehlen der Überschrift bezeugt, dass hier ursprünglich kein neuer Psalm anfangen soll“[2] und dekretiert über die von ihm vorausgesetzte Einheit 42/43: „Dass das seinem Inhalt nach erschütternde Gedicht auch künstlerisch vollkommen ist, braucht man kaum zu zeigen“.[3] Ähnlich heißt es in der „Jewish Study Bible“: „Pss 42–43 form a single unit. It is unclear when and how they became separated; perhaps the fact that Ps. 42 nostalgically focuses on the past, while Ps. 43 is

---

[1] K. Seybold, Psalmen (1996) 174.
[2] H. Gunkel, Psalmen (1929) 183.
[3] H. Gunkel, Psalmen (1929) 183.

more concerned with the future, promoted this divi- [32] sion".[4] Auch ich selbst habe 1993 im ersten Band der „Neuen Echter Bibel" die ursprüngliche Zusammengehörigkeit der beiden Psalmen vertreten.[5] In der Tat lassen sich für diese Auffassung zahlreiche respektable Gründe[6] nennen, die ich kurz resümiere:

(1) Ps 42 und 43 setzen die gleiche Situation des Beters voraus: Sehnsucht nach Begegnung mit dem als fern (42,2–4) und sogar als feindlich (42,8; 43,2) beklagten Gott. Diese Begegnung wird in 42,3 mit der Frage „Wann werde ich (wieder) hineingehen und schauen das Angesicht Gottes?" herbeigesehnt und dann in 43,3f. von der Intervention Gottes erwartet: „Sende dein Licht und deine Treue" …, dann werde ich (wieder) hineingehen zum Altar Gottes im Tempelhof (d. h. an den Ort des Gotteskontakts bzw. der Theophanie). Das Thema der Gottesferne bzw. Gottverlassenheit kommt auch in der zweimaligen Frage, der sich der Beter fortwährend ausgesetzt sieht, „wo ist denn (nun) dein Gott?" (42,4.11) zur Sprache; diese Frage wird dann in 43,4 mit der Hoffnung beantwortet, dass der aus seiner Not gerettete Beter Gott wieder als „seinen" Gott öffentlich feiern kann. Das Gottesthema wird auch in den (für die Jerusalemer Tempel-Theologie charakteristischen) Prädikationen אֵל חָי „lebendiger Gott" (42,3), אֵל חַיָּי „Gott meines Lebens" (42,9) bzw. אֵל סַלְעִי „Gott, mein Fels" (42,10) und אֵל שִׂמְחַת גִּילִי „Gott meiner jubelnden Freude" (43,4) betont.

(2) Ps 42 und Ps 43 sind durch wörtliche Wiederholungen und motivliche Gemeinsamkeiten so miteinander verkettet, dass Ps 43 als Steigerung und als wirkungsvoller Schluss von Ps 42 gelesen werden kann. Die doppelte „Warum-Frage" von Ps 42,10 wird wörtlich in Ps 43,2 wiederholt, allerdings wird der Vorwurf an Gott gesteigert. In 42,10 heißt es: „Warum hast du mich vergessen?", in 43,2 lautet der Vorwurf: „Warum hast du mich verstoßen?" Auch die den Beter bedrängende Umgebung wird in ihrer Schilderung sukzessiv feindlicher und geradezu verbrecherisch. In 42,4 wird diese Umgebung nur mit dem Infinitiv angegeben בֶּאֱמֹר אֵלַי „indem man zu mir sagt." In 42,11 werden die Sprecher der Spottfrage „Wo ist dein Gott" klar benannt: צוֹרְרָי „meine Bedränger" (vgl. Ps 44,11; 46,2). In Ps 43,1 werden die Feinde, aus deren Macht Gott den Beter befreien soll, dann ethisch qualifiziert; sie sind „treulos", Lügner und Verbrecher. [33]

---

4 A. Berlin / M. Z. Brettler, Study Bible (2004) 1330.

5 F.-L. Hossfeld / E. Zenger, Psalm 1–50 (1993) 265–271.

6 Th. Dockner, Cerva (2001) 22–24 diskutiert kurz die Argumente pro und contra Ps 42/43 als ursprüngliche Einheit und plädiert für diese. J. Schaper, Hirsch (2004) 14–16 verzichtet mit Verweis auf Dockner ausdrücklich auf eine eigene Diskussion. G. Strola, Desiderio (2003) 19–22 stellt immerhin die Frage, wieso die Tradition den ursprünglich einen Psalm als zwei Psalmen überliefert, und referiert einige diesbezügliche Antworten der Forschung, sie kommt aber dann schnell zum Ergebnis: „Tali argomenti, se rendono comprensibile la suddivisione del Salmo in due parti, non sono interamente probanti" (ebd. 21).

(3) Als stärkstes Argument gilt der dreimalige Refrain 42,6.12; 43,5, der den Psalm in drei Strophen gliedert, die eine sukzessiv sich steigernde Dramaturgie haben. Diese Refraintechnik und die strophische Gliederung sind charakteristisch für alle Korachpsalmen. Die in den beiden Refrains von Ps 42 vom Beter seiner „Seele" zugesprochene Hoffnung, dass die Situation der Gottferne und der Gottverlassenheit ein Ende finden werde, wird im Refrain 43,5 insofern wirkungsvoll zum Abschluss gebracht, als 43,4 die Erfüllung dieser Hoffnung konkretisiert und dabei das Themawort des Refrains „ich werde wieder im Tempel ein Toda-Opfer darbringen" aufnimmt.

(4) 43,1 knüpft mit ähnlicher Technik an den vorangehenden Refrain 42,12 an wie 42,7 an 42,6 (42,7 nimmt aus 42,6 „meine Seele ist betrübt" auf; 43,1 nimmt aus 42,12 das Stichwort „Gott" auf).

(5) Motivlich ist 43,4 ein Kontrastbild zu 42,2: Der zu seiner Leier vor seinem Gott und in Dankbarkeit für ihn Lieder singende Beter ist ein poetisch außerordentlich wirkungsvoller Gegensatz zu der Hirschkuh, die sich matt vor Durst über den von der Sommersonne ausgebrannten Bergrücken hinschleppt und auf der Suche nach Wasser ihre Klageschreie ausstößt.

(6) Kolometrisch sind 42 und 43 nach den gleichen Prinzipien gestaltet.

(7) Zumindest in jener hebräischen Textüberlieferung, die als die am besten bezeugte gilt, hat 43 keine eigene Überschrift, ist also unter die Überschrift von 42 zu subsumieren. Diese Beobachtung ist deshalb so gewichtig, weil in dem mit 42 eröffneten 2. Psalmenbuch 42–72 alle Psalmen eine Überschrift (einzige Ausnahme: Ps 71) tragen.

(8) Mehrere hebräische Handschriften schreiben 42/43 als einen einzigen Psalm; auch mehrere Kirchenväter (z.B. Eusebius) betrachten 42 und 43 – gegen die verbreitete altkirchliche Überlieferung – als *einen* Psalm.

Angesichts dieser zahlreichen Beobachtungen ist die von der überwiegenden Mehrheit der Exegeten vertretene Auffassung, die beiden Psalmen 42 und 43 seien ursprünglich ein einziger Psalm gewesen und erst nachträglich von der Überlieferung in zwei Psalmen aufgeteilt worden,[7] verständlich.

Gleichwohl gibt es ebenso gute, m.E. sogar gewichtigere Gründe für die These, die beiden Psalmen seien von Anfang an zwei getrennte Psalmen gewesen,[8] wobei Ps 42 zuerst entstand und Ps 43 später als weiterführende Ergänzung bzw. als Brückenpsalm zwischen Ps 42 und Ps 44 so konzipiert wurde, dass beide Psalmen ein Zwillingspaar sind, analog Ps 111/112 und Ps 135/136. Hermeneutisch bedeutet dies, dass Ps 42 durch die Fortführung in Ps 43 zusätzliche Sinn-Dimensionen erhält. Das ist die Position, die ich be- [34] reits 2004 im „Stuttgarter Altes Testament" angedeutet habe[9] und die ich auch bei

[7] Diese These wird vertreten von M. MILLARD, Komposition (1994) 11.186f. sowie von C. SÜSSENBACH, Psalter (2005) 361–363.

[8] Diese Position wird vertreten in der Münsteraner Dissertation von T. AOKI, Angesicht (2006).

[9] E. ZENGER, Altes Testament (2005) 1086–1088.

meiner Kommentierung in HThKAT vertreten werde. Für diese Auffassung lassen sich folgende Beobachtungen anführen:

(1) Die meisten hebräischen Handschriften und die alten Versionen bieten Pss 42 und 43 als zwei eigenständige Psalmen. Dies gilt auch für den Codex Aleppo und den Codex Petropolitanus/Leningradensis. Diese beiden wichtigen Codices haben zwischen beiden Psalmen eine Leerzeile, mit der sie auch sonst Einzelpsalmen voneinander abgrenzen. „Das kann bedeuten, dass die Schreiber der beiden Handschriften entweder nur ihre Vorlage treu wiedergegeben haben oder aber diese Psalmen als eigenständige Psalmen verstanden und dies durch die Einfügung einer Leerzeile kenntlich gemacht haben".[10] In jedem Fall trifft die von vielen Kommentatoren gegebene Auskunft, die hebräische Text-Überlieferung beurteile Ps 42/43 als einen einzigen Psalm, nicht zu.

(2) Die Septuaginta und die davon abhängigen alten Versionen halten die beiden Psalmen unbestreitbar für zwei eigenständige Psalmen, insofern sie den beiden Psalmen unterschiedliche Überschriften geben, nämlich Ps 42 als „Psalm von den Söhnen/bezogen auf die Söhne Kores" und Ps 43 als „Psalm von/bezogen auf David" bezeichnen.[11]

(3) Bei genauerer Betrachtung gibt es trotz der unbestreitbaren semantischen Gemeinsamkeiten doch zugleich gewichtige semantische, thematische und syntaktische Unterschiede zwischen Ps 42 und Ps 43:

- Das am Anfang der beiden Strophen von Ps 42 jeweils verwendete „Seelenmotiv" fehlt am Anfang von Ps 43; in Ps 43 steht es lediglich im Refrain (43,5).
- Die identische zweite Warum-Frage 42,10 bzw. 43,2 hat eine kleine Differenz: Während 42,10 הלך Qal bietet, hat 43,2 הלך Hitpael. Das ist deswegen beachtenswert, weil die Verbindung הלך Hitpael + קדר auch in Ps 35,14 steht. Mit dem Bittgebet Ps 35 ist Ps 43 in mehrfacher Hinsicht verwandt: Ps 35 beginnt wie Ps 43 mit der Aufforderung an JHWH: ריבה ריבי. Auch der Imperativ שׁפטני, der Ps 43 eröffnet, steht in Ps 35,24.
- Die in 42,4 und 42,11 als Feindzitat stehende ironische Frage „Wo ist denn nun dein Gott?" fehlt in Ps 43.
- Die für Ps 43 konstitutive Rolle von JHWH als dem Richter, der Recht verschafft, ist in Ps 42 nirgends im Blick. [35]
- Ps 43 ist von seiner poetischen Dramaturgie her ein Bittgebet mit einer Abfolge von an Gott gerichteten Imperativen, während Ps 42 nur im Refrain einen an die Seele gerichteten Imperativ aufweist.
- Die Bildwelten von Ps 42 und Ps 43 stimmen zwar darin überein, dass der Beter darauf hofft, wieder die rettende Nähe seines Gottes zu erfahren

---

10 T. Aoki, Angesicht (2006) 32.

11 Die Textüberlieferung ist nicht ganz einheitlich. Einige Textzeugen bieten zusätzlich bei Ps 42(41) „ein Psalm von/bezogen auf David"; ebenso bieten einige Textzeugen in Ps 43(42) einen Korach/Kore-Bezug.

und seinem Gott dafür im Heiligtum wieder danken zu können, aber die Situation der Gottferne bzw. Gottverlassenheit wird doch unterschiedlich charakterisiert: In Ps 42 sind es poetisch-mythische Bilder tödlicher Bedrohung bzw. Elemente theologischer Geographie (die Hinde in der ausgetrockneten Steppe, die Chaosfluten, der äußerste Norden weit weg von Jerusalem), in Ps 43 ist die Welt, in der das Ich lebt, eine gesellschaftlich-politisch feindliche Welt; während das Ich von Ps 42 ein individuelles Ich ist, könnte Ps 43 auch ein kollektives Ich sein.

– Ps 42 und Ps 43 sind beide tempeltheologisch bzw. kultisch imprägniert, insbesondere durch den Soziomorphismus des im Tempel gegenwärtigen und von ihm aus wirkenden königlichen Angesichts JHWHs. Allerdings sind die evozierten Szenerien unterschiedlich. Ps 42 imaginiert inmitten selbst erlebter bzw. von den Feinden dem Beter vorgehaltener Gottverlassenheit die sich wieder einstellende Erfahrung der Gottesnähe als das Schauen des göttlichen Angesichts (vgl. 42,3). Ps 43 bittet um die Rettung durch den schützenden Gott aus der Macht von Lügnern bzw. Verbrechern und imaginiert ein Toda-Opfer am Altar mit Tanz und Musik für die von JHWH bewirkte Rettung.

(4) Beide Psalmen haben ein je spezifisches Profil: Ps 42 ist die Sehnsuchtsklage eines Menschen, der seine Situation der Gottferne mit räumlichen Chaosmetaphern als Sphäre des Todes beklagt und sich nach der Erfahrung der Gottesnähe bzw. der Gottesbegegnung sehnt, die mit der Symbolik des Tempels als Quellort des lebendig machenden Wassers und als schützendes Haus (Strophe 1) sowie als kosmischer Fels/Berg inmitten der Chaosfluten (Strophe 2) gezeichnet wird. Ps 43 ist hingegen ein Bittgebet um göttliche Hilfe in Rechtsnot, das im Falle der erhofften Rettung ein Todaopfer im Tempel, auf dem heiligen Berg Zion und dem Wohnort JHWHs, verspricht. Dieses Bittgebet inspiriert sich einerseits an Ps 26[12] und hat andererseits, anders als Ps 42, mehrere Motive gemeinsam mit den nachfolgenden Korachpsalmen,[13] was die These nahe legt, Ps 43 sei gezielt als Teilpsalm der [36] korachitischen Komposition Ps 42–44.46–48 geschaffen worden.[14] Ps 43 ist demnach einerseits ein Zwilling zu Ps 42 und andererseits ist er ein Brückenpsalm, der die

---

12 Ps 26 ist ursprünglich entweder ein Bittgebet, mit dem sich ein Priester oder Levit auf seinen Tempeldienst vorbereitet, oder ein „Pilgergebet" beim Tempelbesuch. Beide Perspektiven passen gut als „Vorlage" für Ps 43 als Element des korachitischen „Wallfahrtspsalters" Ps 42–44.46–48.

13 Vgl. besonders: שפט (43,1; 48,12); מעוז (43,2; 46,2); לחץ (43,2; 44,10); אור (43,3; 44,4); הר־קדש (43,3; 48,2.12); משכנות (43,3; 46,5).

14 Die Komposition wurde entweder in spätexilischer oder (m. E. wahrscheinlicher) in früh-nachexilischer Zeit geschaffen. Ps 49 wurde bei der Zusammenstellung des elohistischen Psalters Ps 42–83 eingefügt (Korrespondenz Ps 49 ↔ Ps 73). Ps 45 mit seiner „Königstheologie" dürfte erst bei der Zusammenstellung des sog. messianischen Psalters Ps 2–89 eingefügt worden sein.

Klagepsalmen Ps 42 und Ps 44 so verbindet, dass die drei Psalmen 42–44 zum ersten Teil des korachitischen Wallfahrtspsalters Ps 42–44.46–48 werden.

2. Psalm 42/43 als Eröffnung des Korachpsalters Psalm 42–44.46–48

Bei der Formation des korachitischen Wallfahrtspsalters erhielt Ps 42 als Eröffnungspsalm eine zusätzliche Sinn-Dimension. Während der ursprünglich eigenständige Psalm 42 eine Art „Diasporapsalm" bzw. Exilspsalm war, der durch die Erinnerung (vgl. Ps 42,5.7) bzw. Vergegenwärtigung der vom Beter im Jerusalemer Tempel bzw. bei der Wallfahrt dorthin erlebten Gottespräsenz Kraft zum Festhalten am überlieferten Gottesglauben geben wollte, ist Ps 43 ein auf Zukunft hin angelegter „Wallfahrtspsalm", der vom Ziongott Rettung erhofft und für die geschenkte Rettung ein feierliches Toda-Opfer begehen will – als Zeichen dafür, dass die im Exil und danach erlittene „Verwerfung" zu Ende ist und dass dann die „Zionslieder" Ps 46–48 mit großer Freude gesungen werden können. Man könnte auch sagen, dass Ps 42 durch seine Einbindung in den Korachpsalter Ps 42–44.46–48 ein Psalm wurde, der das Ende des Exils als Machterweis des das Chaos bekämpfenden Ziongottes feiert. Folgende entstehungsgeschichtlichen Aspekte sind hier relevant:

(1) Ps 43 nimmt aus dem Volksklagepsalm Ps 44,10.24 das wichtige Themawort זנח „verstoßen, verwerfen" auf, mit dem Israel dort einerseits JHWH den Vorwurf macht, er habe sein Volk „verstoßen" (44,10), und andererseits zugleich darum bittet, er möge diese Verstoßung beenden (44,24). Auch die Bitte in 43,3, JHWH möge sein Licht und seine Treue schicken, damit diese ihn wie zwei Hofbeamte zur königlichen Wohnung JHWHs, d.h. zu seinem Tempel, geleiten, inspiriert sich an dem in Ps 44 gebotenen Rückblick auf JHWHs königliche Machterweise bei der Landnahme (vgl. 44,4: „das Licht deines Angesichts"). Zwar ist die in 43,2 beklagte Bedrängnis durch die Feinde (לחץ אויב) für den Verfasser von Ps 43 durch Ps 42,10 vorgegeben, aber sie erhält in 43,2 dadurch zusätzliches Gewicht, dass auch in 44,25 die Bedrängnis Israels durch feindliche Völker, deren Beendigung durch JHWH erfleht wird, mit diesem Begriff charakterisiert wird. Durch die von den Verfassern des Korachpsalters Ps 42–44.46–48 mit der (redaktionellen) Kreation [37] von Ps 43 gestalteten Abfolge Ps 42 → 43 → 44 entsteht eine sich steigernde Klagekomposition, in der das sprechende Ich von Ps 42 und Ps 43 nun *auch* das kollektive Ich Israels ist, wodurch die rätselhafte Formulierung in Ps 43,1 verständlich wird („rette mich vor einem Volk, das ohne Treue ist"). Durch die Integration der ursprünglich individuellen Sehnsuchtsklage Ps 42 in den Korachpsalter Ps 42–44.46–48 und die damit verbundene Weiterführung von Ps 42 durch den Zwilling Ps 43 wird Ps 42 also Teilelement einer gesteigerten kollektiven Klagekomposition.

(2) Die Neuinterpretation wird auch durch die Hinordnung von Ps 42 auf die hymnische Zionstheologie von Ps 46–48 vertieft, insofern der redaktionelle Zwilling Ps 43 den Zionshorizont verstärkt, indem er klassische Topoi der Zionstheologie verwendet, die in Ps 42 noch nicht gegeben sind. Dass der Tempel mit dem Altar auf dem „heiligen Berg" liegt, verweist nach Ps 48,2 und evoziert die dort mit dem Bergmotiv gegebene Schutzfunktion, die Ps 43,2 ausdrücklich thematisiert und dabei semantisch bzw. motivlich den Bogen nach Ps 46,2 schlägt (43,2: מעוזי; 46,2: מחסה ועז). Dass der Beter in Ps 43,3 durch die beiden Gottesboten „Licht" und „Treue" zum Wohnort bzw. zu den Wohnungen Gottes (משכנות) geführt werden will, bereitet das in Ps 46,5 gezeichnete Motiv von der Gottesstadt vor, die die Wohnung des Höchsten ist und in der statt der in Ps 42,8 den Beter bedrohenden Chaosfluten die paradiesischen Lebenswasser fließen.[15] Auch die Bitte um die Durchsetzung des Rechts, mit der Ps 43,1 beginnt, zielt auf den Zionsgott als den Gott der Gerechtigkeit,[16] über dessen gerechte Rechtsentscheide (Ps 48,12: מִשְׁפָּטִים) der Zionsberg und die Tochterstädte Judas sich freuen und jubeln (Ps 48,12) – wie es der Beter von Ps 43 in V. 4 erhofft.

(3) In der Dramaturgie der Abfolge der Psalmen 42 und 43 bittet der Beter um Rettung aus der Macht der Feinde und verspricht dafür ein feierliches Toda-Opfer im Tempel des Zionsgottes. Durch die in Ps 43,1.4 gegebenen Anspielungen auf Ps 26 wird Ps 43 bzw. Ps 42–43 so zum Vorbereitungsgebet der „Wallfahrt" zur Gottesstadt auf dem Berg Zion (Ps 46), und zur Teilnahme am großen Fest der universalen Königsherrschaft JHWHs (Ps 47)[17] und seiner einzigartigen Göttlichkeit (Ps 48).[18] [38]

Die Psalmenkomposition 42–44.46–48, die man als kleinen Korachpsalter bezeichnen kann, ist also ein zweiteiliges Diptychon, das einerseits in Ps 42–44 die dramatische Frage stellt „Wo ist dein/euer Gott" bzw. „Warum vergisst du unsere Bedrängnis?" (Ps 42,11 bzw. Ps 42,10; 44,25; vgl. auch den Spannungsbogen Ps 42 → Ps 44 im Motiv vom „Angesicht JHWHs") und darauf andererseits mit den hymnischen Prädikationen der Psalmen 46–48 antwortet, die das in Ps 42–44 anklingende Thema des rettenden Königsgot-

15 Der Kontrast „Chaoswasser" ↔ „Lebenswasser" bestimmt auch die strukturelle Mitte der Komposition Ps 46,2–8; vgl. dazu B. Ego, Wasser (2001) 363–369; B. Janowski, Heilige Wohnung (2003) 45–53.

16 Die Diskussion über die Solarisierung JHWHs durch die Übernahme alter jebusitischer Traditionen kann hier nicht durchgeführt werden; vgl. die Skizze bei O. Keel, Geschichte Jerusalems (2007) 273–286.

17 Die Datierung von Ps 47 ist in der Forschung sehr kontrovers; der Frage kann hier nicht weiter nachgegangen werden.

18 Die drei Zionspsalmen Ps 46–48 sind durch vielfähige Stichwort- und Motivbezüge miteinander verbunden und lassen sich als dramaturgischer Zusammenhang lesen: vgl. J. van Oorschot, Deus praesens (1994) 416–430; C. Süssenbach, Psalter (2005) 361–375; E. Zenger, Korachpsalmen (1995) 175–198.

tes, der im Jerusalemer Tempel thront und von dort aus „erscheint“, explizit entfalten – und zwar auf der Bühne der Völkerwelt mit dem Zion als Mitte.

3. Psalm 42/43 als Eröffnung des elohistischen Psalters (Psalm 42–83)

Dass sich die Psalmen 42–83 durch ihren Gebrauch der Gottesbezeichnung אלהים und des Gottesnamens יהוה insofern vom übrigen Psalter abheben, dass hier im allgemeinen die Gottesbezeichnung אלהים und mit spezifischer Akzentuierung der Gottesname verwendet wird und dass diese Differenz (nach dem Davidpsalter 3–41) mit den Korachpsalmen Ps 42–49 beginnt sowie in Ps 83 als Ende der Asafpsalmen 73–83 aufhört, hat zu einem breiten Konsens geführt, dass Ps 42–83 in einer bestimmten Phase der Entstehung des Psalmenbuchs einen „Teilpsalter“ gebildet haben, der wegen der Häufigkeit von אלהים „elohistischer Psalter“ genannt wird. Wie immer dieses Proprium erklärt[19] wird, für unsere Diskussion über das Bedeutungspotenzial von Ps 42/43 genügt als Ausgangspunkt die Feststellung, dass das Zwillingspaar 42/43 die Eröffnung dieses elohistischen Psalters ist und in dieser Funktion einen zusätzlichen Sinnhorizont erhält, der zwar nicht ausdrücklich redaktionell hergestellt wurde, aber sich durch die Anfangspositionierung ergibt.

Im elohistischen Psalter stehen letztendlich drei unterschiedliche Sammlungen hintereinander: die Korachpsalmen 42–49, die Davidpsalmen 51–72 und die Asafpsalmen 50.73–83. Die drei Sammlungen setzen sich auf je spezifische Weise mit der Katastrophe des Exils auseinander und haben auch ihr je spezielles und theologisch eigenes Profil. Die Korachpsalmen beklagen in Ps 42–44, wie wir oben erläutert haben, einerseits das Exil als Erfahrung der Gottferne, ja sogar der Verstoßung durch Gott, aber sie setzen dem in Ps 46–48 eine andere Jerusalemerfahrung entgegen, nämlich die als Wunder gefeierte Rettung Jerusalems vor den Assyrern im Jahre 701 v. Chr. Dabei sind nicht die historischen Details dieses Ereignisses wichtig, sondern die Deutung, die diesem Ereignis gegeben wurde: Dass Jerusalem 701 v. Chr., anders als zahlreiche Städte und Hauptstädte von Nachbarstaaten, nicht von den As- [39] syrern eingenommen wurde, schrieb man dem Eingreifen JHWHs und seiner schützenden Präsenz im Tempel zu.[20] In der Auseinandersetzung mit dem As-

[19] Vgl. dazu besonders F.-L. Hossfeld / E. Zenger, Elohistic Psalter (2003) 35–51 (in diesem Band S. 103–118); M. Millard, Problem (1998) 75–110; C. Süssenbach, Psalter (2005) 361–375.

[20] Vgl. zur religions- und theologiegeschichtlichen Relevanz der „Rettung“ Jerusalems vor Sanherib besonders O. Keel, Geschichte (2007) 470–471.741–756. Im Jesajabuch ist die Rettungserzählung Jes 36–39 die kompositionelle Mitte des Buchs, das deshalb sogar die Zerstörung von 586 übergeht und in Jes 40 den Erzählbogen mit dem Ende des Exils weiterführt.

syrerkönig, der den Titel „Großkönig“ bzw. „König der ganzen Erde“ für sich reklamierte, hatte JHWH, der im Jerusalemer Tempel thronende Zionskönig, bewiesen, dass er allein der wahre Großkönig über alle Völker ist und dass er die Macht hat, die Weltordnung von Recht und Gerechtigkeit zum Wohl aller Völker durchzusetzen. Die frühnachexilische Komposition der Korachpsalmen kontrastiert also, zumal angesichts des Wiederaufbaus des Tempels und Jerusalems, zwei unterschiedliche geschichtliche Erfahrungen mit Zion/Jerusalem und versucht so eine „Lösung“ des mit der Exilszeit gegebenen Problems: Zum einen wird die Katastrophe von 586 v. Chr. durch die Erinnerung an die Rettung Jerusalems im Jahre 701 in ihrer theologischen Dramatik relativiert und zum anderen wird sie als Situation dargestellt, in der JHWH erneut und auf ganz andere Weise seine Königsmacht auf der Bühne der Völkerwelt erweisen könne. Dabei arbeitet die Trias Ps 46–48 mit mythischen Bildern (Zion als Götter-, Schöpfung- und Weltberg)[21] und bietet streng genommen keine Zionstheologie, sondern eine Theologie des Zinnsgottes. Das aber bedeutet: In der Sicht der Korachpsalmen war die Zerstörung Jerusalems keine Entmachtung oder gar Vernichtung des Zionsgottes, wie in der Abfolge der Psalmen 46–48 entfaltet wird.

Den breiten Mittelteil des elohistischen Psalters bilden die Davidpsalmen Ps 51–72.[22] Es sind überwiegend individuelle Klage- und Bittgebete, die stark von Kriegsmetaphorik bestimmt sind. Sie zeigen in ihre Abfolge, wie das betende Ich dem dramatischen Ansturm von Feinden mit einem tiefen, innigen Vertrauen auf den im Tempel gegenwärtigen Gott antwortet und schließlich von diesem Gott gerettet wird, sodass ab Ps 65 der hymnische Lobpreis folgt, der mit Ps 68 in einem großen Siegesfest endet. Mit den vorangehenden Korachpsalmen teilt diese Sammlung von Davidpsalmen den starken Tempelbezug, insbesondere das Metaphernfeld von JHWH als Schutzburg und Wohnung (allerdings ohne die mythischen Bilder der Korachpsalmen), wo der Verfolgte „Zuflucht“ vor seinen Verfolgern sucht und Rettung findet. „David“ wird in seiner Tempelfrömmigkeit geradezu zum Paradigma der Rettung [40] – und als solcher eine Antwortfigur für die Zeit des Exils, in der diese Sammlung entstanden ist.[23]

Den Schlussteil des elohistischen Psalters und seinen dramaturgischen Höhepunkt bilden die Asafpsalmen 73–83, die wohl ursprünglich zusammen mit dem Asafpsalm Ps 50 eine eigenständige Sammlung von zwölf (!) Psalmen gebildet haben.[24] Sie klagen explizit über die Zerstörung des Tempels und der

---

21 Vgl. B. Janowski, Heilige Wohnung (2003) 27–71; O. Keel, Geschichte (2007) 733–738; C. Körting, Zion (2006) 164–186; H. Spieckermann, Stadtgott (1992) 1–31; F.-L. Hossfeld / E. Zenger, Psalm 1–50 (1993) 284–299.

22 Vgl. F.-L. Hossfeld / E. Zenger, Psalmen 51–100 (^{3}2007) 29–31.38–330.

23 Vgl. auch C. Süssenbach, Psalter (2005) 290–298.

24 Vgl. K.-J. Illmann, Asaf-Psalmen (1976); H. P. Nasuti, Psalms of Asaph (1988); P. Schelling, Asafpsalmen (1985); C. Süssenbach, Psalter (2005) 299–344.

Stadt Jerusalem, über die Verwüstung des Landes und über den Hohn der Nachbarvölker. Sie stellen diese Geschehnisse in den großen Bogen der Geschichte Israels (von der Schöpfung und) vom Exodus an über das Exil bis hin zur Beschwörung des Gerichts Gottes über die Völker der Welt und ihre Götter. Sie haben eine starke monotheistische Akzentuierung und sind Dokumente teils leidenschaftlicher, teils reflektierter Theodizee.

Im Aufbau und in der Programmatik des elohistischen Psalters bilden die eröffnenden Zwillingspsalmen 42 und 43 mit den beiden Schlusspsalmen 82 und 83 einen Rahmen.[25] Auf die in Ps 42 dem Beter gestellte Frage „Wo ist denn nun dein Gott?“ (Ps 42,4.11) antwortet Ps 83 mit der Vision vom Gericht Gottes über die Feinde, mit dem Ziel: „Sie sollen erkennen, dass du allein – dein Name ist JHWH – der Höchste bist auf der ganzen Erde“ (Ps 83,19). Worin die Göttlichkeit JHWHs als des einzig wahren Gottes besteht, entfaltet der voranstehende Psalm 82, in dem JHWH in einem Gerichtsverfahren den Tod der Götter verkündet, weil sie das nicht tun, was Aufgabe eines Gottes ist, nämlich das Recht durchzusetzen und die Armen zu retten. Genau darum bittet der Ps 82 kompositionell entsprechende Ps 43: „Schaffe mir Recht, Gott, und streite meinen Streit!“ (Ps 43,1). Von Ps 82–83 her erhält also das Psalmenpaar Ps 42–43 als Eröffnung des elohistischen Psalters die Dimension einer dramatischen Theodizeeklage – mit der Erwartung, dass JHWH sein rettendes Angesicht auf der Bühne der Völkerwelt offenbaren werde.[26] [41]

4. Psalm 42/43 im Frühjudentum: Am Beispiel der Septuaginta

Die wichtigste Veränderung, die der Septuagintapsalter[27] vornimmt, liegt darin, dass sie durch die von ihr hinzugefügte Überschrift Ψαλμος των Δαυιδ den Psalm 43 zu einem Psalm Davids macht. Das liegt einerseits in der Tendenz der Septuaginta, die Davidisierung des Psalters gegenüber MT zu steigern. Andererseits gibt sie damit dem Psalm ein neues Sinnpotenzial. Nun ist es ja David, der darauf hofft, dass er wieder wie einst bei der Überführung der Lade nach Jerusalem seinen Gott auf der Leier preisen kann (vgl. 2 Sam 6). Vermutlich hat auch die Vorstellung von David dem Leierspieler, der als junger Mann

---

[25] Vgl. E. Zenger, Gotteszeugenschaft (1994) 11–37; ders., Psalm 82 (1999) 272–292.

[26] Durch den Ausbau des elohistischen Psalters Ps 42–83 zum messianischen Psalter Ps 2–89, der durch die Doxologien Ps 41,14; 72,18f.; 89,53 in drei Teile („Bücher“) gegliedert wird, erhält Ps 42 die Funktion der Eröffnung des zweiten „Buchs“ Ps 42–72; diese Funktion der Bucheröffnung behält Ps 42 auch im weiteren Wachstum des Psalters bei. Dadurch entsteht ein kompositioneller Bogen Ps 42 → Ps 72, der ebenfalls hermeneutisch reflektiert werden könnte. Ob die Abfolge Ps 3 → Ps 42 → Ps 73 → Ps 90 → Ps 107 (Psalmenbücher-Anfänge) ein hermeneutisches Programm anzeigen, scheint mir dagegen eher unwahrscheinlich zu sein.

[27] Zu den spezifischen Übersetzungstechniken des Septuagintapsalters und zu seiner theologiegeschichtlichen Bedeutung vgl. u. a. E. Zenger, Septuagintapsalter (2001).

an den Hof Sauls gerufen wurde, die Übersetzer dazu gebracht, das Nomen גיל „Jauchzen“ in Ps 43,4 als „Jugend“ (vgl. Dan 1,10: „Altersstufe“) zu verstehen und dementsprechend die constructus-Verbindung אֶל־אֵל שִׂמְחַת גִּילִי als Partizipialverbindung wiederzugeben: προς τον θεον τον ευφραινοντα „zu Gott, der (bereits) meine Jugend erfreut hat“.

Durch diese andere Leseweise von Ps 43 entsteht eine Beziehung zu Ps 71 = Ps 70 LXX, den die Septuaginta, abweichend von MT, ebenfalls „dem David“ zuschreibt. In diesem Psalm nennt David seinen Gott η ελπις μου εκ νεοτητος μου „meine Hoffnung von Jugend an“ (71,5 = 70,5 LXX). Ähnlich bekennt er in V. 17, Gott habe ihn belehrt „von Jugend an“. Und der Psalm kulminiert, ähnlich Ps 43,3, in dem Versprechen Davids, er werde Gott wegen seiner Wahrheit (vgl. Ps 43) auf der Harfe preisen und ihm auf der Leier spielen (vgl. Ps 71,22 = 70,22 LXX).

5. Psalm 42/43 im Urchristentum: Am Beispiel der markinischen Passionsgeschichte

Die Passionsgeschichte des Markusevangeliums, die als die älteste Passionsgeschichte gilt, ist mit explizitem und implizitem Rückgriff auf das Psalmenbuch gestaltet. An acht Stellen wird wörtlich aus dem Psalter zitiert, dazu kommen mehrere sprachliche und motivliche Anspielungen.[28] Die Zitate sind nicht als solche markiert, sondern sind integraler Bestandteil der neutestamentlichen Erzählung selbst, sei es auf der Ebene des erzählten Geschehens, sei es im Munde Jesu als seine ureigenen Worte.

In der Szene Mk 14,32–42, die Jesus mit seinen Jüngern im Garten Getsemani zeigt, spricht Jesus einen Teil des dreimaligen Refrains von Ps 42/43 zu den drei Jüngern Petrus, Jakobus und Johannes, um ihnen damit die tiefe Erschütterung seiner Seele zu deuten, die ihn angesichts seines [42] bevorstehenden Leidens und Sterbens ergriffen hat.[29] Es sind nicht von ungefähr die gleichen drei Jünger, die in Mk 9,2–10 Zeugen seiner „Verklärung“, d. h. seiner Hineinnahme in die Machtsphäre des Göttlichen, sind. Sie werden nun Zeugen seiner „Verdunkelung“, d. h. seiner Hineinnahme in die Machtsphäre des Todes und des Chaos, wie ihnen Jesus selbst mit dem Psalmenzitat den Vorgang deutet, den der Erzähler so beschreibt: „Er fing an, sich zu entsetzen und in Angst zu fallen“ (Mk 14,33). Der Erzähler legt Jesus Worte aus dem Refrain von Ps 42/43 in den Mund, und zwar in der Fassung der Septuaginta, die die beiden hebräischen Verben, die vom Aufgelöst-Sein und vom Toben der Seele sprechen, stärker psychologisierend als tiefe Betrübnis, Erschütterung

---

28 Vgl. B. Janowski, Konfliktgespräche (^{2}2006) 355–365.

29 Zur Rezeption von Ps 42/43 in der markinischen Passionsgeschichte vgl. auch J. Schaper, Hirsch (2004) 92–103; der Refrain Ps 42,6.12; 43,5 wird auch in Mt 26,38 sowie in Joh 12,27 zitiert.

und Erschrecken/Erschrockenheit versteht. Mk 1,34 zitiert nun die Anfangsworte des Refrains und nimmt dabei eine ganz entscheidende Veränderung vor. Während im Psalmenpaar 42/43 das sprechende Ich mit einer vorwurfsvollen bzw. beruhigen wollenden Frage seine Seele anspricht „Warum bist du tief betrübt, meine Seele …?“ und mit dieser Frage die Seele zur Hoffnung auf den rettenden Gott auffordert (vgl. Ps 42,6.12; 43,5), wandelt Mk 14,34 die Frage in eine Feststellung bzw. Klage um und verschärft sie durch die Todesangabe: „Tief betrübt ist meine Seele *zu Tode*.“

Zum Verständnis der Funktion dieses Psalmenzitats sind folgende Beobachtungen wichtig:

(1) Die Radikalität der „Betrübnis/Erschütterung“ der Seele Jesu wird durch den Fortgang der Getsemani-Erzählung unterstrichen, wenn Jesus darum bittet, der Vater möge diesen Becher an ihm vorübergehen lassen (vgl. Mk 14,36). Damit wird die explizite Hoffnungsperspektive auf Rettung, die Ps 42/43 besitzen, ausgeschlossen. Das Psalmenzitat ist vielmehr – analog dem Psalmenzitat Ps 22,2f. in der Kreuzigungsszene Mk 15,34[30] – der Ausdruck tiefster Erschütterung und Todesnot.

(2) Das kurze Zitat soll m. E. die ganze Bild- und Vorstellungswelt evozieren, mit der das Psalmenpaar 42/43 die tödliche Bedrohung des Beters schildert. Es ist vor allem die Gottverlassenheit, ja sogar die Angst, von Gott vergessen und verstoßen zu sein (die Dimensionen der sog. Gott-Klage in den Klagepsalmen), sowie die Erfahrung, das hilflose Opfer lügnerischer und verhöhnender Feinde zu sein (die Dimensionen der sog. Feind-Klage). 43

(3) Zwar spricht Jesus das Psalmenzitat in Mk 14,34 zu den drei Jüngern, aber insofern es Worte des Psalms sind, der sich in seiner Textgestalt als Klage an Gott richtet, darf diese Bedeutungsdimension nicht ausgeschlossen werden. Im Gegenteil: Da die markinische Passionsgeschichte insgesamt Jesus als den leidenden Gerechten darstellt, der als typischer Psalmenbeter in seiner äußersten Not zu Gott um Rettung schreit und an seinem Gott auch dann noch festhält, wo dieser ihn verlassen zu haben scheint, ist auch das Psalmenzitat in Mk 14,34 in diesem Horizont zu verstehen: Es ist eine Klage, die sich letztlich an Gott wendet; nach dem Schema der Klagepsalmen ist es die Klage, auf die dann ja in Mk 14,36 die Bitte folgt.

30 Zur spezifischen Rezeption von Ps 22 in der markinischen Kreuzigungserzählung, die die ganze Dramaturgie auf das Zitat des Psalmanfangs (!) zulaufen lässt, vgl. besonders E. Zenger, Gott der Rache (1994) 151 mit Anm. 11 sowie M. Ebner, Klage (2001) 75–85; deshalb darf auch nicht eine vorschnelle Hoffnungsperspektive im Zitat von Ps 42/43 postuliert werden, wie dies R. Feldmeier, Krisis (1987) 160 tut.

6. Psalm 42/43 in den Alten Kirche: Am Beispiel der Kirchenväter Ambrosius und Augustinus

Im Umgang mit dem Psalmenpaar 42/43, das die Kirchenväter mit wenigen Ausnahmen als zwei selbständige Psalmen beurteilen, praktizieren sie alle jene Methoden, die sie generell auf biblische Texte und speziell auf alttestamentliche Texte anwenden. Sehr vergröbernd und vereinfachend lassen sich folgende Merkmale der patristischen Schriftlektüre nennen:

(1) Die Kirchenväter sind nicht eigentlich am vorliegenden Text interessiert, weder an seiner historischen Entstehung noch an der Textstruktur noch an der Semantik des auszulegenden Textes, sondern sie arbeiten mit Einzelaspekten und vor allem mit Einzelbildern des Textes, um damit die kirchliche Botschaft zu bekräftigen, zu vertiefen und weiter zu entfalten. Deshalb gehen sie sehr selektiv und stark assoziativ mit den Texten um, bisweilen hat ihre Schriftlektüre – vergleichbar der rabbinischen Exegese – einen stark lebenspraktischen Impetus, bisweilen ist sie eine homiletische Haggada, bisweilen ist sie kirchliche Katechese in biblizistischer Sprache. Dies alles ist die Kirchenväterexegese von ihrem Grundanliegen her, die Bibel als Lebensbuch für die Kirche als Gemeinschaft und die einzelnen Mitglieder der Kirche fruchtbar werden zu lassen. Den Kirchenvätern geht es nicht um den sog. historischen Sinn der Texte und *dessen* Relevanz für ihre Zeit, sondern um den Sinn, den diese Texte haben wollen/können/sollen in der je aktuellen kirchlichen Situation, in der diese Texte ausgelegt, gepredigt oder meditiert werden. Vereinfacht kann man sagen: Es geht ihnen um den kirchlichen und geistlichen (pneumatischen) Sinn.[31] Sie verkünden die Lehre der Kirche im Licht der Bibel und insbesondere mit biblischen Bildern. [44]

(2) Die Kirchenväter lesen die Bibel als eine „kanonische" Einheit – und zwar meist so, dass das Neue Testament den Schlüssel zum rechten Verständnis des Alten Testaments liefert. Sie setzen dabei voraus, dass diese christliche bzw. kirchliche Lektüre des Alten Testaments der von *Anfang an und allein* von Gott intendierte „Sinn" der alttestamentlichen Texte sei, was nicht gerade selten bei ihrer Behandlung einzelner Texte zu antijüdischer Polemik bzw. zu expliziter Legitimation der kirchlichen Enterbungs- bzw. Substitutionslehre führt. Dies ist eine hermeneutische Grundoption, die aus heutiger Sicht inakzeptabel ist und derentwegen ich den neuerdings gemachten Vorschlägen, die patristische Schriftlektüre als Methode wieder theologisch und pastoral zu

---

31 Diese Dimension und Funktion der biblischen Texte hat die historisch-kritische Exegese vernachlässigt bzw. ausgeblendet. In jüngster Zeit gibt es aber vor allem im Projekt der kanonisch-intertextuellen und der biblischen Auslegung starke Ansätze, diese Dimension wieder bzw. neu zu entdecken. Gleichwohl können wir dabei nicht einfach zur Methodik und Theologie der Kirchenväter zurückkehren.

revitalisieren, mit Skepsis gegenüberstehe.[32] Die den Kirchenvätern wichtigen Optionen, dass die christliche Bibel als Glaubens- und Lebensbuch der Kirche gelesen werden will, dass ihre beiden Teile keinen Gegensatz, sondern eine Einheit bilden, dass die biblischen Texte ein mehrdimensionales Sinnpotenzial haben und dass das Neue Testament im Licht des Alten Testaments tiefer verstehbar wird – all dies sind hermeneutische Perspektiven, die die neuere christliche Exegese, insofern sie sich als theologische Schriftauslegung versteht, ebenfalls zu realisieren versucht. Dabei kann sie sich in Einzelheiten auch von den Kirchenvätern inspirieren lassen, aber die nicht zuletzt theologie- und zeitgeschichtlich bedingte Begrenztheit ihres Umgangs mit den Texten des Alten Testaments darf nicht übersehen werden. Zugleich muss unterstrichen werden, dass sich die einzelnen Kirchenväter in ihrem Umgang mit den biblischen Texten teilweise stark unterscheiden. So ist beispielsweise Hieronymus viel intensiver am Wortlaut der Texte selbst interessiert als Ambrosius und Augustinus, deren Umgang mit dem Psalmenpaar 42 und 43 ich im Folgenden kurz präsentiere.

Ambrosius (333/334–397 n. Chr.) interpretiert die Psalmen 42 und 43 vor allem christologisch sowie tauf- und eucharistietheologisch.[33] Zu beiden Psalmen gibt es Predigten, die ursprünglich als eigenständige Homilien gehalten wurden, nun aber in dem Werk „De interpellatione Iob et David“ enthalten sind. Nach der Auslegung des Ambrosius interpelliert David mit den beiden Psalmen angesichts der Verzögerung der Parusie an Christus, doch endlich zur Vollendung zu kommen. Die sakramentenbezogene Auslegung ergibt sich zum einen aus den Bildern der Psalmen selbst (Ps 42: Wasser = Taufe; Ps 43: Altar/Tisch = Eucharistie), zum anderen hängt sie offensichtlich mit der Verwendung der Psalmen in der Mailänder Liturgie zusammen, in der das erste Psalmenbuch in der Fasten- bzw. Passionszeit [45] („Quadragesimalpsalmen“) verwendet wurde, während das zweite Psalmenbuch, beginnend mit Ps 42/43, als Buch der sakramentalen Erneuerung (Taufe, Eucharistie, Firmung) gelesen wurde (Ps 43 wurde von den Täuflingen gesungen, die in der Osternacht die Eucharistie empfingen). Über die beiden Homilien hinaus spielt Ambrosius in seinen Werken vielfach auf Einzelverse bzw. Einzelmotive der beiden Psalmen an. Aus der Fülle der Assoziationen des Ambrosius zu den beiden Psalmen können nur einige ausgewählt werden, an denen sein spezifischer Umgang mit diesen Psalmen erkennbar werden soll.

Ambrosius ist fasziniert vom Bild des Hirsches in Ps 42, dem er ein vielschichtiges Bedeutungspotenzial zuweist. David als prophetisch inspirierter

---

[32] Zur Revitalisierung der Kirchenväterexegese für den heutigen wissenschaftlichen (!) Umgang mit biblischen Texten vgl. besonders L. Schwienhorst-Schöneberger, Hieronymus (2007) 212–230; ders., Inspiriertes Wort Gottes (2007) 35–50.

[33] Einen guten Überblick über die Psalmenauslegung des Ambrosius bietet H. J. auf der Maur, Psalmverständnis (1977).

Autor von Psalm 42 schaut und deutet in diesem Bild das Leben und das Werk Jesu, der in diese Welt gekommen sei wie ein Hirsch:

> „Erster Vergleichspunkt ist dabei die Einfalt des Hirsches, mit der er arglos in die Falle ging. Arglos begab sich der Herr zu den Juden und zu Judas, in die Schlinge des Kreuzes und in das Netz der Passion. Aber nicht wurde er gebunden, er der alle Schlingen löst. Wie die Hinde die Jungen wirft, so ‚warf er die Kirche und gebar sie in Armut'. In diesem Zusammenhang wird nun Cant 2,7–12 ausgelegt, das die Begegnung von Braut und Bräutigam im Bild des von den Bergen springenden Hirsches beschreibt, ein Bild, das von Ambrosius typologisch auf das Verhältnis von Christus und Kirche ausgeweitet wird. Der zweite Vergleichspunkt zwischen Christus und Hirsch besteht nach Ambrosius darin, dass Christus in diese Welt kommend über die Schlangen und den Teufel sprang und die Ferse hinhielt, ohne durch das Gift der Schlange Schaden zu nehmen. In diesem Zusammenhang wird in analoger Deutung Ps 90,13 zitiert."[34]

Ambrosius übersieht aber nicht, dass die exegetische Pointe des Bildes in unserem Psalm die Sehnsucht des Hirsches nach dem lebendigen Wasser ist. Dementsprechend bringt er diese Bildkonstellation mit der Taufe Jesu im Jordan zusammen, wo Jesus dürstend nach dem Heil aller in das Wasser des Jordan hinabstieg. So wird das Bild dann auch offen für die Täuflinge, die sich als Hirsche im Wasser der Taufe waschen und beleben lassen, um so allen Schlangen und Dämonen der bösen Welt zu entkommen.

Bei der Auslegung von Ps 43 zeigt sich der für die Kirchenväter typische Antijudaismus (der auch in der Homilie über Ps 42 ansatzweise gegeben ist, wenn Ambrosius die aufsteigende Linie entwickelt: Synagoge = Schatten, Kirche = Bild der himmlischen Vollendung), wenn er den Psalm als vom Propheten David gesprochen folgendermaßen deutet:

> „Nach Ambrosius sieht der Prophet im Geiste die Juden voraus, die gegen den Henn in seiner Passion aufstehen, und er wünscht, dass er von dieser Bosheit nicht angesteckt werde. Aber der Prophet sieht auch sich selbst in Bedrängnis im [46] Kampf gegen Fleisch und Blut, und er bittet, dass Christus kommen, die fortitudo universorum, lux et veritas. Gott aber führt den Profeten in ecclesiam et in tabernacula sua und stellt ihm den Heiligen Altar vor Augen, auf dem die zukünftige Erlösung der Welt und der Nachlass aller Sünden auf dem Erdkreis geschehen wird"[35]

Augustinus (354–430 v. Chr) legte zu allen 150 Psalmen Auslegungen und Predigten vor, die in einem Zeitraum von drei Jahrzehnten entstanden, und stellte diese sogar selbst in einer Sammlung zusammen.[36] Diese Sammlung erhielt wohl erstmals in der Edition des Erasmus von Rotterdam den bis heute üblichen Titel „Enarrationes in Psalmos", wobei Erasmus mit „enarratio" das Proprium dieser Psalmenauslegung betonten wollte, dass sie nämlich (weitgehend) eine fortlaufende, versweise Kommentierung eines Psalms sind, auch dort, wo sie

---

34 H. J. AUF DER MAUR, Psalmverständnis (1977) 120f.

35 H. J. AUF DER MAUR, Psalmverständnis (1977) 129.

36 Zur Einführung in die Enarrationes vgl. besonders B. WELLMANN, Psalm 22 (2007) 163–185.

die literarische Gestalt einer Predigt haben. Ältere Handschriften verwendeten unterschiedliche Bezeichnungen, die dem Charakter der unterschiedlichen Zugänge des Augustinus näher kommen: expositio, sermo, tractatus, commentum, explanatio. Ob Augustinus seiner Sammlung selbst einen Namen gegeben hat, ist unbekannt. Dass es ihm aber wichtig war, sein Werk nicht als bloße „Gelegenheitsschriften“ zu den einzelnen Psalmen, sondern als „Gesamtwerk“ zu verstehen, betont er bei der Kommentierung des längsten Psalms des Psalters, Ps 119 (= Ps 118 LXX/Vg), mit dem er um 421/422 n. Chr. sein Werk abschloss. In der Einleitung seiner Kommentierung dieses Psalms sagt er:

> „Alle übrigen Psalmen … habe ich teils vor dem Volke predigend, teils diktierend ausgelegt, aber den 118. (= MT: 119) verschob ich, nicht so sehr wegen seiner bekannten Länge, sondern wegen seiner nur wenigen zugänglichen Tiefe … Und weil meine Brüder nun sehr traurig darüber waren, dass eine Erklärung dieses einen Psalms, der ein notwendiger Teil des vollständigen Psalters ist, bei meinem Werk fehlte, drängten sie mich heftig, meine Aufgabe zu beenden.“

Die in den „Enarrationes“ zusammengestellten Psalmenauslegungen haben nicht nur unterschiedliche Entstehungskontexte, sondern realisieren auch unterschiedliche literarische Formen. Sie lassen sich in vier Gruppen unterscheiden: (1) Kurze Kommentare im engeren Sinn (die ältesten Bestandteile der Enarrationes; sie behandeln Ps 1–32); (2) Predigten, die während des mündlichen Vortrags mitstenographiert wurden (der weitaus größte Bestandteil der „Enarrationes“); (3) ausführliche, diktierte Kommentare über Psalmen, zu denen bis dahin nichts vorlag (überdurchschnittlich lange Psalmen, meist Psalmen über die Geschichte Israels wie z. B. Ps 77; 78; 135); (4) Aus- [47] legung von Ps 119 (= 118 LXX/Vg) in 32 für den öffentlichen Vortrag bestimmten Predigten mit einem eigenen Prooemium.

Die Auslegung der Psalmen 42 und 43 gehört zur zweiten Gruppe der Predigten, die von pastoralem Interesse bestimmt sind. Dies zeigt sich auch bei den Predigten über diese beiden Psalmen, die einerseits versweise vorgehen, aber andererseits die Adressaten der Predigt im Blick haben.

Deshalb betont Augustinus bei der Predigt über Ps 42,[37] dass das Ich, das hier seine Sehnsucht nach der Begegnung mit Gott ausspricht, die Gemeinschaft der Kirche ist, insbesondere die Katechumenen, die sich nicht nur nach einzelnen Gnadengaben der Sakramente, sondern nach der Gottesschau selbst sehnten. Mit diesem „Ich“ sollen sich die Hörerinnen und Hörer der Predigt selbst identifizieren, um sich durch den Psalm zu Gott führen zu lassen, und zwar als „Kinder des Kore“, d. h. als Kinder des Kreuzes Jesu, wie Augustinus in einer subtilen Erklärung der Psalmenüberschrift „Ein Psalm für die

[37] Vgl. den lateinischen Text der beiden Predigten in: CCL 38, 459–481; zur Auslegung von Ps 42,1–5 vgl. M. Schrama, Het hert (2004) 148–153; zur Auslegung von Ps 43 vgl. R. Kaschewsky, Introibo (2001) 96–105; einige Gedanken zur Auslegung von Ps 42/43 bietet auch A. Michel, Le sublime (1994) 357–363. Die Übersetzung der wörtlichen Zitate aus En. stammt von mir.

Erkenntnis der Kinder des Kore" herausarbeitet. Er leitet die ursprüngliche Bedeutung des Namens Korach von קרח „kahl sein" ab und stellt über das lateinische Wort „calvus" = kahl einen Bezug zu Calvaria/Golgotha und damit zum Kreuzesberg Jesu als dem Quellort der Lebenswasser her: „Eile also zur Quelle, sehne dich nach den Wasserquellen" – wie der Hirsch!

Wie Ambrosius (s. o.) widmet auch Augustinus große Aufmerksamkeit dem Vergleich mit dem Hirschen und arbeitet zwei Bedeutungsebenen heraus. Zunächst ist der Hirsch für ihn ein Bild für die Intensität und Leidenschaftlichkeit der Gottessehnsucht:

> „Laufe zur Quelle, begehre die Quelle. Tu dies nicht wie irgendetwas anderes, tu dies nicht, wie irgendwelche Tiere laufen: Laufe vielmehr wie ein Hirsch! Was bedeutet das, wie ein Hirsch? Es soll kein Zaudern geben, wenn du läufst! Laufe schnell und unentwegt! Begehre unentwegt die Quelle! Der Hirsch ist für uns ein Bild für Schnelligkeit und Zielstrebigkeit!"

Ähnlich wie Ambrosius greift Augustinus auf ein enzyklopädisches Wissen seiner Zeit zurück, um eine weitere Dimension des Vergleichs herauszuarbeiten:

> „Vielleicht will die Schrift uns im Hirschen nicht nur seine Schnelligkeit vor Augen stellen, sondern noch etwas anderes. Höre also, was noch im Hirschen steckt: Er tötet Schlangen und wenn er die Schlangen aufgefressen hat, entbrennt sein Durst noch stärker. Wenn er Schlangen gefressen hat, läuft der Hirsch noch schneller zu den Quellen. Deine Laster sind Schlangen. Verzehre die Schlangen deiner Sünde und du wirst noch mehr die Quelle der Wahrheit begehren!" [48]

Die in Ps 42,1–5 geschilderte Bewegung des Hirschen/der Seele zum „Zelt", von dort zum „Haus" und dort schließlich an die „Wasserquellen" deutet Augustinus als den Weg in die Gemeinschaft der Kirche („Zelt"), wo er dem Geheimnis des gegenwärtigen Gottes („Haus") und seiner lebensspendenden Gnade („Wasserquellen") begegnet. So beantwortet sich die Frage: „Wo ist dein Gott?". Wenn der Mensch diesen Aufstieg zu Gott gehen will, muss er sich selbst loslassen und seine Seele sich über sich selbst ausgießen lassen, damit sie hinaufgeführt werden kann zu Gott.

7. Psalm 42/43 im Rabbinischen Judentum: Am Beispiel des Midrash Tehillim

Der Midrash Tehillim, ein später rabbinischer Text, der (fast) alle anderen rabbinischen Schriften der klassisch-amoräischen und einen Großteil der Literatur der nachklassischen Periode im Übergang zum Mittelalter voraussetzt, bezeugt die wachsende Bedeutung der Psalmen bzw. des Psalters in dieser Epoche. In literarischer Hinsicht bietet der Midrash unterschiedliche Formen von Psalmenauslegung im Typ der haggadischen, homiletischen Midrashim, wobei manchmal ein ganzer Psalm versweise behandelt wird, manchmal aber auch nur einzelne ausgewählte Verse herangezogen werden. In methodischer Hinsicht gibt es viele Gemeinsamkeiten zwischen rabbinischer und patristischer Psalmenauslegung, insbesondere im Bemühen, die Psalmen intertextuell bzw. kanonisch als bleibend aktuelle Botschaft für Israel bzw. für die Kirche zu erschließen. Auch der Midrash Tehillim ist deshalb nicht am historischen, sondern am geistigen/geistlichen Textsinn interessiert. Aber die Rabbinen beschäftigen sich viel stärker als die Kirchenväter mit sprachlichen Details, nicht nur weil sie eine größere Sprach- und Bibelkompetenz haben, sondern vor allem, weil sie die Texte selbst und die Textgestalt bis in ihre Einzelheiten hinein als „Wort Gottes“, das ausgelegt werden muss und das eine Vielzahl von Bedeutungen enthält, verstehen.

Im Blick auf die Frage, ob die Psalmen 42 und 43 ein einziger Psalm oder ein Psalmenpaar sind, bietet die Textgeschichte des MTeh[38] einen überraschenden Doppelbefund:

(1) Mit der Ausnahme von zwei Manuskripten lesen alle erhaltenen mittelalterlichen Textzeugen des MTeh bis hin zum Erstdruck von Konstantinopel 1512 sowie den für den *textus receptus* entscheidenden Zweitdruck von Venedig 1546 Ps 42–43 als einen zusammenhängenden Psalm. In dem einen vermutlich relativ frühen Textzustand repräsentierenden *Ms Hamburg,*
49 *Staats- und Universitätsbibliothek, Cod. hebr. 54*[39] schließen sich an das einen Abschnitt abschließende Zitat von Ps 42,10a (אומרה לאל סלעי) sogar unmittelbar und bruchlos (d.h. ohne Setzung eines Satzzeichens durch den Schreiber) Zitat und Auslegung von Ps 43,2a (כי אתה מעוזי) an, so dass die Einleitungen zu den „Warum“-Fragen 42,10 und 43,2 im Midrash verschränkt erscheinen. Auch wenn man unter formanalytischer Perspektive MTeh 42–43 auf die Kompositionselemente rabbinischer Literaturpredigten hin untersucht, so stellt der Textzusammenhang in allen Rezensionen klar eine einzige *Derasha* dar, die alle konstitutiven Elemente einer rabbinischen Homilie enthält: Eröffnung (*Petiha*) der Auslegung von Ps 42,1 mit einem anderen Schriftvers (*Petihavers*), hier Spr 15,24;[40] daran anschließend im Hauptteil eine fortlaufende Auslegung von Ps 42,1–10; 43,1–4; Abschluss mit tröstendem/eschatologischem Schriftvers (*Hatima*), hier Ps 79,13.[41]

---

[38] Die Ausführungen zum MTeh verdanken sich dem von der DFG geförderten Projekt einer Edition des Midrash Tehillim, das von G. VELTRI (Halle) und mir geleitet und in nächster Zeit abgeschlossen wird. Ich danke meiner Mitarbeiterin Th. HANSBERGER für die folgenden Beobachtungen.

[39] Vgl. M. STEINSCHNEIDER, Catalog (1878).

[40] Die Petiha wurde leider bereits zu Beginn der Textgeschichte durch einen Schreiber mit Verweis auf die gleiche Petiha in einem vorausgegangenen Kontext abgekürzt: „Dem Chorleiter. Ein Weisheitslied (משכיל). Von den Söhnen Korachs (Ps 42,1). Das ist es, was die Schrift sagt: Der Weg des Lebens <führt> für den Weisen (למשכיל) nach oben [, damit er dem Scheol unten entgeht]. Usw. in Kap. 32 [MTeh 32,1].“ Sie lässt sich aber mithilfe des Textes MTeh 32,1 in etwa rekonstruieren.

[41] Vgl. den Index der Homilien in MTeh in: D. LENHARD, Vom Ende (1990), 105.

(2) Interessanterweise finden sich in der Textgeschichte von MTeh jedoch auch Ansätze, den Textkomplex Ps 42–43 in zwei Psalmen zu unterteilen: Zwei auf eine gemeinsame Vorlage zurückgehende Handschriften von MTeh, *Ms Cambridge, University Library, Or. 786* (Kolophon 1281/82)[42] und *Ms Parma, Biblioteca Palatina, Cod. Parm. 2552* (ca. 1400)[43], markieren innerhalb des Textverlaufs den Beginn eines neuen Psalms durch ihre übliche Abgrenzung zwischen zwei Parashen/Kapiteln: a) Leerzeile, b) Großschrift zu Parashenbeginn, c) Angabe der Kapitelzahl. Sie trennen jedoch nicht gemäß der massoretischen Überlieferung nach Ps 42,12, sondern lassen den neuen Psalm bereits mit Ps 42,10 (אומרה לאל סלעי) beginnen. Ganz offensichtlich wurde der auffällige, innerhalb des Textverlaufs Ps 42–43 zentrale Vers Ps 42,9, der unter moderner entstehungsgeschichtlicher Perspektive zumeist als sekundär gewertet wird, als Scharnier bzw. Schlussvers gelesen. Ob die in dieser Rezension des Midrash repräsentierte Tradition auf entsprechende Vorlagen in der mittelalterlichen Überlieferung des biblischen Textes selbst zurückgeht, muß noch geklärt werden.

In der Auslegung von MTeh 42–43 ist das „Ich" des Psalms die „Gemeinde Israel" (כנסת ישראל), d. h. ein weibliches Ich,[44] das das Kollektiv Israel reprä- [50] sentiert. Im Hintergrund steht die Personifikation Israels als Frau und Geliebte JHWHs, die viele rabbinische Texte prägt. Das zweimalige Leitwort זכר (Ps 42,5.7) aufnehmend *erinnert* sich Israel an die vergangene Heilszeit, an die Wundertaten JHWHs an den Vätern beim Exodus und während der Wüstenwanderung trotz deren Sünde in der Verehrung des Goldenen Kalbs, an die Verleihung der Tora (aus Ps 42,7) samt der Liturgie der Jahresfeste (vgl. Ps 42,5), und an die Überschreitung des Jordan und an die Inbesitznahme des Landes (MTeh 42,5 aus Ps 42,7):

Ps 42,5 *Dies will ich erinnern und vor mir ausschütten meine Seele.*
Ich erinnere, was du an meinen Vätern in der Wüste getan hast, sie aber sagten: *Das sind deine Götter, Israel!* (Ex 32,4). Und ich erinnere dies, und meine Seele schüttet sich vor mir aus.
Eine andere Auslegung:
Ich erinnere, was Mose gesagt hat: *Dies sollt ihr an euren Festtagen für JJ' tun (Num 29,39).*[45]

Die Wallfahrt des ganzen Volkes zum Jerusalerner Tempel (vgl. Ps 42,5) und die dort gefeierte Liturgie werden als glänzendes Gegenbild der Vergangen-

---

[42] Vgl. St. C. Reif, Hebrew Manuscripts (1997) 277–278.

[43] Vgl. B. Richler, Hebrew Manuscripts (2001) Nr. 698.

[44] Dieses sprechende Femininum findet in den das betende Ich repräsentierenden Feminina, Hirschkuh (Ps 42,2) und Seele (Ps 42,2–3.6 u. ö.), seine Präfiguration im Psalmtext selbst.

[45] Auszug aus MTeh 42,4 nach Ms Cambridge, Univ. Libr. Or. 786.

heit – und der ersehnten Zukunft (vgl. Ps 43,3–4) – zur Gegenwartssituation der Adressaten des Midrash, zu ihrem Leiden unter den Völkern, aufgebaut, wobei mit der Interpretation der textlichen Cruces in V. 5 kunstvoll gearbeitet wird:

Ps 42,5 כי אעובור בסך
Was heißt בסך?
Als wir hinaufzogen zu den Wallfahrtsfesten, sein Angesicht zu schauen, in Sänften[46] wie eine Art Sukka (סוכה), kamen wir und unsere Kinder im großen Aufzug/Heereszug (חיל), und die Völker verstummten vor uns. Deswegen heißt es:

Ps 42,5 *כי אעבור בסך אדדם עד בית אלהים: „Als ich einherzog in der Sänfte, machte ich sie verstummen beim Hause Gottes.“*
Als der Tempel stand, verstummten (דוממין) sie vor mir. Jetzt bin ich es, die verstummt (דוממת). Deswegen heißt es: 51

Ps 42,5 *אדדם עד בית אלהים:* „Ich mache sie verstummen, solange das Haus Gottes <bestand>“.[47]

Die klagend-anklagenden „Warum“-Fragen des Psalms (Ps 42,10; Ps 43,2) werden in dieser Gegenwartssituation des unschuldigen Leidens unter den Völkern aufgegriffen und hervorgehoben, um Gottes Untätigkeit zu beklagen und die versprochene Erlösung einzuklagen. Das Gegenbild ist dabei immer die Befreiung durch den nächtlichen Exodus aus Ägypten, auf den der Darshan auch in Ps 42,9 (בלילה שירה עמי) und Ps 42,10 (לחץ) angespielt sieht:

Du hast uns nicht getan, wie du ihnen getan hast!
Und was hast du uns getan?

Ps 42,8 *Alle Brecher und Wogen, über mich gingen sie hinweg.*
Und wenn Du sagst, weil ich keinerlei Verdienst in Händen halte: Hast du ihnen nicht befohlen (ציויתם), dass sie das Pessah schlachten sollten? Ein einziges Gebot (מצוה) erfüllten sie: Sie schlachteten das Pessah – und zogen aus Ägypten aus! Und so sagt die Schrift:

Ps 42,9 *Am Tag befiehlt (יצוה) JJ' seine Gnade, und in der Nacht wird sein Lied bei mir sein.*
Ich – alle Gebote, die du mir geboten hast, erfülle ich […] [*Es folgt eine Aufzählung der Gebote zu den Jahresfesten*]. Du sagst zu mir Jahr um Jahr: Dieses <Jahr> werde ich kommen (als) dein Erlöser! Das Jahr vergeht, und du hast mich nicht erlöst. Das meint:

[46] Lehnwort aus dem Griechischen: סקפסטאות > *σκεπαση*. Vgl. S. KRAUSS, Lehnwörter (1964) 410f.

[47] Auszug MTeh 45,4 nach *Ms Hamburg*, Staats- und Universitätsbibliothek, Cod. hebr. 54, fol. 38a–39b.

Ps 42,10 Sagen will ich zu Gott, meinem Fels: „Warum hast du mich vergessen?“[48]

Die Aufforderung in Ps 43,3: „Sende dein Licht und deine Wahrheit!“ wird diesem Lektürebogen entsprechend eschatologisch gelesen und in Analogie zu den zwei Erwählten der Vergangenheit, Mose und Aaron (Zitat von Ps 105,26) auf zwei eschatologische „Lichtboten“, d. h. auf zwei Messiasgestalten gedeutet, deren Erscheinen herbeigesehnt wird – in der oben erwähnten Rezension von *Ms Cambridge*, *University Library*, *Or. 786* und *Ms Parma*, *Biblioteca Palatina*, *Cod. Parm. 2552* sogar verstärkt: „לדור הזה“ – „<noch> für diese Generation“. Dabei wird durch das Zitat von Mal 3,23 („Siehe, ich sende euch den Propheten Elija“) die Identität der einen Messiasgestalt in al- [52] len Rezensionen von MTeh verdeutlicht: Es ist der Prophet Elija, dessen Wiederkunft die messianische Zeit eröffnet. Die zweite Gestalt wird durch das Zitat von Jes 42,1 („Siehe, mein Knecht, den ich stütze“) mit dem erwählten Gottesknecht identifiziert. Die abweichende Rezension von Ms Cambridge und Ms Parma ergänzt hier wie an anderen Stellen in MTeh[49] als zweite Messiasgestalt den „Messias ben David“.

Am Schluss der Auslegung von Ps 42–43 steht mit dem Zitat von Ps 43,3–4 der sehnsuchtsvolle Ausblick auf die eschatologische Restitution der Tempelliturgie und das ewige Dankopfer Israels: Mit dem Schlussvers des Volkskla-gespsalms Ps 79,13 wird die Auslegung von Ps 42–43 beschlossen: „Wir aber, dein Volk und die Schafe deiner Weide, wollen dir ewig danken, von Generation zu Generation deinen Ruhm verkünden.“ [53]

Literatur

AOKI, Takako, „Wann darf ich kommen und schauen das Angesicht Gottes?“ (Ps 42,3). Untersuchungen zur Zusammengehörigkeit beziehungsweise Eigenständigkeit von Ps 42 und Ps 43, Diss. Münster 2006; mittlerweile publiziert als:

–, „Wann darf ich kommen und schauen das Angesicht Gottes?“ Untersuchungen zur Zusammengehörigkeit beziehungsweise Eigenständigkeit von Ps 42 und Ps 43 (Altes Testament und Moderne 23), Münster u. a. 2011.

AUGUSTINUS, Aurelius, Enarrationes in Psalmos I–L (CCL 38), Turnhout 1956.

BERLIN, Adele / BRETTLER, Marc Zwi (Hg.), The Jewish Study Bible, Oxford 2004.

DOCKNER, Thomas, „Sicut cerva …“ Text, Struktur und Bedeutung von Psalm 42 und 43 (ATS 67), St. Otilien 2001.

EBNER, Martin, Klage und Auferweckungshoffnung im Neuen Testament, JBTh 16 (2001) 73–87.

48 Auszug aus MTeh 42,6 nach *Ms Hamburg*, Staats- und Universitätsbibliothek, Cod. hebr. 54, fol. 38a–39b.

49 MTeh 60,3; MTeh 87,6.

EGO, Beate, Die Wasser der Gottesstadt. Zu einem Motiv der Zionstradition und seinen kosmologischen Implikationen, in: Janowski, Bernd / Ego, Beate (Hg.), Das biblische Weltbild und seine altorientalischen Kontexte (FAT 32), Tübingen 2001, 361–389.

FELDMEIER, Reinhard, Die Krisis des Gottessohnes. Die Gethsemaneerzählung als Schlüssel der Markuspassion (WUNT II/21), Tübingen 1987.

GUNKEL, Hermann, Die Psalmen (HK 2,2), Göttingen ^{4}1929.

HOSSFELD, Frank-Lothar / ZENGER, Erich, Die Psalmen. Psalm 1–50 (NEB.AT 29), Würzburg 1993.

–, Psalmen 51–100 (HThKAT), Freiburg ^{3}2007.

–, The So-Called Elohistic Psalter. A New Solution for an Old Problem, in: Strawn, Brent A. / Bowen, Nancy R. (Hg.), A God So Near. Essays an Old Testament Theology in Honor of Patrick D. Miller, Winona Lake 2003, 35–51 (in diesem Band S. 103–118).

ILLMAN, Karl-Johan, Thema und Tradition in den Asaf-Psalmen, Åbo 1976.

JANOWSKI, Bernd, Die heilige Wohnung des Höchsten. Kosmologische Implikationen der Jerusalerner Tempeltheologie, in: ders., Der Gott des Lebens. Beiträge zur Theologie des Alten Testaments. Bd. 3, Neukirchen-Vluyn 2003, 27–71.

–, Konfliktgespräche mit Gott. Eine Anthropologie der Psalmen, Neukirchen-Vluyn ^{2}2006.

KASCHEWSKY, Rudolf, *Introibo ad altare Dei* – Psalm 42 in der Deutung Augustins und Thomas' von Aquin, in: Una-Voce-Korrespondenz 31 (2001), 96–105.

KEEL, Othmar, Die Geschichte Jerusalems und die Entstehung des Monotheismus (Orte und Landschaften der Bibel 4,1), Göttingen 2007.

KÖRTING, Corinna, Zion in den Psalmen (FAT 48), Tübingen 2006.

KRAUSS, Samuel, Griechische und Lateinische Lehnwörter im Talmud, Midrasch und Targum, Bd. II, Hildesheim 1964. [54]

LENHARD, Doris, Vom Ende der Erde rufe ich zu dir. Eine rabbinische Psalmenhomilie (PesR 9) (FJS 8), Frankfurt a. M. 1990.

MAUR, Hansjörg AUF DER, Das Psalmenverständnis des Ambrosius von Mailand. Ein Beitrag zum Deutungshintergrund der Psalmenverwendung im Gottesdienst der Alten Kirche, Leiden 1977.

MICHEL, Allain, Augustin et le sublime: Les enarrationes in psalmos 41 et 42, in: Augustinus 39 (1994), 357–363.

MILLARD, Matthias, Die Komposition des Psalters. Ein formgeschichtlicher Ansatz (FAT 9), Tübingen 1994.

–, Zum Problem des elohistischen Psalters. Überlegungen zum Gebrauch von יהוה und אלהים im Psalter, in: Zenger, Erich (Hg.), Der Psalter in Judentum und Christentum (HBS 18), Freiburg 1998, 75–110.

NASUTI, Harry P., Tradition History and the Psalms of Asaph, Atlanta 1988.

OORSCHOT, Jürgen van, Der ferne *deus praesens* des Tempels, in: Kottsieper, Ingo u. a. (Hg.), „Wer ist wie du, Herr, unter den Göttern?" (FS O. Kaiser), Göttingen 1994, 416–430.

REIF, Stefan C., Hebrew Manuscripts at Cambridge University Library. A Description and introduction (UCOP 5), Cambridge 1997.

RICHTER, Benjamin (Hg.), Hebrew Manuscripts in the Bibliotheca Palatina in Parma, Jerusalem 2001.

SCHAPER, Joachim, „Wie der Hirsch lechzt nach frischem Wasser." Studien zu Ps 42/43 in Religionsgeschichte, Theologie und kirchlicher Praxis (BThSt 63), Neukirchen-Vluyn 2004.

SCHELLING, P., De Asafpsalmen. Hen samenhang en achtergrond, Kampen 1985.

SCHRAMA, Martijn, Het hert dat dorst van verlangen. Augustinus' commentaar op Psalm 42, in: Schrift 215 (2004), 148–153.

SCHWIENHORST-SCHÖNBERGER, Ludger, Was heißt heute, die Bibel sei inspiriertes Wort Gottes?, in: Söding, Thomas (Hg.), Geist im Buchstaben? Neue Ansätze in der Exegese (QD 225), Freiburg 2007, 35–50.

–, „Er wird wie Christus sein“. Psalm 1 in der Auslegung des Hieronymus, in: Ballhorn, Egbert / Steins, Georg (Hg.), Der Bibelkanon in der Bibelauslegung. Methodenreflexionen und Beispielexegesen, Stuttgart 2007, 212–230.

SEYBOLD, Klaus, Die Psalmen (HAT 1,15), Tübingen 1996.

SPIECKERMANN, Hermann, Stadtgott und Gottesstadt. Beobachtungen im Alten Orient und im Alten Testament, in: Bib. 73 (1992), 1–31.

STEINSCHNEIDER, Moritz, Catalog der hebräischen Handschriften in der Stadtbibliothek zu Hamburg und der sich anschließenden in anderen Sprachen (Hebräische Handschriften in der Stadtbiliothek zu Hamburg 1), Hamburg 1878.

STROLA, Germana, Il desiderio di Dio. Studio dei Salmi: 42–43, Assisi 2003. 55

SÜSSENBACH, Claudia, Der elohistische Psalter. Untersuchungen zu Komposition und Theologie von Ps 42–83 (FAT II/7), Tübingen 2005.

WELLMANN, Bettina, Von David, Königin Ester und Christus. Psalm 22 im Midrasch Tehillim und bei Augustinus (HBS 47), Freiburg 2007.

ZENGER, Erich, Ein Gott der Rache? Feindpsalmen verstehen, Freiburg 1994.

–, Die Gotteszeugenschaft des 83. Psalms, in: Bachmann, Matthias-Lutz (Hg.), Und dennoch ist von Gott zu reden (FS H. Vorgrimler), Freiburg 1994, 11–37.

–, Zur redaktionsgeschichtlichen Bedeutung der Korachpsalmen, in: Seybold, Klaus / Zenger, Erich (Hg.), Neue Wege der Psalmenforschung (HBS 1), Freiburg ²1995, 175–198.

–, Psalm 82 im Kontext der Asafsammlung, in: Janowski, Bernd / Köckert, Matthias (Hg.). Religionsgeschichte Israels. Formale und materiale Aspekte, Gütersloh 1999, 272–292.

–, (Hg.), Der Septuagintapsalter. Sprachliche und theologische Aspekte (HBS 32), Freiburg 2001.

–, (Hg.), Stuttgarter Altes Testament, Einheitsübersetzung mit Kommentar und Lexikon, Stuttgart ³2005.

„Es sei deine Liebe, JHWH, über uns!“

Beobachtungen zu Aufbau und Theologie von Psalm 33

Erich Zenger

350 Die Urteile der Forschung über Ps 33 sind stark divergierend. Einerseits gilt der Psalm wegen seiner alphabetisierenden Form und wegen seines sogenannten anthologischen Stils als ein in literarischer und theologischer Hinsicht wenig gelungener Text, der „als poetisches Erzeugnis nicht überschätzt werden darf.“[1] Es sei „deutlich, dass der Gedankengang nicht übermäßig straff ist, sondern eher additiv die Erfüllung der vorgegebenen 22-Zahl anstrebt […] Insgesamt hat der Psalm den Charakter einer Blütenlese.“[2] Der Psalm sei

> „eine harmlos unbedeutende Zusammenstellung von allerlei Sätzen aus der Lektüre älterer und jüngerer Schriften, die für den Glauben des späteren Judentums wichtig und tröstlich waren und unter denen die Betonung des Hoffens und Harrens auf die Ausführung des ewigen Weltplanes Gottes, auf das künftige Reich Gottes von Belang ist.“[3]

Andererseits wird der Psalm als „eine alttestamentliche ‚Theologie‘ in nuce“[4] charakterisiert, der in seinem Hauptteil V. 4–19 „eher einen Traktat zu verschiedenen theologischen Themen als einen Psalm“[5] biete.

> „Zu einem solchen machen ihn die sechs Eingangs- und Schlussverse (V. 1–3.20–22), in denen die Gläubigen angesprochen werden und sich direkt an Jahwe wenden. Wie andere alttestamentliche ‚Dogmatiker‘ legt auch der Verfasser von Ps 33 Wert darauf, seine Dichtung als ‚gewöhnlichen‘ Psalm hinzustellen. Anders gewendet: Er ist der Überzeugung, einen solchen Psalm verfasst zu haben, obwohl er einen theologischen Traktat in seine Feder fließen ließ.“[6]

Vor allem Exegeten, die dem Psalm einen kultischen Sitz im Leben geben, reden geradezu emphatisch über ihn:

> „Wie in unseren Gottesdiensten an der Schwelle des scheidenden und kommenden Jahres, wenn die Gemeinde ‚Nun danket alle Gott‘ anstimmt, in Rückblick und Ausblick sich Lob und Dank vereinigt mit hoffnungsvoller Bitte, so preist in ganz ähnlicher Stimmung der Psalm das Walten des großen Gottes, ‚wie es anfänglich war‘,

---

1 H. Gunkel, Die Psalmen übersetzt und erklärt (HKAT 11/2), Göttingen ^{4}1929, 139.

2 M. Oeming, Das Buch der Psalmen. Psalm 1–41 (NSK-AT 13/1), Stuttgart 2000, 191.

3 B. Duhm, Die Psalmen erklärt (KHC 14), Tübingen 1899, 136.

4 H.-P. Mathys, Dichter und Beter. Theologen aus spätalttestamentlicher Zeit (OBO 132), Fribourg–Göttingen 1994, 255.

5 H.-P. Mathys, a.a.O., 255.

6 H.-P. Mathys, a.a.O., 255.

> und schöpft daraus die Kraft der Hoffnung für die Zukunft. Die Art, wie sich die Gedanken des Psalms auf Gott konzentrieren, gibt dem schlichten Lied eine geschlossene 351 Wucht und lässt erkennen, welch starke religiösen Kräfte im alttestamentlichen Festkult geweckt und erhalten wurden."[7]

Was bei der Auslegung der Psalmen grundsätzlich gilt, zeigt sich hier besonders deutlich: Wichtige interpretatorisch relevante Vorentscheidungen fallen bei der Erarbeitung des Aufbaus des Psalms. Das soll im Folgenden exemplarisch an einigen Haupttypen der in der Forschung vorgelegten Strukturbeschreibungen und an dem von mir selbst in der Neuen Echter Bibel gebotenen Aufbauschema[8] erläutert werden – mit dem Ziel, eine neue Gesamtdeutung des Psalms zu präsentieren. Mit der dabei entwickelten These, der Psalm präsentiere die חסד JHWHs als Lebensprinzip der universalen Gerechtigkeitsordnung des Weltkönigs JHWH, hoffe ich, den Jubilar, dem ich durch jahrzehntelange Freundschaft verbunden bin, zu erfreuen – und möchte zugleich meiner Hochschätzung seiner vielfachen und einzigartigen Forschungsarbeiten zum Thema „Recht und Gerechtigkeit" Ausdruck geben.

1. Unterschiedliche Typen der Strukturbeschreibung von Psalm 33

Es besteht weitgehender Konsens darüber, dass sich in Ps 33 V. 4–19 als „Hauptteil/Hauptstück/Korpus" des Psalms von V. 1–3 als „Eröffnung/Aufgesang" und von V. 20–22 als „Abschluss/Abgesang" strukturell unterscheiden lässt.[9] Wichtigste Argumente für diese kompositionelle Gliederung sind:

---

[7] A. Weiser, Die Psalmen übersetzt und erklärt (ATD 14), Göttingen ^{7}1966, 195.

[8] Vgl. E. Zenger, Psalmen 33, in: F.-L. Hossfeld/E. Zenger, Die Psalmen. Psalm 1–50 (NEB), Würzburg 1993, 205–210. Das dort vertretene Strukturschema wird bereits detailliert begründet von N. H. Ridderbos, Die Psalmen. Stilistische Verfahren und Aufbau. Mit besonderer Berücksichtigung von Ps 1–41 (BZAW 117), Berlin–New York 1972, 236–245. Diese Struktur wird ebenfalls mit vielen Beobachtungen erläutert und interpretiert von N. Lohfink, in: N. Lohfink/E. Zenger, Der Gott Israels und die Völker. Untersuchungen zum Jesajabuch und zu den Psalmen (SBS 154), Stuttgart 1994, 97–100; ebd., 93–97 präsentiert N. Lohfink auch als zusätzliche Struktur Ps 33 als „poetischen Zentralbau" mit V. 10–12 als „Zentralstück". Beide Strukturen ergänzen sich! Auch die Dissertation von S. Gahler, Gott der Schöpfung – Gott des Heils. Untersuchungen zum anthologischen Psalm 33 (EHS XIII), 649, Frankfurt u. a. 1998, schließt sich dem Strukturvorschlag 1–3.4–5.6–12,13–19.20–22 an.

[9] Von diesem Konsens weicht u. a. F. Crüsemann, Studien zur Formgeschichte von Hymnus und Danklied in Israel (WMANT 32), Neukirchen-Vluyn 1969, 129 f. ab: „In Ps 33 steht am Anfang [...] ein vollständiger imperativischer Hymnus (V. 1–4). Einem relativ weit ausgebauten Aufruf (V. 1–3) folgt eine Durchführung in der typischen Grundform (V. 4), allerdings ist nicht Jahwe selbst, sondern sein חסד Subjekt des Verses. Auch nennt die Aussage nicht eine konkrete Tat, sondern allgemein die Eigenschaften von Jahwes Wort und Werk. Der folgende lange Hauptteil des Psalms in V. 5–19 ver-

V. 1–3 bietet eine Abfolge imperativischer Aufforderungen an die צדיקים und ישרים, in V. 20–22 spricht eine Wir-Gruppe, die in V. 22 erstmals (und singulär) im Psalm JHWH in 2. Person an- [352] redet. Davon hebt sich, eingeleitet mit כי, V. 4–19 als theologische Meditation / Reflexion über JHWH (in 3. Person) ab. Kontrovers ist allerdings, wie das Hauptstück V. 4–19 weiter unterteilt werden soll.[10]

Ein *erster Strukturvorschlag* gliedert V. 4–19 in die drei Abschnitte V. 4–9 (das wirkmächtige und treue Wort JHWHs), V. 10–12 (JHWHs Ratschluss gegenüber den Völkern und gegenüber dem Volk, das er sich erwählt hat) und V. 13–19 (JHWHs Rettungshandeln an denen, die allein auf JHWH vertrauen). Die drei Abschnitte gelten in dieser Sicht als konzentrisch angeordnet, so dass V. 10–12 die Hauptaussage des Psalms bietet. Diese Option führt zu folgender Deutung:

> „Die v. 10f. stellen zunächst antithetisch das Vorhaben der Völker dem Vorhaben Jahwes gegenüber, während v. 12, der durch die Aufnahme von גוי und עם aus V. 10 mit dem Vorangehenden zusammengeschlossen ist, sodann das Volk glücklich preist, dessen Gott Jahwe ist und das er sich erwählt hat.“[11]

Dass der Abschnitt V. 10–12 als Angelpunkt des Psalms herausgehoben ist, wird nach dieser Auffassung auch daran erkennbar, dass nur in diesem Abschnitt in jedem Parallelismus das Tetragramm steht und zwar jeweils im ersten Kolon/Stichos. Auch von daher ergibt sich, dass die Deutung des Psalms von V. 10–12 ausgehen muss. Dieser Abschnitt spiegelt die Situation von Betenden wider, die sich von anderen Völkern, insbesondere von deren „Plänen“, aufs Äußerste bedroht fühlen. Dem setzen sie ihr Vertrauen auf JHWH und insbesondere auf dessen Geschichtspläne entgegen, die durch niemanden und durch nichts aufgehalten werden können. Im Gegenteil: Sie haben unerschütterlichen Bestand bis ans Ende der Weltzeit (vgl. V. 10–11). „Dies ist deshalb ein Grund der Hoffnung und Zuversicht, weil Jahwes Hilfe denen gilt, die ihn fürchten (v. 18f.). Dazu rechnen sich die Beter als das ‚Volk, dessen Gott Jahwe ist‘ und das er sich erwählt (v. 12).“[12]

Dieser Strukturvorschlag hat vor allem zwei Probleme: (1) Die Funktion der beiden Abschnitte V. 4–9 und V. 13–19 im Blick auf V. 10–12 als Zentrum

---

eint formal und stilistisch sehr verschiedene Verse […] Es ist also dem imperativischen Hymnus ein Korpus angefügt worden, in dem in offenbar sehr freier und souveräner Weise ganz verschieden geprägte Form- und Stilelemente nebeneinander gesetzt werden.“ Durch diese entstehungsgeschichtliche Trennung von V. 4 und V. 5 geht gerade die theologische Pointe von Ps 33 verloren. Dass darüber hinaus V. 22 als späterer Zusatz (ebd., Anm. 6) bestimmt wird, nimmt dem Psalm seine Pragmatik.

10 Vgl. auch die Skizze der unterschiedlichen Aufbauschemata bei S. Gahler, Gott der Schöpfung (s. Anm. 8), 30–40.

11 C. Petersen, Mythos im Alten Testament. Bestimmung des Mythosbegriffs und Untersuchungen der mythischen Elemente in den Psalmen (BZAW 157), Berlin–New York 1982, 105.

12 C. Petersen, a.a.O., 106.

des Psalms wird nicht sichtbar. (2) Von der Gesamtkomposition her drängt der Psalm auf die Schlussbitte V. 22 mit dem „Themawort“ חסד hin; diese Perspektive ist in V. 10–12 nicht angesprochen.

Der *zweite Strukturvorschlag*[13] gliedert V. 4–19 in die zwei Hauptteile V. 4–12 und V. 13–19, wobei zunächst V. 4–12 als eine sich in zwei Schritten vollziehende Darstellung der Souveränität JHWHs in der Schöpfung (V. 4–9) und in der Geschichte (V. 10–12) charakterisiert wird. V. 13–19 führt ein neues Thema ein, nämlich das menschliche Handeln und die göttliche Antwort darauf. Wie V. 4–12 entfaltet auch V. 13–19 sein Thema in zwei Schritten. Gemäß V. 13–15

> „kontrolliert [353] (Gott) von seinem erhabenen Wohnsitz aus das Handeln der Menschen, er kennt es. Dass er jedem nach seinem Wandel vergilt, schimmert zwischen den Zeilen durch, wird aber nicht ausdrücklich gesagt. Klar ist dagegen die Aussage der V. 16–19: Wer sich selber retten will, auf ein großes Heer, Rosse und die eigene Stärke baut, täuscht sich: Hilfe kommt allein vom Herrn; ihn gilt es zu fürchten; sein Auge ruht auf denen, die seiner Gnade harren, alles von ihm erwarten.“[14]

Dieser Strukturvorschlag hat zwei Probleme, auf die sein Autor H.-P. Mathys auch selbst hinweist:[15] (1) Die Funktion von V. 4–5 innerhalb des Teilabschnitts V. 4–9 bleibt unklar, insofern V. 4–5 und V. 6–9 eigentlich zwei unterschiedliche Themen behandeln. (2) Auch der Zusammenhang von V. 13–19 mit der Gesamtprogrammatik des Psalms wird m. E. zu wenig sichtbar, wenn er als „Anthropologie“ verstanden wird, obwohl auch dieser Abschnitt stark theozentrisch ist.[16]

Ein *dritter Strukturvorschlag* setzt dadurch neu an, dass er innerhalb von V. 4–19 die Einzelabschnitte anders abgrenzt und für den Psalm insgesamt ein konzentrisch ausgerichtetes Kompositionsschema annimmt. Dieser von M. Witte[17] detailliert begründete Strukturvorschlag führt zu einer neuen Deutung des Psalms:

---

[13] H.-P. Mathys, Dichter und Beter, 251–256.

[14] H.-P. Mathys, a.a.O., 254 f.

[15] Vgl. H.-P. Mathys, a.a.O., 252.

[16] H.-P. Mathys, a.a.O., 255: Der Verfasser von Ps 33 handelt „der Reihe nach alle wesentlichen Themen alttestamentlicher Theologie ab: Wesen Gottes – Schöpfung – (Heils-)Geschichte – Anthropologie (vgl. Neh 9). Die Schwierigkeiten, die es bereitet, der Anthropologie in der alttestamentlichen Theologie den ihr angemessenen Platz zuzuweisen, kommt indirekt schon in Ps 33 zum Ausdruck: Während es seinem Verfasser gelingt, die ersten drei Bereiche durch Leitworte und Assoziationen mehr oder weniger eng miteinander zu verbinden, stehen die V. 13–19 nicht in enger Beziehung zu dem, was vorangeht. G. von Rad ist oft vorgeworfen worden, er habe die Psalmen (und die Weisheitstexte) nicht organisch in seine Theologie eingebaut. Ps 33 macht deutlich, wie schwer das schon den Verfassern alttestamentlicher Texte fallen konnte.“

[17] M. Witte, Das neue Lied – Beobachtungen zum Zeitverständnis von Psalm 33, in: ZAW 114, 2002, 522–541.

> „Ps 33 bietet eine aus dem 3. Jh. v. Chr. stammende poetische Meditation über das Handeln Jahwes in Schöpfung und Geschichte. Der Psalm versteht Zeit als einen von Jahwe geprägten Raum, in dem Vergangenheit, Gegenwart und Zukunft miteinander verschränkt sind. Jahwe erscheint als universaler Gott, dessen Handeln in der Zeit auf die menschheitliche Erfahrung seiner weltumspannenden, die Zeit transzendierenden Huld und auf die Konstituierung eines in dieser Huld lebenden Gottesvolkes zielt.“[18]

Für diese Sicht des Psalms sind folgende Strukturbeobachtungen entscheidend: (1) Der Hauptteil des Psalms besteht aus dem zweiteiligen Korpus V. 6–11.12–17, in dem JHWH als Schöpfer und Herr der Geschichte gepriesen wird. (2) Um dieses Korpus legt sich mit V. 4–5 und V. 18–19 ein Rahmen, der JHWH als verlässlichen Gott bekennt (V. 4–5: die grundsätzliche und universale Verlässlichkeit JHWHs; V. 18–19: Verlässlichkeit JHWHs im Blick auf die Verehrer JHWHs und deren Bewahrung in tödlicher Bedrohung). (3) Das zweiteilige Korpus V. 6–17 besteht aus vier chiastisch angeordneten Strophen (V. 6–8: JHWHs Handeln in der Schöpfung; V. 9–[354] 11: JHWHs Handeln in der Geschichte; V. 12–14: JHWHs Handeln in der Geschichte; V. 15–17: JHWHs Handeln in Schöpfung und Geschichte). Entscheidend ist für diesen strophischen Aufbau, dass er die Strukturzäsuren nicht – wie meist üblich – hinter V. 9.12.15, sondern hinter V. 8.11.14 setzt. Dies wird damit begründet, dass V. 8 (כל ישבי תבל), V. 11 (לדר ודר) und V. 14 (כל ישבי הארץ) mit ihren räumlichen und zeitlichen Totalitätsaussagen jeweils eine Art zusammenfassendes Summarium bilden. Darüber hinaus haben V. 9 (כי), V. 12 (אשרי) und V. 15 (ה) jeweils Partikel mit deiktischer Funktion, die in der Poesie häufig den Beginn einer Strophe markieren. (4) Der Psalm wird in V. 1–3 mit einem dreigliedrigen Aufruf zum Lob JHWHs eröffnet und in V. 20–22 mit einem dreigliedrigen Bekenntnis des Vertrauens auf JHWH abgeschlossen. (5) Insgesamt hat der Psalm also folgendes konzentrisches Kompositionsschema: A (V. 1–3) – B (V. 4–5) – C (V. 6–8) – D (V. 9–11) – D’ (V. 12–14) – C’ (V. 15–17) – B’ (18–19) – A’ (V. 20–22).

Als Folge dieser Struktur ergibt sich, dass für die Interpretation des Psalms sein Geschichts- und Zeitverständnis entscheidend ist. Deshalb diskutiert Witte auch sehr nachdrücklich, im Anschluss an D. Michel[19], die Wiedergabe der Tempora. Die Grundthese lautet:

> „Die morphologischen Unterschiede der Verben in Ps 33 kennzeichnen nicht primär eine bestimmte Zeitstufe, sondern einen bestimmten Modus und einen bestimmten Aspekt einer Handlung. Ob und wenn ja, welche Zeitstufe in der jeweiligen Konjugation enthalten ist, lässt sich nur vom Kontext und vom Inhalt her entscheiden.“[20]

Die Einzeldiskussionen arbeiten sehr überzeugend die Mehrdimensionalität des Psalms, insbesondere in seiner vielfältigen Intertextualität, heraus. Die

---

[18] M. WITTE, a.a.O., 541.

[19] Vgl. D. MICHEL, Tempora und Satzstellung in den Psalmen (AET 1), Bonn 1960.

[20] M. WITTE, Lied, 526.

Bezüge zur Schöpfungstheologie (*creatio prima et continuata*) und zur Ursprungsgeschichte Israels (Exodus aus Ägypten und Einzug in das verheißene Land), aber auch die Rezeption des Jesajabuchs machen Ps 33 zu einer theologischen Meditation, die

> „den Leser des Psalms herausfordert, geschichtliche Erfahrungen Israels mit Gegenwartserfahrungen und Zukunftshoffnungen zu verbinden. Zeit erscheint in Ps 33 nicht primär chronologisch als ein Nacheinander von Erfahrungen, sondern synthetisch als ein Nebeneinander, d.h. Zeit ist gemäß Ps 33 ein Raum [...] Dieser Raum wird einerseits durch Jahwes Schöpfung des Makrokosmos (‚Himmel und Erde', V. 6f.) und des Mikrokosmos (‚der Mensch', V. 15), andererseits durch Jahwes universales Gericht über die Schöpfung (V. 8; V. 10; V. 13f.; V. 16f.) gerahmt."[21]

Gerade als Meditation über JHWH als den Schöpfer, Gestalter und Vollender der Zeit ist Ps 33 ein „neues Lied", d.h. ein eschatologisches Loblied.

Dieser das Verständnis des Psalms vertiefenden und theologisch eindrucksvollen Studie von M. Witte liegt ein Strukturvorschlag zugrunde, der zur Folge hat, dass eine im Psalm entscheidende Dimension zu kurz kommt, nämlich die von JHWH als dem Weltenkönig, dessen tiefstes Wesen seine am Sinai geoffenbarte חסד ist. Der von M. Witte gemachte Strukturvorschlag hat m.E. drei Probleme: (1) Der Abschnitt [355] V. 4–5 wird in seiner den Psalm insgesamt bestimmenden Programmatik unterschätzt, wenn er zum „Rahmen" des Hauptstücks gemacht wird. (2) Die angenommene Zäsur zwischen V. 11 und V. 12 erscheint mir angesichts der semantischen Bezüge zwischen V. 10 und V. 12 nicht überzeugend. (3) Die Schlussbitte V. 22 wird, auch in ihrem Bezug nach V. 5b, zu wenig bedacht.

2. Die poetische Dramaturgie des Psalms

Zwar kann man mit der Mehrheit der Forschung daran festhalten, dass Ps 33 vom dreiteiligen Schema des Hymnus geprägt ist (V. 1–3: Aufgesang; V. 4–19: hymnisches Hauptstück, eingeleitet mit כי; V. 20–22: Abgesang), doch wird damit letztlich die Dramaturgie des Psalms verdeckt, die auf die Schlussbitte V. 22 zielt: „Es sei deine Liebe/Güte, JHWH, über uns!"[22] Diese Bitte fokussiert nicht nur durch den semantischen Rückbezug nach V. 5 und V. 18–19[23] das theologische Thema des Psalms, sondern präsentiert in ihrer sprachlichen Eigenart (singuläre Du-Anrede JHWHs; jussivische Bitte) den spannungsreichen poetischen „Sitz im Leben" des Psalms: Der Psalm verkündet, dass die Erde erfüllt ist von

---

21 M. Witte, Lied, 534.

22 Wer deshalb V. 22 als späteren „Zusatz" erklärt (wie z.B. F. Crüsemann, Studien [s.o. Anm. 9], 130 oder C. Westermann, Ausgewählte Psalmen, Göttingen 1984, 154), nimmt dem Psalm die für ihn konstitutive Spannung.

23 Rückbezug nach V. 18–19: חסד + יחל; Rückbezug nach V. 5: חסד יהוה.

der חסד JHWHs (V. 5b),[24] aber er nimmt zugleich wahr, dass die konkrete Geschichte Israels[25] bzw. der „Menschenkinder“ (vgl. V. 13) die Wirkmächtigkeit dieser חסד in Frage stellt. Vor allem erhält die sprachlich offene (unbestimmtes „Wir“) Schlussbitte im Horizont von V. 1 ihre besondere Bedeutung: Einerseits ergibt sich von der Gesamtanlage des Psalms her, dass die Sprecher der Schlussbitte die צדיקים von V. 1 sind, aber andererseits wird erst im hymnischen Hauptstück V. 4–19 präzisiert, worin das Proprium dieser Sprechergruppe besteht. Auch in dieser Hinsicht ist V. 22 die Bündelung des ganzen Psalms.

Der den Psalm eröffnende „Aufgesang“ ist kunstvoll gestaltet. Er besteht aus fünf pluralischen Imperativen (V. 1a.2–3) und einem Nominalsatz (V. 1b), der die Funktion einer Begründung hat: „denn ein Loblied ziemt sich für die ישרים.“ Die beiden ersten Bikola V. 1ab und 2ab sind chiastisch aufgebaut. Dadurch erhalten die in V. 1 als Adressaten der Aufforderung genannten צדיקים und ישרים eine besondere Hervorhebung, zumal diese Lexeme in der das Korpus des Psalms eröffnenden Themenangabe V. 4–5 in chiastischer Entsprechung wiederkehren (V. 4a: „denn ישר ist das Wort JHWHs“; V. 5a: „er liebt צדקה“). Die Abfolge der Imperative läuft kompositionell als Steigerung auf die in V. 3 verwendeten Nomina שיר חדש und 356 תרועה hin, die jeweils am Ende des Kolons (V. 3a bzw. V. 3b) stehen. Beide Nomina evozieren den für das Verständnis des Psalms entscheidenden Horizont.

Die Aufforderung „singt ihm/für ihn ein neues Lied“ (V. 3a) hat mehrere Konnotationen,[26] die im Korpus des Psalms konkretisiert werden:

(1) Es ist kontrovers, wo bzw. wann die Wortverbindung שיר חדש erstmals auftritt. Meist wird angenommen, dass Jes 42,10 der früheste Beleg ist und dass die Aufforderung zum Singen eines neuen Liedes von dort in den Psalter gelangt sei, insbesondere nach Ps 96,1; 98,1. Dabei wird vorausgesetzt, dass beide Psalmen die Botschaft von Jes 40–52 bzw. Jes 40–55 aufnehmen und als „erfüllt“ verkünden.[27] Allerdings ist auch das umgekehrte Abhängigkeitsverhältnis denkbar.[28] Die hinter Jes 40 ff. als Verfasser stehenden

24 חסד steht hervorgehoben am Beginn des Verbalsatzes V. 5b!

25 Die Bezeichnung „Israel“ kommt im Psalm nicht vor; der Psalm redet in V. 12 vom „erwählten Volk“, als dessen Proprium dann V. 18–19 das Harren/Warten/Hoffen auf JHWHs חסד genannt wird; zu der damit konstituierten Spannung vgl. besonders N. Lohfink, in: N. Lohfink / E. Zenger, Der Gott Israels (s. o. Anm. 8), 102–111.

26 Vgl. J. Marböck, Der Gott des Neuen und das neue Lied, in: F. V. Reiterer (Hg.), Ein Gott, eine Offenbarung. Beiträge zur biblischen Exegese, Theologie und Spiritualität. FS N. Füglister, Würzburg 1991, 205–221.

27 Vgl. besonders J. Jeremias, Das Königtum Gottes in den Psalmen. Israels Begegnung mit dem kanaanäischen Mythos in den Jahwe-König-Psalmen (FRLANT 141), Göttingen 1987, 133–136; E. Zenger, in: N. Lohfink / E. Zenger, Der Gott Israels, 161–163; F.-L. Hossfeld / E. Zenger, Psalmen 51–100 (HThKAT), Freiburg [3]2007, 669.689 f.

28 So mit guten Gründen: H. Leene, History and Eschatology in Deutero-Isaiah, in: J. van Ruiten / M. Vervenne (Hg.), Studies in the Book of Isaiah. FS W. A. M. Beuken (BEThL 132), Leuven 1997, 221–249.

(asafitischen) Tempelsängerkreise hätten demnach „in frühnachexilischer Zeit [...] literarische Anleihen bei der hymnischen Psalmentradition gemacht, um ihr eigenes Opus zu strukturieren.“[29]

Diese Kontroverse muss für unseren Zusammenhang nicht weiter diskutiert werden: Ps 33 ist in jedem Fall jünger als Ps 96; 98 und Jes 42 und nimmt beide Textbereiche auf. Thematisch geht es bei dem „neuen Lied“ um ein Wirken JHWHs auf der Bühne der Weltgeschichte, durch das er seine Gerechtigkeitsordnung für sein erwähltes Volk so durchsetzt, dass er dabei auch die Völkerwelt verändert. Es geht um die „Neuordnung des Verhältnisses Israel – Völker“[30] und sogar um eine Neubestimmung Israels. Gemäß Ps 96; 98 erweist JHWH sich dabei explizit als universaler und kosmischer König (vgl. Ps 96,10; 98,6).

(2) Anders als in Ps 96; 98 und Jes 42, wo die ganze Erde bzw. sogar der ganze Kosmos zum Singen des „neuen Lieds“ aufgefordert werden, richtet sich die Aufforderung in Ps 33,1–3 nur an die „Gerechten“; an ihnen und durch sie geschieht die weltpolitische Erneuerung. Wie und wodurch das geschieht, entfaltet das Korpus des Psalms.

(3) Da Ps 33 sehr eng an seinen Vorgängerpsalm Ps 32 angebunden ist,[31] der die Vergebung der Schuld durch JHWH als Rettung aus dem Tod feiert (vgl. Ps 32,1–5), [357] dürfte das Adjektiv „neu“ in Ps 33,3 auch die Lebenserneuerung durch Schuldvergebung evoziert sein (vgl. Jes 40,2 im Horizont von Jes 40–48). Es geht letztlich um die Erneuerung des Kosmos durch ein erneuertes Gottesvolk.[32]

(4) Dass die Wortverbindung שיר חדש in V. 3 den Psalm 33 insgesamt als „eschatologisches Loblied“ charakterisiert, d. h. als

> „ein Loblied, das von der endzeitlichen Gemeinde angestimmt wird, und das [...] Gottes endgültiges, unumkehrbares Heilshandeln beschreibt, wobei dieses endgültige Handeln Gottes strukturelle Analogien in seinem bisherigen Heilshandeln findet“[33],

ergibt sich m. E. nicht zwingend. Die Schlussbitte des Psalms V. 22, aber auch V. 18–19 als theologische Hauptaussage des Korpus sprechen eher gegen diese eschatologisierende Deutung.

Die hymnische Aufforderung V. 1–3 kulminiert in der Charakterisierung des Lobes als תרועה (V. 3b). Das Nomen kommt im Psalter insgesamt nur fünfmal vor: Ps 27,6; 33,3; 47,6; 89,16; 150,5. Zumindest in Ps 47,6; 89,16;

---

29 U. Berges, Jesaja 40–48 (HThKAT), Freiburg 2008, 241.

30 N. Lohfink, in: N. Lohfink / E. Zenger, Der Gott Israels, 109.

31 Ps 33 hat in MT keine Überschrift und nimmt in V. 1 explizit den Schluss von Ps 32 auf. Eine detaillierte Zusammenstellung und Erläuterung der Gemeinsamkeiten („Verkettung“) der beiden Psalmen bietet G. Barbiero, Das erste Psalmenbuch als Einheit. Eine synchrone Analyse von Psalm 1–41 (ÖBS 16), Frankfurt u. a. 1999, 431–438.

32 Zur Rolle des „erneuerten“ Jakob/Israel für eine Erneuerung der Völker nach der Sicht von Jes 40 ff. vgl. besonders U. Berges, Jesaja 40–48.

33 M. Witte, Lied, 536.

150,5 wird damit explizit jener „Jubel“, d. h. die Jubelschreie und die Musik, bezeichnet, der JHWH als den universalen Weltkönig feiert. In Ps 47 wird diese Bedeutung auch noch durch das in V. 2 verwendete Verbum רוע Hif‘il unterstrichen:

Ihr Völker alle klatscht in die Hände,
jubelt (הריעו) Gott zu mit jauchzendem Schall!
Denn JHWH, der Höchste, ist furchtgebietend,
der große König über die ganze Erde.
Gott ist emporgestiegen unter Jubel (בתרועה),
JHWH beim Schall des Schofar (Ps 47,2–3.6).[34]

In Ps 89,16 wird Israel seliggepriesen, weil es den „Jubel“ (תרועה) auf JHWH als den König von „Gerechtigkeit und Recht“, von „Liebe und Treue“ (vgl. Ps 89,15) kennt:

Selig das Volk, das den Jubel (תרועה) kennt.
JHWH, im Licht deines Angesichts wandeln sie (Ps 89,16).

Auch wenn in Ps 33 auf der Textoberfläche nicht explizit vom Königtum JHWHs die Rede ist, wird dieses doch durch das Motiv des „Königsjubels“ in V. 3b evoziert – und dann im Korpus des Psalms entfaltet, vor allem, wenn man Ps 33 im Horizont von Ps 29 liest.[35] 358

---

[34] Zur Interpretation von Ps 47 vgl. E. Zenger, „Erhebe dich doch als Hilfe für uns!“ Die Komposition Ps 42–44; 46–48 als theologische Auseinandersetzung mit dem Exil, in: I. Kottsieper / R. Schmitt / J. Wöhrle (Hg.), Berührungspunkte. Studien zur Sozial- und Religionsgeschichte Israels und seiner Umwelt. FS R. Albertz (AOAT 350), Münster 2008, 295–316.

[35] Ps 29 ist die Mitte der Teilkomposition Ps 25–34. Die Komposition ist durch die vielfach aufeinanderbezogenen alphabetakrostichischen „Armenpsalmen“ Ps 25 und Ps 34 markiert; insbesondere bilden die beiden Schlussverse Ps 25,22 und Ps 34,23 mit ihrer Erlösungsperspektive eine Rahmung der Komposition (vgl. ähnlich Ps 3,9 und 14,7). Die dazwischen stehenden Psalmen 26–28 und Ps 30–32 sind um Ps 29 als Zentrum gruppiert. Drei Bittgebete laufen auf Ps 29 zu: das Bittgebet eines Unschuldigen in Ps 26, das kombinierte Bittgebet eines (königlichen) Verfolgten (V. 1–6) und eines zu Unrecht Angeklagten (V. 7–13) in Ps 27 sowie das Bittgebet eines vom Tod Bedrohten in Ps 28. Drei Danksagungen kommen von Ps 29 her: das Dankgebet eines in schwerer Krankheit vor dem Tod Geretteten in Ps 30, das von (redaktionellen) Elementen des Vertrauens und des Dankes eingefasste Bittgebet in Ps 31 und das weisheitliche Dankgebet für die Gnade der Vergebung in Ps 32. Ps 29 markiert die Zäsur bzw. die Wende von der Bitte zum Dank. Der alte Hymnus konzentriert sich allein auf die Beschreibung des himmlischen wie irdischen Lobes für den erscheinenden Götter- und Weltenkönig JHWH. Insofern stellt Ps 29 das theologische Herzstück der sieben (!) Psalmen dar. Dass Jerusalemer Tempeltheologie durchschlägt, wird am differenzierten Tempelbezug deutlich, der sich wie ein roter Faden durch alle sieben Psalmen zieht. Von JHWH, der auch im Jerusalemer Tempel gegenwärtig ist (vgl. Ps 24,7–10), erwarten die Beter machtvolle Rettung aus ihren unterschiedlichen Nöten – als Erweis der „Herrlichkeit JHWHs (vgl. dazu vor allem F.-L. Hossfeld / E. Zenger, „Von seinem Thronsitz schaut

V. 4 ist durch das kausative bzw. deiktische כי als Neueinsatz markiert. Es folgen zunächst zwei Nominalsätze über JHWHs Wort (V. 4a) und (syndetisch fortgeführt) über JHWHs Werk/Wirken (V. 4b). Daran schließt sich in V. 5a eine Partizipialaussage über JHWH an, der als Subjekt allerdings nicht ausdrücklich genannt ist, so dass V. 5a als eine Art Hintergrund für die in V. 5b folgende mit Verbalsatz gegebene Aussage zu verstehen ist: „Weil er Gerechtigkeit und Recht liebt, ist von JHWHs Liebe/Güte (חסד) die Erde erfüllt/voll." V. 4–5 formuliert das Thema, das in den beiden Abschnitten V. 6–12 und V. 13–19 entfaltet wird.[36] Von der syntaktischen Struktur her ist V. 5b die Kernaussage von V. 4–5. Sie wird am Schluss des Korpus in V. 18–19 konkretisiert. In der Schlussbitte des Psalms in V. 22 wird die in V. 5b gefeierte חסד JHWHs von den „Gerechten" (V. 1) als die sie rettende und schützende Wirkmacht herbeigerufen. [359]

V. 5b ist eine Neuinterpretation des klassischen Topos, wonach die Erde von der Herrlichkeit (כבוד) JHWHs erfüllt ist. Diese Kabod-Theologie prägt auch den in der Mitte der Teilkomposition Ps 25–34 stehenden Ps 29. Es gibt gute Gründe für die Annahme, Ps 33 sei nachträglich in diese Komposition mit der Absicht einer theologischen Neuakzentuierung eingefügt worden.[37]

Dass JHWH als der (himmlische) „König der Herrlichkeit" auf dem Zion gegenwärtig ist und von dort aus den Kosmos und insbesondere die Erde als Ort

---

er nieder auf alle Bewohner der Erde" [Ps 33,14]. Redaktionsgeschichte und Kompositionskritik der Psalmengruppe 25–34, in: I. Kottsieper u. a. [Hg.], „Wer ist wie du, HERR, unter den Göttern?" Studien zur Theologie und Religionsgeschichte Israels, Göttingen 1994, 375–388 (in diesem Band S. 57–69) sowie J.-L. Vesco, Le psautier de David I [Lectio divina 210], Paris 2006, 257–319). Zu einer anderen Kompositionsstruktur von Ps 25–34 vgl. aber G. Barbiero, Das erste Psalmenbuch, 325–541; hier werden die Psalmen 29 und (!) 30 als Zentrum der Komposition gesehen, was verständlicherweise Konsequenzen für die weitere Strukturbeschreibung hat.

36 V. 6–12 rühmt JHWH als machtvollen Weltherrscher, dessen Handeln in Schöpfung und Geschichte (Tradition: Weltschöpfung) darauf abzielt, sich ein Volk als sein „Erbteil" zu erwählen und zu formen (das Nomen Israel fällt gezielt nicht; wer das Volk JHWHs ist, wird in V. 18–19 definiert!). V. 13–19 rühmt JHWH als den König und Schöpfer „aller Menschenkinder" (Tradition: Menschenschöpfung), der sich rettend denen zuwendet, die nicht auf eigene Macht setzen, sondern voll aus der Kraft ihrer Hoffnung auf JHWHs „Liebe/Güte" (חסד) leben. Beide Abschnitte sind analog strukturiert: Sie beginnen jeweils mit dem Motiv von JHWH als dem, der den Himmel schafft bzw. im Himmel thront, und beschreiben dann eine Bewegung hinab zur Erde, wobei zunächst negativ das Scheitern gottwidriger Pläne der Völker bzw. der Mächtigen konstatiert wird, ehe dann positiv als „Ziel/Ergebnis" des Wirkens JHWHs die Konstituierung seines Volkes (V. 12 ↔ V. 18–19) gefeiert (V. 12: אשרי; V. 18: הנה) wird. Zur Parallelisierung von V. 6–12 und V. 13–19 vgl. auch N. H. Ridderbos, Die Psalmen, 237–244.

37 Vgl. dazu die Beobachtungen bei F.-L. Hossfeld / E. Zenger, „Von seinem Thronsitz", 386–388 (in diesem Band S. 66–69). Allerdings ist Ps 33 nicht, wie dort gesagt wird, von der „Armentheologie" bestimmt. Die genauere makroredaktionelle Einordnung von Ps 33 kann hier offen bleiben.

von Gerechtigkeit durchwaltet, ist bereits die theologische Aussage, auf die in Ps 24,7–10 die Teilkomposition Ps 15–24 zuläuft. In Ps 29 wird dann sichtbar, dass und wie sich diese kosmische und universale „Herrlichkeit“ für JHWHs Volk erweist. Grundlegend für das Verständnis von Ps 29 ist die Erkenntnis, dass der Psalm nicht beschreibt, wie JHWH *König wird*, sondern wie er sein von Urzeit an gegebenes *Königtum ausübt* und wie dieses erfahren wird.[38] Das wird sogleich am Anfang des Psalms unterstrichen, wo JHWH bereits als König auf seinem Thron sitzt und von den „Göttersöhnen“ als König gefeiert wird. Als Proprium der Königsmacht JHWHs präsentiert der Psalm JHWHs „Herrlichkeit“ (כבוד), die von „allen“ in seinem Palast/Heiligtum gepriesen wird (V. 9c). Wo der Königspalast JHWHs steht, lässt der Psalm offen. Er konzentriert sich auf den Thron (V. 10), der hier mythisch-kosmische Chiffre der universalen Königsherrschaft JHWHs ist. Der Schluss des Psalms (V. 11) hält dann – jussivisch oder indikativisch – fest, dass sich die Königsherrlichkeit JHWHs für sein Volk als „Kraft/Festigkeit“ (עז) und „Frieden“ (שלום) erweist. Nimmt man an, dass Ps 29 in vorexilischer Zeit in der Jerusalemer Tempelliturgie verwendet wurde, war dieser Hymnus die kultische Vergegenwärtigung der die Welt erfüllenden und dominierenden „Herrlichkeit“ JHWHs – wie dies auch der Serafenhymnus in Jes 6,3 proklamiert.[39]

Diese vorexilische „Kabod-Theologie“ wurde durch die katastrophischen Erfahrungen der Zerstörung des JHWH-Tempels und der Machtlosigkeit Israels in der Exils- und Nachexilszeit massiv erschüttert. Nun wird wichtig, dass sich die Macht JHWHs nicht mehr als כבוד, sondern vor allem als חסד (Liebe, Güte) erweist – auch und gerade auf der Weltbühne. Paradigmatisch zeigt sich diese theologische Neuorientierung in der Teilkomposition Ps 93–100, die mit ihrem Schlusspsalm Ps 100 die Liebe/Güte (חסד) JHWHs als die entscheidende Wirkmacht des Weltkönigtums JHWHs proklamiert.[40] Diese wird im Schlusspsalm des sog. [360] messianischen Psalters einerseits gerade vermisst (vgl Ps 89,50)[41] und andererseits in Ps 89,15 als die JHWHs Königsherrschaft zutiefst prägende Besonderheit festgehalten:

---

38 Vgl. E. Zenger, Psalm 29 als hymnische Konstituierung einer Gegenwelt, in: K. Kiesow / Th. Meurer (Hg.), Textarbeit. Studien zu Texten und ihrer Rezeption aus dem Alten Testament und der Umwelt Israels. FS P. Weimar (AOAT 294), Münster 2003, 569–583 (in diesem Band S. 267–280).

39 Zum „Fülle-Motiv“ in der Jerusalemer Kulttradition vgl. besonders F. Hartenstein, Die Unzugänglichkeit Gottes im Heiligtum. Jesaja 6 und der Wohnort JHWHs in der Jerusalemer Kulttradition (WMANT 75), Neukirchen-Vluyn 1997, 78–109.

40 In der komplexen Wachstumsgeschichte des Psalters war Ps 100 auch der Schluss-Psalm einer Ps 2–100 umfassenden Großkomposition, die man JHWH-König-Psalter nennen kann; vgl. E. Zenger, Einleitung in das alte Testament, Stuttgart ^{7}2008, 365.

41 Der „messianische Psalter“ Ps 2–89 hat mit seiner Frage nach der Verlässlichkeit der חסד JHWHs einen „offenen Schluss“. Diese Frage wird mit der „theokratischen“ Fortschreibung Ps 90–100 beantwortet.

Gerechtigkeit und Recht sind das Fundament deines Thrones,
Liebe und Treue gehen vor deinem Angesicht einher (Ps 89,15).

Diese vier Theologumena charakterisieren hier JHWHs Königtum, wobei Liebe und Treue als Wirkweisen JHWHs noch einmal hevorgehoben sind. H. Spieckermann stellt dazu fest, dass diese Theologumena

„den leeren Platz der Herrlichkeit eingenommen haben [...]. Hätte Gottes Herrlichkeitspräsenz auf Erden nicht ebenfalls gut in dieses Ensemble gepasst [...] Wieso fehlt die Herlichkeit? Für Ps 89 lässt sich die Frage beantworten [...]. Ps 89 ist in der dürftigen Zeit des Exils und nicht aus der reichen Erfahrung göttlicher Herrlichkeitsfülle auf Erden geschrieben worden. Darüber hinaus war diese Herrlichkeit in ihrer pantheistischen Tendenz zunehmend polytheistisch missbraucht worden, so dass sie der exilischen Generalabrechnung mit den Werken und Werten des theologischen Ancien régime zum Opfer gefallen war. Diese Abrechnung hat der Verfasser von Ps 89 bereits vor Augen und im Kopf, zugleich jedoch den Wunsch auf dem Herzen, die offenen Wunden der (teilweise) lokal und (allesamt) geistlich exilierten Judäer mit alt-neuen theologischen Mitteln zu heilen. Dazu taugt der nachhaltig diskreditierte Gedanke von Gottes Herrlichkeit auf Erden nicht, wohl aber ein Vorstellungskreis aus seiner Nähe.“[42]

So nimmt Ps 89,15 einerseits die traditionellen Theologumena von Gerechtigkeit und Recht als Fundament bzw. Podium des Königthrons auf, macht aber andererseits die Liebe/Güte und die Treue zu den Wirkweisen des Königtums, deren das exilische und nachexilische Israel in besonderer Weise bedarf.

Genau dieses Konzept wird auch in der Themenangabe Ps 33,4–5 präsentiert: V. 4 betont die Verlässlichkeit und Treue JHWHs und V. 5 hält fest, dass sich Gerechtigkeit und Recht JHWHs „auf der Erde“ als Liebe/Güte (חסד) erweist, in der er sich, wie die beiden Abschnitte des Korpus V. 6–12 und V. 13–19 zeigen, vom Himmel her (vgl. V. 6a und V. 13a) „seinem Volk“ zuwendet (V. 12), als dessen Proprium in V. 18 das Warten/Hoffen auf JHWHs rettende Liebe/Güte (חסד) genannt wird. V. 14 evoziert dabei mit dem Motiv vom Podium/Fundament des Königthrons das Weltkönigtum JHWHs: [361]

Vom Podium, auf dem er thront, schaut er nieder
auf alle Bewohner der Erde (Ps 33,14)

Ziel dieser Zuwendung des im Himmel thronenden Weltkönigs JHWH ist die Rettung „seines Volkes“ aus Tod und Hunger (Ps 33,19) – und zwar als Erweis jener חסד, von der die Erde zwar „voll“ ist (V. 5b), die aber nur denen zuteil wird, die darauf „warten“ (V. 19).[43]

Diese den ganzen Psalm prägende Dialektik des „Schon“ und des „Noch nicht“ der Erfahrung der חסד JHWHs kommt klar im Schluss-Abschnitt des Psalms, in V. 20–22, zum Ausdruck. V. 20–21 definiert das Leben geradezu

---

42 H. Spieckermann, „Die ganze Erde ist seiner Herrlichkeit voll.“ Pantheismus im Alten Testament?, in: ders., Gottes Liebe zu Israel. Studien zur Theologie des Alten Testaments (FAT 33), Tübingen 2001, 71 f.

43 Vgl. auch die „Definition“ Israels in Ps 130,7.

als „Harren auf JHWHs Hilfe und königlichen Schutz“. Und in der den Psalm abschließenden Bitte V. 22 definieren sich „die Gerechten“, die in V. 1–3 zum Königsjubel aufgefordert werden, explizit als Menschen, die (als „Volk JHWHs“: vgl. V. 12) auf JHWHs חסד warten:

> Es sei deine Liebe (חסד), JHWH, über uns,
> demgemäß wie wir warten/hoffen auf dich (Ps 33,22).

Die Gerechtigkeit der Gerechten vollzieht sich nicht durch ihr Tun, sondern durch Hoffen auf das Geschenk der Gerechtigkeit Gottes – und zwar in Gestalt der aus dem Tod rettenden חסד JHWHs.[44] Darin erweist sich JHWHs Weltkönigtum. Es fällt auf, dass JHWH sich bei der Durchsetzung seines Weltkönigtums nicht seines „Gesalbten“ bedient (vgl. Ps 2; 18; 20; 21; 28), sondern im Gegenteil das Vertrauen in die Macht des Königtums ausdrücklich zurückweist (vgl. V. 16–17). Möglicherweise ist auch dies ein Grund dafür, dass Ps 33 keine Zuweisung an David in einer Überschrift erhielt.

---

[44] Ps 33 entfaltet nach diesem Verständnis geradezu eine Art „Rechtfertigungslehre“: vgl. dazu N. Lohfink, in: N. Lohfink / E. Zenger, Der Gott Israels, 101 f.

Bibelstellenregister (Auswahl)